Depressão e ansiedade em jovens

FBTC
Federação Brasileira de Terapias Cognitivas

artmed

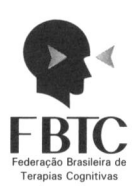

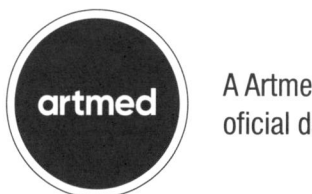

A Artmed é a editora oficial da FBTC

Brian C. Chu, Ph.D., é professor e presidente do Departamento de Psicologia Clínica da Graduate School of Applied and Professional Psychology, Rutgers, The State University of New Jersey, onde é fundador e diretor da Youth Anxiety and Depression Clinic. Recebeu o Prêmio Jovem Investigador da Klingenstein Third Generation Foundation. É *fellow* da Association for Behavioral and Cognitive Therapies e ex-editor da *Cognitive and Behavioral Practice*. Seu trabalho concentra-se em crianças e adolescentes com problemas de ansiedade e humor, com ênfase em processos terapêuticos, mecanismos de mudança e disseminação de práticas baseadas em evidências. Colabora com organizações comunitárias para otimizar o acesso ao cuidado em comunidades carentes e marginalizadas.

Sandra S. Pimentel, Ph.D., é chefe de psicologia infantil e adolescente, diretora associada de treinamento em psicologia e professora associada de psicologia clínica do Department of Psychiatry and Behavioral Sciences do Montefiore Medical Center e do Albert Einstein College of Medicine. É fundadora e diretora do Anxiety and Mood Program, um programa de treinamento especializado da Child Outpatient Psychiatry Division. Integra o conselho editorial da *Evidence-Based Practice in Child and Adolescent Mental Health* e é presidente (2023-2024) da Association for Behavioral and Cognitive Therapies. Como cientista-praticante, especializou-se em tratamentos cognitivo-comportamentais para jovens e adultos jovens, dedicando-se a engajar comunidades de forma criativa para otimizar o cuidado de crianças e famílias.

C559d   Chu, Brian C.
         Depressão e ansiedade em jovens : planos de tratamento e intervenções de terapia cognitivo-comportamental / Brian C. Chu, Sandra S. Pimentel ; tradução: Marcos Vinícius Martim da Silva ; revisão técnica: André Luiz Moreno. – Porto Alegre : Artmed, 2025.
         x, 458 p. ; 25 cm.

         ISBN 978-65-5882-273-8

         1. Terapia cognitivo-comportamental. 2. Depressão. 3. Ansiedade. 4. Adolescentes. I. Pimentel, Sandra S. II. Título.

CDU 616.8-085.851

Catalogação na publicação: Karin Lorien Menoncin – CRB 10/2147

Brian C. **Chu**
Sandra S. **Pimentel**

Depressão e ansiedade em jovens

*planos de tratamento e intervenções de **terapia cognitivo-comportamental***

Tradução
Marcos Vinícius Martim da Silva

Revisão técnica
André Luiz Moreno
Psicólogo. Especialista em Terapia Cognitivo-comportamental pelo Instituto WP. Doutor em Saúde Mental pela Faculdade de Medicina de Ribeirão Preto — Universidade de São Paulo (FMRP-USP).

Porto Alegre
2025

Obra originalmente publicada sob o título *CBT Treatment Plans and Interventions for Depression and Anxiety Disorders in Youth*, 1st Edition
ISBN 978146251149

Copyright © 2023 The Guilford Press
A Division of Guilford Publications, Inc.

Coordenadora editorial
Cláudia Bittencourt

Capa
Paola Manica | Brand&Book

Preparação de original
Marquieli de Oliveira

Leitura final
Marcela Bezerra Meirelles

Editoração
AGE – Assessoria Gráfica Editorial Ltda.

Reservados todos os direitos de publicação, em língua portuguesa, ao
GA EDUCAÇÃO LTDA.
(Artmed é um selo editorial do GA EDUCAÇÃO LTDA.)
Rua Ernesto Alves, 150 – Bairro Floresta
90220-190 – Porto Alegre – RS
Fone: (51) 3027-7000

SAC 0800 703 3444 – www.grupoa.com.br

É proibida a duplicação ou reprodução deste volume, no todo ou em parte, sob quaisquer formas ou por quaisquer meios (eletrônico, mecânico, gravação, fotocópia, distribuição na Web e outros), sem permissão expressa da Editora.

IMPRESSO NO BRASIL
PRINTED IN BRAZIL

Apresentação

Depressão e ansiedade em jovens: planos de tratamento e intervenções de terapia cognitivo-comportamental, escrito por Brian C. Chu e Sandra S. Pimentel, apresenta um excelente equilíbrio entre erudição e aplicação clínica com linguagem simples e acessível. Os autores deste valioso recurso fornecem ao leitor, seja ele um clínico experiente ou iniciante, as revisões de pesquisa necessárias, as conceitualizações e as ferramentas clínicas que podem tornar seu trabalho mais eficaz, tendo por base o que há de mais atual em relação a pesquisas e avanços na terapia cognitivo-comportamental (TCC) com crianças e adolescentes. O livro não é simplesmente uma lista de técnicas (embora as técnicas estejam presentes); ele também ajuda a entender o que está sendo feito. Cada capítulo traz uma visão geral clara e concisa dos tópicos importantes que o clínico deve abordar. Ao longo da leitura do livro, é possível perceber a combinação entre as imensas qualidades do conhecimento acadêmico dos autores e sua sensibilidade e sabedoria como clínicos.

O primeiro capítulo é uma excelente introdução à TCC em geral. Ele também alerta o leitor – que é um clínico praticante – sobre os temas a serem abordados na avaliação inicial, além de indicar recursos *on-line* adicionais. Os autores destacam que a conceitualização de caso é uma parte importante da TCC, que não é simplesmente a aplicação de técnicas. É necessário saber por que se usam técnicas e intervenções antes de implementar o tratamento. O segundo capítulo continua a introdução de alguns processos comuns e questões em transtornos de ansiedade e depressão e esboça para o clínico os principais pontos que devem ser abordados na condução de análise funcional, exposição, programação de atividades e aquisição de habilidades. O terceiro capítulo avança para a terceira fase da terapia, quando se começam a considerar o encerramento e a preparação para que se evitem recaídas. Muitos clientes correm o risco de ter uma recaída, então planejar com antecedência para identificar quando as coisas começam a retroceder e ter um plano para lidar com problemas recorrentes pode garantir que os efeitos positivos em curto prazo da terapia se tornem ganhos clínicos em longo prazo. Esses três capítulos introdutórios são bastante importantes para preparar o clínico para estruturar a terapia em fases não apenas com os processos comuns, mas também com a conceitualização de caso (que deve ser continuamente atualizada).

A terapia voltada a crianças e adolescentes é frequentemente um processo colaborativo com profissionais médicos, que trazem seu conjunto de ferramentas para o trabalho com os clientes. Lembre-se de que nós temos um valor compartilhado – o bem-estar do cliente. O Capítulo 4 (escrito em colaboração com o Dr. Uri Meller) é uma leitura fundamental que planeja um tratamento cognitivo-comportamental, ilustrando a importância dos tratamentos biológicos para ajudar os clientes. Os autores indicam quando esse tipo de encaminhamento é importante para o tratamento e como concientizar os membros da família sobre a relevância da medicação. Nenhum clínico tem todas as respostas. Há sugestões úteis sobre como contatar e compartilhar informações com um psiquiatra prescritor a fim de tornar a colaboração mais fluida.

Como qualquer pessoa que trabalha com crianças sabe, é essencial incluir os cuidadores no tratamento. O Capítulo 5 faz exatamente isso. Os autores abordam a importância de normalizar a ansiedade, lidar com a evitação e aprender habilidades de enfrentamento. Eles também identificam certos ciclos de interação entre pais e filhos que podem precipitar ou manter os problemas que são o foco do tratamento.

A partir daí, os autores voltam-se para os problemas mais comuns que os clínicos encontrarão em crianças e adolescentes: depressão, suicídio e automutilação, ansiedade de separação, transtorno de ansiedade social, transtorno de ansiedade generalizada e recusa escolar. Ao longo desses capítulos, eles mantêm a mentalidade colaborativa e compassiva que torna as técnicas baseadas em evidências eficazes.

Eu recomendo *Depressão e ansiedade em jovens: planos de tratamento e intervenções de terapia cognitivo-comportamental* como um recurso importante, aprofundado e útil para clínicos em todos os níveis. Este livro de Chu e Pimentel será um guia essencial para clínicos que trabalham com crianças e adolescentes.

Robert L. Leahy, Ph.D.
Diretor do American Institute for Cognitive Therapy; professor clínico de Psicologia do Departamento de Psiquiatria do Weill Cornell Medical College de Nova York

Prefácio

Recentemente, um de nós iniciou uma aula perguntando aos alunos: "O que torna a TCC difícil de aplicar em ambientes cotidianos?". As respostas variaram de acordo com o ambiente e a população de clientes, mas temas comuns emergiram. Muitos expressaram preocupações sobre o que entendiam como abordagem "simples" da terapia cognitivo-comportamental (TCC) e suas "limitações" em lidar com problemas diagnósticos complexos ou perfis clínicos complicados. Associadas a isso, estavam preocupações de que a TCC produzia resultados eficazes apenas em condições altamente controladas. Ou que a "estrutura rígida" da TCC a tornava inadequada para ambientes comunitários, que sofriam com recursos limitados e atendiam comunidades desfavorecidas. Outros expressaram preocupações de que a TCC não permitia a flexibilidade necessária para responder às mudanças frequentes no foco clínico ou às crises entre sessões que afligem a terapia típica, ou que não se concentrava no relacionamento terapêutico. Alguns notaram as vantagens de abordagens modulares e baseadas em princípios e expressaram o desejo de que a TCC pudesse ser entregue dessa forma.

Em outras palavras, para esses alunos, a TCC oferecia a promessa de um tratamento "simples" e "direto" que poderia funcionar para problemas relativamente concretos, como uma fobia específica, mas tinha pouca relevância para lidar com os problemas complexos e sutis que os clientes enfrentam no cotidiano e com os quais os profissionais se deparam na prática diária. Além disso, presumiam que a única maneira de conduzir a TCC era entregá-la em um conjunto predeterminado de passos rígidos, como em um projeto de pesquisa altamente controlado, na forma de um manual de tratamento. A noção de que a TCC poderia ser entregue de maneira baseada em princípios, em que o julgamento clínico servisse como guia para fornecer uma terapia flexível e personalizada, era estranha para esses alunos.

Assim começou nossa missão de demonstrar que a TCC é uma abordagem teórica rica e flexível que requer avaliação, conceitualização de caso, entrega flexível de estratégias e reavaliação ativa. Em cada estágio, o clínico competente de TCC incorpora ativamente dados da experiência subjetiva do cliente, considera seus pontos fortes e fracos individuais e acomoda os recursos e desvantagens ambientais. Os clínicos de TCC avaliam sua eficácia observando o impacto de suas escolhas de intervenção no cliente. A TCC, como teoria, é realmente projetada para simplificar e esclarecer experiências psicológicas complexas, mas empregar essa teoria como um conjunto de princípios requer testes de hipóteses ativos ao envolver o cliente em uma abordagem dinâmica de tentativa e erro (também conhecida como "empirismo colaborativo"). Quando bem conduzida, a TCC oferece um conjunto relativamente direto de princípios que podem abordar uma ampla diversidade de problemas e preocupações dos clientes.

Essa missão motiva nosso livro. Como praticantes de TCC em diversos ambientes e com diferentes populações de clientes, tentamos alcançar três objetivos aqui:

- Refinar a TCC em seus componentes essenciais para que os leitores possam ver sua simplicidade.
- Mostrar como os princípios e as práticas da TCC podem ser aplicados de forma *flexível* para atender às necessidades de clientes diversos com problemas complexos que enfrentam circunstâncias de vida desafiadoras. Numerosas ilustrações de casos permeiam cada capítulo para dar vida a esse trabalho. (Todos os detalhes identificáveis foram ocultados, e todos os diálogos são fictícios.)
- Tornar a TCC mais fácil para o clínico ocupado. Para tanto, fornecemos materiais complementares como folhas de perguntas clínicas, planilhas, folhetos e outras ferramentas terapêuticas que o leitor pode imprimir e usar sempre que necessário.

O foco deste livro são os transtornos de ansiedade e depressão na juventude, destacando-se a infância média até a adolescência. Esse é um grupo crítico de clientes, pois os problemas internalizantes representam as formas mais comuns de prejuízo em jovens. Mais de 8% dos jovens relatam depressão grave, ao passo que mais de 30% relatam um transtorno de ansiedade grave em algum momento durante a adolescência (Merikangas et al., 2010). Esses problemas frequentemente coocorrem e quase sempre apresentam aos clínicos um perfil diversificado de sintomas mistos de ansiedade e depressão (Garber & Weersing, 2010). Em jovens, uma mistura de problemas de ansiedade e humor está associada a gravidade clínica e prejuízo maiores, portanto merece atenção especial (Garber & Weersing, 2010; Ollendick, Jarrett, Grills-Taquechel, Hovey, & Wolff, 2008). Este livro fornece um conjunto de princípios e estratégias que podem ser aplicados flexivelmente a esses problemas-alvo relacionados.

As TCCs receberam forte apoio para reduzir o sofrimento na juventude, especialmente em comparação com outras terapias psicológicas (Higa-McMillan, Francis, Rith-Najarian, & Chorpita, 2016; Weersing, Jeffreys, Do, Schwartz, & Bolano, 2017). E sua eficácia parece se estender a configurações de prática tradicionais em comunidades diversas (Chorpita et al., 2011). Tanto para ansiedade quanto para depressão, a eficácia da TCC pode ser aprimorada quando é fornecida em combinação com tratamento medicamentoso, sobretudo com inibidores seletivos da recaptação da serotonina (ISRSs; March et al., 2004; Walkup et al., 2008). As evidências são fortes para a TCC, e ela deveria servir como primeira linha de tratamento para a maioria dos jovens com ansiedade, depressão ou a combinação de ambos.

Embora a TCC prossiga de maneira iterativa, na qual a avaliação, a conceitualização e a intervenção se informam mutuamente, apresentamos seus elementos nas fases iniciais, intermediárias e posteriores do tratamento para ajudar a orientar o clínico. O Capítulo 1 traz a teoria da TCC e a conceitualização de caso, introduzindo a avaliação funcional e os modelos teóricos cognitivo-comportamentais integrativos. Em seguida, discute a avaliação baseada em evidências e como traduzir a conceitualização em um plano de tratamento viável. O plano de tratamento é projetado para fornecer aos clínicos um mapa de navegação que mantém terapeuta e cliente trabalhando em direção a objetivos comuns, ao mesmo tempo que deixa espaço para ajustes quando surgem novos problemas. O Capítulo 2 descreve estratégias de tratamento fundamentais, incluindo construção de vínculo, psicoeducação, autorreflexão e reestruturação cognitiva, atenção plena e resolução de problemas. Em seguida, traz um tutorial abrangente sobre o *design* e a implementação de exercícios de exposição e experimentos comportamentais para ajudar os jovens a desafiarem expectativas em situações difíceis. O Capítulo 3 descreve os processos de encerramento, incluindo a revisão de progresso, o próprio encerramento e a prevenção de recaídas.

A terapia medicamentosa, especialmente em combinação com a TCC, tem recebido crescente apoio como um componente importante do tratamento eficaz para jovens com ansiedade e depressão (Birmaher, Brent, & AACAP Work Group, 2007; Connolly & Bernstein, 2007). No entanto, encaminhar para psiquiatria e coordenar cuidados entre disciplinas podem parecer tarefas assustadoras. O Capítulo 4 foi escrito em colaboração com o psiquiatra da infância e adolescência Uri Meller, M.D., que oferece recomendações pragmáticas para terapeutas na busca de avaliação psiquiátrica e na promoção de colaboração produtiva com a psiquiatria. O capítulo orienta os leitores sobre considerações iniciais ao fazer uma indicação, como discutir encaminhamentos psiquiátricos com as famílias e como otimizar a continuidade do cuidado. Informações adicionais sobre antidepressivos comuns e medicamentos ansiolíticos preparam melhor o leitor para facilitar encaminhamentos medicamentosos.

Qualquer trabalho com populações jovens exigirá que os clínicos solicitem a ajuda dos cuidadores (pais ou outros) e promovam colaborações ativas e respeitosas.

O Capítulo 5 destaca os diversos papéis que os cuidadores podem desempenhar na TCC voltada para jovens, incluindo o de parceiros terapêuticos ou agentes de mudança. O capítulo oferece psicoeducação, que pode estabelecer o tom certo e as expectativas para o tratamento, e descreve padrões de interação entre cuidador e jovem comuns para aqueles com ansiedade e depressão. Além disso, apresenta dicas para promover estilos de comunicação saudáveis para famílias e descreve estratégias de gestão de recompensas e contingências para moldar comportamentos juvenis.

Os Capítulos 6 a 11 são projetados para fornecer ilustrações detalhadas sobre como conduzir a TCC em casos de problemas comuns de ansiedade e depressão, incluindo depressão, transtorno de ansiedade de separação, transtorno de ansiedade social e transtorno de ansiedade generalizada. Esses capítulos apresentam ilustrações de casos sobre problemas comumente associados a transtornos de ansiedade e humor, incluindo um capítulo sobre suicídio e automutilação (Capítulo 7) e um capítulo sobre comportamentos de recusa escolar (Capítulo 11). Cada capítulo demonstra como um clínico conduziria a avaliação, conceitualizaria os problemas-alvo de um jovem, planejaria o tratamento e monitoraria o progresso para um caso ilustrativo. Descrições detalhadas são fornecidas para a entrega da TCC de maneira baseada em princípios, que segue a conceitualização inicial do terapeuta e se adapta às vicissitudes imprevisíveis do trabalho clínico. Vinhetas clínicas representando composições de casos reais ajudam a dar vida ao trabalho de caso; nelas, tentamos capturar uma variedade de cenários e alvos-chave. Cada capítulo termina com uma síntese e pontos-chave para ajudar os leitores a identificarem as semelhanças e distinguirem as diferenças ao trabalhar com diversos problemas de clientes.

Ao longo de todos os capítulos, são mencionadas várias ferramentas que podem facilitar a implementação de estratégias de TCC na sessão. Muitos materiais suplementares e planilhas estão disponíveis no Apêndice A ao final do livro e na página do livro em loja.grupoa.com.br. Esperamos que esses materiais sirvam como recursos "prontos para uso" para todo o seu trabalho com jovens e famílias.

O Apêndice B apresenta listas de recursos (em inglês) que os clínicos podem acessar para sua própria aprendizagem ou para fornecer às famílias a fim de facilitar a terapia. O primeiro é uma lista de *sites* de organizações que fornecem informações úteis para profissionais e leigos. Cada *site* oferece educação sobre preocupações psicológicas comuns em jovens em linguagem simples. Alguns apresentam folhas de perguntas frequentes que podem ser compartilhadas com as famílias; outros oferecem oportunidades de treinamento profissional. Além disso, os cuidadores frequentemente solicitam recomendações de livros destinados a pais e mães para entender melhor o que seu filho está experimentando. A segunda lista inclui livros tanto para jovens quanto para cuidadores a fim de facilitar o seu trabalho.

Como clínicos, nosso objetivo é fornecer aos terapeutas um recurso direto e abrangente para conduzir a TCC com crianças e adolescentes ansiosos e deprimidos. Esperamos que funcione para você. Para quem está iniciando na área, esperamos que este livro forneça um resumo e uma estrutura para abordar seus casos iniciais. Para o clínico experiente, esperamos que as vinhetas de caso ilustrem as maneiras sutis pelas quais os princípios da TCC podem ser usados para atender a necessidades complexas. O material disponibilizado deve aliviar o fardo de reinventar a roda. Juntos, esperamos dissipar alguns dos mitos de longa data e tornar o trabalho que você faz com jovens clientes rico, envolvente, divertido e eficaz!

Agradecimentos

Gostaríamos de agradecer às inúmeras famílias, aos amigos e aos colegas que nos apoiaram. Em particular, agradecemos a Philip Kendall, cuja contribuição foi fundamental para a nossa parceria e estabeleceu os fundamentos para o conhecimento clínico, de pesquisa e de formação que embasa este livro. Outros mentores essenciais e inspiradores em nossas jornadas profissionais e pessoais incluem Anne Marie Albano, John Weisz, Ellen Flannery-Schroeder, Michael Southam-Gerow, Elizabeth Gosch, Simon Rego, John Piacentini, Terry Wilson, Bob e Toni Zeiss, Stephen Shirk e nossos colegas, com os quais também aprendemos.

Brian Chu jamais teria cumprido sua promessa sem a luz e a leveza que Laura, Carter e Cayleigh trazem diariamente. Ele expressa sua gratidão aos seus pais por fornecerem as ferramentas, o coração e o humor necessários para essa trajetória de vida e à sua família ampliada pelas lições e histórias que moldaram este trabalho.

Sandra S. Pimentel agradece aos pais, Maria e Manuel, pela educação e pelo presente que é o amor de sua grande família portuguesa – avós, irmãos, padrinhos, tios e tias, cunhados, sobrinha, afilhados e primos –, todos eles! De Ponta Garça, Açores, a Newark, Nova Jersey, ela se orgulha das raízes e das comunidades que a constituíram.

Este livro não teria se concretizado sem a persistência incansável de Jim Nageotte, Jane Keislar e de toda a equipe da Guilford Press – a eles somos eternamente gratos.

Sem dúvida, os maiores mestres foram os jovens, as famílias e os nossos alunos ao longo dos anos, que nos confiaram seu cuidado e sua educação. Este livro é para eles.

Sumário

	Apresentação *Robert L. Leahy*	v
	Prefácio	vii
1	O modelo da terapia cognitivo-comportamental e a fase inicial do tratamento	1
2	Fase intermediária do tratamento: estratégias de intervenção	25
3	Fase posterior do tratamento e encerramento	56
4	Encaminhamento psiquiátrico e colaboração: recomendações pragmáticas	65
5	Trabalhando com cuidadores e famílias	87
6	Depressão	111
7	Comportamentos suicidas e autolesão não suicida	162
8	Transtorno de ansiedade de separação	190
9	Transtorno de ansiedade social	233
10	Transtorno de ansiedade generalizada	276
11	Ausência escolar e problemas de frequência	318

Apêndices

A	Materiais suplementares e planilhas	369
B	Recursos para terapeutas e famílias	429
	Referências	431
	Índice	449

1

O modelo da terapia cognitivo-comportamental e a fase inicial do tratamento

Este capítulo revisa o modelo geral da terapia cognitivo-comportamental (TCC) e os componentes que geralmente compõem a fase inicial do tratamento. Coletar uma avaliação multimodal e multirrelatórios abrangente é crucial para desenvolver uma imagem holística do cliente. Os dados da avaliação são, então, utilizados para desenvolver uma formulação de caso que destaca os processos cognitivos, comportamentais e interpessoais que mantêm a ansiedade e a depressão do jovem. Em seguida, o terapeuta planeja o curso do tratamento e seleciona intervenções específicas com base nessa compreensão dos pontos fortes e das necessidades do jovem. Coletar e revisar dados de progresso ajudam a informar o planejamento do tratamento do clínico e a melhorar os resultados da terapia. O monitoramento do progresso pode incluir relatórios de sintomas ou alcance de objetivos. Cada uma dessas atividades está fundamentada no modelo geral da TCC. Nos próximos três capítulos, discutiremos a TCC nas fases inicial, intermediária e posterior do tratamento para ajudar a orientar o clínico. No entanto, a TCC procede de forma repetitiva, implementando intervenções com base nas avaliações inicial e posterior, na formulação e nos objetivos do tratamento. Raramente, o tratamento é linear, mas existem elementos comuns em casos de TCC que tendem a ocorrer em fases.

O MODELO DA TERAPIA COGNITIVO- -COMPORTAMENTAL

O modelo da TCC tenta esclarecer estados emocionais (p. ex., tristeza, ansiedade, vergonha, felicidade, raiva) que, muitas vezes, podem parecer difusos e incontroláveis em componentes mais observáveis e descritíveis: cognições, sensações físicas e comportamentos (Badin, Alvarez, & Chu, 2020). Esse triângulo da TCC, ou o ciclo pensamentos–sensações físicas–ações, tem uma utilidade significativa. O clínico pode usar o modelo teórico para interpretar dados objetivos e subjetivos (impressão do cliente ou dos pais) apresentados pelo cliente para construir uma conceitualização de caso de como o cliente responde a estressores no ambiente. Ele também pode ser utilizado para fornecer psicoeducação ao cliente, descrevendo os papéis únicos e inter-relacionados de pensamentos, sensações e ações. O triângu-

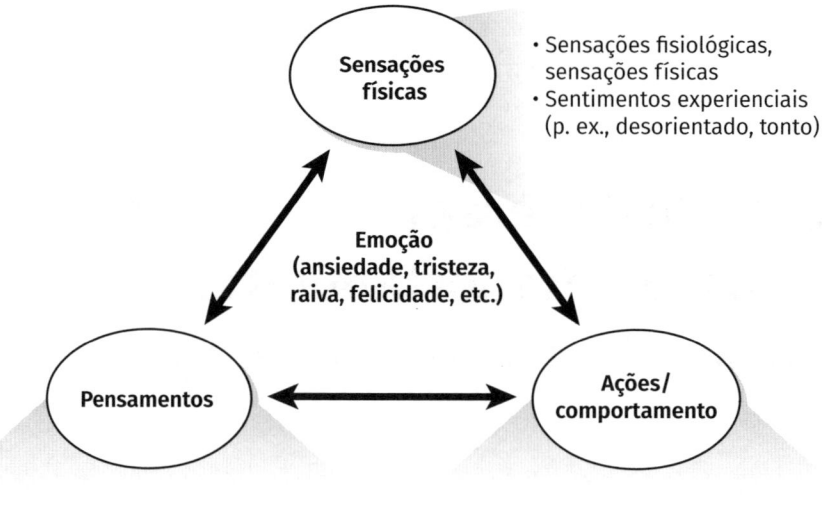

FIGURA 1.1 Modelo cognitivo-comportamental geral.

lo mantém sua estrutura, mesmo se estiver considerando um conteúdo clínico ou outro mais comum. A representação gráfica do triângulo (ver Fig. 1.1; uma versão reproduzível está disponível como Material suplementar 1 no Apêndice A) muitas vezes ajuda crianças de diversas idades a entenderem seus próprios ciclos emocionais. Por fim, ele ajuda a configurar o planejamento do tratamento. Ao analisar as respostas idiográficas de um cliente a um gatilho, é possível observar pontos fortes e fracos específicos. Ao reconhecer onde o cliente está enfrentando dificuldades (p. ex., pensamentos negativos persistentes, sintomas fisiológicos graves, comportamentos de congelamento ou evitação), é possível priorizar intervenções de TCC que visam a esses pontos fracos.

Componentes cognitivos

Os componentes cognitivos do modelo podem ser observados em qualquer nível na hierarquia dos processos cognitivos, desde o funcionamento executivo básico (p. ex., atenção, memória), passando pelo processamento de informações (p. ex., pensamentos automáticos conscientes, interpretações, distorções) até o pensamento meta-abstrato (p. ex., crenças intermediárias e centrais). Os níveis de processamento de informações e pensamento abstrato tendem a se concentrar no *conteúdo* do pensamento. Por exemplo, quando um jovem está deprimido, o conteúdo cognitivo tende a ser negativo ("Futebol é para otários!"; "Minha professora está de olho em mim"), pessimista ("Por que se preocupar em tentar quando as coisas nunca dão certo?") e autocrítico ("Eu estrago tudo"). Para um jovem com ansiedade social, o conteúdo cognitivo tende a concentrar-se excessivamente na falta de controle ou de autoeficácia ("Nunca estarei preparado para aquela apresentação!"; "Não consigo lidar com a pressão") e em uma estimativa exagerada do risco ("Eu sei que vou errar na frente de todos") e da magnitude das consequências negativas ("Todos vão rir de mim!"; "Eu serei conhecido como o otário da escola").

Além de entender o conteúdo dos pensamentos, avaliar *processos* cognitivos, como preocupação, ruminação e distração, pode ser útil (Aldao & Nolen-Hoeksema, 2010; Chu, Chen, Mele, Temkin, & Xue, 2017). O benefício de tratar as cognições como um processo é que elas podem ser vistas em termos de suas funções comportamentais. Como um breve exemplo, quando um adolescente deprimido está em ruminação, é crucial identificar os gatilhos e as consequências que cercam essa ruminação. Se um adolescente relatar uma ruminação substancial enquanto faz a lição de casa após a escola, é fundamental examinar os gatilhos iniciais (abrir um livro de matemática) e as reações (pensamentos e sentimentos negativos sobre o dia) que levam a uma cascata de ruminação. Esse processo de ruminação ajuda o adolescente a evitar a lição de casa e nos ajuda a entender as *funções evitativas* da ruminação. Ser claro sobre a distinção entre conteúdo cognitivo e processos cognitivos ajudará os clientes a distinguirem os papéis e as consequências distintas de comportamentos, sensações físicas e emoções em suas vidas diárias.

Componentes comportamentais

Os componentes comportamentais também podem ser vistos em múltiplos níveis. Ações observáveis estão mais associadas ao termo "comportamento" (Chu, Skriner, & Staples, 2014). Eles consistem em comportamentos controláveis e visíveis, como falar, andar, socializar, exercitar-se, dormir, discutir, congelar, escapar, sorrir e rir. Contudo, os comportamentos intencionais podem incluir comportamentos discretos e ocultos que não são óbvios para observadores externos, como tensão muscular, olhar fixo e similares. Às vezes, é difícil identificar os comportamentos associados aos estados emocionais, uma vez que a intensidade das emoções atrai nossa atenção. Por exemplo, sentir amor geralmente inclui agir de forma amorosa mesmo quando as sensações emocionais de amor estão mais evidentes. Agir com amor pode incluir prestar atenção ao parceiro quando ele está falando, dar as mãos ou pensar na pessoa durante o dia. Você pode selecionar entre uma infinidade de comportamentos. Cada estado emocional oferece a mesma diversidade de opções. Estar "acordado e alerta" inclui manter-se sentado, respirar regularmente, fazer contato visual com um parceiro de conversa, trocar pensamentos e retribuir atenção. Sentir-se "sozinho" pode incluir retração, isolamento, autopiedade, ruminação em cascata e recusa de recursos sociais disponíveis e convites. A forma como qualquer cliente age feliz, triste, bravo ou ansioso fornece uma conceitualização comportamental idiossincrática dessa pessoa. Quanto mais específica e precisa for a identificação da resposta comportamental única do cliente com diversas emoções, mais precisa será a conceitualização de caso.

Componentes físicos

Os componentes físicos do modelo tendem a se referir a respostas fisiológicas automáticas e outras sensações físicas que o corpo tem em reação a estressores. Índices fisiológicos incluem frequência cardíaca, frequência e profundidade respiratórias, resposta galvânica da pele (que leva a mãos suadas), pupilas dilatadas ou contraídas e visão turva. Sensações físicas que implicam reações fisiológicas incluem: dores de cabeça, boca seca, sensação de nó na garganta, aperto no peito, dores de estômago, tensão muscular, sensação de frio, calor, cãibras musculares e suor. Tais componentes também podem incluir sensações experienciais, como desorientação, desrealização e despersonalização. O cliente descreverá essas sensações como automáticas e fora de seu controle (embora saibamos que muitas dessas respostas podem ser colocadas sob controle do cliente; Badin et al., 2020).

Interação entre os componentes

Existem diversos aspectos-chave do modelo de TCC que merecem ênfase. Em primeiro lugar, nenhum componente tem prioridade sobre os outros em termos de compreensão das preocupações de um cliente. Segundo, as relações entre pensamentos, sentimentos e ações são mutuamente recíprocas e bidirecionais. Em terceiro lugar, os ciclos emocionais não cessam de modo natural após um ciclo de pensamentos, ações e comportamentos. Os ciclos emocionais com frequência se autoperpetuam, a menos que haja intervenção.

Todos os componentes são igualmente importantes

Uma percepção comum ao aplicar modelos teóricos de TCC é que os pensamentos, sobretudo o conteúdo negativo destes, são o elemento-chave a ser compreendido e a receber intervenção. No entanto, como mostrado na Figura 1.1, a forma triangular do modelo dá o mesmo peso a cada componente, implicando que cada componente contribui igualmente para a experiência emocional global do indivíduo. A saliência particular de um componente sobre os outros será completamente individual. Um jovem deprimido pode estar especialmente ciente de seus pensamentos negativos e abraçar a reestruturação cognitiva como uma forma de desafiar os pensamentos negativos. Outro jovem deprimido pode ser especialmente sensível ao cansaço e aos sintomas somáticos que acompanham a tristeza. Nesse caso, exercícios de relaxamento podem ajudar a aliviar a tensão, e a atividade física aumentada pode ajudar a abordar a fadiga. Um outro adolescente pode não estar ciente de seu pensamento pessimista ou de quaisquer sintomas físicos específicos. Em vez disso, ele observa que está mais deprimido quando se retira para o quarto após a escola e se deita na cama, evitando a família e os amigos pelo resto do dia. O modelo de TCC encoraja o terapeuta a identificar o perfil individual que reflete a experiência emocional de cada jovem. Ele também encoraja a educação afetiva para ensinar os jovens a serem capazes de diferenciar entre os componentes e a rotular pensamentos, sentimentos e ações. Dessa forma, o modelo geral de TCC pode ser individualizado, criando uma compreensão idiográfica de como o jovem expressa sua depressão particular. Ao elaborar um plano de tratamento, essa formulação de caso individualizada se presta diretamente à escolha das estratégias de intervenção mais apropriadas.

Pensamentos, sentimentos e ações são bidirecionalmente influentes

O segundo aspecto-chave desse modelo é a natureza bidirecional dos componentes pensamentos–sentimentos–ações. Quando um indivíduo encontra um gatilho, qualquer componente pode ser ativado "primeiro". Na realidade, cada componente funciona em sequência simultânea e rápida, que escapa à observação humana. Para fins clínicos, o terapeuta ou o cliente com frequência (mas não necessariamente) notará um componente respondendo primeiro. A partir daí, cada um dos outros componentes é ativado e pode afetar de maneira recíproca o primeiro componente. As setas bidirecionais refletem essas relações recíprocas e mutuamente causativas entre todos os três componentes. Isso é mais bem-ilustrado ao rastrear a reação de uma pessoa a um gatilho ao redor do triângulo pensamentos–sentimentos–ações. Por exemplo (ver Fig. 1.2; uma versão reproduzível de um modelo de TCC geral está disponível no Material suplementar 12, no Apêndice A), o primeiro pensamento que um adolescente deprimido que recebeu uma nota ruim em uma prova pode ter é "Eu realmente estraguei tudo", ao que ele percebe sentir um pouco de calor no rosto e alguma pressão na testa (sensação física). Ele, então, encosta a cabeça na janela do ônibus escolar na volta para casa (ação). Isso desencadeia um segundo pensamento, "Eu nunca vou conseguir me recuperar agora", levando ao aumento da pressão nas têmporas do jovem e a um leve enjoo no estômago. Ele olha para o colo e começa a chorar. "Meus pais vão ficar tão zangados comigo" é o próximo pensamento dele antes de sentir um nó na garganta e segurar a cabeça com as mãos. O adolescente está pensando, "Todos os outros têm uma vida muito mais fácil do que eu", e sente o calor aumentar no rosto antes de repreender um amigo que perguntou se está tudo bem. O resultado desse ciclo descendente é a experiência de tristeza ou humor deprimido.

Os ciclos emocionais podem ser autoperpetuantes

O exemplo mencionado anteriormente evidencia a natureza recíproca e autoperpetuante dos ciclos emocionais. Essas sequências são muitas vezes denominadas "espiral de angústia", "ciclo depressivo" ou "tornado de sentimentos" (Badin et al., 2020), destacando a ciclagem e a aparente incontrolabilidade de pensamentos, sentimentos e ações em situações emocionais intensas. Tais sentimentos se ampliam a partir de pontos de

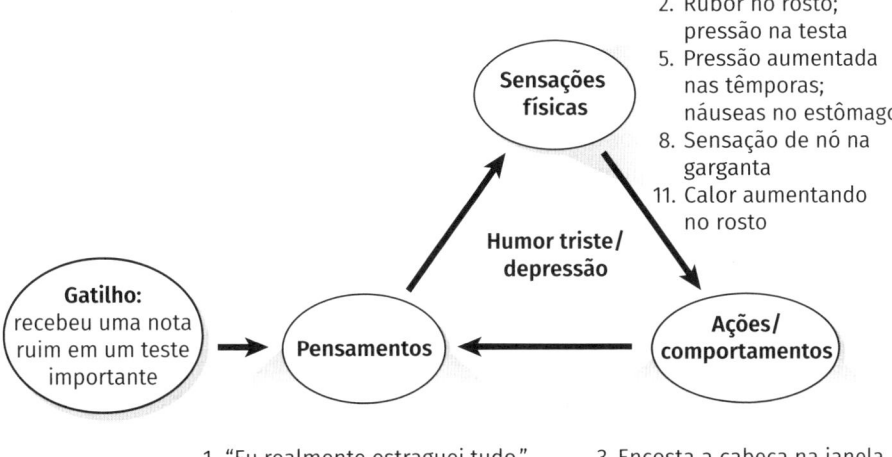

FIGURA 1.2 Conceitualização individualizada de TCC para jovens deprimidos.

partida que parecem inofensivos, até se tornarem catástrofes emocionais que parecem incontroláveis. Não importa se o ciclo "inicia" com sentimentos, ações ou pensamentos; uma vez iniciado, ele autoperpetua-se até ser interrompido. Assim, todos os componentes têm igual peso no que diz respeito ao impacto nas emoções, e a maioria dos ciclos emocionais não cessa de modo natural após uma volta completa no ciclo.

Diferentes experiências emocionais e, consequentemente, diferentes transtornos psicológicos são caracterizados por diversas expressões de pensamentos, sentimentos e ações. Transtornos mais similares em experiência também apresentarão pensamentos, sentimentos e ações mais semelhantes. Por exemplo, a depressão e o transtorno depressivo persistente (antes chamado de "distimia") compartilham inúmeras expressões comuns de cada componente, com variações sutis em sentimentos e ações que refletem a natureza mais persistente, porém menos aguda, do transtorno depressivo persistente. Ao comparar o modelo de TCC para depressão com o modelo para transtorno de ansiedade social (ver Capítulos 6 e 9), observam-se maiores diferenças. A ansiedade social é caracterizada por medo agudo ou sintomas semelhantes a pânico na exposição a situações sociais. Os pensamentos são caracterizados por medo do constrangimento ou da avaliação e das consequências catastróficas do fracasso. Indivíduos socialmente ansiosos têm menos dificuldade para se movimentar (anedonia) em relação a um indivíduo deprimido, porém são propensos a congelar e a escapar de situações assustadoras. Se examinarmos o modelo de TCC para transtorno de ansiedade generalizada (TAG), encontraremos similaridades tanto na depressão quanto no transtorno de ansiedade social. Reconhecemos o afeto negativo difuso, comum em jovens deprimidos, e a tensão muscular aumentada, comum em jovens com ansiedade social. Um jovem preocupado com TAG pode ter dificuldade para começar como um adolescente deprimido, devido à procrastinação e ao perfeccionismo, porém também pode buscar atenção substancial e tranquilidade, o que é comum na maioria dos jovens ansiosos.

Os Quadros 1.1 e 1.2 resumem os aspectos emocionais, fisiológicos, cognitivos e comportamentais dos diversos transtornos de ansiedade e humor. Os transtornos são agrupados de forma geral para destacar quais têm mais características sobrepostas. Tais quadros são projetados para auxiliá-lo a aprender as características comuns e distintivas dos diversos transtornos de humor e ansiedade. Ao aprender esses padrões, você estará mais bem-preparado para avaliar e filtrar informações que qualquer cliente relata e, em seguida, classificá-las com maior precisão em uma categoria diagnóstica útil. Saber onde as respostas dos clientes se encaixam ajuda você a saber como eles reagirão aos estressores.

O papel da evitação na manutenção do sofrimento emocional e do comportamento mal-adaptativo

Um mecanismo crítico que o triângulo de TCC não aborda completamente é o papel que a *evitação* desempenha na manutenção do sofrimento e dos padrões emocionais-comportamentais mal-adaptativos. Fuga e evitação comportamentais referem-se ao fato de um indivíduo não ingressar, ou sair prematuramente, de uma situação que evoca medo ou angústia. São tipos de "ação". Formas cognitivas de evitação podem incluir tentativas mal-adaptativas de enfrentamento, como distração e supressão de pensamentos. Processos emocionais automáticos também podem servir à função

QUADRO 1.1 Características distintivas dos transtornos de ansiedade em jovens

Transtorno	Experiência emocional	Experiência fisiológica	Experiência cognitiva	Comportamentos
Transtorno de ansiedade generalizada	• Apreensão e ansiedade sobre amigos, família, futuro, saúde física, etc. • Afeto negativo difuso	• Tensão muscular, fadiga, inquietação, agitação quando preocupado • Dificuldade em relaxar, especialmente durante o sono	• "E se..." persistentes • Perfeccionismo autoimposto; regras rígidas; preocupações consigo mesmo, família, escola, saúde, etc.	• Preocupação, ruminação • Evitação/procrastinação • Busca de conforto, dependência • Perfeccionismo, rigidez • Planejamento excessivo
Transtorno de ansiedade de separação	• Medo/pânico na separação e apreensão antecipada	• Sintomas semelhantes ao pânico na separação (aumento da frequência cardíaca, respiração rápida, choro) • Queixas de dores de estômago, mal-estar, náuseas	• Preocupação sobre danos a si mesmo ou aos pais na separação, incapacidade de se controlar durante a separação	• Comportamento de agarrar-se, busca de conforto • Protestos, argumentos, queixas, oposição • Recusa em se separar em casa, na escola ou em outros lugares
Transtorno de ansiedade social	• Medo e ansiedade em situações sociais e avaliação social	• Tensão, mal-estar ao antecipar situações sociais • Sintomas semelhantes ao pânico em situações sociais	• Medo da avaliação, do embaraço e das consequências de um mau desempenho	• Evitação/recusa/fuga de atividades ou demandas sociais • Disrupção no desempenho e na apresentação social
Fobia específica	• Medo/pânico de objetos específicos: animal, alturas, escuridão, sangue, etc.	• Sintomas semelhantes ao pânico na presença de gatilhos específicos	• Medo de resultados catastróficos (p. ex., lesão corporal) ou incapacidade de se controlar	• Evitação, fuga do objeto temido • Aguentar sob grande pressão
Transtorno de pânico	• Ataques de pânico agudos mais preocupação com ataques futuros	• Apreensão ansiosa persistente, preocupando-se com o próximo ataque • Sintomas de pânico e medo de morte ou perda de controle	• Medos persistentes/agudos de resultados catastróficos de ter um ataque e ficar preso	• Evitação, fuga de contextos em que ocorreu o pânico • Retraimento, isolamento
Transtorno obsessivo-compulsivo	• Obsessões que causam angústia e compulsões repetitivas/idiossincráticas	• Intensa angústia, desconforto desencadeado por pensamentos intrusivos • Alívio ao completar o ato compulsivo	• Medos idiossincráticos de consequências catastróficas se as compulsões não forem concluídas	• Rituais comportamentais e mentais (p. ex., lavagem, verificação, ordenação, comportamentos repetitivos)

QUADRO 1.2 Características distintivas dos transtornos de depressão unipolar em jovens

Transtorno	Experiência emocional	Experiência fisiológica	Experiência cognitiva	Ações
Depressão	• Humor deprimido • Triste, para baixo • Tristeza persistente e duradoura • Sensação pesada de "peso do mundo" ou dor de estômago • Irritabilidade, raiva • Desesperança, desamparo	• Poço no estômago, pressão no peito, vontade de chorar (choroso), peso nos ombros • Sentir-se pesado, cansado, como um peso morto • Cabeça nublada, desfocada • Problemas de alimentação/apetite • Inquietação/distúrbios do sono • Atraso psicomotor • Ansiedade, tensão	• Dificuldade em pensar, concentrar-se, focar • Negatividade • Autocrítica • Desesperança, desamparo • Pensamentos automáticos negativos/distorções cognitivas (p. ex., tudo ou nada; culpar a si mesmo; catastrofizar; descontar aspectos positivos)	• Ruminação, preocupação • Retraimento social, isolamento, afastar os outros, baixa assertividade • Evitar estressores, aborrecimentos, má resolução de problemas • Passividade, má autodireção, incapacidade de seguir em frente • Autorrecompensa limitada, busca limitada de atividades e recompensas agradáveis • Repetição de comportamento passivo e não gratificante • Habilidades sociais difusas e desinteressantes • Comportamento negativo em relação aos outros (rejeição, carência, reclamação) • Conflito entre pares e familiares
Transtorno depressivo persistente (distimia)	• "Para baixo no lixo", preguiçoso, pesado, arrastando • Entediado, apático • Letargia • Má conexão com a experiência e com os outros	• Preguiçoso, pesado, arrastando • Nublado, nebuloso, sem foco • Falta de apetite/alimentação • Inquietação/distúrbios do sono • Cansado, fatigado	• Baixa autoestima • Dificuldade em pensar, tomar decisões • Negatividade • Desesperança, pessimismo em relação ao futuro	• Ruminação, preocupação • "Preguiçoso", anedonia, incapacidade de seguir em frente • Retirada, isolamento • Evitar desafios/aborrecimentos, baixa motivação para se esforçar, busca atividades de baixo esforço

de evitação, como quando um indivíduo experimenta amortecimento, dissociação ou paralisia. O indivíduo se envolve nessas atividades, com ou sem controle, como tentativas de lidar com o sofrimento.

A evitação pode apresentar uma série de problemas ao processar adequadamente emoções e aprender (Chu, Skriner e Staples, 2014; Harvey, Watkins, Mansell e Shafran, 2004). Segundo o modelo de processamento emocional da ansiedade (Foa, Huppert e Cahill, 2006), estruturas patológicas de medo contêm associações entre um estímulo, uma resposta e representações de significado que distorcem a realidade. A evitação repetida impede a ativação suficiente da rede de medo, impedindo que novas informações ansiolíticas sejam aprendidas. Da mesma forma, de acordo com o modelo de habituação, é necessária uma exposição prolongada a um estímulo temido para diminuir a ansiedade (períodos de exposição breve podem "sensibilizar" os pacientes para estímulos temidos). Em ambos os modelos de habituação e processamento emocional, a evitação impede a exposição prolongada (Fig. 1.3).

Em termos de teoria da aprendizagem, a evitação tem diversas funções prejudiciais. Primeiro, o comportamento de evitação com frequência é negativamente reforçado, uma vez que proporciona alívio imediato por meio da fuga. Segundo, a evitação nega à pessoa oportunidades de reforço positivo e contribui para um ambiente privado (Hoffman e Chu, 2019; Ferster, 1973; Jacobson, Martel e Dimidjian, 2001). Terceiro, ela pode agravar a atenção autofocada e o pensamento ruminativo, visto que a evitação estreita os interesses da pessoa e reduz sua exposição a estímulos externos. De uma perspectiva cognitiva, a evitação remove a oportunidade de desconfirmar crenças negativas (Salkovskis, 1991). Por fim, o comportamento de evitação é intrinsecamente problemático em sentido funcional, pois pode resultar em aumento de ausência na escola, no trabalho e em oportunidades sociais. Em contrapartida, prevenir a evitação pode aumentar o senso de autocontrole e autoeficácia, que promove o comportamento de abordagem. Trabalhar com jovens muitas vezes requer trabalhar com cuidadores para entender como suas ações podem promover a fuga ou a evitação de situações angustiantes pelos jovens. Independentemente da teoria, processos comportamentais, emocionais e cognitivos são impactados quando a evitação é usada como uma solução para um gatilho estressor.

REALIZANDO UMA AVALIAÇÃO INICIAL

O primeiro passo na aplicação do modelo de TCC a um cliente individual é realizar uma avaliação inicial. Adote uma abordagem baseada em evidências que consiste em avaliação diagnóstica, de sintomas e funcional do jovem em seu contexto interpessoal completo (família, comunidade). Essa abordagem é consistente com as recomendações da American Psychological Association (APA) para a prática psicológica baseada em evidências, começando com uma compreensão abrangente do cliente identificado e priorizando pesquisas disponíveis na seleção de intervenções potenciais (APA Presidential Task Force on Evidence-Based Practice, 2006). Uma abordagem de avaliação baseada em evidências (EBA, do inglês *evidence-based assessment*) para crianças e adolescentes inclui as seguintes características:

1. Ancore sua avaliação no problema apresentado pela criança ou pelo adolescente e nos problemas-alvo. O objetivo de qualquer terapia é ajudar os jovens a alcançarem os objetivos mais significativos para eles. É mais provável que es-

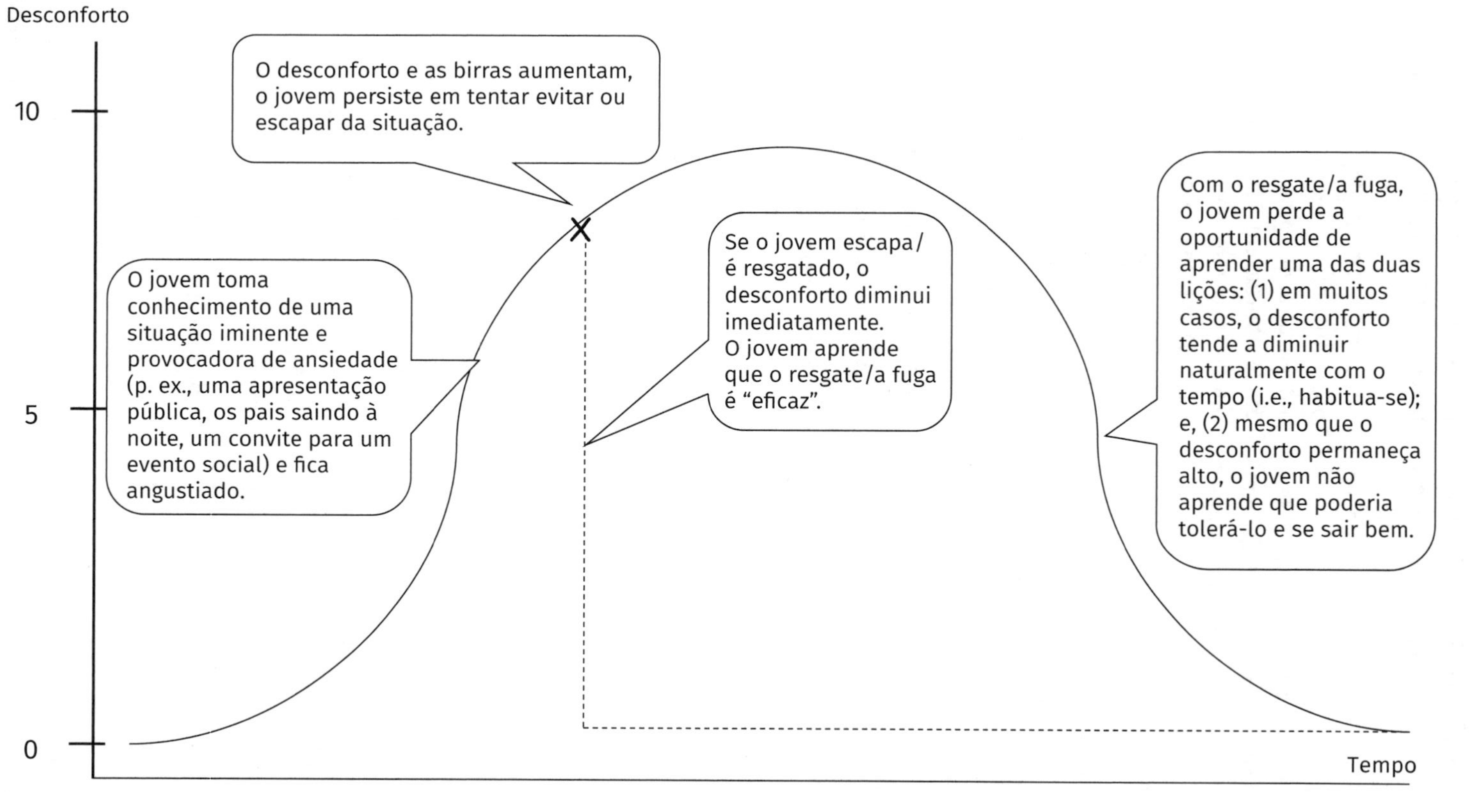

FIGURA 1.3 Curva de habituação: efeito do resgate/da fuga na aprendizagem. O resgate ou a fuga é negativamente reforçada pelo impacto imediato na redução do desconforto. O jovem falha tanto em experimentar a habituação natural do desconforto quanto em aprender a tolerância a este.

Eixo vertical: Desconforto (0, 5, 10); Eixo horizontal: Tempo

- O jovem toma conhecimento de uma situação iminente e provocadora de ansiedade (p. ex., uma apresentação pública, os pais saindo à noite, um convite para um evento social) e fica angustiado.

- O desconforto e as birras aumentam, o jovem persiste em tentar evitar ou escapar da situação.

- Se o jovem escapa/é resgatado, o desconforto diminui imediatamente. O jovem aprende que o resgate/a fuga é "eficaz".

- Com o resgate/a fuga, o jovem perde a oportunidade de aprender uma das duas lições: (1) em muitos casos, o desconforto tende a diminuir naturalmente com o tempo (i.e., habitua-se); e, (2) mesmo que o desconforto permaneça alto, o jovem não aprende que poderia tolerá-lo e se sair bem.

colher ferramentas de avaliação focadas nos domínios que levam o jovem à terapia ajude a envolvê-los, a envolver seus cuidadores e a aumentar sua motivação para participar.
2. Avalie múltiplos domínios e os diferentes aspectos do funcionamento de um jovem para obter uma visão holística de suas forças, suas limitações e seus prejuízos. Isso pode incluir o diagnóstico de transtornos psicológicos, a medição de sintomas (p. ex., ansiedade, depressão) e a avaliação de prejuízo funcional (desempenho na escola, em atividades extracurriculares, com amigos). Em cada um desses níveis, a avaliação de múltiplos domínios (p. ex., ansiedade social, medo de avaliação) pode ser mais informativa do que avaliar uma dimensão global (p. ex., ansiedade). Escolha medidas e subescalas de medidas que correspondam aos problemas principais da criança/do jovem.
3. Obtenha dados de múltiplos informantes. Os jovens existem em múltiplos sistemas sociais. Obtenha contribuições do próprio adolescente, dos cuidadores e, quando possível, de outros informantes que possam ter informações pertinentes sobre o funcionamento do jovem (p. ex., professores, treinadores, outros adultos que moram com ele).
4. Considere o contexto social. Como os jovens estão inseridos em múltiplos sistemas sociais, colete dados sobre os adultos, os irmãos e os colegas com quem o adolescente convive ou interage; entender a comunidade e a escola do jovem fornece dados valiosos para a conceitualização de caso.
5. Utilize medidas desenvolvimental e culturalmente apropriadas. Elas devem avaliar construtos relevantes e devem ser redigidas no nível de leitura adequado para o jovem. Por exemplo, pedir a um adolescente que preencha um questionário sobre enurese pode reduzir imediatamente a credibilidade de um clínico aos olhos do jovem. Se o adolescente ou os cuidadores não falam inglês, os terapeutas devem encontrar medidas que tenham sido traduzidas para o idioma preferido, quando possível.
6. Faça uso de medidas psicometricamente sólidas quando comparações são importantes. Ao avaliar sintomas amplos ou construtos que se beneficiam de comparações nacionais ou internacionais, é essencial usar medidas psicometricamente sólidas. Por exemplo, a avaliação da ansiedade de um jovem, dos sintomas depressivos, da competência acadêmica ou das habilidades sociais pode se beneficiar de comparações normativas. Isso permite comparar o funcionamento do adolescente com o de outras pessoas com a mesma idade, o mesmo sexo ou outro traço importante.
7. Utilize medidas idiográficas para avaliar e monitorar objetivos individuais. Ferramentas idiográficas (p. ex., hierarquias de medo, listas de problemas principais) às vezes são as melhores para capturar prejuízos funcionais específicos, que podem ser perdidos por medidas de sintomas amplos. Elas são especialmente úteis para medir mudanças semanais ligadas aos objetivos de tratamento do cliente.

Existem diversos recursos para ajudar os clínicos a obterem e usarem ferramentas de EBA. Para aqueles com acesso a periódicos acadêmicos, há várias edições e artigos excelentes que abrangem uma ampla gama de domínios. Estes incluem a edição especial de Mash e Hunsley (2005) sobre EBA, artigos de recursos-chave (Beidas et al., 2015; Becker-Haimes et al., 2020) que listam ferramentas de avaliação de acesso público e o artigo de Youngstrom et al. (2015) que fornece exemplos de casos de como os clínicos podem usar a EBA na prática clínica diária. Recursos *on-line* de acesso público também existem para ajudar os clínicos. Algumas organizações profissionais criam ferramentas de avaliação de acesso gratuito publicadas no domínio público. A Helping Give Away Psychological Science (HGAPS) criou um centro de avaliação *on-line* em que cuidadores, adolescentes e adultos podem preencher avaliações de saúde mental e receber *feedback* imediato (*www.hgaps.org/ac.html*). A Society of Clinical Psychology da APA criou um repositório para instrumentos de EBA (*www.div12.org/assessment-repository*). Aqui, o clínico praticante pode encontrar uma ampla gama de ferramentas de EBA para *download* que avaliam diversos problemas em diferentes faixas etárias. A Society of Clinical Child and Adolescent Psychology (SCCAP, Divisão 53 da APA) desenvolveu um *site* (*www.EffectiveChildTherapy.com*) que tem recursos de acesso gratuito, incluindo folhas informativas, vídeos informativos breves para famílias, seminários didáticos para profissionais e *workshops* completos para profissionais. O *site* da Association for Behavioral and Cognitive Therapies (ABCT) também inclui uma página especial sobre recursos de autoajuda que receberam o selo de aprovação da organização (*www.abct.org/ SHBooks*).

Projetos de aprendizagem colaborativos, como o Wikiversity, também fornecem um recurso público em que os terapeutas podem obter e compartilhar conhecimento. Por exemplo, a SCCAP desenvolveu tutoriais para orientar o planejamento de terapeutas em torno da EBA (p. ex., planejamento, seleção de medidas, interpretação de dados e ênfase na avaliação incremental). Ver, por exemplo, *https://en.wikiversity.org/wiki/Evidence_based_assessment* e *https://en.wikiversity.org/wiki/ Category:Vignettes*. Colaborações *on-line* permitem que o conteúdo seja atualizado continuamente para refletir o conhecimento crescente, uma barreira comum à disseminação por meios mais tradicionais.

CONCEITUALIZAÇÃO DE CASO

Uma vez selecionado e aplicado um conjunto de ferramentas de avaliação, as informações podem ser utilizadas para elaborar uma conceitualização de caso, também denominada "formulação de caso". As conceitualizações de caso representam a explicação de trabalho do terapeuta sobre os fatores que contribuem para e mantêm os problemas apresentados pelo jovem (Christon, McLeod e Jensen-Doss, 2015; Persons, 2006). Ela fundamenta-se no modelo de TCC e incorpora conhecimento sobre gatilhos (p. ex., eventos, interações interpessoais) e consequências (resultados funcionais) para o jovem individual. A formulação de caso tem início no momento em que os clínicos encontram seus clientes, e estes revisam continuamente suas formulações à medida que novos dados se apresentam. Por exemplo, a TCC atribui papéis significativos de manutenção para pensamentos negativos irreais, inatividade, evitação comportamental, déficits de habilidades e reatividade fisiológica na patologia em jovens. Ao operar em uma abordagem de TCC baseada em princípios, cabe ao terapeuta adaptar estratégias ao jovem individual, (1) identificando os gatilhos únicos que precedem os humores deprimidos, (2) avaliando quais mecanismos específicos (p. ex., pensamentos, evitação, resolução de problemas) são mais críticos e (3) observando quais consequências mantêm o comportamento mal-adaptativo. Com base nessa conceitualização individualizada (i.e., avaliação funcional), o terapeuta enfatiza algumas estratégias em relação a outras. Se o jovem responde a falhas percebidas (p. ex., brigando com um amigo na escola) com retirada e isolamento (i.e., evitação), o terapeuta pode optar por focar na ativação comportamental e em experimentos comportamentais para promover resolução de problemas e comportamentos de abordagem. Mesmo quando a crise da semana muda de uma sessão para outra, a formulação mantém o terapeuta focado nos mecanismos centrais (evitação, pensamento irrealista). Na presença de comorbidades complicadoras (p. ex., uso de drogas), o terapeuta pode escolher intervenções complementares que complementem a formulação em andamento, como a entrevista motivacional (EM), que se concentra em incentivar comportamentos personalizados orientados para objetivos. Dessa forma, um terapeuta pode visualizar desafios diários a partir de uma lente consolidada que reduz o número de escolhas que precisam ser feitas.

Os dados devem ser coletados continuamente ao longo do tratamento para testar o pensamento do terapeuta sobre os mecanismos de manutenção. É fundamental ver esse pensamento como uma hipótese de trabalho, não como uma teoria fixa. O terapeuta deve, então, revisar a conceitualização de caso à medida que novas informações se tornam disponíveis e o tratamento progride. Esse processo foi descrito como dialética de avaliação-tratamento (Weisz et al., 2011). Em outras palavras, os clínicos integram de maneira contínua novas informações em um ciclo contínuo de avaliação → formulação de caso → planejamento de tratamento → implementação de estratégia → monitoramento de resultado e avaliação. Intervenções bem-sucedidas podem ser utilizadas com maior intensidade ou dose. Intervenções malsucedidas podem ser descontinuadas.

Certas comunidades emergem em uma classificação diagnóstica. Jovens diagnosticados com transtorno de ansiedade social expressarão grande parte de seus medos em torno de avaliação de desempenho e comparação social. Configurações sociais (p. ex., festas, conhecer pessoas novas, responder perguntas na aula) refletem um contexto comum que evoca medo, e, nesses contextos, gatilhos específicos semelhantes precederão o medo (p. ex., fazer contato visual com um estranho; o professor os chamando). Jovens com ansiedade social responderão, então, com respostas internas e comportamentais comuns (p. ex., dor de estômago, evitação de configurações sociais, fuga de situações desconfortáveis) e terão padrões de pensamento semelhantes (p. ex., previsões e avaliações irrealistas de seu desempenho). Ao mesmo tempo, dois indivíduos que preencham os critérios para o mesmo diagnóstico podem parecer bastante diferentes. Por exemplo, um adolescente com transtorno de ansiedade social pode ter um pai muito crítico, ao passo que outro pode ter um pai excessivamente acomodado (*contexto*). O medo de um adolescente pode ser desencadeado pelo pai afirmando que ele nunca será nada, ao passo que o medo de um segundo adolescente pode ser desencadeado por um convite para uma festa que chega por mensagem de texto (*gatilhos, antecedentes*). O *mecanismo de manutenção* para um adolescente pode ser pensamentos negativos catastróficos ("Nunca serei nada"), mas pode ser uma reação fisiológica avassaladora para outro. A consequência imediata para cada um pode ser o alívio que sentem ao escapar da cena estressante. No entanto, as consequências em longo prazo podem diferir, pois o primeiro adolescente pode compensar seus medos estudando muito e acertando em seus exames. O segundo adolescente pode se tornar intensamente isolado.

Os dois exemplos ilustram a centralidade da conceitualização de caso. Cada história é plausível (na verdade, muito comum) entre jovens com ansiedade social. Saber que cada jovem se qualifica para um diagnóstico de ansiedade social ajuda a estreitar o campo. A conceitualização de caso individualizada ajuda a desenvolver um modelo específico e de trabalho para escolher intervenções adaptadas a cada criança. O *layout* deste livro tem como objetivo facilitar ambos. Os planos de tratamento são agrupados por categoria diagnóstica, mas a formulação de caso individualizada é destacada em cada capítulo para enfatizar a diversidade de casos que aparecem em cada transtorno.

Elaboração de conceitualização de caso individualizada

Como um clínico faz uso dos modelos de TCC e de evitação para formar uma conceitualização? O primeiro passo é criar uma lista de problemas-alvo a partir das principais áreas de prejuízo do jovem. Os objetivos são, então, desenvolvidos para essas áreas de prejuízo, e os prejuízos são subsequentemente divididos em problemas menores. A avaliação funcional de cada problema pode, então, identificar seus mecanismos de manutenção. Pensamentos são integrados à conceitualização junto a contextos interpessoais. Cada um desses passos é descrito com mais detalhes a seguir.

Metas e lista de problemas-alvo

Para estabelecer metas de tratamento, terapeuta, jovem e cuidadores desenvolvem de forma colaborativa uma lista de problemas-alvo com base nas principais áreas de comprometimento funcional do jovem. O terapeuta resume informações da avaliação feita em vários domínios e por meio de diversos informantes para fornecer *feedback* à família sobre possíveis áreas de preocupação, como sintomatologia intensa e déficits de habilidades. Jovem e cuidadores identificam áreas concretas em que a mudança melhoraria o funcionamento do adolescente. Uma lista de problemas-alvo conjunta fornece um claro entendimento dos resultados mais importantes para o jovem, a família e o terapeuta. Este pode usar o seguinte estímulo comum: "Se você tivesse o poder de mudar três coisas, o que seriam?". Acima de tudo, as metas de tratamento devem focar em mudanças reais na vida do cliente e da família que desejam ver na vida da criança.

Se os alvos na lista parecerem muito amplos (p. ex., "muito ansioso", "sentindo-me melhor comigo mesmo"), o terapeuta incentiva a família a dividir as metas em outras menores e específicas. O terapeuta ajuda a família a concretizar estados emocionais amplos e dar os primeiros passos em direção a metas alcançáveis. Pode-se ajudar a família a visualizar o tipo de mudança diária que gostariam de ver em domínios de vida significativos, como escola, amigos, família e saúde. Como os pais saberiam se o jovem estivesse se sentindo menos "ansioso" ou "triste"? Como o jovem estaria agindo se "se sentisse melhor consigo mesmo"? O que seria diferente no dia a dia? Após elaborar essa lista, o terapeuta pode usar a avaliação funcional para identificar os gatilhos, os mecanismos e as consequências dos comportamentos problemáticos.

Como exemplo, as listas de metas dos pais e do jovem a seguir mostram uma mistura de metas emocionais difusas ("diminuir a ansiedade", "não estar com medo ou sobrecarregado"), bem como metas mais concretas e alcançáveis ("Ir a uma festa e conversar com as pessoas – não se esconder em um canto"). As metas mais amplas oferecem um domínio geral para trabalhar, mas também precisamos identificar metas concretas e observáveis que dão mais direção ao trabalho.

Metas dos pais para o filho

- Diminuir a ansiedade [muito amplo].
- Parar de se preocupar tanto [muito amplo].
- Passar mais tempo com os amigos; sair mais de casa [moderadamente específico].
- Melhorar o sono [moderadamente específico].
- Tornar o trabalho escolar uma prioridade, fazendo a lição de casa antes do jantar [mais específico].

Metas do filho para si mesmo

- Não ter tanto medo ou me sentir tão sobrecarregado [muito amplo].
- Fazer amigos e aceitar mais convites para sair [moderadamente específico].
- Passar menos tempo no meu quarto e mais tempo convivendo com a família [moderadamente específico].
- Fazer meus pais pararem de me incomodar para falar com outras crianças [moderadamente específico; também comum].
- Ser capaz de pedir ajuda aos meus professores quando precisar [mais específico].
- Ir a uma festa e conversar com pessoas – não me esconder em um canto [mais específico].

Após elaborar uma lista de problemas--alvo razoavelmente específica, o terapeuta pode usar a avaliação funcional para identificar os mecanismos que mantêm os comportamentos problemáticos.

Identificação de mecanismos de manutenção por meio da avaliação funcional

O objetivo de formar uma conceitualização de caso é compreender a origem e a manutenção dos problemas de um cliente. Uma conceitualização de TCC conecta os pontos entre as situações problemáticas e a resposta de angústia do indivíduo para dar ao clínico direção sobre onde intervir. Nas conceitualizações de TCC, os *mecanismos de manutenção* servem como alvos para o tratamento. Eles são os padrões cognitivos, fisiológicos ou comportamentais do cliente que perpetuam ciclos mal-adaptativos.

Como identificar os mecanismos de manutenção? Por meio da realização de avaliação funcional! Essa é uma das técnicas de TCC mais flexíveis e robustas. "Avaliação funcional" significa avaliar sequências *antecedente-comportamento-consequência* (ABC, do inglês *antecedente-behavior-consequence*), também chamadas de "cadeias comportamentais" (Kazdin, 2001; Rizvi & Ritschel, 2014). Um "antecedente" é qualquer gatilho ou circunstância (p. ex., pessoa, lugar, objeto, evento, pensamento, sentimento, ação) que tenha algum tipo de significado para o indivíduo. "Comportamento" refere-se a qualquer resposta do cliente (ação, cognição, emoção e resposta fisiológica) que segue o antecedente. A "consequência" refere-se a quaisquer resultados que sigam a resposta do cliente. A Figura 1.4 (uma versão em branco está disponível como Planilha 1 no Apêndice A) ilustra o modelo de avaliação funcional ABC. No diálogo a seguir, o clínico conduz uma série de avaliações para determinar os gatilhos, as respostas comportamentais e as respostas ambientais que caracterizam o comportamento problemático de um cliente.

PLANILHA 1. Gatilho e resposta

Conte-nos sobre seus gatilhos e como você reagiu. Descreva seus sentimentos, o que você fez (ação), o que aconteceu imediatamente em seguida (resultado imediato) e o que aconteceu depois (resultado em longo prazo).

Antecedente → Resposta comportamental e emocional → Consequências

Gatilho	Sentimento (resposta emocional)	Ação (resposta comportamental)	Resultados imediatos (O que mantém isso em andamento?)	Resultados de longo prazo (O que lhe coloca em apuros?)
Tive que fazer uma apresentação oral em aula.	Medo, pânico.	Perguntei à minha professora se eu poderia ir à enfermaria – sentindo-me enjoado.	A professora disse "sim". Alívio enorme!	Agora tenho que fazer a apresentação oral em outro momento. A professora parecia irritada comigo.
Meus pais estão brigando.	Tristeza.	Vou para o meu quarto, coloco meus fones de ouvido.	Excluído. Anestesiado.	Sentindo-me solitário, isolado. Evito meus pais.
Meu treinador me disse que eu ficaria no banco se não me recompusesse.	Nervoso, assustado.	Falto ao treino porque sei que o treinador me odeia.	Sinto-me melhor porque não tenho que confrontar o treinador.	Não estou melhorando e provavelmente ficarei no banco.

FIGURA 1.4 Avaliação funcional de múltiplos humores e ações.

TERAPEUTA (T): Gostaria de conhecê-lo melhor e entender em quais situações você costuma se sentir preso. Consegue se lembrar de uma situação em que se sentiu triste ou ansioso na semana passada?

CLIENTE (C): Bem, tive que fazer um discurso na aula e fiquei apavorado.

T: Ah, sim, isso pode ser um desafio assustador para qualquer um de nós. Esse discurso foi algo improvisado ou algo que você já estava planejando há algum tempo?

C: Foi atribuído há um tempo, mas nunca consegui me motivar para me preparar de verdade.

T: Então, no dia do discurso, você se sentiu realmente despreparado?

C: Sim.

T: E que sentimento você teve na sala de aula naquele dia?

C: Pânico total! Eu tinha certeza de que o professor iria me repreender na frente de todos e me envergonhar.

T: O que você fez?

C: Bem, não sabíamos quem a professora iria chamar. Sabe, havia mais pessoas que precisavam falar do que cabiam na sala. Então, eu continuei tentando manter minha cabeça baixa, para que a professora não me visse...

T: E isso funcionou?

C: Eu não sei, mas eu continuava em pânico e não conseguia pensar em mais nada além de como iria fracassar.

T: Como você acabou superando isso?

C: Eu finalmente perguntei se poderia ir à enfermaria. Tipo, eu estava com uma dor de estômago ruim ou algo assim.

T: E então?

C: A professora meio que me olhou estranho – tipo um pouco irritada. Mas então ela disse, "Ok". Eu fiquei tão animado!

T: Então, você estava bastante aliviado.

C: Sim, eu saí de lá assim que pude.

T: (*rindo*) Ok, então parece que isso lhe livrou de fazer o discurso naquele dia. Acho que essa solução funcionou por enquanto...

C: Ah, sim.

T: Eu me pergunto, algo aconteceu desde então? Você notou algum resultado positivo ou negativo vindo disso? Quero dizer, funcionou completamente?

C: Bem, tenho meio que evitado minha professora desde então, e ela sempre me olha meio irritada. E eu ainda terei que fazer o discurso provavelmente. E ainda não estou preparado!

Esse diálogo ilustra como um terapeuta poderia conduzir uma avaliação ABC de forma muito interativa, mas ainda assim acumular as informações necessárias para entender como o cliente responde ao gatilho de dar um discurso e quais resultados normalmente resultam no ambiente natural do cliente. A Figura 1.5 (uma versão em branco está disponível como Planilha 1 no Apêndice A) demonstra a flexibilidade de uma avaliação ABC para cobrir uma variedade de gatilhos e respostas emocionais. Possivelmente, um clínico pode desejar agrupar sequências comportamentais em "temas", classificados por respostas emocionais comuns ou padrões comportamentais (ver a seguir). No início, é adequado simplesmente coletar dados e aprender mais sobre os padrões de resposta naturais do cliente.

Antecedentes devem ser específicos

Existem diversos desafios na condução de avaliações funcionais úteis. Em primeiro lugar, ao identificar antecedentes, o clínico deve tentar identificar o gatilho mais específico possível. "Quando meus pais brigam" serve, na medida em que o jovem responde

PLANILHA 1. Gatilho e resposta

> Conte-nos sobre seus gatilhos e como você reagiu. Descreva seus sentimentos, o que você fez (ação), o que aconteceu imediatamente em seguida (resultado imediato) e o que aconteceu depois (resultado em longo prazo).

Antecedente → Resposta comportamental e emocional → Consequências

Gatilho	Sentimento (resposta emocional)	Ação (resposta comportamental)	Resultados imediatos (O que mantém isso em andamento?)	Resultados de longo prazo (O que lhe coloca em apuros?)
Meus pais discutiram sobre as minhas notas ruins.	Tristeza, medo, nervosismo, raiva.	Não fiz meu dever de casa, não falei com os amigos. Briguei com meus pais.	Todos estão zangados comigo.	Ainda falhando.
Separe a primeira linha em três sequências ABC individuais com base em sentimentos distintos!				
Meus pais discutiram sobre as minhas notas ruins.	Tristeza.	Vou para o meu quarto, coloco meus fones de ouvido.	Excluído. Anestesiado.	Sentindo-me solitário, isolado. Evito meus pais.
Meus pais discutiram sobre as minhas notas ruins.	Medo, nervosismo.	Nada... não consigo pensar no que fazer. Não fiz o meu dever de casa.	Não fiz o dever de casa.	Reprovado na disciplina.
Meus pais discutiram sobre as minhas notas ruins.	Raiva.	Grito com os meus pais, digo que não vou mais estudar.	Os pais param de brigar.	Sou punido por gritar. Fico ainda mais atrasado nas disciplinas.

FIGURA 1.5 Avaliação funcional pela emoção. Concentre-se em apenas uma emoção por linha para manter a análise funcional clara. Na primeira linha, há muitas emoções para entender; na segunda, você pode obter *insights* analisando cada conjunto de emoções.

de maneiras semelhantes sempre que seus pais discutem. No entanto, recomendamos identificar um evento específico ("Meus pais brigaram por causa das minhas notas ruins [na quarta-feira]"). É verdade que raramente existem respostas "certas" ou "erradas" para identificar o único evento que desencadeia uma resposta (Rizvi & Ritschel, 2014). No entanto, identificar um gatilho específico no qual o cliente e a família possam se concentrar ajuda a fornecer um ponto de partida para a intervenção.

Organize as avaliações por emoção

Um segundo desafio é que os clientes podem experimentar múltiplas emoções em resposta a um único gatilho angustiante. Recomendamos criar uma linha ABC separada para cada emoção distintiva, pois cada uma delas geralmente indica reações distintivas que levam a respostas comportamentais distintas. O jovem pode não estar ciente de como cada emoção desencadeia respostas únicas, mas separar de forma explícita essas emoções ajuda a esclarecer a complexidade da resposta e estimula soluções variadas para abordar padrões mal-adaptativos. A Figura 1.5 ajuda a demonstrar o valor de esclarecer sequências ABC separadas para emoções distintas. Na primeira linha, há muitas emoções para entender, e isso não fornece ao terapeuta ou ao cliente próximos passos claros para a intervenção. As segunda e terceira linhas são separadas em dois conjuntos de sentimentos mais específicos (tristeza e medo/nervosismo). A tristeza é caracterizada pelo fato de o jovem evitar outras pessoas e se afastar, o que leva ao aumento do isolamento dos membros da família. O nervosismo é caracterizado pela evitação de tarefas escolares, o que leva a tarefas incompletas e notas ruins. As sequências ABC mais específicas fornecem ao clínico pistas específicas sobre quais comportamentos direcionar (evitar pessoas e tarefas escolares) e quais resultados buscar (isolamento social, notas ruins).

Defina consequências de curto e longo prazos

Em terceiro lugar, é possível esperar múltiplos resultados (consequências) provenientes da resposta comportamental do jovem a qualquer desafio angustiante. Consequências compreendem quaisquer eventos específicos, pensamentos e emoções que ocorrem após o comportamento de preocupação (Rizvi & Ritschel, 2014). O terapeuta busca identificar fatores que possam influenciar a recorrência do comportamento ou que possam ser úteis na prevenção de futuras ocorrências. Essas consequências se enquadram nas categorias de reforçadores positivos e negativos e punidores (para uma revisão completa de reforçadores e punidores, ver Kazdin, 2001, ou Yoman, 2008). Em suma, um "reforçador" é qualquer consequência que aumenta a probabilidade de o comportamento ocorrer novamente no futuro, ao passo que um "punidor" é qualquer consequência que diminui a probabilidade de o comportamento ocorrer de novo (Rizvi & Ritschel, 2014). Clinicamente, você pode avaliar os efeitos reforçadores e punitivos dos resultados, investigando tanto as consequências positivas quanto as negativas que seguem qualquer sequência antecedente-comportamento.

Alguns resultados são aparentes em curto prazo; outros só se tornam aparentes em longo prazo, após algum tempo ter passado. Retornando ao nosso exemplo anterior, a tristeza pode levar o jovem ao autoisolamento, contribuindo para os resultados de curto prazo de isolamento e falta de apoio social necessário. Em longo prazo, o relacionamento entre pais e jovem pode se deteriorar (o jovem aprende que não pode contar com seus pais), e as notas do adolescente podem ser prejudicadas. Quando um jovem reage com raiva, consegue fazer seus pais pararem de brigar, mas também é punido por gritar. Nesse caso, os resultados de curto e longo prazos divergem, dependendo da reação imediata do adolescente no momento. Especificar as consequências de curto e longo prazos das escolhas do jovem ajuda a tornar claro o custo de escolher cada caminho comportamental. As informações podem ser usadas para definição de metas e EMs à medida que o planejamento do tratamento se inicia.

Gatilhos e respostas podem ser tanto internos quanto externos

Esteja ciente de que os gatilhos e as respostas podem incluir eventos internos e externos (Kazdin, 2001; Rizvi & Ritschel, 2014). A maioria das pessoas comumente associa gatilhos a eventos externos, como receber más notícias, ter uma discussão difícil com um amigo ou um membro da família e receber críticas ou uma avaliação ruim de desempenho. No entanto, estímulos internos, como pensamentos, memórias e sensações fisiológicas, também podem desencadear uma resposta emocional adicional. O elo comportamental na cadeia ABC também se refere a qualquer resposta individual ao gatilho; não se limita a comportamentos evidentes. Em vez disso, tenha interesse em saber quais pensamentos, comportamentos e sensações fisiológicas do jovem ocorrem após o gatilho. Pode ser incomum, no início, ver sentimentos e pensamentos como comportamentos, mas, do ponto de vista da teoria da aprendizagem, essas diversas respostas são indistinguíveis em termos de seu papel potencial em uma avaliação funcional. Você só deve se preocupar com a *função* que a resposta desempenha em minimizar ou manter o desconforto. A resposta serve para minimizar o desconforto, chamar a atenção ou obter apoio, obter algum ganho instrumental, evitar estressores ou punir estímulos aversivos? A forma evidente do comportamento (ou do pensamento ou do sentimento) é menos significativa para os propósitos de conhecer melhor o cliente. Para entender melhor a função da resposta, é fundamental detalhar as consequências de curto e longo prazos que se seguem. A resposta do jovem é reforçada (aumentada) ou punida (diminuída)? Conhecer as consequências imediatas e secundárias ajudará a revelar quais fatores estão mantendo o comportamento mal-adaptativo diante do prejuízo aparente.

A realização de avaliações funcionais alcança vários objetivos clínicos (Rizvi & Ritschel, 2014). Ela dá ao jovem (e aos membros da família) a oportunidade de divulgar detalhes íntimos do comportamento problemático e obter *insight* sobre os gatilhos e as reações emocionais que precedem o comportamento problemático. Uma avaliação funcional atua como uma ferramenta de avaliação essencial, pois ajuda o cliente, a família e o terapeuta a identificarem quais cadeias comportamentais levam aos comportamentos problemáticos mais preocupantes e às consequências mais prejudiciais. Estas começarão a iluminar detalhes e padrões que lançam as bases para a formulação do caso e as oportunidades de intervenção.

Integrando pensamentos na conceitualização

Até agora, nossa discussão sobre avaliação funcional tem se concentrado em emoções e comportamentos. Contudo, os pensamentos desempenham um papel fundamental no modelo de TCC. Avaliar os pensamentos usando uma das ferramentas de avaliação funcional (ver também as Planilhas 1 e 2 no

PLANILHA 2. Rastreador de pensamentos, sentimentos e ações

Que tipo de pensamentos você tem quando se sente triste, ansioso ou angustiado? Como você age quando pensa dessa maneira? O que acontece (resultado) ao pensar dessa forma?

Gatilho	Sentimento	Pensamento	Ação	Resultado?
Meus pais discutiram sobre as minhas notas ruins.	Tristeza.	"Estou fazendo meus pais brigarem."	Vou para o meu quarto, coloco meus fones de ouvido.	Sentindo-me solitário, isolado. Evito meus pais.
Meus pais discutiram sobre as minhas notas ruins.	Frustração.	"Eles não se importam com o quanto eu estudei."	Grito com os meus pais, digo que não vou mais estudar.	Sou punido por gritar. Fico ainda mais atrasado nas disciplinas.
Meus pais discutiram sobre as minhas notas ruins.	Medo, nervosismo.	"Vou reprovar nesta disciplina."	Nada... não consigo pensar no que fazer.	Reprovado na disciplina.

FIGURA 1.6 O mesmo evento pode desencadear várias sequências únicas de pensamento-sentimento-ação.

Apêndice A) pode ser fácil. A Figura 1.6 integra pensamentos com a análise funcional que conduzimos anteriormente com o jovem cujos pais estavam brigando devido às suas notas ruins. Nesse exemplo, quando o jovem se sente triste, o principal pensamento que surge é "Estou fazendo meus pais brigarem", levando-o a se isolar em seu quarto, sentir-se culpado e evitar seus pais. Quando o jovem sente frustração ou raiva, surgem pensamentos automáticos persecutórios: "Eles não se importam com o quanto estudei", o que pode levar o adolescente a agir contra seus pais. Saber que ele tem dois padrões distintos de resposta ajuda o jovem e o terapeuta a desenvolverem planos específicos para cada ocorrência. Quando o jovem se sente nervoso, os pensamentos ansiosos são desencadeados: "Vou fracassar nesta disciplina", levando à paralisia e à incapacidade de concluir a lição de casa. Em cada sequência ABC, explorar os pensamentos automáticos que subjazem às emoções do jovem fornece informações sobre o medo ou a barreira específica que está impedindo o adolescente de responder de maneira saudável.

Integrando contextos interpessoais na conceitualização

Uma base substancial de evidências destaca o papel do contexto interpessoal e das interações sociais no desencadeamento e na manutenção de transtornos de ansiedade e humor em jovens. Na depressão, o conflito interpessoal e a rejeição estão entre os eventos negativos mais proeminentes que desencadeiam episódios depressivos e comportamentos autolesivos (Hammen, 2009; King & Merchant, 2008). Outras pesquisas mostram que pessoas deprimidas tanto rejeitam quanto acabam sendo rejeitadas por outras em suas vidas (Joiner, 2000). O aumento do isolamento e da retirada também contribui para uma rede social cada vez mais estreita da qual obter apoio quando necessário. Os membros da família muitas vezes são encontrados facilitando comportamentos ansiosos em jovens transmitindo informações ansiosas, reforçando a resposta ansiosa por meio de resgate e fuga e acomodando os medos dos jovens ansiosos.

Assim, avaliar como o jovem interage com os outros é fundamental para entender como o comportamento problemático está sendo mantido. É interessante ter em mente os contextos interpessoais ao gerar listas de problemas, entender os mecanismos de manutenção (formulação do caso) e planejar a intervenção. Fornecemos exemplos disso em cada um dos capítulos específicos de transtornos.

PLANEJAMENTO DO TRATAMENTO

Munido de uma avaliação multidimensional, conceitualização de caso e lista de problemas-alvo, o terapeuta pode, então, planejar intervenções para abordar as preocupações do jovem. Cada capítulo específico para transtornos (Capítulos 6 a 11) fornece um plano de tratamento que contém intervenções comuns para cada área de problema. Pesquisas sugerem uma significativa sobreposição nas intervenções utilizadas em programas baseados em evidências para ansiedade e depressão na juventude (Chorpita & Daleiden, 2009). Ainda há pesquisas limitadas para sugerir a ordem ou a dose de elementos específicos do tratamento. Algumas pesquisas sugerem que habilidades sociais e resolução de problemas estão entre as intervenções mais potentes para adolescentes deprimidos (Kennard et al., 2009), mesmo enquanto ativação comportamental e reestruturação cognitiva permanecem elementos-chave (Oud et al., 2019). Outras pesquisas apoiam programas que contenham intervenções baseadas em exposição como os tratamentos mais eficazes para ansiedade na juventude (Higa-McMillan, Francis, Rith-Najarian, & Chorpita, 2016). Quando tal evidência está disponível, faz sentido apresentar habilidades sociais e de resolução de problemas no início do tratamento, e destacaremos essas decisões nos próximos capítulos específicos de transtornos, quando relevantes.

Ao mesmo tempo, combine as intervenções ao perfil específico do cliente (Chu, 2019). Jovens que apresentam sobretudo anedonia, isolamento e ativação limitada provavelmente se beneficiariam de ativação comportamental e exposição. Para jovens cujas suposições negativas levam à ruminação prolongada ou para aqueles que relatam questões mais difusas de autoestima, a reestruturação cognitiva pode ser útil. Jovens que experimentam conflitos significativos com membros da família requerem intervenção dos pais.

Com base em estratégias selecionadas, o terapeuta pode, então, fornecer uma visão geral do plano de tratamento para a família, incluindo uma sequência geral e o cronograma. Pesquisas sugerem que envolver jovens e cuidadores nesse processo melhora a participação, o engajamento no tratamento e os resultados (Langer & Jensen-Doss, 2018). Assim, tornar a seleção do tratamento um processo decisório colaborativo pode começar a terapia a partir de uma boa base.

MONITORAMENTO DO PROGRESSO

Terapeutas cognitivo-comportamentais garantem que estão avançando em direção aos objetivos de seus clientes monitorando o progresso de forma rotineira por meio da terapia. Evidências crescentes sugerem que o processo de obtenção e revisão de dados de resultado regulares pode ser uma intervenção eficaz em si (Bickman, 2008; Bickman, Kelley, Breda, de Andrade, & Riemer, 2011; Lambert et al., 2003; Lambert Harmon, Slade, Whipple, & Hawkins, 2005). Nesses estudos, os clínicos que recebem *feedback* rotineiramente (p. ex., alertas relacionados aos sintomas atuais) têm clientes que demonstram melhores resultados (Bickman et al., 2011), menos deterioração (Lambert et al., 2005) e maior engajamento na terapia (Jensen-Doss & Weisz, 2008), em comparação com os clientes de clínicos que não recebem *feedback*. Além disso, o *feedback* visual que representa graficamente comportamentos do provedor ou do aluno tem sido associado a resultados de intervenção promissores (Hawkins & Heflin, 2011; Nadeem, Cappella, Holland, Coccaro, & Crisonino, 2016; Reinke, Lewis-Palmer, & Martin, 2007). Sistemas semelhantes foram implementados em escolas (p. ex., Deno et al., 2009), na medida em que as exigências por maior responsabilidade requerem monitoramento de progresso ativo (Departamento de Educação dos Estados Unidos, 2001). Assim, sistemas de monitoramento e *feedback* podem ser úteis e aceitáveis em diferentes configurações de intervenção juvenil.

Os sistemas de monitoramento podem incluir o acompanhamento de medidas de resultado padronizadas (p. ex., Revised Child Anxiety and Depression Scale [RCADS], Screen for Child Anxiety Related Disorders [SCARED], Center for Epidemiological Studies Depression Scale for Children [CES-DC]), metas comportamentais idiográficas ou "principais problemas" individualizados (Weisz et al., 2011). O *feedback* pode consistir em escores de escala, gráficos de resultados ao longo do tempo ou indicadores simples de que o tratamento não está progredindo. Por exemplo, em uma série de estudos examinando sistemas de monitoramento e *feedback* em adultos, os terapeutas simplesmente precisavam receber um ponto colorido (p. ex., vermelho = cliente não progredindo conforme o esperado; verde = cliente fazendo progresso esperado) para se autocorrigir e promover melhores resultados (Lambert et al., 2003). Existem sistemas comerciais disponíveis para isso (p. ex., *www.practicewise.com*), mas simples gráficos do Excel também podem ser suficientes. Aplicativos para *smartphone* também estão proliferando rapidamente para ajudar a acompanhar os dados individuais do cliente como parte do tratamento (ver *https://onemindpsyberguide.org/guide/* para um guia de aplicativos de *smartphone* relevantes).

SÍNTESE E PONTOS-CHAVE

As etapas iniciais da TCC incluem a avaliação inicial e a conceitualização do caso, que ajudam o clínico a escolher intervenções apropriadas e planejar o curso e a sequência da terapia. Elementos críticos incluem:

- Uma base sólida no modelo da TCC, com uma compreensão das relações recíprocas entre pensamentos, sensações físicas, emoções e ações.
- Uma avaliação inicial holística, mas focada, que avalia múltiplos domínios de funcionamento e obtém a perspectiva de diversos participantes na vida do jovem.
- Uma conceitualização de caso que integre o modelo teórico com dados da avaliação.
- Um plano de tratamento que considere os objetivos individuais do jovem e dados de sua avaliação funcional que identifiquem antecedentes específicos e mecanismos de manutenção.
- Um plano para monitorar o progresso ao longo do tempo, incluindo avaliações padronizadas e idiográficas.

2

Fase intermediária do tratamento
Estratégias de intervenção

A terapia cognitivo-comportamental (TCC) compreende um conjunto central de habilidades de intervenção projetadas para ajudar os jovens a identificar e mudar suposições e crenças negativas distorcidas, gerenciar suas emoções e abordar problemas, em vez de evitá-los. Neste capítulo, fornecemos uma visão geral das técnicas e das estratégias de TCC mais comuns. Cada capítulo de transtorno fornece exemplos de estratégias relevantes e discute como implementá-las com um caso específico. O Quadro 2.1 resume as estratégias de intervenção descritas neste capítulo.

CONSTRUINDO UM VÍNCULO E UMA ALIANÇA DE TRABALHO CONSISTENTES

Construir um vínculo de confiança e colaboração com jovens e pais/cuidadores é fundamental para o sucesso do tratamento. O terapeuta de TCC muitas vezes é comparado com um treinador ou um tutor. O terapeuta não está lá para dizer de forma autoritária ao cliente como responder ou agir, nem seria apropriado para o terapeuta ficar passivamente introspectivo no meio da prática comportamental ativa. Em vez disso, o terapeuta está lá para desempenhar o papel de diagnosticador, consultor e incentivador. Por exemplo, se um adolescente estivesse buscando melhorar sua jogada no tênis, ele poderia buscar a ajuda de um treinador de tênis. De modo ideal, esse treinador poderia levar o adolescente para uma quadra de tênis e observar enquanto ele fazia alguns saques e tentava sua jogada. Como diagnosticador, o treinador observaria pontos fortes e falhas na forma como o jovem estava abordando ou executando seu movimento. Como consultor, o treinador forneceria *feedback* ao adolescente, testando hipóteses sobre a mecânica dele. O treinador poderia observar que o adolescente estava abrindo seu posicionamento enquanto finalizava seu movimento de acompanhamento ou que estava desviando o olhar da bola. Após dar esse *feedback*, o treinador pediria ao adolescente para fazer novos *swings* e o ajudaria a executar as correções recomendadas. As sugestões que produzem melhores resultados permanecem, ao passo que as sugestões menos eficazes são abandonadas. Enquanto isso, o *feedback* e a experiência do adolescente são solicitados para que o treinador possa personalizar cada sugestão.

QUADRO 2.1 Resumo das estratégias de intervenção da TCC

Estabelecimento de tom	Modificação de comportamento
• Vínculo e construção de alianças • Engajamento do cliente e entrevista motivacional (EM) • Estabelecimento de metas **Psicoeducação** • Sobre o transtorno ou o problema • Sobre o modelo de TCC: emoções, pensamentos, ações • Educação emocional • Automonitoramento **Intervenções cognitivas** • Rastreamento de pensamentos-sentimentos-ações • Reestruturação cognitiva • Identificação da autorreflexão • Rotulação das armadilhas de pensamento • Pensamentos de enfrentamento • Treinamento de atenção plena: criando distância dos pensamentos	• Resolução de problemas • Ativação comportamental • Monitoramento de atividade • Avaliação funcional • Programação de atividades • Experimentos comportamentais (imaginários, *in vivo*) • Hierarquias de medo e desafio • Exposições e experimentos comportamentais • Tarefas de casa • Treinamento de habilidades sociais • Gráficos de recompensa e autorrecompensa **Intervenções corporais** • Relaxamento • Treinamento respiratório • Higiene do sono, alimentação e exercícios **Educação parental** • Identificação de padrões de interação pais-filhos • Habilidades de comunicação e elogio rotulado • Empatia e incentivo • Gerenciamento de contingências

Da mesma forma, o terapeuta atua como um incentivador empático e encorajador. O adolescente veio explicitamente ao terapeuta porque está *enfrentando dificuldades*. Se este empregar comentários críticos ou punitivos, ou agir frustrado a cada tentativa fracassada, o adolescente inevitavelmente ficará desmotivado e desencorajado.

Em vez disso, o terapeuta pode manter uma alta motivação reforçando a disposição do adolescente em tentar novas sugestões e seus esforços para lidar com a própria frustração enquanto aprendem habilidades novas. Um terapeuta de TCC encarna esse papel de treinador ativo e responsivo, usando sua experiência para fazer sugestões personalizadas e para guiar o jovem através de desafios difíceis. Ao mesmo tempo, o terapeuta trata as experiências do jovem como dados críticos. Dessa forma, o relacionamento de TCC é caracterizado por uma colaboração ativa entre terapeuta e cliente, refletindo uma mistura de educação, avaliação, *feedback* encorajador, intervenções concretas e tentativa e erro (teste de hipóteses).

Alguns terapeutas nos disseram que sentem que precisam "estabelecer confiança" e um bom relacionamento antes de começar o trabalho da terapia. Exercícios específicos de construção de relacionamento (p. ex., quebra-gelos, jogos de conhecimento) são sempre bem-vindos no início do tratamento. No entanto, queremos enfatizar que a construção de relacionamento é uma parte ativa e *contínua* da TCC. Também há uma relação bidirecional entre a construção de relacionamentos e as técnicas direcionadas. Intervenções precoces (p. ex., estabelecimento de metas, EM, psicoeducação) ajudam a demonstrar compreensão e a construir confiança. Maior colaboração estabelece o contexto para maior interesse em habilidades e participação ativa em exercícios comportamentais. Por esses motivos, é fundamental o comprometimento do terapeuta em aprender (*e lembrar*) os interesses e as necessidades do jovem. Quais são os gostos e os desgostos do adolescente? Quais são os seus pontos fortes e as suas vulnerabilidades? Existe um modelo que ele admira? Quanto mais as intervenções puderem ser adaptadas às necessidades, aos interesses e às habilidades do jovem e da família, maior será a chance de conexão, assim como a adesão e o benefício do tratamento.

ENTREVISTA MOTIVACIONAL E TÉCNICAS DE ENVOLVIMENTO

A EM (Miller & Rollnick, 2012) é uma abordagem sistemática que encoraja a mudança de comportamento ajudando os clientes a explorarem e resolverem a ambivalência que impede o progresso. Ela faz uso de uma abordagem direcional, mas centrada no cliente, pois confia que os clientes façam a mudança que eles procuram. Estratégias de envolvimento mais breves (p. ex., Nock & Kazdin, 2005) foram desenvolvidas para uso nas fases iniciais da TCC para ajudar terapeuta e cliente a esclarecer os objetivos da terapia, identificar potenciais obstáculos ao progresso e encontrar soluções para esses impedimentos. Usando essa abordagem, o terapeuta elicia os tipos de mudanças que o jovem e os cuidadores desejam fazer, os motivos pelos quais fizeram tais escolhas e as etapas que planejam tomar. Essa abordagem transmite que jovens e cuidadores são responsáveis pelo engajamento ativo no tratamento. Na planilha de plano de mudança (ver Fig. 2.1; uma versão em branco está disponível como Planilha 3 no Apêndice A), um terapeuta ajuda os clientes a anteciparem impedimentos comuns à participação na terapia e à prática de lições em casa. É impossível antecipar todos os obstáculos futuros. Também é improvável que o jovem e o terapeuta consigam desenvolver soluções para superar todos os obstáculos antecipados. No entanto, essa abordagem coloca o tópico explicitamente na mesa para futuras conversas. No exemplo a seguir, um adolescente identifica a participação no treino de basquete como um objetivo principal, mas assume que o treinador de basquete será implacável e absoluto sobre a presença. O jovem identificou um obstáculo futuro que exigirá intervenção ativa, mas a planilha de plano de mudança destaca tanto para o adolescente quanto para o terapeuta onde estão os principais obstáculos. Desafios mais fáceis podem ser solucionados nesse ponto, incluindo solicitar a ajuda da mãe para estimular a presença do jovem nas sessões de terapia.

O terapeuta pode usar uma matriz de decisão para ajudar a esclarecer motivações conflitantes e obstáculos que têm impedido os esforços de mudança no passado (ver Fig. 2.2). O terapeuta desenha um quadrado de quatro caixas e elicia para o adolescente os prós e os contras de se comportar de tal forma ou não. O exemplo na Figura 2.2 é sobre decidir voltar ao basquete após uma longa pausa ou não voltar. É importante que o terapeuta se mantenha bastante neutro durante esse processo, enquanto o jovem esclarece seus motivos, mesmo que o terapeuta precise fornecer exemplos do que ouviu o jovem dizer antes. Uma vez que todas as células da matriz estejam preenchidas, o terapeuta revisa os prós de se engajar no comportamento e os contras de não se engajar, bem como os prós de não se engajar no comportamento e os contras de fazer isso. É nestas duas últimas células que se pode identificar os obstáculos que mantiveram o adolescente preso até o momento. Revisar essas célu-

PLANILHA 3. Plano de mudança

> O terapeuta e o jovem podem preencher isso juntos (contando com a ajuda dos pais conforme necessário) para discutir o que gostariam de obter de seu trabalho colaborativo. Usando esta planilha, tente identificar os objetivos do jovem e os desafios e os apoios necessários para alcançar esses objetivos.

1. As mudanças que quero fazer são:

> (p. ex., diminuir a ansiedade/a tristeza, melhorar as notas, fazer mais amigos, participar de mais atividades divertidas)
> Comparecer regularmente aos treinos de basquete. Passar mais tempo com amigos.

2. Os motivos mais importantes pelos quais quero fazer essas mudanças são:

> (p. ex., minha felicidade, minha família, minha vida social, minhas notas)
> Costumava adorar basquete. Isso me faz sentir bem comigo mesmo. Me divirto quando estou com amigos.

3. Os passos que planejo tomar para mudar são:

> (p. ex., comparecer às sessões, tentar as habilidades em casa, praticar)
> Experimentar coisas que meu terapeuta diz. Tentar me esforçar para voltar ao basquete.

Coisas que poderiam interferir no plano de mudança:

4. Quão difícil você acha que será chegar à sessão toda semana (p. ex., agendamento)?   0   1   ②   3   4
   Nada   Muito

> Para superar isso, eu vou: (p. ex., conversar com meu professor)
> Agendar no meu celular. Pedir para minha mãe me lembrar.

(Continua)

FIGURA 2.1 Planilha de plano de mudança concluída com base em um exemplo de caso. Adaptada, com permissão, de Nock, M. K. (2005). *Participação na intervenção de aprimoramento: um manual breve para uma intervenção breve*. Manuscrito não publicado. Harvard University, Cambridge, MA.

PLANILHA 3. Plano de mudança (p. 2 de 3)

5. O quanto você acha provável que as coisas o atrapalharão ao praticar em casa as habilidades que revisamos aqui?   0   1   2   3   ④
   Nada   Muito

> Para superar isso, eu vou (p. ex., usar lembretes para praticar todos os dias):
>
> Não estar com vontade. Estar preocupado com o que meu técnico e meus amigos vão pensar quando eu voltar. E se eu for mal?

6. Quão difícil você sente que será vir à sessão toda semana?   0   1   ②   3   4
   Nada   Muito

> Para superar isso, eu vou (p. ex., conversar com meus líderes de grupo, fazer um acordo comigo mesmo para me esforçar agora por um futuro melhor):
>
> Posso me sentir envergonhado de comparecer se não tiver feito a lição de casa. Vou me certificar de fazer a lição de casa. Se isso não funcionar, resolveremos o problema na sessão.

7. Quão difícil você sente que será usar essas habilidades em casa?   0   1   2   3   ④
   Nada   Muito

> Para superar isso, eu vou (p. ex., pedir ajuda aos meus pais, fazer um acordo comigo mesmo para me esforçar agora em prol de um futuro melhor):
>
> Pedir à minha mãe para me ajudar a encaixar isso na agenda. Dizer aos amigos que estarei no treino – me pressionar. Ou pedir para eles saírem comigo no começo da semana.

8. Quão provável você acha que a falta de apoio de outras pessoas será um problema para você ao usar em casa as habilidades que praticamos aqui?   0   1   2   ③   4
   Nada   Muito

> Pessoa (p. ex., pais, amigos, líderes de grupo):
>
> Minha mãe será útil. Não tenho certeza se o técnico e meus amigos entenderiam. E se eu desistir deles e eles ficarem bravos?
>
> Maneiras possíveis de ajudar (p. ex., compartilhar trabalho, pedir mais apoio a líderes de grupo, pais ou amigos):
>
> Pedir à minha mãe para me responsabilizar. Pedir ajuda à minha amiga que sabe que estou com dificuldades – a Tia. Ela pode ajudar a descobrir a melhor maneira de organizar encontros descontraídos.

(Continua)

FIGURA 2.1 *(Continuação)* Planilha de plano de mudança concluída com base em um exemplo de caso. Adaptada, com permissão, de Nock, M. K. (2005). *Participação na intervenção de aprimoramento: um manual breve para uma intervenção breve.* Manuscrito não publicado. Harvard University, Cambridge, MA.

PLANILHA 3. Plano de mudança (p. 3 de 3)

9. Quão provável você acha que essas habilidades funcionarão em casa? 0 1 ② 3 4
   Nada   Muito

> Para superar isso, eu vou (p. ex., lembrar que leva tempo e prática, conversar com meus líderes de grupo):
>
> Acho que treinar basquete em casa ou receber amigos seria OK. Ir aos treinos ou sair pode ser mais difícil. Minha amiga Tia ajudará a organizar encontros tranquilos. Vou ter que falar com o técnico, provavelmente.

10. Em geral, quão confortável você acha que se sentirá praticando essas habilidades conosco na sessão? 0 1 2 ③ 4
    Nada   Muito

> Para superar isso, eu vou (p. ex., praticar até me sentir mais confortável):
>
> Na sessão deve ser OK. Em casa será mais difícil. O terapeuta me diz que podemos fazer orientação por telefone ou orientação pela internet para praticarmos juntos em casa.

11. Quão confortável você acha que se sentirá praticando essas habilidades em casa? 0 ① 2 3 4
    Nada   Muito

> Para superar isso, eu vou (p. ex., praticar até me sentir mais confortável):
>
> Essa é a parte difícil. E pedirei ao meu psicoterapeuta para fazer orientação por telefone.

12. Quão provável você acha que é você continuar por todo o tratamento? 0 1 2 ③ 4
    Nada   Muito

> Para superar isso, eu vou (p. ex., lembrar do objetivo inicial do tratamento e certificar-me de que o alcançarei):
>
> Acho que ficarei bem com isso.

FIGURA 2.1 *(Continuação)* Planilha de plano de mudança concluída com base em um exemplo de caso. Adaptada, com permissão, de Nock, M. K. (2005). *Participação na intervenção de aprimoramento: um manual breve para uma intervenção breve*. Manuscrito não publicado. Harvard University, Cambridge, MA.

Decisão a tomar: se devo voltar a treinar basquete após uma longa pausa

	Prós	Contras
Voltar	• Ver meus companheiros de equipe novamente. • Ir para o treino; ficar melhor. • Fazer parte de uma equipe. • Posso ser recrutado por faculdades.	• É muito esforço. Estou tão cansado às tardes. • Todos verão como sou ruim. • Talvez eu tenha que começar no banco. • Preciso melhorar minhas notas para ficar elegível.
Não voltar	• As pessoas não vão me ver como enferrujado. • Não tenho que explicar por que estive fora. • É mais fácil.	• Só vou piorar. • Vou perder mais tempo de jogo. • Meus amigos todos se encontram depois. • Não terei chance de conseguir uma bolsa de estudos.

FIGURA 2.2 Usando uma matriz de decisão para esclarecer os prós e os contras de duas escolhas.

las destaca o papel que a avaliação negativa (p. ex., "Todos verão como sou ruim") e a falta de ativação física (p. ex., "Estou tão cansado às tardes") tiveram em manter o comportamento depressivo desse jovem. À medida que o terapeuta revisa essas informações, ele precisa permanecer agnóstico em relação ao resultado; não cabe ao terapeuta advogar por uma meta específica. Não cabe ao terapeuta "empurrar" o jovem para participar novamente dos treinos de basquete. Em vez disso, o objetivo desse exercício é deixar claro as escolhas diante do jovem e ajudá-lo a ponderar os prós e os contras delas. A participação no basquete, ou a não participação, trará mais valor para a vida do jovem? O terapeuta ajuda a guiar o adolescente a ver de forma realista as escolhas diante dele, mas cabe ao jovem fazer essas escolhas.

PSICOEDUCAÇÃO

Sobre o transtorno ou o problema

A TCC oferece duas formas de psicoeducação ao longo do tratamento. Uma delas foca em fornecer informações específicas sobre o diagnóstico do jovem (p. ex., ansiedade social) ou a área do problema (p. ex., evitação escolar, comportamentos autolesivos) para educar a família sobre a natureza e o curso do problema, os prejuízos associados e os déficits de habilidades e os tratamentos eficazes para o problema. Em geral, o terapeuta fornece essas informações no início do tratamento, após uma avaliação abrangente ter sido concluída. Isso permite que a família faça escolhas educadas sobre as opções de tratamento e defina expectativas para metas realistas. O Capítulo 5 refere-se a materiais suplementares sobre depressão e transtornos de ansiedade. Fichas técnicas também são fornecidas quando fenômenos específicos são clinicamente relevantes para transtornos específicos (p. ex., estabelecendo higiene do sono na depressão). Use-os para orientar a discussão sobre cada um dos transtornos abordados.

Sobre o modelo de TCC

A segunda forma de psicoeducação centra-se em informações sobre o modelo de TCC. Isso inclui uma descrição do triângulo da TCC (pensamentos, ações, sensações físicas), o papel das armadilhas cognitivas e da evitação comportamental, avaliações funcionais e uma revisão dos padrões comuns de interação entre pais e filhos que interferem no funcionamento. Descrever de forma explícita o modelo de TCC ajuda o jovem e a família a entenderem a abordagem do terapeuta e se tornarem parceiros iguais na definição de metas-alvo e formação de um plano de tratamento. O Capítulo 1 descreve o modelo de TCC com mais profundidade, mas recomendamos que os terapeutas enfatizem os seguintes pontos-chave:

1. **Emoções são naturais**. O objetivo da TCC é ajudar os jovens a aprender como reagem em situações desafiadoras e a utilizar estratégias de enfrentamento. A TCC não visa neutralizar ou eliminar emoções. Sentimentos são uma experiência natural e útil que contribui para uma vida plena quando o cliente sente que estão em equilíbrio adequado. Alguns jovens podem precisar de mais educação afetiva corretiva, incluindo ajuda para rotular e definir emoções. Fornecemos exemplos de educação afetiva a seguir.
2. **A TCC depende da participação ativa dos clientes**. Isso não significa que devemos esperar que um cliente jovem entre na terapia animado para executar mudanças. De fato, a maioria dos jovens não procura sozinha a terapia. Eles chegam sob encaminhamento de pais, professores ou outros adultos. É vital reconhecer esse fato para o jovem, além de enfatizar que qualquer benefício virá apenas de sua contribuição para o processo. A TCC não funciona tomando algum agente passivo (p. ex., medicação); ela requer que as crianças estejam abertas, se exponham e participem. Você pode expressar isso dizendo: "Posso ser um especialista ou um treinador em TCC e ajudar as crianças a lidarem com ansiedade e depressão, mas você é o especialista em você mesmo". Trabalhar com jovens também requer algum nível de participação ativa dos cuidadores; esse nível pode depender da idade, da família e das preocupações apresentadas.
3. **A participação também inclui atividades de rotina fora das sessões**. A prática fora da sessão é essencial para reforçar e generalizar as lições ensinadas na sessão. Chame o trabalho externo de algo diferente de "lição de casa". Estabeleça paralelos com outros exemplos da vida do jovem. Por exemplo, como eles aprendem matemática, clarinete ou softbol? Eles podem receber instrução na escola de um professor, instrutor ou treinador, mas só podem ir até certo ponto se não praticarem em seu próprio tempo.

Automonitoramento

Ansiedade e depressão muitas vezes parecem incontroláveis porque parecem difusas e abrangentes. Diversos exercícios de rastreamento (p. ex., rastreamento de pensamentos, avaliação funcional, rastreadores de interação pais–filho) ajudam o jovem a se tornar mais consciente de suas próprias experiências e a começar a conectar seus pensamentos, seus sentimentos e suas ações. Os exercícios de automonitoramento e a prática em casa também ajudam o jovem a ser mais específico sobre suas experiências, os eventos que as desencadeiam e as consequências que se seguem. Conhecer os padrões cognitivo-emocionais-comportamentais do jovem ajuda este e o terapeuta a adaptarem melhor as intervenções da TCC às necessidades pessoais do adolescente.

Educação afetiva

A educação afetiva geralmente inclui quatro componentes principais: (1) normalização de sentimentos ansiosos e tristes; (2) aprender a identificar, distinguir e rotular sentimentos; (3) distinguir uma variedade de intensidade de emoções; e (4) conectar emoções a reações comportamentais internas e externas.

A primeira tarefa de um terapeuta é *normalizar a experiência* de sentimentos ansiosos e tristes. Crianças ansiosas e deprimidas muitas vezes se preocupam que a intensidade de suas emoções signifique que algo está seriamente errado com elas. Isso as ajuda a aprender a ver as emoções como experiências naturais que servem a funções importantes. Por exemplo, com frequência, sentimos ansiedade (p. ex., aumento da frequência cardíaca, respiração rápida) quando há risco real (p. ex., atravessar uma rua movimentada) ou um desafio iminente (p. ex., um teste importante). A ansiedade nos ajuda a nos preparar para o grande teste ou a ficar mais alerta quando existe um perigo potencial. A tristeza surge em resposta a decepções realistas (p. ex., ser cortado da equipe) ou perda (p. ex., um amigo se mudando, uma morte na família). A tristeza indica que é hora de lamentar ou refletir sobre como você gostaria que a situação mudasse. Esses são processos naturais que não queremos eliminar. É quando a intensidade emocional começa a interferir no funcionamento do jovem que queremos regular os humores.

Construir o *vocabulário e a compreensão emocional* do jovem é a próxima tarefa. O terapeuta ajuda o adolescente a criar uma lista de sentimentos, trabalhando para gerar rótulos cada vez mais refinados. Por exemplo, uma lista inicial de sentimentos pode incluir "feliz", "triste" ou "irritado". O terapeuta ajuda o jovem a elaborar para incluir emoções como "amado", "envergonhado", "decepcionado", "com ciúmes", "desanimado", e assim por diante. O terapeuta pode fazer isso fornecendo exemplos de situações que evocariam tais sentimentos e fazendo o cliente adivinhar quais sentimentos correspondem a essas situações. O terapeuta pode dizer: "O que você sentiria se estivesse tentando uma vaga no musical da escola e não conseguisse?" (decepcionado, triste, etc.). Essa troca permite que o jovem entenda que os eventos podem ter um impacto reconhecível nos sentimentos. Ao mesmo tempo, quando as crianças sentem diversas emoções simultaneamente, isso pode ser confuso para elas. "Como você se sentiria se não conseguisse a vaga na peça, mas seu melhor amigo conseguisse?" ("Decepcionado por mim, mas feliz pelo meu amigo"). Essas atividades ajudam o jovem a aprender a identificar, distinguir e rotular sentimentos para que possa se expressar de modo mais eficaz.

O terceiro passo da educação afetiva é entender que as emoções se estendem por uma ampla variedade de *intensidade*. O terapeuta ajuda o jovem a aprender que os sentimentos não vêm como "tudo ou nada" ou "ligado ou desligado". Em vez disso, o terapeuta ajuda o adolescente a construir uma escala de classificação (p. ex., 0 a 10, 0 a 100) que comunique a dimensionalidade da intensidade. Os jovens podem ser orientados para o uso de escalas de classificação com exemplos gerais e específicos de interesse, por exemplo: "Em uma escala de 0 a 10, o quanto você gosta de sorvete?"; "Em uma escala de 0 a 10, o quão engraçado você acha essa imagem [inserir um meme engraçado de cachorro]?"; "Em uma escala de 0 a 10, o quão animado você está para assistir à Copa do Mundo Feminina?". Em seguida, descobrimos que é útil fazer o jovem associar eventos reais específicos do problema a cada classificação. Por exemplo, construindo uma escala de classificação de "tristeza" com um jovem usando notas de 0 a 10, o terapeuta e o adolescente começam rotulando cada nota com um descritor (p. ex., "Zero significa nenhuma tristeza; sentir-se confortável"; "Cinco significa se sentir para baixo e desanimado"; "Dez significa depressão esmagadora"). Em seguida, o terapeuta ajuda o jovem a lembrar de diferentes eventos nos quais ele sentiu diferentes intensidades de tristeza (p. ex., "Eu estava em 0 no verão passado quando fomos para a praia"; "Estava em 5 quando soube que não consegui o papel na peça"; "Nunca me senti tão mal, ou estive em 10, mas posso imaginar que isso acontecerá quando meus pais se divorciarem, algo que está por vir"). A Figura 2.3 (uma versão em branco está disponível como Planilha 4 no Apêndice A) apresenta um exemplo de uma escala de classificação de sentimentos concluída, chamada de "termômetro de sentimentos", para clientes mais jovens. Durante essa etapa da educação afetiva, o terapeuta pode reunir dados e fornecer *feedback* sobre como o jovem relata a intensidade de suas emoções (p. ex., tudo é um 10).

Para o quarto passo, os clientes muitas vezes se beneficiam de exercícios projetados para ajudar a conectar emoções a reações comportamentais internas e externas. As expressões externas de emoções podem ser ilustradas revisando revistas, trechos de filmes, memes, *gifs* ou vídeos do YouTube (com o volume baixo) – sobretudo se estiverem ligados às áreas de interesse do jovem. Este pode tentar identificar o que a pessoa na imagem está sentindo com base na postura, na expressão facial e nas ações. Para clientes mais jovens, jogos como *Charadas de sentimentos* ou a construção de um *Dicionário de sentimentos* (p. ex., Kendall & Kedtke, 2006) podem transmitir o mesmo ponto. Para conectar os clientes às expressões internas de sentimentos, o terapeuta ajuda o jovem a identificar como diferentes partes do corpo reagem a diferentes situações. Por exemplo, um jovem pode sentir o coração acelerado, falta de ar, dor de estômago, tontura ou suor em resposta à ansiedade antes de ir a um evento social desconhecido. Outro jovem pode sentir um peso nos ombros, um buraco no estômago e dor de cabeça ao se sentir deprimido após brigar com um amigo. Ter uma consciência mais completa das próprias reações físicas e comportamentais às emoções naturalmente leva a reaprender a respiração e ensinar relaxamento progressivo. (Ver seção "Intervenções físicas", mais adiante neste capítulo.)

INTERVENÇÕES COGNITIVAS

Autorreflexão e reestruturação cognitiva

A reestruturação cognitiva é um conjunto flexível de técnicas que tem se mostrado útil em uma ampla gama de problemas de jovens (Peris et al., 2015; Shirk, Crisostomo, Jungluth, & Gudmundsen, 2013). Ela é projetada para ajudar o jovem a se tornar mais consciente do impacto que pensamentos irrealisticamente negativos têm sobre as emoções e aprender que eles mesmos têm o poder de desafiar e mudar seus padrões de pensamento. A reestruturação cognitiva pode ser dividida em diversas habilidades principais, incluindo rastreamento de pensamentos, conexão de pensamentos às emoções, identificação de armadilhas de pensamento (distorções cognitivas), desafio de pressupostos e expectativas irrealistas e geração de pensamentos de enfrentamento mais realistas e encorajadores. Experimentos comportamentais podem, então, ser utilizados para desafiar pressupostos irrealistas, e práticas em casa podem ser atribuídas para reforçar e generalizar lições.

Passo 1: Rastrear eventos, pensamentos e humor

Primeiro, o terapeuta ajuda o jovem a notar a conexão entre seus pensamentos, seu humor e os eventos que os precedem. Para crianças

PLANILHA 4. Termômetro de sentimentos

Escolha um sentimento para descrever (p. ex., tristeza, nervosismo, raiva). Em seguida, tente pensar sobre esse sentimento em uma escala de 0 a 10. Que palavras você usaria para descrever cada classificação? Consegue se lembrar de um momento em que você se sentiu assim?

Avaliação de humor	Que sentimento você está avaliando:		
	Qual é a intensidade? (0 "Nem um pouco" a 10 "O pior possível")	Descreva o sentimento (nas suas próprias palavras) para cada nível.	Descreva momentos passados em que se sentiu assim.
	10	Dor total.	Acho que nunca passei por isso.
	9	Perdido, totalmente sem esperança.	Já me senti assim, mas não me lembro quando.
	8	Sozinho e vazio.	Quando fui intimidado no corredor e ninguém me defendeu.
	7	Muito triste e choroso.	Quando o meu pai esqueceu o meu aniversário.
	6	Isolado.	Quando o meu amigo me disse que eu estava sendo estúpido por me sentir triste.
	5	Me odiando.	Quando tirei uma nota ruim e não pude estudar.
	4	Cansado.	A maioria das tardes.
	3	Blah. Quem se importa?	A maioria das manhãs.
	2	Aborrecido.	Fazendo o dever de casa.
	1	Ligeiramente cansado.	Dia típico.
	0	Ok – nem bom, nem ruim.	

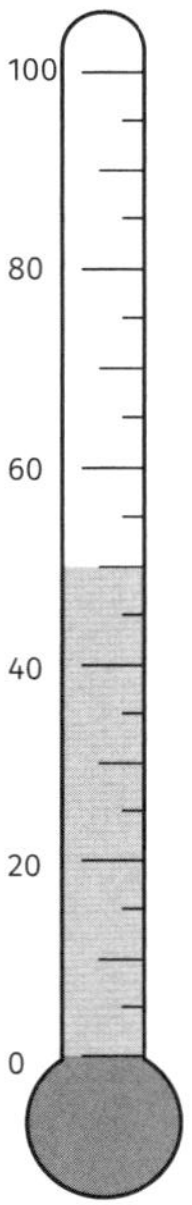

FIGURA 2.3 Termômetro de sentimentos completado com âncoras personalizadas.

mais jovens, esses pensamentos internos podem ser explicados como "coisas que você diz a si mesmo em suas bolhas de pensamento, como nos quadrinhos". Para adolescentes, o processo de pensamento pode ser descrito como um diálogo interno ou pensamentos privados que podem estar logo abaixo da superfície da consciência. O adolescente pode estar prestando atenção a esses "pensamentos automáticos" como música ambiente ou conversa de fundo em uma festa – mal audível, mas influenciando de maneira sutil o humor ou a atenção de alguém. De fato, o conteúdo de nossos pensamentos também pode ter um impacto poderoso em nosso humor subsequente. O pensamento negativo tende a preceder sentimentos tristes; pensamentos baseados em ameaças precedem sentimentos ansiosos; pensamentos otimistas precedem sentimentos esperançosos. Assim, a primeira habilidade principal na reestruturação cognitiva é ensinar ao jovem como identificar os pensamentos que surgem em diferentes situações e o impacto que esses pensamentos têm sobre o humor. O rastreador de armadilhas de pensamento completo na Figura 2.4 (uma versão em branco está disponível como Planilha 5 no Apêndice A) pode ser usado para ajudar o jovem a monitorar gatilhos (eventos, interações interpessoais, memórias internas), o pensamento que surge em resposta ao gatilho e o humor (e intensidade) que se segue. No consultório ou por teleatendimento, o terapeuta pode ensinar e praticar essa habilidade com um jogo como *Capture o pensamento*, em que o terapeuta imprime ou desenha um contorno de balão de pensamento para o cliente e para si mesmo e cada um imagina diferentes cenários, com o outro levantando o balão de pensamento sobre sua cabeça e ambos tendo de nomear o pensamento que estavam tendo. Cada capítulo fornece exemplos de pensamentos automáticos específicos do problema.

Passo 2: Identificar pressupostos irrealistas e rotular armadilhas de pensamento

Os padrões de pensamento de jovens ansiosos e deprimidos são caracterizados por um alto grau de autocrítica e crítica a outros, perspectiva negativa e sensação de impotência diante da ameaça. Esses pensamentos raramente refletem a evidência objetiva na experiência imediata do jovem; em vez disso, refletem distorções do mundo externo, conclusões falsas baseadas em informações parciais e pressuposições prematuras sobre eventos futuros. Após rastrear padrões de pensamento automáticos, o terapeuta conduz o jovem por uma série de perguntas para examinar se suas conclusões e suas expectativas refletem de forma realista a evidência. Por exemplo, um jovem que revela que um amigo não quer ir à sua festa depois que o amigo deixa de enviar uma mensagem pode estar tirando conclusões infundadas. O terapeuta faz perguntas abertas para ajudar o jovem a autoavaliar a veracidade de sua suposição. Por exemplo, "Seu amigo lhe disse que não queria ir à sua festa?". Se o jovem puder fornecer evidências para apoiar sua conclusão (p. ex., os dois amigos recentemente tiveram uma briga, e o amigo disse ao jovem que não queria ir à festa), então a reestruturação cognitiva pode não ser necessária. Outras opções, como assertividade, resolução de conflitos ou habilidades de aceitação, podem ser aplicadas. Se o jovem não puder fornecer evidências para sua conclusão, então ele provavelmente está tirando conclusões precipitadas e "preenchendo as lacunas" com informações parciais. Nesses casos, o jovem provavelmente está caindo em uma das inúmeras armadilhas de pensamento.

Algumas das distorções cognitivas (pressupostos irrealistas) mais comuns são resumidas no Quadro 2.2 (uma versão re-

PLANILHA 5. Rastreador de armadilhas de pensamento

Em quais armadilhas de pensamento você cai quando se sente triste, ansioso ou angustiado? Para cada situação, descreva e avalie como você se sente. Descreva seu pensamento automático (o primeiro pensamento que vem à sua mente). Em qual armadilha de pensamento você pode estar caindo? Como isso faz você se sentir (o resultado)?

Gatilho	Sentimento (Avaliação de 0 a 10: "nada" a "insuportável")	Pensamento	Armadilha de pensamento	Resultado?
Ouço o alarme tocar no dia de uma grande prova.	Medo, pânico (7).	"Não estou pronto para a prova." "Isso vai arruinar a minha nota!"	Adivinhação, catastrofização.	Me senti pior (9).
Errei um passe durante o treino. O outro time roubou nossa vitória por um ponto.	Frustrado (8). Envergonhado (6).	"Eu sou péssimo nisso." "Perdi o jeito."	Catastrofização.	Frustrado (9). Com raiva de mim mesmo (8).
Não consegui dormir por causa da prova de ortografia.	Tenso, nervoso (8).	"Não vou lembrar de todas as palavras." "E se eu ficar acordado a noite toda?" "Não vou conseguir me concentrar na prova e vou reprovar."	E se/me diga, catastrofização.	Sai da cama três vezes, fui procurar minha mãe, ela ficou irritada comigo.

FIGURA 2.4 Planilha completa do rastreador de armadilhas de pensamento.

QUADRO 2.2 Armadilhas de pensamento comuns que nos deixam presos

1. **Leitura de pensamentos (leitor de pensamentos)**: você presume que sabe o que as outras pessoas pensam sem evidências suficientes de seus pensamentos. "Ele acha que sou um fracasso." "Todos podem ver que as roupas que estou usando são baratas."
2. **Adivinhação (vidente)**: você tem certeza de que sabe o que vai acontecer no futuro, mas não tem evidências suficientes. "Não vou conhecer ninguém na festa." "Não tenho chance de entrar para o time de basquete."
3. **Catastrofização (profeta do apocalipse)**: tudo o que você vê são os piores resultados possíveis. "Agora vou reprovar nesta matéria porque tirei um 'B' na prova." "Todos vão saber o quanto sou um fracasso por não ter par para o baile."
4. **Conclusões precipitadas (o presunçoso)**: você assume que sabe algo, mas tem pouca informação. "Ninguém vai aparecer para minha festa" (após receber uma ou duas recusas). "Meu namorado vai terminar comigo" (após ele não retornar uma ligação).
5. **E se (me diga, me diga)**: você continua fazendo perguntas após perguntas porque nada parece responder a elas. "E se derem uma prova surpresa amanhã?" "E se nos testarem em conteúdo novo?" "E se um substituto não souber como o professor faz as coisas?" Nenhuma resposta parece tranquilizá-lo, não importa quantas vezes você pergunte.
6. **Desconsideração dos pontos positivos (nada de especial)**: você minimiza os aspectos positivos de uma situação ou minimiza suas contribuições. Você afirma que as ações positivas que toma são triviais (p. ex., "Qualquer um poderia ter ajudado meu amigo a estudar"). Você desconsidera eventos positivos que possam ter ocorrido (p. ex., "Eles convidam todos que estão na sociedade de honra para aquele jantar").
7. **Busca pelos pontos negativos (andando com viseiras)**: tudo o que você consegue ver são as coisas negativas acontecendo ao seu redor. Você não consegue ver os aspectos positivos. "Eu nem consegui encontrar nada divertido para fazer enquanto meu amigo estava aqui." "Na escola só tem gente falsa."
8. **Generalização excessiva (a grande bola de neve)**: uma coisa ruim acontece, e tudo vai acabar do mesmo jeito. "Viu? As outras crianças não lhe dão uma chance de ser você mesmo." "Não sou muito bom na escola – não acho que tenho muito a esperar do futuro."
9. **Pensamento tudo ou nada (preto e branco)**: tudo é ou todo bom ou todo ruim. Tudo perfeito ou tudo um fracasso. "Se eu não tirar um 'A', sou um fracasso." "Se você perder uma festa, as pessoas vão se esquecer de você."
10. **Declarações de dever (precisa/tem de ser)**: você vê os eventos em termos de como as coisas deveriam ser, em vez de simplesmente focar em como elas são. "Deveria passar em todas as minhas provas." "Preciso estar disponível para meus amigos o tempo todo." "Meus pais não se importam comigo se me obrigarem a ir para a escola [meus pais deveriam me deixar ficar em casa]."
11. **Levar as coisas para o lado pessoal (o autocrítico)**: se algo der errado, deve ser culpa sua. "Perdemos o jogo por minha causa." "Nunca vou melhorar." Se alguém disser qualquer coisa um pouco negativa, parece que o mundo está desabando.
12. **Culpar (batata quente)**: você foca na outra pessoa como a fonte de seus sentimentos negativos, pois é muito difícil assumir a responsabilidade. "Por que você não me deixa ficar em casa e não ir à escola?" "Por que todos estão contra mim?"

produzível está disponível como Material suplementar 2 no Apêndice A). Após identificar padrões de pensamento automáticos, o terapeuta ajuda o jovem a reconhecer se cada um reflete uma "armadilha de pensamento" comum. Tais armadilhas servem para manter o jovem preso em sentimentos de tristeza ou ansiedade quando existem interpretações alternativas das situações. O adolescente no exemplo da festa pode estar caindo na armadilha de "leitura de pensamentos", a menos que tenha convidado seu amigo e tenha sido informado diretamente de que ele não queria ir à sua festa. Um adolescente excessivamente autocrítico após um mau desempenho esportivo em um dia pode estar "desqualificando os aspectos positivos" ao ignorar seu desempenho típico ou o fato de, como um aluno do segundo ano, ter sido convocado para a equipe principal. Não está claro por que alguns jovens caem nessas armadilhas de pensamento mais do que outros; com a prática, os clientes podem se tornar habilidosos em identificar suas próprias armadilhas de pensamento, o que pode, então, ajudá-los a distinguir avaliações realistas de avaliações irrealistas de situações.

Passo 3: Gerar pensamentos de enfrentamento mais positivos e realistas

O terapeuta ajuda, então, o jovem a desenvolver pensamentos de enfrentamento mais realistas e adaptativos. Pensamentos de enfrentamento ideais abordam de forma direta a armadilha de pensamento específica na qual o jovem está preso. No exemplo da festa, uma resposta útil para a armadilha de leitura de pensamentos pode ser adotar esta declaração de enfrentamento: "Não posso presumir que sei o que meu amigo pensa até perguntar". No exemplo de desqualificar os aspectos positivos no esporte, uma resposta de enfrentamento útil pode ser: "Um dia ruim não define uma carreira de futebol", "Até os profissionais têm dias ruins" ou "Não foi nem o jogo inteiro, eu fiz uma boa defesa no segundo tempo".

Os pensamentos de enfrentamento também não devem ser *irrealisticamente positivos*. Terapeutas iniciantes em TCC muitas vezes entendem mal o objetivo da reestruturação cognitiva e incentivam o "pensamento positivo" genérico ou respostas de desconsideração, como "Não se preocupe com isso" ou "Vai ficar tudo bem". No entanto, adotar o pensamento de enfrentamento "Por que eu estaria preocupado? Todo mundo na escola se dá bem e quer ir à minha festa" é tão irrealista quanto o pensamento negativo inicial e pode preparar o terreno para a decepção. Além disso, não é muito crível. Empurrar esse tipo de agenda otimista pode rapidamente prejudicar a credibilidade do terapeuta e o valor da estratégia. Em vez disso, o objetivo é incentivar o adolescente a adotar um ponto de vista mais equilibrado e flexível que lhe permita avançar sem ruminação sobre falsos negativos. Adotar um pensamento de enfrentamento como "Tudo que posso fazer é planejar uma ótima festa e esperar que as pessoas queiram vir" pode não proteger o jovem de todas as possíveis consequências negativas, mas impede que ele se concentre em negatividades que ainda não aconteceram.

Treinamento de atenção plena

Uma intervenção complementar à reestruturação cognitiva é o treinamento de atenção plena. A reestruturação cognitiva concentra-se em identificar e desafiar padrões de pensamento problemáticos, gerando pensamentos de enfrentamento mais realistas e adaptativos. Já a atenção plena ajuda o indivíduo a identificar padrões de pensamento problemáticos e aprender como se *distanciar* deles sem necessariamente alterar o conteúdo de seus pensamentos. Pesquisas extensas têm mostrado que jovens ansiosos e deprimidos frequentemente experimentam pensamentos intrusivos, caracterizados por preocupações significativas e ruminação. Evidências sugerem que, quando os jovens tentam suprimir ou se distrair de pensamentos intrusivos, isso pode diminuir seu sofrimento em curto prazo, mas muitas vezes leva ao aumento do retorno dos pensamentos angustiantes ao longo do tempo (Pettit et al., 2009). Esses pensamentos ocupam cada vez mais a atenção cognitiva e contribuem para o aumento do prejuízo (p. ex., queixas somáticas elevadas, sintomas internalizantes, problemas comportamentais externalizantes) (Greco, Baer, & Smith, 2011).

Exercícios de atenção plena ajudam a interromper ciclos de ruminação, fornecendo uma alternativa à supressão de pensamentos, à distração ou à reestruturação cognitiva (Greco, Blackledge, Coyne, & Ehrenreich, 2005; Kallapiran, Koo, Kirubakaran, & Hancock, 2015). Eles começam com a *observação* do pensamento. Um exercício de atenção plena é imaginar colocar cada pensamento intrusivo em uma folha flutuando em um riacho, para então deixá-lo fluir de maneira gradual rio abaixo, longe de si mesmo. Outro exercício é imaginar seus pensamentos sendo colocados em malas enquanto circulam em uma esteira no aeroporto. (Ver Fig. 2.5 para um roteiro de exercício; uma versão reproduzível está disponível como Material suplementar 3 no Apêndice A.) Você também pode fazer um jovem imaginar o pensamento como uma nuvem que passa. O objetivo dos exercícios de atenção plena é aceitar que uma ampla gama de pensamentos (negativos e positivos em valência) entra continuamente em nossas mentes ao longo do dia. Prestar muita atenção a qualquer um desses pensamentos dá a esse pensamento muito "poder" sobre o humor, as escolhas e as crenças de alguém.

A atenção plena ajuda os clientes a tratarem seus pensamentos como não literais – como pensamentos, nada mais, nada menos. É como se você pudesse colocar os seus em uma nuvem presa ao quadril, permitindo que eles descansem ali sem ceder a impulsos de puxar a nuvem para mais perto ou afastá-la. Dessa forma, você reconhece que os pensamentos sempre estarão lá, mas não necessariamente o compelirão a agir.

INTERVENÇÕES COMPORTAMENTAIS

Resolução de problemas

Ensinar técnicas eficazes de resolução de problemas é uma parte integrante dos tratamentos baseados em evidências para jovens ansiosos e deprimidos. O objetivo é ajudar os jovens a ganharem controle sobre as situações sobre as quais têm controle e se tornarem mais flexíveis na abordagem dos problemas. Ensinamos resolução de problemas (ver Capítulo 6 para um exemplo de caso) usando a abordagem STEPS (do inglês *say, think, examine, pick, see*; Chorpita & Weisz, 2009; Weisz, Thurber, Sweeney, Proffitt, & LeGagnoux, 1997):

S: diga qual é o problema.
T: pense em soluções.
E: examine cada solução. (Liste os prós e os contras de cada solução.)
P: escolha uma solução e experimente-a.
S: veja se funcionou. (Se "sim", ótimo! Se "não", tente outra!)

S: diga qual é o problema

No primeiro passo, o terapeuta pede ao jovem que descreva concretamente o problema que está enfrentando. Os clientes muitas vezes fornecem descrições excessivamente

> *Este roteiro é para ser utilizado pelo terapeuta para ajudar na prática da atenção plena com seu cliente adolescente.*
>
> Pelos próximos minutos, vamos tentar algo. Pode parecer um pouco diferente, ou até não natural, mas quero que você tente. Às vezes, nossos pensamentos nos dominam, e hoje vamos tentar apenas deixá-los um pouco de lado.
>
> Para este exercício, vou pedir a você que simplesmente observe seus pensamentos conforme eles vêm de forma natural. O objetivo será observar quaisquer pensamentos – sejam quais forem – entrarem em sua mente, notar que estão lá, mas então permitir que passem por você sem lutar. Vamos tentar "aceitar" seus pensamentos pelo que são, apenas pensamentos. Às vezes, quanto mais lutamos contra nossos pensamentos, mais fortes eles se tornam.
>
> Então, pelos próximos minutos, gostaria que você imaginasse uma esteira transportadora na sua frente; assim como uma que você veria em um aeroporto. Pense em como uma esteira transportadora funciona – a bagagem desce pelo tobogã, pousa na esteira transportadora e, então, circula sem parar. Cada peça de bagagem desliza suavemente pelo tobogã e começa sua viagem ao redor da esteira. Se você apenas observasse de longe, veria que, se ninguém viesse pegar a bagagem, ela apenas continuaria circulando... passando pela frente, circulando e desaparecendo pela parte de trás. Enquanto espera, você vê a mesma bagagem passando pela frente e depois voltando pela parte de trás, lentamente, mas certamente circulando.
>
> Bem, agora, enquanto você pensa na bagagem nessa esteira, gostaria que você começasse a colocar cada pensamento que vem à sua mente em uma peça de bagagem, assim como um rótulo que é colocado na bagagem. Para cada pensamento, gentilmente cole-o na bagagem e observe enquanto ele apenas permanece na esteira, circulando sem parar. Você pode sentir vontade de fazer algo com a bagagem ou com o pensamento. Você pode querer pegá-lo, colocá-lo no chão, impedir que ela continue circulando sem parar. Você pode sentir vontade de desviar o olhar ou se distrair, de ficar entediado com a bagagem circulando. Quando perceber que isso está acontecendo, apenas direcione sua atenção de volta ao pensamento e aprecie que ele está circulando gentilmente na esteira à sua frente. Às vezes, os pensamentos desaparecerão de forma súbita da esteira. Quando isso acontecer, simplesmente deixe-os ir. Não há motivo para manter um pensamento em uma esteira quando ele não quer estar lá.
>
> *Você pode, então, observar em silêncio enquanto o cliente pratica isso, ou pode facilitar, pedindo-lhe para descrever seu pensamento e ajudando-o a imaginar colocando-o na bagagem e circulando ao redor.*
>
> Continue assim. Vou avisar quando parar. Pode parecer muito tempo, mas apenas permita que seus pensamentos venham conforme surgirem.

FIGURA 2.5 Roteiro de atenção plena "bagagem na esteira".

genéricas (p. ex., "sentimentos de ansiedade", "brigando com minha mãe"), que precisam ser especificadas ainda mais.

O jovem pode se sentir "ansioso o tempo todo", mas, para resolver esse problema, é necessário identificar um *contexto* específico (p. ex., "noites antes de testes") e *resultados* que ele deseja ver acontecer (p. ex., "conseguir dormir"). Assim, uma versão solucionável de "sentimentos de ansiedade" pode ser "não consigo dormir nas noites antes de um teste". Outra versão pode ser "Sinto-me tenso e nervoso o dia todo". Essa versão pode não oferecer um contexto específico, mas localiza um *alvo* específico (tensão muscular) que o jovem quer resolver. Embora essas traduções não prometam resolver tudo associado a sentir-se ansioso o tempo todo, elas fornecem um alvo específico sobre o qual o jovem pode ganhar algum controle e que se moverá em direção ao objetivo final: sentir-se menos ansioso durante o dia.

T: *pense em soluções*

No segundo passo, o jovem aprende a gerar o maior número possível de soluções para resolver o problema sem prejulgar nenhuma delas. Uma vez iniciada a geração de ideias, o terapeuta deve evitar que o jovem interrompa o processo de geração de ideias com críticas avaliativas das soluções. Essa é apenas uma lista preliminar de soluções possíveis. Jovens ansiosos e deprimidos muitas vezes interrompem o processo listando por que uma solução específica não funcionará ou por que estão ansiosos para escolher a solução "certa". É trabalho do terapeuta refocar o jovem para gerar ideias livremente sem avaliação. As soluções geradas não precisam ser lógicas. Por exemplo, se uma criança ou um adolescente tem o problema de "não conseguir encontrar sua lição de casa", as soluções de resolução de problemas poderiam ser "perguntar aos meus pais se eles viram a lição de casa", "colocar cartazes ao redor do meu bairro pedindo às pessoas para enviar informações sobre a lição de casa perdida" ou "pesquisar na internet por pistas sobre a lição de casa perdida". O objetivo é ajudar a criança a aprender que ela tem a capacidade de ser criativa com seus problemas e não está limitada às opções típicas, lógicas ou socialmente aceitáveis. Os jovens devem ser incentivados a continuar identificando múltiplas alternativas, pois podem parar após nomear 2 ou 3. Um de nós tem uma regra de que a geração de ideias só pode parar quando 10 a 12 ideias forem geradas, primeiro de forma colaborativa e, depois, independentemente pelo jovem. Esse *processo*, assim como o conteúdo dessa habilidade, podem precisar ser moldados. Para alguns clientes, a regra de "geração de ideias" parece assustadora no início, mas, com o tempo e a prática e ao se familiarizarem com a expectativa, a hesitação ou a tendência de parar após algumas opções diminui, e eles desenvolvem a capacidade de nomear sucessivamente mais soluções potenciais.

E: *examine cada solução*

Após gerar exaustivamente ideias, o terapeuta e o jovem avaliam os prós e os contras de cada solução potencial. Os terapeutas devem ter cuidado para não direcionar sua agenda para uma solução favorita nesse momento. Isso pode prejudicar a credibilidade da estratégia. Em vez disso, o trabalho do terapeuta é ajudar objetivamente o jovem a pensar nas consequências realistas (tanto boas quanto ruins) para cada solução proposta. Se uma das soluções para dormir à noite é "jogar *videogame* a noite toda até sentir sono", o terapeuta simplesmente ajuda o jovem a identificar todas as possíveis consequências dessa escolha. Os prós podem incluir cansar o adolescente, distraí-lo do teste iminente e aumentar a confiança em uma área da vida. Os contras podem incluir limitar a quantidade de sono do adolescente e aumentar a tensão e a ansiedade, pois os jogos podem ser ativadores e impedir qualquer revisão do conteúdo do teste. Se o terapeuta e o adolescente executarem esse processo de modo fiel, as soluções preferidas tendem a refletir aquelas que promovem o bem-estar do jovem.

P: escolha uma solução e experimente-a

Uma vez que os prós e os contras de cada solução são identificados, o jovem está pronto para selecionar uma solução para tentar primeiro. Novamente, o terapeuta adota uma postura neutra, permitindo ao jovem ponderar os prós e contras das soluções geradas. O terapeuta incentiva o adolescente a selecionar sua primeira escolha para tentar, enfatizando uma abordagem de tentativa e erro. Prepare o jovem para o fato de que a primeira solução pode não funcionar. (Não podemos esperar resolver problemas difíceis em nossa primeira tentativa!)

S: veja se funcionou

O jovem tenta a solução selecionada e avalia seus resultados. O terapeuta e o adolescente avaliam o sucesso da solução (incluindo sucessos parciais) e como e por que ela poderia ter funcionado melhor. O terapeuta e o jovem avaliam se faz sentido refinar a solução e tentar novamente, ou seguir para outra solução da lista original gerada por *brainstorming*.

Monitoramento de atividades e ativação comportamental

O monitoramento de atividades e a ativação comportamental são duas intervenções comportamentais centrais que têm recebido apoio significativo para melhorar os sintomas de humor em jovens com depressão e ampla aplicabilidade a jovens com ansiedade e outros transtornos (Chu et al., 2016; Cuijpers, Van Straten, & Warmerdam, 2007; Hopko, Robertson, & Lejuez, 2006). O monitoramento de atividades consiste em rastrear os eventos e as atividades do jovem ao longo de um dia ou semana e seu humor correspondente. A ativação comportamental é um grupo de estratégias que visam aumentar a atividade física e o envolvimento emocional do jovem. Esses dois fatores trabalham em conjunto em um ciclo de *feedback* de avaliação-intervenção.

O monitoramento de atividades é projetado para aumentar a consciência das flutuações naturais do humor ao longo do dia e da semana e ajuda a identificar os eventos que desencadeiam mudanças no humor de um jovem (de positivo para negativo). Ao acompanhar as pessoas e os cenários que naturalmente as reforçam ou desencorajam, os jovens podem conscientemente incorporar mais elementos enriquecedores em suas vidas e se preparar para desafios. Isso pode ser especialmente importante para jovens que relatam humor plano ou experimentam baixa autoeficácia em trazer experiências positivas. O monitoramento de atividades ajuda-os a perceber que o humor flutua mais do que podem perceber e a notar padrões e fornece metas-alvo para o jovem trabalhar (i.e., aumentar as experiências valiosas). A Figura 6.5 (uma versão em branco está disponível como Planilha 12 no Apêndice A) fornece um exemplo de uma planilha de atividade-humor preenchida, na qual o adolescente foi solicitado a avaliar o humor em uma escala de 0, "O pior humor que já senti", a 10, "O melhor humor que já senti". Os rastreadores de atividade geralmente são atribuídos para prática em casa, para que o jovem possa monitorar eventos e humor em tempo real ou no final de cada dia.

Ao revisar os rastreadores de atividade-humor, o terapeuta destaca diversos temas, procurando tendências dentro e entre os dias:

1. Aumentar a consciência dos comportamentos automáticos: existem certos hábitos que contribuem para os humores negativos que escapam da consciência do jovem (p. ex., dormir o final de semana todo; assistir à TV a noite toda; passar horas nas redes sociais; pular o almoço)?

2. Conectar o humor com eventos, atividades e pessoas: determinados ambientes, pessoas ou interações levam confiavelmente a sentimentos negativos? Outros promovem consistentemente sentimentos positivos?
3. Identificar flutuações de humor e quais eventos desencadeiam mudanças de humor: quais eventos, atividades e pessoas têm o poder de mudar um humor negativo para positivo, ou até para "menos ruim"? E o oposto? Gatilhos que podem mudar o humor são alguns dos antecedentes mais poderosos que podemos observar.

A ativação comportamental direciona o jovem a aumentar o contato com experiências significativas, incluindo experiências agradáveis e de domínio. Também pode ser usada para diminuir as respostas de evitação do jovem ao desconforto e a retirada relacionada à anedonia de atividades já apreciadas, bem como para aumentar o comportamento de abordagem orientado a objetivos em áreas valorizadas da vida. O terapeuta e o cliente jovem utilizam os rastreadores de atividade-humor para identificar atividades e pessoas que melhoram de modo confiável o humor do jovem. Estes podem ser fatores que aumentam a ativação física (p. ex., exercícios, esportes, recreação, caminhadas), atividades agradáveis ou reconfortantes (p. ex., *hobbies*, interações sociais, ouvir música ou ler) ou aqueles que constroem o senso de domínio do jovem (p. ex., atividades baseadas em habilidades). O terapeuta pode atribuir ao jovem aumentar a frequência de atividades agradáveis e de domínio ao longo de uma semana e ajudá-lo a praticar a utilização da ativação como estratégia de enfrentamento (buscar atividades agradáveis quando o jovem se sentir triste ou para baixo).

A ativação comportamental também pode ser utilizada para diminuir a frequência de respostas evitativas às quais o jovem recorre diante de estressores. Pesquisas identificaram a evitação comportamental como um mecanismo comportamental comum que mantém a ansiedade e a depressão em jovens. Quando ativados por um gatilho estressante, jovens ansiosos e deprimidos tendem a evitar ou se retirar de uma situação como uma forma de eliminar seus sentimentos negativos, mesmo à custa de consequências em longo prazo. Por exemplo, quando um jovem tem uma discussão com um amigo, ele pode pensar que é mais fácil evitar o amigo do que confrontá-lo e reconciliar a discordância. A evitação pode limitar o desconforto em curto prazo, já que afasta o adolescente do conflito imediato. No entanto, não se aproximar do amigo permite que os maus sentimentos persistam e se agravem, reduzindo as chances de reconciliação final. Resumimos esse ciclo de evitação usando o acrônimo TRAP (T: *Trigger*, R: *Emotional Response*, AP: *Avoidance Pattern*; Jacobson et al., 2001) para destacar como a evitação pode perpetuar o desconforto e o prejuízo em longo prazo. Em seguida, usamos planilhas de avaliação funcional para ajudar o jovem a rastrear suas próprias respostas evitativas aos gatilhos e suas consequências subsequentes em curto e longo prazos (ver Fig. 1.4). Uma vez que os padrões evitativos e de retirada estejam claros, a resolução de problemas pode ser usada para direcionar o jovem para soluções orientadas a objetivos que contrariem a evitação.

Hierarquias de desafio, exposições e experiências comportamentais

Os exercícios de exposição são experimentos comportamentais ou sessões de prática projetadas para ajudar os jovens a abordarem uma situação difícil, de modo que eles possam aprender a (1) gerenciar o desconforto que sentem quando estão nessa situação, (2) praticar habilidades que ajudarão a lidar com essa situação e (3) desafiar as suposições irrealistas que normalmente experimentam na situação. As exposições podem ser conduzidas como imaginárias (usando imagens mentais e recordação para se imaginar na situação desafiadora) ou *in vivo*, que significa "na vida real". As exposições *in vivo* têm como objetivo recriar a situação da vida real o mais fielmente possível para dar ao cliente a chance de se desafiar em situações difíceis com o apoio de um *coach* de encorajamento. Por exemplo, um jovem com ansiedade social pode evitar fazer apresentações em sala de aula com medo de gaguejar e estar despreparado. Um exemplo de uma exposição imaginária seria fazer o jovem se imaginar fazendo sua próxima apresentação obrigatória, focando em todos os detalhes (quem, o que, onde) da situação que normalmente ativam o adolescente. Para uma exposição *in vivo*, um terapeuta pode organizar um grupo de cúmplices para servir como audiência da vida real para observar a apresentação e fazer perguntas. Ao longo do processo, o terapeuta orienta o jovem a usar suas habilidades de enfrentamento para gerenciar o desconforto e se tornar mais confiante e competente na situação. O terapeuta também pode encorajar o jovem a se imaginar gaguejando no meio da apresentação, desacelerando e orientando-se a continuar.

Construção de uma hierarquia de medo ou desafio

O planejamento das exposições começa com uma análise dos objetivos de tratamento do jovem (e dos pais) e o levantamento de desafios relevantes que ativariam o medo ou o desconforto da criança. O terapeuta e o jovem classificam a dificuldade ou o desconforto experimentado em cada cenário e o ordenam em uma hierarquia de desafios (para crianças mais novas, uma analogia de escada de desafio ou medo pode ajudar). No exemplo de ansiedade social, uma hierarquia de desafios apropriada poderia ser a seguinte:

Hierarquia de desafios A: apresentação oral

1. Ler um trecho curto e roteirizado para o terapeuta.
2. Ler uma apresentação roteirizada mais longa para o terapeuta.
3. Ler um trecho roteirizado enquanto gagueja de propósito.
4. Fazer uma apresentação semirroteirizada e permitir que o terapeuta faça perguntas.
5. Fazer uma apresentação improvisada sobre um tópico escolhido pelo terapeuta.
6. Repetir uma apresentação curta roteirizada com uma pequena audiência de membros da família.
7. Ler uma apresentação curta roteirizada com uma pequena audiência enquanto gagueja pelo menos duas vezes.
8. Repetir uma apresentação curta roteirizada com uma pequena audiência de colegas da mesma idade.
9. Fazer uma apresentação longa e roteirizada para colegas e permitir perguntas.

Observe que cada exposição na hierarquia de desafios representa um passo de aumento da dificuldade. Isso é refletido no comprimento da apresentação, no quanto de estrutura é permitido (roteirizado vs. improvisado) e quantos desafios são incluídos (público conhecido vs. desconhecido; permitindo perguntas; incluindo um dos principais resultados temidos pelo jovem, a gagueira). Essa variação permite que o jovem ganhe confiança e competência em uma diversidade de contextos e desafios e enfrente diferentes níveis de desconforto. Tradicionalmente, os exercícios de exposição eram realizados de forma hierárquica; as exposições procediam em ordem de dificuldade, da mais fácil para a mais difícil. Evidências recentes sugerem que pode ser benéfico alternar entre tarefas mais fáceis e mais difíceis (Craske et al., 2008) para otimizar a ativação emocional durante as exposições e aprimorar a retenção da aprendizagem. No entanto, é útil apresentar o espectro de desafios dos jovens para fornecer uma abordagem organizada para as exposições.

Para os adolescentes deprimidos, os tipos de cenários mais angustiantes não necessariamente giram em torno de encontros temerosos. Com frequência, esses jovens se sentem presos porque a experiência de superar um desafio parece exigir muito esforço ou eles esperam que os resultados sejam punitivos. Como exemplo, um jovem deprimido pode ter dificuldade em procurar amigos para obter apoio quando os pais estão brigando. Para ajudar a ganhar confiança nessas situações, um terapeuta pode construir uma hierarquia de desafios que ajude o jovem a praticar o acesso ao apoio social em situações cada vez mais vulneráveis.

Hierarquia de desafios B: acessando o apoio social

1. Enviar uma mensagem para um amigo próximo apenas para dizer "Oi".
2. Enviar uma mensagem para um amigo próximo para conversar sobre um tópico favorito (p. ex., canal do YouTube, aula, celebridades).
3. Mandar uma mensagem para um conhecido e pedir informações sobre uma tarefa escolar.
4. Ligar para um amigo próximo e conversar sobre coisas triviais (revisar o dia na escola).
5. Mandar uma mensagem para um colega de uma atividade extraclasse e combinar de irem juntos à próxima reunião.
6. Ligar para um amigo próximo e contar a ele sobre uma experiência difícil que teve naquele dia.

Qualquer uma dessas situações pode provocar uma mistura de ansiedade e tristeza (descrita como ceticismo). O objetivo de cada uma é proporcionar ao jovem a oportunidade de superar esses medos e observar os resultados positivos que resultam do desafio. É importante destacar que encorajamos os terapeutas a permanecerem flexíveis no planejamento e na execução das exposições. Cada exercício deve ser visto como um *experimento colaborativo*. Sempre há maneiras de se projetar exposições para serem mais fáceis ou mais desafiadoras. Se uma exposição for minimamente ativadora, o terapeuta e o cliente podem elaborar maneiras de torná-la mais desafiadora. Se o jovem não conseguir concluir uma tarefa porque congela ou se recusa a iniciá-la, exposições e experimentos futuros podem ser divididos em incrementos menores para alcançar o objetivo de otimizar o desafio, mas garantindo uma sensação de sucesso para o cliente.

Como funcionam as exposições? O que estou almejando?

Alguns estudiosos fazem distinções entre exposições *in vivo* e experimentos comportamentais. Tradicionalmente, as exposições são referenciadas quando a emoção-alvo é o medo ou a ansiedade, e a habituação é o resultado desejado. Os experimentos comportamentais tendem a se referir a oportunidades em que o cliente está praticando habilidades instrumentais ou desafiando expectativas e suposições irrealistas. Nos experimentos comportamentais, os desafios são vistos como formas de identificar e mudar distorções cognitivas e armadilhas de pensamentos. Dada a recente redução da ênfase na habituação como um mecanismo-chave de mudança nas exposições (Craske et al., 2008; Craske, Treanor, Conway, Zbozinek, & Vervliet, 2014), a diferença entre essas duas intervenções terapêuticas está se desvanecendo. Como discutido aqui, há uma série de objetivos e alvos que as exposições e os experimentos comportamentais devem ter.

1. **Desenvolvimento da tolerância ao desconforto**. Os jovens aprendem a tolerar o desconforto que sentem quando estão em uma situação desafiadora. Sentimentos desagradáveis são a principal razão pela qual as pessoas evitam situações difíceis. Se eles praticarem "aguentar firme" em um ambiente de apoio e seguro, começarão a aprender que podem superar o desconforto e, subsequentemente, lidar com ele de modo mais fácil quando estiverem em uma situação da vida real. O terapeuta pode comunicar esse conceito ao cliente com frases como "lidar, gerenciar, tolerar ou aceitar o desconforto", "navegar pelas ondas", "deixar as coisas rolarem" e "desenvolver um músculo de tolerância".
2. **Habituação**. Além de tolerar o desconforto, os jovens podem notar que ele diminui com o tempo e com a prática. Após se envolverem em exposições *in vivo* e aprenderem que são capazes de lidar com situações desencadeadoras, sua tristeza, sua ansiedade e sua raiva podem começar a diminuir gradualmente ao longo do tempo.
3. **Desafiar armadilhas de pensamentos e suposições**. Conversar em uma sala ou via teleconsulta com um terapeuta pode ajudar um cliente a começar a detectar onde suas armadilhas de pensamento o levam a assumir o pior em situações neutras. Quando a reestruturação cognitiva é um objetivo das exposições, o terapeuta ajudará o jovem a identificar suas armadilhas de pensamento, a gerar pensamentos de enfrentamento mais realistas e a praticar o desafio de suposições negativas. O envolvimento em cenários da vida real fornece evidências diretas de que seus piores medos são improváveis de se concretizarem. Isso pode resultar em perceber que o desempenho da criança é melhor do que o esperado. Também pode surgir de receber *feedback* positivo ou construtivo de cúmplices. O *feedback* objetivo pode aumentar o senso de autoeficácia da criança e fornecer evidências sólidas para contrariar as armadilhas de pensamento típicas.
4. **Violação de resultados esperados**. A pesquisa sugere que, quanto mais as expectativas de alguém são violadas, mais a aprendizagem é aprimorada (i.e., violação da expectativa; Craske et al., 2008). As expectativas podem ser verbalmente mediadas, mas não precisam ser expressas em conteúdo de pensamento negativo por meio de armadilhas de pensamento ou distorções cognitivas. Além de pensamentos ansiosos e negativos, os jovens podem ter suposições sobre resultados ou expectativas sobre como reagirão, como se sentirão e como os outros responderão. Para violar expectativas, o terapeuta ajuda o jovem a identificar os resultados-chave que espera antecipadamente e, em seguida, revisa quais desses resultados ocorrem durante e após o experimento.
5. **Prática de habilidades**. Uma das razões pelas quais as pessoas evitam situações difíceis é porque não sabem o que fazer sob tais circunstâncias (p. ex., não sabem como iniciar uma conversa em uma festa). Praticar essas situações lhes dará a chance de "experimentar" diferentes habilidades (p. ex., diferentes maneiras de iniciar e manter uma conversa) e descobrir quais estratégias funcionam melhor para elas. Às vezes, as pessoas não percebem que certas preocupações podem ser abordadas com habilidades "praticáveis".
6. **"A surpresa agradável"**. Às vezes, os resultados mais recompensadores são

aqueles que não esperamos. Os jovens entram em situações temidas esperando tantos resultados catastróficos que não conseguem imaginar nada dando certo. Eles evitam uma situação porque a "recompensa" potencial parece não corresponder ao risco. No entanto, é impossível para qualquer um de nós, sobretudo os jovens propensos à ansiedade ou ao humor deprimido, antecipar todos os possíveis resultados neutros ou positivos que nos aguardam em qualquer situação. A verdade é que nenhum de nós sabe exatamente o que acontecerá em uma situação específica. Você poderia ir a uma festa esperando não conhecer ninguém e ficar sozinho em um canto olhando para o seu *smartphone*. O que você não poderia saber é que outros convidados estariam jogando seu jogo favorito e pedindo sua ajuda. Ou talvez outro convidado seja novo na cidade e você passe todo o tempo conversando com esse adolescente e perceba que vocês têm muito em comum. Nenhuma dessas surpresas agradáveis teria acontecido se você tivesse decidido ficar em casa. Um famoso locutor esportivo sempre diz: "É por isso que jogamos o jogo – é a única maneira de descobrir o que acontece!". Peter Lewinsohn (Lewinsohn & Libet, 1972; Lewinsohn & Graf, 1973) se referia a isso como aproveitar "oportunidades de reforço encontradas em ambientes naturais". No entanto, como quer que você transmita esse conceito, a ideia é a mesma: metade da competição é simplesmente se colocar no jogo.

Planejando e executando um exercício de exposição

Após uma hierarquia de desafios ser criada, o terapeuta e o jovem estão prontos para experimentar uma delas. Na medida do possível, incentivamos a realização de experimentos ao vivo na sessão, além de atribuir exercícios de acompanhamento em casa para a prática. Para ajudar a configurar uma exposição *in vivo* na sessão, usamos a planilha de exposição *in vivo*/experimento comportamental (ver Fig. 2.6; uma versão em branco está disponível como Planilha 6 no Apêndice A). Essa planilha pode ajudar o terapeuta e o cliente a prepararem os aspectos técnicos do experimento, bem como a ensaiar as habilidades de enfrentamento que o jovem usará.

1. **Descreva a situação**. O terapeuta e o adolescente selecionam de maneira colaborativa uma situação da hierarquia de desafios. O objetivo é escolher um cenário que seja suficientemente ativador para o jovem (p. ex., o adolescente classifica seu desconforto como 7 em uma escala de 10 pontos), mas que seja gerenciável o suficiente para que o jovem esteja disposto a se envolver no desafio. Isso não significa que qualquer jovem ficará empolgado em entrar em uma situação temida, mas eles devem estar dispostos a participar. Ainda assim, nunca *fazemos* com que os jovens participem de exposições – planejamos, encorajamos, identificamos habilidades e reforçamos. Às vezes, um jovem fará uma declaração como "Meu terapeuta me obrigou a dar um discurso", ou dirá algo nesse sentido, e sugerimos corrigir isso cada vez: "Planejamos isso e eu orientei e apoiei você, mas você decidiu tentar!". Pode ajudar o terapeuta oferecer dois ou três cenários para escolha, e os *role-plays* podem ser usados para aquecer o jovem. Além disso, eles podem ganhar um senso de controle contribuindo para o planejamento – identificando o ambiente específico, a estrutura e os apoios iniciais. No exemplo atual, o terapeuta e o jovem progre-

PLANILHA 6. Exposição *in vivo*/experimento comportamental

> Preencha esta planilha com o jovem enquanto se prepara para um experimento comportamental.

1. **Situação (Qual é a situação?):**
   Discurso improvisado escolhido pelo terapeuta.

2. **Sentimentos:**   **Classificação de desconforto:** ___85___
   Ansioso, mãos suadas, borboletas no estômago.

3. **Pensamentos ansiosos/negativos:**
   a. "Não vou saber o que dizer."
   b. "Você vai pensar que sou burro."
   c. "Todo mundo consegue fazer isso, mas eu não."
   d. "Vou gaguejar e murmurar."

   Armadilhas de pensamentos (ver lista a seguir)
   a. Adivinhação.
   b. Leitura de pensamentos.
   c. Generalização excessiva; tudo ou nada.
   d. Adivinhação, busca pelos pontos negativos.

   Armadilhas de pensamento: leitura de pensamentos, adivinhação, catastrofização, conclusões precipitadas, "e se", desconsideração dos pontos positivos, busca pelos pontos negativos, generalização excessiva, pensamento tudo ou nada, declarações de dever, levar as coisas para o lado pessoal, culpar.

4. **Pensamentos de enfrentamento (Como você responde aos seus pensamentos ansiosos?):**
   "Se minha mente ficar em branco, posso simplesmente pausar e respirar fundo."
   "Até agora, você tem sido solidário. Você não está aqui para me julgar."
   "A maioria das pessoas fica ansiosa durante discursos."
   "Se eu gaguejar ou murmurar, é só continuar."

   Perguntas desafiadoras: Eu sei com certeza que_____? Estou 100% certo de que_____? Que evidências tenho de que_____? Qual o pior que poderia acontecer? O quanto isso é ruim? Eu tenho uma bola de cristal?

5. **Metas comportamentais atingíveis (O que você quer alcançar?):**

Meta	Alcançada?
a. Apenas continuar se ficar travado – evitar pausas de 10 segundos.	
b. Últimos 5 minutos.	
c. Fazer contato visual ao menos 10 vezes.	

6. **Recompensas:**

Recompensas	Alcançada?
a. Ao término da sessão, ganhe tempo livre para conversas abertas.	
b. Instale um novo app Bitmoji no celular.	
c.	

FIGURA 2.6 Planilha de experimento comportamental/exposição concluída usando um exemplo de ansiedade social.

diram até a metade de sua hierarquia de apresentação oral e, portanto, escolhem um discurso improvisado para o jovem praticar com o terapeuta. Para tornar a situação o mais real possível, você quer obter o máximo de detalhes possível sobre como essa cena (gatilho, situação) se desenrolaria. Isso ajuda a planejar a exposição mais realista possível. Nesse caso, a aula de história do jovem exige que os alunos façam uma apresentação "de atualidades" quando o professor os chama. O momento é imprevisível, então o terapeuta e o jovem concordam em praticar sendo "pego de surpresa" e fazer um discurso improvisado sobre um tópico escolhido pelo terapeuta.

2. **Chegue a uma classificação de desconforto**. Solicite ao adolescente que tipo de respostas emocionais e sintomas físicos ela pode esperar. Isso pode sinalizar que tipo de estratégias de respiração ou relaxamento podem ajudar. Nesse exemplo, técnicas de atenção plena para se manter ancorado e relaxamento focado nos músculos do estômago do jovem podem ajudá-lo. A classificação de desconforto de 85 indica que o experimento é suficientemente ativador para o jovem, mas ainda realizável.

3. **Identificar pensamentos ansiosos/negativos**. Faça o jovem descrever os pensamentos ansiosos e negativos associados aos seus sentimentos angustiantes. Peça-lhe para ser o mais específico possível, usando declarações em primeira pessoa. Em seguida, ajude-o a identificar quaisquer possíveis armadilhas de pensamento. Faça-o notar a conexão entre seus pensamentos e seus sentimentos e observe as tendências à evitação.

4. **Gerar pensamentos de enfrentamento**. Ajude o jovem a criar pensamentos de enfrentamento que possam responder aos pensamentos ansiosos e negativos e contrariar as armadilhas de pensamento.

5. **Esboçar metas comportamentais alcançáveis**. Em um experimento como este, sempre é útil identificar objetivos concretos que a criança está tentando alcançar. Pode ser especialmente útil se esses objetivos forem observáveis, para que o terapeuta (ou qualquer cúmplice) possa fornecer *feedback* objetivo depois. Nesse exemplo, o jovem teme que terá pausas intermináveis de 10 segundos ou mais. Anote isso como um objetivo e forneça *feedback* mais tarde. É improvável que o jovem tenha muitas pausas com essa duração. Tente evitar escolher metas que exijam passos longos e envolvidos que sobrecarregarão o jovem. Evite também objetivos irrealisticamente ideais que o jovem provavelmente não alcançará (p. ex., "Não cometerei nenhum erro ou direi algo errado"); em vez disso, pode ajudar ter uma meta relacionada a um resultado temido (p. ex., "Se eu cometer um erro ou gaguejar, vou respirar fundo e continuar"). Queremos enfatizar resultados provenientes das tentativas do jovem de lidar com as situações.

6. **Estabelecer recompensas**. É importante que o jovem se acostume a se avaliar de forma positiva por tentar desafios e tentar lidar com eles. Qualquer esforço de abordagem pode ser reforçado, e os terapeutas podem encorajar o comportamento desejado com elogios positivos, específicos e rotulados (p. ex., "Estou muito orgulhoso de você por estar disposto a praticar isso mesmo que esteja se sentindo nervoso"). O terapeuta também pode ajudar o jovem a selecionar recompensas que possam ser obtidas imediatamente ou pouco depois de exposições bem-sucedidas.

7. **Agora, faça a exposição!** Após o planejamento ser concluído, o terapeuta pode, então, conduzir o jovem através da exposição. Nesse caso, o terapeuta monta-

ria um cenário de sala de aula simulado e daria ao jovem um tópico para apresentar extemporaneamente (p. ex., "Pelos próximos 5 minutos, descreva o que você faria se ganhasse na loteria!"). Enquanto o jovem realiza a exposição, o terapeuta pode monitorar as classificações de desconforto, pedindo uma classificação a cada minuto, mais ou menos. Isso ajudará a determinar se ocorreu alguma habituação ou se o jovem conseguiu perseverar através do desconforto. O terapeuta também pode estimular o jovem a relatar seus pensamentos ansiosos e de enfrentamento de maneira periódica durante a exposição. Isso pode ajudar a lembrar o adolescente de usar os pensamentos de enfrentamento durante todo o processo. Ao mesmo tempo, o terapeuta age como um treinador de apoio, encorajando o jovem a passar pelo experimento enquanto utiliza as estratégias de enfrentamento mais úteis.

As exposições podem ser rápidas (3 a 4 minutos) ou durar toda a sessão, dependendo dos objetivos e da tarefa. As exposições rápidas podem ser repetidas diversas vezes para que a criança receba *feedback* inicial, tente novamente, receba *feedback* adicional e tente novamente. Não é incomum repetir a mesma exposição 3 a 4 vezes ou mais antes de passar para a próxima exposição. Se um jovem revira os olhos ao completar a exposição novamente por tédio, isso é um bom sinal e pode ser refletido de volta para eles como dados ("Eu percebo que isso se tornou muito fácil para você agora, mas, na primeira vez, foi necessária muita persuasão para começar").

8. **Revisar os resultados (Como foi?)**. O terapeuta solicita comentários gerais da criança: como foi a exposição? Foi como o esperado? Mais fácil, mais difícil ou mais ou menos o mesmo? Como você faria de forma diferente? Se houve alguns problemas técnicos fáceis de modificar que interferiram na exposição, sinta-se à vontade para repeti-la; caso contrário, revise a planilha de exposição concluída (ver Fig. 2.6) e avalie o sucesso das habilidades de enfrentamento do jovem, destacando expectativas que foram violadas, surpresas agradáveis e mensagens para levar para casa que desafiam suposições irrealistas.

9. **Determinar as classificações de desconforto**. O terapeuta pode grafar as classificações de desconforto obtidas durante a exposição para determinar se ocorreu habituação ou se o jovem persistiu através do desconforto.

10. **Gerar *feedback***. *Feedback* construtivo e de apoio é fornecido em relação aos objetivos específicos definidos no início. O adolescente alcançou suas metas comportamentais? Ele caiu em alguma armadilha de pensamento ou padrões de evitação? Ele notou impulsos para evitar ou escapar, mas continuou? Ele usou pensamentos de enfrentamento ou relaxamento? Houve surpresas agradáveis? O jovem e o terapeuta devem explorar o que tornou difícil alcançar determinados objetivos. O terapeuta também fornece *feedback* sobre a avaliação do próprio desempenho do jovem. O cliente está sendo excessivamente severo? Encontre maneiras alternativas de atender aos objetivos do adolescente na próxima vez. Lembre-se de focar em fornecer elogios específicos rotulados pelos esforços do jovem e disposição para enfrentar desafios, em vez de alcançar resultados específicos.

11. **Formular uma mensagem para levar para casa**. No final da exposição, pode ser útil gerar uma mensagem para levar para casa. Isso ajuda a consolidar a experiência para que o jovem possa recorrer à experiência no futuro. Então,

por exemplo, se ele percebeu por meio da exposição que "As outras pessoas não esperam que você diga algo genial, você só precisa dizer uma ou duas coisas interessantes", então a mensagem para levar para casa poderia ser "Seja você mesmo – o resto se resolverá" ou "Ser um perfeccionista só me segura". Não importa realmente qual é a mensagem, contanto que ajude o jovem a lembrar de que o engajamento é melhor do que a evitação e de que as habilidades de enfrentamento podem ajudar a lidar com emoções angustiantes (mesmo que essas estratégias não produzam resultados perfeitos todas as vezes!).

12. **Atribuir prática domiciliar e planejar exposições futuras**. Após concluir a exposição em sessão, é importante criar uma tarefa domiciliar que corresponda ao tema. A prática fora da sessão é crítica para o conforto contínuo com as habilidades de enfrentamento e para maior generalização para diversos cenários. Ao mesmo tempo, o terapeuta e o jovem podem planejar exposições futuras em sessão, organizando para trazer adereços ou fazer outros preparativos, conforme necessário.

Prática domiciliar

A prática fora da sessão é essencial para aprimorar habilidades de enfrentamento e facilitar sua generalização para diversos contextos. Praticar habilidades apenas em sessão limita as chances de transferência de lições para situações personalizadas e novas enfrentadas pelo jovem. Algumas orientações sobre atribuição de prática domiciliar *são apresentadas a seguir.*

- *A prática domiciliar deve estar relacionada às lições aprendidas na sessão atual*. As tarefas podem ser experimentos ativos (p. ex., "Teste seus novos pensamentos de enfrentamento abordando três pessoas esta semana e iniciando uma conversa"); automonitoramento (p. ex., "Preencha este rastreador de atividades e humor"); ou qualquer outra tarefa que forneça uma demonstração da vida real das habilidades atuais.
- *Não sobrecarregue!* É melhor atribuir algumas tarefas domiciliares cuidadosas que o jovem provavelmente completará do que sobrecarregá-lo.
- *Mantenha simples e claro*. As atribuições devem ser simples o suficiente para que o jovem possa lembrar delas de memória, em vez de depender de extensas listas de afazeres. Embora escrever as tarefas de prática domiciliar ajude, elas não devem ser tão complicadas a ponto de o jovem precisar de análise detalhada para lembrar delas e executá-las. Certifique-se também de que o jovem entenda o que se espera dele antes de sair da sessão. Para crianças mais novas, pode ser necessário coordenar com seus pais.
- *Verifique a conclusão da prática domiciliar no início da próxima sessão*. É fundamental reforçar a importância da prática domiciliar abordando-a no início de cada sessão e fornecendo uma recompensa e elogios quando o jovem a completa (mesmo que apenas parcialmente). O acompanhamento da conclusão da prática domiciliar em um gráfico pode ajudar a monitorar o progresso e planejar recompensas concretas. (Ver Capítulos 6, 8 e 11 para exemplos de gráficos de recompensas.)

Gráficos de recompensas e autorrecompensas

Ao trabalhar com o jovem de maneira individual, o terapeuta de TCC tenta incorporar princípios de reforço positivo sempre que possível. Jovens ansiosos e deprimidos tendem a ser excessivamente críticos em relação às suas *performances*, minimizar sucessos e estabelecer padrões perfeccionistas para autorrecompensa. Um dos objetivos da TCC é redefinir expectativas, de modo que o jovem enfatize mais o esforço e menos os resultados alcançados. Como exemplo, o terapeuta de TCC preocupa-se menos se um adolescente acerta, anda ou é eliminado em um jogo de beisebol. O terapeuta comunica ao adolescente que sua disposição para ir para o bastão, utilizar habilidades de enfrentamento e tentar o turno no bastão merece crédito. O adolescente nem sempre está aberto a esse conceito, já que seu próprio perfeccionismo se recusa a aceitar um bom esforço. Para contrapor tal resposta, o terapeuta pode comunicar que uma pessoa nunca terá sucesso se não se colocar na posição de ter sucesso. Nas palavras do grande Wayne Gretzky, "Você erra 100% dos tiros que não tenta". E ter sucesso muitas vezes inclui aprender a abraçar erros e fracassos.

Os gráficos de recompensa enfatizam orientar objetivos em torno dos esforços para enfrentar e reforçar o "sucesso" com recompensas que o jovem considera significativas ou satisfatórias. Os Capítulos 6 e 11 (Figs. 6.6 e 11.12) fornecem exemplos de gráficos de recompensa básicos que identificam comportamentos ou objetivos que o jovem está tentando alcançar e as recompensas prometidas. É importante destacar que as recompensas podem ser autorrecompensas ou aquelas organizadas pelos pais. Lembre-se de que as recompensas nem sempre precisam ter valor monetário. Permitir-se privilégios ou mimos muitas vezes pode ser tão gratificante quanto obter produtos consumíveis. Por exemplo, dar a si mesmo uma pausa para ligar para amigos após tentar uma lição de matemática difícil, ou, de forma semelhante, permitir-se passar uma hora no YouTube após se esforçar para mandar mensagens para amigos que estava evitando. Alguns jovens podem precisar de instrução para autoelogio e "se dar tapinhas nas costas" por seus esforços. Para muitos adolescentes, a autorrecompensa é possível, mas pode ser útil envolver os pais quando as recompensas mais reforçadoras serão privilégios controlados pelos pais (p. ex., levar o adolescente ao *shopping* para encontrar amigos, dar-lhe o direito de escolher uma atividade em família). Os pais também podem ser úteis quando o jovem reluta em se autorrecompensar. Isso muitas vezes exigirá fornecer a mesma educação sobre esforço e resultado dada ao jovem.

INTERVENÇÕES CORPORAIS

Relaxamento progressivo

O relaxamento progressivo é uma técnica utilizada para relaxar a tensão muscular, um sintoma comum de ansiedade e depressão. Para enfatizar o impacto que a tensão muscular pode ter em nosso estado emocional, o terapeuta pode pedir ao jovem para fazer um punho por vários segundos, observando a tensão gerada, e depois soltar o punho e notar o quanto a mão fica mais relaxada e confortável. O terapeuta pode direcionar o jovem a repetir essa ação diversas vezes para mostrar como o punho se torna cada vez mais relaxado com as contrações e os relaxamentos repetidos. O terapeuta pode, então, guiar a criança por um roteiro estendido que relaxa progressivamente todos os grupos musculares principais (ver Fig. 2.7 para um exemplo de roteiro de relaxamento). Para ilustrar esse conceito com crianças mais novas, faça a criança alternar entre agir como um robô rígido e uma boneca de pano ou água-viva solta.

> **RELAXAMENTO PROGRESSIVO**
>
> Vá em frente e acomode-se para que se sinta confortável. Deixe todos os seus músculos relaxarem. Feche os olhos e faça três respirações profundas e lentas. Ao inspirar, respire pelo nariz, percebendo como o ar fresco passa pelas suas narinas. Ao expirar, solte o ar lentamente pela boca, deixando o ar aquecido passar suavemente pelos lábios. A cada respiração, faça uma breve pausa. Inspire pelo nariz, pause e expire pela boca.
>
> Agora, quero que você feche o seu punho direito o mais forte que puder, e segure enquanto conto de 3 a 1... preste atenção à sensação de aperto no seu punho enquanto começo a contar... 3... 2... 1... relaxe o seu punho e note as sensações de calor e relaxamento que fluem pelos seus dedos até o seu braço... Vamos fazer mais uma vez. Punho direito... 3... 2... 1. Agora, feche sua mão esquerda em um punho e segure-a enquanto conto de 3 a 1... preste atenção à sensação de aperto no seu punho... 3... 2... 1... Solte seu punho e perceba como a sensação de aperto deixa seus dedos, sua mão e seu braço. Note como ela é substituída pela sensação de calor e relaxamento. Vamos repetir... 3... 2... 1...
>
> Ok, vamos passar para os seus ombros. Eleve-os até as suas orelhas — como se estivesse tentando tocá-las com seus ombros. Vamos segurar por uma contagem de três... 3... 2... 1... Agora, deixe-os cair. Note a sensação de tensão desaparecer. Vamos fazer novamente. Encolha os ombros até as orelhas. O que você percebe? Sinta a tensão e a rigidez. 3... 2... 1... Relaxe seus ombros. Preste atenção às sensações de calor e relaxamento que percorrem sua cabeça, seu pescoço e seus ombros.
>
> Como relaxamos nosso estômago? Imagine que você quer apertar sua barriga para que seu umbigo toque sua coluna. Você consegue tentar isso? Aperte – não prenda a respiração – e apenas tente tocar sua coluna com seu umbigo. Segure, 3... 2... 1... E solte. Sinta essa tensão no seu estômago, nas costas e nas laterais se dissipar. Vamos fazer de novo, segure, 3... 2... 1... Solte. Sinta a tensão se dissipar conforme você relaxa.
>
> Vamos tentar com suas pernas e seus pés. Imagine que você tem os pés na margem de um riacho lamacento. Empurre suas pernas para fora como se estivesse tentando afastar a lama o máximo que puder. Segure, 3... 2... 1... E relaxe. Deixe suas pernas voltarem para você. Vamos fazer de novo. Desta vez, tente realmente imaginar empurrar suas pernas para fora o máximo possível – até estender seus dedos o máximo que puder, empurrando a lama através dos dedos dos pés. Pronto, empurre! 3... 2... 1... E solte. Deixe suas pernas relaxarem e se sentirem livres.
>
> Quando estiver pronto, vamos retornar lentamente à sala. Sempre focando na sua respiração enquanto você está relaxado. A cada respiração, abra os olhos lentamente. 5... inspire pelo nariz. 4... expire pela boca. 3... abra um pouco mais os olhos. 2... inspire pelo nariz. 1... expire pela boca. E bem-vindo de volta.

FIGURA 2.7 Exemplo de roteiro de relaxamento.

Treinamento de respiração

O treinamento de respiração pode ajudar no relaxamento progressivo, já que a respiração frequentemente se torna superficial e rápida quando se está ansioso. O treinamento de respiração ajuda o jovem a se concentrar em respirar do diafragma em respirações lentas e medidas. Para praticar isso, o terapeuta pode fazer o cliente deitar-se no chão, identificar seu diafragma logo abaixo da base da caixa torácica e praticar a respiração imaginando um fio puxando seu diafragma para cima a cada respiração e soltando a cada exalação. Para praticar mais, o jovem pode colocar um livro leve na base da caixa torácica e levantar o livro uniformemente a cada respiração. A respiração diafragmática ajuda a usar toda a capacidade pulmonar em ritmos medidos para limitar a hiperventilação e a respiração superficial. Crianças mais novas podem aprender isso como respiração abdominal; elas podem fingir que estão tentando encher um balão em suas barrigas inspirando pelo nariz. Em seguida, elas exalam pela boca para soltar o ar do balão.

Higiene do sono

As perturbações do sono são sintomas frequentes e significativos em muitos jovens ansiosos e deprimidos (Brand, Hatzinger, Beck, & Holsboer-Trachsler, 2009; Rao, Hammen, & Poland, 2009). Jovens ansiosos podem ficar preocupados com os eventos do dia anterior ou com os eventos do próximo dia e ter dificuldade para iniciar e permanecer dormindo. Jovens deprimidos muitas vezes acabam alterando seu ciclo de sono, de forma que acabam indo dormir mais tarde, experimentam sono interrompido e agitado e têm dificuldade para se levantar e se sentir descansados. A higiene do sono inclui realizar uma avaliação da rotina de sono do jovem, fornecer educação sobre boa higiene do sono e incorporar um plano para melhorar os hábitos de sono. O terapeuta pode usar o material suplementar "Informações sobre higiene do sono" (Material suplementar 4 no Apêndice A) para educar jovens e pais. O terapeuta ajuda o jovem a estabelecer uma rotina de sono regular, escolhendo uma hora de dormir padrão, com o jovem concordando em evitar cafeína, telas de computador, tarefas de casa e outras tarefas estressantes antes de dormir e em tornar o ambiente de sono o mais agradável possível. Se o jovem acordar no meio da noite, ele se levantará da cama e não ficará acordado por mais de 15 a 20 minutos. O adolescente escolhe uma atividade leve para relaxar (p. ex., ouvir música; leitura leve, porém não na tela; escrever em um diário) até ficar sonolento o suficiente para voltar para a cama. O adolescente deve estabelecer um horário regular de despertar e aderir a ele. Se aderir rotineiramente a um horário-padrão de despertar, o seu corpo começará a se regular.

SÍNTESE E PONTOS-CHAVE

Os terapeutas de TCC podem se valer de muitas intervenções e estratégias que aderem ao modelo central, enquanto as adaptam às necessidades, aos interesses e às habilidades individuais do jovem. Não se espera que um terapeuta utiliza cada estratégia para cada caso; um terapeuta usa a conceitualização de caso para identificar os principais fatores de manutenção e os processos do jovem que precisam ser abordados. O terapeuta, então, seleciona intervenções que visam aos principais fatores de manutenção para alcançar os objetivos dos jovens e dos pais. No planejamento do tratamento, o terapeuta também mapeia o curso esperado do tempo. Cada fase da terapia pode consistir em objetivos separados, mas relacionados, que requerem intervenções exclusivas ou sobrepostas. O tratamento começa com a construção de uma forte aliança terapêutica e psicoeducação. As principais categorias de intervenção, então, correspondem às três seções do modelo de TCC:

- Intervenções cognitivas.
- Intervenções comportamentais.
- Intervenções corporais.

3

Fase posterior do tratamento e encerramento

Em geral, a fase posterior do tratamento é uma continuação das intervenções realizadas na fase intermediária do tratamento, incluindo exposições, programação de atividades, ensaio de habilidades e generalização de habilidades em múltiplas situações identificadas (ver Capítulo 2). As sessões da fase posterior incluem lembretes da psicoeducação anterior relacionada ao modelo de terapia cognitivo-comportamental (TCC) e ao curso do tratamento, de modo que este seja orientado por metas e avaliação e seja destinado a ser limitado no tempo.

No início do tratamento, o terapeuta terá avaliado as expectativas do cuidador e as do jovem quanto ao curso, à duração e aos efeitos potenciais do tratamento. Isso é importante para o trabalho da fase posterior, sobretudo porque as expectativas do cuidador em relação à terapia do jovem podem afetar os resultados (Nock & Kazdin, 2001). Uma questão preparatória que os terapeutas podem discutir no início do tratamento para preparar decisões colaborativas posteriores sobre o término deste é: como saberemos quando estamos prontos para encerrar o tratamento?

IDENTIFICANDO O MOMENTO DE ENCERRAR O TRATAMENTO

A construção de vínculo passa a ser um cultivo e uma manutenção, com o terapeuta continuando a orientar, incentivar e reforçar de maneira positiva jovens e famílias. Um objetivo fundamental é ajudar os cuidadores a assumirem esses papéis de maneira mais eficaz e ajudar os jovens a se tornarem seus próprios terapeutas e treinadores. A terapia pode começar a fazer a transição quando houver evidências da transferência dessas habilidades em lições de casa, exposições, programação de atividades e melhorias funcionais (p. ex., frequentar a escola, participar de atividades, fazer amigos, etc.).

A dialética avaliação-tratamento (Weisz et al., 2011) exige a modificação contínua do planejamento do tratamento e informa o planejamento do término. Decidir *quando* encerrar o tratamento visa a ser um processo colaborativo, e, ao trabalhar com jovens, há mais participantes nesse processo. O término inclui múltiplas considerações sobre *timing*, progresso e resultados, aliança terapêutica entre o terapeuta, o jovem e a família, e prevenção de recaídas (Vidair, Feyijinmi, & Feindler, 2016). O monitoramento do progresso e a obtenção de contribuições de diversos relatores em diferentes áreas informarão essa tomada de decisão. Esse monitoramento pode ter seus próprios efeitos de intervenção (Bickman, 2008; Lambert, Harmon, Slade, Whipple, & Hawkins, 2005). Ao observar e acompanhar sistematicamente algo, podemos mudar nossa compreensão e nossa reação a esse algo. Jovens e famílias muitas vezes observam esse efeito observacional.

Ao responder à pergunta de como saberemos quando é hora de encerrar o tratamento, o terapeuta pode considerar os seguintes indicadores inter-relacionados, às vezes sobrepostos:

1. **Mudança de sintomas em formulários de avaliação por múltiplos relatores e domínios**. Como mencionado, incentivamos a administração rotineira de medidas clínicas de sintomas para jovens e cuidadores (p. ex., Revised Children's Anxiety and Depression Scale [RCADS]). As mudanças autorrelatadas e relatadas pelo cuidador e as reduções podem ser observadas para informar o progresso na presença, a intensidade e/ou a frequência dos sintomas. Formulários de relato de professores também podem fornecer essas informações para a tomada de decisões clínicas. De modo notável, além da revisão numérica desses formulários, a representação gráfica pode ajudar o terapeuta a otimizar a resposta ao tratamento (Nadeem, Capella, Holland, Coccaro, & Crisonino, 2016). A ausência de mudança ou relato discordante de mudança entre os relatores, é claro, também informa o tratamento e o planejamento do término. Observações durante a sessão do estado mental de um jovem são dados com os quais os clínicos determinam o progresso ao longo do tratamento (p. ex., melhoria do contato visual, engajamento, melhoria mais consistente do afeto, reduções dos impulsos e dos comportamentos de autolesão relatados).

2. **Alcance de metas com base nas listas de problemas-alvo**. A conceitualização de caso da TCC impulsiona o desenvolvimento de listas de problemas-alvo que, para jovens, provavelmente incluem metas do cuidador e do jovem. Depender dessas listas-alvo para conduzir o tratamento requer que essas metas sejam operacionalizadas de forma colaborativa e convertidas em linguagem que as torne específicas, observáveis e mensuráveis para monitoramento de progresso. Como discutido, uma vez que os jovens raramente buscam tratamento por conta própria, pode ser necessário abordar metas discordantes entre um jovem e um cuidador e reconciliá-las à medida que o jovem avança no tratamento. Isso não significa que os objetivos precisam ser fundidos ou que um objetivo de um relator seja necessariamente melhor; em vez disso, é necessário manter as múltiplas perspectivas em mente.

3. **Construção de habilidades**. O tratamento nas fases inicial e intermediária inclui ensinar ao jovem uma variedade de habilidades que buscam auxiliar a redução dos sintomas, as melhorias funcionais e o alcance dos objetivos. Portanto, o terapeuta pode observar o reconhecimento pelo jovem das habilidades ensinadas (esperançosamente aprendidas) por meio da prática dessas habilidades durante a sessão e em casa. Por exemplo, o jovem está praticando habilidades baseadas em atenção plena, relaxamento, respiração profunda, tolerância à angústia e/ou resolução de problemas? Há reduções associadas em comportamentos de autolesão não suici-

da (ALNS)? O jovem está demonstrando o uso de habilidades (p. ex., "Hoje, na escola, respirei fundo três vezes antes da minha prova")? Os cuidadores estão demonstrando aumento no uso de elogios específicos? Os cuidadores estão usando declarações de empatia e incentivo?

4. **Mudança de comportamento**. Há aumento nos comportamentos adaptativos do jovem e do cuidador e redução nos comportamentos mal-adaptativos? Intervenções comportamentais essenciais incluem ativação comportamental guiada por monitoramento de atividade, exposições guiadas por hierarquias de medo ou desafio, experimentos comportamentais e gráficos de recompensa comportamental. O jovem está se aproximando de, e não evitando, situações provocadoras de ansiedade que antes eram evitadas? Ele está participando de atividades apropriadas ao desenvolvimento e pró-sociais? Dada a importância do domínio escolar para os jovens em específico, o terapeuta também pode avaliar o progresso do tratamento por meio das metas funcionais do jovem na escola, como frequência escolar consistente, permanência na escola, redução de visitas à enfermeira da escola, participação acadêmica, participação extracurricular, busca de ajuda dos suportes disponíveis na escola, e assim por diante. Novamente, o terapeuta desejará obter informações adicionais de fontes escolares estratégicas. Outras fontes de informações adicionais também podem sinalizar o progresso do tratamento. Por exemplo, um de nós recebeu uma carta escrita (sim, uma carta enviada com selo!) da tia de uma paciente que desejava expressar sua gratidão por "ter minha sobrinha de volta". Membros da família que relatam mudanças comportamentais observáveis em um jovem são dados importantes.

5. **Mudanças na autorreflexão**. Mudanças cognitivas podem parecer difíceis de se rastrear, dada a sua própria natureza. No entanto, à medida que o terapeuta e o adolescente trabalham no desenvolvimento de habilidades cognitivas (p. ex., identificando autorreflexão negativa e ansiedade ou depressão associadas, demonstrando compreensão do vínculo entre pensamentos, sentimentos e comportamentos por meio da prática domiciliar e discussões em sessão, rotulando armadilhas de pensamento), o terapeuta pode trabalhar com o jovem para notar melhorias e mudanças salientes nessas habilidades. O terapeuta pode observar se o jovem está expressando mais autorreflexão focada no enfrentamento, reconhecendo processos de mudança, incluindo habituação (p. ex., "Eu estava realmente nervoso quando comecei minha apresentação, mas me senti muito menos nervoso no final"), violação de expectativa (p. ex., "Pensei que ficaria totalmente nervoso durante a apresentação, mas não fiquei e consegui terminá-la", ou "Fiquei um pouco nervoso, mas consegui fazer o trabalho") e ativação comportamental (p. ex., "Estava tão cansado e não queria ir ao parque, mas então disse a mim mesmo que tinha que ir, e, enquanto estava lá, percebi que me sentia melhor. Eu estava orgulhoso de ter ido"). Este último exemplo exemplifica outro potencial indicador de progresso para o qual os terapeutas podem querer ouvir – a capacidade de um jovem de expressar autoelogios e autorrecompensas. No início do tratamento, jovens com ansiedade e depressão podem apresentar distorções cognitivas que dificultam sua capacidade de reconhecer progressos incrementais. Por exemplo, o jovem mostrará pensamento tudo ou nada ou perfeccionista; ele pode enfatizar de-

mais o resultado em relação ao esforço e pode precisar ser ensinado e reforçado a observar melhorias incrementais, em vez de avaliações dicotômicas de bom ou mau desempenho.

6. **Mudanças nos comportamentos direcionados dos pais/cuidadores**. A avaliação funcional revelará variáveis de cuidadores e do sistema que podem estar reforçando os comportamentos mal-adaptativos do jovem. Otimizar a TCC juvenil exigirá o direcionamento desses comportamentos de nível de cuidador e o ensino de novas ou expandidas habilidades aos cuidadores. O grau de envolvimento dos cuidadores dependerá de várias variáveis, como a idade do jovem (ver Capítulo 5). Conforme a terapia avança, o terapeuta pode observar aumentos no uso de habilidades pelos pais (p. ex., o uso de fala de empatia e encorajamento autorrelatado pelos cuidadores e, possivelmente, notado pelo jovem), consistência na implementação de gráficos de comportamento que fornecem reforço ao jovem, acompanhamento ativo na execução de exposições fora do consultório, especialmente para crianças mais jovens e reduções em comportamentos de acomodação que reforçam de maneira negativa o jovem (p. ex., permitindo que evite ou escape de situações que provocam ansiedade, pais resgatando o jovem de situações ruins).

No contexto da terapia baseada em metas, o terapeuta, o jovem, os cuidadores e outros provedores, conforme apropriado (ver Capítulo 5), podem medir o progresso em muitos contextos e indicadores. De modo ideal, o término pode ser decidido de forma natural, de forma colaborativa e antecipadamente. O próprio progresso pode ditar organicamente a fase final do tratamento. Por exemplo, não é raro que jovens anteriormente retraídos começam a se reengajar em atividades extracurriculares após a escola; essa demonstração de progresso terapêutico pode começar a apresentar conflitos de agendamento com os horários de consulta – que problema fantástico a se ter!

À medida que jovens e famílias continuam a demonstrar melhorias em indicadores variados, o terapeuta e as famílias podem avaliar os prós e os contras da frequência atual do tratamento. A decisão pode, então, ser tomada para começar a encerrar o tratamento.

ENCERRAMENTO E PREVENÇÃO DE RECAÍDAS

Idealmente, o terapeuta prepara o jovem e a família para a interrupção da terapia no contexto da mudança de comportamento que se generalizou. A consideração pode exigir discussões com os provedores encaminhadores (p. ex., pediatras) e outros provedores de tratamento (p. ex., psiquiatras infantis). A conclusão do tratamento agudo pode ser conceituada como término, graduação ou pausa na terapia, dependendo das necessidades específicas do jovem e da família. Nas últimas sessões de terapia, que podem ser reduzidas conforme apropriado para garantir a manutenção (p. ex., passando de semanal para quinzenal e, em seguida, talvez mensal), o terapeuta pode trabalhar com o jovem e a família para fazer o seguinte:

1. **Revisar os indicadores de progresso**. O que mudou ao longo das fases iniciais e intermediárias do tratamento? Essa revisão pode incluir comparações explícitas de cada um dos indicadores já mencionados. Dependendo da duração do tratamento, jovens e cuidadores podem não se lembrar dos níveis anteriores de angústia ou disfunção.

2. **Consolidar habilidades de tratamento, pontos fortes e ganhos**. Ao longo do tratamento, jovens e cuidadores foram apresentados a uma variedade de habilidades e, com frequência, trabalharam nelas por tentativa e erro. A fase posterior do tratamento permite a acumulação dessas habilidades. De maneira específica, o terapeuta trabalha com o jovem para identificar suas habilidades, estratégias, autorreflexão de enfrentamento e mensagens significativas mais eficazes para levar para casa. Da mesma forma, o terapeuta trabalha com os cuidadores para identificar suas habilidades, estratégias, autorreflexão de enfrentamento e de orientação e mensagens significativas mais eficazes para levar para casa.
3. **Refletir sobre as dificuldades encontradas no tratamento**. Quais foram alguns dos maiores desafios enfrentados ao longo do tratamento? Como eles se saíram? Como os resultados se compararam ao que foi antecipado? Houve "desastres" de exposição? Eles realmente foram "desastres"? Quais foram as surpresas agradáveis? Houve momentos em que o jovem surpreendeu os cuidadores?
4. **Refletir sobre o vínculo e a aliança terapêutica**. Os terapeutas desempenham muitos papéis ao longo do tratamento (p. ex., especialista, provedor de consideração positiva incondicional, orientador, ouvinte, animador, mentor, inspirador de esperança). Terapeutas, jovens e famílias provavelmente passaram tempo consistente juntos e construíram um relacionamento significativo ao longo do tempo. O final do tratamento oferece uma oportunidade para refletir sobre esse relacionamento como um modelo para os aspectos positivos associados à busca de ajuda.
5. **Normalizar a probabilidade de futuros gatilhos**. Além de refletir sobre o curso da terapia, a fase final do tratamento permite que o terapeuta olhe para a frente com o jovem e sua família em busca de oportunidades para continuar mantendo e generalizando os ganhos do tratamento. Durante essa fase, os terapeutas também podem fornecer psicoeducação sobre as distinções entre um lapso, uma recaída e um colapso. Enquanto um único retorno a um comportamento anterior representa um *lapso* (p. ex., faltar um dia de aula devido à ansiedade), diversos lapsos podem levar a uma *recaída* ao estado anterior de funcionamento (p. ex., recusar-se a voltar para a escola por vários dias). Uma recaída pode, então, se transformar em um *colapso*, com consequências significativamente mais difíceis de se enfrentar (p. ex., perder um ano inteiro de escola). Os terapeutas podem utilizar um modelo de prevenção de recaídas que prepare as famílias para situações que podem ser desafiadoras. Nesse sentido, terapeutas e famílias podem trabalhar na previsão e no planejamento de possíveis gatilhos futuros de respostas ansiosas ou depressivas (p. ex., transição para o ensino médio, baile de formatura, festa de 15 anos, excursões escolares, vestibulares ou inscrições em universidades, viagens de trabalho dos pais, feriados, acampamento de verão). Para alguns jovens e algumas famílias, pode ser útil fazer uso de um calendário para antecipar e começar a considerar temas (p. ex., questões sociais ou separação), época do ano (p. ex., verão, feriados específicos ou datas) ou eventos (p. ex., *bar mitzvahs*, formaturas, bailes escolares). Os terapeutas também vão querer considerar o planejamento de aniversários significativos que podem ser especialmente difíceis e desencadear emoções complicadas (p. ex., aniversário da morte de um ente

querido ou tentativa de suicídio, última vez que um paciente se envolveu em autolesões não suicidas [ALNS]) e eventos potencialmente comemorativos.
6. **Preparar os cuidadores para ocorrência de comportamentos já trabalhados na extinção e contratempos**. Relacionado a isso, o terapeuta deve preparar os cuidadores para a possibilidade de que um jovem demonstre um comportamento problemático anterior que eles acreditavam ter sido extinto com sucesso (p. ex., comportamentos inadequados em uma separação) e prepará-los para possível frustração se isso ocorrer. Ao preparar os cuidadores de forma antecipada para essa possibilidade, eles podem, então, esperançosamente, acessar pensamentos mais positivos no momento (p. ex., "Ok, falamos sobre como isso poderia acontecer"), em vez de uma resposta mais negativa ou catastrófica (p. ex., "Ah, lá vamos nós de novo. Não acredito que isso está acontecendo de novo!"). Enquanto valida a possível frustração futura de um cuidador, o terapeuta e o cuidador podem trabalhar para revisar as respostas apropriadas de empatia e incentivo, orientação e abordagens de estabelecimento de limites comportamentais que foram eficazes no passado e podem ser aplicadas novamente.
7. **Colaborar com outros provedores, conforme apropriado**. O encerramento da parte de TCC do tratamento também inclui a consideração de fontes colaterais e outros provedores. Por exemplo, se o pessoal da escola estivesse envolvido no tratamento, os terapeutas podem querer trabalhar com o jovem e seus cuidadores para identificar um conselheiro escolar que possa ser identificado no planejamento de prevenção de recaídas como um apoio. Os provedores encaminhadores e outros provedores de tratamento também devem ser incluídos no planejamento de término do tratamento para coordenar o cuidado. Por exemplo, se um jovem experimentou correlatos médicos (p. ex., dores de cabeça, desconforto gastrintestinal) para os quais foi encaminhado para serviços de saúde comportamental, esses mesmos provedores podem ser recrutados para monitorar sintomas pós-tratamento e avaliar a manutenção da resposta em suas consultas. A coordenação do cuidado é especialmente importante se os jovens estiverem continuando com medicação psicotrópica; o terapeuta e o psiquiatra prescritor ou outro médico que prescreve podem estabelecer um plano para monitoramento pós-terapia e pós-psicoterapia (ver Capítulo 4).

Embora a palavra "encerramento" seja comumente aplicada à conclusão de terapias, os terapeutas podem trabalhar com as famílias para conceitualizar uma fase aguda do tratamento inicial com sessões de reforço ou acompanhamento, seja pré-agendadas ou conforme necessário. Uma analogia útil pode ser modelos de saúde dental: os jovens provavelmente estão acostumados a ter *check-ups* regulares de saúde dental, com consultas adicionais para necessidades agudas (p. ex., obturações, ortodontia). A saúde mental também pode ser enquadrada dessa forma: *check-ups* regulares com sessões adicionais, conforme necessário, ou para se preparar para desafios específicos (p. ex., interrupções na vida relacionadas à pandemia, transição para o ensino médio, estresse causado pela perda de emprego de um cuidador, acampamento de verão) ou questões agudas que surgem (p. ex., um episódio de ALNS). Adicionar sessões de reforço à TCC para jovens com transtornos de ansiedade e humor tem se mostrado eficaz para melhorar a eficácia do tratamento (Gearing, Schwalbe, Lee, & Hoagwood, 2013).

O acompanhamento de longo prazo de jovens que receberam TCC para transtornos de ansiedade em um ensaio controlado randomizado indicou que alguns jovens provavelmente se beneficiariam de sessões de reforço contínuas (ver Ginsburg et al., 2018). Agendar o acompanhamento de longo prazo com jovens e suas famílias pode ajudar a manter as mudanças comportamentais feitas ao longo da terapia (ver Foxx, 2013).

Para consolidar melhor os ganhos do tratamento e as habilidades na fase final do tratamento, o terapeuta e o jovem podem converter as mensagens para levar para casa em um produto *tangível*, que resume as habilidades mais eficazes e os componentes do tratamento e captura elementos das estratégias de prevenção de recaídas identificadas. Ter um produto tangível para levar para casa pode ser especialmente útil para pacientes mais jovens. É provável que isso seja uma acumulação e consolidação de habilidades anteriores e pode ser embalado de diversas maneiras, como um "comercial" no final do tratamento, em que um jovem pode apresentar de forma criativa suas habilidades aprendidas (p. ex., Kendall & Hedtke, 2006). Outra opção é um *kit* de ferramentas de enfrentamento para levar para casa, que pode ser reunido em uma caixa e decorado; inclui cartões de enfrentamento, ferramentas de gerenciamento somático e lembretes de habilidades. Os cuidadores também podem criar um *kit* de ferramentas. O terapeuta, o jovem e sua família podem encontrar várias maneiras de resumir essas informações (ver Fig. 3.1; uma versão em branco está disponível como Planilha 7 no Apêndice A).

Dado o uso generalizado de *smartphones*, o terapeuta e o jovem podem criar uma seção de "Notas" em seus telefones ou seus *tablets* dedicada ao suporte ao enfrentamento, com uma lista de estratégias de enfrentamento e fontes identificadas de apoio social. Para um jovem com preocupações de segurança anteriores, essa seção pode incluir um plano de segurança com informações de contato para a Linha Direta Nacional de Prevenção ao Suicídio (988) e a linha de texto (envie a palavra "CONECTAR" para 741741).[1]

Um lembrete para os terapeutas: o que *os terapeutas* suspeitam que pode ser a mensagem para levar para casa mais memorável para uma criança ou um cuidador pode não corresponder às percepções de tratamento *deles*. Por exemplo, um jovem e seus dois pais viajavam semanalmente dos subúrbios para uma área urbana para TCC por sua ansiedade social e de separação anteriormente prejudicial. Essa família havia preparado maravilhosamente uma série de exposições ao longo das últimas semanas e visto benefícios no humor do menino, envolvimento com os colegas e atividades e funcionamento geral. O próprio menino relatou o quanto estava orgulhoso por "ser corajoso" e "matar as borboletas" no estômago. Durante uma sessão final, quando perguntado para resumir sua mensagem para levar para casa, ambos os pais falaram sobre sua capacidade de orientar o filho através de sua ansiedade e encorajar e reforçar seus novos comportamentos. Além disso, falaram de suas próprias habilidades melhoradas para se orientarem cognitivamente quando percebiam suas ansiedades aumentando em situações provocativas de ansiedade para seu filho. Excelente! Quando a atenção se voltou para o jovem para sua mensagem para levar para casa, ele declarou confiantemente: "Foi divertido vir aqui E eu pude escolher em qual

---

[1] N. de T.: No Brasil: -Centro de Valorização da Vida – 188 (ligação gratuita). Atendimento por telefone disponível 24 horas. Atendimento por *chat*: domingos – das 17h à 01h; de segunda-feira a quinta-feira – das 09h à 01h, sextas-feiras – das 15h às 23h, sábados – das 16h à 01h.
-CAPS e Unidades Básicas de Saúde (Saúde da família, Postos e Centros de Saúde)
-UPA 24H, SAMU 192, Pronto-socorro; Hospitais

PLANILHA 7. Resumo de sucesso em lembranças de enfrentamento

> Durante nosso trabalho juntos, você adquiriu muitas habilidades excelentes. Reserve um momento para refletir sobre as estratégias que funcionam melhor para você.

Principais pensamentos negativos a serem observados:

1. "Eu sou estranho, desajeitado ou um idiota."
2. "Eu não aguento mais; preciso sair daqui."
3.

Minhas armadilhas de pensamento:

1. Leitura de pensamentos
2. Procurando uma saída de emergência
3.

Meus principais pensamentos de enfrentamento:

1. "Eu não sei o que estão pensando."
2. "Vou me sentir melhor se pelo menos tentar. Sinto vontade de escapar e posso lidar com isso."
3. "Posso escolher não usar a saída de emergência. Não quero mais perder a aula de dança."

Pessoas que podem me ajudar:

1. Mãe, pai.
2. Minha tia.
3. Meu professor de língua e literatura, meu instrutor de dança.

Ações e comportamentos que me ajudam:

1. Lembrar-me de meus valores e minhas metas para fazer amigos e dançar.
2. Estabelecer metas para comparecer e conversar com pessoas novas.
3.

Lembro-me de quando tive dificuldades com todas as preocupações negativas.

O que mais me ajudou foi: dar-me uma folga e aguentar firme.

O que preciso continuar praticando: conversar com pessoas; comparecer à aula de dança; enviar a primeira mensagem de texto; pegar os pensamentos autocríticos; usar uma linguagem mais gentil sobre mim mesmo quando tento algo novo.

Minha mensagem para levar para casa da terapia: geralmente não é tão ruim quanto minha ansiedade me diz que será.

O que é um sinal de que posso querer verificar: se eu ceder aos impulsos de usar a saída de emergência e estiver evitando as coisas.

FIGURA 3.1 Síntese do sucesso dos lembretes de enfrentamento com o exemplo de Shelby discutido no Capítulo 9.

restaurante comer depois que saímos daqui". Embora estejamos confiantes de que este jovem aprendeu uma série de habilidades e demonstrou claramente melhorias durante as exposições (nas quais nem sempre parecia estar se divertindo), *sua* mensagem para levar para casa naquele momento estava conectada com a diversão e os reforçadores positivos prováveis de escolher um restaurante e experimentar um tempo especial com seus pais. Portanto, um aspecto significativo da prevenção de recaídas foi direcionado para como a família poderia manter uma versão dessa prática. Incluir dicas de manutenção tanto para o jovem quanto para seus pais em um *kit* de ferramentas de retorno para casa pode ajudar.

A "SESSÃO FINAL"

Independentemente do cronograma estabelecido, pode haver uma data de término acordada para a fase aguda do tratamento. No contexto de todo o trabalho terapêutico, progresso e melhorias no funcionamento, a sessão final pode ser uma celebração do esforço e do tempo investido. Os terapeutas também podem modelar como dizer adeus. Eles podem reconhecer e validar uma variedade de emoções às vezes misturadas, já que a terapia pode ser uma experiência interpessoal formativa (Vidair et al., 2016). O terapeuta pode, ainda, reforçar e elogiar o trabalho e o progresso do jovem e da família com orgulho e felicidade, ao mesmo tempo em que expressa de maneira adequada tristeza por não se encontrarem regularmente. Para alguns jovens para os quais são prescritas verificações e reforços, a despedida pode ser um intercâmbio de "até logo" e "mantenha-me informado" e englobar discussões sobre como manter o contato.

SÍNTESE E PONTOS-CHAVE

A fase posterior da TCC inclui todos os elementos das fases anteriores e procede com avaliação contínua, monitoramento de progresso e planejamento colaborativo com jovens e famílias. O terapeuta acompanha vários indicadores de funcionamento em diferentes domínios, relatores, métodos e ambientes para determinar a transição do tratamento da fase intermediária para a fase posterior. A fase posterior inclui a prática contínua de habilidades e transições para a consolidação e a revisão de habilidades; além disso, inclui o planejamento colaborativo de prevenção de recaídas. Quando capazes de reduzir e encerrar o tratamento de forma colaborativa, o terapeuta e as famílias podem discutir diferentes modelos que podem incluir o planejamento de sessões de reforço para a manutenção em longo prazo das respostas comportamentais à terapia. A preparação para o encerramento inclui:

- Revisão dos indicadores de progresso.
- Consolidação de habilidades de tratamento, pontos fortes e conquistas.
- Reflexão sobre quaisquer dificuldades no tratamento.
- Reflexão sobre o vínculo e a aliança terapêutica.
- Normalização da probabilidade de futuros gatilhos e preparação antecipada para eles.
- Preparação dos pais para explosões de extinção e contratempos.
- Colaboração com outros provedores, conforme apropriado.

4

Encaminhamento psiquiátrico e colaboração
Recomendações pragmáticas

com Uri Meller[1]

Este capítulo revisará a eficácia da farmacoterapia no tratamento de crianças e adolescentes com transtornos de ansiedade e de humor. Em seguida, ele se concentrará em recomendações pragmáticas para colaborar com psiquiatras e outros médicos, a fim de garantir os melhores resultados de saúde possíveis para jovens e suas famílias.

Quais são alguns sinais e sintomas que indicariam uma avaliação psiquiátrica? Quando ocorrem pontos vitais para se comunicar com o médico prescritor? Quais são os aspectos essenciais a serem comunicados ao jovem e à família? Neste livro, também nos concentraremos em como formular planos de tratamento eficazes que incorporem psicoterapeutas e provedores prescritores, considerem mudanças no tratamento, monitorem o progresso e ponderem os riscos e os benefícios dos tratamentos. Para uma visão mais abrangente, ver Birmaher, Brent e AACAP Work Group on Quality Issues (2007) e Connolly e Bernstein (2007), ambos publicados pela American Academy of Child and Adolescent Psychiatry.

EVIDÊNCIA PARA A FARMACOTERAPIA

Pesquisas demonstram de maneira consistente que, para muitos jovens, o tratamento combinado de psicoterapia e psicofarmacologia é superior à terapia cognitivo-comportamental (TCC) isolada ou ao manejo medicamentoso isolado no tratamento de transtornos de humor e ansiedade (March et al., 2004; Walkup et al., 2008). As duas intervenções psicofarmacológicas e psicoterapêuticas podem sinergizar para avançar no tratamento. Por exemplo, Walkup et al. (2008) encontraram uma taxa de

---

[1] Uri Meller, MD, é um psiquiatra de adultos, crianças e adolescentes certificado e professor assistente na Albert Einstein College of Medicine. Ele também é diretor médico da Child and Adolescent Training Clinic, no Hospital Montefiore, Albert Einstein College of Medicine. O Dr. Meller tem desenvolvido currículos para o treinamento de profissionais de saúde mental, com foco na interseccionalidade, na psiquiatria global e nos componentes culturais da saúde mental. Ele apresentou oficinas e pôsteres em múltiplas conferências nacionais.

resposta de 80% no tratamento combinado em comparação com uma taxa de resposta de 55 a 60% na medicação ou TCC isoladamente em jovens de 7 a 17 anos. Da mesma forma, Piacentini et al. (2014) determinaram, no Estudo Multimodal de Ansiedade em Crianças/Adolescentes (CAMS, do inglês Child/Adolescent Anxiety Multimodal Study), que a TCC combinada e a medicação eram superiores no tratamento da ansiedade em comparação com ambas as monoterapias de forma isolada. Também o Treatment for Adolescents with Depression Study (TADS) (2009) encontrou taxas comparáveis de resposta para depressão adolescente em intervenções combinadas (82%), fluoxetina (75%) e TCC (70%) em um acompanhamento naturalístico de 12 meses após a intervenção aguda. As evidências anteriores apoiam a combinação de psicoterapia e psicofarmacologia para auxiliar a redução dos sintomas e a remissão do transtorno no tratamento de transtornos de ansiedade e depressão em jovens.

ENCAMINHANDO UM PACIENTE PARA CONSULTA PSIQUIÁTRICA

Exemplo de caso: Jesse

Jesse é uma garota cisgênero caucasiana de 11 anos, atualmente cursando o quinto ano, que vive com suas duas mães e seu irmão mais velho. Ela sempre foi uma estudante diligente e atenta, que recebe notas altas e é muito bem-vista por seus professores e seus colegas como inteligente, atenciosa e esforçada. Jesse tem duas amigas próximas, com quem interage dentro e fora da escola, porém restringe sua interação social a essas duas amigas. Durante o último ano, Jesse vem se queixando de dores de estômago na maioria das manhãs e se recusa a ir para a escola. Levá-la para a escola é especialmente desafiador às segundas-feiras e após feriados escolares mais longos. Ela relata que seu desconforto e comportamentos associados se exacerbaram após um de seus colegas não a convidar para sua festa, um evento frequentado por muitos de seus colegas – algo que ela descobriu nas redes sociais. Jesse descreve seu medo de ser ridicularizada e muitas vezes não fala na sala de aula ou interage com seus colegas.

A pedido da orientadora escolar e do professor, as mães de Jesse a levaram a uma psicóloga, que realizou uma avaliação inicial abrangente, incluindo entrevistas semiestruturadas com Jesse e suas mães, bem como formulários de relatório da criança e do cuidador. Jesse foi diagnosticada com transtorno de ansiedade social, que se tornou cada vez mais grave devido ao agravamento de seu desconforto somático e à evitação escolar. Jesse iniciou a TCC direcionada à evitação escolar secundária à sua ansiedade social. A terapeuta colaborou com seus cuidadores e a orientadora escolar. Embora Jesse no início estivesse guardada e tivesse dificuldade em interagir com a terapeuta, as duas conseguiram estabelecer um vínculo e trabalharam lentamente na primeira fase de construção de habilidades e planejamento de exposição. Após várias semanas, no entanto, houve progresso limitado em seus prejuízos sociais e acadêmicos funcionais e nos sintomas diários de ansiedade. Além disso, o nível de ansiedade relatado por Jesse e as queixas somáticas permaneceram muito altos, e sua disposição para participar de atividades terapêuticas de exposição foi mínima. Suas mães foram muito solidárias e colaborativas, e trabalharam para implementar um plano comportamental, mas expressaram preocupação com o atraso de Jesse e os dias de escola perdidos e a perspectiva de ela repetir o ano letivo.

Quais sinais e sintomas indicam encaminhamento psiquiátrico?

Conforme um terapeuta conduz a avaliação inicial com um novo cliente, diversos fatores indicam se a farmacoterapia seria potencialmente útil. Estes podem incluir a cronicidade e a gravidade da preocupação. O terapeuta também desejará avaliar o histórico de tratamento anterior para determinar se os tratamentos comportamentais anteriores não conseguiram alcançar resultados suficientes. Saber que um jovem está experimentando prejuízo moderado a grave em múltiplos domínios, presente por um período prolongado, deve sinalizar ao terapeuta que um novo cliente pode se beneficiar de uma consulta psiquiátrica no início da terapia.

No entanto, a necessidade de uma consulta psiquiátrica pode não ficar evidente até mais tarde na terapia. A evidência sugere que clientes que experimentam a maior melhora por meio da TCC mostrarão sinais de resposta no início da terapia (Renaud et al., 1998; Tang & DeRubeis, 1999). Isso nem sempre é o caso e depende de quando as intervenções-chave (p. ex., exposições) são introduzidas. No entanto, se o jovem demorar a responder à intervenção comportamental, mesmo após as exposições e os desafios comportamentais terem sido introduzidos, a farmacoterapia pode ser considerada. A piora das condições e o surgimento de novos comportamentos de risco (p. ex., ideação suicida [IS], absenteísmo escolar grave) também são indicadores de que uma consulta medicamentosa pode ser benéfica.

Conversando com as famílias sobre o encaminhamento psiquiátrico

Dado o progresso limitado de Jesse, a terapeuta sugeriu que a família considerasse levá-la a um psiquiatra para uma avaliação e outras considerações de tratamento, incluindo uma intervenção medicamentosa. Embora as mães de Jesse tenham confirmado que ela já havia sido vista por seu pediatra quanto aos seus distúrbios gastrintestinais, a terapeuta também queria considerar e descartar quaisquer condições médicas que pudessem estar afetando seus sintomas.

Como muitos pais, as mães de Jesse tinham várias preocupações sobre essa proposta e, inicialmente, não favoreceram a medicação como opção de tratamento. Ecoando as preocupações de muitos, elas levantaram as seguintes questões:

1. Indagaram sobre as evidências disponíveis sobre a medicação no tratamento dessa condição em crianças.
2. Expressaram preocupação sobre os possíveis efeitos colaterais em curto e longo prazos.
3. Tinham consciência da saúde e queriam evitar expor sua filha a toxinas.
4. Embora reconhecessem os prejuízos associados à significativa ansiedade de Jesse e quisessem o melhor para seu tratamento, não desejavam mudar quem ela é e se preocupavam em alterar sua personalidade.
5. Expressaram preocupações de que Jesse se tornasse dependente de qualquer medicação prescrita e não conseguisse funcionar sem ela.

Levantar a questão da medicação costuma ser avassalador para os membros da família de um jovem. Eles podem ter uma forte resposta emocional e reservas razoáveis sobre tal abordagem. Adicionar o manejo medicamentoso ao plano de tratamento do jovem pode ser um tópico delicado. No início de qualquer discussão, explore os pensamentos, as emoções e as narrativas que as famílias possam ter sobre medicamentos psiquiátricos. Apesar do progresso na desestigmatização da doença mental, algumas famílias e clientes podem experimentar sentimentos subjacentes de vergonha e culpa. A Figura 4.1 ilustra preocupações comuns e lista as etapas que um terapeuta pode seguir para introduzir a possibilidade de tratamento medicamentoso. Os terapeutas podem fornecer psicoeducação sobre a eficácia de tratamentos combinados, ao mesmo tempo criando um espaço não julgador para discutir preocupações e crenças do jovem e dos cuidadores sobre intervenções medicamentosas. Tais discussões podem impactar as chances do jovem de seguir em frente com um médico prescritor ou de aderir a um curso de tratamento recomendado. O uso de metáforas e técnicas de reestruturação cognitiva pode ajudar as famílias a se envolverem ao ouvir sobre os riscos e os benefícios dos medicamentos. Isso também pode promover discussões sobre o potencial dano e risco de não utilizar medicação quando necessário. Por exemplo, muitas vezes usamos a metáfora de óculos corretivos para explicar como a psicoterapia e os medicamentos podem ser úteis. Quando indivíduos com visão comprometida usam óculos de prescrição, eles veem seu entorno de forma diferente, o que, por sua vez, permite que eles se envolvam mais com esse entorno. Os óculos não veem *para* a pessoa; são ferramentas que promovem uma visão melhorada e a possibilidade de maior engajamento. Este pode, então, levar ao desenvolvimento de habilidades e conhecimentos independentes dos óculos.

Para utilizar outra metáfora, os sintomas apresentados por um jovem podem parecer uma música muito alta presa em seus fones de ouvido; a medicação pode ajudar a diminuir o volume. Uma redução dos sintomas pode permitir que o jovem participe de atividades relacionadas ao tratamento e a metas que incluem automonitoramento, atenção plena, reestruturação cognitiva, ativação comportamental e exposições. Uma vez aprendidas, essas habilidades podem se tornar independentes da medicação e da psicoterapia. Dados empíricos encontraram que há menor recaída de sintomas secundária à intervenção medicamentosa e psicoterapêutica, e que os efeitos sinérgicos da medicação e da psicoterapia no tratamento de transtornos de humor e de ansiedade resultam em melhores resultados 24 e 36 semanas após o tratamento (Piacentini et al., 2014).

- Fornecer informações baseadas em evidências sobre monoterapia e tratamento combinado e discutir diretrizes de prática.
- Elicitar perguntas, preocupações e crenças positivas e negativas sobre medicamentos. Discutir histórico e experiências com qualquer medicamento psicotrópico que contribua para isso.
- Validar preocupações e fornecer informações corretivas, conforme necessário, no escopo de *expertise*.
- Discutir a justificativa para considerar a medicação, bem como as consequências potenciais de não utilizar a medicação.
- Discutir o encaminhamento psiquiátrico como coleta de informações e construção de opções.
- Em caso de ambivalência, criar um modelo teórico e marcos de quando a família aceitará um encaminhamento psiquiátrico.

FIGURA 4.1 Apresentando e discutindo o encaminhamento para medicamentos com o paciente e sua família.

Um médico prescritor também pode avaliar o cliente quanto a condições médicas que causam ou exacerbam sintomas de saúde mental. Algumas questões médicas que podem induzir sintomas de humor e ansiedade incluem: desequilíbrio endócrino (p. ex., disfunção da tireoide), doença infecciosa (p. ex., doença de Lyme, mononucleose), neoplasia e outras formas de câncer, bem como distúrbios do sono, para citar apenas alguns. Envolver um provedor médico oferece benefícios nesse sentido. Tais condições médicas podem ter diversas formas de tratamento que, em última análise, melhorarão o resultado da saúde mental direta ou indiretamente. Por fim, é importante considerar a identidade cultural ou identidades do jovem e da família. Muitas vezes, aprender sobre sua cultura e as narrativas sobre saúde mental e manejo medicamentoso é muito útil para fornecer cuidados compassivos e competentes.

Explorando o conhecimento e as crenças dos cuidadores sobre medicamentos

O terapeuta pode iniciar a discussão com os cuidadores sobre a possibilidade de buscar uma consulta psiquiátrica com o objetivo de obter informações deles.

A terapeuta de Jesse agendou uma sessão apenas com as mães dela e solicitou algumas de suas preocupações e crenças sobre medicamentos psiquiátricos. Por exemplo, uma das mães de Jesse relatou que sua mãe havia recebido medicamentos psiquiátricos no final da vida, o que causou muitos efeitos colaterais, incluindo sedação e amortecimento de sua personalidade habitualmente animada. Como tal, ela estava preocupada de que o medicamento tivesse mudado sua mãe e de que a mesma coisa pudesse acontecer com Jesse. Essa mãe também expressou preocupação de que Jesse teria de tomar medicamentos "pelo resto de sua vida".

A Figura 4.2 fornece uma síntese de preocupações e crenças comuns relacionadas ao tratamento medicamentoso que um terapeuta deve ter em mente (uma síntese reproduzível para leigos está disponível como Material suplementar 5 no Apêndice A).

Validando preocupações e fornecendo informações corretivas, se necessário

O terapeuta pode validar como alguns medicamentos podem de fato ter efeitos colaterais negativos e que tais decisões podem ser provocadoras de ansiedade. Os objetivos do terapeuta são trabalhar com a família para considerar todas as opções terapêuticas baseadas em evidências possíveis para aliviar a piora da ansiedade de Jesse e o contínuo prejuízo funcional, sobretudo a evitação escolar. A ansiedade estava prejudicando de maneira significativa a trajetória de desenvolvimento social e acadêmico de Jesse. Embora os medicamentos possam ter efeitos colaterais, não os tomar também pode ter consequências negativas, permitindo que transtornos graves permaneçam sem tratamento. Além disso, é fundamental comunicar que a escolha sempre permanece nas mãos da família: mesmo que o psiquiatra prescritor recomende a medicação, a família pode decidir adiar ou não seguir a recomendação.

Discutindo a justificativa para o uso de medicamentos

Explique por que você acredita que o jovem pode se beneficiar com medicamentos. O nível de gravidade dos sintomas e o prejuízo funcional do jovem e da família são

Preocupações amplas e exemplos de cognições	Pontos de discussão que podem ser úteis
Viciante "Meu filho nunca será capaz de parar de tomá-los." "Ele vai ficar viciado."	A maioria das crianças e dos adultos que tomam medicamentos psiquiátricos para sintomas de humor e ansiedade provavelmente para de tomá-los e o faz com sucesso. Na verdade, uma discussão sobre interromper os medicamentos deve ocorrer antes de qualquer prescrição. A maioria dos medicamentos pediátricos aprovados não causa tolerância, a marca de uma substância viciante (necessidade de mais de uma substância para experimentar o mesmo efeito).
Consequências em longo prazo "Tomar medicamentos afetará seu crescimento ou seu desenvolvimento."	Os perfis de efeitos colaterais variam entre diferentes medicamentos e serão considerados caso a caso.
Efeitos colaterais "E se eu ganhar muito peso?" "Ouvi dizer que esses medicamentos fazem as crianças pensarem em suicídio."	Como observado, os efeitos colaterais podem ocorrer e são motivo para mudar o curso do tratamento se não forem tolerados. Ofereça dados sobre um aviso de caixa preta em relação ao uso de antidepressivos em crianças.
Medo de que mude a personalidade de seu filho "E se os medicamentos o tornarem uma pessoa diferente?" "Vai mudar quem ele é?"	Os medicamentos psiquiátricos devem fazer alguém se sentir mais como ele mesmo, não menos. Um medicamento que muda a personalidade de uma criança é motivo para um médico prescritor interromper o medicamento.
Vergonha/julgamento "Parece que sou um mau pai e não fiz algo certo se meu filho precisar de remédios assim."	Ofereça apoio, reserve o julgamento e ofereça cognições positivas para a família.
"Significado" da medicação "Não quero que minha filha pense que é deficiente." "As pessoas normais não tomam remédios psiquiátricos."	Um medicamento geralmente não fará uma criança se sentir deficiente. Experienciar perda de função (o motivo da prescrição de medicamentos) fará isso.
Não orgânico	Algumas substâncias orgânicas podem ser altamente viciantes e tóxicas para nosso corpo, e algumas substâncias não orgânicas podem salvar vidas. Cada situação deve ser considerada caso a caso, pesando-se os riscos e os benefícios.

FIGURA 4.2 Preocupações e crenças comuns sobre intervenções medicamentosas.

considerações para encaminhar para uma consulta psiquiátrica. Uma consideração relacionada no caso de Jesse é a resposta inicial à intervenção comportamental, que foi limitada. O terapeuta pode descrever as evidências de pesquisa, bem como as diretrizes de prática para tratar jovens com transtornos de ansiedade e de humor. Além disso, a avaliação por um provedor médico pode ser indicada para garantir que condições médicas não estejam sendo negligenciadas. Estas podem estar exacerbando os sintomas do jovem, ou até ser a causa primária dos sintomas apresentados. O encaminhamento pode ser enquadrado como ter outro conjunto de olhos clínicos para garantir que nada esteja faltando na imagem clínica.

O terapeuta pode fornecer a justificativa e enquadrar o encaminhamento de medicamentos como uma construção de opções e ser um bom consumidor médico. Junto aos pais, o terapeuta pode reunir informações, determinar opções e realizar uma análise de risco-benefício para pesar os prós e os contras de diversas alternativas.

A terapeuta de Jesse trabalhou com as mães dela para reconhecer que ouvir as opções disponíveis não significa necessariamente que elas precisem aceitar uma intervenção específica. Além disso, concordar com uma intervenção não significa necessariamente compromisso de longo prazo com essa intervenção. Todo tratamento (medicamentoso ou não) tem potenciais efeitos colaterais e benefícios; sempre queremos garantir que os benefícios superem quaisquer efeitos adversos. A terapeuta assegurou à família que ela processaria essas opções e pesaria os riscos e os benefícios de outras opções de tratamento com eles para garantir que o tratamento fosse individualizado para Jesse e os objetivos da família.

CONSIDERAÇÕES SOBRE ENCAMINHAMENTO: QUEM SELECIONAR? COMO ENCAMINHAR?

Embora algumas comunidades e famílias tenham amplo acesso a psiquiatras de crianças e adolescentes treinados como médicos, nem sempre é o caso. Alguns psiquiatras são médicos de medicina osteopática, já outros médicos prescritores são neurologistas, pediatras e clínicos gerais. O grau de treinamento e experiência com questões de saúde mental deve ser considerado caso a caso, assim como os recursos comunitários e familiares. Outra consideração é se o provedor tem treinamento e *expertise* em trabalhar com jovens. Ao colaborar com os provedores, certifique-se de avaliar recursos, cobertura de seguro, localização geográfica e disponibilidade antes de fazer um encaminhamento. Fornecer um encaminhamento para um provedor sem disponibilidade, ou que a família não pode pagar continuamente, provavelmente levará à frustração, à falta de adesão e a cuidados interrompidos. Trabalhar de maneira consistente com o mesmo prescritor oferece continuidade de cuidados e uma abordagem mais sistemática e metodológica. Também torna a colaboração mais eficiente em termos de tempo. Portanto, horas gastas para encontrar o médico prescritor certo de forma antecipada podem economizar tempo e melhorar os resultados em longo prazo. Existem diversos recursos para obter encaminhamentos em psicofarmacologia (p. ex., a American Academy of Child and Adolescent Psychiatry, centros acadêmicos locais, National Alliance on Mental Illness [NAMI]), que podem ser encontrados por meio de organizações adicionais listadas como recursos no Apêndice B. O Quadro 4.1 enumera os prós e os contras

QUADRO 4.1 Como identificar um médico prescritor: prós e contras das fontes comuns de encaminhamento

Fonte	Prós	Contras
Encaminhamentos diretos de colegas	Tem experiência em trabalhar diretamente com eles.	Pode estar cheio ou ter uma longa lista de espera para novos pacientes.
Clínicos gerais e outras especialidades	Está prontamente disponível; pode ajudar com encaminhamentos na rede.	Pode não ter tanta experiência com colaboração como ocorre entre um terapeuta e um médico prescritor.
Painel de seguradoras do paciente ou da família	Na rede; custo-efetivo.	O plano de saúde gerará uma longa lista de provedores que podem não estar na rede ou podem não aceitar novos pacientes.
Centros acadêmicos e de saúde mental respeitáveis	Tem uma boa reputação; pode aceitar uma variedade de seguros.	Pode variar entre clínicos e pode não ter relatos diretos de fornecedores específicos.
Listas de *e-mails* comerciais ou sem fins lucrativos para médicos prescritores (AACAP, APA, Psychology Today)	Lista de muitos provedores que podem ser pesquisados com base em detalhes específicos (gênero, seguro, localização, taxa, etc.).	Pode ser desafiador verificar relatos diretos de fornecedores.

de usar várias fontes para identificar um médico consultor. Como ilustrado, muitas vezes o terapeuta e a família terão de equilibrar diversos fatores, incluindo acessibilidade, custo, experiência e *expertise*.

Conhecer o provedor prescritor permite aos terapeutas avaliarem se eles seriam compatíveis com a família e o cliente. Clínicos de TCC provavelmente começarão a montar uma lista de colegas locais de confiança com os quais podem colaborar de modo efetivo dentro do quadro cognitivo-comportamental. Falar com o provedor prescritor após a avaliação inicial e revisar o diagnóstico, a formulação e a possível modificação do plano de tratamento assegurará um sólido modelo teórico de colaboração. É vital garantir que ambos os provedores assumam a responsabilidade pelo plano de tratamento e que nenhum esteja trabalhando contra o outro. Claro, diferentes provedores podem ter ideias variadas sobre a formulação do caso e as estratégias de tratamento; isso pode promover uma abordagem mais inclusiva e holística e enriquecer o plano de tratamento. Novamente, o objetivo é criar um modelo teórico de comunicação entre os provedores, a família e o jovem para melhorar o cuidado e os resultados.

Comunicação inicial com o prescritor

A terapeuta de Jesse entrou em contato com uma psiquiatra infantil e adolescente com quem já havia colaborado antes. A terapeuta acreditava que seria uma boa opção porque essa psiquiatra tem experiência com jovens, a psicopatologia específica de Jesse e as preocupações expressas pela família. A psiquiatra era conhecida por ser colaborativa e comunicativa tanto com terapeutas quanto com famílias. Sua disponibilidade combinava com a agenda da família. Embora tenha sido determinado que a psiquiatra era uma provedora fora da rede, o plano de saúde da família reembolsaria metade das despesas por esse serviço, e as mães de Jesse concordaram em marcar uma consulta com ela.

As informações mais importantes a fornecer ao encaminhar

Após obter o consentimento oral e por escrito das mães para falar com a psiquiatra, a terapeuta de Jesse discutiu o caso com ela, fornecendo o seguinte:

- Queixa principal.
- História do transtorno apresentado.
- Curso e progressão dos sintomas.
- História relevante; desenvolvimento familiar e social; histórico médico notável.
- Avaliação: destaques e diagnóstico, principais áreas de prejuízo.
- Formulação de caso cognitivo-comportamental.
- Curso do tratamento psicoterapêutico atual.
- Razão para a consulta psicofarmacológica neste momento.
- Expectativa da consulta.
- Preocupações notáveis do paciente e da família comunicadas ao terapeuta.

A Figura 4.3 (uma versão reproduzível está disponível como Planilha 8 no Apêndice A) fornece uma lista de verificação de perguntas a se fazer a um possível médico e uma lista de tópicos a serem discutidos durante e após qualquer avaliação psiquiátrica. Terapeuta e psiquiatra devem concordar que há uma boa compatibilidade para avançar. Após a consulta inicial da psiquiatra com Jesse e sua família, e com o consentimento da família, a médica agendou uma ligação telefônica com a terapeuta para obter mais informações e auxiliar o desenvolvimento de um plano de tratamento colaborativo.

Discussão da formulação do caso e do plano de tratamento

Uma vantagem em colaborar com outro profissional é que isso introduz outro especialista de outro sistema com quem se pode trabalhar na formulação do caso e no planejamento do tratamento. Para o clínico de TCC, é ótimo encontrar profissionais com quem possa discutir avaliação sistemática e funcional, fatores de desenvolvimento e familiares e formulação de casos de TCC.

Quando a terapeuta de Jesse e a psiquiatra conversaram, elas discutiram como a família e a jovem têm respondido à intervenção terapêutica fornecida até o momento e a possível expansão da formulação do caso de TCC. Elas concordaram com a primazia do transtorno de ansiedade social, mas também estavam considerando um diagnóstico de transtorno de déficit de atenção/hiperatividade (TDAH), tipo desatento, dada uma história de desenvolvimento de desatenção e dificuldade em organizar tarefas. Embora Jesse tenha bom desempenho na escola, ela precisa ser lembrada inúmeras vezes para completar tarefas e com frequência procrastina as atribuições até o último minuto. Segundo suas mães e seus professores, ela muitas vezes deixa de prestar atenção a pequenos detalhes, esquece-se de livros e outras tarefas em casa e perde vários itens, como seu telefone e suas chaves. Na verdade, um alto nível de ansiedade parece ajudá-la a completar algumas tarefas e

PLANILHA 8. *Checklist* de coordenação: Consultando um médico prescritor

Pré-encaminhamento
Sobre o médico
Nome completo (e como o profissional gostaria de ser abordado).
Anos de prática (com crianças)?
Especialidade em psiquiatria ou em outra área (dependência, forense, etc.)?
O encaminhamento é apenas para psicofarmacologia ou em conjunto com psicoterapia? É interessante deixar claro que o encaminhamento é para avaliação psicofarmacológica.
Local do consultório.
Disponibilidade de horário/dia.
Preços para sessões de admissão e acompanhamento.
Qualquer seguro de saúde comercial ou outro aceito.
Tipos de casos com os quais eles não trabalharão (transtorno alimentar, suicídio, automutilação, etc.).
Método de comunicação preferido.
Ofereça apresentar o paciente (breve) e veja se o médico acha que eles podem ser uma boa combinação.
Esteja preparado para responder a qualquer uma das perguntas anteriores sobre você mesmo.
Sobre o paciente
Consentimento/liberação de informações assinado pelo cuidador?
Informações gerais do paciente e demografia familiar.
Queixa principal.
História do transtorno apresentado.
Curso/progressão dos sintomas.
História relevante do passado; histórico de desenvolvimento familiar e social; histórico médico notável.
Avaliação: destaques e diagnóstico, principais áreas de prejuízo.
Formulação de caso cognitivo-comportamental.

(Continua)

FIGURA 4.3 *Checklist* de colaboração: preparação para a consulta médica.

PLANILHA 8. *Checklist* de coordenação: Consultando um médico prescritor (p. 2 de 2)

Pré-encaminhamento
Sobre o paciente
☐ Curso do tratamento psicoterapêutico atual.
☐ Razão para a consulta psicofarmacológica neste momento.
☐ Expectativa da consulta.
☐ Preocupações notáveis do paciente e da família comunicadas ao terapeuta.
Pós-encaminhamento
☐ Peça a formulação do médico.
☐ Obtenha recomendações específicas.
☐ Entenda os efeitos colaterais potenciais e os benefícios do tratamento oferecido (ou a falta deles).
☐ Exames médicos adicionais recomendados?
☐ Outra consideração diagnóstica que possa exigir avaliações adicionais.
☐ Em caso de recomendação de medicação, peça um cronograma de titulação e objetivos finais.
☐ Agenda de colaboração: quando o terapeuta gostaria de ser contatado (risco aumentado, mudança de medicamentos, etc.)?
☐ Quando o psiquiatra prescritor gostaria de ser contatado?

FIGURA 4.3 *(Continuação) Checklist* de colaboração: preparação para a consulta médica.

acompanhar seu trabalho acadêmico. Conforme refletido na avaliação da psiquiatra e na revisão dos sistemas, ela não observou grandes sinais vermelhos que indicassem a necessidade de uma avaliação médica mais aprofundada. Com o consentimento das mães, a psiquiatra também havia se comunicado com o pediatra de Jesse, e, com base em exames laboratoriais recentes e um exame físico, eles haviam descartado doenças médicas graves.

A terapeuta de Jesse e a psiquiatra discutiram uma avaliação funcional esclarecida da interação entre a ansiedade de Jesse e as dificuldades de atenção. Como tal, expandiram a conceitualização do caso e modificaram o plano de tratamento atual. Para fazer isso, ambas destacaram prejuízos-chave e identificaram gatilhos e funções de manutenção. No caso da ansiedade social, o isolamento de Jesse era mantido pela redução negativamente reforçadora do desconforto ao evitar encontros sociais. O TDAH de Jesse poderia ser visto por uma lente semelhante, no sentido de que ela evitaria qualquer tarefa que exigisse muito esforço. Iniciar e perseverar nas tarefas de casa difíceis criava muita tensão para Jesse suportar, levando a comportamentos de "desistência". Usando essa conceitualização, consistente com a psicoeducação anterior, a psiquiatra recomendou fluoxetina ou sertralina para abordar os sintomas de ansiedade e TDAH. A justificativa oferecida aos pais estava de acordo com nossa metáfora dos óculos: o medicamento era destinado a apoiar as habilidades naturais de aprendizado e de socialização de Jesse, ajudando-a a focar seus esforços. Sua tensão estava dificultando o alcance de seus objetivos. Dessa forma, o medicamento apoiaria a conceituação da TCC, ajudando Jesse a suportar a tensão que vem com tarefas difíceis. À medida que Jesse enfrenta novos desafios, sua capacidade de completar cada um com aumento de confiança (p. ex., telefonar ou enviar mensagens de texto para novos colegas, passar pela lição de matemática) fornecerá o *feedback* positivo de que ela precisa para ganhar confiança e domínio renovados. Um cronograma foi discutido para estabelecer expectativas apropriadas, e medidas de acompanhamento foram introduzidas para monitorar como as intervenções estão funcionando. Foi sugerido o uso de instrumentos de triagem adicionais e avaliações de sintomas para capturar os sintomas atuais de Jesse, bem como a eficácia da intervenção medicamentosa.

O que os terapeutas devem saber sobre a medicação prescrita

A psiquiatra de Jesse discutiu com a terapeuta as opções de medicamentos que estariam recomendando para a família. Elas explicariam a razão para esses medicamentos (nesse caso, fluoxetina e sertralina), incluindo seus potenciais benefícios e alguns dos efeitos colaterais possíveis. Elas descreveriam de forma específica o cronograma previsto no qual os medicamentos deveriam surtir efeito e como eles deveriam ser administrados. Antes do diálogo com a família, a terapeuta pediu à psiquiatra (1) para informá-la sobre quaisquer mudanças que elas deveriam esperar perceber como resultado da medicação, quais efeitos colaterais também devem observar e (2) para esclarecer se os medicamentos poderiam potencialmente interferir no plano de TCC.

Terapeuta como fonte de feedback

A terapeuta de Jesse e a psiquiatra concordaram em se comunicar mais regularmente no curto prazo imediato. Em especial, a terapeuta comunicaria à psiquiatra quaisquer mudanças significativas observadas ou relatadas, tanto positivas quanto negativas. A terapeuta também comunicaria qualquer preocupação que ela ou a família pudessem ter, dadas suas reuniões regulares, suas observações e seu vínculo próximo com o paciente e a família.

INTERVENÇÕES PSICOFARMACOLÓGICAS

Esta seção oferece uma breve revisão de alguns dos medicamentos mais comumente prescritos para preocupações de saúde mental em crianças e adolescentes, juntamente a sua classe de medicamentos, dosagem típica e uso aprovado pela Food and Drug Administration (FDA) e fora das previsões da bula. De forma alguma é um recurso abrangente sobre intervenção psicofarmacológica para ansiedade e depressão em jovens. O Quadro 4.2 fornece uma síntese dos medicamentos discutidos a seguir.

Neste capítulo, destacamos duas classes principais comumente consideradas para jovens com depressão e ansiedade: inibidores seletivos da recaptação de serotonina (ISRS) e benzodiazepínicos. Revisaremos como esses agentes funcionam, os riscos e os benefícios dessas intervenções, bem como as evidências que apoiam seu uso ou não na população pediátrica. Lembre-se de que qualquer intervenção tem riscos e benefícios, mas não usar uma intervenção

QUADRO 4.2 Medicamentos psicotrópicos comuns aprovados pela FDA para populações pediátricas

Medicamento	Classe	Dose	Indicação pediátrica pela FDA	Uso fora das previsões da bula	Efeitos colaterais principais
Alprazolam	Benzodiazepínico	Segurança não estabelecida	Transtornos de ansiedade em adultos	Sintomas de ansiedade em crianças	Sedação, desinibição paradoxal, comprometimento cognitivo, tolerância
Lorazepam	Benzodiazepínico	Segurança não estabelecida	Transtornos de ansiedade em adultos	Sintomas de ansiedade em crianças	Sedação, desinibição paradoxal, comprometimento cognitivo, tolerância
Clonazepam	Benzodiazepínico	Segurança não estabelecida	Transtornos de ansiedade em adultos	Sintomas de ansiedade em crianças	Sedação, desinibição paradoxal, comprometimento cognitivo, tolerância
Sertralina	ISRS	25-200 mg	TOC	TDM, transtornos de ansiedade	Aumento da ideação suicida
Fluoxetina	ISRS	10-80 mg	TOC, TDM	Transtornos de ansiedade	Aumento da ideação suicida
Escitalopram	ISRS	5-20 mg	TDM	Transtornos de ansiedade	Aumento da ideação suicida
Duloxetina	ISRN	40-120 mg	TAG	TDM; dor neuropática; incontinência urinária	Sintomas gastrintestinais, aumento da ideação suicida
Clomipramina	ATC	25-200 mg	TOC	Enurese, TDAH	Arritmia
Bupropiona	Antidepressivo atípico/NEDRI	150-450 mg	TDM, TAD, dependência de nicotina	TDAH	Convulsões
Olanzapina	Antipsicótico	25-800 mg	Psicose	Sintomas de humor	Metabólico (ganho de peso, hipercolesterolemia)
Aripiprazol	Antipsicótico	2-30 mg	Esquizofrenia	Agressão	Efeitos metabólicos, acatisia

(Continua)

QUADRO 4.2 Medicamentos psicotrópicos comuns aprovados pela FDA para populações pediátricas *(Continuação)*

Medicamento	Classe	Dose	Indicação pediátrica pela FDA	Uso fora das previsões da bula	Efeitos colaterais principais
Lítio	Estabilizador do humor	Baseado no nível sanguíneo	Transtorno bipolar	TDM	Ataxia, tremor, comprometimento renal, disfunção tireoidiana, convulsões
Ácido valproico	Estabilizador do humor	Baseado no nível sanguíneo	Convulsões/transtorno bipolar	N/A	Teratógeno, sedação, toxicidade hepática, ganho de peso
Lamotrigina	Estabilizador do humor	100-200 mg	Epilepsia	Transtorno bipolar	Síndrome de Stevens-Johnson, reação alérgica cutânea, alterações na visão
Metilfenidato ER	Estimulante	18-54 mg	TDAH	N/A	Cardíaco
Metilfenidato IR	Estimulante	10-60 mg	TDAH	N/A	Cardíaco
Cloridrato de dexmetilfenidato	Estimulante	2,5-20 mg	TDAH	N/A	Cardíaco
Sal misto de dextroanfetamina	Estimulante	5-40 mg	TDAH	N/A	Cardíaco
Alisdexanfetamina	Estimulante	20-70 mg	TDAH	N/A	Cardíaco
Guanfacina	Agonista alfa	1-2 mg	TDAH/HTN Transtorno de tique	N/A	Alteração na pressão arterial
Atomoxetina	ISRSN	40-100 mg	TDAH	Depressão resistente ao tratamento	Fadiga, cardíaco, aumento potencial da ideação suicida
Clonidina	Agonista alfa	0,1-0,6 mg	HTN	TDAH, síndrome de Tourette	Boca seca, fadiga, hipotensão

Observação. ISRN = inibidor seletivo da recaptação de norepinefrina; NEDRI = inibidor da recaptação de dopamina e norepinefrina; ISRS = inibidor seletivo da recaptação de serotonina; ATC = antidepressivo tricíclico; TDAH = transtorno de déficit de atenção/hiperatividade; HTN = hipertensão; TOC = transtorno obsessivo-compulsivo; TDM = transtorno depressivo maior; TAS = transtorno afetivo sazonal; TAG = transtorno de ansiedade generalizada.

também tem riscos e benefícios. O Quadro 4.2 resume os principais efeitos colaterais das principais classes de substâncias. Os terapeutas vão desejar discutir esses aspectos com as famílias ao considerar uma medicação. Tais efeitos colaterais são notáveis porque causam preocupação, mas isso não significa necessariamente que sejam comuns em jovens que tomam esses medicamentos.

Perguntas comuns, discutidas mais adiante, incluem:

- Quais fatores são considerados ao selecionar um medicamento específico?
- Por que um médico escolheria um medicamento que não é um agente aprovado pela FDA?
- Por quanto tempo um paciente deve tomar medicamentos?
- Quando a dose deve ser aumentada? O que é uma "dose terapêutica"?
- Quanto tempo leva para um medicamento ter efeito terapêutico?
- Como o medicamento deve ser interrompido, se desejado pelo paciente ou por sua família?
- Quais outras opções existem?

Nosso sistema nervoso utiliza diversos produtos químicos para comunicar e gerar atividade neuronal. Essas moléculas são chamadas de neurotransmissores. Alguns dos neurotransmissores incluem dopamina, serotonina, GABA, glutamato, norepinefrina, entre outros. Nossos sentidos periféricos transmitem informações ao nosso cérebro por meio de impulsos químicos e elétricos guiados pelas moléculas já listadas. Quando alguém sofre de depressão e ansiedade severas que prejudicam seu funcionamento e seu bem-estar emocional, modular os neurotransmissores por meio da psicoterapia cognitivo-comportamental e/ou medicamentos pode melhorar a vida diária e as experiências emocionais. Como objetivo em longo prazo, todas as intervenções devem permitir que os destinatários se sintam mais como eles mesmos; os medicamentos não têm a intenção de alterar a personalidade central de alguém.

Inibidores seletivos da recaptação de serotonina

A maioria dos medicamentos utilizados para tratar a população pediátrica para sintomas depressivos e de ansiedade são ISRS. Esses medicamentos incluem agentes como fluoxetina, sertralina e escitalopram, para citar alguns. Os medicamentos ISRS afetam a bomba pré-sináptica, que remove o neurotransmissor serotonina da fenda sináptica de volta ao neurônio pré-sináptico. Em outras palavras, uma bomba ativa diminui a atividade da serotonina ao diminuir sua estimulação da bomba pós-sináptica. Ao inibir a bomba, o medicamento gera mais atividade de serotonina na sinapse e aumenta a atividade pós-sináptica. No entanto, os efeitos terapêuticos dos ISRSs são mais complexos do que simplesmente aumentar a atividade da serotonina no sistema nervoso central (SNC); caso contrário, o efeito do medicamento seria imediato, e não levaria dias a semanas para ocorrer, como discutido por Stahl (1998). Acredita-se que o aumento inicial da serotonina gere modulação dos receptores neuronais e afete a comunicação neuronal. Esse processo leva mais tempo e é considerado responsável pelo efeito terapêutico. Embora os mecanismos exatos de ação que causam benefícios terapêuticos não sejam claros, existem dados que relacionam baixa atividade serotoninérgica com sintomas depressivos e de ansiedade, bem como suicídio (Pandey, 1997; Underwood et al., 2018).

Estudos oferecem uma ampla evidência da segurança e da eficácia desses agentes tanto em diagnósticos de ansiedade quanto de depressão na população pediátrica. Por exemplo, em uma metanálise abrangente de 27 estudos, Bridge et al. (2007) demonstraram que mais de 60% dos jovens responderam à primeira tentativa de ISRS em comparação com 50% do placebo. Em outro estudo abrangente, o Estudo de Tratamento da Depressão Adolescente (TADS, do inglês Treatment of Adolescent Depression Study; March et al., 2004), a taxa de resposta aumentou para 70% quando combinada com TCC. Essa taxa foi a mais alta entre os três braços do estudo de placebo, TCC sozinho e ISRS sozinho após 12 semanas. A taxa de resposta aumentou para 86% após 36 semanas no braço combinado de TCC + ISRS. Da mesma forma, Walkup et al. (2008) mostraram que o tratamento combinado de TCC e ISRS em crianças tem uma taxa de resposta aguda de 80% em comparação com 55 a 60% do tratamento com qualquer medicamento ou psicoterapia sozinhos. Além disso, parece haver correlação entre a resposta inicial e a eficácia geral do tratamento (Walkup et al., 2008). Isso sugere que um tratamento eficaz precoce pode resultar em melhor resposta.

Embora a FDA dos Estados Unidos tenha aprovado apenas a fluoxetina (8-17 anos) e o escitalopram (12-17 anos) como tratamento para o transtorno depressivo maior (TDM) em jovens, há amplas evidências de que outros ISRSs são eficazes e podem ser usados para tratar transtornos de ansiedade com excelente resposta. Algumas das considerações ao selecionar um ISRS têm a ver com as propriedades do medicamento e os efeitos colaterais potenciais de cada agente. Por exemplo, alguns dos ISRSs, como a fluoxetina, são mais ativadores em comparação com outros (i.e., sertralina). Cada medicamento tem uma meia-vida específica, que significa o tempo que nosso corpo leva para eliminar o medicamento. Outros fatores que entram em jogo podem ter a ver com experiências familiares, incluindo histórico familiar de resposta positiva a um ISRS específico com efeitos colaterais limitados ou uma atitude especialmente favorável de um membro da família em relação a um medicamento. Medicamentos também podem interagir entre si, de modo que é importante garantir que nenhuma interação negativa seja antecipada. Enquanto alguns pacientes respondem a um ISRS dentro de alguns dias, espera-se um período de 2 a 6 semanas para uma resposta completa. Se um medicamento não estiver tendo o efeito antidepressivo ou ansiolítico desejado, o primeiro passo seria aumentar a dose. Se houver efeitos colaterais intoleráveis que não diminuem com o tempo, ou não forem observados benefícios terapêuticos, outro ISRS deve ser experimentado.

Alguns dos efeitos colaterais comuns dos ISRSs incluem sintomas gastrintestinais, como náuseas, dor de cabeça, insônia e outros distúrbios do sono, sonolência e agitação, para citar apenas alguns. Recentemente, sobretudo ao utilizar polifarmácia (múltiplos medicamentos), foram observados efeitos metabólicos, que podem incluir ganho de peso, aumento do colesterol, bem como outros efeitos colaterais relacionados. Alguns desses efeitos podem cessar após um curto período, ao passo que outros podem persistir. Portanto, é importante discutir tais efeitos colaterais com o médico que prescreveu o medicamento. Um "aviso de caixa preta" foi emitido em 2004 sobre o aumento da ideação suicida associada ao uso de ISRSs na população pediátrica. Isso tem sido uma preocupação importante entre os prestadores de cuidados de saúde, clientes e famílias. É crucial que nós, como prestadores de saúde mental, compreendamos os dados complexos responsáveis pela emissão do aviso de caixa preta para apoiar nossos clientes e suas famílias a entender os riscos e os benefícios das intervenções com ISRS.

ISRS e o aviso de caixa preta

Dados sobre prescrições de ISRS no início de 2000 mostraram uma correlação entre o aumento de pensamentos e comportamentos suicidas, mas não tentativas de suicídio ou suicídio consumado, e o uso de medicamentos ISRS. De maneira específica, houve uma incidência de 4% de ideação suicida e comportamentos associados em comparação com 2% no grupo de placebo (sem ISRS) (Friedman, 2014). No entanto, não houve estudos sólidos que apoiassem a relação entre tentativas de suicídio ou suicídios consumados e o uso de ISRS (Cuffe, 2007). Os ensaios financiados pelo National Institute of Mental Health (NIMH) sobre o uso de ISRSs na população pediátrica que sofre de condições internalizadas, como depressão e ansiedade, indicam o potencial significativo de seu benefício terapêutico (Walkup et al., 2017). Por exemplo, o Estudo de Tratamento de Adolescentes Tentativas de Suicídio (TASA, do inglês Treatment of Adolescent Suicide Attempters), que explorou o tratamento de adolescentes gravemente deprimidos com psicoterapia e medicamentos antidepressivos, demonstrou taxas de suicídio mais baixas em comparação com a comunidade em geral (Brent et al., 2009). Em suma, embora exija avaliação e monitoramento consistentes, a utilização de ISRS pode fornecer grandes benefícios que mitigam os riscos.

Pesquisadores continuam tentando encontrar evidências para explicar um pequeno, mas significativo, aumento da ideação suicida relatada com o uso de ISRS na população pediátrica. Existem algumas teorias predominantes, uma das quais sugere que os diversos sintomas do TDM incluem tanto experiências fisiológicas (falta de energia, fadiga, comprometimento cognitivo, etc.) quanto outros sintomas que se relacionam mais estreitamente com o humor e experiências emocionais (tristeza, irritabilidade, etc.). Acredita-se que os medicamentos ISRSs afetem primeiro a experiência fisiológica e somente depois ajudem a melhorar o humor. Em outras palavras, um adolescente que sofre de TDM e é tratado com ISRS tem melhora na energia e nas funções cognitivas, mas continua a experimentar sintomas de humor, então eles podem ser mais propensos a vocalizar essas emoções, resultando em aumento da expressão de ideação suicida (Nischal, Tripathi, Nischal e Trivedi, 2012). De qualquer forma, os dados não apoiam uma ligação causal entre suicídio e uso de ISRS (Simon, Savarino, Operskalski e Wang, 2006), embora tenha sido estabelecida uma correlação positiva entre diminuição do uso de ISRS e aumento de suicídios consumados e tentativas de suicídio (Hamilton et al., 2007; Cuffe, 2007). A mensagem mais importante para levar para casa do aviso de caixa preta é que qualquer jovem que esteja em uso de ISRS precisa ser acompanhado de forma adequada por profissionais treinados para monitorar quaisquer efeitos colaterais potenciais, sabendo que a grande maioria das intervenções com ISRS pode ser aplicada com segurança em populações pediátricas.

Os efeitos colaterais mais frequentes de ISRSs em adultos que são responsáveis por interromper o tratamento medicamentoso são os sexuais. Estes podem incluir atraso no orgasmo sexual e diminuição da libido. Clínicos, cuidadores e pacientes (sobretudo adolescentes) podem evitar falar diretamente sobre sexo. Os prestadores de cuidados precisam explorar essas questões, pois elas podem contribuir para a não conformidade, ou, pior ainda, o adolescente pode atribuir outra causa aos efeitos colaterais sexuais. Embora haja poucos dados explorando os efeitos colaterais sexuais em adolescentes, é uma boa ideia conversar com eles sobre sexo em geral e sobre como isso se relaciona com seu funcionamento e sua experiência pessoal, além dos efeitos colaterais potenciais dos medicamentos.

Tomada de decisão colaborativa

Após consultar a terapeuta e a psiquiatra, Jesse e suas mães decidiram prosseguir com a TCC psicoterapêutica combinada e o manejo medicamentoso. A psiquiatra sugeriu começar com uma dose baixa de sertralina na esperança de diminuir os sintomas de ansiedade e, assim, produzir maior engajamento com o trabalho de exposição na terapia. A faixa de dose terapêutica foi discutida em profundidade; no entanto, ficou claro que as intervenções seriam orientadas pela resposta de Jesse, em vez de por estatísticas. Além disso, a psiquiatra abordou completamente os potenciais efeitos colaterais, incluindo o aviso de caixa preta sobre o uso de ISRSs na população pediátrica, com ela e sua família. Um cronograma de resultados esperados foi destacado para Jesse, suas mães e sua terapeuta, além de criar um roteiro do que fazer se ela experimentasse falta de resposta ou efeitos colaterais intoleráveis. Todas as partes envolvidas no cuidado de Jesse concordaram com o plano proposto. Algumas das ferramentas de triagem da terapeuta foram utilizadas para avaliar o progresso de Jesse e sua resposta ao tratamento, em concordância com suas visitas regulares ao médico prescritor. A psiquiatra instruiu as mães sobre como administrar a sertralina, e, para garantir a segurança, foi solicitado a elas que restringissem o acesso ao medicamento, pois crianças mais novas poderiam entrar em casa.

Nos primeiros dias de uso de sertralina, Jesse relatou sintomas de náuseas ao longo do dia. Ela consultou sua psiquiatra, que recomendou tomar o medicamento com comida e uma atitude de esperar para ver. Administrar o medicamento durante as refeições aliviou alguns dos sintomas, e, dentro de uma semana, a náusea havia desaparecido completamente. Durante a próxima reunião agendada com sua psiquiatra, duas semanas depois, tanto Jesse quanto suas mães ficaram animadas em relatar uma redução dos sintomas. Jesse observou: "O peso no meu peito não é tão ruim quando acordo de manhã, às vezes leva algumas horas para eu sequer pensar na minha ansiedade. Antes era incessante". Após mais algumas semanas e titulação apropriada, mais melhorias nos sintomas foram confirmadas por suas mães: "Jesse tem mostrado mais emoções e estado mais engajada". Alguns sintomas de ansiedade persistiram, assim como a evitação comportamental associada, mas, no geral, a intensidade e o comprometimento funcional dos sintomas haviam diminuído bastante. Nas próximas reuniões, Jesse, suas cuidadoras, a psiquiatra prescritora e a terapeuta decidiram que a dose atual alcançou um bom equilíbrio entre redução dos sintomas, efeitos colaterais limitados e engajamento na terapia. Um plano de acompanhamento contínuo foi estabelecido pela família, pela terapeuta e pela psiquiatra. A terapeuta também observou que os exercícios de exposição de Jesse haviam sido mais produtivos, resultando em grande progresso clínico e subjetivo. Sessões regulares, TCC e prática em casa resultaram em maior progresso para alcançar o plano de tratamento.

Jesse se beneficiou de seu primeiro teste de ISRS com uma boa resposta e efeitos colaterais limitados, um resultado semelhante ao de aproximadamente 60% dos pacientes pediátricos tratados com um ISRS para sintomas de ansiedade. No entanto, alguns pacientes pediátricos não respondem de maneira adequada, mostram apenas uma resposta parcial ou têm efeitos colaterais intoleráveis quando tratados com ISRS para sintomas depressivos ou de ansiedade. O padrão de cuidado é primeiro titulação da dose do medicamento para o máximo indicado por um mínimo de 8 semanas, seguido de um teste de um ISRS diferente.

Agentes de aumento e outros antidepressivos

Se houver uma resposta parcial, o médico que prescreve pode considerar agentes de aumento, como lítio (agente estabilizador do humor), bupropiona (antidepressivo atípico) ou aripiprazol (antipsicótico com forte ação serotoninérgica). Diferentes classes de antidepressivos, como antidepressivos tricíclicos (ATCs), inibidores da monoaminoxidase (IMAOs) e inibidores seletivos da recaptação de norepinefrina e serotonina (ISRSNs), também podem ser considerados para respondentes parciais ou aqueles que não respondem de forma alguma (Connolly & Bernstein, 2007). Ver Quadro 4.2 para mais informações.

Benzodiazepínicos

Muitos adultos utilizam benzodiazepínicos para tratar a ansiedade. Estes são uma classe de medicamentos que potencializam o receptor neurotransmissor do ácido gama-a-minobutírico (ou, abreviadamente, GABA), o principal neurotransmissor inibitório. O GABA causa sensação de relaxamento, sedação e, às vezes, desinibição, semelhante aos efeitos intoxicantes iniciais do álcool. Exemplos de alguns medicamentos dessa classe incluem alprazolam, lorazepam e clonazepam. Embora os benzodiazepínicos tenham um efeito ansiolítico imediato, as pessoas podem desenvolver tolerância, o fenômeno de precisar de uma dose mais alta de um medicamento para alcançar o mesmo efeito terapêutico. Em outras palavras, os benzodiazepínicos podem resultar em dependência. Os dados não sustentam o uso em longo prazo e diário deles para o tratamento de transtornos de ansiedade. Se e quando os agentes benzodiazepínicos são usados na população pediátrica, isso deve ser apenas em curto prazo, como quando o agente ansiolítico primário, como um ISRS, está fazendo efeito. Os benzodiazepínicos também podem ser utilizados em curto prazo para permitir o engajamento inicial no trabalho psicoterapêutico, como exposição (Connolly & Bernstein, 2007). Ao utilizar benzodiazepínicos, o monitoramento próximo pelo cuidador e pelo médico que prescreve sempre deve ser uma prioridade. Os benzodiazepínicos são de uso fora das previsões da bula para sintomas de ansiedade na população pediátrica e podem ter alguns efeitos colaterais, incluindo sedação, desinibição paradoxal e comprometimento cognitivo. O uso em longo prazo pode resultar em dependência e sintomas significativos de abstinência quando o medicamento é interrompido de maneira abrupta. Além disso, são contraindicados em adolescentes com histórico de dependência.

Outras opções para tratar depressão resistente

Existem outras opções para depressão resistente ao tratamento (DRT), mas estas só devem ser consideradas como último recurso após a consulta apropriada e especializada. A estimulação magnética transcraniana (EMT) tem sido estudada predominantemente em adultos e demonstrou melhorias significativas em comparação com controles. O tratamento consiste na aplicação de intensidades variadas de campos magnéticos em diversas regiões do SNC. São necessárias múltiplas sessões, e esse tratamento pode ser bastante caro se não for coberto pelo seguro. Também apresenta o risco de efeitos colaterais significativos, incluindo convulsões (Allen, Kluger, & Buard, 2017).

Outro tratamento é a infusão intravenosa de cetamina. A cetamina é um medicamento utilizado com frequência durante a anestesia. Evidências mostraram que a infusão de cetamina na população adulta que sofre de DRT resulta em redução dos sintomas depressivos (Wan et al., 2014). Os protocolos variam de uma única infusão a frequências de múltiplas infusões. Os dados para utilizar infusão de cetamina para DRT na população pediátrica são limitados. Alguns estudos mostraram que, embora uma resposta completa esteja associada ao tratamento em um pequeno grupo de pacientes, as taxas de resposta geral podem ser mais baixas em comparação com a população adulta (Cullen et al., 2018). Novamente, a infusão de cetamina para DRT deve ser considerada com cautela como uma opção posterior e após a consulta com um especialista. Essas opções de tratamento são relativamente novas, com dados limitados apoiando seu uso na população pediátrica; portanto, seus riscos em longo prazo ainda não foram estabelecidos (Cullen et al., 2018).

Diversos suplementos têm sido anunciados para o tratamento de ansiedade e depressão na população pediátrica, e novos produtos são anunciados com regularidade. Há algumas pesquisas sólidas que demonstram a eficácia de agentes como ácidos graxos ômega 3 e outros suplementos (Osher & Belmaker, 2009). Essas substâncias não são regidas pelos mesmos padrões de medicação impostos pela FDA; portanto, é desafiador determinar seus ingredientes psicoativos. Observe que a eficácia de um agente significa que ele tem melhor resposta se comparado com um placebo, e não com outras opções médicas. A pesquisa que apoia alguns desses produtos carece de rigor científico, e as conclusões são questionáveis. Outra consideração é que alguns dos suplementos podem interagir com outros medicamentos, e eles podem ter efeitos colaterais significativos. Embora os suplementos sejam comercializados como produtos naturais, alguns são processados como agentes farmacológicos. Os prestadores de cuidados e as famílias devem ter cautela. Os prestadores de cuidados devem revisar as evidências para utilizar ou evitar suplementos no tratamento de ansiedade e depressão; as famílias também devem fazê-lo em consulta com um profissional de saúde mental.

Nos próximos meses, Jesse continuou a trabalhar com sua terapeuta na construção de habilidades terapêuticas para lidar com seus sintomas de ansiedade, que estavam causando morbidade e disfunção. Jesse fez grandes progressos e, durante as últimas semanas, não perdeu nenhum dia de escola. Ela relatou consistentemente ter apenas sintomas leves e toleráveis de ansiedade. Embora os sintomas de ansiedade tenham melhorado de forma significativa, alguns dos déficits de atenção e problemas de função executiva tornaram-se mais visíveis em sua vida cotidiana. Nessa fase, sua família recusou uma intervenção medicamentosa para ajudar com os sintomas de TDAH, já que a psicoterapia resultou em uma resposta positiva. A família perguntou quando seria apropriado para Jesse parar de tomar medicamentos para a ansiedade. Contudo, as mães também expressaram preocupação com o ressurgimento dos comportamentos e sintomas anteriores se ela parasse de tomar o medicamento, pois elas queriam minimizar qualquer dificuldade emocional e funcional. As mães queriam saber os riscos associados à interrupção do medicamento e o que deveriam esperar.

Muitas famílias têm preocupações com crianças utilizando medicamentos para tratar problemas de saúde mental e se preocupam que, uma vez que um medicamento tenha sido iniciado, elas sempre precisarão dele ou "serão dependentes dele". Depois que um paciente responde positivamente a um medicamento e a intervenções psicoterapêuticas, como provedores, esperamos que ele aprenda habilidades que possam ser usadas no futuro, mesmo na ausência de intervenções diretas. Podemos pensar nessas intervenções como rodas de treinamento de uma bicicleta que fornecerão suporte e ensinarão as crianças a se virarem sem eles. Portanto, após uma resposta positiva a um medicamento, é razoável ver como um paciente responde à sua retirada sob supervisão psiquiátrica. A taxa de recaída é de 30 a 40% (Donovan, Glue, Kolluri, & Emir, 2010), mas isso depende da gravidade inicial dos sintomas, do nível de resposta à intervenção, da comorbidade e de outros fatores. O padrão de cuidado é considerar a retirada de um medicamento 9 a 12 meses após uma resposta completa (Walkup et al., 2008). Ao retirar o medicamento, é importante fazê-lo lentamente, para minimizar os sintomas da síndrome de descontinuação e a recaída dos sintomas. A síndrome de descontinuação envolve sintomas emocionais e fisiológicos que ocorrem ao interromper abruptamente ou muito rápido os ISRSs. Isso pode incluir sintomas gastrintestinais, dores de cabeça e aumento temporário da ansiedade e da irritabilidade. Em geral, esses sintomas não duram mais do que duas semanas. Portanto, é importante continuar o acompanhamento com o psiquiatra prescritor 6 a 12 semanas após a interrupção do medicamento. Alguns provedores preferem interromper um medicamento durante a primavera para não interromper o início de um ano letivo. Isso também permite a observação antes de quaisquer programas de verão fora de casa.

A titulação do medicamento deve ser feita por meio de comunicação próxima entre os provedores. Isso permitirá que todas as partes saibam do progresso e reajam rapidamente se houver mudanças no bem-estar emocional e nos comportamentos. Mesmo depois que os medicamentos forem interrompidos, pode ser aconselhável continuar a comunicar-se com o médico que prescreve e fornecer atualizações. Da mesma forma, se ocorrerem eventos importantes que possam desencadear ansiedade, estes podem ser considerados com o médico que prescreve.

SÍNTESE E PONTOS-CHAVE

A intervenção psicofarmacológica é outra via para alcançar os objetivos do tratamento e há ampla evidência de sua eficácia e segurança. A colaboração entre o terapeuta principal e o médico prescritor pode fortalecer tanto a TCC quanto a intervenção psicofarmacológica e permitir que a família e o jovem se sintam apoiados. Diferentes famílias têm diferentes crenças sobre medicamentos, e é vital que isso seja considerado como parte da conceitualização e durante o tratamento. Se uma família se recusar a fazer uma consulta psiquiátrica, o terapeuta pode estabelecer metas e datas de referência com o jovem e a família e propor que, se essas metas não forem alcançadas até determinada data, eles reconsiderarão a avaliação psiquiátrica. O monitoramento do progresso auxilia essa tomada de decisão. Compartilhar o cuidado de um paciente desafiador também pode ampliar o escopo do plano de tratamento e oferecer suporte adicional não apenas à família, mas também ao terapeuta. Pesquisas mostram que intervenções psicoterapêuticas e psicofarmacológicas combinadas funcionam sinergicamente para avançar nos planos de tratamento e alcançar os objetivos de tratamento em pacientes pediátricos e adolescentes com diagnósticos de ansiedade e depressão. Em síntese:

- O tratamento baseado em evidências para depressão e ansiedade moderadas a graves em crianças e adolescentes apoia a consideração de ISRSs, como sertralina, fluoxetina e escitalopram.
- As intervenções psicofarmacológicas podem ter efeitos colaterais significativos. A incidência deles é baixa, e geralmente os benefícios superam os riscos. Os pacientes pediátricos que recebem intervenção psicofarmacológica devem sempre ser acompanhados adequadamente por um provedor prescritor.
- Criar um espaço terapêutico não julgador e empático, enquanto se utiliza o *reframing* cognitivo, pode ser a melhor maneira de permitir que as famílias e os pacientes explorem os riscos e benefícios de incluir ou excluir intervenções psicofarmacológicas.
- Criar uma equipe interdisciplinar colaborativa permite que os provedores enriqueçam o plano de tratamento, apoiem as famílias e os pacientes e melhorem os resultados do cuidado.

5

Trabalhando com cuidadores e famílias

Como os terapeutas podem colaborar melhor com os cuidadores para aprimorar o tratamento de uma criança ou um adolescente? Considerando que as famílias e os cuidadores dos jovens muitas vezes constituem seu ambiente mais imediato, os terapeutas de terapia cognitivo-comportamental (TCC) desejam empregar suas habilidades observacionais e de conceitualização para identificar interações familiares consistentes que afetam o jovem. Em seguida, o terapeuta desejará tornar os cuidadores parceiros ou alvos diretos do tratamento, conforme o caso. Como fazer isso mantendo o foco principal no adolescente? Este capítulo responde a essa pergunta.

O PAPEL DO CUIDADOR NA ANSIEDADE E NA DEPRESSÃO EM JOVENS

Comportamentos parentais e de cuidadores têm sido associados ao desenvolvimento e à manutenção da ansiedade e da depressão juvenis (McLeod, Weisz, & Wood, 2007; McLeod, Wood, & Weisz, 2007; Sander & McCarty, 2005; Wood, McLeod, Sigman, Hwang, & Chu, 2003; Yap, Pilkington, Ryan, & Jorm, 2014). Pesquisas substanciais identificaram os fatores familiares e parentais comuns que influenciam a manutenção da ansiedade e da depressão na juventude. Tais pesquisas focaram no ambiente familiar, nos estilos gerais de parentalidade (cuidadores) e nas práticas parentais específicas (DiBartolo & Helt, 2007; Sander & McCarty, 2005; Wood et al., 2003). "Ambiente familiar" refere-se à qualidade do contexto familiar geral (p. ex., coesão, conflito, independência, organização, controle, orientação para a realização, foco na recreação). "Estilo do cuidador" refere-se a um conjunto global de atitudes parentais, objetivos e padrões de práticas parentais, e contribui para o clima emocional da relação cuidador-jovem. Exemplos incluem até que ponto o jovem percebe quão caloroso é o cuidador, a concessão de autonomia ou a crítica. "Práticas do cuidador" referem-se a tipos específicos de interações cuidador-jovem em determinadas situações. Por exemplo, podemos querer observar como um cuidador incentiva a autonomia ("Eu acredito que você tem o julgamento certo para tomar essas decisões") em uma situação específica (p. ex., o jovem fazendo uma escolha difícil). Os terapeutas frequentemente focam a maior parte de sua atenção no nível das práticas do cuidador, pois são os processos mais concretos para observar e oferecem as formas mais diretas de intervenção.

Os fatores parentais mais consistentes relacionados à ansiedade e à depressão juvenis incluem controle parental e rejeição (McLeod, Weisz, et al., 2007; McLeod, Wood, et al., 2007; Yap et al., 2014). "Controle parental" é amplamente definido como a regulação excessiva das atividades dos filhos, instruindo uma criança ou um adolescente sobre suas cognições ou seus afetos, o que pode resultar na obstrução da crescente independência do filho. Em contrapartida, esforços para conceder autonomia e ensinar independência ajudam os jovens a se tornarem enfrentadores emocionais. Uma dimensão altamente citada de supercontrole parental é a "intrusão parental", que se refere a cuidadores que realizarão tarefas para seus filhos, mesmo que seus filhos possam fazê-lo de forma independente, levando a prejuízos na autoeficácia do jovem. Tais cuidadores não são propensos a reconhecer ou promover a autonomia de seus filhos. Como resultado, crianças com transtornos de ansiedade podem não acreditar em sua capacidade de gerenciar de maneira eficaz uma situação nova sem assistência parental (Wood et al., 2003). Em contraste, quanto mais os pais incentivam as opiniões e as escolhas do jovem – mesmo que resultem em erros e fracassos – e solicitam a opinião do adolescente em decisões, menos risco vemos para angústia posterior. Uma razão oferecida para explicar altos graus de controle é a intolerância ao sofrimento próprio do pai ao testemunhar seus filhos em dificuldade com uma situação provocadora de angústia (Tiwari et al., 2008). Os cuidadores também intervêm para ajudar ou resgatar as crianças de forma prematura, parcialmente devido à dúvida na capacidade de seu filho de executar alguma tarefa. Na depressão, os cuidadores podem exercer controle usando técnicas de criação coercitivas e hostis para interferir na experiência ou nas escolhas do adolescente.

A "rejeição" parental é frequentemente descrita como frieza, desaprovação e falta de resposta de um cuidador em relação ao seu filho (McLeod, Wood, et al., 2007; Yap et al., 2014). Pode incluir hostilidade parental, como críticas, punições e conflitos, que comunicam uma falta de aceitação parental. A rejeição também pode incluir falta de interações agradáveis, falta de interesse e envolvimento nas atividades do jovem, baixo suporte emocional e até mesmo retraimento. A depressão materna, a baixa disponibilidade emocional materna e o alto controle parental são consistentemente preditivos de depressão em adolescentes e em adolescentes com baixa autoestima (Sander & McCarty, 2005). Estilos cognitivos mal-adaptativos no cuidador também podem influenciar as visões negativas do jovem sobre si mesmo, o mundo e o futuro. Em contrapartida, pais que exibem calor, interesse e investimento ajudam os jovens a desenvolverem confiança para enfrentar os desafios ao seu redor.

Outros fatores parentais com fortes associações com a ansiedade e a depressão juvenis incluem conflito interpessoal, baixo monitoramento e disciplina errática (Yap et al., 2014). A frequência de conflito parental, a insatisfação conjugal e a hostilidade expressa entre os cuidadores foram associadas à mais ansiedade e depressão em estudos longitudinais. Um estilo parental autoritário, combinado com monitoramento mínimo e disciplina inconsistente, também foi associado unicamente à depressão. Da mesma forma, níveis mais baixos de ansiedade foram associados ao incentivo parental à sociabilidade por meio de modelagem e incentivo verbal. Juntas, as evidências mais fortes do desenvolvimento e da manutenção da angústia internalizada na juventude sugerem um papel central positivo para o calor (consideração positiva, envolvimento) e papéis negativos para aversão (hostilidade parental, crítica, punição, conflito), conflito interpessoal (insatisfação conjugal, hostilidade expressa) e superenvolvimento (interferência na autonomia, controle psicológico). Os cuidadores devem ser incentivados a manter o conflito em lugares privados e modelar habilidades de resolução de problemas e resolução eficaz de conflitos na frente de seus filhos.

Uma vez que os cuidadores desempenham papéis importantes em ajudar seus filhos a gerenciarem ansiedade e angústia, os terapeutas devem incluir os cuidadores no processo de avaliação. Os terapeutas reúnem informações sobre a própria angústia dos cuidadores e obtêm múltiplas perspectivas do funcionamento familiar. Informações valiosas podem ser reunidas sobre o clima emocional da família, os estilos e as atitudes gerais de criação de filhos e as práticas específicas. Então, incentivamos os clínicos a trabalharem diretamente com os pais para reduzir a rejeição e o controle excessivo parental e promover calor e concessão de autonomia. Além disso, o envolvimento do cuidador pode ser aproveitado para promover a generalização de habilidades e reforçar comportamentos de abordagem. Para aproveitar ao máximo a participação do cuidador no processo terapêutico, concentramo-nos em diversas habilidades concretas que podem complementar o trabalho do jovem:

1. Incluir os cuidadores como parceiros ou agentes de mudança.
2. Fornecer psicoeducação e normalizar emoções.
3. Identificar padrões problemáticos usando avaliação funcional.
4. Praticar habilidades de comunicação que promovam a resolução ativa de problemas familiares.
5. Desenvolver sistemas de gerenciamento de contingência (GC) focados em recompensas.

Incluir os cuidadores como parceiros ou agentes de mudança

A primeira decisão que um terapeuta de TCC precisará tomar é o quanto envolver os cuidadores como *parceiros* ou *agentes de mudança* (Sander & McCarty, 2005). Os cuidadores podem ser engajados como parceiros no processo terapêutico por meio da educação sobre transtornos relevantes e do fornecimento de sínteses das habilidades dos jovens (p. ex., resolução de problemas, reestruturação cognitiva). A frequência dos encontros pode variar de uma sessão, mensalmente, conforme necessário, assim como comparecer a partes de algumas sessões com o adolescente. O objetivo é formar parcerias com os cuidadores para que eles reforcem as lições da terapia em casa com o jovem e ajudem a generalizar habilidades ao organizar a prática do jovem fora das sessões. Dessa forma, os cuidadores também podem aprimorar suas habilidades de orientação.

De modo alternativo, os cuidadores podem ser incluídos como coclientes ou agentes de mudança, aprendendo as mesmas lições ensinadas pelo terapeuta ao jovem. Nesse enfoque, os terapeutas incluem os cuidadores de forma mais explícita na terapia. A frequência das reuniões pode variar de todas as sessões a menos frequentemente, às vezes de forma separada do adolescente ou com ele. O objetivo desse enfoque é ensinar aos cuidadores as mesmas habilidades de gerenciamento da ansiedade e de enfrentamento positivo que o jovem aprende. Isso pode ajudar o cuidador a aplicar estratégias ao seu próprio sofrimento e permitir que o jovem pratique habilidades em casa. Esse enfoque pode ser muito benéfico, considerando que os cuidadores muitas vezes acham difícil gerenciar seu próprio sofrimento durante momentos desafiadores com o jovem (Sander & McCarty, 2005; Tiwari et al., 2008). Os pais também podem precisar de assistência com habilidades de treinamento em gestão para implementar planos de comportamento consistentes, incluindo instruções sobre como identificar padrões comportamentais, usar estratégias de comunicação claras e implementar programas estruturados de GC.

Ao trabalhar com os cuidadores, o terapeuta de TCC direciona a atenção para as interações jovem/família que contribuem para os sintomas e o funcionamento do jovem (Barmish & Kendall, 2005). Alguns padrões a serem observados incluem respostas do cuidador que podem *inadvertidamente reforçar* comportamentos ansiosos ou depressivos no jovem (evitação, retraimento, fechamento, negatividade). Você também pode ensinar aos cuidadores como *modelar comportamentos de enfrentamento apropriados*, como utilizar resolução ativa de problemas, demonstrar pensamentos de enfrentamento realistas e abordar problemas com minimização da evitação. Além disso, você pode identificar o *conflito familiar* como um problema e trabalhar diretamente com membros da família afetados para melhorar a comunicação e praticar a resolução de problemas familiares. Identificar e abordar esses padrões de interação familiar em nível de sistemas pode ajudar a reforçar habilidades de enfrentamento específicas para ansiedade e depressão.

PSICOEDUCAÇÃO PARA CUIDADORES: NORMALIZANDO AS EMOÇÕES

O primeiro objetivo em ajudar jovens ansiosos e deprimidos é estabelecer um ambiente de apoio em que emoções intensas sejam normalizadas e a ansiedade e a tristeza sejam vistas como respostas naturais a situações assustadoras e decepcionantes. Ao fornecer educação aos cuidadores, os terapeutas concentram-se em enviar mensagens que normalizam emoções intensas e em questões de evitação. Os terapeutas também trabalham para minimizar a responsabilidade e a culpa que os pais podem sentir por contribuir para o sofrimento dos jovens e fornecem um caminho para ajudá-los. Para fazer isso, os terapeutas podem se reunir com os pais no início ou próximo ao início do tratamento para fornecer psicoeducação sobre essas questões e, em seguida, se reunir de forma periódica para reforçar tais mensagens. Nos Capítulos 6 a 11, fornecemos psicoeducação que os terapeutas podem dar a seus clientes e às suas famílias para transtornos e problemas específicos.

Em geral, ensinamos que as emoções, às vezes até sentimentos intensos, são naturais e com frequência servem a funções úteis. As emoções podem ser angustiantes, mas não são perigosas. Os jovens podem usar as habilidades de enfrentamento que aprendem na terapia quando suas emoções parecem avassaladoras e saber que podem continuar avançando mesmo diante da angústia e do desafio. Os cuidadores também podem aprender isso. Eles podem ajudar o adolescente, reforçando essa mensagem por meio das palavras que dizem e das ações que modelam. A seguir, resumimos os principais pontos que os terapeutas podem enfatizar para os cuidadores e destacamos as mensagens centrais (ver Materiais suplementares 6 e 7, disponíveis no Apêndice A).

Principais pontos sobre ansiedade

1. **Normalizar a ansiedade**. A ansiedade é uma emoção natural que todas as pessoas sentem quando confrontadas com algo assustador, ameaçador ou desafiador. Às vezes, a ansiedade pode ser útil, como quando um adolescente precisa de motivação para estudar para uma prova. No entanto, a ansiedade pode colocar um jovem em apuros quando se torna tão intensa que interfere em sua capacidade típica de lidar com uma situação (p. ex., a ansiedade os distrai tanto que eles se saem mal em uma prova).

2. **A evitação prejudica mais do que ajuda.** A evitação comportamental, como procrastinação, retraimento e fuga, pode parecer uma resposta natural diante de desafios novos e imprevisíveis. A evitação pode ser apropriada quando há uma ameaça real (p. ex., evitar um beco escuro tarde da noite). Contudo, a evitação pode ser um problema quando os jovens recusam oportunidades porque interpretam ou exageram os sinais de ameaça (p. ex., recusar um convite para uma festa porque a maioria dos presentes será desconhecida). Optar consistentemente pela opção *segura* significa perder oportunidades de aprender, crescer e aproveitar atividades agradáveis.
3. **Aprender habilidades de enfrentamento ajuda.** Embora sentimentos intensos sejam naturais, um jovem pode aprender a gerenciar sua ansiedade ou seus sentimentos de tristeza. Para fazer isso, em primeiro lugar, você ajudará o jovem a identificar os gatilhos (p. ex., situações, pessoas, pensamentos) que provocam ansiedade e ensinará a ele como reconhecer quando a ansiedade atinge níveis interferentes. Em segundo lugar, um jovem pode aprender habilidades de enfrentamento (resolução ativa de problemas, comportamentos corajosos de abordagem, programação de atividades e pensamentos de enfrentamento; ver Capítulo 2) que o ajudarão a superar seus sentimentos angustiantes e a buscar objetivos desejados. Quando um adolescente está na linha do lance livre tentando fazer a cesta decisiva do jogo, é natural sentir ansiedade. Pensar que se deve estar livre de ansiedade antes de fazer tal lance faria com que praticamente qualquer pessoa congelasse. Você pode fazer referência às experiências de atletas profissionais que muitas vezes descrevem como usar a ansiedade para melhorar o desempenho. Um princípio a ser comunicado é que a ansiedade não é ameaçadora para a vida em si. Quanto mais um jovem pode aprender a tolerar e conviver com sua ansiedade, mais ele pode continuar fazendo as coisas de que gosta (jogar basquete) mesmo sentindo altos e baixos emocionais.
4. **Os pais podem ajudar.** Vários cuidadores vêm para a terapia preocupados e expressando culpa por sua própria ansiedade ter contribuído para a ansiedade de seus filhos. Há boas pesquisas sugerindo que crianças pequenas têm sua própria ansiedade. Em uma linha de trabalho (Whaley, Pinto, & Sigman, 1999; Moore, Whaley, & Sigman, 2004), observações de díades mãe-filho mostraram que estilos parentais-chave (calor, catastrofização) estavam ligados à ansiedade infantil mais do que o *status* de ansiedade materna. Independentemente de uma mãe ser diagnosticada com um transtorno de ansiedade ou não, brincar com um jovem ansioso evocava uma tendência a ser superprotetora. Assim, os jovens ansiosos carregam sua própria ansiedade, evocando respostas de seus ambientes, e muitos pais estão apenas tentando ser responsivos às necessidades de seus filhos. Os cuidadores não estão necessariamente causando ansiedade em seus filhos. Ao mesmo tempo, existem posturas e comportamentos que os cuidadores podem adotar para ajudar a aliviar a ansiedade de seus filhos. Como já revisado, calor parental, concessão de autonomia e crítica mínima podem minimizar reações ansiosas de uma criança. As estratégias que você ensinará aos pais podem ajudar a família a permanecer no caminho certo.

Principais pontos sobre depressão

1. **Distinguir tristeza de depressão.** A tristeza é um sentimento natural que to-

dos nós experimentamos quando coisas difíceis acontecem (p. ex., um amigo se muda, a perda de um ente querido, discussões com amigos) ou quando as situações não ocorrem como esperado (p. ex., receber uma nota baixa em uma prova, não ser selecionado para a peça ou a equipe da escola, ter um privilégio restrito). A tristeza deve chamar a atenção dos adultos quando o comportamento de um jovem começa a interferir em seu funcionamento típico (dormir, comer, socializar) ou o impede de perseguir objetivos e atividades que lhe interessam devido a isolamento, retraimento e inatividade.

2. **A evitação prejudica mais do que ajuda.** Assim como na ansiedade, a evitação comportamental pode parecer uma resposta natural a sentimentos tristes. Quando um adolescente está se sentindo triste ou letárgico, pode parecer natural para ele se isolar em seu quarto, ignorar mensagens ou chamadas de amigos e não ir à escola ou participar de atividades. Pode parecer que a única maneira para eles lidarem com seus sentimentos é deixar o dia passar e *recomeçar* no dia seguinte. Ceder a essa tentação de se fechar alivia o sofrimento em curto prazo, mas a evitação repetida pode se tornar um hábito difícil de quebrar. A evitação priva o adolescente de oportunidades (cada treino de futebol perdido coloca a criança ainda mais para trás). Ela também perde chances de lidar com o problema e ver se consegue enfrentar o desafio quando confrontada com ele. A evitação é diferente de autocuidado ou nutrição (p. ex., ser realista sobre as demandas, avaliar-se de forma justa, fazer pausas planejadas com atividades satisfatórias), que é restauradora e promove ação contínua. A terapia ajudará um jovem a distinguir entre evitação e autocuidado.

3. **Habilidades de enfrentamento podem ajudar.** A depressão pode parecer intensa (tristeza dolorosa, raiva irritável) ou desanimadora (baixa energia, peso nos ombros). A terapia ajudará o jovem a aprender habilidades para gerenciar a dor intensa com habilidades de regulação emocional e avaliação de pensamentos negativos e autocríticos. A avolia deflacionada é contraposta com o agendamento de atividades agradáveis, resolução ativa de problemas e comportamentos de abordagem. Com assistência do cuidador, o jovem aprenderá a superar a tristeza que define a depressão.

4. **Os pais podem ajudar.** Os cuidadores muitas vezes vão à terapia frustrados ou assustados devido à inatividade de seus filhos. Eles não sabem como ajudar, motivar ou encorajar seu filho. Os pais podem se ver oscilando entre superacomodar os humores negativos da criança ou serem severamente críticos quando veem seu filho deprimido. Pode ser difícil distinguir a depressão da "rabugice adolescente" apropriada para o desenvolvimento ou uma preferência por buscar mais privacidade. A terapia ajuda os cuidadores a fazerem essa distinção, a entenderem que a depressão do jovem não é necessariamente um reflexo da personalidade inata da criança ou da família. Com essa perspectiva, você ajuda os cuidadores a praticarem a escuta ativa e a encorajarem comportamentos de abordagem ativa ao responder ao filho.

IDENTIFICANDO PADRÕES DE INTERAÇÃO PAIS-FILHO

O primeiro passo no gerenciamento do comportamento desafiador dos jovens é identificar os padrões comportamentais e os papéis únicos dos cuidadores e dos jovens. No início da terapia, é útil informar aos pais o papel vital que eles desempenham em modelar e enviar as mensagens corretas para seu filho adolescente ou criança. Realizar uma avaliação funcional não apenas ajuda o jovem individual que está tentando entender e mudar seu próprio comportamento, mas também pode ser usado para entender de que forma, como um sistema, diferentes membros da família influenciam uns aos outros. Como já mencionado, vários estilos e práticas de cuidadores foram associados ao aumento da ansiedade e da depressão. A seguir, listamos diversos desses padrões e os descrevemos em uma linguagem que destaca a natureza interativa e recíproca das interações familiares.

A espiral de acomodação

A espiral de acomodação descreve um padrão no qual os cuidadores respondem ao desconforto da criança acomodando, incentivando ou facilitando a evitação. A recusa de um adolescente em ir à escola de manhã fornece um exemplo disso (ver Fig. 5.1; uma versão reproduzível está disponível como

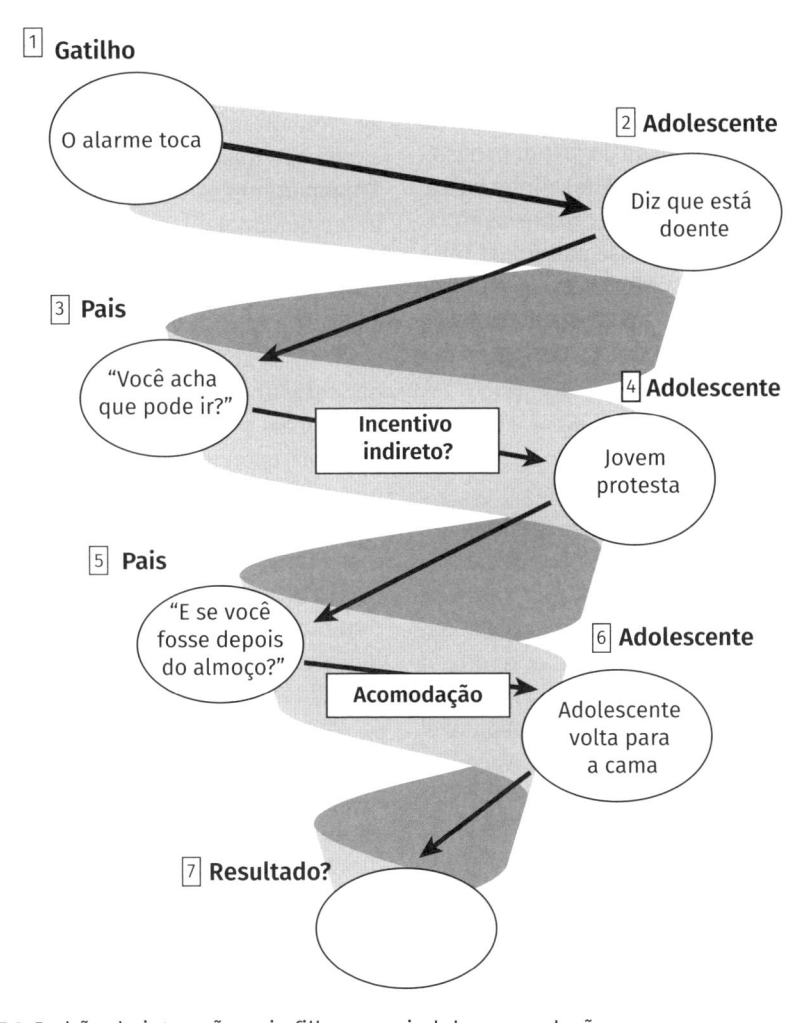

FIGURA 5.1 Padrão de interação pais-filho: a espiral de acomodação.

Material suplementar 8 no Apêndice A). O alarme toca de manhã; o jovem diz que está se sentindo mal, e a mãe pergunta se ele está bem o suficiente para frequentar as aulas. O adolescente protesta, e a mãe sugere que ele vá para a escola após o almoço. O adolescente volta para a cama e dorme durante a manhã. Os cuidadores podem entrar nessa espiral porque experimentam seu próprio desconforto ao testemunhar o filho enfrentando um desafio provocador de ansiedade (Tiwari et al., 2008). Resgatar a criança ou resolver seus problemas é a maneira mais rápida de resolver o desconforto da criança (o problema é resolvido por enquanto), mas limita a chance de o jovem praticar suas próprias habilidades de enfrentamento e aprender a lidar com o desconforto. No longo prazo, a ansiedade do jovem persiste, e a dependência do cuidador se intensifica. Seus objetivos são aumentar a conscientização do cuidador sobre esse padrão de interação, validar o desconforto que os pais podem estar sentindo e elaborar uma solução alternativa orientada para a abordagem.

A espiral de passividade--desencorajamento

A espiral de passividade-desencorajamento descreve um padrão no qual os cuidadores respondem à fadiga, à falta de motivação ou interesse dos jovens e à desesperança com passividade e acomodação, que reforçam a falta de eficácia dos jovens. A Figura 5.2 (uma versão reproduzível está disponível como Material suplementar 9 no Apêndice A) mostra como um cuidador poderia ceder a um adolescente que está lutando para seguir adiante com planos sociais. A depressão do adolescente aumenta o limiar de ativação, e, muitas vezes, é mais fácil para ele ficar em casa e fazer menos esforço. A passividade dos pais nesse caso reforça o sistema de crenças do jovem de que ficar em casa é a melhor maneira de lidar com a fadiga. Os cuidadores podem recorrer a esse tipo de padrão devido a alguns dos mesmos ciclos de reforço negativo que perpetuam o ciclo de acomodação. Permitir que o adolescente escape da obrigação social tira o cuidador da responsabilidade de incentivar o jovem a fazer um esforço. Devido aos vínculos familiares com a depressão ao longo das gerações, adolescentes deprimidos podem ter cuidadores com habilidades de enfrentamento próximas limitadas.

A espiral agressivo-coercitiva

A espiral agressivo-coercitiva descreve um padrão no qual os cuidadores respondem ao comportamento de oposição com raiva e crítica, o que leva à escalada da agressão. Em um exemplo de recusa escolar, os cuidadores tentam compelir o jovem a ir para a escola com ameaças e críticas (ver Fig. 5.3; uma versão reproduzível está disponível como Material suplementar 10 no Apêndice A). Essa abordagem é ineficaz, uma vez que vergonha e crítica apenas desencorajam ainda mais o adolescente, tornando menos provável que ele cumpra ou inicie a resolução ativa de problemas. A punição, ou a ameaça de punição, às vezes pode compelir a conformidade imediata, mas contribui para o aumento do conflito familiar e para a diminuição da conformidade futura. No entanto, essa abordagem parece natural quando outras intervenções falharam.

Para chamar a atenção para os padrões de interação familiar, faça o cuidador acompanhar seus próprios comportamentos e os do adolescente ao longo da última semana. O objetivo é identificar pontos comuns de tensão e avaliar possíveis espirais de interação. Na Figura 5.4 (uma versão em branco está disponível como Planilha 9 no Apêndice A), o cuidador recorre a reações agressivas-coercitivas para moti-

1 Gatilho
- Joga-se no sofá depois da escola

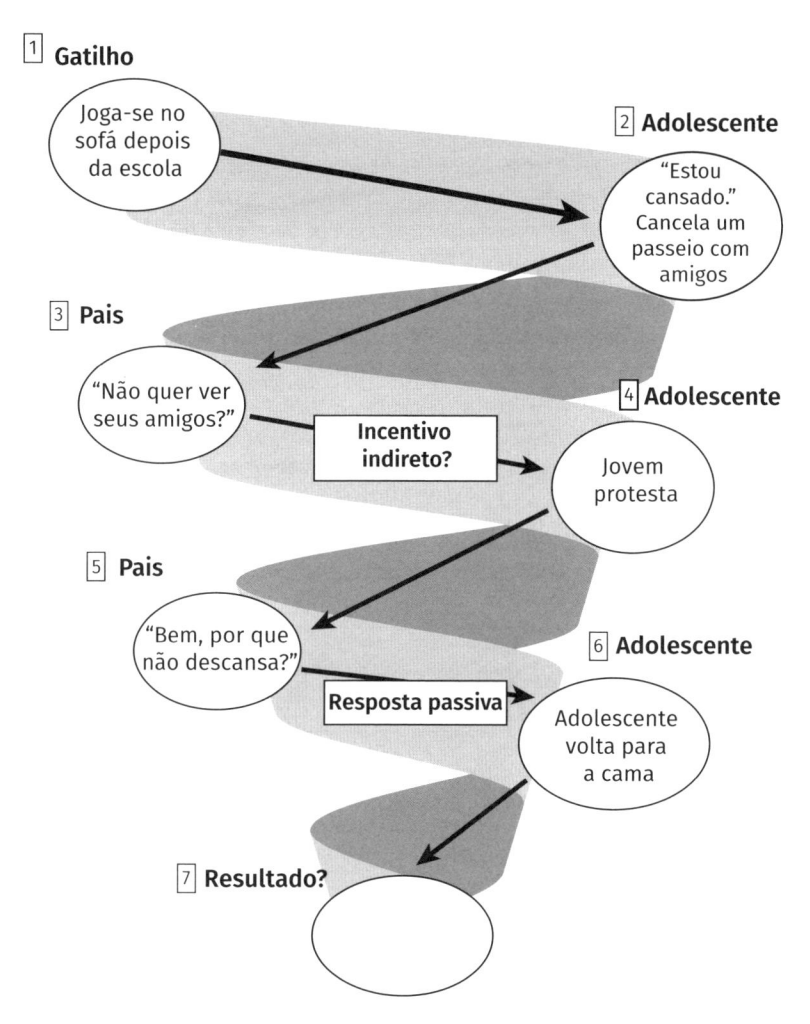

2 Adolescente
- "Estou cansado." Cancela um passeio com amigos

3 Pais
- "Não quer ver seus amigos?"
- Incentivo indireto?

4 Adolescente
- Jovem protesta

5 Pais
- "Bem, por que não descansa?"
- Resposta passiva

6 Adolescente
- Adolescente volta para a cama

7 Resultado?

FIGURA 5.2 Padrão de interação pais-filho: a espiral de passividade-desencorajamento.

var inicialmente o jovem. Quando isso não funciona, o cuidador cede e cai no ciclo de passividade-desencorajamento. Soluções alternativas poderiam incluir intervenções orientadas para a abordagem, como empatizar e encorajar (ver a próxima página) e reforçar quaisquer planos de recompensa que tenham sido projetados para incentivar novos comportamentos. Descrevemos essas intervenções com mais detalhes a seguir. O Material suplementar 11, no Apêndice A, descreve armadilhas parentais comuns e abordagens alternativas que podem ajudar.

ORIENTAÇÃO E ABORDAGEM: ELOGIOS IDENTIFICADOS, ESCUTA ATIVA E ESTÍMULO A COMPORTAMENTOS POSITIVOS

O segundo componente crítico da gestão dos pais é ensinar aos cuidadores como usar estratégias claras de comunicação que incorporam escuta ativa, reforçando comportamentos desejados e estabelecendo um tom de encorajamento. Antes que um

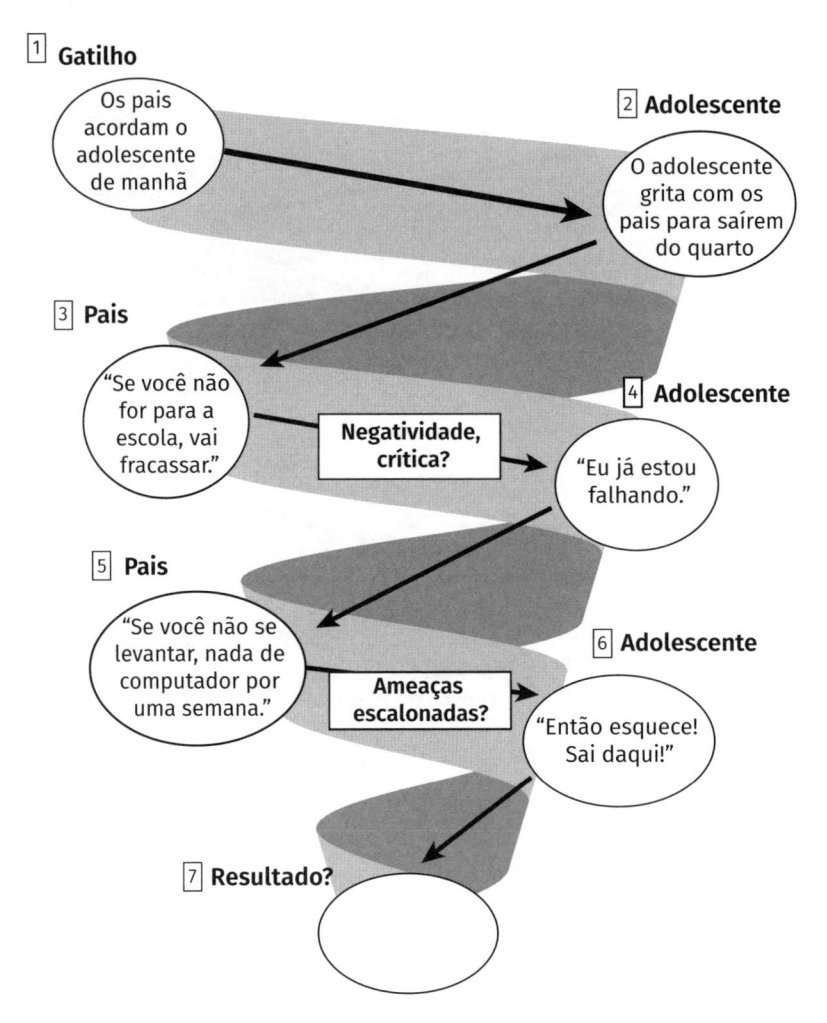

FIGURA 5.3 Padrão de interação pais-filho: a espiral agressivo-coercitiva.

1 Gatilho: Os pais acordam o adolescente de manhã
2 Adolescente: O adolescente grita com os pais para saírem do quarto
3 Pais: "Se você não for para a escola, vai fracassar." — Negatividade, crítica?
4 Adolescente: "Eu já estou falhando."
5 Pais: "Se você não se levantar, nada de computador por uma semana." — Ameaças escalonadas?
6 Adolescente: "Então esquece! Sai daqui!"
7 Resultado?

jovem ouça instruções diretas de um cuidador, é necessária uma relação positiva entre os pais e o adolescente. Tal pensamento é apoiado em pesquisas sobre técnicas de gestão de pais com comportamentos desafiadores. Por exemplo, em pesquisas clínicas sobre habilidades de criação de filhos para lidar com comportamentos desafiadores (p. ex., os "anos incríveis", terapia de interação pais-filho), a fase inicial do tratamento concentra-se em estabelecer relações positivas com as crianças antes de qualquer instrução direta (limites, GC) ser introduzida.

Relacionamentos positivos são promovidos por meio de escuta ativa, atenção conjunta aos interesses da criança, elogios identificados e sentimentos identificados. Essas estratégias ajudam a demonstrar tanto o apreço quanto a atenção positiva dos pais.

No contexto de um relacionamento positivo entre pais e filhos, estratégias diretas, como estabelecimento de limites e GC, podem ser implementadas. Por exemplo, uma estratégia comum para reduzir acessos agressivos de birra em casa é estabelecer um plano de recompensas que esboça

PLANILHA 9. Análise de cadeia pais-filho

Você consegue identificar quaisquer armadilhas parentais? Quais alternativas você poderia tentar?

	Ação/resposta	Armadilha parental	Solução potencial ou habilidades a utilizar
Evento desencadeador:	Criança foi convidada para uma festa pelos amigos.		
Ação da criança:	A criança estava agindo de forma desanimada e não queria ir.		
Resposta dos pais:	Eu (mãe) disse a ela que ela perderá todos os seus amigos se não aceitar alguns convites.	Agressivo--coercitiva	Empatizar e encorajar; ignorar planejadamente
Reação da criança:	A criança disse que se sente como uma perdedora quando vai; ela chora à noite.		
Resposta dos pais:	Eu disse a ela que entendia – talvez seja melhor encontrar outro grupo de amigos.	Passividade--desencorajamento	Empatizar e encorajar; lembrar o plano de recompensas
Conflito/ comportamento problemático:	A criança se isolou em seu quarto; não ligou/enviou mensagem para ninguém.		
Resultado 1 (O que aconteceu?):	A criança parecia muito triste naquela noite; desanimada consigo mesma.		
Resultado 2:	A criança ficou acordada a noite toda.		
Resultado 3:	Acabou não encontrando os amigos.		

FIGURA 5.4 Análise de cadeia pais-filho concluída pelo pai.

recompensas concretas (p. ex., pontos) para objetivos específicos (p. ex., completar uma tarefa, como fazer a lição de casa). No entanto, os planos de recompensa muitas vezes falham se o alicerce adequado não tiver sido primeiro estabelecido; o pai precisa ser capaz de identificar quando a criança está se comportando favoravelmente e pode informar à criança quando aprova – assim, uma recompensa é ganha.

Trabalhar com jovens ansiosos e deprimidos pode não exigir intervenções parentais em larga escala refletidas no trabalho com crianças opositoras, como criar economias detalhadas de fichas ou usar orientação do tipo "influência discreta" (orientação em tempo real por meio de fones de ouvido sem fio) para comandos direcionados aos pais. No entanto, GC será importante ao criar escalas de recompensa para incentivar comportamentos ativos de abordagem. Ignorar pode ser útil para retirar a atenção de comunicações "choramingonas". Estabelecer limites pode ser útil ao lidar com a irritabilidade da depressão ou a oposição associada à recusa escolar. Para estabelecer a base para isso, ensinamos as habilidades de elogios identificados, escuta ativa e a parentalidade direta para educar os pais na criação de uma linha de base positiva para pais e jovens.

Elogios identificados: reconheça os comportamentos positivos

Uma habilidade-chave que ensinamos aos pais é se tornarem observadores treinados do bom comportamento de seus filhos. Torna-se uma missão ativa para os pais. Considere esta situação: uma criança normalmente agitada está brincando com tranquilidade na sala sozinha. O que você faz? Vai até lá e deixa a criança saber o quanto você está satisfeito com a brincadeira, ou deixa a criança brincar sozinha? (P. ex., "Ahá! Peguei você sendo bom!") O senso comum geralmente convence os pais a "não mexer em time que está ganhando" e deixar a criança sozinha enquanto ela está brincando tranquilamente. Esse conselho faz alguém acreditar que prestar atenção à criança interromperia um padrão desejável e desencadear os temidos pedidos de atenção e demandas. Então, você deixa a criança brincar sozinha até que ela comece a brincar de forma brusca, jogue brinquedos e faça demandas de novas atividades. Você rapidamente responde e adverte a criança por brincar de modo agressivo e fazer demandas. O que é aprendido?

Pesquisas mostram que as crianças são extremamente sensíveis aos sinais dos pais, e a atenção social é um dos reforçadores mais fortes para motivar comportamentos (Brinkmeyer & Eyberg, 2003; Rapee, 1997). Infelizmente, a atenção negativa (gritos, direções excessivamente estruturadas, queixas) ainda é atenção, mesmo que seja menos positiva do que elogios. No cenário anterior, o pai comete o erro comum de ignorar o comportamento desejável (brincar tranquilamente) enquanto fornece atenção (negativa) quando a criança se comporta mal. Infelizmente, isso só perpetua a sequência indesejável em que a criança só recebe reforço social (o mais poderoso) quando age de forma agressiva. O mesmo ciclo pode ser visto em adolescentes ansiosos e deprimidos. Quando um adolescente preocupado está fazendo a lição de casa com tranquilidade, deixamos ele em paz. Quando ele repetidamente pede por conforto perguntando se pode completar a tarefa a tempo, podemos ficar irritados e criticar as perguntas repetidas. Por que não reforçar o trabalho independente do jovem ("Você está se esforçando muito nessa lição de casa")?

Para adolescentes deprimidos, é fundamental que os pais reforcem qualquer tentativa do adolescente de começar ou persistir. A perspectiva de fracasso ou rejeição é tão intensa que o adolescente se retrai. Da mesma forma, a motivação pode ser difícil de reunir. Quando um desafio se apresenta, o esforço necessário para superá-lo parece esmagador. O adolescente se fecha. O desafio pode ser uma longa tarefa de casa ou confrontar um amigo com quem acabou de discutir. Para fazer o adolescente avançar, um pai pode precisar dar um "empurrão" inicial para que o filho comece ("Eu sei que isso é difícil, e sei que você pode superar a primeira pergunta"). Uma vez iniciado, aconselhamos os pais a reforçarem todos os esforços que o jovem faz para abordar o problema ("Gostei de como você superou o obstáculo inicial").

É essencial lembrar aos pais para limitar críticas inadvertidas sempre que possível. Quando um adolescente está procrastinando ou se isolando, pode ser fácil cair na armadilha de tentar motivar por meio da crítica ou da vergonha: "Se você não começar essa lição de casa, nunca vai se recuperar!"; "Se você ficar nesse quarto o dia todo, seus amigos vão se esquecer de você!". Lembre aos pais de que a crítica e a vergonha raramente motivam e, com frequência, instilam maior desesperança. Em outros momentos, a crítica pode inadvertidamente fornecer o reforço social de que a criança precisa, mas para o comportamento errado. Ao aconselhar os pais, seguimos o Juramento Hipocrático: "Primeiro, não cause dano". Se os pais puderem evitar declarações prejudiciais e desmotivadoras, poderão progredir em direção a moldar comportamentos mais desejados. Às vezes, atribuímos aos pais a prática domiciliar de identificar seus próprios impulsos para fazer tais declarações; até mesmo interromper o ciclo automático em que pais e filhos caem é um começo! A estratégia é para os cuidadores ignorarem a busca por reconforto e o isolamento do jovem e, em vez disso, usarem comportamentos orientados para a abordagem. Quando um adolescente isolado por fim sai do quarto, os pais devem fornecer atenção reforçadora ("Ei, venha aqui e dê uma olhada nisso..."). Quando o jovem finalmente tenta um desafio que vinha evitando, um pai pode fazer um comentário validador e reforçador (o chamado elogio identificado), como "Deve ter sido difícil ligar para seu amigo". Elogios identificados específicos são mais impactantes do que elogios gerais (p. ex., "bom trabalho"). *Observar o positivo* precisa se tornar parte da cultura familiar; assim, os cuidadores são convidados a praticar essa habilidade desde cedo e com frequência.

Escuta ativa e incentivo positivo: empatizar e encorajar

Elogios Identificados ajudam os pais a observarem os comportamentos de seus filhos e a perceberem como eles estão agindo e se sentindo. Essa habilidade forma a base para uma segunda intervenção que os pais podem usar para promover comportamentos positivos, chamada de *empatizar e encorajar*. Empatizar e encorajar combina observação atenta do estado emocional do jovem (p. ex., "Vejo que isso está sendo realmente difícil para você") com o reforço de esforços orientados para a abordagem para lidar com a situação (p. ex., "Eu sei que você pode superar isso. Que tal tentarmos usar um pensamento de enfrentamento?"). Recomendamos usar uma declaração com elementos de validação e mudança, pois mesmo pais bem-intencionados podem inadvertidamente depender muito da validação ou de comandos para lidar com as situações.

Os passos de empatizar e encorajar são os seguintes:

1. **Empatizar**. Escute ativamente as emoções expressas pelo jovem. Os pais fornecem uma declaração de rotulação, mostrando ao jovem que ouviram seu

sofrimento. Por exemplo, "Eu sei que ir para a escola de manhã é realmente difícil para você"; "Vejo o quanto você está sofrendo agora". Os pais podem pular para resolver problemas ou encorajar muito cedo, então validar o que o adolescente está sentindo é um bom ponto de partida. Os pais podem tentar validar o sentimento mesmo que não o compreendam ou concordem com ele.

2. **Encorajar**. Fornecer encorajamento calmo para seguir em frente, enfatizando a capacidade do jovem de lidar com a situação. Por exemplo, "Eu sei que você pode superar isso"; "Imagino se alguma habilidade de enfrentamento que você está aprendendo pode ajudar neste momento". Os pais podem fazer referência a exemplos anteriores de enfrentamento: "Da última vez que você passou por isso, lembro que você disse que o exercício de atenção plena realmente te ajudou".

3. **E então... Pare!** Depois de repetir as declarações de empatizar e encorajar três vezes, o pai deve parar e se afastar. A declaração pode ser repetida de forma textual ou pode ser alterada para refletir a progressão natural da conversa, contanto que a declaração não passe prematuramente para a resolução de problemas ou questionamentos. O objetivo é simplesmente mostrar que você está ouvindo. O propósito de parar após três iterações é interromper a escalada típica de um conflito que resulta de negociações repetidas.

A escuta ativa deve preceder o encorajamento ativo, e ambos precedem ignorar de forma planejada. Os terapeutas podem trabalhar com os pais para identificar seus impulsos de responder, para desacelerar e considerar com mais cuidado o que dirão especificamente. Então, eles devem praticar esse tipo de resposta com mais intenção. O objetivo não é simplesmente negligenciar ou ignorar o sofrimento de uma criança; pelo contrário, encorajamos os pais a ouvirem ativamente o estado emocional de seus filhos e praticarem a comunicação ativa de sua compreensão em declarações empáticas. É crítico que essas declarações empáticas sejam genuínas e precisas. Essa intervenção pode se tornar robótica se os pais dependerem de declarações genéricas de "escuta" (p. ex., "Tenho certeza de que isso é difícil", "Você deve estar ansioso"). A declaração deve ser o mais específica possível ("Eu sei que você tem dificuldade com a lição de matemática", "É confuso quando seu amigo não responde") para comunicar que o pai realmente *entende*.

Cuidadores que tendem a ser rejeitadores (p. ex., exibindo pouco calor) ou críticos precisarão de prática extra em fornecer declarações empáticas e descritivas. Eles podem precisar de declarações reais para considerar e praticar. Depois de uma série de queixas ou atos de desafio, não é inesperado que um pai responda à negatividade de um jovem (p. ex., "Por que você faz tanto alarde com isso?") com uma acomodação que resgata o adolescente (p. ex., resolvendo o problema de lição de casa para o jovem). Em vez disso, garantimos que os pais pratiquem repetidamente a escuta ativa e reflitam sobre o sofrimento do jovem antes de praticarem declarações de abordagem. Da mesma forma, as declarações de abordagem podem se concentrar em incentivar as próprias tentativas do jovem de lidar: "Eu sei que você pode dar um passo de cada vez". Também fazemos uso cuidadoso de declarações "e", em vez de declarações "mas" (p. ex., "É doloroso que seu amigo não tenha respondido... e imagino que entrar em contato com ele ajudará"). A tentação é inserir um "mas" no meio da declaração ("É doloroso, mas você consegue fazer isso"). Usar declarações "e" reorienta as soluções de uma perspectiva de "ou" para uma perspectiva de "ambos-e" (alguém pode estar angustiado e ainda assim fazer isso), o que ajuda a reforçar a validação e a abordagem ao longo do tempo.

A instrução de parar de intervir após três tentativas faz parte do Juramento Hipocrático já descrito. Os três passos oferecem uma abordagem equilibrada que encoraja o jovem a seguir em frente, evitando as consequências negativas do conflito que muitas vezes ocorre com adolescentes ansiosos e deprimidos. Considere este exemplo de conflito crescente enquanto uma mãe tenta encorajar sua filha adolescente a fazer planos com amigos:

MÃE (M): Você tem passado muito tempo em casa. Por que você não vai encontrar alguns amigos?

ABBY-LYNN (AL): Nah, ninguém está por perto. Além disso, estou cansada.

M: Tenho certeza de que alguém está por perto. E as meninas do time? Por que você não liga para uma delas?

AL: E fazer o quê?

M: Eu não sei, praticar alguns arremessos?

AL: Praticar arremessos? O que eu sou, do terceiro ano? Para isso que serve o treino. Eu não vou ligar para as pessoas para "praticar arremessos".

[*Esse tipo de troca continua por minutos, até a frustração crescer...*]

M: Olha, Abby-Lynn, isso é o que sempre acontece. Se você não fizer nada, vai acabar apenas sentada em casa sem fazer nada.

AL: E daí?

M: Se você não encontrar seus amigos, eles vão sair e fazer coisas sem você. Você não vai ter ninguém para chamar.

AL: Quem se importa – apenas me deixe em paz. Por que você se importa tanto?!

M: Tudo bem! Mas se você continuar assim, realmente não terá mais amigos!

Essa troca é um triste cenário comum para muitas famílias. Os cuidadores começam com as melhores intenções ("Por que você não encontra seus amigos?") e até refletem algumas declarações encorajadoras recomendadas ("Tenho certeza de que alguém está por perto"). A mãe até identifica um problema com o qual a adolescente pode se relacionar ("Você tem passado muito tempo em casa"), mesmo que ela não esteja tecnicamente empatizando com a apatia de Abby-Lynn. Infelizmente (e como se esperaria), a mãe demonstra pouca empatia, e a interação não para por aí. Abby-Lynn protesta, e, em vez de simplesmente reforçar a mensagem recomendada de "empatizar e encorajar", a mãe intensifica suas tentativas de convencer Abby-Lynn a agir. Como resultado, o conflito aumenta, e a mãe recorre a declarações de vergonha e crítica para pressionar Abby-Lynn, mas a adolescente não se aproxima mais de ligar para suas amigas, e a última coisa que ela ouve é sua mãe afirmando que ela não terá mais amigos em breve.

Considere este cenário alternativo em que a mãe adere ao limite de três declarações:

M: Você tem passado muito tempo em casa [empatizar]. Por que você não vai encontrar alguns amigos [encorajar]?

AL: Nah, ninguém está por perto. Além disso, estou cansada.

M: É difícil sair quando você está cansada [empatizar]; e eu acho que passar tempo com os amigos pode trazer um pouco de energia [encorajar].

AL: Você só pode estar brincando.

M: Sempre é difícil ligar para um amigo quando você está cansada [empatizar], e eu acho que você pode superar isso [encorajar].

AL: Mãe! Você não está ouvindo!

(*A mãe se levanta da cama e sai do quarto.*)

Nessa troca, parece que Abby-Lynn *ainda* pode não ligar para nenhum amigo, mas pelo menos essa abordagem evita um conflito crescente e suas dificuldades associadas, que se enraízam em ambas as partes. Além disso, a última coisa que Abby-Lynn ouve (na verdade, a única coisa) é "Eu entendo, e ainda acho que você pode ligar para alguns amigos". Essa abordagem pode não produzir resultados imediatos em termos de socialização proativa. No entanto, se entregue consistentemente, ela começa a comunicar uma mentalidade em mudança na família de que os pais podem honrar a dor e o sofrimento do jovem (empatizando), enquanto também encorajam o adolescente a superar desafios dolorosos. À medida que os pais limitam cada vez mais suas respostas a declarações de empatizar e encorajar, há menos espaço para espirais problemáticas entre pais e jovens. Sair depois de entregar as declarações três vezes é essencial, embora seja uma das habilidades mais desafiadoras que um pai pode dominar.

GERENCIAMENTO DE CONTINGÊNCIA

Planos de recompensa e comportamentos orientados para objetivos

Jovens ansiosos muitas vezes necessitam de recompensas externas para motivá-los a progredir e se comprometer com atividades desafiadoras. Em contrapartida, jovens deprimidos geralmente precisam de algo tangível para lhes proporcionar um incentivo para mudar. Um gráfico de recompensas significativas (estratégia de gerenciamento de contingências ou GC) estimula comportamentos específicos e metas alcançadas pelo jovem. Embora possa ser ideal que esses jovens sejam intrinsecamente motivados a trabalhar em direção a objetivos, a ansiedade e a depressão interferem em sua orientação natural para metas. Para esses jovens, pode ser difícil perceber que alcançar o objetivo valerá o esforço necessário ou o medo que precisam enfrentar no início. Para auxiliar a promoção de mudanças, são necessários programas de recompensas individualizados. Além disso, os programas de GC podem ajudar a eliminar comportamentos disruptivos (como desafio e agressão), que podem interferir no tratamento eficaz da ansiedade e da depressão.

Ao iniciar um programa de recompensas, estabelecemos analogias com outras áreas da vida em que o jovem e os cuidadores estabelecem metas para si mesmos. Pedimos a ambos que se recordem de momentos em que aprenderam uma nova habilidade ou fizeram uma resolução de Ano Novo. "Quando você se comprometeu a ir à academia três vezes por semana, como se motivou a fazê-lo?". Em sua maioria, os indivíduos precisam de alguns incentivos para sustentar o esforço necessário para superar desafios. Se alcançar metas fosse fácil, as pessoas não precisariam esperar pelo dia de Ano Novo para fazer resoluções! Superar a ansiedade ou a depressão exige o mesmo tipo de estrutura de recompensa. Algumas atividades são mais fáceis para algumas pessoas do que para outras. Para uma criança ansiosa, participar de atividades sociais, separar-se de um cuidador ou sentir-se confiante sobre decisões é difícil. Para um jovem deprimido, cumprir compromissos e ser positivo são desafios. Nesses casos, é essencial reforçar qualquer esforço para mudar com recompensas significativas e personalizadas até que os comportamentos proativos se tornem mais naturais. Nesse ponto, as recompensas extrínsecas podem ser eliminadas de forma gradual. Um plano de recompensas pode ser construído seguindo quatro etapas críticas.

Etapa 1: Definir objetivos

A primeira etapa para construir um plano de recompensas é identificar um objetivo concreto e alcançável que seja um alvo específico para o jovem e o cuidador. Em outras palavras, que comportamento cada um deseja incentivar ou extinguir? Dicas para estabelecer objetivos eficazes incluem:

Faça um amplo *brainstorming* inicialmente, mas depois reduza os objetivos para focar. Trabalhar em objetivos já é desafiador o suficiente; comece focando em um número limitado deles para que a família possa acompanhar o sucesso e modificar o sistema antes de adicionar mais objetivos.

Mantenha os objetivos comportamentais (observáveis). Sempre ajuda começar com comportamentos que os cuidadores podem observar o jovem fazendo. Isso facilitará saber quando recompensar o filho, e será mais fácil identificar quando o comportamento mudou (sucesso!). Por exemplo, "Levantar-se da cama às 6h30 da manhã" é um comportamento mais observável do que "Sentir motivação para ir à escola todas as manhãs". "Ligar para um amigo por semana" é mais observável do que "Tentar se esforçar mais para se comunicar com os amigos". Concentre-se no que pode ser observado.

Mantenha os objetivos concretos e específicos. Relacionado a isso, concentre-se em objetivos claros, tanto para o cuidador quanto para o jovem. "Terminar o dever de matemática em 30 minutos" é mais específico do que "Fazer o dever de casa com mais consistência". "Usar três declarações de enfrentamento antes de pedir conforto para a mamãe" é mais específico do que "Tentar lidar sozinho com a situação antes de pedir ajuda à mamãe". "Ficar na sala de aula durante o primeiro período todos os dias" é mais concreto do que "Comparecer às aulas da manhã todos os dias", assim como "Entrar no ônibus" é mais simples e específico do que "Entrar no ônibus, sentir-se bem e conversar com três amigos". Foque em uma coisa de cada vez e construa o sucesso. Pais e jovens podem aprender a se perguntar: "Consigo observar e medir este objetivo e, se não, como posso fazê-lo?".

Concentre-se nos comportamentos que você deseja incentivar, não nos comportamentos que deseja extinguir. Com frequência, os pais aproveitam um plano de recompensas como uma oportunidade para identificar todos os comportamentos que desejam extinguir (e, por consequência, "punir"). Lembre-os de que esta é uma oportunidade para moldar e recompensar bons comportamentos. Embora a punição possa levar à diminuição do comportamento negativo, este muitas vezes retorna, e a punição com frequência causa danos na relação entre cuidador e jovem. Os pais devem se concentrar nos objetivos que desejam incentivar (p. ex., "Enviar mensagem para um amigo todos os dias"), em vez de nos objetivos que desejam desencorajar (p. ex., "Parar de ficar no quarto o dia todo sozinho"). Focar no comportamento indesejado inadvertidamente resulta em mais atenção a ele do que ao comportamento desejado, o que pode levar a ciclos coercitivos entre pais e jovens.

Etapa 2: Estabeleça uma recompensa: uma recompensa diária renovável

Para motivar comportamentos desafiadores, uma recompensa deve ser *significativa* e *gratificante*, acima de tudo. Troque ideias com o jovem para chegar a recompensas que possam ser incentivadoras e realistas. De modo ideal, essas recompensas são facilmente disponíveis e não monetárias, podendo ser entregues em incrementos. Dicas para identificar recompensas eficazes incluem:

Assegure-se de que a recompensa seja significativa para o jovem. Faça uma tempestade de ideias colaborativa com adolescentes para garantir que as recompensas selecionadas sejam significativas para eles. Identificar uma recompensa específica e pessoalmente significativa é mais importante do que sugerir recompensas que o adolescente já tenha acesso ou que outros adolescentes possam gostar. Uma vez identificadas várias recompensas potenciais, é útil envolver os cuidadores para obter concordância e garantir viabilidade.

Seja criativo ao elaborar recompensas. Uma recompensa pode ser qualquer item ou privilégio pelo qual o jovem esteja disposto a mudar seu comportamento. No entanto, *uma recompensa não precisa consistir em incentivos monetários ou bens comprados!* Os pais muitas vezes se preocupam que os programas de recompensas acabem custando dinheiro, mas, em geral, os privilégios familiares são melhores recompensas. Oferecer a possibilidade de escolher o que a família comerá no jantar, ao que assistirão na televisão naquela noite, a qual filme assistirão no fim de semana, ficar acordado uma hora a mais nos fins de semana, convidar amigos para vir ou dormir em casa, ir a um lugar especial com amigos – todas essas podem ser opções melhores do que simplesmente dar dinheiro ao jovem ou comprar o último favor. Lembre aos cuidadores de que a atenção social pode ser um dos reforçadores mais fortes, então as melhores recompensas com frequência exigem um pouco mais de tempo, esforço e criatividade por parte da família, mas o investimento vale a pena. Adolescentes podem estar mais dispostos a trabalhar (por meio de mudanças comportamentais) por dinheiro do que crianças mais novas, pois sua independência se torna cada vez mais importante, e o dinheiro pode representar tomada de decisão independente. Se o dinheiro for considerado como recompensa e a família puder arcar com isso, tente criar uma conta poupança incremental para um prêmio específico que tenha significado especial. Com cada cliente, pense de modo criativo sobre as recompensas.

Não é suborno quando você desenvolve um plano. Os pais às vezes ressentem-se de ter de *pagar* para o jovem fazer algo que ele *deveria* fazer. Essa é outra razão pela qual o dinheiro nem sempre é a recompensa mais eficaz. Nesses casos, você pode querer voltar à psicoeducação se os pais expressarem preocupação e reiterar como algumas tarefas ou desafios são mais fáceis para alguns jovens do que para outros, e como os incentivos ajudam todos a iniciar algo novo ou difícil. Você também pode dizer aos pais que o plano será diminuir gradualmente os incentivos à medida que o jovem se torna melhor em enfrentar desafios. À medida que os jovens se tornam mais competentes, os requisitos para alcançar certas recompensas são aumentados, e, por fim, as recompensas são eliminadas.

Não faça uma recompensa depender de alcançar um objetivo diferente. É melhor se uma recompensa não for algo que você e a família estão visando como outro objetivo. Por exemplo, se definimos aumentar a socialização como um objetivo para um adolescente socialmente ansioso, não devemos tornar as atividades sociais uma recompensa por alcançar um objetivo diferente. O pai desse mesmo adolescente pode sugerir um objetivo e uma recompensa como estes: "Se pedir ajuda ao professor na aula, então eu levarei você e seus amigos para assistir a um filme". Mesmo que o adolescente ache ir ao cinema gratificante, gostaríamos que a participação com os amigos fosse o próprio objetivo que recebesse uma recompensa diferente. Se tornássemos o encontro com amigos contingente ao alcance de algum outro objetivo social, poderíamos estar privando o jovem de oportunidades necessárias para encontrar reforço em situações sociais.

Crie um cronograma de recompensas que funcione. O cronograma de recompensas pode incluir a entrega de uma recompensa concreta ou um privilégio imediatamente após alcançar um objetivo, ou o jovem pode ganhar pontos que se acumulam para uma recompensa maior. Use o cronograma que funcione para o objetivo e a recompensa específicos, mas lembre-se de que a recompensa mais imediata tende a ser mais forte do que as entregues mais tarde. Essas decisões podem ser tomadas com base na idade, no nível de desenvolvimento cognitivo e no nível de desenvolvimento da criança, bem como nas questões práticas relacionadas à rotina familiar (p. ex., algumas recompensas podem ser mais realistas de serem concedidas nos fins de semana).

Recompensas diárias renováveis: incentivando a mudança diária de comportamento. Quando o objetivo é promover mudanças nas rotinas e nos comportamentos diários, como a frequência escolar, temos achado útil incorporar *privilégios diários e renováveis* que sejam significativos para o jovem (ver Fig. 5.5; uma versão em branco está disponível como Planilha 10 no Apêndice A). O acesso aos telefones celulares é um exemplo perfeito. Nenhum adolescente precisa de um celular, mas a maioria se esforçará muito para garantir acesso contínuo ao seu telefone. Considere tornar o uso do telefone condicionado a comportamentos-chave. "Se você acordar até as 6h30, poderá usar o telefone imediatamente ao acordar. Se não conseguir, mas ainda puder se sentar para tomar o café da manhã às 7h, poderá trazer o telefone para a mesa. Se perder esses objetivos, mas estiver no ônibus até as 7h30, poderá pegar seu telefone ao sair de casa e levá-lo para a escola com você. Se perder o ônibus, ainda poderá ganhar o telefone para a tarde se me permitir levá-lo para a escola. Se me permitir levá-lo para a escola até as 10h, poderá pegar seu telefone com o orientador na hora do almoço. Se tiver uma manhã difícil e só chegar à escola ao meio-dia, poderá pegar seu telefone depois da aula. Se ficar em casa, não poderá usar o telefone naquele dia".

Provavelmente, será necessário um pouco de *brainstorming* e tentativa e erro para encontrar o incremento e o cronograma corretos para a recompensa (todas as recompensas devem ser individualizadas). Contudo, há várias vantagens no cronograma anterior e na estrutura de recompensa incremental. Primeiro, não é tudo ou nada; pelo contrário, dá ao jovem diversas oportunidades de sucesso mesmo após falhas iniciais. Assim, se o adolescente não conseguir pegar o ônibus até as 7h30, ainda poderá ter acesso ao telefone se chegar à escola até as 10h. Se ultrapassar esse prazo, mas conseguir chegar até o meio-dia, ainda poderá usar o telefone à noite. Em planos de recompensa tradicionais, o jovem teria apenas uma chance de ganhar uma recompensa no dia: "Se você for à escola hoje, poderá usar o telefone". Esse tipo de plano não especifica quaisquer requisitos de tempo e fornece a mesma quantidade de recompensa para sucessos variados (o jovem pode chegar à escola a qualquer momento durante o dia). A recompensa diária renovável visa fornecer incrementos ajustáveis de recompensa para sucessos proporcionais. O jovem tem várias chances de ter sucesso e ganhar uma recompensa ao longo do dia – assim, ainda há um incentivo mesmo após falhas iniciais.

A segunda vantagem desse plano reside em seu aspecto *renovável*. Uma armadilha na qual os cuidadores caem é inadvertidamente transformar um plano de recompensas em um plano de punição, oferecendo uma recompensa inicial, mas então retirando-a após o primeiro fracasso do jovem. Um pai pode estabelecer um plano de incentivos

PLANILHA 10. Quadro de recompensas diárias renováveis

Desenvolva passo a passo metas e recompensas para cada nível. Depois, acompanhe o sucesso!

Tema: frequência escolar

Metas (níveis incrementais)	Recompensa (níveis incrementais)	Dom	Seg	Ter	Qua	Qui	Sex	Sáb	# de dias alcançados
Acordar até 6h30	Pegar o celular para ouvir música no banheiro.	-	N	N	N	N	✓	-	1
Tomar café da manhã até 7h.	Pegar o celular na mesa do café da manhã.	-	N	N	N	N	✓	-	1
Pegar o ônibus até 7h30.	Pegar o celular ao sair de casa. Manter o dia todo.	-	N	N	N	✓	✓	-	2
Mãe/pai leva para a escola até as 10h.	Pegar o celular com o orientador na hora do almoço.	-	N	✓	N	-	-	-	1
Chegar à escola até o almoço (meio-dia).	Pegar o celular ao chegar em casa após o último período escolar.	-	✓	-	N	-	-	-	1
Não ir à escola de jeito nenhum.	Sem celular.	-	-	-	✓	-	-	-	1

FIGURA 5.5 Exemplo de recompensas diárias renováveis.

inicial (não incremental) de tal forma que um adolescente possa acessar seu telefone se chegar à escola até as 8h. Uma vez passado o prazo das 8h, o adolescente não teria mais chance de acessar seu telefone. Nesse plano, o pai fica sem qualquer incentivo para motivar a frequência escolar do filho naquele dia. Como consequência, o pai com frequência recorre a ameaças de punição: "Se você não for à escola agora, perderá o telefone também amanhã". Nesse cenário, o jovem já perdeu o incentivo para ir à escola no dia atual e agora perdeu qualquer incentivo para frequentar a escola no dia seguinte. Nesse ponto, o jovem está *em déficit* e não há uma forma óbvia de recuperar o telefone. Ficar em déficit é a maneira rápida e certa de perder a motivação. Em vez disso, uma recompensa renovável deve ser algo que se reinicie a cada dia, começando efetivamente do zero. Se o jovem não ganhar a recompensa em um dia, não terá o privilégio naquele dia. No dia seguinte, o adolescente tem a mesma capacidade de ganhar o uso do telefone sob as mesmas regras de antes.

Usar um sistema de agendamento renovável dá ao jovem incentivos contínuos para tentar. Reconhecemos que esses planos podem ser desafiadores para os cuidadores. Como tal, o planejamento inicial pode exigir identificar barreiras para sua implementação, simular o roteiro com os pais e solucionar problemas quando o jovem identifica possíveis brechas (e eles sempre as encontram se houver uma). A implementação inicial também pode exigir que terapeutas e pais mantenham uma maior comunicação entre sessões para otimizar o sucesso.

Passo 3: Observar atentamente (pegá-los tendo comportamentos positivos)

Esse passo (também chamado de "captura do positivo") pode ser surpreendentemente desafiador, pois os pais com frequência precisam de prática consistente para rastrear e reforçar os comportamentos que esperam ver. Esse passo é consistente com a habilidade dos pais de elogiar de forma específica, pois requer que o cuidador note quando o jovem está realizando um comportamento desejado ou alcançando um objetivo e, em seguida, rotule-o adequadamente: "Notei que você fez sua lição de casa no prazo!". Os terapeutas devem observar as vezes em que os cuidadores quebram o acordo adicionando requisitos adicionais ao acordo original que fizeram. Isso muitas vezes aparecerá na forma de uma declaração de "sim, mas" ("Vi eles fazerem a lição de casa, mas cometeram muitos erros"). Se cometer erros não fizer parte do objetivo original, então não tem lugar na decisão de recompensar ou não. Em vez disso, os cuidadores devem simplesmente executar o plano acordado a cada semana, entendendo que os planos de recompensa podem ser ajustados ou renegociados a cada semana.

Passo 4: Recompensar no tempo e de forma consistente

As recompensas devem ser entregues o mais próximo possível do comportamento bem-sucedido. Nos casos em que o jovem está ganhando pontos, adesivos ou marcações em um gráfico, anote-os imediatamente. Os cuidadores e os jovens devem concordar onde o gráfico ou folha de acompanhamento será centralmente localizado. Para jovens mais velhos, manter o controle em uma planilha *on-line* pode ser uma opção. Para recompensas que não podem ser dadas no momento (p. ex., sair com amigos para assistir a um filme), os cuidadores devem reconhecer o sucesso do adolescente de forma imediata e trabalhar para entregar a recompensa no momento mais próximo possível. Os terapeutas podem precisar trabalhar com as famílias sobre os aspectos organizacionais da administração de recompensas com base em dados iniciais e na observação da capacidade do cuidador de seguir de modo consistente. Os terapeutas também vão querer validar que o acompanhamento oportuno e consistente pode inicialmente parecer avassalador para os pais.

Acompanhar o sucesso (Fig. 5.5) ajuda os cuidadores e os terapeutas a monitorarem o progresso mesmo quando o sucesso parece variável e inconsistente. A mudança raramente acontece de forma linear, e os cuidadores muitas vezes podem chegar a uma sessão exasperados pela última experiência. Pedir aos cuidadores que rastreiem o progresso todos os dias ajuda a fornecer dados objetivos para avaliar padrões. Além disso, ajuda o jovem a ver os resultados de seus próprios esforços e a manter os cuidadores honestos sobre cumprir as promessas de recompensa.

Extinguir comportamentos disruptivos

No contexto da ansiedade e da depressão, programas de GC concentram-se justamente mais em encorajar metas e comportamentos proativos e pró-sociais. No entanto, um programa de GC eficaz também pode incluir consequências específicas, oportunas e focadas para comportamentos inadequados. O humor deprimido pode se manifestar como irritabilidade, e a evitação ansiosa pode se transformar em resistência e desafio quando os jovens são levados a lugares assustadores. A recusa obstinada em participar de rotinas esperadas (p. ex., escola, eventos familiares) e o desafio em completar tarefas importantes (p. ex., lição de casa, afazeres domésticos) podem se transformar rapidamente em conflito. Nesses casos, tanto regras menores da casa (com relação a recusa de tarefas, discussões, xingamentos) quanto regras maiores da casa (com relação à quebra de propriedade, agressão física) podem ser quebradas. Em tais casos, estabeleça regras claramente definidas e consequências específicas e limitadas. No entanto, lembre-se de que planos de GC não precisam ser criados para todo comportamento indesejável imaginável. Planos de extinção devem ser reservados para violações sérias da casa. Em caso de dúvida, tente elaborar primeiro um plano de recompensa proativo e veja se comportamentos positivos podem ser incentivados antes de tentar extinguir comportamentos indesejáveis. Os seguintes passos podem ser usados para estabelecer uma política de GC projetada para manter os indivíduos seguros e extinguir comportamentos disruptivos.

Passo 1: Estabelecer regras da casa

As regras da casa tendem a focar em comportamentos que não se enquadram em um plano de recompensas. Elas variam de família para família, mas é comum que a maioria estabeleça políticas de tolerância zero para agressão física (machucar a si mesmo ou aos outros), destruição de propriedade, autoameaça significativa ou quebra de regras (p. ex., violações graves de toque de recolher, fugir, pegar o carro sem permissão). Demonstrar desrespeito (p. ex., xingar membros da família) também pode ser alvo de planos de GC. Assim como nos objetivos de recompensa, estabeleça regras da casa que sejam claras, concretas e observáveis. "Não atender o telefone três vezes consecutivas" é mais específico do que "estar disponível quando eu te ligar". "Jogar qualquer objeto da casa" é mais específico e observável do que "destruir qualquer coisa".

Passo 2: Definir consequências

Descreva claramente as consequências que serão aplicadas se as regras da casa forem quebradas. Mais comumente para adolescentes, isso envolve a retirada de privilégios. Ajude os pais a serem específicos. Restringir o acesso a objetos preferidos (p. ex., celulares), atividades (tempo de tela, jogos, dirigir) e eventos (atividades sociais, festas) é uma consequência comum para quebrar regras. Os períodos de isolamento são um tempo especificado em que a criança é separada de outras atividades e pessoas, removendo, assim, a atenção. Eles são típicos para crianças mais novas e utilizados com menos frequência para adolescentes; no entanto, às vezes os períodos de isolamento não oficiais são úteis para reduzir a intensidade durante conflitos intensos (p. ex., "Vá para o seu canto").

Ao escolher consequências, oriente os pais a evitarem tirar privilégios acordados de qualquer plano de recompensas. Se o acesso a um celular estiver sendo usado para incentivar o cumprimento de um objetivo (p. ex., melhorar a frequência escolar), evite tirar o celular como consequência por quebrar alguma regra da casa não relacionada. O risco de misturar recompensas e consequências é que pode retirar a capacidade do cuidador de oferecer um incentivo importante quando necessário. Se um pai retirar o celular do adolescente porque ele quebrou o toque de recolher, então o pai não poderá usar o celular para motivar o adolescente mais tarde. Misturar recompensas e consequências também pode confundir e gerar ressentimento, que desencadeia ciclos de conflito entre pais e adolescentes. Mantenha recompensas e consequências separadas.

Passo 3: Ser consistente, específico e pontual

As consequências devem ser aplicadas assim que uma regra da casa for quebrada, ou assim que for possível. A consequência deve estar de acordo com as regras previamente acordadas e não ser exagerada.

Pode ser tentador adicionar consequências adicionais se o adolescente reagir com raiva ao *feedback* do cuidador ou recusar a aceitar a consequência; no entanto, é essencial aplicar as consequências conforme o acordo original. Isso estabelece uma consistência no plano que beneficiará o cuidador no futuro. Também é essencial impor consequências da mesma maneira todas as vezes para que o adolescente saiba que há pouco espaço para negociações. A consistência entre os cuidadores também é essencial para evitar confrontos entre adultos.

Os terapeutas podem trabalhar com os cuidadores para evitar respostas emocionalmente reativas do filho e praticar manter linguagem e tom neutros. Embora a frustração seja esperada, usar uma linguagem crítica, baseada em vergonha ou coerciva apenas reduz a eficácia de um programa de GC calmamente projetado. Gritar aumenta a excitação fisiológica. Por exemplo, gritar "Por que você me desrespeita assim?!" apenas confunde a situação e, provavelmente, provoca uma resposta gritada indesejada. O objetivo é ajudar o adolescente a aprender que, quanto mais cada membro aderir ao plano de GC, maior será a chance de o adolescente e os cuidadores alcançarem objetivos juntos. Reconhecemos que esses parâmetros são muito mais fáceis de discutir no consultório do que no meio de um incidente em casa; com prática, no entanto, é possível para o cuidador e seu filho adolescente negociarem de forma tranquila e mais eficaz em casa.

COMBINANDO EMPATIA E INCENTIVO COM GC

À medida que os cuidadores se tornam proficientes em utilizar declarações de empatia e incentivo de forma consistente e mais instintiva, eles podem adicionar uma intervenção adicional – lembrar ao jovem das recompensas e contingências. No fim das contas, é o uso eficaz do GC que incentivará maior frequência à escola. Essa troca soaria algo assim:

MÃE (M): Você tem passado muito tempo em casa. Por que você não vai encontrar alguns amigos?

ABBY-LYNN (AL): Nah, ninguém está por perto. Além disso, estou cansada.

M: É difícil sair quando se está cansada [empatia]; passar tempo com os amigos pode te energizar [incentivo]. Lembre-se de que, toda vez que você se esforça para sair de casa, acumula pontos que pode trocar por tempo de TV sozinha – sem irmãos [lembrete de GC]!

AL: Não tô nem aí! Eu não sou mais criança!

M: É difícil superar esse obstáculo inicial [empatia], e eu sei que você pode dar alguns passos [incentivo]. Eu realmente quero que você tenha um tempo relaxante e privado [lembrete de GC].

AL: Mãe! Você não está ouvindo!

M: Eu vejo o quão difícil é começar [empatia]. Tente algumas das habilidades que você vem aprendendo na terapia [incentivo].

AL: (*para de falar*)
(*A mãe se levanta da beira da cama e sai do quarto.*)

Nesse cenário, a mãe utiliza empatia e incentivo para enviar uma mensagem de abordagem à jovem. Como começar é difícil, a mãe também lembra a jovem das recompensas a respeito das quais concordaram. A mãe adota uma postura não culpabilizadora e não crítica ao enviar esses lembretes para que as recompensas não sejam penduradas sobre Abby-Lynn. Pelo contrário, a mãe estabelece um tom de compreensão e incentivo, reconhecendo também que cabe à sua filha dar o primeiro passo. O sucesso dessa abordagem depende da relevância e do valor da recompensa. Se os incentivos não estiverem encorajando comportamentos de abordagem, será necessário resolver problemas e elaborar incentivos revisados para promover a ação.

SÍNTESE E PONTOS-CHAVE

Pais e cuidadores exercem influência significativa na vida dos jovens. Diversos estilos e práticas parentais têm sido associados ao desenvolvimento e à manutenção da ansiedade e da depressão em jovens. O terapeuta desejará avaliar possíveis padrões de interação que possam impactar a recuperação do jovem e fornecer apoio quando necessário. Isso pode incluir o ensino de habilidades de escuta ativa e comunicação positiva, planejamento de recompensas e GC. Pontos-chave a serem lembrados:

- Controle excessivo por parte do cuidador, rejeição e conflito interparental são fatores impactantes na manutenção da ansiedade e da depressão em jovens.
- O terapeuta pode envolver os cuidadores como parceiros ou agentes de mudança, dependendo das necessidades do caso.
- Com frequência, os cuidadores precisam de psicoeducação para normalizar a experiência que seu filho adolescente está enfrentando.
- Padrões importantes de interação entre cuidador e jovem incluem espirais de acomodação, de passividade-desencorajamento e agressivo-coercitivas.
- A comunicação positiva engloba elogios específicos, escuta ativa e intervenção de empatia e incentivo.
- GC inclui esforços para recompensar novos comportamentos desejados e sistemas para estabelecer limites para o jovem.

6
Depressão

O transtorno depressivo maior (TDM) é uma condição oficialmente listada no *Manual diagnóstico e estatístico de transtornos mentais* (DSM-5; American Psychiatric Association, 2013). É uma das condições psicológicas mais comuns entre os jovens nos Estados Unidos (Merikangas et al., 2010) e pode ter impacto significativo no bem-estar acadêmico, social e emocional dos adolescentes. A depressão afeta relativamente poucas crianças com menos de 13 anos (Costello, Copeland, & Angold, 2011; Costello, Erkanli, & Angold, 2006), mas as taxas aumentam de forma drástica na adolescência (Kessler et al., 2012; Merikangas et al., 2010). A prevalência de 12 meses de TDM entre adolescentes (de 13 a 17 anos) foi documentada em 8,2%, e a prevalência vitalícia de qualquer ocorrência durante a adolescência, em 11,7%. A partir dos 13 anos, as meninas tornam-se duas vezes mais propensas que os meninos a experimentar depressão, e essa disparidade de gênero persiste na vida adulta (Hankin & Abramson, 2001; Merikangas et al., 2010). A maioria dos casos de TDM vem com significativa comorbidade e está associada a um grave comprometimento de papel, que inclui interferência no funcionamento, como na escola, no trabalho, na família e nos papéis sociais (Avenevoli, Swendsen, He, Burstein, & Merikangas, 2015). Quase 30% dos adolescentes com TDM relataram alguma forma de ideação suicida no último ano, e 11% relataram uma tentativa de suicídio (Avenevoli et al., 2015). Cerca de 60% dos adolescentes relataram obter alguma forma de tratamento, mas a minoria (34%) recebeu tratamento específico para depressão ou tratamento de um especialista em saúde mental. Assim, é necessário um trabalho substancial para ajudar a identificar os jovens que estão experimentando depressão e obter os serviços de que necessitam.

CORRELATOS BIOPSICOSSOCIAIS E INTERPESSOAIS DA DEPRESSÃO

Existem evidências de um modelo biopsicossocial no desenvolvimento e na manutenção da depressão com correlatos evidentes desde a infância. Ter familiaridade com os diversos fatores que influenciam o desenvolvimento e a apresentação da depressão pode ajudar um clínico a avaliar com precisão, conceituar de forma abrangente e tratar de modo adequado.

Fatores genéticos e familiares

A depressão na vida adulta é familiar e hereditária, sobretudo formas recorrentes de depressão (Rice, Harold, & Thapar, 2002). Estudos com gêmeos e de adoção que avaliam a depressão em adultos fornecem evidências de que os fatores genéticos explicam de 31 a 42% da variação na transmissão da depressão (Sullivan, Neale, & Kendler, 2000). Estudos de associação genética implicaram variações genéticas específicas (p. ex., um gene transportador de serotonina) que podem interagir com fatores ambientais negativos para influenciar a expressão da depressão (Brown & Harris, 2008), provavelmente por meio de efeitos na resposta ao estresse (Levinson, 2006). No entanto, estudos com gêmeos e de adoção que investigaram a herdabilidade da depressão clínica em crianças e adolescentes produziram resultados mais modestos (Rice et al., 2002). Estudos com gêmeos mostram que a variação normal nos sintomas depressivos é influenciada de forma genética, mas as estimativas de herdabilidade tendem a ser baixas em estudos de adoção. De modo alternativo, estilos e práticas de criação de filhos oferecem um caminho mais direto para influenciar a mudança. Evidências substanciais sugerem que a transmissão intergeracional de humor e comportamentos deprimidos está relacionada com controle dos cuidadores, rejeição e hostilidade entre pais (McLeod et al., 2007; Yap et al., 2014). Terapeutas de terapia cognitivo-comportamental (TCC) vão desejar avaliar o histórico familiar de depressão, as práticas dos cuidadores e o nível de hostilidade e de conflito no lar (ver Capítulo 5). Os dados familiares podem informar a conceitualização e fornecer caminhos para intervenção.

Fatores de vulnerabilidade cognitiva

Processos cognitivos desempenham um papel importante no desenvolvimento e na manutenção da depressão (Kertz, Petersen, & Stevens, 2019; Lakdawalla, Hankin, & Mermelstein, 2007; Rood, Roelofs, Bögels, Nolen-Hoeksema, & Schouten, 2009). Evidências substanciais sugerem que *déficits de atenção* existem em crianças, adolescentes e jovens adultos com depressão, sobretudo no contexto de informações negativas (Kertz et al., 2019). O controle atencional diminuído, refletido em má inibição e mudança, pode resultar na falha em prevenir ou interromper o processamento elaborativo negativo (i.e., ruminação). A depressão tem sido associada a uma atenção sustentada mais fraca, e o viés de atenção foi encontrado em jovens de 5 a 21 anos que demonstraram um viés de atenção para estímulos tristes (Kertz et al., 2019).

Um *estilo cognitivo* negativo também é típico de adolescentes deprimidos (Lakdawalla et al., 2007). O jovem deprimido tende a ter pensamentos e atitudes negativas (p. ex., "Eu sou um fracasso"), inferências causais e consequências inferidas desesperançosas (p. ex., "Nada vai melhorar") e tende a responder com estilos de ruminação, em vez de com solução de problemas ou distração. A *ruminação*, caracterizada por um pensamento autorreflexivo contínuo na ausência de solução de problemas construtiva, foi consistentemente associada à depressão atual e futura (Rood et al., 2009). Conforme os jovens enfrentam desafios, a ruminação tem impacto negativo no humor, dificulta a solução ativa de problemas e impede o indivíduo de acessar reforçadores agradáveis. Prestar atenção à ruminação pode ser especialmente relevante para as adolescentes, que demonstram níveis significativamente maiores de ruminação do que os meninos. Assim, os jovens deprimidos podem experimentar déficits no controle atencional que tornam mais difícil sustentar o esforço, desviar a atenção de estímulos negativos e contribuir para a ruminação. Além disso, uma vez confrontados com informações ambíguas, os adolescentes deprimidos são mais propensos a inferir causas negativas e prever consequências negativas. Portanto, a TCC eficaz desejará abordar o conteúdo negativo dos pensamentos por meio do rastreamento de pensamentos e da reestruturação cognitiva e treinar o adolescente para substituir a ruminação disfuncional pela ativação comportamental e pela atenção plena.

Processos comportamentais mal-adaptativos

O perfil de sintomas da depressão destaca tanto a acentuada *falta* de comportamentos durante um episódio depressivo quanto padrões comportamentais perturbados do funcionamento normal do jovem, incluindo retraimento social, isolamento e redução de atividades agradáveis e desafiadoras. A inatividade pode estar relacionada à privação de reforçadores disponíveis no ambiente ou à incapacidade em acessar ou apreciar reforçadores (Dimidjian, Barrera, Martell, Muñoz, & Lewinsohn, 2011). Pesquisas anteriores documentaram resultados nesse sentido, demonstrando que a depressão e o humor deprimido estavam com frequência associados a atividades agradáveis reduzidas, atividades desagradáveis aumentadas e capacidade reduzida de experimentar prazer em atividades preferidas (Hopko et al., 2003; Wierzbicki & Sayler, 1991). Mais recentemente, uma variedade de estudos mostrou que as taxas de depressão e comportamentos suicidas aumentaram à medida que os comportamentos ativos (p. ex., interações presenciais, esportes/exercícios, trabalho comunitário) diminuíram e as atividades passivas (uso de mídias sociais, tempo de TV) aumentaram (Liu, Wu, & Yao, 2016; Twenge, Joiner, Rogers, & Martin, 2018). Além disso, estudos longitudinais mostraram que o aumento dos sintomas depressivos leva os jovens e os adultos jovens a escolherem cada vez mais atividades passivas ao longo do tempo (Heffer, Good, Daly, MacDonell, & Willoughby, 2019), criando um ciclo descendente de inatividade e humor deprimido.

A evitação é altamente típica dos jovens deprimidos à medida que o esforço para superar desafios aumenta. Em um ciclo negativamente reforçador, os adolescentes podem optar por procrastinar ou desistir de tarefas que aumentam sua angústia subjetiva. Escapar da tarefa reduz o estresse e proporciona um alívio temporário da demanda (Chu et al., 2014; Manos, Kanter, & Busch, 2010). Pesquisas mostram que os jovens deprimidos têm mais dificuldade do que os jovens não deprimidos em gerar metas de abordagem pessoal (p. ex., "No futuro, será importante para mim...") e menos planos concretos para realizar essas metas (Dickson & MacLeod, 2004). Em vez disso, os jovens deprimidos tendem a gerar planos que servem para evitar seus objetivos ("Como posso evitar isso?"). Assim, o objetivo principal do tratamento baseado em comportamento é aumentar o engajamento em atividades que sejam pessoalmente reforçadoras.

Processos interpessoais

O isolamento, a evitação e as redes sociais precárias criam um ciclo de *feedback* negativo em adolescentes com depressão. Estressores interpessoais constituem um contexto saliente para os adolescentes, sobretudo para as meninas, já que eventos interpessoais estressantes muitas vezes precedem um episódio depressivo (Grant et al., 2006; Rudolph & Hammen, 1999; Rudolph et al., 2000), e o apoio social de colegas, pais e família pode servir como agentes de amortecimento essenciais contra o início e a duração da depressão (Gariepy, Honkaniemi, & Quesnel-Vallee, 2016; Rueger, Malecki, Pyun, Aycock, & Coyle, 2016). Ao mesmo tempo, a depressão tende a afetar o estilo interpessoal dos jovens, contribuindo para uma postura hesitante, negativa e em busca de reconforto que pode perturbar relacionamentos de apoio (Rudolph, Flynn, & Abaied, 2008; Sheeber & Sorensen, 1998). Nesse contexto, tentativas de busca de ajuda podem ser recebidas com rejeição por parte dos colegas (Gazelle & Ladd, 2003). Vieses cognitivos e estilos de atribuição negativos, que estão em alerta para ameaças e desapontamentos, dificultam a recuperação de ofensas e rejeição para o adolescente deprimido (Platt, Kadosh, & Lau, 2013). Esses fatores podem levar um adolescente a uma espiral descendente de negatividade interpessoal, exclusão social e afeto depressivo (Bukowski, Laursen, & Hoza, 2010). Tratamentos que proporcionam oportunidades para construir relações sociais positivas e ajudam a desenvolver habilidades sociais podem otimizar o acesso do jovem a suporte instrumental e emocional.

MODELO DE DEPRESSÃO DA TERAPIA COGNITIVO-COMPORTAMENTAL

O modelo de TCC destaca o papel que processos cognitivos, comportamentais, emocionais e interpessoais desempenham na manutenção da depressão para um jovem individual (ver Capítulo 2). Supõe-se que cada fator pode desempenhar papéis importantes na explicação da reação de um jovem a desafios estressantes, e a TCC fornece intervenções que podem fortalecer pontos fracos relativos. O terapeuta identifica situações, pessoas, eventos externos e eventos internos (p. ex., pensamentos, sentimentos, memórias) que desencadeiam a cascata de pensamentos, sentimentos e ações que compõem o humor depressivo. A desconstrução dos componentes físicos, comportamentais e cognitivos de uma emoção (p. ex., tristeza) com o triângulo cognitivo-comportamental (ver Fig. 1.1) ajuda

o jovem e o terapeuta a verem quais são os pontos fortes do adolescente e em quais pontos é necessário apoio. Por exemplo, adolescentes que experimentam tristeza após receberem uma nota ruim podem relatar que conseguem "dizer a si mesmos que não é o fim do mundo", mas a intensidade de sua vergonha e sua decepção os leva a se esconderem no quarto pelo resto da noite, recusando-se a falar com amigos e familiares. Esclarecer a experiência do adolescente permite ao terapeuta saber quais habilidades de fortalecimento ensinar para ajudar o adolescente a lidar com sentimentos intensos (p. ex., por meio de atenção plena, relaxamento ou distração). Da mesma forma, o terapeuta pode capitalizar as habilidades de reformulação fortes do jovem fazendo-o repetir o pensamento de enfrentamento ("É apenas um teste") e conectando-o com outras estratégias. O terapeuta pode perguntar: "Se você verdadeiramente acreditasse que era apenas um teste, como teria agido de forma diferente naquele dia? Você teria procurado amigos?". O terapeuta baseia essa formulação na avaliação inicial e continua a revisitá-la à medida que novas informações se tornam disponíveis. Assim, ela serve como um mapa para planejar fases do tratamento e selecionar intervenções específicas e estratégias para experimentar.

EXEMPLO DE CASO: ABBY-LYNN

O caso a seguir (introduzido no Capítulo 5) é um composto ficcional de vários clientes da vida real. Ele demonstra como a avaliação e as intervenções cognitivo-comportamentais podem ser aplicadas a casos em que o TDM é o principal encaminhamento.

Abby-Lynn é uma adolescente branca cisgênero de 15 anos que está no nono ano. Quando suas notas e sua participação em aula começaram a cair e ela começou a chegar atrasada na escola (seis vezes nas últimas duas semanas), seus professores perceberam. Sua treinadora de basquete também notou a diminuição na sua frequência aos treinos, pois antes ela havia sido uma integrante central da equipe. Na sala de aula, Abby-Lynn frequentemente era vista apoiando a cabeça na mesa, relutante em responder às perguntas e aos estímulos para participar e deixando de entregar quase metade de suas tarefas. Sua treinadora de basquete estava chamando a atenção de Abby-Lynn nos treinos por perder jogadas e parecer distraída. Pouco antes de seu primeiro contato com a terapeuta ambulatorial, a treinadora havia deixado Abby-Lynn no banco pela primeira vez na temporada; após isso, ela começou a faltar aos treinos (em quatro ocasiões nas últimas duas semanas), levando a novas punições (correr voltas na frente de seus colegas) e a mais tempo no banco. Depois que a treinadora e os professores abordaram a orientadora escolar de Abby-Lynn, ela realizou uma reunião com a adolescente e sua mãe para recomendar que ela procurasse atendimento de saúde mental.

Na sessão inicial, a mãe observou o aumento do humor deprimido, o afastamento e a desmotivação de Abby-Lynn em casa. Ela relatou que a jovem costumava convidar uma ou duas meninas da equipe para fazerem a lição de casa após a escola e depois saírem juntas, mas isso não vinha acontecendo ultimamente. Abby-Lynn também costumava ser ativa nas redes sociais (sobretudo Snapchat e Instagram), mas recentemente parou de fazer atualizações. Quando a mãe retornava do trabalho, por volta das 19h, todas as noites, muitas vezes encontrava Abby-Lynn cochilando em seu quarto com a porta fechada. Abby-Lynn era geralmente uma boa aluna, ganhando sobretudo notas B, com um ocasional A ou um C. Ela era considerada um membro consistente da comunidade na escola e no grupo de jovens de sua igreja, mesmo que outros a vissem como alguém "mais reservada". Em geral, Abby-Lynn se concentrava em fazer seu trabalho e dar o exemplo, e ela tinha vários bons amigos, tanto na escola quanto no bairro.

Abby-Lynn mora com sua mãe, seu irmão e sua irmã mais novos (5 e 10 anos, respectivamente) em uma casa pequena alugada em uma cidade de classe trabalhadora. Seu pai biológico mora a várias horas de distância, é divorciado de sua mãe e só consegue fornecer ajuda financeira intermitente. A mãe trabalha como enfermeira em tempo integral em um hospital local e faz muitos turnos extras para se sustentar financeiramente. O irmão de Abby-Lynn, diagnosticado com transtorno do espectro autista (TEA) leve, com frequência precisa de atenção especial e tem acessos emocionais e comportamentais intermitentes. Abby-Lynn geralmente é solicitada a cuidar de seus irmãos, embora a mãe às vezes contrate babás para dar a ela um pouco de liberdade. A jovem também assumiu o papel de principal orientadora para a terapia ocupacional de seu irmão para lidar com seus problemas de aprendizagem e comportamento. A mãe reconhece que depende de Abby-Lynn mais do que gostaria, devido ao seu próprio horário de trabalho, e não sabe como sua filha mais velha "lida com toda a pressão para fazer sua lição de casa, praticar basquete e ajudar com as crianças".

AVALIAÇÃO DA DEPRESSÃO MAIOR

Diagnóstico, sintomas, prejuízo e problemas-alvo

Na avaliação inicial, a terapeuta completou entrevistas separadas do Kiddie Schedule for Affective Disorders and Schizophrenia

(K-SADS; Kaufman et al., 2016) com Abby-Lynn e sua mãe. Abby-Lynn preencheu os critérios para TDM e transtorno de ansiedade generalizada (TAG).

A adolescente não se via como tendo um "humor deprimido" (triste, para baixo), mas admitiu ter menos interesse nas coisas do que costumava (anedonia). Ela também admitiu se sentir cansada e fatigada a maior parte do dia e dormir durante a maioria das tardes depois da escola. Ela relatou sono interrompido, acordando pelo menos 3 a 4 vezes por noite por pelo menos 30 minutos, o que tornava difícil para ela levantar-se de manhã. De modo consistente com isso, era difícil para ela se concentrar no trabalho escolar ou mesmo fazer coisas divertidas (p. ex., basquete, responder às postagens dos amigos no Instagram). Ela confessou que gastava tanta energia para participar de conversas que preferia passar tempo sozinha, em vez de se conectar com os amigos. Ela relatou sentir vergonha e culpa constantes por se distanciar dos amigos, decepcionar a equipe de basquete e não conseguir comparecer à terapia de seu irmão tanto quanto gostaria. A mãe de Abby-Lynn notou muitos desses mesmos sintomas e descreveu que a jovem parecia para baixo e triste. Além disso, ela ouviu Abby-Lynn reclamar de dores de cabeça, cólicas estomacais e tensão muscular nos ombros. Tanto Abby-Lynn quanto sua mãe negaram que a adolescente se envolvesse em qualquer automutilação ou tivesse intenções ou planos de se machucar ou se matar. Abby-Lynn reconheceu que as coisas estavam ficando mais difíceis e, às vezes, se perguntava "se seria mais fácil se eu simplesmente desaparecesse". Se Abby-Lynn tivesse admitido qualquer automutilação ou ideação suicida, a terapeuta teria avaliado mais detalhadamente com a Columbia-Suicide Severity Rating Scale (C-SSRS), conforme a abordagem utilizada no tratamento de comportamentos suicidas e autolesões (ver Capítulo 7).

A lista de verificação de esclarecimento diagnóstico de depressão, na Figura 6.1, destaca condições comuns que podem ser mascaradas pela depressão e exigem diagnóstico diferencial cuidadoso. Você pode usar uma entrevista clínica padronizada (p. ex., K-SADS) para detectar a presença de episódios maníacos ou hipomaníacos, condições médicas subjacentes ou abuso de substâncias. A presença de alucinações ou delírios pode sugerir um transtorno esquizoafetivo mais preocupante.

O diagnóstico de TAG é caracterizado por preocupações persistentes e incontroláveis em múltiplos domínios da vida (ver Capítulo 10 para detalhes diagnósticos). Além de sua anedonia e sua reclusão, Abby-Lynn descreveu angústia significativa e

---

☐ O jovem apresenta humor deprimido (ou irritável) ou perda de interesse por 2 semanas e outros sintomas de depressão (totalizando cinco ou mais)?

☐ Há um episódio maníaco ou hipomaníaco na história do cliente? Se "sim", considere transtorno bipolar I ou II.

☐ Fatores médicos explicam melhor a depressão? Se "sim", considere transtorno do humor devido à condição médica geral.

☐ A depressão é mais bem explicada pelo uso de substâncias, medicamentos ou toxinas? Se "sim", considere transtorno do humor induzido por substância.

☐ Existem alucinações ou delírios na ausência de humor deprimido? Se "sim", considere transtorno esquizoafetivo.

FIGURA 6.1 Lista de verificação de esclarecimento diagnóstico para TDM.

tensão relacionada a preocupações constantes com o desempenho (escola, esportes), as responsabilidades (família, amigos) e o futuro (se as coisas melhorariam para sua mãe). Uma vez que Abby-Lynn começa a se preocupar, ela tem dificuldade em tirar esses pensamentos da mente e só os controla "se afastando" por meio de cochilos ou fazendo algo passivo, como assistir à TV. Embora muitos dos estresses de Abby-Lynn decorram de demandas realistas em sua vida, suas preocupações são caracterizadas por suposições irreais ou exageradas sobre sua responsabilidade pessoal em garantir o bem-estar de sua família, seus amigos ou sua equipe de basquete. O que distingue essas preocupações de seus pensamentos depressivos autocríticos ruminativos é sua orientação para o futuro. Ela rapidamente se sente sobrecarregada ao pensar em errar jogadas em seu próximo treino ou se preocupar em arrumar um emprego para ajudar sua mãe com as finanças. A mãe e as colegas de equipe de Abby-Lynn reasseguraram que valorizam suas contribuições atuais, mas ela ainda assim continua a se preocupar. Como tal, as preocupações de Abby-Lynn são persistentes (presentes na maioria dos dias) e duradouras (presentes por pelo menos seis meses) e contribuem para um prejuízo significativo na escola, na família, nas amizades e no autocuidado. Ela também relata uma série de sintomas físicos, como tensão muscular, dificuldade de concentração e sono agitado.

Medidas objetivas também foram úteis no diagnóstico dos problemas de humor e ansiedade de Abby-Lynn. Ela e sua mãe completaram a Revised Children's Anxiety and Depression Scale (RCADS; Chorpita, Yim, Moffitt, Umemoto e Francis, 2000; Chorpita, Moffitt e Gray, 2005), e suas respostas reforçaram os resultados da entrevista semiestruturada, mostrando escores T na faixa clínica para TDM e TAG (ver Tab. 6.1).

Em síntese, entrevistas semiestruturadas e questionários baseados em evidências para pais e jovens apoiam um quadro diagnóstico que inclui TDM e TAG como alvos primários para tratamento. Pesquisas mostram que esses dois transtornos muitas vezes coocorrem, sobretudo em adolescentes (ver Cummings, Caporino, & Kendall, 2014), e estão conceitualmente relacionados em torno do sofrimento difuso e dos estilos de pensamento negativos persistentes que os caracterizam (Barlow, Allen, & Choate, 2004; Watson, 2005). O clínico praticante deve estar preparado para essa comorbidade comum de transtornos psicológicos.

Estabelecimento de metas e definição de problemas-alvo

Para estabelecer metas de tratamento, o terapeuta revisa sua avaliação com Abby-Lynn e a mãe e conduz uma discussão colaborativa para identificar objetivos de tratamento concretos. Ao tentar abordar a depressão, jovens e pais podem ter dificuldade em desenvolver metas concretas. O problema mais urgente muitas vezes parece ser estados emocionais difusos (p. ex., tristeza, depressão, sensação de sobrecarga, sentimento de inutilidade). Ajudar os clientes a perceberem esses amplos estados emocionais é o primeiro passo em direção a metas alcançáveis. A terapeuta auxilia Abby-Lynn e sua mãe a visualizarem que tipo de mudança no dia a dia elas gostariam de ver em domínios significativos da vida (escola, amigos, família, saúde). Como saberiam se Abby-Lynn estivesse se sentindo menos triste? Menos sobrecarregada? As listas de metas dos pais, do jovem e do terapeuta a seguir mostram uma mistura de metas emocionais difusas ("melhorar o humor triste", "aproveitar mais a vida"), bem como metas mais concretas e alcançáveis ("passar mais tempo com amigos").

TABELA 6.1 Perfil de sintomas de Abby-Lynn na avaliação usando a RCADS

	Mãe		Pai		Jovem	
	Pontuações brutas	Pontuações T	Pontuações brutas	Pontuações T	Pontuações brutas	Pontuações T
Ansiedade de separação	4	58	–	–	2	48
Ansiedade generalizada	8	65*	–	–	13	67*
Transtorno de pânico	0	41	–	–	0	36
Ansiedade social	13	59	–	–	14	53
Obsessões/ compulsões	2	50	–	–	0	35
Depressão	18	80**	–	–	19	81**
Total de ansiedade	27	57	–	–	29	49
Total de ansiedade e depressão	45	66*	–	–	48	57

*Pontuações T superiores a 65 indicam limiar clínico limítrofe. **Pontuações de 70 ou mais indicam pontuações acima do limiar clínico. As pontuações T são normalizadas com base na idade e no gênero do jovem.

O ponto-chave é formular as metas de tratamento do jovem em torno de mudanças específicas que o cliente e a família desejam ver na vida do adolescente.

Metas dos pais para Abby-Lynn

- Melhorar o humor triste; aproveitar mais a vida.
- Diminuir o isolamento (passar o dia todo no quarto, cochilando).
- Melhorar o sono.
- Lidar melhor com responsabilidades, como notas e treino de basquete.

Metas da jovem

- Passar mais tempo com os amigos.
- Envolver-se novamente com coisas que não faz mais; aproveitá-las mais.
- Não se sentir tão sobrecarregada com tudo (escola, obrigações familiares).

Metas da terapeuta para Abby-Lynn

- Envolver-se novamente com coisas que costumava gostar; aumentar o prazer.
- Aumentar o senso de controle sobre demandas e diminuir a autocrítica.
- Aumentar o contato social e os apoios sociais.
- Melhorar a higiene do sono e regular o ciclo do sono.

Para ajudar a monitorar o progresso, a terapeuta converte as metas de tratamento em uma medida de resultado idiográfica (ver Fig. 6.2; uma versão em branco está disponível como Planilha 11 no Apêndice A). Medidas personalizadas são uma forma útil e viável de acompanhar o progresso, dando tanto ao terapeuta quanto ao cliente *feedback* sobre se o tratamento está progredindo conforme o esperado (Hoffman & Chu, 2019; Weisz et al., 2011). Quanto mais específicos e concretos forem os resultados desejados, mais fácil será rastrear a mudança, além de fornecer ao cliente quaisquer metas de tratamento adicionais concretas a serem perseguidas. No entanto, observar a flexibilidade na definição de resultados (como frequência de eventos, classificações dimensionais de angústia) pode ajudar a unir metas comuns e distintas entre os membros da família ou com o terapeuta.

Como discutido no Capítulo 1, sistemas de monitoramento de *feedback* fornecem dados quantificáveis ao clínico que podem ser usados para corrigir qualquer desencorajamento da família em relação ao progresso lento. Nesse caso, Abby-Lynn e sua mãe tinham várias metas semelhantes, incluindo aumentar o engajamento social e melhorar o humor (tristeza, sensação de sobrecarga). A mãe também estava preocupada com Abby-Lynn melhorando seus hábitos de sono e realizando tarefas concretas, como completar tarefas de casa e comparecer ao treino de basquete. Abby-Lynn estava focada em aproveitar mais plenamente as atividades. O terapeuta integrou ambas as metas no formulário de acompanhamento, dando-lhe um quadro para conceitualizar a depressão e a ansiedade de Abby-Lynn e planejar o tratamento. Após a criação de metas e resultados individualizados, o terapeuta pode fazer a jovem e os cuidadores avaliarem o progresso das metas de tratamento semanalmente. O uso de uma avaliação (p. ex., RCADS, CESD) semanal, quinzenal ou mensal também pode ajudar a fornecer uma forma padronizada de equilibrar medidas idiográficas.

CONCEITUALIZAÇÃO DE CASO

Modelo de terapia cognitivo-comportamental para Abby-Lynn

A depressão e a ansiedade de Abby-Lynn são caracterizadas por angústia difusa (afeto negativo); anedonia e avolia; retraimento social; e prejuízos funcionais em seu sono, sua atenção e sua perseverança. Além disso, seu processo de pensamento é caracterizado por ruminações negativas voltadas para si mesma e preocupações orientadas para o futuro sobre sua família, sua equipe de basquete e suas perspectivas futuras. Quando confrontada com demandas que a sobrecarregam, Abby-Lynn tende a evitar a situação (p. ex., tirar cochilos, afastar-se dos amigos), o que deixa o problema sem solução e perpetua seus sentimentos de impotência. Para dar sentido a essa coleção díspar de sintomas e prejuízos, o terapeuta elabora uma conceitualização de caso usando o modelo de TCC para identificar como Abby-Lynn reage cognitiva, comportamental e fisicamente a gatilhos potentes (ver Fig. 6.3).

Durante a avaliação inicial, Abby-Lynn descreveu suas reações ao ser advertida por seu técnico de basquete quando se distraiu durante uma jogada. Seu primeiro pensamento foi "Eu realmente estraguei tudo", o que desencadeou rubor facial e pressão na testa e a levou a congelar na quadra. Essa sequência inicial desencadeia uma espiral descendente, levando a ciclos cada vez mais negativos de pensamento-sentimento-ação. Sem intervenção, um ciclo negativo gera outro até que Abby-Lynn escape da situação, o que confirma seu pensamento final: "Ela não consegue lidar com a pressão". A Figura 6.3 ilustra como pensamentos, senti-

PLANILHA 11. Rastreador de metas

Trabalhe com seu terapeuta para elaborar metas específicas, significativas e alcançáveis. Pense nos resultados que espera ver. Em seguida, acompanhe o progresso de seu filho semanalmente.

Objetivos dos pais	Resultados desejados	Semana 1	Semana 2	Semana 3	Semana 4	Semana 5
Melhorar o humor triste; aproveitar mais a vida.	Avaliar o humor triste (0-10). Avaliar o prazer semanal (0-10).	Tristeza: 9 Alegria: 0	Tristeza: 9 Alegria: 0	Tristeza: 7 Alegria: 0	Tristeza: 6 Alegria: 3	Tristeza: 5 Alegria: 3
Diminuir o isolamento (ficar no quarto o dia todo, cochilar).	Frequência de encontros com amigos (dentro e fora de casa).	0	0	1	2	1
Melhorar o sono.	Número de vezes que ela acorda à noite.	3	4	2	1	0
Lidar com responsabilidades, como notas e basquete.	Entrega do dever de casa (%). Treinos frequentados (%)	DC: 25% Treino: 50%	DC: 40% Treino: 50%	DC: 70% Treino: 95%	DC: 80% Treino: 100%	DC: 80% Treino: 100%

Objetivos da jovem	Resultados desejados	Semana 1	Semana 2	Semana 3	Semana 4	Semana 5
Passar mais tempo com os amigos.	Frequência de encontros com amigos (dentro e fora de casa).	0	0	1	2	1
Reengajar-se com coisas que ela não faz mais; aproveitá-las mais.	Frequência de atividades divertidas; avaliar o aproveitamento (0-10).	# atividades: 1 Alegria: 0	# atividades: 0 Alegria: 0	# atividades: 1 Alegria: 1	# atividades: 4 Alegria: 5	# atividades: 2 Alegria: 4
Não se sentir tão sobrecarregada por tudo (escola, obrigações familiares).	Avaliar o quanto você se sente sobrecarregado (0-10).	10	10	8	6	6

FIGURA 6.2 Planilha do rastreador de metas concluída para Abby-Lynn

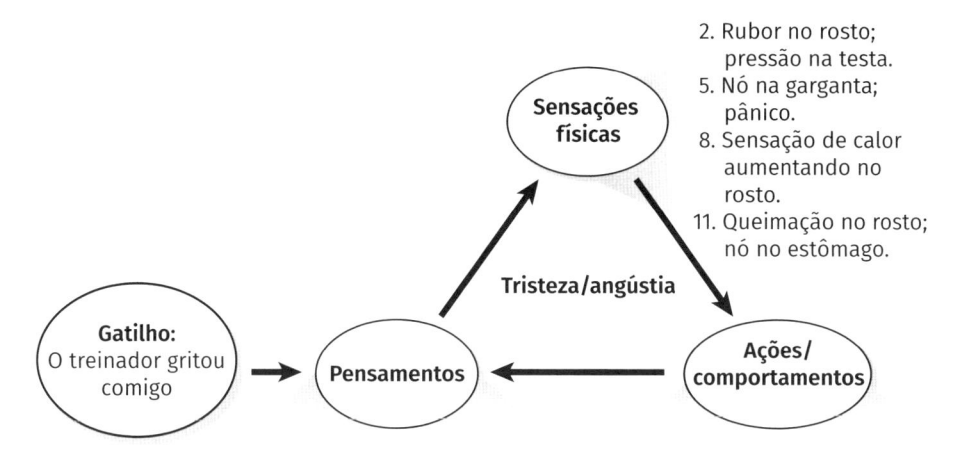

```
                    Sensações              2. Rubor no rosto;
                     físicas                  pressão na testa.
                                            5. Nó na garganta;
                                               pânico.
                                            8. Sensação de calor
                                               aumentando no
                                               rosto.
                                           11. Queimação no rosto;
                                               nó no estômago.
                    Tristeza/angústia

  Gatilho:                                      Ações/
O treinador gritou    Pensamentos           comportamentos
    comigo
```

1. "Eu realmente estraguei tudo."   3. Paraliso e todos olham para
4. "Todo mundo pensa que estou   mim.
   deixando a desejar."   6. Sinto as lágrimas brotando;
7. "Agora todos vão pensar que   saio da quadra.
   sou infantil – não consigo lidar   9. Afasto-me de todos.
   com isso."   12. Fujo para o vestiário.
10. "Eu não consigo lidar com a
    pressão."

FIGURA 6.3 Conceitualização individualizada da TCC para Abby-Lynn. Seus pensamentos, seus sentimentos e seus comportamentos ciclam de forma contínua em uma espiral descendente (siga os números em ordem: 1, 2, 3, etc., para ver como o ciclo pensamento-sentimento-ação flui).

mentos e comportamentos ciclam de modo contínuo em uma espiral descendente.

A terapeuta também fornece o Material suplementar 12 (uma versão reproduzível está disponível no Apêndice A) para ajudar Abby-Lynn a entender como outras pessoas experimentam os mesmos padrões. Detalhar essa conceitualização de caso ajuda a desmistificar um cenário avassalador para os pais e a jovem, ilustra onde os episódios depressivos começam (i.e., identifica o gatilho) e fornece pistas para alvos frutíferos para intervenção. Aqui, suas reações naturalísticas a esse cenário estressante fornecem amplas evidências de que Abby-Lynn poderia se beneficiar de técnicas projetadas para identificar e desafiar pensamentos negativos, estratégias que abordam a tensão ansiosa e ativação comportamental que contraria os instintos de evitação.

Avaliação funcional

Um segundo método na conceitualização do caso é conduzir uma avaliação funcional. Esta ajuda a identificar cadeias comportamentais que seguem estressores diários e as contingências específicas que mantêm as reações evitativas e mal-adaptativas da jovem. A Figura 6.4 (uma versão em branco está disponível como Planilha 1 no Apêndice A) mostra os resultados de uma avaliação funcional que delineia as reações de Abby-Lynn a estressores comuns. Como discutido no Capítulo 1, a terapeuta deverá prestar atenção especial (1) à resposta emocional imediata da jovem, (2) à reação comportamental inicial e (3) às consequências em curto e longo prazos das ações da jovem. Por exemplo, um dos amigos de Abby-Lynn posta uma foto no Snapchat de um evento que

PLANILHA 1. Gatilho e resposta

Conte-nos sobre seus gatilhos e como você reagiu. Descreva seus sentimentos, o que você fez (ação), o que aconteceu imediatamente em seguida (resultado imediato) e o que aconteceu depois (resultado em longo prazo).

Antecedente → Resposta comportamental e emocional → Consequências

Gatilho	Sentimento (resposta emocional)	Ação (resposta comportamental)	Resultados imediatos (O que mantêm isso em andamento?)	Resultados de longo prazo (O que lhe coloca em apuros?)
Meus amigos compartilham um Snapchat.	Tristeza (sentindo-se excluída).	Fechar o aplicativo. Assistir ao YouTube.	Distraída, desligada.	Sentindo-se solitária, isolada. Evitar amigos.
Ser deixada de fora no time.	Envergonhada, culpada.	Faltar ao próximo treino.	Evitar a treinadora e a cena embaraçosa.	Mais difícil voltar aos treinos.
Ter que treinar Bobby (irmão) em habilidades.	Cansada, entediada.	Fazer porque tenho que fazer.	Me senti bem em ajudá-lo.	Faço isso com bastante frequência porque ele parece gostar.

FIGURA 6.4 Avaliação funcional individualizada do humor deprimido e do comportamento evitativo de Abby-Lynn.

ela perdeu. O grupo de amigos responde com comentários, mas a resposta de Abby-Lynn ilustra como sua evitação interferiu em sua capacidade de criar amizades. Abby-Lynn se sente excluída e triste por ter perdido o evento. Em vez de postar seu próprio comentário (p. ex., "Parece divertido! Desculpe por ter perdido!"), Abby-Lynn fecha o aplicativo e busca atividades isolantes não relacionadas (p, ex., assistir a vídeos no YouTube).

O que motiva esse comportamento? Ao desviar sua atenção para atividades não relacionadas, ela se distrai de sentimentos de solidão e pensamentos sobre ter perdido o evento. Essa forma de reforço negativo (comportamentos que permitem escapar de estados de humor negativos) ajuda a explicar por que Abby-Lynn evita a interação social no futuro: a evitação permite que ela escape de sentimentos de solidão. Para invocar motivação para a mudança, a terapeuta trabalha para enfatizar as diferenças entre as consequências em curto e longo prazos. Aqui, a terapeuta simpatiza com Abby-Lynn: existem benefícios claros em *curto prazo* para a distração (i.e., evitar rejeição e solidão). No entanto, também existem efeitos claros em *longo prazo*: exacerbando sua solidão e, potencialmente, criando uma distância real (em vez de percebida) entre Abby-Lynn e seus amigos. Mais tarde, quando a terapeuta ensina habilidades de resolução de problemas, ele desejará enfatizar respostas proativas e orientadas para objetivos que abordem os medos iniciais de Abby-Lynn (p. ex., comentar na postagem). Essas escolhas são mais propensas a promoverem resultados desejáveis em longo prazo (p. ex., criar conexões reais com os amigos) do que a evitação, mesmo que exijam esforço em curto prazo.

Os dois primeiros exemplos na Figura 6.4 demonstram cadeias de reforço negativo (a evitação de angústia perpetua padrões prejudiciais). O terceiro gatilho mostra como o reforço positivo pode promover padrões úteis. Nesse caso, Abby-Lynn sente-se compelida a ajudar seu irmão a aprender suas habilidades de terapia ocupacional, mesmo que não esteja com vontade. Ela se esforça e experimenta sentimentos positivos como resultado. Suas respostas ilustram como escolher ações proativas e orientadas para objetivos (ser produtiva apesar de seu humor) pode produzir tanto resultados em curto prazo (sentir-se útil) quanto consequências em longo prazo (ajuda regular) mesmo quando seu instinto inicial pode ter sido se desligar e evitar fazer o esforço.

PLANEJAMENTO DO TRATAMENTO

Com um diagnóstico, uma conceitualização de caso e uma lista de problemas-alvo em mãos, o terapeuta pode, então, planejar intervenções para abordar as preocupações da jovem. Os Quadros 6.1 e 6.2 foram elaborados para auxiliar a redação de planos de tratamento para cuidados gerenciados e relatórios. O Quadro 6.1 lista objetivos amplos de tratamento e intervenções adequadas que correspondem ao caso de Abby-Lynn. Já o Quadro 6.2 mostra uma sequência delineada de intervenções para um curso de tratamento de 22 sessões para depressão, específico para Abby-Lynn (18 sessões semanais, quatro quinzenais), com um acordo para verificar com a família, após a sessão 10, o progresso dela e determinar se a terapia continua sendo adequada. Há pesquisas limitadas sugerindo a ordem em que as intervenções devem ser apresentadas. Algumas pesquisas indicam que intervenções de habilidades sociais e resolução de problemas estão entre as mais eficazes para adolescentes deprimidos (Kennard et al., 2009), ao passo que a ativação comportamental e a reestruturação cognitiva permanecem estratégias-chave no tratamento (Oud et al., 2019). Portanto, faz sentido introduzir essas habilidades no início do

QUADRO 6.1 Plano de tratamento abrangente de Abby-Lynn para depressão

Metas de tratamento	Intervenções
Melhorar o humor triste; aproveitar mais a vida.	Psicoeducação sobre depressão, rastreamento pensamento-ação-humor, monitoramento de progresso.
Reengajar-se em atividades que a jovem costumava desfrutar; aumentar o prazer nas atividades.	Ativação comportamental, tabelas de recompensas, resolução de problemas, atenção plena, reestruturação cognitiva.
Aumentar o senso de controle sobre as demandas e diminuir a autocrítica.	Reestruturação cognitiva, resolução de problemas, exposição gradativa a desafios/demandas.
Aumentar o contato social e o suporte social.	Ativação comportamental para situações sociais, exposição graduada à busca de apoio.
Melhorar a higiene do sono e regular o ciclo do sono.	Higiene do sono, relaxamento, atenção plena, tabelas de recompensas.

tratamento, sempre que possível. Essas intervenções também correspondem ao perfil particular de Abby-Lynn, que apresenta ativação limitada, anedonia significativa e inibição social. A ativação comportamental e os eventos agradáveis podem expor Abby-Lynn a ambientes reforçadores e estimulantes que podem instilar esperança para o futuro.

À medida que a jovem se torna mais ativa e experimenta respostas naturalmente reforçadoras de seus amigos, sua autoestima pode melhorar, e sua autocrítica, diminuir. No entanto, é útil instituir o monitoramento formal de pensamentos e a reestruturação cognitiva durante o tratamento para ajudar na internalização das lições. Exercícios de exposição ativa e desafios comportamentais são implementados para ajudar Abby-Lynn a praticar suas habilidades em situações cada vez mais desafiadoras, a fim de generalizar suas habilidades e solidificar seus ganhos.

Segundo a base de evidências atual, a abordagem de tratamento delineada a seguir descreve algumas das intervenções comuns e das etapas para abordar a depressão em adolescentes. Intervenções cognitivas e comportamentais específicas são baseadas em uma avaliação minuciosa dos problemas apresentados, dos diagnósticos e dos objetivos de tratamento. O plano de tratamento de Abby-Lynn reflete intervenções projetadas para abordar cada um desses problemas individuais: depressão, transtorno de ansiedade, problemas sociais e déficits de habilidades (Cummings et al., 2014; Hammen, 2009; King & Merchant, 2008; Segrin, 2000). O foco aqui será em psicoeducação sobre a depressão, automonitoramento do humor, ativação comportamental, resolução de problemas, reestruturação cognitiva, atenção plena, exercícios de exposição ativa e desafios comportamentais. Trabalhos adicionais para educar o jovem sobre higiene do sono adequada e relaxamento para melhorar a regulação do sono também podem ser benéficos.

COMPONENTES E PROCESSOS DA INTERVENÇÃO

Psicoeducação

No processo de desenvolver uma conceitualização de caso conjunta e um plano de tra-

QUADRO 6.2 Plano de tratamento detalhado de Abby-Lynn para depressão

Sessões 1 e 2

Avaliação

- Avaliar os problemas apresentados.
- Realizar uma avaliação diagnóstica com foco na dificuldade (funcionamento na vida real).
- Administrar medidas de perfil de sintomas (p. ex., RCADS).
- Avaliar os problemas-alvo e os objetivos do tratamento, com foco na melhora do funcionamento diário.
- Avaliar as tentativas anteriores (incluindo o tratamento anterior) para resolver o problema.
- Avaliar as interações pais-filho.
- Realizar avaliações colaterais conforme necessário com a escola da jovem (p. ex., orientadora, professores, enfermeira escolar); obter avaliações psicológicas anteriores (p. ex., avaliações acadêmicas/aprendizagem); solicitar aos pais a liberação completa de informações para falar com o(s) contato(s) da escola.
- Avaliar as condições médicas concomitantes; consultar um pediatra ou um especialista (p. ex., gastroenterologista), conforme indicado.
- Avaliar necessidade de medicação e encaminhamento psiquiátrico.

Psicoeducação.

- Revisar a avaliação e gerar problemas-alvo com a jovem e com os pais.
- Criar um rastreador idiográfico de problemas-alvo.
- Colaborar na conceitualização de caso: modelo de TCC e avaliação funcional.
- Fornecer aos pais e à jovem materiais suplementares informativos sobre depressão e TCC.
- Educar os pais sobre o potencial da medicação.

Prática em casa

- Monitorar os gatilhos de separação ao longo da semana: modelo de TCC e avaliação funcional.
- Pedir à jovem que acompanhe suas reações ao sofrimento e aos resultados de curto e de longo prazo (avaliação funcional) em relação às rotinas escolares.
- Pedir aos pais que acompanhem as interações pais-jovem em torno de episódios de humor deprimido/irritabilidade.

Sessões 3 e 4

Avaliação

- Avaliar e discutir a prática em casa.
- Preencher o rastreador de problemas-alvo.
- A cada quatro sessões, completar o rastreador de sintomas (p. ex., RCADS).

Intervenções

- Implementar um gráfico de recompensas na sessão para a conclusão da prática em casa.
- Revisar e refinar avaliações funcionais individuais. Realizar entrevistas motivacionais para destacar a troca entre ganhos de curto prazo e consequências de longo prazo.
- Introduzir o monitoramento de atividades, com foco na ligação entre eventos, atividades e humor.
- Introduzir a ativação comportamental, com foco na conexão entre gatilhos, resposta emocional e comportamentos evitativos. Usar a avaliação funcional para destacar como os comportamentos evitativos estão interferindo nas metas de longo prazo.
- Atribuir atividades agradáveis e fazer um *brainstorming* de atividades proativas e orientadas para objetivos.
- Descrever a autorrecompensa e o gerenciamento de contingência, concentrando-se na atribuição de recompensas por ações naturalmente difíceis.

(Continua)

QUADRO 6.2 Plano de tratamento detalhado de Abby-Lynn para depressão *(Continuação)*

Prática em casa
- Monitorar o rastreador de humor e atividades.
- Monitorar as avaliações funcionais, ajudando a jovem a distinguir as consequências de curto e longo prazos.
- Monitorar a conclusão de atividades agradáveis e orientadas para objetivos por parte da jovem.
- Monitorar os programas de recompensas.

Sessões 5 e 6

Avaliação
- Conforme as sessões 3 e 4.

Intervenções
- Continuar as atribuições de ativação comportamental e revisar a conclusão.
- Introduzir solução de problemas.
- Conectar a resolução de problemas com a ativação comportamental, concentrando-se em ajudar a jovem a escolher as soluções que atinjam seus próprios objetivos de longo prazo.
- Conectar o plano de recompensas aos esforços para resolver problemas e tentar soluções proativas.

Prática em casa
- Praticar a resolução de problemas.
- Monitorar a ativação comportamental e as atividades agradáveis.
- Monitorar o plano de recompensas.

Sessões 7 e 8

Avaliação
- Conforme as sessões 3 e 4.

Intervenções
- Proporcionar psicoeducação em torno de uma boa higiene do sono, enfatizando a regulação rotineira. Discutir as expectativas de desenvolvimento em torno das rotinas de sono.
- Ensinar exercícios de relaxamento para usar na hora de dormir.
- Obter atualização em qualquer tratamento medicamentoso que a jovem esteja recebendo; consultar o psiquiatra responsável.
- Obter atualizações de sistemas colaterais (p. ex., escola, líderes de atividades extracurriculares). Avaliar o funcionamento dos jovens nos domínios casa/família, escola/trabalho, pares e recreação.

Prática em casa
- Monitorar as alterações do sono.
- Monitorar o uso de exercícios de relaxamento.

Sessões 9 e 10

Avaliação
- Conforme as sessões 3 e 4.

Intervenções
- Monitorar a autorreflexão: ensinar à jovem sobre a ligação entre pensamentos e depressão/angústia.
- Reestruturação cognitiva: ensinar à jovem a identificar armadilhas de pensamento e desafiar pensamentos negativos irrealistas com pensamentos de enfrentamento mais realistas.

(Continua)

QUADRO 6.2 Plano de tratamento detalhado de Abby-Lynn para depressão *(Continuação)*

Prática em casa
- Monitorar o rastreador pensamentos-ação-sentimentos.
- Monitorar o rastreador de armadilhas de pensamento.

Sessões 11 e 12

Avaliação
- Conforme as sessões 3 e 4.
- Revisar os formulários de relatório de sintomas e o progresso nas metas. Discutir com a jovem e seus cuidadores o interesse e a aptidão para a terapia contínua.

Intervenções
- Exposições e desafios comportamentais: construir hierarquia ou hierarquias de desafios, com foco nos principais objetivos da jovem. As situações ajudarão a adolescente a praticar habilidades para superar as barreiras que normalmente enfrenta.
- Praticar os primeiros passos da hierarquia na sessão.

Prática em casa
- A jovem refina as etapas da hierarquia de desafios.
- A jovem tenta os primeiros passos da hierarquia fora da sessão. Monitorar o gráfico de recompensas para a conclusão bem-sucedida dos desafios.

Sessões 13 e 14

Avaliação
- Conforme as Sessões 3 e 4.

Intervenções
- Exposições e desafios comportamentais: continuar praticando etapas leves a moderadas da hierarquia de desafios, concentrando-se nos principais objetivos e nas barreiras da jovem.
- Incluir o cuidador em experimentos comportamentais, conforme necessário, para lidar com falhas de comunicação e resolução de problemas familiares.

Prática em casa
- A jovem continua praticando hierarquia de desafios fora da sessão.
- Monitorar o uso de habilidades de enfrentamento e autorrecompensa para tentativas bem-sucedidas de desafios.

Sessões 15 e 16

Avaliação
- Conforme as sessões 3 e 4.
- Revisar os formulários de relatório de sintomas e o progresso nas metas. Discutir o progresso contínuo com a jovem e seus cuidadores. Considerar a transição para a fase de manutenção ou de encerramento.

Intervenções
- Exposições e desafios comportamentais: continuar praticando etapas leves a moderadas da hierarquia de desafios, concentrando-se nos principais objetivos e nas barreiras da jovem.
- Incluir o cuidador em experimentos comportamentais, conforme necessário, para lidar com falhas de comunicação e resolução de problemas familiares.

(Continua)

QUADRO 6.2 Plano de tratamento detalhado de Abby-Lynn para depressão *(Continuação)*

Prática em casa   • A jovem continua praticando hierarquia de desafios fora da sessão.   • Monitorar o uso de habilidades de enfrentamento e autorrecompensa para tentativas bem-sucedidas de desafios.
Sessões 17 e 18   *Avaliação*   • Conforme as sessões 3 e 4.   *Intervenções*   • Exposições e desafios comportamentais: praticar etapas desafiadoras cada vez mais difíceis da hierarquia de desafios, com foco nos principais objetivos e nas barreiras da jovem.   • Incluir o cuidador em experimentos comportamentais, conforme necessário, para lidar com falhas de comunicação e resolução de problemas familiares.   • Discutir a transição para sessões de manutenção quinzenais.   *Prática em casa*   • A jovem continua praticando hierarquia de desafios fora da sessão.   • Monitorar o uso de habilidades de enfrentamento e autorrecompensa para tentativas bem-sucedidas de desafios.
Sessões 19 a 22 (quinzenalmente para manutenção)   *Avaliação*   • Conforme as sessões 3 e 4.   *Psicoeducação*   • Introduzir a fase de prevenção de recaídas.   • Discutir o encerramento.   *Intervenções*   • Exposições e desafios comportamentais: praticar etapas desafiadoras cada vez mais difíceis da hierarquia de desafios, com foco nos principais objetivos e nas barreiras da jovem.   *Prática em casa*   • A jovem continua praticando hierarquia de desafios fora da sessão.   • Monitorar o uso de habilidades de enfrentamento e autorrecompensa para tentativas bem-sucedidas de desafios.

tamento com a jovem e os pais, a terapeuta fornece educação introdutória sobre a natureza da depressão da jovem e seu impacto na adolescente e no funcionamento familiar e delineia tratamentos apropriados. Para ajudar a resumir, a terapeuta pode fornecer o Material suplementar 7 para o pai e o Material suplementar 13 para a jovem, para fornecer fatos sobre os sintomas, os prejuízos e os tratamentos eficazes para a depressão (versões reproduzíveis de ambos os materiais estão disponíveis no Apêndice A). A terapeuta também pode direcionar a família para recursos *on-line* confiáveis (p. ex., Association for Behavioral and Cognitive Therapies, Society for Clinical Child and Adolescent Psychology), conforme listado no Apêndice B. A terapeuta destaca diversos pontos-chave, incluindo o fato de que a depressão é distinta dos estados de humor tristes normativos por sua persistência e sua intensidade e é abrangente em termos dos sintomas e prejuízos observados na jovem. Humor deprimido ou perda de interesse é observado consistentemente por pelo menos duas semanas e marca uma mudança distintiva em relação ao funcionamento anterior. Mudanças significativas no sono, na alimentação e nas rotinas diárias (atividades, higiene) e na socialização também podem ser evidentes, e a intervenção precoce é crucial para o tratamento eficaz.

Ao revisar essas informações com Abby-Lynn e sua mãe, a terapeuta fornece um conjunto comum de conhecimentos, normaliza a experiência de Abby-Lynn e mobiliza a família em torno dessa condição estabelecida. Ao apresentar os materiais suplementares enumerando fatos sobre a depressão (Materiais suplementares 7 e 13), a terapeuta tem o cuidado de atender a quaisquer perguntas que a família tenha e apresentar informações de maneira não estigmatizante: a depressão é uma condição real e impactante, ela não reflete a personalidade de uma pessoa ou falta de força de vontade, e intervenções psicológicas podem ajudar a jovem a construir seus pontos fortes e retornar ao funcionamento basal.

Entrevista motivacional

Avolia (motivação limitada) e anedonia (desinteresse por atividades anteriormente desejadas) são dois sintomas da depressão que podem comprometer a inclinação natural de um jovem para o comportamento direcionado a objetivos, incluindo a participação na terapia e nos objetivos relacionados a esta. Após coletar uma avaliação de prejuízo funcional e identificar armadilhas comportamentais específicas (via avaliação funcional), a terapeuta guia Abby-Lynn através da planilha de Plano de mudança (Fig. 2.1) para identificar objetivos que ela valoriza, passos que está disposta a tomar para alcançar esses objetivos e obstáculos que desafiarão seu sucesso. Abordar esses tópicos no início da terapia pode ajudar a identificar certos obstáculos imediatamente e fomentar uma aliança de trabalho positiva, alinhando o terapeuta e o jovem em torno de objetivos comuns. Ao discutir objetivos específicos (p. ex., voltar aos treinos de basquete após uma conversa constrangedora com a treinadora), a terapeuta elabora os prós e os contras de perseguir ou não o objetivo (Fig. 2.2). Uma matriz decisória pode ser usada a qualquer momento na terapia; no entanto, pode ser especialmente útil quando a jovem está indecisa e questionando se está comprometida com um objetivo específico. A matriz decisória esclarece o raciocínio e os valores da jovem ao perseguir um objetivo.

Monitoramento de atividade e ativação comportamental

Adolescentes com depressão sofrem com ambientes e atividades privados porque se isolam, afastam-se dos contatos sociais e recusam atividades que costumavam lhes trazer alegria. Mesmo quando se envolvem em atividades, muitos adolescentes deprimidos relatam que não aproveitam essas atividades tanto quanto costumavam (anedonia). Os objetivos da ativação comportamental são (1) aumentar a atividade física, (2) aumentar atividades agradáveis ou de domínio e (3) melhorar a apreciação do jovem por essas atividades. O objetivo é expor o jovem a ambientes com recompensas e reforçadores naturais. No entanto, mesmo quando expostos a recompensas naturais, alguns jovens terão dificuldade em apreciá-las ou experimentar a mesma alegria. Portanto, um objetivo é melhorar a capacidade do jovem de apreciar esses reforçadores.

O primeiro passo da ativação comportamental é o monitoramento de atividade.

Como descrito no Capítulo 2, revisamos rastreadores de atividade em busca de comportamentos automáticos, eventos desencadeantes, flutuações e padrões. A terapeuta faz Abby-Lynn completar o rastreador de atividades na Figura 6.5 (uma versão em branco está disponível como Planilha 12 no Apêndice A) e revisa os seguintes padrões:

1. **Comportamentos automáticos.** Vários padrões emergiram que não eram óbvios para Abby-Lynn antes. Primeiro, ficou claro que ficar no telefone até tarde da noite (às segundas e às quartas-feiras) perturbava seu sono e contribuía para dificuldades em acordar no dia seguinte. O comportamento de isolamento (pesquisar vídeos no YouTube) contribuía para um humor ruim enquanto ela estava fazendo isso e depois dificultava para ela dormir. O comportamento era problemático por diversas razões: ela escolhia atividades isoladoras (pesquisava no YouTube, em vez de interagir com amigos nas redes sociais) e ela estava envolvida na atividade de forma descompromissada, observando que realmente não estava procurando por nada em especial; ela estava apenas entediada. Notar esses tipos de padrões automáticos dá alguma direção sobre os lugares para intervenção.
2. **Antecedentes de humor (gatilhos).** Eventos que parecem mais relacionados a humores ruins parecem estar associados a *comportamentos isoladores* (p. ex., pesquisar no YouTube à noite; ignorar amigos na aula; deitar-se na cama após a escola), *desengajamento* durante atividades (p. ex., estar desconectado durante o almoço com os amigos; não participar da aula) e *desempenho* (p. ex., ser repreendido por um treinador; tirar nota baixa). Em contrapartida, interações sociais (interagir de maneira ativa com amigos no almoço; pedir *pizza* ou trocar mensagens com amigos) e atividades de aumento de competência (p. ex., enviar um *e-mail* para a treinadora; ir para o treino; ajudar o irmão) parecem estar relacionadas a humores positivos.
3. **Flutuações e padrões.** Ao trabalhar com Abby-Lynn, seria importante ver como atividades sociais e envolventes podem tender a provocar melhora em seus humores, mesmo depois que ela começa o dia de mau humor. Por exemplo, na quinta-feira, ela relatou um humor baixo após ignorar seus amigos na aula, mas melhorou quando seus amigos a fizeram sentar com eles no almoço. Da mesma forma, ela iniciou o sábado de mau humor após sua mãe, em sua visão, a criticar, mas o dia melhorou enquanto ajudava seu irmão e interagia com os amigos. Em contrapartida, seu humor pode declinar quando opta por evitar e se desvincular. Na quinta-feira, Abby-Lynn sentiu-se bem durante o almoço após se sentar com as amigas, mas depois se tornou cada vez mais desengajada depois de receber uma nota ruim em ciências. Ela se desligou durante a aula e pulou o treino de basquete, resultando em um humor decrescente. Assim que tomou uma atitude proativa (i.e., enviou um *e-mail* à sua treinadora explicando sua situação), seu humor começou a melhorar e, potencialmente, a ajudou a ir para a escola no dia seguinte. Essas observações também apoiam atribuições globais ou tudo ou nada desafiadoras contínuas (p. ex., "Eu tive um dia ruim", como se todo o dia fosse ruim) e promovem a autoeficácia (p. ex., "Mesmo que a manhã tenha começado complicada, eu consegui fazer algo para reverter isso").

A ativação comportamental, então, trabalha para incentivar atividades físicas ativas e agradáveis/mestras para estimular a abordagem orientada para a ação. No caso

PLANILHA 12. Rastreador de atividades

Exemplo: Cuidei da minha irmãzinha. 10

Às vezes, nem sabemos quando estamos presos. Ao longo da próxima semana, acompanhe as suas atividades, seu humor e os eventos importantes que acontecem todos os dias! Em seguida, avalie o seu humor de 0 a 10:

0 = "O pior humor que já senti."   5 = "Estou bem, mas não estou ótimo."   10 = "O melhor humor que já senti."

	Segunda-feira	Terça-feira	Quarta-feira	Quinta-feira	Sexta-feira	Sábado	Domingo
Manhã	Não consegui sair da cama. Me senti tão cansada; pensei sobre tristeza. 2	Acordei tarde; não tomei café da manhã. Me forcei a ir para a escola. 3	Acordei tarde, mas tomei café da manhã. Cheguei à escola a tempo. Falei com Jenn na aula. 5	Atrasada para a escola; ignorei amigos na sala de aula. 1	Cheguei à escola a tempo. Tarefa de matemática concluída na aula. 5	Dormi. 1	Assisti à TV. 4
Almoço	Me obriguei a chegar à escola até o almoço. 3	Me senti com as garotas do time. Me senti excluída. 4	Conversei com Jenn e Cara; falei sobre o time. Motivada para ir ao treino. 6	Ia pular o almoço; as meninas me fizeram sentar com elas. Jenn tinha histórias engraçadas. 5	Conversei com as meninas, falando sobre os planos para o fim de semana. 6	Mamãe me incomodou por dormir e não fazer nada. 3	Fiz alguns trabalhos de casa. Comi o almoço. 5
Tarde	Me senti muito entediada na aula; mal prestei atenção. 3	Aprendi novos conteúdos em história; me senti atrasada. 4	A professora foi engraçada na aula. 6	Tirei uma nota ruim no dever de ciências. 4	Ainda com dificuldades em ciências. 4	Ajudei meu irmão com sua terapia ocupacional; ele foi um chato o tempo todo. 5	Pratiquei arremessos na garagem. 6
Depois da escola/final da tarde	Fui direto para casa. Me joguei na cama, porque estava cansada. 3	Fui para casa. Tentei fazer o dever de casa, mas estava muito cansada. Tirei uma soneca. 3	Um amigo me arrastou para o treino de basquete. A treinadora me descascou. 1	Faltei ao basquete; fui para casa e fiz o dever. 2	Fui para o treino de basquete; Me senti normal. 6	Mandei mensagem para Jenn; olhei postagens no Snapchat. 7	Mandei mensagens para amigos. 7
Noite	Fiquei no quarto a noite toda, assisti a vídeos aleatórios no YouTube; fiquei acordada a maior parte da noite. 2	Mamãe me fez ajudar meu irmão com a terapia ocupacional. 6	Dormi; perdi o jantar. No telefone (web) a noite toda. 0	Enviei um e-mail à treinadora, disse que estava passando por um momento difícil. Ela me disse para voltar. 4	Comi pizza com algumas das meninas; fiz o dever de casa. 7	Fui ao cinema com Jenn e Alex. 8	Preocupada com a próxima semana; ficando ansiosa. 4

FIGURA 6.5 Planilha de rastreamento de atividades concluída para Abby-Lynn.

de Abby-Lynn, a terapeuta começa identificando os gatilhos e as circunstâncias que levam Abby-Lynn a se retrair e evitar. Estes podem incluir: ter um dia ruim e deitar-se na cama, pesquisar no YouTube, em vez de usar as redes sociais, ignorar amigos na aula mesmo quando convidada para se juntar a eles, ser criticada pela treinadora ou receber uma nota ruim.

A terapeuta, então, sugere opções que ajudam a prevenir a retração e a inatividade. As respostas proativas devem ser personalizadas, específicas ao contexto e projetadas para promover a resolução de problemas ou escolhas agradáveis/mestras, em vez de evitação. Essas não são apenas atividades divertidas arbitrárias, mas são projetadas para energizar as habilidades de Abby-Lynn e direcionar suas vulnerabilidades particulares. Quando Abby-Lynn se sente deprimida após um dia ruim, sua inclinação natural é se deitar na cama e dormir durante a noite. Sua escolha de ficar na cama faz sentido emocional, já que isso a ajuda a evitar a ruminação persistente sobre os fracassos do dia e limita sua tristeza emocional. No entanto, tal solução é de curto prazo. Ela raramente se sente descansada quando acorda, e suas preocupações permanecem (sua lição de casa não está mais perto de ser concluída; ela ainda se sente isolada dos amigos). Soluções proativas alternativas podem incluir uma série de atividades gratuitas, baratas e estão sob o controle da jovem. Elas podem promover qualquer uma das seguintes:

1. **Ativação física**: praticar basquete na calçada ou na academia, fazer uma corrida ou outros exercícios de condicionamento.
2. **Atividades agradáveis**: passear com o cachorro pela quadra, mandar mensagens/ligar para os amigos, postar nas redes sociais, comentar no YouTube, ouvir música, ir ao cinema com uma amiga, comer sua sobremesa favorita depois do jantar.
3. **Exercícios de desenvolvimento**: ajudar o irmão na terapia ocupacional, tentar fazer alguma lição de casa, ajudar a preparar o jantar para a família, terminar um exercício de lição de casa, organizar um passeio com os amigos da equipe de basquete.
4. **Tentativas de resolver problemas**: mandar mensagens para os amigos ou postar nas redes sociais para resolver sentimentos de solidão.

Essas opções podem ser combinadas para maximizar os efeitos; por exemplo, mandar mensagem para um amigo para correr juntos ou jogar basquete. A terapeuta, então, combina as atividades proativas com os gatilhos que mais as exigem, como mostrado na Figura 6.6 (uma versão em branco está disponível como Planilha 13 no Apêndice A).

Qualquer uma das respostas proativas pode trazer lutas ou frustrações, mas desempenham várias funções vitais. Em primeiro lugar, as atividades físicas tendem a ter propriedades que elevam o humor. Em segundo lugar, Abby-Lynn pode realmente abordar de maneira direta (resolver problemas) algumas das preocupações que a levaram a ficar de mau humor. Em terceiro lugar, o maior presente da ativação comportamental pode ser como ela pode levar a uma *surpresa agradável*. Isso se refere ao fato de que é impossível prever quais resultados podem ocorrer por qualquer ação que tomamos; resultados positivos desconhecidos podem acontecer. Por exemplo, ao mandar uma mensagem para sua amiga, Abby-Lynn pode ficar sabendo de eventos dos quais não estava ciente e receber um convite. Ao responder ao *post* de um amigo nas redes sociais, ela pode descobrir interesses em comum com outro colega de classe. Isso pode levar a uma conexão com esse outro colega de classe e a formar uma nova amizade.

PLANILHA 13. Ativando-se e construindo competência

> Todos nós nos sentimos desanimados e encurralados às vezes. Quando você se sentir estagnado, entediado, desinteressado ou deprimido, pense em atividades ativas, agradáveis ou de domínio para ajudá-lo a sair desse estado.
> - Ativação física: experimente exercícios físicos ou mentais.
> - Atividades agradáveis: experimente qualquer coisa que você ache divertida e agradável.
> - Exercícios de domínio: experimente algo que o ajude a desenvolver uma habilidade.
> - Resolução de problemas: faça uma tempestade de ideias para encontrar soluções para o problema usando o STEPS.

Liste as situações que lhe deixam estagnado (levam a evitação, retirada, procrastinação, desistência, isolamento)	Opções proativas de atividades físicas agradáveis, competência ou resolução de problemas
1. Deitar-se na cama após um dia ruim.	Praticar basquete na garagem; ajudar o irmão em sua terapia ocupacional; fazer alguma lição de casa; mandar mensagens para amigos; postar nas redes sociais.
2. Pesquisar no YouTube.	Mandar mensagens para amigos ou postar nas redes sociais; ligar para amigos.
3. Ignorar os amigos na aula.	Conversar com um amigo; fazer perguntas a outros colegas de classe; perguntar ao professor; levantar a mão na aula.
4. Ser criticada pela treinadora.	Falar com a treinadora e pedir *feedback* ou explicar a situação; obter apoio de uma colega de equipe.
5. Receber uma nota baixa.	Pedir ajuda ao professor e explicar a situação; procurar apoio de um amigo.

FIGURA 6.6 *Brainstorming* de respostas ativas para os comportamentos evitativos de Abby-Lynn.

É verdade que agir pode trazer resultados tanto "bons" quanto "ruins", mas, em média, os resultados inesperados bons, as surpresas agradáveis, tendem a superar os ruins. O terapeuta pode combater a resistência do jovem observando que, aconteça o que acontecer, tentar fazer algo tem uma chance maior de sucesso do que a escolha original da adolescente (deitar-se na cama) e que a maioria dos resultados indesejáveis que podem resultar de tentar não são muito piores do que os resultados que surgem da escolha original (permanecer cansado e solitário).

Autorrecompensa e tabelas de recompensa

Autorrecompensa e recompensas de outras pessoas são fundamentais para ajudar a promover movimentos proativos. Jovens deprimidos tendem a ter perdido a motivação intrínseca e a apreciação por atividades.

Recompensas externas ajudam a promover comportamentos antidepressivos ao (1) reconhecer o esforço necessário para iniciar a ação (i.e., um foco nos esforços para lidar) e (2) ajudar a reforçar a atividade contínua até que o jovem comece a apreciá-la novamente. É útil para os terapeutas fazerem uma tempestade de ideias com os jovens sobre as recompensas que eles podem se dar e aquelas que podem exigir alguma ajuda de seus pais ou de outras pessoas. Os elementos-chave dos planos de GC são que as recompensas estão disponíveis e, de fato, são gratificantes. Os critérios pelos quais os adolescentes se avaliam também devem ser alcançáveis. De modo ideal, os objetivos devem ser claramente definidos, fáceis de monitorar e divididos em pequenas etapas. Em seguida, as recompensas devem estar prontamente disponíveis e ser fáceis de conceder ao jovem (seja uma autorrecompensa, seja outra recompensa) assim que ele alcançar o objetivo.

A Figura 6.7 (uma versão em branco da Planilha 14 está disponível no Apêndice A) fornece exemplos de objetivos e recompensas para Abby-Lynn. Observe que a tabela de recompensas da jovem está dividida em objetivos que ela se sente confortável em monitorar e recompensar a si mesma e outros objetivos que contam com a ajuda de sua mãe. As recompensas automonitoradas ajudam a enfatizar para Abby-Lynn que ela merece recompensas por alcançar esses objetivos e que ela deve procurar se recompensar imediatamente após o sucesso. A ajuda da mãe também é solicitada para que Abby-Lynn saiba que a mãe está ciente do sucesso da filha em alcançar os objetivos. Abby-Lynn começa a perceber que os outros estão se interessando por seu crescimento e sua conquista de objetivos. Ao envolver a mãe, também se garante que Abby-Lynn receba algum tipo de recompensa mesmo quando ela não acredita que merece uma.

Resolução de problemas

A resolução de problemas foi especialmente útil para Abby-Lynn porque ela com frequência adotava uma atitude derrotista em relação aos problemas e tinha dificuldade em enxergar as opções disponíveis. A seguir, está um exemplo em que a terapeuta ajudou Abby-Lynn a desenvolver suas habilidades de resolução de problemas (Chorpita & Weisz, 2009) com relação a uma situação em que ela se sentia impotente. A terapeuta utiliza a abordagem de resolução de problemas chamada STEPS (do inglês *say, think, examine, pick, see* [diga, pense, examine, escolha, veja]; ver Capítulo 2). Abby-Lynn foi à sessão angustiada porque a situação na equipe de basquete estava se deteriorando rapidamente. Após várias práticas nas quais Abby-Lynn se distraiu, sua treinadora a deixou no banco enquanto a equipe principal treinava. Após um erro perceptível (ela passou a bola para a equipe adversária), a treinadora fez Abby-Lynn correr voltas na quadra. A ansiedade de Abby-Lynn estava aumentando ao longo da semana, e, no dia seguinte após correr as voltas (quarta-feira), ela faltou ao treino (quinta-feira). Abby-Lynn foi à sessão arrasada, temendo que nunca mais pudesse voltar a jogar na equipe principal e expressou o desejo de desistir.

Depois de ouvir as preocupações de Abby-Lynn e normalizar seu sofrimento, a terapeuta perguntou se havia algo que a jovem poderia fazer para resolver a situação antes de tomar uma decisão tão precipitada.

TERAPEUTA (T): Posso perceber o quanto você está chateada com sua treinadora e embaraçada na frente da equipe. Há algo que pode ser feito sobre isso?

ABBY-LYNN (AL): Não! A treinadora é tão implacável. Uma vez que ela faz um julgamento, ela te descarta para sempre. Eu posso muito bem desistir agora.

PLANILHA 14. Quadro de metas e recompensas

Sempre que estivermos testando novas habilidades, devemos nos recompensar pelo esforço. Primeiro, faça uma lista de metas alcançáveis e significativas. Em seguida, decida como você se recompensaria por cada realização.

Metas pelas quais posso me autorrecompensar	Recompensa	S	T	Q	Q	S	Sáb	Dom	# de dias alcançados
Responder às mensagens dos amigos imediatamente (dentro de 10 minutos).	1 ponto por resposta; ao atingir 10 pontos, assistir à TV sozinha.	S	N	S	S	N	S	S	5
Sair para correr quando chegar em casa da escola.	Tomar um banho antes de fazer qualquer tarefa ou dever de casa.	S	N	N	S	S	S	S	5
Ajudar o irmão a fazer um exercício de prática.	Tirar 30 minutos para mim (p. ex.; artesanato, assistir ao YouTube).	S	–	–	S	–	N	–	2

Metas pelas quais minha mãe pode me recompensar	Recompensa	S	T	Q	Q	S	Sáb	Dom	# de dias alcançados
Concluir uma tarefa escolar antes do jantar.	Com pelo menos quatro sucessos, ganho o direito de pegar o carro emprestado no fim de semana.	S	N	N	S	S	–	–	3
Chegar à escola no horário.	Ganho 1 hora de tempo livre (sem ser incomodada) depois do jantar.	N	S	S	N	S	–	–	3

FIGURA 6.7 Gráfico de metas e recompensas para Abby-Lynn.

T: Bem, eu ficaria triste em vê-la tomar essa decisão quando você está tão chateada, sobretudo sabendo o quanto o basquete é importante para você. Você estaria disposta a fazer um *brainstorming* sobre algumas opções para ver se podemos melhorar a situação?
AL: Acho que podemos tentar.

S: Diga qual é o problema

T: Ok, o primeiro truque para resolver qualquer problema é que fique claro qual é ele.
AL: Bem, minha treinadora me odeia.
T: Então, parece que ela está chateada com você, e você quer que ela não fique chateada com você.
AL: Acho que sim.
T: Às vezes, acho difícil fazer com que outras pessoas mudem seus sentimentos. O que mais é um problema aqui?
AL: Eu não estou jogando.
T: Ok, você não está jogando e gostaria de jogar mais.
AL: Eu também quero que a treinadora pare de pegar no meu pé. Ela não sabe como estou pressionada.
T: Ok, então talvez outro problema seja que sua treinadora não entende por que você está tendo dificuldades.
AL: Sim.
T: Se nos concentrássemos em apenas um problema primeiro, qual é o mais importante para você?
AL: Acho que fazer a treinadora parar de pegar no meu pé.

Observe que a terapeuta está tentando alcançar várias coisas: ela está ajudando Abby-Lynn a escolher qual problema é mais importante para ela e está ajudando a esclarecer qual é o problema específico. Em seguida, a terapeuta transformará o problema em um objetivo. É sempre mais fácil fazer uma tempestade de ideias de soluções quando se sabe qual é o objetivo.

T: Ok, podemos transformar isso em um objetivo? Do que você mais gostaria nessa situação?
AL: Fazer a treinadora parar de pegar no meu pé. Fazer ela entender por que estou indo mal.
T: Ok, parece um bom começo: ajudar a treinadora a entender o que você está passando.

T: Pense em soluções

Em seguida, a terapeuta ajuda Abby-Lynn a criar soluções de forma não avaliativa.

T: Ok, o primeiro passo para resolver problemas é elaborar o maior número possível de soluções – sem prejulgá-las! Elas podem ser racionais ou implausíveis – vamos apenas colocá-las no papel.

A terapeuta e Abby-Lynn elaboram diversas soluções, como visto na Figura 6.8 (uma versão em branco está disponível como Planilha 15 no Apêndice A). Observe que os prós e os contras não são discutidos até que todas as soluções tenham sido oferecidas. (Ver Capítulo 2 para revisão dos passos de resolução de problemas.) Quando necessário, a terapeuta ajuda a estimular soluções mais criativas e absurdas (p. ex., escrever uma mensagem no céu para a treinadora). O objetivo é considerar verdadeiramente toda a gama de possibilidades. Isso ajuda a jovem a se sentir menos presa a um conjunto designado de soluções comuns. É possível observar que até uma das soluções posteriores ("Chegar cedo e trabalhar mais") parece promissora para Abby-Lynn, mas talvez nunca tivesse surgido se ela e sua terapeuta não começassem a avaliar de forma prematura.

E: Examine cada solução

Depois que Abby-Lynn e a terapeuta terminam de criar ideias, a terapeuta ajuda a adolescente a considerar os prós e os contras de cada solução. A lição crítica aqui é que cada solução, não importa o quão promissora pareça à primeira vista, tem tanto prós quanto contras. Esse exame revela que não se espera que uma única solução resolva um problema na primeira tentativa e que uma pessoa deve esperar ter de experimentar várias soluções para resolver qualquer problema.

P: Escolha uma solução e experimente-a

Após de considerar os prós e os contras de cada solução, a terapeuta incentiva Abby-Lynn a classificar (ou avaliar em uma escala) quais soluções parecem mais promissoras. Novamente, o objetivo é enfatizar que diversas soluções podem ser necessárias antes de encontrar uma satisfatória. Esse processo prepara a jovem para pensar na resolução de problemas como um processo contínuo.

S: Veja se funcionou

Após classificar as soluções, Abby-Lynn está pronta para experimentar uma delas. Após uma discussão com sua terapeuta, Abby-Lynn prioriza o envio de um *e-mail* para sua treinadora como sua primeira escolha. Ela gosta da ideia de poder expressar seus pensamentos com antecedência, embora não possa ter certeza de quando a treinadora lerá a mensagem. Essa solução também se mantém focada no objetivo principal de comunicar à treinadora a pressão que ela está sofrendo, não necessariamente pedindo à treinadora para lhe dar tempo de jogo. Abby-Lynn compõe o *e-mail* durante a sessão e o envia para a treinadora. Para sua surpresa, a treinadora responde na mesma noite, demonstrando preocupação (a treinadora havia se perguntado se algo estava errado) e incentivando Abby-Lynn a voltar aos treinos no dia seguinte. Essa interação traz alívio para Abby-Lynn. Também desafia certas expectativas e suposições que ela pode ter (ver a seguir). Embora a troca de mensagens não resolva os problemas gerais de seu humor, distração e falta de rumo, ela ajuda a saber que a treinadora vai lhe dar algum espaço para resolver as coisas. Isso é suficiente para ajudar Abby-Lynn a dormir melhor naquela noite e motivá-la a ir para a escola no dia seguinte.

Higiene do sono, relaxamento

A higiene do sono é o próximo foco que o terapeuta abordará (sessões 7 e 8). As interrupções do sono são um sintoma frequente e significativo em muitos jovens deprimidos (Brand, Hatzinger, Beck & Holsboer-Trachsler, 2009; Rao, Hammen, & Poland, 2009). Jovens deprimidos muitas vezes alteram seu ciclo de sono, de modo que acabam indo dormir mais tarde, experimentam um sono interrompido e agitado, têm dificuldade para levantar e não se sentem descansados. Como resultado, jovens deprimidos tiram cochilos e dormem em vários momentos do dia. Isso leva a uma série de prejuízos funcionais, incluindo funcionamento cognitivo e frequência escolar mais baixos.

Assim como outros jovens deprimidos, Abby-Lynn tinha um ciclo de sono perturbado: ela tinha dificuldade para pegar no sono porque não se sentia cansada na hora desejada de dormir (22h), então ficava na cama pensando sobre o dia por 1 a 2 horas antes de adormecer, apenas para acordar espontaneamente em vários momentos durante a noite. Quando o despertador tocava às 6h, Abby-Lynn sentia-se grogue, enjoada e "como se tivesse corrido uma corrida de 8

PLANILHA 15. Resolução de problemas STEPS

> Para resolver problemas, siga estes passos: identifique o problema, pense em soluções, examine cada solução, escolha uma solução, experimente-a e veja se funcionou!

Diga qual é o problema: Fazer a treinadora entender o que estou passando			
Pense em soluções	**Examine cada solução**		**Classificação**
	Prós	Contras	
1. Ir até a treinadora após o treino para dizer a ela que estou com problemas.	Eu posso dizer a ela o que está acontecendo.	Ela ainda pode estar irritada comigo no treino. Posso ser muito emotiva.	4
2. Ir até a treinadora antes do treino para conversar com ela.	Eu posso dizer a ela o que está acontecendo.	Melhor do que depois do treino, mas ainda posso estar muito emotiva para contar a ela.	3
3. Pedir às minhas amigas que falem com a treinadora por mim.	Eu não tenho que enfrentar a minha treinadora.	Pode não ser tão crível. As amigas podem dizer a coisa errada.	5
4. Enviar um *e-mail* à treinadora para explicar minha situação.	Eu consigo usar minhas palavras.	Não saberei se/quando a treinadora vai ler. Às vezes, os *e-mails* são mal lidos.	1
5. Não dizer nada a ela e concentrar-me mais no treino.	As ações valem mais do que as palavras.	Eu ainda posso estragar tudo e piorar as coisas.	6
6. Chegar cedo e me esforçar mais.	Vou mostrar que sinto muito e ajudar a me colocar de volta ao time.	Não dizer à treinadora sobre tudo o que está acontecendo na minha vida agora.	2
7. Sair do time.	A coisa mais fácil de fazer.	Triste por não jogar basquete.	7
8. Falar sobre a treinadora no Instagram.	Descontar a minha raiva. Talvez ela saberá o quanto me magoou.	Vai fazer eu me sentir mal. E, provavelmente, piorar as coisas.	9
9. Enviar flores para me desculpar.	Vou mostrar que sinto muito.	Meio brega. Realmente não diz a ela o que está acontecendo.	8
10.			
Escolha uma solução e experimente: enviar um *e-mail* à treinadora para explicar minha situação.			

FIGURA 6.8 *Brainstorming* de resolução de problemas para Abby-Lynn.

quilômetros". Nenhuma quantidade de estímulos por parte de sua mãe conseguia acordá-la. Cerca de metade da semana, Abby-Lynn acordava depois das 9h e corria para a escola, perdendo suas duas primeiras aulas. Ao retornar para casa, ela cochilava por 1 a 2 horas antes de sua mãe acordá-la para fazer a lição de casa e ajudar a preparar o jantar. Para abordar o ciclo de sono desregulado de Abby-Lynn, a terapeuta conduziu um módulo de terapia que incluiu psicoeducação (incluindo o uso do Material suplementar 4, disponível no Apêndice A) para enfatizar a importância de uma higiene do sono saudável. A terapeuta analisou a rotina de sono de Abby-Lynn, ensinou-lhe exercícios de relaxamento e revisou a reestruturação cognitiva para identificar os pensamentos ansiosos e negativos que contribuíam para seu sono agitado.

Ao realizar uma análise do ciclo de sono de Abby-Lynn, ficou evidente que ela esperava até uma hora antes de dormir para revisar sua agenda e ver se havia concluído toda a lição de casa. Quando percebia que havia perdido uma tarefa, ou corria para concluí-la naquele momento, ou desistia e tentava dormir, mas ficava acordada preocupada com a tarefa perdida. Além disso, às vezes, ela tomava café ou consumia uma bebida energética para melhorar o alerta e completar a lição de casa. Depois disso, ela ficava acordada até as 4 ou 5 da manhã reciclando pensamentos sobre seu fracasso. Esse ciclo a levava a se sentir fatigada durante o dia e a obrigava a cochilar quando chegava em casa, fazendo com que ela não se sentisse cansada na hora de dormir muitas noites.

A terapeuta primeiro forneceu educação sobre boa higiene do sono usando o Material suplementar 4, corrigindo as percepções errôneas de Abby-Lynn sobre como criar um ambiente de sono propício. A terapeuta ajudou-a a construir um plano em que concordaram com um "horário-limite" oficial de 19h para os trabalhos de casa e garantiram o apoio de sua mãe a esse plano. Isso foi um alívio para Abby-Lynn, tanto porque a impediu de olhar para sua agenda na hora de dormir quanto porque estabeleceu um prazo final pelo qual ela poderia encerrar os trabalhos de casa todas as noites. Paradoxalmente, ter esse prazo concreto contribuiu para uma maior conclusão dos trabalhos de casa, pois Abby-Lynn procrastinava menos após a escola. Em consonância com isso, Abby-Lynn concordou em não beber nenhuma bebida com cafeína após as 17h e focar na leitura de prazer e conversar com os amigos à noite. Ela também concordou em não assistir ao YouTube ou acessar o Instagram após as 21h. Para se sentir mais desperta de manhã, Abby-Lynn concordou em colocar o despertador do outro lado do quarto e fazer 10 polichinelos a caminho de desligá-lo. A terapeuta e Abby-Lynn também trabalharam na identificação preventiva de pensamentos e impulsos para abandonar o plano, que provavelmente surgiriam pela manhã, quando ela estivesse mais vulnerável e sonolenta (p. ex., "Ah, isso é estúpido" ou "Vou apertar o botão de soneca" ou "Só preciso de mais alguns minutos"). Elas também trabalharam em afirmações de autoinstrução que Abby-Lynn praticaria em vez disso (p. ex., "Isso não é estúpido, mas importante para minha saúde" ou "Minha depressão quer que eu aperte a soneca, mas isso me faz sentir pior" ou "*Quero* mais cinco minutos, mas não *preciso* de mais cinco minutos"). Praticar exercícios físicos era algo que Abby-Lynn valorizava conceitualmente, então a terapeuta pediu-lhe que desse uma volta no quarteirão assim que acordasse. Abby-Lynn tentou isso e até transformou esse ritual em uma pequena corrida ao redor de seu bairro. Nas primeiras duas semanas do teste, essa corrida fez Abby-Lynn se atrasar para a escola. A terapeuta conseguiu que a mãe e a escola permitissem esse atraso por um tempo, para ajudar Abby-Lynn a priorizar a ativação para redefinir seu ciclo sono-vigília. Mesmo quando chegava tarde, Abby-Lynn chegava à escola mais alerta e ativada, recebendo relatórios positivos de seus professores. Com esse sucesso inicial, Abby-Lynn ficou motivada a acordar mais cedo e a concluir sua rotina de corrida a tempo de chegar à escola no primeiro período na maioria dos dias.

Identificando armadilhas de pensamento e reestruturação cognitiva

Nesse estágio da terapia (sessões 9 a 10), a terapeuta havia priorizado intervenções orientadas comportamentalmente como forma de iniciar a ativação socioemocional, proporcionar um senso de autoeficácia e ensinar habilidades de resolução de problemas que poderiam ajudar Abby-Lynn a ganhar controle sobre os desafios e os aborrecimentos da vida diária. Como resultado, Abby-Lynn desenvolveu uma compreensão melhor de quais eventos e interações desencadeavam estados de humor negativos e como caía em armadilhas comportamentais. Ela começou a resolver essas armadilhas buscando estratégias mais proativas para se envolver nas atividades que eram significativas para ela (p. ex., basquete, cuidar de seu irmão) e se recompensar de acordo (p. ex., autocuidado, pegar o carro emprestado). Ao ver o sucesso inicial de Abby-Lynn na implementação dessas habilidades, a terapeuta achou que era o momento apropriado para conduzir o rastreamento de pensamentos e a reestruturação cognitiva. Isso estava alinhado com a conceitualização da terapeuta de que pensamentos autocríticos e desanimados contribuem para ciclos negativos e evitativos, que levam ao aumento do isolamento e da depressão. Para ajudar Abby-Lynn a identificar as armadilhas de pensamento e desafiar o pensamento irrea-

lista, a terapeuta seguiu as etapas a seguir (ver Capítulo 2 para uma discussão estendida dessas mesmas diretrizes).

Passo 1: Rastrear eventos, pensamentos e humor

Para ajudar Abby-Lynn a identificar *pensamentos automáticos* que levam a um estado de humor deprimido, a terapeuta lembrou de que Abby-Lynn frequentemente comentava que algumas de suas autocríticas mais difíceis vinham na forma de "ouvir" a voz de sua mãe ou treinadora a criticando ou a pressionando mais. A terapeuta destacou que os pensamentos em nossa mente muitas vezes podem soar tão altos quanto vozes reais e que pode ser fácil internalizar seus comandos com pouco questionamento. No entanto, os pensamentos que Abby-Lynn atribuía à sua treinadora ou à sua mãe realmente refletiam suas próprias dúvidas e críticas. Usando o Material 2 e a Planilha 5 (versões reproduzíveis de ambos estão disponíveis no Apêndice A), a terapeuta a encorajou a começar a rastrear esses pensamentos automáticos para ver quais eventos os desencadeavam e qual era o humor e as ações que seguiam (ver Fig. 6.9).

T: Então, como foi ir para o treino ontem após enviar um *e-mail* para a sua treinadora?

AL: Eu quase não fui. Estava nervosa que todos estivessem olhando para mim por causa do que aconteceu outro dia.

T: Ok, parece que esse é um exemplo de ter outras "vozes" em sua cabeça. Eu me pergunto se esses são seus próprios pensamentos.

AL: Sim, eu sei. Acho que só imagino a pior coisa que eles poderiam estar pensando de mim e assumo que é verdade.

T: Bem, é isso que vamos investigar hoje. Quando você percebe esses pensamen-

PLANILHA 5. Rastreador de armadilhas de pensamento

Em quais armadilhas de pensamento você cai quando se sente triste, ansioso ou angustiado? Para cada situação, descreva e avalie como você se sente. Descreva seu pensamento automático (o primeiro pensamento que vem à sua mente). Em qual armadilha de pensamento você pode estar caindo? Como isso faz você se sentir (o resultado)?

Gatilho	Sentimento (Avaliação de 0 a 10: "nada" a "insuportável")	Pensamento	Armadilha de pensamento	Resultado?
Chegar ao treino, achar que as companheiras de equipe estão pensando que sou um fracasso.	Envergonhada (7) Enojada (7)	"Acham que eu sou um fracasso." "Não me querem lá."	Leitura de pensamentos	Enojada comigo mesma (9) Queria sair do ginásio (10)
Errei um passe durante o treino. O outro time roubou nossa vitória por um ponto.	Frustrada (8) Envergonhada (6)	"Eu sou péssimo nisso." "Perdi o jeito."	Catastrofização	Frustrada (9). Com raiva de mim mesma (8).
Não ajudei o meu irmão com sua terapia ocupacional	Tristeza (6) Frustrada (5)	"Minha mãe me odeia." "Não consigo fazer nada."	Leitura de pensamentos Busca pelos pontos negativos	Triste (8)

FIGURA 6.9 Planilha completa do rastreador de armadilhas de pensamento para Abby-Lynn.

tos, como um de seus colegas pensando, "O que ela está fazendo aqui? Ela desistiu", como isso lhe faz sentir?
AL: Envergonhada. Com nojo de mim mesma.
T: E qual é o primeiro pensamento que você percebe surgindo em sua cabeça?
AL: Todos acham que sou uma perdedora; eu não deveria estar aqui.
T: E qual é o seu instinto?
AL: Sair daqui.
T: Ok, então vamos esclarecer essa ligação aqui.

A terapeuta e Abby-Lynn usam o rastreador de armadilhas cognitivas na Figura 6.9 para começar a esclarecer a ligação entre eventos, pensamentos, humor e ação. Ao ver seus pensamentos automáticos dispostos, Abby-Lynn começa a perceber como certos eventos (situações de desempenho, expectativas interpessoais) rotineiramente desencadeavam pensamentos negativos. "Acho que eu sabia que tinha esses pensamentos, mas não percebi quantas vezes os tinha." Ao longo da semana que se segue, a terapeuta atribui à Abby-Lynn a tarefa de rastrear seus pensamentos em reação a quaisquer eventos que levem a um humor negativo e de retornar à próxima sessão com o rastreador. Mesmo que o rastreador inclua um espaço para "armadilha cognitiva", a terapeuta diz a Abby-Lynn para deixar essa coluna em branco; elas revisarão esse conceito na semana seguinte.

Passo 2: Identificar suposições irrealistas e rotular as armadilhas cognitivas

Quando Abby-Lynn retorna na semana seguinte com um rastreador de pensamentos preenchido, a terapeuta revisa as tendências e nota o mesmo padrão que Abby-Lynn havia notado. Abby-Lynn parece estar chateada com mais frequência quando há uma expectativa de desempenho ou quando há pistas sociais ambíguas que sugerem que os outros querem algo dela. A terapeuta, então, introduz o conceito de "armadilhas cognitivas", as maneiras comuns pelas quais os indivíduos fazem suposições falsas ou tiram conclusões irreais com base em informações ambíguas.

T: Ok, estou percebendo que há alguns temas comuns em seus padrões de pensamento. Você parece ser mais sensível quando precisa se sair bem, ou quando pensa que os outros querem algo de você.
AL: Sim, eu só fico pensando que estou falhando. Ou que não estou correspondendo às expectativas das pessoas.
T: Esses pensamentos podem realmente ser fortes dessa maneira. E ainda assim, isso realmente reflete o que está acontecendo?
AL: Sim, todos parecem estar me odiando por causa da minha inconstância e dos meus erros. Na semana passada, eu passei a bola para o time errado!
T: Entendi, você cometeu alguns erros, mas como você sabe que suas colegas de equipe acharam que você era inconstante, ou que te odiavam?
AL: Eu não sei... Parece que estão me tratando de forma diferente.
T: De que forma?
AL: Elas estão me ignorando.
T: Elas estão evitando você, ou você as está evitando?
AL: Não sei ao certo.
T: Você parece ter evitado elas bastante ultimamente, não respondeu às mensagens e, quando entra no vestiário, vai direto para o seu armário.
AL: Talvez...

T: Pode ser que você esteja fazendo algumas suposições com base no desconforto que está sentindo?

AL: É possível.

T: Quando as pessoas estão deprimidas, muitas vezes fazem suposições que não refletem totalmente a realidade. Elas tiram conclusões negativas sem ter evidências claras. Isso poderia estar acontecendo com você? Deixe-me compartilhar uma lista de armadilhas de pensamento comuns. Existem vários tipos, cada um deles refletindo diferentes suposições ou conclusões falsas que fazemos. Vamos revisá-los para ver se algum se aplica à sua situação.

A terapeuta e Abby-Lynn revisam a lista de armadilhas de pensamento no Quadro 2.2 (uma versão reproduzível está disponível como Material suplementar 2 no Apêndice A) e começam a aplicar várias armadilhas às suposições que Abby-Lynn tem feito. Elas identificam que a jovem está caindo em diversas armadilhas consistentes, incluindo leitura de pensamento, catastrofização e foco nos aspectos negativos. Por exemplo, quando ela entrou no vestiário, assumiu que as ações hesitantes de suas colegas eram porque estavam julgando seu desempenho anterior. Uma análise mostra que várias colegas se aproximaram dela e perguntaram como ela estava. Isso ilustra a leitura de pensamento, em que o cliente assume saber o que outra pessoa está pensando sem perguntar. Da mesma forma, quando Abby-Lynn errou um passe, criticou-se de forma severa, pensando "Perdi a minha habilidade"; ela estava fazendo suposições não razoáveis sobre o impacto desse único erro, então pode ter caído na armadilha da catastrofização (pensando no pior resultado possível). Também poderia ser um exemplo de foco nos aspectos negativos (caminhando com viseiras), pois negligenciou os muitos outros passes bem-sucedidos que fez durante o dia. A terapeuta ajudou Abby-Lynn a considerar se há evidências adequadas para suas conclusões e como suas suposições estão afetando seu comportamento. O uso de um rótulo formal para as armadilhas de pensamento facilita sua identificação no momento, sem necessidade de uma análise complexa sempre que uma emoção negativa surge.

Passo 3: Gerar pensamentos de enfrentamento mais positivos e realistas

A terapeuta auxilia a jovem a desenvolver pensamentos de enfrentamento mais realistas e adaptativos, considerando toda a realidade de sua situação. Pensamentos de enfrentamento ideais abordam diretamente a armadilha de pensamento específica na qual a jovem pode estar caindo. Quando Abby-Lynn recorre à leitura de pensamento, assumindo que suas colegas pensam que ela é uma perdedora, a terapeuta a ajuda a construir um pensamento de enfrentamento com base em alguns dos fatos que elas descobriram (ver Fig. 6.10; uma versão em branco está disponível como Planilha 16 no Apêndice A).

T: Então, quando você estava perto do seu armário, alguém disse algo para você?

AL: Sim, a Jazmin veio até mim e perguntou como eu estava.

T: Isso não parece indicar que elas não queriam você lá, pelo menos para a Jazmin.

AL: Acho que estava assumindo que ela ficaria irritada comigo.

T: Existe um pensamento mais realista que pode ajudá-la a lidar com a leitura de pensamento que está fazendo?

PLANILHA 16. Rastreador de pensamentos de enfrentamento

Elabore pensamentos de enfrentamento que possam responder à sua armadilha de pensamento! Tente criar declarações de enfrentamento que sejam mais realistas e se pergunte: "Como não estou vendo o quadro completo?"

Gatilho	Pensamento	Armadilha de pensamento	Pensamento de enfrentamento	Resultado?
Chegar ao treino, achar que as companheiras de equipe estão pensando que sou um fracasso.	"Acham que eu sou um fracasso." "Não me querem lá."	Leitura de pensamentos	"Elas mostraram preocupação; perguntaram se eu estava bem."	Me senti mais calma; cheguei ao treino com a cabeça mais tranquila.
Errei um passe durante o treino. O outro time roubou nossa vitória por um ponto.	"Eu sou péssima nisso." "Perdi o jeito."	Catastrofização	"Eu fiz uma dúzia de outros passes."	Me senti mais calma; mais confiante; continuei.
Não ajudei o meu irmão com sua terapia ocupacional.	"Minha mãe me odeia." "Não consigo fazer nada."	Leitura de pensamentos		
Busca pelos pontos negativos	"Só posso fazer o que posso, e estou fazendo muito."	Me senti menos triste; brinquei com o meu irmão mais tarde.		

FIGURA 6.10 Planilha completa do rastreador de pensamentos de enfrentamento para Abby-Lynn.

AL: O que você quer dizer?

T: Estou buscando um *slogan* que responda à suposição negativa de que suas colegas estão bravas com você.

AL: Acho que elas se importam. Elas perguntaram se eu estava bem.

T: Ok, isso ajudaria a lembrá-la de que suas amigas estão lá para você? Isso ajudaria a contrariar esse pensamento incômodo de que todos estão bravos com você?

AL: Acho que sim.

T: Ok, então o truque disso é recitar esse pensamento de enfrentamento toda vez que seu pensamento negativo for acionado. Assim, da próxima vez que você entrar no vestiário, diga para si mesma: "Elas estão apenas preocupadas". Agora, pode haver situações semelhantes, como entrar em uma sala de aula ou no refeitório, onde você também não tem certeza do que as pessoas estão pensando. Existe outro pensamento de enfrentamento que poderia abranger esses tipos de situações em que você não tem certeza do que as pessoas estão pensando?

AL: Eu não sei... talvez "Eu não sei o que as pessoas estão pensando" ou "Os amigos são mais solidários do que eu dou crédito"?

T: Ok, eu gosto desses. Agora, podemos testá-los para situações específicas. Mas, por enquanto, eu acredito que, se você entrar em situações com amigos pensando nessas coisas, estará mais aberta para coisas boas acontecerem do que se entrar assumindo que eles estão irritados com você.

AL: Isso provavelmente é verdade.

Como discutido no Capítulo 2, evite formar pensamentos de enfrentamento que sejam *irrealisticamente positivos* também. O objetivo não é convencer a jovem com falsas platitudes ou amenidades superficiais. Adotar o pensamento de enfrentamento "As pessoas gostam de mim, não importa o que eu faça" seria pouco crível e menos eficaz do que citar evidências específicas de que as amigas de Abby-Lynn estavam preocupadas com ela. Na verdade, nem todos podem gostar de nós, assim como não somos obrigados a gostar de todos que encontramos. Assim, o objetivo de elaborar pensamentos de enfrentamento é abrir a jovem para a possibilidade de que as coisas poderiam ser mais positivas (ou pelo menos não tão negativas) do que ela está assumindo. Estar aberto a essa possibilidade pode dar à jovem a confiança para ativar e se aproximar quando normalmente poderia ter se afastado.

Desafios comportamentais e exposições *in vivo*

Construindo hierarquias de desafios para problemas de humor

A terapeuta avançou para a integração de desafios comportamentais *in vivo* na sessão 11 para auxiliar Abby-Lynn a praticar suas habilidades de enfrentamento em desenvolvimento. Com base nos objetivos de Abby-Lynn e de sua mãe e na conceitualização de caso da terapeuta, foram geradas (com a família) várias hierarquias de desafios focadas no *engajamento na vida, na construção da rede social de Abby-Lynn, no equilíbrio entre responsabilidades e estresse* e na melhoria da *higiene do sono e do sono*. Embora a mãe de Abby-Lynn tenha listado "melhorar o humor triste" como um objetivo inicial, a terapeuta comunicou que o humor às vezes é algo difícil de abordar de forma direta; em vez disso, a terapeuta construiu consenso em torno da ideia de que, se fizessem progresso em alguns dos objetivos sociais, comportamentais e cognitivos, um humor melhor seguiria. Abby-Lynn e sua mãe concordaram que focar em melhorar seu nível de atividade e perspectiva de vida levaria ao aumento da positividade.

Hierarquias de desafios para a depressão tendem a incluir duas formas de experimentos. Como discutido no Capítulo 2, eles são mais comumente referidos como experimentos comportamentais, no sentido de que desafios em que metas concretas são identificadas são criados, e o terapeuta orienta o jovem a alcançar essas metas. Por exemplo, um experimento útil poderia ser direcionar Abby-Lynn a ligar para uma amiga, ter uma conversa de cinco minutos e depois convidar a amiga para sair. Alcançar as metas específicas (ligar para a amigo, manter uma conversa, estender o convite) pode ter um impacto significativo na vida de Abby-Lynn – como na construção de uma rede social ou simplesmente apreciando a conversa da amiga. Nesse contexto, os experimentos podem ser usados para testar cognições defeituosas e desafiar pressupostos negativos e armadilhas de pensamento. Então, enquanto Abby-Lynn está conversando com sua amiga, ela pode notar pensamentos autocríticos ("Ela está se perguntando por que estou ligando – ela deve pensar que sou uma perdedora") que se encaixam em suas armadilhas de pensamento características (leitura de pensamento). Experimentos comportamentais ajudam a obter evidências para contrariar as suposições irrealisticamente negativas que Abby-Lynn está fazendo. Durante ou após o experimento, o terapeuta pode perguntar: "Sua amiga disse que estava entediada?"; "Houve alguma evidência de que ela gostou da sua ligação?". Conduzir experimentos comportamentais em tempo real com o jovem durante a sessão (como Abby-Lynn enviando um *e-mail* para sua treinadora) permite que o terapeuta seja um observador da vida real e desafie os filtros cognitivos negativos do jovem.

Um segundo tipo de experimento pode assumir a forma e a função de exposições clássicas *in vivo*. Em geral, exposições se referem a confrontar um jovem ansioso com um estímulo temido e fazer o jovem se habituar ao estímulo ou aprender a tolerar o desconforto resultante da situação estressante. Esses tipos de exposições ajudam a desafiar a noção do jovem de que ele ficará incapacitado pelo estímulo temido ou de que ocorrerão resultados catastróficos. Jovens deprimidos também podem ficar incapacitados pelo humor. Jovens propensos à depressão entram em contato com demandas de tarefas ou oportunidades de ficar mais ativos e, em vez de se envolverem, muitas vezes recusam, retiram-se ou isolam-se. Para Abby-Lynn, o horário de estudos sempre foi um fator estressor. Embora ela gostasse de língua portuguesa, a ideia de sentar-se, pensar no que escrever e, depois, compor frases e pensamentos conectados parecia esmagadora. Sua resposta típica era empurrar os livros para longe e deitar-se na cama. A demanda por *esforço sustentado* era seu próprio gatilho. Quando seus amigos mandavam mensagem, Abby-Lynn colocava o celular de lado, pois conseguia prever o esforço que seria necessário para responder à mensagem, manter a conversa e, talvez, planejar algum passeio. Embora ela reconhecesse que gostava de seus amigos, raramente sentia que a recompensa (conectar-se com o amigo) valia o esforço (mandar mensagem, planejar) que isso exigia. A terapeuta pode compartilhar o Material suplementar 14 (uma versão reproduzível está disponível no Apêndice A) para ajudar a transmitir esses conceitos à jovem.

Nesses casos, exposições *in vivo* podem ser usadas para expor a jovem ao sentimento de esforço sustentado e ajudá-la a completar uma tarefa. Dimidjian et al. (2011) utilizam uma técnica semelhante ao ajudar clientes adultos a responderem à ruminação. Eles pedem aos clientes para praticarem identificar instâncias em que a ruminação ou a passividade os levam a desengajar-se da vida e instruem os clientes a notar sempre que estiverem ruminando por mais de cinco minutos e a usar isso como um "sinal para a ativação". No caso das exposições, o terapeuta está lá para criar uma situação que exija "ação esforçada" (Chu et al., 2014), a fim de ajudar o jovem a reconhecer a tentação de desistir e superar esse sentimento, similar a tolerar o desconforto em exposições tradicionais para ansiedade. No caso de Abby-Lynn, a terapeuta pode solicitar que ela traga tarefas de casa, observar sua iniciativa na composição de uma redação e, em seguida, ajudar Abby-Lynn a perceber o momento em que sua percepção de "esforço" a chama para desistir. A terapeuta, então, orienta Abby-Lynn por esse momento usando qualquer número de habilidades de enfrentamento já ensinadas na terapia. O objetivo é mostrar a Abby-Lynn que (1) ela pode superar a vontade de desistir e que (2) as recompensas valem o esforço sustentado.

Várias hierarquias são geradas para dar opções à terapeuta e à Abby-Lynn para praticar habilidades durante a sessão ou depois, em casa. Cada desafio se enquadra em um dos temas gerais dos objetivos do tratamento, mas não são necessariamente hierárquicos. Cada desafio explora diferentes dimensões do objetivo específico. A primeira hierarquia a seguir refere-se ao objetivo de se engajar em atividades que costumavam ser divertidas para Abby-Lynn. Esse desafio e muitos outros fazem uso da forma de "ação esforçada" de exposição já descrita.

Hierarquia de desafio A: reengajamento com atividades anteriores e superação com esforço sustentado

1. Praticar dribles.
2. Praticar lances livres.
3. Jogar basquete um contra um com uma colega de equipe.
4. Praticar exercícios com uma colega de equipe.
5. Postar fotos no Instagram.
6. Comentar em contas de outras pessoas no Instagram.
7. Gravar um vídeo fazendo exercícios de basquete.
8. Postar um vídeo de basquete no YouTube.
9. Mandar mensagens para amigos.
10. Fazer planos com amigos.
11. Fazer tarefas de escrita.
12. Ajudar meu irmão com sua terapia ocupacional.

À medida que a terapeuta ajudava Abby-Lynn a começar a se ativar e a aprender a apreciar os resultados positivos da ativação, ela queria garantir que Abby-Lynn estivesse construindo uma rede de apoio real que ajudasse a manter sua atividade assim que Abby-Lynn começasse a se abrir. Para isso, a terapeuta e Abby-Lynn elaboraram uma série de desafios que ajudariam a dar a ela prática em se aproximar dos outros e planejar atividades. Alguns podiam ser feitos durante a sessão, ao passo que outros tinham de ser concluídos como prática em casa fora da sessão. Os objetivos de cada atividade diferiam dependendo da habilidade específica que elas queriam que a adolescente praticasse mais naquela semana. Ao fazer planos com uma amiga, Abby-Lynn expressou várias suposições negativas. O experimento comportamental ajudou a identificar suas armadilhas de pensamento e desafiá-las com evidências.

Hierarquia de desafios B: aumentar o contato e os apoios sociais

1. Comentar em uma foto de uma amiga no Instagram.
2. Postar em meu Facebook ou em meu Instagram.
3. Mandar mensagem para uma amiga.
4. Fazer planos com amigos.
5. Sair com amigos.
6. Sentar-me com amigos na hora do almoço.
7. Conversar com um amigo durante a aula.
8. Ligar para uma colega de classe depois da aula para falar sobre lição de casa.
9. Pedir ajuda a um professor depois da aula.
10. Falar com a treinadora de basquete sobre estar passando por um momento difícil.

Ao mesmo tempo, a terapeuta queria ajudar Abby-Lynn a praticar resolução de problemas concretos para ajudá-la a lidar com estressores da vida real e *aborrecimentos* diários. A terapeuta planejou uma série de exercícios de resolução de problemas em família em que a jovem poderia praticar suas habilidades de assertividade e Abby-Lynn e sua mãe poderiam gerenciar colaborativamente suas responsabilidades.

Hierarquia de desafio C: gerenciando responsabilidades enquanto equilibra o estresse

1. Engajar-me em resolução de problemas familiares com minha mãe.
2. Praticar habilidades de assertividade ao pedir pausas.
3. Planejar pausas e recompensas entre tarefas domésticas e escolares.
4. Resolver expectativas realistas.

Abby-Lynn relatou distúrbios significativos do sono quando iniciou o tratamento. A terapeuta forneceu educação sobre higiene do sono, ensinou habilidades de relaxamento e atenção plena e introduziu reestruturação cognitiva para ajudar a adolescente a criar uma rotina de sono favorável. Alguns dos passos focavam em resolver essas rotinas. Outros deram a Abby-Lynn e à terapeuta a chance de praticar habilidades na sessão. Por exemplo, a terapeuta simulava a hora de dormir na sessão e orientava Abby-Lynn por meio de exercícios de relaxamento e atenção plena, identificando e desafiando pensamentos ansiosos que mantinham Abby-Lynn acordada.

Hierarquia de desafio D: melhorar a higiene do sono e regular o ciclo do sono

1. Praticar exercícios de relaxamento e atenção plena para usar antes de dormir.
2. Praticar pensamentos de enfrentamento para aliviar medos ansiosos antes de dormir.
3. Planejar uma rotina de sono.
4. Planejar recompensas para acordar em um horário consistente.
5. Planejar recompensas para permanecer acordada durante o dia.

Realização de experimentos comportamentais e exposições em sessão

Antes de cada exposição, o terapeuta e o jovem identificaram os objetivos, os desafios e os esforços de enfrentamento necessários. O Capítulo 2 fornece uma visão geral da preparação e da execução da exposição. Aqui, fornecemos dois exemplos de casos de um experimento comportamental. Eles foram projetados para ajudar Abby-Lynn a desafiar suposições negativas ao construir redes sociais. O segundo também a expôs a um esforço sustentado (ação esforçada) ao tentar concluir a lição de casa.

Experimento comportamental: construindo uma rede social

A Figura 6.11 é uma planilha de exposição preenchida por Abby-Lynn (uma versão em branco está disponível como Planilha 6 no Apêndice A) que ilustra uma exposição social relacionada aos objetivos de estabelecer uma ampla rede social e desafiar suas suposições negativas. Ao escolher de forma colaborativa com sua terapeuta uma exposição para realizar na sessão, Abby-Lynn menciona conversar com uma garota no almoço com quem ela costumava ter mais proximidade, mas teve menos contato nos últimos meses. Abby-Lynn concorda em mandar uma mensagem para Kelly e tentar marcar algo com ela (ver itens 3 e 4 na Hierarquia de desafio B), esperando desafiar seus próprios medos de que Kelly não queira ouvi-la. Ao se preparar para o experimento comportamental, a terapeuta ajuda Abby-Lynn a identificar seus sentimentos (ansiosa, triste), sua classificação de desconforto (85) e os pensamentos negativos relacionados ao desafio. Todos eles são anotados na planilha. Ao conversar sobre seus medos, a terapeuta ajuda Abby-Lynn a perceber que ela está caindo na armadilha da *leitura de pensamentos* ("Ela vai achar estranho eu mandar mensagem do nada") e *levando as coisas para o lado pessoal* (agindo como a autocrítica; "Devo estar tão desesperada para fazer isso"). A terapeuta desafia Abby-Lynn a identificar evidências a favor e contra cada pensamento negativo. Abby-Lynn reconhece que Kelly sempre respondeu às suas mensagens no passado. Ela então gera um pensamento de enfrentamento relevante ("Kelly pode ficar animada em ouvir de mim") para contrariar seu pensamento ansioso. Ela também argumenta que ser proativa não é um ato de desespero, mas uma forma de ajudar a si mesma. A terapeuta a ajuda a identificar exemplos de pessoas que enfrentaram desafios e tiveram que pedir apoio ou dar pequenos passos para se reestabelecer (como atleta, Abby-Lynn é receptiva a exemplos de jogadores profissionais de basquete que superaram longos períodos de reabilitação). Ela decide, então, usar esta resposta de enfrentamento: "É proativo fazer algo para se ajudar".

Tendo identificado os pensamentos negativos e os medos que poderiam interferir potencialmente na realização do objetivo de Abby-Lynn, a terapeuta e a jovem geram metas comportamentais alcançáveis para focar seus esforços. Essas metas são projetadas de maneira a serem pequenas, alcançáveis e avançar incrementalmente Abby-Lynn em direção a um objetivo funcional maior (estabelecer contato com uma potencial amiga). Recompensas são então identificadas para ajudar a reconhecer a realização de cada objetivo. Essas recompensas não precisam ser elaboradas; sua função principal é reconhecer o esforço que ela terá de fazer para tentar algo que continua sendo muito difícil. A recompensa final ("Pesquisar na *web* por iogurte congelado e outros lugares para visitar") é projetada para tanto reconhecer quanto capitalizar o sucesso dos esforços de Abby-Lynn. Tentativas bem-sucedidas de se comunicar com amigos desencadearão o planejamento do que fazer para se divertir.

Após esboçar os contornos do experimento, a terapeuta inicia o processo registrando a classificação inicial de desconforto de Abby-Lynn, que sobe para 90 conforme o início do experimento se aproxima. A terapeuta, então, incentiva Abby-Lynn a mandar uma mensagem para Kelly. A adolescente protesta no início, revelando que seus pensamentos ansiosos ainda estão salientes e interferindo emocionalmente. "Ela vai pensar que sou tão estranha. Isso é tão estúpido. Por que tenho que fazer isso? Ninguém mais precisa fazer experimentos!" A terapeuta lembra Abby-Lynn de suas armadilhas de pensamento e a incentiva a lembrar de seus pensamentos de enfrentamento: "Acho que ela sempre

PLANILHA 6. Exposição *in vivo*/experimento comportamental

Preencha esta planilha com o jovem enquanto se prepara para um experimento comportamental.

1. **Situação (Qual é a situação?):**
   Enviar uma mensagem para Kelly para ver o que ela está fazendo; talvez fazer planos.

2. **Sentimentos:** **Classificação de desconforto:** ___85___

   Ansiosa, triste

3. | **Pensamentos ansiosos/ negativos:** | **Armadilhas de pensamentos (ver lista a seguir)** |
   |---|---|
   | "Não nos falamos há muito tempo; ela vai achar estranho eu estar mandando mensagens para ela do nada." | Leitura de pensamentos |
   | "Devo estar muito desesperada para fazer isso. Sou um fracasso por não ter amigos." | Levar as coisas para o lado pessoal; generalizar demais |

   Armadilhas de pensamento: leitura de pensamentos, adivinhação, catastrofização, conclusões precipitadas, "e se", desconsideração dos pontos positivos, busca pelos pontos negativos, generalização excessiva, pensamento tudo ou nada, declarações de dever, levar as coisas para o lado pessoal, culpar.

4. **Pensamentos de enfrentamento (Como você responde aos seus pensamentos ansiosos?):**

   Leitura de pensamentos: "Ela pode ficar animada por saber de mim". "Ela sempre respondeu antes."
   Levar as coisas para o lado pessoal: "Fazer coisas para ajudar a si mesma não é desesperador, é proativo". "Todos têm algo em que estão trabalhando."

   Perguntas desafiadoras: Eu sei com certeza que _____? Estou 100% certo de que _____? Que evidências tenho de que _____? Qual o pior que poderia acontecer? O quanto isso é ruim? Eu tenho uma bola de cristal?

5. **Metas comportamentais atingíveis (O que você quer alcançar?):**

Meta	Alcançada?
a. Enviar uma mensagem para Kelly. Fazer comentários sobre a aula de hoje.	
b. Falar sobre a última vez que saímos.	
c. Sugerir fazer uma receita de *frozen yogurt* depois da escola amanhã.	

6. **Recompensas:**

Recompensas	Alcançada?
a. Toque de mãos, autoelogio "Parabéns para mim!".	
b. Aceitação dos elogios do terapeuta.	
c. Pesquisa na web por lugares de *frozen yogurt* e outros lugares para fazer uma parada.	

FIGURA 6.11 Planilha de experimento comportamental preenchida para ajudar a cliente a ampliar a rede social.

respondeu antes"; "A jogadora de basquete Sheryl Swoopes teve que reaprender a saltar após sua lesão no joelho". A terapeuta também lembra Abby-Lynn de que ela não precisa mandar mensagem para Kelly; mas está escolhendo elevar seu humor e tentar esse passo para ver o que acontece. Após lembrar dos seus pensamentos de enfrentamento e respirar fundo, Abby-Lynn inicia o primeiro passo de enviar uma mensagem para Kelly. Após terminar sua mensagem ("O Sr. Whitmore fez algum sentido para você hoje???"), Abby-Lynn solta um suspiro enorme, mas rapidamente fica ansiosa: "Que idiota! Não posso acreditar que disse isso! Ela nunca vai responder!". A terapeuta incentiva Abby-Lynn a se lembrar novamente de seu pensamento de enfrentamento relevante ("Ela sempre respondeu antes") e identifica a classificação de desconforto da adolescente em 95. Enquanto Abby-Lynn e a terapeuta se preparam para o próximo passo, Kelly responde à mensagem: "fr – sem noção". Aliviada e subitamente encorajada, Abby-Lynn imediatamente manda outra mensagem, "rsrs me salve". E, "Faz tempo demais. Vamos sair?". Ao que Kelly responde, "Eu sei! Estava pensando a mesma coisa" e "Preciso de uma dose de Abby-Lynn!". Aproveitando o momento, Abby-Lynn responde, *"Frozen yogurt?"*. Kelly responde animada, "Com certeza!".

Após a última mensagem, Abby-Lynn avalia sua angústia como zero e reconhece que "Estava tão nervosa, mas passou tão rápido", o que a terapeuta enfatiza como uma mensagem útil a ser levada para casa. Muitas vezes, criamos situações estressantes em nossa mente, devido às nossas armadilhas de pensamento, mas, uma vez que nos envolvemos nelas, descobrimos que são mais fáceis do que esperávamos. Em consistência com o modelo do experimento comportamental, a terapeuta pergunta a Abby-Lynn se algum dos resultados temidos ocorreu. Abby-Lynn não conseguiu identificar nenhum. De fato, Abby-Lynn alcançou cada um de seus objetivos comportamentais. A terapeuta dedica tempo para revisar cada etapa com Abby-Lynn, identifica quaisquer desafios encontrados e reforça as habilidades de enfrentamento que ela usou para persistir. Mais importante ainda, a terapeuta incentiva a jovem a receber sua recompensa. Aqui, a terapeuta elogia especificamente a capacidade de Abby-Lynn de passar por um momento estressante e de lembrar seus pensamentos de enfrentamento. Ela também incentiva Abby-Lynn a se elogiar e pede a ela para listar quais habilidades específicas ela mais se orgulha de ter usado. Juntas, elas tiram os próximos cinco minutos da terapia para "pesquisar" os lugares de iogurte congelado mais próximos da escola de Abby-Lynn.

Experimentos comportamentais nem sempre seguem conforme o planejado e, na verdade, resultados ambíguos são tão, se não mais, valiosos para ajudar a testar as habilidades de enfrentamento quanto resultados claramente bem-sucedidos. Nesse caso, Kelly poderia não ter respondido imediatamente por qualquer motivo. Esses motivos podem não ter nada a ver com seu interesse em conversar ou sair com Abby-Lynn, mas respostas de texto ausentes ou ambíguas compreensivelmente despertariam medos e pensamentos ansiosos. Nesses momentos, lembre o jovem de seus pensamentos de enfrentamento e siga com os objetivos planejados, conforme apropriado. Nessa situação, Abby-Lynn poderia ter completado uma série de mensagens de texto sem sequer receber uma resposta de Kelly. Não teria sido totalmente inapropriado socialmente enviar três mensagens separadas: "O que o Sr. Whitmore estava falando hoje???"; "Faz tempo, vamos sair."; *"Frozen yogurt?"*. Cada uma teria servido como uma oportunidade para praticar o enfrentamento diante de resultados ambíguos e cada uma teria merecido elogios. Lembre-se de que não podemos controlar os resultados da vida; só podemos fazer a nossa parte para alcançar os resultados desejados.

Exposição *in vivo* ao esforço sustentado: completando tarefas escritas

A Figura 6.12 é uma planilha de exposição preenchida por Abby-Lynn (novamente, uma versão em branco está disponível como Planilha 6 no Apêndice A) que ilustra um desafio projetado para dar à adolescente prática em superar situações que exigem esforço sustentado e ajudá-la a apreciar os benefícios da perseverança. Abby-Lynn observou que muitas vezes desiste e se retira (deita-se na cama, assiste ao YouTube) quando é hora de fazer a lição de casa, especialmente ao completar tarefas de escrita. Para dar a Abby-Lynn prática em superar a vontade de desistir, concordou-se que ela traria uma tarefa de escrita e a trabalharia durante a sessão (ver o item 11 na Hierarquia de desafios A). Assim como nos experimentos comportamentais, é útil identificar as suposições negativas que o jovem está fazendo ao enfrentar tal desafio. Aqui, Abby-Lynn presume que o esforço necessário para completar a tarefa é insuperável e doloroso. Relativamente (ou como resultado de suas atitudes negativas), ela acha a tarefa entediante e sem relação com seus interesses. Esses pensamentos demonstram um leve catastrofismo ("Isso vai levar tanto tempo"), mas refletem sobretudo o fato de que o esforço necessário será desagradável. Esse é um exemplo de raciocínio emocional, em que o jovem assume que uma tarefa é inatingível devido ao desconforto que sente em relação a ela. Nesses casos, valide os sentimentos do jovem ("Eu sei que escrever é uma luta para você", "Pode parecer impossível saber por onde começar") e forneça declarações encorajadoras que o oriente a gerar declarações proativas de enfrentamento (empatizar e encorajar). Aqui, Abby-Lynn elabora pensamentos de enfrentamento ("Mais vale aproveitar ao máximo", "Trabalhar pelo intervalo") que a lembram de que esse desafio está dentro de sua capacidade. Ela se lembra de como sua treinadora de basquete tratava a equipe quando estavam treinando. "Sempre que fazíamos dois treinos por dia, ela sempre dividia os exercícios e, depois, nos incentivava a ganhar as pausas para tomar água." Assim, Abby-Lynn usa a experiência de se esforçar fisicamente para adotar uma abordagem semelhante aos exercícios mentais/acadêmicos. "Se eu pensar neles como exercícios breves, acho que consigo passar por essas tarefas."

São estabelecidos objetivos que imitam exercícios breves focados em resultados. Cada passo (p. ex., ligar o computador, encontrar a tarefa, iniciar qualquer forma de escrita) havia desviado Abby-Lynn no passado porque ela sentia que cada passo desbloqueava mais passos em uma série interminável de tarefas. Ela havia experimentado frustração após completar tarefas, em vez de realização, porque não via o fim à vista. O ato de esboçar suas tarefas necessárias para essa exposição lhe dá uma sensação de finalidade concreta, e instituir pausas entre cada etapa lhe dá algo para aguardar ("Trabalhar pela pausa"). A terapeuta também incentiva uma abordagem realista e incentivadora, lembrando Abby-Lynn de que ela não precisa completar todos os componentes do desafio – são apenas objetivos. Ela reserva o direito de parar a qualquer momento. Dessa forma, completar cada tarefa lhe traz uma sensação de realização significativa. Concluir mais tarefas seria ainda mais incrível, mas parar a qualquer momento não diminui as conquistas anteriores. Com esse encorajamento, Abby-Lynn e a terapeuta também derivam este pensamento-chave de enfrentamento: "Cada passo que dou é um passo além do que dei ontem". Em consequência, as recompensas são projetadas para se encaixar de forma natural no fluxo de trabalho de escrita de Abby-Lynn (i.e., podem

PLANILHA 6. Exposição *in vivo*/experimento comportamental

Preencha esta planilha com o jovem enquanto se prepara para um experimento comportamental.

1. **Situação (Qual é a situação?):**
   Tenho que escrever uma biografia de uma figura histórica. Não me importo e vai demorar uma eternidade.

2. **Sentimentos:**   **Classificação de desconforto:** ___80___
   Frustrada, desmotivada

3. **Pensamentos ansiosos/ negativos:**   **Armadilhas de pensamentos (ver lista a seguir)**
   "Quem se importa? Esta é uma tarefa estúpida."   Busca pelos pontos negativos;
   "Isso vai demorar tanto; eu simplesmente não tenho   desconsideração dos pontos positivos
   energia para isso."   Catastrofização; desconsideração dos pontos positivos

   Armadilhas de pensamento: leitura de pensamentos, adivinhação, catastrofização, conclusões precipitadas, "e se", desconsideração dos pontos positivos, busca pelos pontos negativos, generalização excessiva, pensamento tudo ou nada, declarações de dever, levar as coisas para o lado pessoal, culpar.

4. **Pensamentos de enfrentamento (Como você responde aos seus pensamentos ansiosos?):**
   Concentrar-se no aspecto negativo: "Você tem que fazer isso, então faça o melhor possível".
   Catastrofização: "Trabalhe pelo intervalo". "Cada passo é um passo além do que dei ontem."

   Perguntas desafiadoras: Eu sei com certeza que _____? Estou 100% certo de que _____? Que evidências tenho de que _____? Qual o pior que poderia acontecer? O quanto isso é ruim? Eu tenho uma bola de cristal?

5. **Metas comportamentais atingíveis (O que você quer alcançar?):**

Meta	Alcançada?
a. Ligar o computador.	
b. Ler a tarefa.	
c. Ter pensamentos pontuais sobre o primeiro parágrafo.	
d. Escrever uma frase.	

6. **Recompensas:**

Recompensas	Alcançada?
a. Elogie a si mesma; repita o pensamento de enfrentamento: "Cada passo é um passo adiante..."	
b. Tome um gole da sua bebida favorita.	
c. Faça uma pausa de 5 min com polichinelos e alongamentos.	
d. Assista a 5 min de YouTube.	

FIGURA 6.12 Planilha de experimento comportamental preenchida para ajudar a cliente a manter o esforço.

servir como pontos de parada naturais, mas não a distraem de retornar à tarefa de escrita). A recompensa final (assistir a cinco minutos de YouTube) reflete uma das armadilhas comportamentais de Abby-Lynn (retirar-se com o YouTube). Embora a terapeuta tenha hesitado no início, não querendo reforçar a ideia de que o YouTube é a recompensa máxima de Abby-Lynn, ela concordou em manter o mantra de "Trabalhar pela pausa". Para motivar breves explosões de ativação, recompensas verdadeiramente gratificantes são necessárias.

Realizar uma exposição de esforço sustentado é semelhante a outras exposições de tolerância ao desconforto, no sentido de que o objetivo é apresentar ao jovem uma tarefa desafiadora, fazê-lo notar quando os sentimentos de "desistir" (apatia, tédio, frustração, inquietação) surgem e ajudá-lo a suportar esses sentimentos enquanto supera o obstáculo (passa por cima) e continua com a tarefa. Em geral, um "obstáculo" é uma série de vários obstáculos a serem navegados. Lembrar o jovem de recorrer a declarações de enfrentamento pode ajudá-lo a navegar pelas ondas emocionais. O terapeuta também pode optar por solicitar classificações de desconforto em intervalos regulares para rastrear a angústia e demonstrar posteriormente que a angústia diminui e aumenta ao longo do desafio. Nessa exposição, a terapeuta incentiva Abby-Lynn a iniciar o primeiro passo (ligar o computador), após o que Abby-Lynn responde com indiferença: "Nada demais. Veja, isso não será como quando estou em casa". Abby-Lynn liga o computador, e a terapeuta insiste que ela se elogie e repita seu pensamento de enfrentamento ("Cada passo que dou é um passo além do que dei ontem"). Quando a terapeuta a instiga a encontrar e ler a tarefa, Abby-Lynn começa a protestar:

AL: Isso simplesmente não é como em casa. Quando tenho alguém me observando, consigo fazer.

T: Tudo bem se for mais fácil. Assim como no basquete, você pratica seus exercícios em situações de baixa pressão para se preparar para o jogo.

AL: Eu simplesmente não vejo sentido nisso.

T: Me pergunto se isso é uma de suas armadilhas comportamentais. Qual é a sua classificação de desconforto ao pensar em abrir a tarefa?

AL: Não... ah, acho que 75. Eu simplesmente não quero fazer isso.

T: Parece que estamos subindo o morro do desafio. Que pensamento de enfrentamento podemos usar aqui?

AL: Não... uh, trabalhar pela pausa.

T: Então, vamos superar o obstáculo para chegarmos à próxima pausa.

AL: Aaargh! Eu odeio isso. (*Abby-Lynn busca em seu computador para encontrar a tarefa. Ela abre um documento.*) Pronto, achei. Feliz?

T: Qual era o seu objetivo para este exercício?

AL: Terminar um parágrafo.

T: Não, apenas este passo.

AL: Ler a tarefa.

T: Ok, leia a tarefa. Classificação de desconforto?

AL: Ugggh. 80. [*Abby-Lynn lê em voz alta a tarefa: escrever um ensaio sobre uma figura histórica.*]

T: Ótimo! Incrível. Houve alguns momentos difíceis ali, mas você realmente se esforçou para superar a leitura. Como se sente?

AL: Aliviada. Só quero parar.

T: Bem, primeiro se recompense com um gole do seu *caramel macchiato*! Se isso não for uma pausa, eu não sei o que é!

AL: Não acredito que estou fazendo isso.

A exposição continua dessa maneira, em que a terapeuta age como um treinador, impulsionando sua atleta por seus exercícios, enquanto também avalia de maneira contínua onde a jovem fica presa: onde estão suas armadilhas comportamentais naturais, onde ela escapa ou evita, e quando a frustração toma conta? Ao longo de todo o processo, o tom de Abby-Lynn reflete um sentido misto de incredulidade ("Por que estou fazendo isso?") e surpresa ("Não acredito que terminei este passo"). Consideramos esse processo iterativo como um índice de uma exposição bem-sucedida – suficientemente ativadora para causar hesitação e protesto, mas suficientemente alcançável para que a jovem alcance os objetivos.

Evidências sugerem que a aprendizagem pode ser aprimorada em exposições quando os indivíduos são mantidos em um alto nível de desafio ao longo da exposição (Craske et al., 2014). O objetivo é demonstrar que o indivíduo pode sobreviver a altos níveis de angústia e que as consequências temidas não ocorrem mesmo quando angustiado. Embora nenhum critério concreto tenha sido estabelecido para a angústia ideal a ser visada em uma exposição, nosso objetivo é manter nossos clientes na faixa de 70 a 85 em uma escala de angústia de 100 pontos (ou 7 a 8 de 10). Esse nível de ativação garante uma estimulação suficiente das estruturas de medo e angústia enquanto mantém o cliente na exposição. Se um cliente escapar ou se dissociar, a aprendizagem também é prejudicada. Se um terapeuta sentir que uma exposição está muito fácil para um cliente, ele pode usar imagens mentais ou desafios espontâneos para aumentar o nível de desafio. Por exemplo, na exposição de lição de casa de Abby-Lynn, a terapeuta poderia ter instigado Abby-Lynn a imaginar seu quarto, a lembrar-se de falhas de lição de casa passadas ou oferecer críticas que ela recebeu de sua mãe ou de sua professora. A terapeuta evoca essas memórias não para desencorajar Abby-Lynn, mas para despertar o mesmo nível de intensidade emocional que ela sente em circunstâncias da vida real. Da mesma forma, a terapeuta pode adicionar desafios que intensifiquem a valência emocional de cada tarefa. Ao fazer anotações dos seus pensamentos sobre o primeiro parágrafo do ensaio, a terapeuta poderia instigar Abby-Lynn a adicionar subpontos adicionais ou justificar cada ponto com uma conversa. Após completar todas as quatro tarefas, a terapeuta também pode continuar o desafio passando para os parágrafos subsequentes. Se a terapeuta escolher essa abordagem, primeiro deve celebrar o cumprimento dos quatro objetivos iniciais. Em seguida, a terapeuta pode sugerir à Abby-Lynn que continue o mesmo processo com o máximo do ensaio que ela tolerar. No final, se escrever na frente da terapeuta for fácil, então Abby-Lynn ainda sairá com a experiência de ter completado uma tarefa que antes permanecia incompleta, alcançando, assim, um resultado funcional significativo.

TRABALHANDO COM FAMÍLIAS: COMUNICAÇÃO E RESOLUÇÃO DE PROBLEMAS

Em diversos momentos da terapia, tornou-se evidente que conflitos e mal-entendidos entre Abby-Lynn e sua mãe contribuíam para o mau humor da jovem e inibiam seu uso pleno de habilidades. Por exemplo, em um fim de semana, Abby-Lynn recusou um passeio com amigos porque sua mãe a tinha repreendido alguns dias antes sobre terminar mais tarefas de casa. Em outra ocasião, Abby-Lynn faltou ao treino de basquete porque sua mãe havia pedido para ela liderar uma sessão de terapia ocupacional com seu irmão mais novo. Em cada situação, Abby-Lynn conseguia apontar uma razão para recusar os amigos ou faltar ao treino, contribuindo para seu isolamento social, seu retraimento e sua inatividade. O que não estava claro era se a mãe de Abby-Lynn também estava ciente das consequências dessas escolhas, ou se soluções alternativas poderiam ter funcionado em cada situação. Quanto de cada situação era devido a circunstâncias imutáveis, quanto estava relacionado à postura derrotista e desencorajada de Abby-Lynn e que tipos de soluções criativas poderiam ser buscadas com resolução direta de problemas e comunicação aberta? Quando a terapeuta percebia esses conflitos, ela organizava sessões conjuntas com Abby-Lynn e sua mãe.

Em uma sessão, a terapeuta apoiava a jovem convidando a mãe para participar da sessão e resolver o problema da adolescente em completar as tarefas de casa. É importante destacar que a terapeuta e Abby-Lynn discutiram a pauta e os objetivos para essa sessão com antecedência. A terapeuta ajudou a família a identificar um problema comum (melhorar as tarefas de casa) enquanto reconhecia outros interesses (manter conexões sociais), sugerindo soluções e experimentando-as. Ao tentar orientar Abby-Lynn e sua mãe em torno da primeira parte do STEPS (dizer qual é o problema), a terapeuta usou uma forma de *análise de comunicação* (p. ex., Young, Mufson, & Benas, 2014) para ajudar cada pessoa a reconhecer o que a outra estava dizendo e alinhar-se em torno de objetivos comuns. Eis como isso se desenrolou:

T: Estamos trabalhando para ajudar Abby-Lynn a melhorar sua consistência em completar as tarefas de casa e percebemos o quanto isso é difícil para ela. Mãe, entendo sua preocupação com as notas dela, mas acho que também queremos garantir que Abby-Lynn esteja saindo e vendo os amigos. Se ela tiver esses contatos sociais, haverá mais incentivo para fazer o trabalho e um motivo para concluí-lo.

MÃE (M): Entendo isso, e não sabia que ela havia recusado sair com os amigos por causa da nossa discussão.

AL: Como você não sabia disso? Você gritou comigo no dia anterior me dizendo que eu seria um fracasso se não melhorasse minhas notas!

M: Não disse que você seria um fracasso, Abby-Lynn. Mas você não pode deixar de fazer suas tarefas e passar nas suas aulas.

AL: Estou passando nas aulas! Estou tirando C e B em todas as matérias.

M: Mas você sempre quis ir para a faculdade estadual desde pequena. Você precisa de notas melhores que essas.

[*Silêncio.*]

T: Então, podemos fazer um pequeno experimento? Vocês podem resumir o que cada uma está dizendo?

AL: Ela quer que eu tire boas notas.

T: Mãe, é isso que você está tentando dizer?

M: Bem, eu não me importo com as notas só por causa das notas. Pensei que era isso que Abby-Lynn queria.

T: Abby-Lynn, o que você entende quando sua mãe diz isso?

AL: Não sei ao certo. Acho que ela quer que eu faça o melhor que posso...

T: Ou talvez ela queira te ajudar com seus objetivos? Mãe, o que você entende?

M: Ela pensa que eu acho que ela é um fracasso, mas não é isso.

T: Abby-Lynn, o que você entende? Você acha que sua mãe pensa que você é um fracasso?

AL: Não... É só muita pressão. E eu também não quero falhar.

T: Então, parece que vocês duas meio que concordam que só queremos que Abby-Lynn faça o melhor que puder, mas pode ser difícil.

M/AL: Acho que sim.

A partir disso, a terapeuta auxilia Abby-Lynn e sua mãe a reduzirem para um objetivo específico de aumentar a quantidade de tarefas de casa que ela completa na próxima semana (passando de metade para 75%), com a expectativa de que as noites de sexta-feira sejam reservadas para o encontro semanal de amigos dela. Para ajudar na etapa de *brainstorming* (pensar em soluções), a terapeuta pede a Abby-Lynn e sua mãe que listem o máximo de soluções que cada uma puder pensar em pedaços de papel separados, seguindo essa abordagem para que elas não interfiram nas soluções criativas uma da outra. Ocasionalmente, a terapeuta sugere uma solução criativa, mas improvável (p. ex., pagar a alguém para fazer; mudar para uma sala de aula separada em que as tarefas de casa são mais fáceis). Depois que Abby-Lynn e sua mãe geraram uma variedade de soluções, a terapeuta pede a ambas que as listem coletivamente em um quadro branco e, em seguida, identifiquem os pontos fortes e fracos de cada uma (examinando cada solução). As soluções que pareciam ter a melhor relação de prós e contras focavam em dividir as tarefas em pequenas etapas, fazer pausas e recompensar a conclusão. Exemplos incluem o seguinte:

1. Postar por cinco minutos no Instagram após cada 15 minutos de tarefa de casa concluída.
2. Dar uma volta no quarteirão após terminar uma tarefa.
3. Pedir à babá para cuidar do irmão mais novo de Abby-Lynn em uma tarde em que ela queira fazer tarefas de casa.

Abby-Lynn e sua mãe selecionam essas três opções para experimentar e instituem um plano de recompensas que inclui recompensas diárias (Abby-Lynn será dispensada de lavar a louça do jantar se completar 75% de suas tarefas de casa naquele dia) e recompensas semanais (a mãe pagará o ingresso de cinema de Abby-Lynn na sexta-feira se ela atingir 75% por 3 de 5 dias) para dar reconhecimento a esforços incrementais e sustentados.

Ao envolver a mãe em momentos-chave, a terapeuta atende a diversos objetivos, incluindo ajudar a melhorar a comunicação entre Abby-Lynn e sua mãe para reduzir conflitos em torno de mal-entendidos. A terapeuta também visa melhorar e fortalecer o relacionamento entre elas para reforçar a rede de apoio social de Abby-Lynn. Além disso, por meio da resolução conjunta de problemas, Abby-Lynn pratica assertividade proativa e resolução de problemas, que a ajudarão a combater a suposição negativa de que sua mãe possa estar indiferente às suas preocupações. Além disso, a terapeuta consegue moldar os comportamentos parentais da mãe para se tornarem mais claros em suas comunicações com Abby-Lynn; isso aumenta as declarações de escuta ativa e empatia e apoia os esforços e os sucessos incrementais de Abby-Lynn com elogios e recompensas.

MONITORAMENTO DO PROGRESSO

Após 16 semanas de terapia, Abby-Lynn demonstrou melhora em diversos objetivos primários e perfis de sintomas. A terapeuta avaliava o progresso de seus objetivos terapêuticos toda semana, pois eles requeriam uma simples avaliação de item único. Além disso, a cada quatro semanas, a terapeuta solicitava a Abby-Lynn e sua mãe que completassem a RCADS para que houvesse uma avaliação padronizada dos sintomas de ansiedade e depressão ao longo do tempo. Isso permitia à terapeuta comparar os sintomas generalizados de ansiedade e depressão de Abby-Lynn com normas representativas mensalmente, enquanto acompanhava os objetivos individuais com mais frequência.

Uma análise das pontuações de Abby-Lynn na RCADS ao longo das 16 semanas mostra como a mudança ocorreu durante o curso do tratamento (ver Fig. 6.13). Os sintomas depressivos relatados por Abby-Lynn e sua mãe pareceram mudar primeiro, sugerindo que a ativação comportamental inicial e a resolução de problemas combinaram com a necessidade de Abby-Lynn de se sentir menos presa. Aumentar suas atividades agradáveis e dar a ela uma forma de abordar os desafios proporcionou um impulso imediato à sua confiança e ajudou-a a superar o desânimo. Na oitava semana, Abby-Lynn obteve a maior parte do alívio que experimentaria em relação à depressão; a segunda metade da terapia viu sobretudo sintomas depressivos estáveis que pairavam logo abaixo do limiar clínico. Essa resposta precoce ao tratamento não é incomum entre os clientes que recebem TCC para a depressão, e esse tipo de ganho precoce pode sinalizar um bom prognóstico geral (Renaud et al., 1998; Tang & DeRubeis, 1999). Os sintomas generalizados de ansiedade de Abby-Lynn tiveram uma trajetória mais lenta e gradual desde a admissão até o encerramento. Isso pode refletir a maior cronicidade da preocupação e da ansiedade que Abby-Lynn experimentava muito antes de seu humor deprimido se instalar. A recuperação da ansiedade pode ter se beneficiado de se envolver em mais experiências positivas e, depois, desafiar crenças profundamente mantidas sobre suas habilidades e como os outros a viam. Os experimentos comportamentais permitiram a Abby-Lynn testar e desafiar de maneira formal suas crenças de preocupação.

A revisão dos rastreadores de objetivos preenchidos por Abby-Lynn e sua mãe também forneceu uma maneira personalizada para a terapeuta monitorar o progresso e discutir mudanças com a adolescente (ver Fig. 6.14; uma versão em branco está disponível como Planilha 11 no Apêndice A). Semanalmente, a terapeuta avaliava o progresso de Abby-Lynn em relação aos resultados desejados para estabelecer prioridades e identificar áreas problemáticas. A terapeuta e Abby-Lynn concordaram colaborativamente em tentar primeiro os objetivos comportamentais, pois pareciam mais concretos, mais fáceis de iniciar e mais simples de

Pontuações RCADS de Abby-Lynn

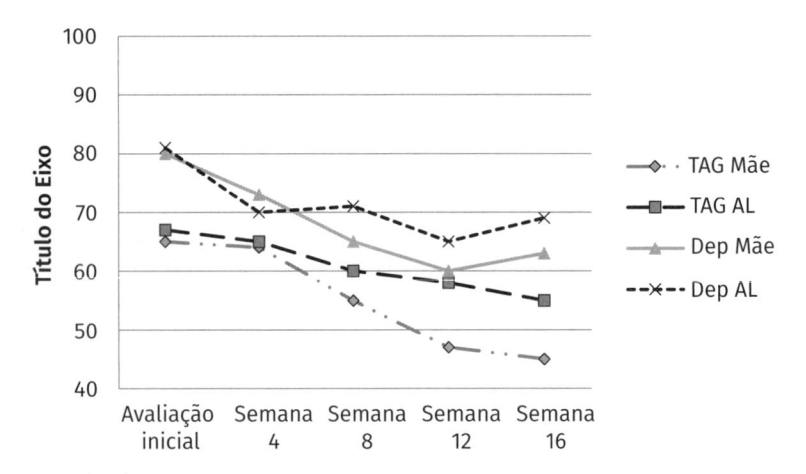

FIGURA 6.13 Avaliações dos sintomas de ansiedade e depressão de Abby-Lynn, conforme relatado pela adolescente e por sua mãe.

monitorar para o sucesso. No início, Abby-Lynn aumentou o número de seus compromissos sociais e suas atividades agradáveis (p. ex., basquete, mídias sociais), o que pode ter contribuído para um alívio precoce do humor. A mãe de Abby-Lynn também relatou que a filha havia completado uma proporção maior de tarefas de casa nas primeiras semanas, potencialmente contribuindo para um sentido de realização melhorado e, pragmaticamente, liberando tempo para passar com os amigos. Os sentimentos de Abby-Lynn de estar sobrecarregada mudaram em um curso mais lento, conforme relatado por ela, e isso é consistente com suas pontuações no RCADS. Assim, à medida que a terapia progredia, a terapeuta podia ver que seu trabalho estava tendo um efeito positivo nos objetivos comportamentais desde o início, o que aumentaria a alegria da adolescente e abriria oportunidades reforçadoras. A terapeuta também podia observar que os sentimentos de angústia estavam melhorando em uma taxa mais lenta e mereciam mais atenção na segunda metade da terapia. Dessa forma, o monitoramento do progresso fornecia uma verificação contínua de que a díade estava indo na direção certa. Isso também poderia ser usado para dar a Abby-Lynn *feedback* explícito se ela ficasse desanimada em algum momento. Jovens muitas vezes deprimidos minimizam o sucesso e expressam esperanças negativas para mudanças futuras. O uso de avaliações individualizadas e padrão dá ao terapeuta dados concretos para discutir com seu cliente quando eles fizeram progresso e para indicar onde ainda podem precisar continuar trabalhando.

ENCERRAMENTO E PREVENÇÃO DE RECAÍDA

Dada a pesquisa que sugere que tratamentos eficazes podem ter um impacto significativo dentro de 8 a 12 semanas (Brent et al., 2008; March et al., 2004), a terapeuta inicialmente propôs um plano de terapia consistindo em cerca de 10 encontros antes da reavaliação. Na semana 10, a família havia percebido uma mudança notável nos sintomas de depressão e ansiedade e uma melhora nos objetivos pessoais estabelecidos por Abby-Lynn. A adolescente havia completado vários experimentos comportamentais até esse momento e estava se sentindo mais confiante, mas tanto ela quanto a mãe decidiram que a prática continuada ajudaria a consolidar seus ganhos e a generalizar suas habilidades em diferentes contextos. Por exemplo, Abby-Lynn havia se sentido à vontade para convidar suas colegas de equipe de basquete para sair após o treino, mas ainda tinha dificuldade em conversar com novas pessoas e iniciar amizades. Como resultado, a família concordou em continuar por mais 6 a 8 sessões para praticar a construção da rede social de Abby-Lynn e manter seu ritmo com os trabalhos escolares.

Na sessão 16, a família reuniu-se para discutir o progresso da terapia e os planos futuros. Desde a última avaliação, Abby-Lynn havia iniciado uma nova amizade com uma colega de classe em sua aula de matemática com quem poderia estudar. Abby-Lynn também passou menos noites de sexta-feira em casa. Ao longo do caminho, a terapeuta conduziu sessões familiares para abordar mal-entendidos na comunicação. A higiene do sono de Abby-Lynn também foi abordada. Dado o progresso contínuo e a crescente confiança de Abby-Lynn, a terapeuta sugeriu que essa fase aguda da terapia poderia estar chegando ao fim. A terapeuta sugeriu que sessões de reforço ocasionais poderiam ser úteis (Clarke, Rohde, Lewinsohn, Hops, & Seely, 1999; Gearing et al., 2013), mas que encerrar as sessões semanais permitiria que Abby-Lynn praticasse suas habilidades sozinha. Abby-Lynn e sua mãe concorda-

PLANILHA 11. Rastreador de metas

Trabalhe com seu terapeuta para elaborar metas específicas, significativas e alcançáveis. Pense nos resultados que espera ver. Em seguida, acompanhe o progresso de seu filho semanalmente.

Objetivos dos pais	Resultados desejados	Semana x	Semana 14	Semana 15	Semana 16
Melhorar o humor triste; aproveitar mais a vida.	Avaliar o humor triste (0-10). Avaliar o prazer semanal (0-10).	...	Tristeza: 4 Alegria: 6	Tristeza: 3 Alegria: 7	Tristeza: 2 Alegria: 8
Diminuir o isolamento (passar o dia todo no quarto, cochilando).	Frequência de encontros com amigos (dentro e fora de casa).	...	4	3	3
Melhorar o sono.	Número de vezes que ela acorda à noite.	...	2	1	0
Lidar com responsabilidades, como notas e basquete.	Entrega do dever de casa (%). Treinos frequentados (%).	...	DC: 90% Treino: 95%	DC: 95% Treino: 100%	DC: 95% Treino: 100%

FIGURA 6.14 Planilha do rastreador de metas de Abby-Lynn na conclusão do tratamento.

ram em comparecer a mais duas sessões semanais (sessões 17 e 18) e, em seguida, retornar a encontros quinzenais (sessões 19 a 22) para realizar verificações e reforçar a evolução.

À medida que a terapia chegava ao fim (sessões 21 e 22), a terapeuta revisava as lições que Abby-Lynn havia aprendido e destacava as conquistas únicas que ela havia feito nos meses anteriores. Estas incluíam estabelecer amizades concretas, fortalecer a comunicação com a mãe e tornar-se mais hábil na estruturação do tempo de estudo. A terapeuta forneceu cópias dos gráficos de monitoramento do progresso de Abby-Lynn (sintomas e objetivos-alvo) para ilustrar sua melhoria. A terapeuta também ouviu as preocupações e as dúvidas de Abby-Lynn sobre o fim da terapia e a manutenção de seu sucesso sem apoios. A terapeuta lembrou-a dos apoios naturais que Abby-Lynn havia desenvolvido como resultado de seu bom trabalho (amigos, família, professores) e revisou como acessar esses apoios quando necessário. A terapeuta revisou os conceitos de "lapso", "recaída" e "colapso" (ver Capítulo 3) para estabelecer expectativas realistas. Abby-Lynn se sentiu tranquilizada pela confiança da terapeuta nela e aguardou ansiosamente para atualizá-la sobre seu progresso em verificações mensais.

SÍNTESE E PONTOS-CHAVE

Abby-Lynn procurou terapia em um estado de desânimo e preocupação significativos em relação ao seu lugar na escola e com amigos e família. Sua insegurança estava perpetuando uma espiral descendente que a impedia de acessar seus pontos fortes e seguir em direção aos seus objetivos pessoais. Ao longo da TCC, a terapeuta ajudou a construir uma forte aliança de trabalho com Abby-Lynn, focada em objetivos comuns, e então adaptou intervenções que complementariam os pontos fortes de Abby-Lynn e fortaleceriam suas limitações. A seguir, estão pontos-chave dessa colaboração bem-sucedida que podem ser aplicados com outros clientes:

- Construa uma forte aliança de trabalho com seu cliente por meio de escuta ativa, avaliação abrangente e holística e correspondência das intervenções às suas necessidades e aos seus pontos fortes.
- Avaliações que incluem diagnóstico, sintomas e objetivos pessoais podem ajudá-lo a desenvolver uma imagem holística do contexto social, do funcionamento diário, das preocupações, dos pontos fortes e das limitações do jovem. Compare o funcionamento passado com o atual.
- Conduza avaliações funcionais direcionadas quando houver pontos de estagnação. Onde o jovem fica preso? Quais emoções ele sente? Como o jovem responde? O que o mantém preso nesse ciclo?
- O engajamento ativo e as experiências agradáveis e de domínio podem proporcionar um impulso inicial e alívio precoce quando os sentimentos tristes e a inércia são problemáticos.
- Programas de recompensa (de si mesmo e de outros) podem ajudar a reforçar os esforços para se mover e enfrentar.
- A resolução de problemas e a reestruturação cognitiva podem ajudar o jovem a aprender estratégias ativas de enfrentamento para mudar uma situação quando possível e se adaptar à situação ao ter menos controle.
- Desafios comportamentais e exposições consolidam habilidades e proporcionam novas oportunidades de aprendizagem que a conversa não pode replicar.
- Monitorar o progresso e fornecer *feedback* ao longo da terapia ajuda a mantê-lo no caminho certo e fornece um *feedback* valioso ao jovem.

7

Comportamentos suicidas e autolesão não suicida

Ideação suicida (IS) e comportamentos suicidas, incluindo autolesão não suicida (ALNS), são comuns em jovens deprimidos e ansiosos. Clientes e cuidadores podem identificar IS e ALNS como parte dos problemas iniciais apresentados, ou podem surgir em qualquer momento durante a terapia. Apesar de serem comuns, IS e ALNS podem ser desafiadores e assustadores de se gerenciar, mesmo para o clínico experiente (Dexter-Mazza & Freeman, 2003; Feldman & Freedenthal, 2006). Este capítulo fornece diretrizes sobre como os terapeutas podem realizar avaliações de risco, desenvolver uma designação de risco, criar planos de segurança e abordar fenômenos suicidas e ALNS como parte do tratamento contínuo.

PREVALÊNCIA E IMPACTO DA IDEAÇÃO SUICIDA E DA TENTATIVA DE SUICÍDIO

Na população em geral, pensamentos sobre morte, morrer e suicídio (IS) são relativamente comuns e identificáveis em quase 10% dos adultos (Nock et al., 2008). Em adolescentes, quase 3% relatam IS a qualquer momento, e mais de 19% dos adolescentes relatam uma história de ideação ao longo da vida (Lewinsohn, Rohde, & Seeley, 1996). As taxas de IS são ainda mais comuns entre amostras clínicas, em que quase 30% dos jovens que preenchem critérios para depressão maior relatam algum tipo de suicídio durante o último ano e mais de 10% relatam uma tentativa de suicídio (TS) (Avenevoli et al., 2015).

Os riscos de tentar ou completar um suicídio são reais. Dados recentes dos Centers for Disease Control and Prevention (CDC, 2022; *www.cdc.gov/vitalsigns/suicide*) mostram um aumento de 36% nos suicídios de estadunidenses de 2000 a 2018. No Youth Risk Behavior Surveillance System, que monitora diversos comportamentos de risco à saúde, 18% dos adolescentes relataram ter considerado seriamente o suicídio, 15% dos adolescentes relataram ter feito um plano para uma tentativa de suicídio, 9% relataram ter feito uma ou mais tentativas no ano anterior e 3% descreveram ter feito uma tentativa que exigiu que eles procurassem atendimento médico (Kann et al., 2016). O dano físico a si mesmo em que há pelo menos alguma intenção de se matar (TS) foi identificado em um número alarmante de estudantes do ensino médio, com 9% relatando uma TS nos últimos 12 meses (CDC, 2022). Assim, o suicídio tornou-se a segunda principal causa de morte em jovens de 10 a 24 anos, sendo responsável por mais de

5 mil mortes em 1 ano (Sullivan et al., 2015). Estima-se que 804 mil vidas foram perdidas para o suicídio em todo o mundo em 2012 (WHO, 2014). Os métodos pelos quais as pessoas se matam estão comumente disponíveis nas residências dos estadunidenses. Na população em geral, a morte por arma de fogo é o método mais comum de suicídio, seguido de asfixia e envenenamento (Jack et al., 2018). Para os adolescentes, o enforcamento foi identificado como o método mais frequente para a TS (Kolves & De Leo, 2017; Sullivan, Annest, Simon, Luo, & Dahlberg, 2015). Além disso, mais da metade das pessoas que morreram por suicídio nos últimos 15 anos não tinham uma condição de saúde mental conhecida (CDC, 2022). Assim, transtornos como a depressão exigem um estado de alerta específico, mas o risco de ideação e comportamentos suicidas vem com qualquer cliente que procure atendimento.

PREVALÊNCIA E IMPACTO DA AUTOLESÃO NÃO SUICIDA

A ALNS se distingue dos comportamentos suicidas pela ausência de qualquer intenção observável de morrer. Ela inclui múltiplas formas de autolesão, incluindo cortes, escarificações, queimaduras, arranhões e autoagressão física, e ocorre em uma proporção alarmante entre os jovens (Nock, 2010). Em amostras gerais da comunidade, 13 a 45% dos adolescentes relataram ter se envolvido em autolesão em algum momento da vida (Lloyd-Richardson, Perrine, Dierker, & Kelley, 2007; Plener, Schumacher, Munz, & Groschwitz, 2015; Ross & Heath, 2002). Em amostras clínicas de adolescentes, 40 a 60% relataram autolesão prévia, pois a ALNS muitas vezes precipita encaminhamentos de tratamento (Asarnow et al., 2011). A frequência de autolesão varia de forma ampla entre aqueles que se envolvem em ALNS, de apenas algumas vezes (< 10 episódios ao longo da vida) a altamente frequente entre populações de pacientes internados > 50 episódios) (Nock, 2010). Embora o desejo de acabar com a própria vida não seja uma diretriz principal na ALNS, o risco de se matar de modo involuntário ou causar outras lesões corporais graves é alto. Além disso, a ALNS é um preditor robusto de TS, sobretudo entre adolescentes com ALNS mais graves e frequentes (Asarnow et al., 2011; Hamza, Stewart, & Willoughby, 2012). Nock et al. (2006) relataram que 70% dos adolescentes envolvidos em ALNS declararam TS ao longo da vida e 55% dos jovens relataram diversas tentativas. Um histórico mais longo de ALNS, o uso de um número maior de métodos e a ausência de dor física durante a ALNS aumentam a probabilidade de uma TS. Mesmo na ausência de prováveis TSs, a ALNS está correlacionada com dor psicológica significativa, danos corporais e angústia e conflito interpessoal/familiar (Nock, 2010).

FATORES DE RISCO E PREDITORES DE COMPORTAMENTOS SUICIDAS E NÃO SUICIDAS

O preditor mais forte de futuras TSs é a ocorrência de tentativas recentes de suicídio e autolesão. É necessária maior atenção logo após qualquer crise, pois o risco de comportamento suicida repetido é maior nos primeiros 3 a 6 meses após uma tentativa (Stanley et al., 2009). Revisões abrangentes fornecem evidências de múltiplos fatores sociais e interpessoais que predizem a suicidalidade adolescente (King & Merchant, 2008; Auerbach, Stewart, & Johnson, 2016). Circunstâncias comuns que aumentam o risco de suicídio e de ALNS entre indivíduos com ou sem histórico de problemas de saúde mental incluem problemas/perdas de relacionamento, estressores de vida, crises recentes/iminentes, uso nocivo de álcool, desesperança, dor crônica, entre outros fatores (Kiekens et al., 2017; Stone et al., 2018; WHO, 2014). Fatores sistêmicos e comunitários também contribuem para o risco de suicídio, incluindo barreiras ao acesso a cuidados de saúde, acesso a recursos, reportagens inadequadas na mídia, estigma associado à busca de ajuda, discriminação e trauma/abuso, para citar alguns (WHO, 2014). As políticas públicas também são importantes, pois os estados com leis de casamento entre pessoas do mesmo sexo evidenciaram reduções no suicídio relatado por estudantes do ensino médio (Raifman, Moscoe, Austin, & McConnell, 2017), e proteções antibullying explícitas e inclusivas para jovens de minorias sexuais estão associadas à redução das TS (Hatzenbuehler & Keyes, 2013). Variações na demografia juvenil (idade, sexo, raça e etnia), identidade de gênero e orientação sexual, patologia e habilidades educacionais também podem ajudar a prever a vulnerabilidade a comportamentos suicidas e automutilação.

Idade, gênero, raça e etnia

Comportamento suicida e ALNS mostram trajetórias de desenvolvimento semelhantes. Ambos são relativamente raros antes dos 11 a 12 anos e aumentam de maneira drástica durante a adolescência (Nock et al., 2013). A IS é mais comum em mulheres jovens do que em homens, com duas vezes mais meninas adolescentes relatando IS ao longo da vida do que meninos adolescentes (Lewinsohn et al., 1996). No entanto, os meninos são responsáveis por quase 2 a 4 vezes dos suicídios concluídos nos Estados Unidos devido aos métodos mais letais que escolhem (CDC, 2018; Sullivan et al., 2015). Uma arma de fogo era o principal mecanismo de suicídio para os homens, e o sufocamento era a principal causa para as mulheres. As diferenças de sexo se estendem à ALNS em amostras comunitárias e clínicas (DiCorcia, Arango, Horwitz, & King, 2017; Sornberger, Heath, Toste, & McLouth, 2012). Em um exame de adolescentes que se apresentaram a uma sala de emergência psiquiátrica (DiCorcia et al., 2017), as meninas adolescentes relataram cerca de 50% mais envolvimento ao longo da vida na ALNS do que os meninos (79 vs. 50%, respectivamente). As meninas também relataram mais o uso dos métodos de corte, escarificação, queimadura, cutucar feridas e arrancar cabelos do que os meninos, mas não há diferença em bater, socar, morder, inserir objetos na pele e nas unhas ou ingerir substâncias perigosas. As adolescentes também relataram o uso da ALNS para interromper ou anestesiar sentimentos ruins mais do que os garotos. O envolvimento com ALNS para comunicar aos outros ou para deter impulsos suicidas foi igualmente relatado entre as meninas e os meninos.

Poucas pesquisas foram conduzidas para isolar de forma específica o impacto da raça/etnia e da cultura nos comportamentos suicidas ou na ALNS (King & Merchant, 2008). No entanto, as tendências nacionais (estadunidenses) mostram aumentos significativos nas taxas de suicídio em todos os grupos raciais/étnicos (branco, negro, asiático, nativo americano, hispânico e não hispânico) de jovens (idades entre 10-24 anos) de 1994 a 2012 (Sullivan et al., 2015). Além disso, determinados *status* de minoria racial e étnica (p. ex., negro, asiático, nativo americano) estão associados a menor busca por tratamento, sobretudo quando os sintomas são menos graves (Nestor, Cheek, & Liu, 2016). Assim, a detecção precoce e a intervenção podem ser especialmente desafiadoras em comunidades minoritárias.

Minorias sexuais

Pertencer a um grupo de minoria sexual está significativamente associado a um risco aumentado de IS, TS e ALNS (Batejan, Jarvi, & Swenson, 2015; Marshal et al., 2011). Identificar-se como lésbica, *gay* ou bissexual (LGB) confere quase três vezes o risco de suicidialidade, com estimativas médias variando de 15 a 49% dos jovens participando de algum tipo de comportamento suicida. Indivíduos que se identificam como transexuais ou inconformidade com o gênero têm uma taxa ainda maior de IS e TS, e quase metade dos homens trans e das mulheres trans relataram uma TS ao longo da vida (Haas, Rodgers e Herman, 2014). As taxas relacionadas de ideação e comportamento suicida podem resultar do aumento da discriminação e da vitimização de pares associada a ser uma minoria sexual (Liu & Mustanski, 2012; Mueller, James, Abrutyn, & Levin, 2015). Cuidados especiais são necessários na avaliação do risco nesses indivíduos vulneráveis.

Psicopatologia, deficiências de desenvolvimento e enfrentamento

A psicopatologia e o sofrimento socioemocional são comuns em jovens que relatam ALNS. Em populações psiquiátricas internadas (Nock et al., 2006), até 88% dos adolescentes envolvidos em ALNS preenchiam os critérios para um diagnóstico do eixo I do *Manual diagnóstico e estatístico de transtornos mentais*, quarta edição (DSM-IV), incluindo transtornos externalizantes (63%), internalizantes (52%) e de uso de substâncias (60%). A maioria (67%) também preenchia os critérios para um transtorno da personalidade do eixo II. Em amostras comunitárias mais amplas, cerca de 30% dos jovens com depressão maior relataram algum tipo de comportamento suicida no ano anterior e 11% relataram uma TS. Jovens com deficiências têm níveis mais altos de suicídio do que jovens sem elas. Em amostras comunitárias grandes, foram encontradas taxas elevadas de TS em jovens com transtorno do espectro autista (TEA), deficiências sensoriais, deficiências de mobilidade física, deficiências de fala/linguagem e condições de saúde crônicas (Moses, 2018). Estilos de enfrentamento que tendem a estar associados à patologia também preveem IS em adolescentes. Por exemplo, estilos de enfrentamento de desengajamento (uso de estratégias evitativas e passivas para lidar com o estresse) são um forte preditor de IS entre adolescentes e adultos jovens (Horwitz, Czyz, Berona, & King, 2018).

Razões e funções da ideação suicida e da autolesão não suicida

As evidências sugerem uma série de funções identificáveis que a ALNS desempenha para jovens em dificuldades. Os jovens que provavelmente tentam suicídio tendem a ter uma história mais longa de ALNS, usando um número maior de métodos. Assim, a ALNS pode servir como um sinal de alerta precoce de TSs posteriores.

Nock et al. (Nock, 2010; Nock & Prinstein, 2004) forneceram suporte para um modelo de quatro fatores que descreve as funções da ALNS que podem ajudar a identificar e esclarecer a intervenção. Dois fatores descrevem as funções da ALNS nos domínios *intrapessoais*: um reflete uma função de reforço positivo – "Sentir algo mesmo que seja dor" –, ao passo que o outro reflete uma função de reforço negativo – "Parar sentimentos ruins". Dois fatores descrevem as funções da ALNS em domínios *interpessoais*: um reflete um reforço positivo – "Para obter uma reação de alguém" "Para que os outros saibam que estou infeliz" –, ao passo que o outro reflete uma função de reforço negativo – "Para evitar a punição dos outros" "Para evitar algo desagradável." Por meio dessas quatro funções, a ALNS serve tanto como um meio de regular as experiências emocionais e cognitivas de alguém quanto como uma forma de se comunicar ou influenciar os outros. Em consequência, o risco de ALNS é aumentado pela presença de fatores de risco distais (p. ex., abuso infantil) que contribuem para problemas com a regulação do afeto e a comunicação interpessoal. Influências sociais (p. ex., modelagem pelos pares) podem aumentar ainda mais o risco (Nock, 2010).

Para entender o risco em maior profundidade, a pesquisa explorou as características contextuais nas quais a ALNS ocorre. Os dados autorrelatados pelos jovens sugerem que a ALNS é com frequência realizada de modo impulsivo (o jovem a contempla por alguns minutos ou menos), sem o uso de álcool ou drogas, e experimentada sem dor (Nock & Prinstein, 2005). A maior dor relatada foi associada a maior tempo de contemplação. O número de amigos que se envolvem na ALNS também está correlacionado com o endosso da função social positiva da própria ALNS, sugerindo evidências para funções de modelagem social e aprovação social. Usando uma abordagem de avaliação momentânea ecológica (AME; diário eletrônico), a pesquisa também foi capaz de identificar fatores contextuais mais próximos que precedem os comportamentos de autolesão (Nock, Prinstein, & Sterba, 2009). Por exemplo, a ALNS e os pensamentos suicidas geralmente começavam quando um jovem estava socializando, descansando ou ouvindo música. Ao mesmo tempo, os jovens na maioria das vezes indicavam que estavam sozinhos ou com um amigo quando a ALNS ou a IS ocorria. Drogas e álcool foram usados minimamente, e os jovens relataram que a preocupação, uma má lembrança e sentir-se pressionado muitas vezes levavam ao pensamento. Em uma pequena porcentagem de jovens, a ALNS seguiu o incentivo de outras pessoas. As chances de se envolver na ALNS aumentavam significativamente quando um jovem se sentia rejeitado, com raiva de si mesmo, com ódio de si mesmo, entorpecido, vazio e com raiva de outra pessoa. Os diários também deram algumas sugestões de estratégias de enfrentamento que poderiam ajudar. Os jovens relataram que mudar pensamentos, conversar com outras pessoas, fazer a lição de casa e sair eram estratégias úteis para se distrair da ALNS. É evidente que ALNS e IS podem seguir muitos gatilhos individuais. Assim, cabe ao clínico realizar uma avaliação funcional idiográfica completa para que o tratamento possa ser adaptado para atender às necessidades do jovem e oferecer alternativas à automutilação.

INICIAÇÃO SUICIDA E CONTÁGIO GRUPAL: QUAIS SÃO OS RISCOS REAIS?

Os clínicos às vezes relutam em levantar questões sobre o suicídio por medo de criar inadvertidamente um risco que ainda não existia. Dados convincentes demonstram que a triagem e a avaliação do risco de suicídio não aumentam o risco de angústia ou ideação suicida (p. ex., Gould et al., 2005). Em vez disso, a avaliação e o planejamento de segurança podem manter e até aprimorar a aliança terapêutica por meio de uma avaliação habilidosa de pensamentos e comportamentos (Pettit, Buitron, & Green, 2018). Um grande ensaio experimental conduzido por Gould et al. (2005) atribuiu aleatoriamente estudantes do ensino médio para receber um questionário de saúde com ou sem perguntas que avaliavam ideação e comportamento suicidas. Não houve diferenças entre o grupo experimental e o de controle em angústia, sentimentos depressivos ou IS imediatamente após o questionário ou depois de dois dias. Estudantes de alto risco que foram identificados com sintomas depressivos, problemas de uso de substâncias ou TS não relataram mais angústia ou IS em nenhuma condição de pesquisa. Pelo contrário, alunos deprimidos e aqueles com TS anteriores pareceram menos angustiados e suicidas após receberem o questionário com itens de suicídio, em comparação com os alunos de alto risco do grupo de controle. Pesquisas semelhantes também foram conduzidas para ALNS. Em três estudos que expuseram adolescentes a imagens ou palavras repetidas de pensamentos e comportamentos autolesivos como parte de um experimento de atitude implícita, os adolescentes não mostraram nenhum aumento sólido em seu desejo de se autolesionar ou de morrer (Cha et al., 2016). Houve uma leve queda de humor apenas para as mulheres e apenas em resposta a imagens em comparação com palavras. Essas descobertas foram consistentes independentemente do histórico de ALNS. Dadas as evidências, os médicos podem realizar confortavelmente avaliações de risco e indagar sobre pensamentos e comportamentos suicidas sem medo de inserir tendências suicidas onde não existiam (inserção). Pelo contrário, é imprescindível que o terapeuta conduza uma avaliação responsável, minuciosa e sensível para determinar a presença de quaisquer riscos reais (Pettit et al., 2018).

Efeito de modelos de papéis pessoais e exposição midiática

Em contraste com os medos irrealistas do início, os terapeutas devem estar atentos para a ocorrência de agrupamento de suicídios (contágio) e modelagem. Evidências sugerem uma relação temporal entre relatos públicos de suicídio (p. ex., celebridades) e taxas de suicídio nacionais e locais (Gould & Kramer, 2001; Stack, 2003, 2005). O agrupamento geográfico e temporal de suicídios foi identificado em regiões locais (Baller & Richardson, 2002; Gould, Wallenstein, Kleinman, O'Carroll, & Mercy, 1990). Uma metanálise estimou que cerca de um terço dos casos de suicídio nos Estados Unidos envolvem comportamento suicida após a disseminação de um modelo suicida na mídia (Stack, 2005). Os modelos podem ser reais (p. ex., celebridades, indivíduos locais) ou fictícios (p. ex., romances, programas de TV), e uma análise sugeriu que os jovens estão especialmente em risco de sugestão de suicídio por meio de suicídios fictícios (Stack, 2009). A duração do risco é relativamente breve, de modo que o maior risco aumenta de forma rápida após um suicídio notável e enfraquece de modo gradual ao longo de 2 a 4 semanas (Abrutyn & Mueller, 2014; Brent et al., 1989; Phillips, 1974; Stack, 1987).

Existem fatores que aumentam o risco de contágio por suicídio. A proximidade que um jovem sente em relação ao indivíduo que cometeu suicídio pode ser influente. Pesquisas sugerem que os suicídios por modelos pessoais (p. ex., amigos, familiares) desencadeiam novos pensamentos suicidas (Abrutyn & Mueller, 2014). As meninas tendem a ser mais vulneráveis do que os meninos, e os modelos que são amigos tendem a ser mais influentes do que os modelos que são membros da família. Ao mesmo tempo, esses efeitos desaparecem com o tempo, então o período imediato após um suicídio completo é um momento para se observar de perto. É recomendado que um terapeuta esteja em alerta máximo quando o amigo de um cliente tiver tentado ou tiver completado o suicídio. Quanto mais próximo for o amigo, maior será o risco potencial.

A forma como os jovens recebem as notícias também pode ser importante. A disponibilidade de informações vívidas e detalhadas sobre suicídios concluídos na mídia tem sido associada ao aumento do risco de suicídio (CDC, 2018; Gould, Kleinman, Lake, Forman, & Midle, 2014; WHO, 2014). Como resultado, organizações de prevenção ao suicídio têm oferecido diretrizes para métodos responsáveis de reportar (http://reportingonsuicide.org). Essas diretrizes enfatizam a necessidade de desglamourizar a cobertura de TS e limitar a quantidade de detalhes lascivos sobre o método de suicídio. O risco de suicídios adicionais (contágio de suicídio, suicídios imitativos) aumenta quando um jovem é exposto a histórias na mídia que descrevem de maneira explícita o método de suicídio, usam manchetes ou imagens dramáticas e gráficas e quando a cobertura repetida sensacionaliza ou glamouriza uma morte. Ao trabalhar com um adolescente em risco, esteja ciente dos suicídios altamente divulgados (tanto local quanto globalmente) e avalie a proximidade do jovem com a morte ou a exposição à cobertura midiática. Convém avaliar percepções errôneas e visões falsamente otimistas do suicídio (p. ex., "Parecia funcionar para ele") ou evidências de que o jovem está se habituando às consequências do suicídio (p. ex., "Se ela pode fazer isso, por que eu não deveria?"). Os terapeutas também podem recomendar que os pais limitem a exposição de seus filhos à cobertura da mídia sobre o suicídio, treinando-os a terem conversas abertas com seus filhos adolescentes. Aconselhe os pais a começarem perguntando o que o jovem ouviu e, em seguida, inserindo uma educação baseada em fatos para normalizar a ansiedade e a tristeza e dissipar percepções equivocadas. Em síntese, a discussão responsável dos suicídios na comunidade ou na mídia popular deve implicar uma apresentação baseada em fatos sem glamorização, exposição limitada e fornecimento de apoios e recursos durante a discussão.

TRATAMENTOS EFICAZES PARA IDEAÇÃO SUICIDA/ AUTOLESÃO NÃO SUICIDA

Embora seja comum, a IS/ALNS não melhorará por conta própria. A terapia cognitivo-comportamental (TCC) tem apoio para reduzir a IS e a ALNS e reduzir o sofrimento em torno dos comportamentos suicidas, sobretudo para adultos, embora as evidências também estejam sendo construídas para os formatos adolescentes (Shaffer & Pfeffer, 2001; Brausch & Girresch, 2012). A duração típica dos tratamentos de IS/ALNS independentes dura 11 sessões, mas pode variar de 2 a 104 semanas. Os formatos e componentes mais associados ao sucesso da TCC incluem os formatos individuais, baseados na família e em grupos escolares (Paschall & Bersamin, 2018; Wolff et al., 2017; Stanley et al., 2009; Wasserman et al., 2015). Os componentes eficazes incluem intervenção precoce intensiva com planejamento de segurança, análise da cadeia (avaliação funcional) e habilidades padrão da TCC (p. ex., ativação comportamental, resolução de problemas, reestruturação cognitiva, educação/treinamento dos pais) (Wolff et al., 2017; Stanley et al., 2009). A terapia comportamental dialética (DBT, do inglês *dialectical behavior therapy*) também recebeu apoio na redução da ALNS e do risco de suicídio para adultos, especialmente porque ocorrem no contexto do transtorno da personalidade *borderline* (Hunnicutt Hollenbaugh & Lenz, 2018). Como a IS/ALNS comumente coocorre na presença de outro sofrimento de saúde mental, este capítulo apresenta estratégias consistentes com uma detecção inicial (primeira sessão na qual a IS/ALNS é relatada) e mostra um plano de tratamento de quatro sessões para realizar avaliação inicial, planejamento de

QUADRO 7.1 Plano de tratamento modular para abordar pensamentos e comportamentos suicidas e não suicidas

---

Primeira sessão na qual a IS/ALNS é detectada

Avaliação

- Ideação e ações suicidas e não suicidas (IS/ALNS) ou TSs podem ocorrer durante a avaliação inicial ou a qualquer momento durante a terapia. Essa primeira sessão refere-se ao ponto inicial em que a IS/ALNS ou a TS é detectada. As atividades de avaliação, psicoeducação e intervenção sugeridas nessa primeira sessão são abrangentes e provavelmente demoram mais do que a sessão tradicional de 50 minutos. No entanto,
a avaliação, o plano de segurança e o sistema de verificação são necessários para garantir a segurança do jovem antes de permitir que ele saia do consultório clínico.
- Avalie a presença e a gravidade da IS/ALNS com a Columbia-Suicide Severity Rating Scale (C-SSRS), a Self-Injurious Thoughts and Behaviors Interview (SITBI) ou a entrevista diagnóstica (p. ex., ADIS, K-SADS).
- Organize o escopo do problema usando os modelos teóricos/planilhas SHIP: gravidade, histórico, intenção, plano.
- Determine a acuidade de risco usando o algoritmo de Pettit et al. (2018) para avaliar o risco de suicídio agudo.

Psicoeducação

- Revise a avaliação e a designação de risco com os jovens e seus cuidadores.
- Revise as principais informações usando a ficha informativa de IS/ALNS.

Intervenções

- Desenvolva um plano de segurança (Stanley & Brown, 2012), identificando os principais fatores de risco, apoios e estratégias de enfrentamento interno/externo.
- Crie um termômetro de intensidade de IS para fornecer uma linguagem comum entre o cuidador e os jovens.
- Desenvolva um sistema de verificação para reduzir as barreiras que podem impedir um jovem de divulgar a IS aos cuidadores. A frequência é baseada na gravidade da IS/ALNS, e a natureza da verificação é adequada ao contexto familiar.

Prática em casa

- A família implementa um sistema de verificação na frequência acordada e aprova os elementos apropriados de um plano de segurança, conforme necessário.

Segunda sessão após a qual a IS/ALNS é detectada

Avaliação

- Avalie a presença de IS/ALNS continuada com a C-SSRS.
- Administre uma medida de sintomas de depressão (p. ex., Inventário de Depressão de Beck [IDB]).

Intervenções

- Avalie se os cuidadores ou jovens têm perguntas novas ou contínuas sobre a IS/ALNS.
- Avalie a confiabilidade e a fidelidade da família na implementação de um sistema de verificação e de um plano de segurança conforme pretendido. Resolva problemas de adesão.
- Realize a análise de cadeia para determinar os gatilhos e as sequelas da IS/ALNS.

Prática em casa

- A família implementa um sistema de verificação revisado e um plano de segurança.
- Jovens e/ou cuidadores completam uma análise de cadeia da IS/ALNS.

(Continua)

QUADRO 7.1 Plano de tratamento modular para abordar pensamentos e comportamentos suicidas e não suicidas *(Continuação)*

Terceira sessão após a qual a IS/ALNS é detectada

Avaliação

- Avalie a presença de IS/ALNS continuada com a C-SSRS.
- Revise a medida dos sintomas de depressão (p. ex., IDB); readministre-a semanalmente.

Intervenções

- Resolva problemas de adesão com um sistema de verificação e um plano de segurança, conforme necessário.
- Analise a cadeia de revisão dos gatilhos e sequelas da IS/ALNS dos jovens.
- Concilie os dados sobre a IS/ALNS dos jovens com outros objetivos de tratamento (p. ex., depressão, ansiedade, isolamento social). De que maneira as metas de tratamento para a IS/ALNS são compatíveis com outras metas de tratamento? De que maneiras elas exigirão um foco exclusivo?

Prática em casa

- A família implementa um sistema de verificação revisado e um plano de segurança.
- Jovens e/ou cuidadores completam uma análise de cadeia da IS/ALNS.

Quarta sessão após a qual a IS/ALNS é detectada

Avaliação

- Avalie a presença de IS/ALNS continuada com a C-SSRS.
- Revise a medida dos sintomas de depressão (p. ex., IDB); readministre-a semanalmente.

Intervenções

- Revise a análise de cadeia dos gatilhos e das sequelas da IS/ALNS do jovem. Identifique novos gatilhos e maiores *insights* sobre as funções de reforço.
- Integre o foco da IS/ALNS no plano de tratamento existente, fazendo uso de estratégias de TCC que estão sendo implementadas para outros objetivos de tratamento (p. ex., ativação comportamental, resolução de problemas, reestruturação cognitiva).

Prática em casa

- Faça uso de exercícios de prática em casa consistentes com estratégias relevantes de TCC (conforme recomendado nos capítulos sobre depressão e ansiedade).

---

segurança e integração com outros objetivos de tratamento (ver Quadro 7.1).

EXEMPLO DE CASO: LUZ

O estudo de caso a seguir ilustra uma abordagem de TCC para (1) realizar avaliações de risco e introduzir planos de segurança, (2) avaliar a função da IS/ALNS e (3) implementar estratégias de prevenção de TS/ALNS. Todos os três componentes são comumente implementados no início de qualquer curso de tratamento em que a IS/ALNS foi detectada, muitas vezes após uma bateria de avaliação abrangente que indica a IS/ALNS passada ou atual e, certamente, quando qualquer TS passada ou recente foi relatada. Depois que um histórico ou que um risco atual de comportamento suicida for detectado, convém realizar um monitoramento contínuo da IS/ALNS de maneira regular, dependendo de sua gravidade, e revisar o plano de segurança, conforme necessário. No caso atual, descrevemos um foco direcionado na ideação e no comportamento suicida dos jovens devido à sua gravidade e à atualidade da TS.

Luz, uma adolescente cisgênero latina de 16 anos, foi encaminhada a um ambulatório como contrarreferência após ter completado uma internação de uma semana e um programa ambulatorial intensivo (IOP, do inglês *intensive outpatient program*) de oito semanas após sua primeira TS. A TS consistia em Luz tomar vários (< 4) comprimidos de alprazolam que ela havia recebido de um amigo, ingerir uma garrafa de vinho e fazer 3 ou 4 cortes horizontais nos pulsos usando uma lâmina de barbear. O pai de Luz a encontrou consciente, mas desorientada e intoxicada, chorando no quarto com uma toalha sobre os pulsos. O progenitor levou Luz de carro para o pronto-socorro, onde ela recebeu uma avaliação psiquiátrica e foi internada na unidade de internação de adolescentes. Durante sua permanência na unidade de internação, Luz começou a tomar um antidepressivo (escitalopram) e um estabilizador do humor (quetiapina). No IOP, Luz participou de reuniões de processo em grupo e grupos de desenvolvimento de habilidades que forneceram introduções à tolerância ao sofrimento e habilidades de regulação emocional. O pai de Luz se envolveu em sessões familiares no IOP e atuou como o principal cuidador dela. Na alta do IOP, a dosagem de escitalopram de Luz foi estabilizada e mantida, mas o psiquiatra descontinuou a quetiapina. Luz foi encaminhada para o tratamento ambulatorial para prevenir futuras TSs e ALNSs e reforçar suas habilidades de enfrentamento para regular os estressores.

Durante a avaliação ambulatorial, o pai relatou que viu pela primeira vez o humor de Luz começar a declinar cerca de três anos antes, quando o conflito entre os pais se intensificou e eles decidiram se divorciar. A mãe casou-se novamente pouco tempo depois e mudou-se para fora do estado com o novo marido. A irmã mais nova de Luz (10 anos) mudou-se com a mãe, mas foi decidido que Luz deveria permanecer com o pai, para manter a estabilidade enquanto ela ingressava no ensino médio. Luz concordou com a avaliação do pai: que o divórcio dos pais, a separação da família e a decisão da mãe de "me deixar para trás" contribuíram para sua insegurança, seu humor deprimido e seu retraimento social. Aos 14 anos (na nona série), ela se sentia socialmente isolada e passava menos tempo com seus amigos, aproximando-se de um novo grupo de colegas da escola que ela descrevia como "mal-humorados" e "um pouco estranhos". Luz relatou que sua primeira ocorrência de ALNS (arranhar-se com um cortador de unhas) ocorreu no final da nona série, depois de ouvir as amigas falarem sobre isso. Foi também um período estressante, pois suas notas estavam em declínio, e Luz havia se retirado da maioria das atividades na escola.

O comportamento de ALNS de Luz ocorria de modo esporádico, mas com frequência durante episódios intensos (p. ex., várias vezes por dia ao longo de 2 a 3 semanas), e o método e o dano intensificaram-se com o tempo. Antes de sua internação no hospital, sua ALNS mais grave consistia em fazer cortes de 10 a 12 centímetros em suas coxas ou no torso com uma lâmina de barbear e observá-los sangrar por minutos antes de secar os cortes com uma toalha. Ela geralmente se cortava durante momentos estressantes, como quando não conseguia acompanhar o trabalho escolar ou experimentava a rejeição social ou a vitimização. Luz era aberta sobre sua ALNS com seus amigos. O pai notou cortes em três ou quatro ocasiões e exigiu que Luz parasse, mas ele raramente fazia o acompanhamento. Na décima série (quando ela tinha 15 anos), o pai procurou atendimento ambulatorial para Luz. Ela participou de cerca de 12 sessões, não as considerou úteis e, portanto, encerrou o tratamento.

Durante a avaliação atual da terapia, Luz relatou que a rejeição dos colegas e o *bullying* desempenharam um papel significativo em sua ALNS e na sua recente TS. Luz revelou que sentia atração por homens e mulheres e que tinha se envolvido em atividade sexual com ambos os sexos. Ela não se sentia confortável em rotular sua orientação sexual como "bissexual", mas preferia se descrever como "em processo de questionamento e afirmação de identidade de gênero e/ou sexualidade". Outras vezes, ela parecia mais autoconfiante e se descrevia como *"queer"* e "gostando de ambos". Antes da sua TS, Luz havia iniciado um relacionamento discreto com outra garota de sua série na escola. O "namorado" da menina descobriu sobre o relacionamento delas e confrontou Luz no corredor da escola na frente de outros alunos. O rapaz empurrou Luz contra o armário, prendendo-a lá por alguns minutos antes que uma professora interviesse. Os pais e as autoridades se envolveram, e o rapaz foi suspenso. Em pouco tempo, parecia que todos na escola estavam cientes do incidente, e a história tornou-se uma importante fonte de fofocas e agressões contra Luz. Colegas da escola e da comunidade expressaram raiva e nojo de Luz em *sites* de mídia social, e ameaças homofóbicas contra ela foram feitas em locais públicos e privados. As mensagens de apoio foram muito menos frequentes. A escola emitiu declarações formais condenando a agressão física, mas insistiu que não poderia intervir em ataques *on-line*. O pai de Luz foi protetor em relação a ela, dizendo que a defenderia contra qualquer violência física, mas também invalidou sua orientação sexual, sugerindo que Luz havia contribuído para o ataque inicial e a subsequente rejeição social.

Após várias semanas de fofocas e ameaças, Luz foi à casa de uma amiga e compartilhou uma garrafa de vinho com ela. Ela também tomou o alprazolam que a amiga havia obtido do armário de remédios de seus pais. Depois de lamentar com a amiga sobre o *bullying* cada vez mais intenso, Luz foi para casa e cortou os pulsos com uma lâmina que havia usado anteriormente para se cortar. Ela ficou surpresa com a profundidade dos cortes nos pulsos e por quanto tempo deixou os ferimentos sangrarem, mas também se lembrou de ter pensamentos claros sobre a morte e sobre se matar: "Todo mundo quer que eu morra. Eu poderia muito bem continuar". Luz acabou cobrindo os cortes com uma toalha, ajudando a estancar o sangramento (cerca de 20-30 minutos depois de se cortar), mas continuou a se sentir ambivalente em relação à vida.

Avaliação e designação de risco de suicídio

O risco de suicídio pode ocorrer em qualquer ponto da terapia, e os pacientes podem apresentar risco agudo e/ou crônico e contínuo. Os terapeutas podem se preparar tendo recursos relevantes prontamente disponíveis quando a ocasião surgir. Uma série de medidas e sistemas de avaliação estão disponíveis (para uma revisão, ver Goldston & Compton, 2007; Wingate, Joiner, Walker, Rudd, & Jobes, 2004). As triagens formais de suicídio ajudam a estruturar a avaliação de risco e podem normalizar o processo, demonstrando que as perguntas incluídas são rotineiras. Recomendamos duas medidas que sejam fáceis de administrar, publicamente disponíveis e que tenham confiabilidade e validade estabelecidas. A Columbia Suicide Severity Rating Scale (C-SSRS; Posner et al., 2011; *http://cssrs.columbia.edu*) é uma medida administrada por clínicos que consiste em fazer cinco perguntas sobre a presença e a intensidade de IS (p. ex., desejar estar morto, pensamentos sobre se matar) e presença de intenção e plano tanto para o período de vida quanto para o mês anterior.

Se o jovem já fez uma tentativa, perguntas detalhadas sobre o método e a letalidade são feitas. A Self-Injurious Thoughts and Behaviors Interview (SITBI [Entrevista sobre Pensamentos e Comportamentos Autolesivos]; Nock, Holmberg, Photos, & Michel, 2007) é uma entrevista estruturada de 169 itens que avalia a presença, a frequência e as características de cinco tipos de fenômenos autolesivos: IS, planos suicidas, gestos suicidas, TS e ALNS. Muitas entrevistas de diagnóstico estruturadas (p. ex., Anxiety Disorders Interview Schedule [ADIS; Cronograma de Entrevista de Transtornos de Ansiedade], Kiddie Schedule for Affective Disorders and Schizophrenia [K-SADS; Cronograma Infantil para Transtornos Afetivos e Esquizofrenia]) também incluem perguntas que avaliam a presença de IS e de TS.

No momento da admissão, o terapeuta estava ciente dos comportamentos de TS e das ALNSs anteriores de Luz. O terapeuta conduziu a C-SSRS para determinar o risco atual. Luz relatou que ainda experimentava um grau significativo de ansiedade, de tensão e de IS episódico, mas não tinha intenção de fazer nenhuma tentativa no momento atual. De forma específica, Luz relatou uma IS moderada crônica quase todos os dias, mas nenhum plano ou intenção atual. Ela não podia garantir que nunca mais faria outra TS; ela queria "manter como uma opção". No entanto, ela considerou que estava atualmente segura e sem risco agudo imediato.

Após coletar dados relevantes sobre a ideação suicida e as tentativas de suicídio anteriores, recomendamos que o terapeuta organize as informações em uma heurística conceitual. Assim como o uso de uma conceitualização da TCC, ter um modelo teórico organizacional ajuda o terapeuta a conceitualizar o risco e estabelecer as bases para o planejamento de segurança. Usamos a sigla SHIP (do inglês *severity, history, intent, plan* [gravidade, histórico, intenção, plano]) como uma heurística para organizar nossa avaliação de IS, de TS e de ALNS e para ajudar os clínicos a lembrarem de dados relevantes à medida que avaliam o nível de risco.

S: *Gravidade* (severity)

A gravidade refere-se à frequência, à persistência (controlabilidade, duração) e à intensidade (intromissão, sofrimento subjetivo) de pensamentos suicidas. A criança experimenta a IS mensal, semanalmente ou várias vezes ao dia? Os pensamentos fugazes da IS vêm e vão, ou refletem uma reflexão persistente que o jovem não consegue evitar? Qual é a experiência subjetiva do jovem na IS? A intencionalidade é moderada, equivalente a pensamentos difusos sobre a morte? Ou a IS é altamente intensa, intrusiva e premente para a ação? Quanto maiores forem a intensidade e a frequência, maiores serão a gravidade e o risco potencial.

H: *Histórico* (history)

O histórico refere-se à cronicidade e ao padrão de IS e de TS. Também inclui fatores de risco comuns, como a ALNS, o uso de drogas e de álcool, o acesso a métodos, a disponibilidade de referências sociais que tentaram ou cometeram suicídio e o isolamento social. O episódio atual é o primeiro episódio de IS? Reflete um padrão contínuo de ruminação sombria e sem esperança? O jovem tem algum histórico de ALNS ou de TS? Existe um histórico de traumas e/ou estressores que tendem a desencadear a IS e a TS, e esses estressores estão presentes na vida atual do jovem? O jovem tem um histórico de agir impulsivamente de forma perigosa? Pesquisas sugeriram que a impulsividade geral não indica maior risco de suicídio, mas outras pesquisas afirmam que atos específicos de ALNS e TS são definidos impulsivamente no momento (Nock, 2010). Cabe ao clínico observar incidentes passados em que o jovem se machucou "acidentalmente" ou suas atuais decisões impulsivas que podem levar a danos não intencionais (p. ex., dirigir de forma imprudente; uso de álcool e drogas; isolamento severo; descumprimento do horário de recolher).

I: *Intenção* (intent)

O jovem relata ou demonstra intenção de realizar algum plano? O jovem está descrevendo um pensamento adaptativo orientado para o futuro (p. ex., ir para a faculdade) ou é capaz de identificar razões para viver? Ele iniciou algum ato preparatório, como dar objetos de valor ou se despedir de amigos? Como ele responde a perguntas como estas: "Você gostaria de estar morto? Você faria alguma coisa a respeito? Até que ponto você consegue se manter seguro?"?

P: *Plano* (plan)

O jovem tem ideias sobre como se machucaria ou se mataria? Ele fez pesquisas na internet investigando possíveis meios de suicídio? Quanto mais específicos forem os detalhes de um plano, maior será o risco, mas qualquer conceitualização de um plano é preocupante. O acesso a métodos planejados (p. ex., objetos cortantes, medicamentos ou armas de fogo em casa) também deve informar o nível de risco e ajudar a estabelecer o quão próximo é o risco de qualquer dano.

Usando a SHIP, o terapeuta organizou os dados sobre o episódio atual de Luz e o histórico de ALNS relevante (ver Fig. 7.1; uma versão em branco está disponível como Planilha 17 no Apêndice A).

Designação do risco

O terapeuta determina a acuidade de risco com base no histórico detalhado de IS, de ALNS e de TS. A avaliação e a designação de riscos, por sua vez, informam diretamente as etapas da ação. Pettit et al. (2018) criaram um algoritmo para designar o nível de risco (baixo, moderado, alto, grave) com base na TS passada ou na ALNS e na IS atual, no plano, na intenção e no acesso aos meios (ver Fig. 7.2; uma versão em branco está disponível como Planilha 18 no Apêndice A).

No caso de Luz, a ALNS passada e uma TS recente sugerem que ela está pelo menos em risco agudo moderado de fazer outra tentativa. Como ela também relata a IS atual, mas nenhum plano ou intenção atual, seria melhor designá-la como de alto risco agudo. Tal risco indica a presença atual de uma crise suicida que pode escalar rapidamente para uma TS (Pettit et al., 2018). Jovens em alto risco agudo precisam de monitoramento contínuo por uma equipe de tratamento e medidas imediatas para proteger o ambiente. Outra ferramenta para terapeutas e administradores em clínicas de saúde comportamental que precisam monitorar o risco crônico é a Assessment of Chronic Risk in Youth (ACRY [Avaliação do Risco Crônico na Juventude]; Dackis, Eisenberg, Mowrey, & Pimentel, 2021). Esse é um instrumento que permite o rastreamento sistemático do *status* de risco ao longo do tempo com base na revisão clínica dos fatores de risco e na proteção empiricamente suportada na juventude (ver Fig. 7.3; uma versão em branco está disponível como Planilha 19 no Apêndice A).

COMPONENTES E PROCESSO DE INTERVENÇÃO

Planejamento de segurança

Quando um terapeuta se torna consciente do risco de suicídio, é crucial realizar um planejamento de segurança para reduzir

PLANILHA 17. Heurística de risco de suicídio: gravidade, histórico, intenção, plano (SHIP)

Nome do cliente: Luz	Data: [xx/xx/xx]
Gravidade	
Frequência e duração	IS passiva quase todos os dias. Vem em agrupamentos ao longo do dia, mas pode ser desviada em 1 a 2 minutos.
Intensidade	Classificada como um 6 de 10. Principalmente IS passiva, soando como disforia ("Nada mudou") e desesperança ("O pessoal nunca vai mudar", "Eles sempre vão guardar rancor de mim").
Histórico	
Cronicidade e histórico de IS	O episódio mais recente começou há cerca de 4 a 5 meses, coincidindo com *bullying*/assédio por colegas. IS ("Todo mundo quer que eu morra") e desesperança ("Eu poderia muito bem acabar com isso") se intensificaram para um 9/10 e culminaram em uma TS cerca de 9 a 10 semanas atrás. Desde que esteve internada e participou de programas de tratamento intensivo (IOP, do inglês *intensive outpatient programs*), a intensidade da IS diminuiu (6/10), mesmo que a IS permaneça relativamente constante.
Histórico de ALNS	A jovem relata histórico de ALNS desde a nona série como uma forma de lidar com o sofrimento social, familiar e escolar. Os métodos se concentravam no corte com objetos afiados e lâminas, sendo principalmente não letais, com sangramento menor que pode parar por conta própria ou com uma leve pressão.
Histórico de TS	A jovem fez uma TS há 9 a 10 semanas com uma combinação de vinho, alprazolam e corte nos pulsos com lâmina de barbear. O pai a encontrou consciente e chorando. Ela foi internada. Essa foi a primeira tentativa.
Comportamentos impulsivos/ de risco	A jovem tem um histórico mínimo de comportamentos de risco, relatando mínima experimentação com drogas e álcool e histórico mínimo de lesões físicas.
Estressores crônicos/fatores de risco	Estressores familiares (pais divorciados; afastada da mãe), *bullying* e assédio entre colegas precederam uma TS.
Intenção	
Intenção declarada ou presumida	Desde a internação/o IOP, a jovem negou a intenção ("Não, eu sei que não resolve nada"), mas a reserva como uma opção ("Eu sei que sempre poderia fazer isso").
Atos preparatórios	A jovem fez compromissos com seu pai e seus amigos para "ficar por perto" até que ela tente. Não há evidências de atos preparatórios.

(Continua)

FIGURA 7.1 Usando a abordagem SHIP para a avaliação de risco de IS/ALNS.

PLANILHA 17. Heurística de risco de suicídio: gravidade, histórico, intenção, plano (SHIP)

Plano	
Métodos planejados	Na TS recente/única, foram utilizados álcool, alprazolam e lâminas de barbear. A jovem concordou em ter esses itens trancados em casa.
Acesso aos métodos	O pai concordou em trancar todas as bebidas alcoólicas, medicamentos potencialmente perigosos e objetos cortantes (lâminas de barbear, pequenas facas que podem ser escondidas).

FIGURA 7.1 *(Continuação)* Usando a abordagem SHIP para a avaliação de risco de IS/ALNS.

o risco de os jovens fazerem mais TSs. Um planejamento de segurança geralmente consiste em uma revisão dos estressores que desencadeiam a escalada de IS e de ALNS, um *brainstorming* de estratégias de enfrentamento de curto prazo para usar durante episódios agudos e conectar os jovens com recursos e apoios úteis para mantê-los seguros (Pettit et al., 2018; Stanley & Brown, 2012). Stanley e Brown (2012) também desenvolveram uma abordagem de sessão única projetada para ser concluída em 20 a 30 minutos em um ambiente de sala de emergência, assumindo que um clínico pode ter apenas um único contato com clientes que entram para intervenção aguda. A mesma abordagem pode ser usada em ambiente ambulatorial e foi adaptada para populações adolescentes (Stanley et al., 2009).

Um planejamento de segurança contrasta com os "contratos de não suicídio", nos quais o cliente faz um acordo escrito ou verbal para se abster de comportamento suicida. Os contratos de não suicídio tradicionalmente não explicam as habilidades ou os recursos de enfrentamento que se espera que um cliente use para se manter seguro. Nesse formato, os contratos de não suicídio têm limitado, se algum, valor na prevenção de futuros comportamentos suicidas (Kelly & Knudson, 2000; Reid, 1998; Shaffer & Pfeffer, 2001). Em vez disso, no modelo de planejamento de segurança de Stanley e Brown (2012), o clínico colabora com o jovem para: (1) listar os sinais de alerta de aumento da IS e da ALNS; (2) debater estratégias internas de enfrentamento que podem ser usadas para distrair rapidamente o jovem da IS intensa; (3) identificar situações sociais e pessoas que podem ajudar a distrair o jovem; (4) identificar as pessoas que serão de apoio; (5) listar recursos locais (p. ex., médicos, equipes de resposta móvel, linhas diretas de suicídio) que o jovem pode contatar em emergências; e (6) gerar um plano para limitar o acesso a objetos perigosos (p. ex., perfurocortantes, álcool/drogas, armas, materiais que podem ser usados para asfixiar) que o jovem poderia utilizar para se machucar. Para clientes adolescentes, o terapeuta muitas vezes colabora diretamente com o jovem, mas também é útil envolver um cuidador que possa ajudar o jovem a identificar recursos locais para acessar, bem como para tornar o ambiente seguro. Além disso, na maioria dos casos, as leis estaduais exigem que o terapeuta divulgue aos cuidadores quando um menor relata IS e TS. Assim, o cuidador pode se tornar um parceiro vital na implementação de um plano de segurança em casa. Para ajudar nisso, muitas vezes, desenvolvemos um "plano de checagem" formal que agenda verificações de rotina entre um cuidador e um jovem. Os profissionais de saúde mental também devem estar cientes das diretrizes obrigató-

Depressão e ansiedade em jovens 177

PLANILHA 18. Algoritmo para risco agudo de suicídio

Circule quaisquer indicadores de risco endossados para determinar o nível de risco agudo.

☐ Baixo: O jovem pode não precisar de um plano de segurança.
☒ Moderado e alto risco: O jovem normalmente precisará de alguns elementos de planejamento de segurança.
☐ Risco severo e alguns riscos altos: O terapeuta deve estar preparado para alertar a resposta móvel ou encaminhar o jovem para a sala de emergência.

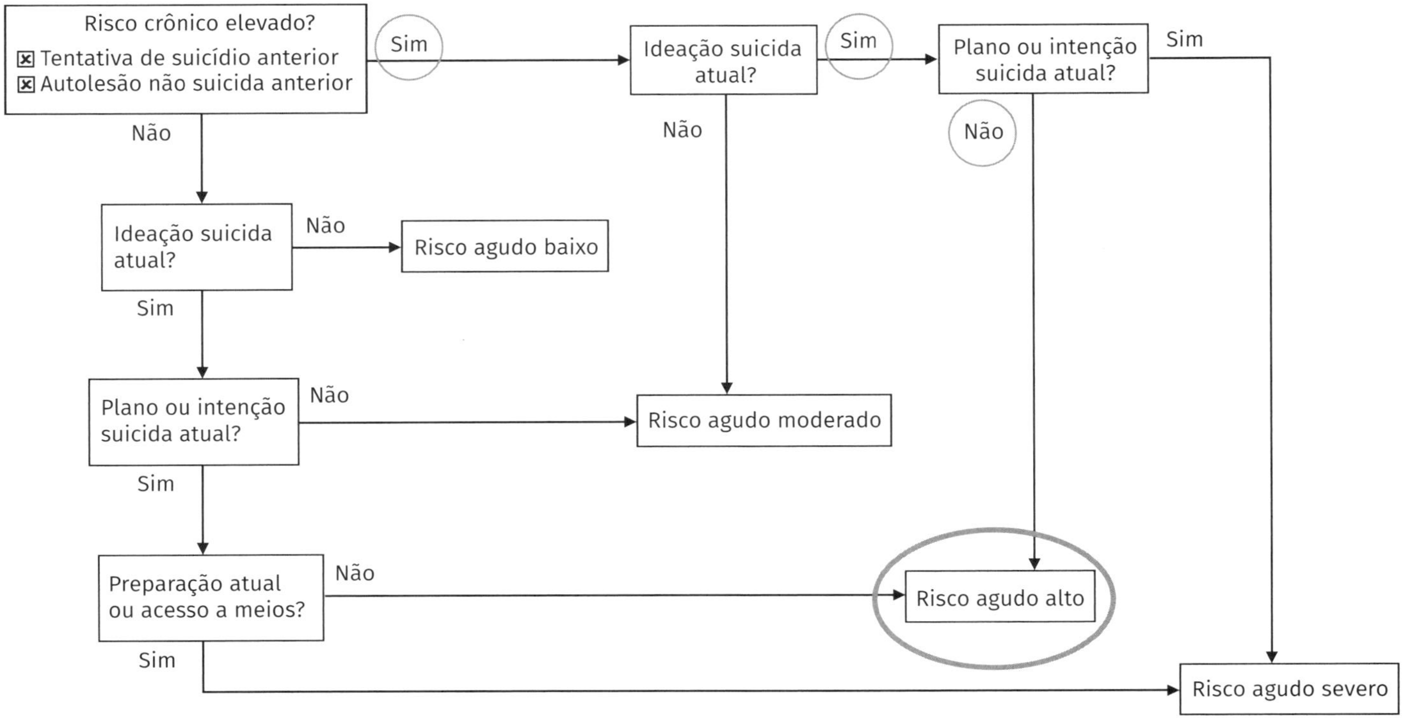

Risco crônico elevado?
☒ Tentativa de suicídio anterior
☒ Autolesão não suicida anterior

- Não → Ideação suicida atual?
  - Sim → Plano ou intenção suicida atual?
    - Sim → Risco agudo severo
    - (Não) → **Risco agudo alto**
  - Não → Risco agudo moderado
- Sim → Ideação suicida atual?
  - Não → Risco agudo baixo
  - Sim → Plano ou intenção suicida atual?
    - Não → (a Ideação suicida atual path — Risco agudo moderado)
    - Sim → Preparação atual ou acesso a meios?
      - Não → **Risco agudo alto**
      - Sim → Risco agudo severo

FIGURA 7.2 Algoritmo para avaliação do risco de suicídio agudo no caso de Luz. Adaptada, com permissão, de Pettit et al. (2018).

PLANILHA 19. Assessment of Chronic Risk in Youth (ACRY)

Nome do paciente: LUZ
Terapeuta primário: _____
Psiquiatra (S/N): _____
Outro(s) prestador(es) da equipe: _____

Data de conclusão: 20/3/23
Data de revisão: _____
☑ Linha de base (últimos 6 meses)
☐ Acompanhamento (últimos 3 meses)

Fator de risco	Atual		Vida inteira		Comentários
	Sim	Não	Sim	Não	
Tentativa de suicídio Se sim nos últimos 2 anos ALTA	Data(s): 6/1/23 #tentativas: 1 Atenção médica: S		Data(s): 6/1/23 #tentativas: 1 Atenção médica: S		Múltiplos alprazolam (< 4) com vinho; 3 a 4 cortes no pulso
Comportamento agressivo/violento Se sim, nos últimos 2 meses e causou danos corporais e levou à internação/hospitalização ALTA		X		X	
Ideação suicida	Intenção/Plano <u>Passivo</u>/Ativo	S	<u>Intenção</u>/Plano <u>Passivo</u>/Ativo	S	
Comportamentos suicidas		S		S	
Ideação homicida	Intenção/Plano Passivo/Ativo	N	Intenção/Plano Passivo/Ativo	N	
Internações psiquiátricas	#: 1	N	#: 1	S	1 semana
Visitas à sala de emergência psiquiátrica	#: 1		#: 1		Cortando braço, perna, tronco com uma lâmina
Comportamentos autolesivos não suicidas	S Atenção médica? S		S Atenção médica? S	S	
Comportamentos de alto risco		N		N	

(Continua)

FIGURA 7.3 Assessment of Chronic Risk in Youth (ACRY) concluída para Luz. Adaptada, com permissão, de Dackis, Eisenberg, Mowrey, & Pimentel (2021).

Fator de risco	Atual		Vida inteira		Comentários
	Sim	Não	Sim	Não	
Uso de substâncias/álcool	A ser determinado		A ser determinado		Paciente bebeu vinho durante a TS.
Falta de adesão ao tratamento		N		N	
Condição/complicações médicas		N		N	
Fardo percebido para os outros	S		S		
Maus-tratos à criança/trauma		N		N	
Impulsividade	Baixo/<u>moderado</u>/alto		Baixo/<u>moderado</u>/alto		
Outro	S		S		Invalidação paterna relacionada à orientação sexual.

FATORES DE PROTEÇÃO

- ☐ Coesão familiar, conectividade
- ☒ Envolvimento parental percebido
- ☐ Envolvimento de outro adulto cuidador/professor
- ☐ Conexão com a escola, sentimentos positivos em relação a ela
- ☐ Segurança escolar
- ☐ Conquista acadêmica
- ☐ Apoio social/amizades positivas
- ☒ Verbal, cooperativa/envolvida no tratamento
- ☐ Frequência/engajamento em esportes/religião
- ☐ Razões para viver
- ☐ Acesso restrito aos meios
- ☒ Autoestima

Designação do risco geral

Baixo risco	(Risco moderado)	Alto risco

FIGURA 7.3 *(Continuação)* Assessment of Chronic Risk in Youth (ACRY) concluída para Luz. Adaptada, com permissão, de Dackis, Eisenberg, Mowrey, & Pimentel (2021).

rias de notificação de suicídio em seus respectivos estados.

Para Luz, o terapeuta acompanhou a avaliação de risco, gerando de forma colaborativa um plano de segurança com a adolescente. Construir um plano de segurança quando a IS ou a TS se torna aparente pela primeira vez ajuda o terapeuta a ensinar a importância da comunicação aberta em torno da IS, da ALNS e da TS e garante que esteja ciente dos sinais de alerta do jovem e da variedade de habilidades de enfrentamento. Seguindo a abordagem de Stanley e Brown (2012), o terapeuta e Luz completaram o plano de segurança mostrado na Figura 7.4 (uma versão em branco está disponível como Planilha 20 no Apêndice A). Observe que o foco desse breve plano de segurança é ajudar a jovem a lidar com episódios agudos de IS ou de desejos de se machucar. Assim, as estratégias de enfrentamento interno concentram-se em atividades que servem à simples função de distração e podem ser executadas sozinhas pela jovem. Elas visam a interromper os pensamentos e as experiências ruminativas e intrusivas que contribuem para o humor e a intenção suicidas.

Da mesma forma, o apoio social é dividido em situações e pessoas que podem ajudar a distrair e aqueles que seriam capazes de fornecer apoio emocional ou instrumental. Ao identificar pessoas que podem ajudar, identifique *pelo menos um adulto*, para que o jovem não dependa apenas de colegas quando a IS surgir. Ao identificar apoios profissionais, Luz e seu terapeuta identificaram pessoas com quem ela poderia entrar em contato dentro e fora da escola. Pode ser necessário identificar quem *não* incluir nessa lista, ou seja, colegas que criam acesso a meios (p. ex., a colega que lhe deu o alprazolam). Além de uma linha direta nacional de suicídio, o terapeuta listou as informações de contato do Projeto Trevor, que fornece orientação especial para jovens de minorias sexuais que são suicidas. O pai de Luz também foi convidado a se envolver, para proteger o ambiente, trancando lâminas de barbear e pequenas facas (que Luz poderia esconder), removendo sedativos e outros medicamentos tóxicos e salvaguardando o resto e jogando fora qualquer tipo de álcool presente em casa.

Como já observado, em muitas situações, recomendamos o desenvolvimento de um plano de checagem formal entre o cuidador e o jovem (passo 7 da planilha) em intervalos regulares (p. ex., diariamente, 2 ou 3 vezes por semana). Um plano formal de checagem é indicado quando o cuidador não tem conhecimento prévio da IS, da ALNS e da TS do jovem, jovem é isolado e a comunicação entre o cuidador e o jovem é ruim. Dependendo das leis específicas estaduais, da idade para consentimento e das regras de divulgação para autolesão, o terapeuta pode ser obrigado a divulgar a presença de IS, de ALNS ou de TS aos pais.

Além disso, as evidências sugerem que a conexão interpessoal e o aumento do monitoramento podem reduzir a IS e a TS (Stanley & Brown, 2012). Assim, incorporamos uma verificação diária entre o jovem e os pais para que os cuidadores possam desenvolver uma maior consciência da presença e das mudanças na IS, e os pais e o jovem estejam utilizando um método padronizado para avaliar a gravidade.

Para criar uma linguagem e uma escala comuns, começamos criando um Termômetro de intensidade de IS (ver Fig. 7.5; uma versão em branco está disponível na Planilha 21 no Apêndice A) com o objetivo de desenvolver rótulos de sentimentos subjetivos que se encaixem na experiência do jovem para cada pontuação e identificar âncoras comportamentais personalizadas que correspondam à história pessoal do jovem de IS, de ALNS e de TS. Com o cuidador e o jovem presentes, o terapeuta começa

PLANILHA 20. Plano de segurança

Passo 1: Sinais de alerta
1. Ver que as pessoas me mencionaram no Snapchat.
2. Notar crianças me olhando no corredor.
3. Pensar em como as coisas nunca vão melhorar.
Passo 2: Estratégias internas de enfrentamento: coisas que posso fazer para me distrair sem entrar em contato com ninguém
1. Desenhar.
2. Escutar música.
3. Escrever letras de músicas.
Passo 3: Situações sociais e pessoas que podem ajudar a me distrair
1. Enviar uma mensagem para a minha amiga Zoe (telefone: 000-000-0000).
2. Conversar por mensagem *on-line* com Zoe, Jazmin e Sofie.
3. Ir para a sala de aula de arte, onde as pessoas ficam depois da escola.
Passo 4: Pessoas a quem posso pedir ajuda
1. Meu pai (telefone: 000-000-0000).
2. Passar na casa de Zoe.
Passo 5: Profissionais ou clínicas que posso contatar durante uma crise
1. Nome do terapeuta: Dr. Sandy Pimentel (Telefone: 000-000-0000).
2. Orientador escolar: Precious Diodonet (na escola).
3. Hospital local/emergência: ambulância de emergência (telefone).
4. Linha direta de prevenção ao suicídio: (telefone).
Passo 6: Tornar o ambiente seguro
1. Meu pai manterá as lâminas de barbear e as facas pequenas trancadas.
2. Meu pai removerá os sedativos e os outros medicamentos perigosos.
3. Descartar o álcool.
Passo 7: verificações regulares
1. Adulto verificador: pai.
2. Frequência de verificação: todas as noites após o jantar.

FIGURA 7.4 Plano de segurança para Luz. Adaptada, com permissão, de Stanley & Brown (2012).

PLANILHA 21. Termômetro de intensidade de ideação suicida

Quando se trata de pensamentos sobre nos prejudicarmos, é importante que possamos descrever o sentimento e a intensidade para os outros. Tente classificar a intensidade dos seus pensamentos e seus sentimentos suicidas em uma escala de 0 a 10. Que palavras você usaria para descrever cada classificação? Você consegue se lembrar de algum momento em que se sentiu assim?

Qual sentimento você está classificando:		
Pensamentos suicidas/ intensidade do sentimento — Qual é a intensidade? (0 "nada" a 10 "o pior")	Descreva o sentimento (com suas próprias palavras) para cada nível.	Descreva momentos passados em que você se sentiu assim.
10	?.	Nunca cheguei aqui.
9	Desesperança.	Minha primeira noite no hospital, sóbria.
8	Dor lancinante na cabeça.	O dia em que bebi e cortei meus pulsos, pensando: "Poderia muito bem acabar com tudo".
7	Com medo de mim mesma.	Quando aquele garoto me prendeu contra o armário me sufocando.
6	Lamentável.	Toda vez que as crianças começam a fazer comentários homofóbicos no Snapchat.
5	Deprimida.	Sentada no meu quarto me perguntando se as coisas vão fazer sentido para mim algum dia.
4	Brava.	Passando tempo com a Zoe, reclamando das outras meninas da escola.
3	Nublada, sem graça.	Nível diário, meio que assim: "Ah, ótimo, mais um dia."
2	Mais calma.	Mais calma: apenas relaxando, não fazendo nada.
1	Bem.	Dormindo até tarde.
0	Nada.	Nenhum pensamento.

FIGURA 7.5 Termômetro de intensidade de IS com âncoras personalizadas no caso de Luz.

normalizando a presença de IS e de ALNS e observa que nem todas as IS são criadas iguais. Algumas parecem mais intensas e mais intrusivas. Outras parecem pensamentos incômodos no fundo da mente. Ambas são reais e merecem atenção, mas cada tipo reflete diferentes níveis de risco. O terapeuta ajuda o jovem a atribuir diferentes rótulos subjetivos para cada pontuação na escala. Aqui, Luz rotula pontuações mais baixas como "bem", "mais calma" e "confusa"; e pontuações médias como "irritada", "deprimida" e "lamentável". À medida que a intensidade aumenta, os rótulos subjetivos também intencionam: "com medo de mim mesma", "dor lancinante" e "sem esperança". Observe que a pontuação de 10 foi deixada em branco porque os sentimentos de Luz nunca atingiram esse nível e ela queria deixar espaço para uma intensidade maior.

Enquanto o jovem está aplicando rótulos afetivos, o terapeuta o ajuda a identificar momentos (eventos, ações) em que experimentou cada nível de intensidade. Âncoras personalizadas ajudam os jovens a conectarem concretamente pontuações numéricas com um nível de intensidade real. Os rótulos também começam a detalhar as etapas progressivas que levam a um maior risco de autolesão. Por fim, âncoras personalizadas fornecem sinais de alerta concretos para os cuidadores reconhecerem objetivamente quando o jovem está se intensificando na IS.

Uma vez que uma escala personalizada é criada, ela fornece uma linguagem comum para o jovem e o cuidador. Um cuidador pode pedir a "classificação de intensidade" de um jovem, e o jovem pode simplesmente dar um número, e ambos saberão imediatamente o rótulo afetivo e as experiências de vida a que esse número corresponde. Em outras palavras, isso fornece uma abreviação padronizada para os jovens e os cuidadores se comunicarem. Isso será essencial para implementar um robusto plano de checagem de jovem-cuidador. Com uma escala comum em mãos, o terapeuta colabora com a família para criar uma checagem regular de IS e de ALNS. Isso ajuda a estabelecer uma rotina pela qual os pais podem monitorar o humor e o potencial de IS do jovem no intervalo estabelecido.

Principais etapas de um plano de checagem

1. **Identifique a frequência de checagem e um horário específico em que o cuidador pode avaliar a IS e a ALNS do jovem.** A frequência da checagem pode ser adaptada à gravidade do risco. Para um jovem com risco leve de TS, uma checagem semanal pode ser suficiente. De modo alternativo, os jovens podem ser instruídos a procurar ajuda ou promulgar seu plano de segurança quando sua intensidade de IS subir acima de um certo nível. Para um jovem com risco moderado ou alto de TS, podem ser necessárias checagens diárias. A hora do dia selecionada deve ser uma hora em que o cuidador e o jovem provavelmente estarão juntos. Os exemplos incluem uma checagem após o jantar, logo antes de dormir ou durante a volta de carro da escola para casa.
2. **Identifique uma forma pela qual o cuidador possa realizar a checagem que seja aceitável para o jovem.** Com o uso de um termômetro de intensidade personalizado, a checagem pode ser relativamente rápida, uma vez que a família já estabeleceu uma linguagem comum para o humor e para o risco associado. Uma checagem diária poderia simplesmente consistir no cuidador solicitando a classificação de intensidade da IS do jovem. Se a classificação parecer elevada em relação à linha de base, o cuidador pode acompanhar para verificar se há

algum risco aumentado. Os pais usam as âncoras personalizadas do termômetro para perguntar se o jovem experimentou algum dos estressores normalmente associados à IS elevada: "Eu sei que você se sente mal consigo mesma quando os colegas lhe importunam. Aconteceu alguma coisa assim hoje?".

3. **Determine um limite para executar o plano de segurança.** Usando o termômetro de intensidade, o terapeuta ajuda o jovem e o cuidador a determinarem quais níveis de intensidade acionam quais elementos do plano de segurança. Por exemplo, se Luz relatasse pontuações entre 1 e 3 (ver Fig. 7.5), seu pai poderia incentivá-la a executar os passos 2 ou 3 (estratégias internas de enfrentamento, situações sociais perturbadoras) (ver Fig. 7.4). Se Luz relatasse pontuações mais intensas, entre 4 e 6, ela deveria pedir ajuda de pessoas em quem confia (passo 4) e de conselheiros ou terapeutas (passo 5). Para Luz, uma pontuação 7 é altamente intensa e imediatamente precede o nível de intensidade (8) em que ela fez um TS. Assim, qualquer classificação 7 exigiria uma consulta com uma unidade de saúde e uma possível avaliação em uma clínica de emergência local. O objetivo é intervir antes que Luz desenvolva qualquer intenção de se automutilar.

4. **Resolução de desafios prováveis ao plano.** Um lar movimentado ou uma rotina familiar agitada podem desafiar a capacidade do cuidador e do jovem de aderir ao plano. Ajude a família a resolver problemas identificando prazos para o plano (p. ex., "Faça isso todos os dias durante duas semanas. Se não houver problemas, mude para uma vez por semana"). Identifique também possíveis interrupções. Se o cuidador e o jovem escolherem um momento em que outras pessoas possam estar por perto (p. ex., logo após o jantar), ajude a elaborar um plano para explicar isso; por exemplo, peça ao jovem que dê um "sinal" após o jantar que afaste o cuidador e procure um local privado (p. ex., peça à criança que diga: "Mãe, preciso da sua ajuda em matemática").

Em resumo, o objetivo do termômetro de intensidade de IS e do sistema de checagem é dar ao cuidador uma ferramenta para ajudar a avaliar o quão sério eles acreditam que é o risco do jovem e fornecer-lhes maneiras de monitorar o comportamento do jovem. Na sessão após o estabelecimento de um sistema de checagem, você deve planejar reavaliar seu uso e resolver quaisquer desafios para uma implementação consistente. Essas ferramentas também fornecem aos jovens uma maneira de avaliar seu próprio nível de gravidade para se tornarem mais autoconscientes de seus pensamentos, de seus sentimentos e, de forma específica, dos seus impulsos de IS ou de ALNS, além de aumentar sua eficácia em saber quando implementar o plano de segurança. Nem um sistema de checagem nem uma intervenção de plano de segurança substituem a avaliação de risco profissional quando o jovem está relatando uma IS e uma ALNS graves. Essas ferramentas fornecem um método para auxiliar o cuidador e o jovem a saber quando uma avaliação formal de risco é necessária.

Integração com outros objetivos de tratamento

À medida que o tratamento avança, o terapeuta precisará equilibrar a necessidade de garantir a segurança do cliente enquanto avança em direção a outros objetivos que o cliente considera importantes. A IS intrusiva e a automutilação geralmente aparecem no contexto de outros transtornos psicológicos. Os clientes podem apreciar a seriedade com que um clínico leva seus pensamentos e comportamentos suicidas, mas também podem ficar frustrados se sua IS e sua ALNS forem os únicos tópicos abordados na terapia. O grau em que a IS e a ALNS existem no primeiro plano da terapia depende da designação de risco do jovem e de quão ativas são a IS e a ALNS. Se a IS e a ALNS estiverem atualizadas, o terapeuta deverá conduzir sua própria checagem regular em cada sessão, semelhante à checagem do cuidador. O terapeuta também pode querer administrar semanal ou quinzenalmente uma medida de depressão padrão (p. ex., o Inventário de Depressão de Beck [BDI]; Beck, Steer, & Brown, 1996) para avaliar a escalada do humor deprimido. Se o jovem já fez uma TS ou tem uma ALNS ativa, revise o plano de segurança de cada reunião para reforçar as estratégias que o jovem pode usar quando a IS se intensificar. Além da avaliação de risco, do plano de segurança e da checagem, como um terapeuta aborda pensamentos e comportamentos suicidas na terapia? Agora, veremos como os terapeutas podem usar a avaliação funcional e a análise de cadeia para facilitar o desenvolvimento de habilidades e incorporar uma postura terapêutica educacional, calma e confiante.

Postura do terapeuta durante a psicoeducação da IS e da ALNS

O trabalho terapêutico efetivo com a IS e com a ALNS comunica a importância do tema, ao mesmo tempo que normaliza a experiência (Pettit et al., 2018). Assumir uma postura objetiva pode baixar as defesas e facilitar a discussão honesta. Os clínicos querem comunicar que quaisquer pensamentos sobre a morte, desejos de morrer e visões de métodos ou de planos devem ser atendidos e, quando os jovens os experimentarem, eles devem ser discutidos. Ao mesmo tempo, comunique a ideia de que perguntas sobre a vida não são sinônimos de desejos de estar morto e de que ter uma IS não obriga o jovem a seguir com tais pensamentos. Muitos pensamentos podem ser passageiros, mesmo que intensos, e o objetivo é ajudar o jovem a suportar a intensidade desses momentos mais difíceis. Fornecer essa educação ajuda a normalizar a experiência e a limitar qualquer culpa secundária, vergonha ou desesperança que possa se desenvolver a partir da IS. A seguir, há uma série de exemplos de declarações que podem ajudar a comunicar essas mesmas mensagens:

> "Às vezes, quando as pessoas estão chateadas ou passando por um momento difícil, elas têm pensamentos sobre se machucar ou querer morrer. É importante prestar atenção a esses pensamentos, e, quando os experimentar, quero que me diga. Ao mesmo tempo, só porque você tem esses pensamentos, isso não significa que tudo está perdido ou que você tem que realizar esses pensamentos. Enquanto trabalhamos juntos, trabalharei para ajudá-lo a praticar estratégias para superar esses momentos estressantes e lembrar de que as coisas podem melhorar."

O terapeuta pode fornecer o Material suplementar 15 (uma versão reproduzível está disponível no Apêndice A) para destacar informações essenciais sobre suicídio e sobre ALNS. O jovem ou a família também podem ser direcionados para organizações confiáveis, como a Association for Behavioral and Cognitive Therapies e a Society of Clinical Child and Adolescent Psychology (ver Apêndice B para mais detalhes). No caso da ALNS, em que o jovem está ativamente causando danos corporais a si mesmo, comunique claramente que qualquer automutilação é antitética ao processo de terapia e interfere no alcance dos objetivos pessoais do adolescente (Linehan, 1993). Assim, se o jovem evidenciar algum comportamento de ALNS, o terapeuta deve prestar muita atenção a ele em cada sessão. A justificativa para isso é que quaisquer problemas que possam resultar em término ou interrupção significativa da terapia (p. ex., por morte ou hospitalização) merecem a mais alta prioridade no tratamento (Rizvi & Ritschel, 2014).

Análise de cadeia e avaliação funcional

Uma das primeiras intervenções que os terapeutas usam para obter uma maior compreensão da função da IS, da ALNS e da TS é realizar uma análise de cadeia (Stanley et al., 2009). Uma análise de cadeia ajuda a identificar os fatores de risco pessoais dos jovens, identificando os estressores e a sequência de respostas que resultam em uma IS, em uma ALNS e em uma TS (Rizvi & Ritschel, 2014). Uma análise de cadeia identifica quaisquer fatores de vulnerabilidade (p. ex., uso de drogas, presença de depressão, histórico de suicídio na família ou na rede de colegas) e de eventos de ativação proximal (p. ex., eventos ou interações interpessoais, familiares, escolares) que levam a qualquer IS escalada. Tal análise também ajuda a identificar os pensamentos, os sentimentos e os comportamentos dos jovens em reação a esses eventos ativadores. O terapeuta e o jovem completam as cadeias de forma colaborativa, incluindo a análise pistas e gatilhos internos (p. ex., pensamentos, sentimentos, memórias) e externos (p. ex., pessoas, lugares, eventos). Quaisquer conclusões extraídas da análise são consideradas hipóteses a serem testadas (Rizvi & Ritschel, 2014).

Para realizar uma análise de cadeia de uma TS, de uma ALNS ou de um conjunto específico de uma IS, o terapeuta pede ao jovem que descreva os eventos que levam a e que seguem as escaladas típicas de uma IS ou de uma ALNS para ele. Alguns compararam esse processo ao pausar de uma cena de um filme (Stanley et al., 2009) em um ponto específico no tempo, para que o terapeuta e o jovem possam aprender mais sobre a experiência do jovem em momentos críticos. Com frequência, a análise de cadeia começa com um evento específico estressante na vida. No caso de Luz, o terapeuta notou que a IS e a ALNS geralmente escalavam depois que os colegas a assediaram devido à sua sexualidade. Na sessão, o terapeuta sugeriu que eles usassem uma análise de cadeia para seguir a sequência de eventos que se seguiram a uma situação específica, quando uma garota postou um comentário desagradável sobre Luz nas mídias sociais (ver Fig. 7.6; uma versão em branco está disponível como Planilha 22 no Apêndice A).

Em sua análise, o terapeuta e Luz identificaram um fator de vulnerabilidade relativamente proximal – Luz passou a noite inteira rolando fotos *on-line*, algumas das quais continham comentários desagradáveis sobre ela. Fatores de vulnerabilidade são elementos da pessoa, do ambiente ou das circunstâncias da vida que deixam uma pessoa mais aberta aos efeitos deletérios de estressores específicos (Rizvi & Ritschel, 2014). Assim, a exposição de Luz a comentários repetidos a preparou para uma reação negativa quando, mais tarde, viu duas meninas andando pelo corredor que riram em sua direção (evento estimulador). Apesar da crença inicialmente forte de Luz de que as meninas estavam rindo dela, se elas realmente estavam é algo desconhecido (a menos que Luz perguntasse a elas). Pesquisas sugerem que a ruminação intensiva sobre o afeto negativo pode aumentar a magnitude desse afeto negativo a ponto de o indivíduo se envolver em comportamento desregulado para se distrair da ruminação afetiva (Selby, Anestis, & Joiner, 2008). Assim, as reações de Luz espiralam em uma direção

PLANILHA 22. Análise de cadeia da ideação suicida e da autolesão

O objetivo da análise de cadeia é tornar-se mais consciente dos pensamentos, das emoções e das ações que se descontrolam quando você cai em uma espiral emocional. Trabalhe com seu terapeuta para detalhar sua espiral emocional e os eventos que as desencadeiam.

Nome do cliente: Luz	Data: [xx/xx/xx]

Fatores de vulnerabilidade: Passei a noite toda olhando fotos no Instagram (algumas com comentários desagradáveis)

Evento desencadeante: Duas garotas me olharam no corredor e riram.

	Ação/emoção/pensamento	O que você fez?	Solução potencial ou habilidades a utilizar?
Link 1	Pensamento	"Elas escreveram aqueles comentários desagradáveis no Instagram."	Verifique armadilhas de pensamento. Crie um pensamento de enfrentamento realista: "Não era sobre mim".
Link 2	Emoção	Raiva, vergonha	Relaxe, peça ajuda a um amigo.
Link 3	Ação	Mudar de direção e seguir outro caminho.	Permanecer perto de pessoas em quem confio/de quem gosto.
Link 4	Pensamento	"Não suporto mais isso aqui. Eles nunca vão me deixar esquecer."	Desafie os pensamentos com pensamentos de enfrentamento: "As coisas vão melhorar".
A que problemas isso leva (p. ex., automutilação, pensamentos suicidas, comportamentos de risco)?	Pensamentos sobre me cortar. Correr para casa e me deitar na minha cama.		
O que aconteceu depois? Resultado em curto prazo:	Trancar-me no meu quarto me ajudou a escapar; não precisei enfrentar ninguém.		
Resultado em longo prazo:	Sinto-me mais isolada. Não posso contar com ninguém.		

FIGURA 7.6 Análise de cadeia da IS no caso de Luz: você consegue identificar os elos da cadeia?

negativa em uma cascata de emoções, que leva a comportamentos de risco problemáticos e a resultados indesejáveis em longo prazo. A primeira reação de Luz é cair em uma armadilha de leitura de pensamentos (ver Capítulo 2), em que ela assume que a risada foi sobre o conteúdo que ela viu na noite anterior. Sua resposta emocional natural é raiva e vergonha, as quais ela deixa sem controle. Em seguida, Luz evita a cena, virando-se e percorrendo o longo caminho para a aula, deixando-a com pensamentos personalizados e sem esperança, como "Eu não suporto estar aqui. Eles nunca me deixarão viver com isso". Essa cadeia de eventos leva ao aumento de pensamentos sobre se cortar e se isolar em casa. Isso representa o comportamento problemático que o terapeuta está tentando ajudar Luz a abordar. O isolamento pode proteger Luz no momento (resultado de curto prazo), mas só contribui para o aumento do isolamento em longo prazo.

Gerar os elos individuais na cadeia ajuda tanto o terapeuta quanto o jovem a desacelerar os "quadros" e identificar onde existem soluções potenciais. Por exemplo, armadilhas de pensamento catastróficas e personalizadas exigem a identificação de pensamentos de enfrentamento mais realistas. Sentimentos intensos, como raiva e vergonha, podem exigir exercícios de relaxamento e solicitar apoio de familiares e amigos de confiança. Os impulsos para evitar e fugir de uma cena intensa podem ser resolvidos encontrando uma ação concorrente que ajude o jovem a tolerar o sofrimento com mais confiança. Por exemplo, iniciar uma conversa com uma amiga no corredor poderia ajudar Luz a se distrair das garotas "fofoqueiras" ou ser um lembrete de apoio de que nem "todos estão rindo de mim".

A análise de cadeia tem a mesma função que a avaliação funcional, conforme descrito no Capítulo 2. Um terapeuta poderia ter escolhido usar a Planilha 1 (ver Fig. 1.4 para uma avaliação funcional individual completa) para atingir os mesmos objetivos de identificar resultados de curto e de longo prazos do comportamento problemático. O benefício de uma análise de cadeia é que ela ajuda o jovem a isolar os múltiplos pontos em que poderia ter se ajudado a diminuir o processo e interromper a cadeia de comportamentos de risco. Uma análise de cadeia também pode ser utilizada para identificar interações interpessoais problemáticas, como descreveremos no Capítulo 11.

Juntas, a análise de cadeia e a avaliação funcional ajudam a apoiar outros objetivos de tratamento que visam ensinar habilidades cognitivo-comportamentais relacionadas a déficits específicos de habilidades ou necessidades de regulação emocional. Ambas as ferramentas são usadas para determinar as causas e as funções da IS, da ALNS e da TS e direcionar o terapeuta para habilidades específicas que seriam mais úteis para o cliente.

SÍNTESE E PONTOS-CHAVE

As IS e as ALNS podem aparecer em jovens com ou sem outros problemas formais de saúde mental. Deve-se ter a mente aberta, consciente e flexível ao avaliar a presença de IS e de ALNS e ao incorporar nos planos de tratamento. Um terapeuta que trabalha com um adolescente com IS e com ALNS precisa estar preparado para lidar com crises em momentos inesperados. As intervenções descritas aqui são compatíveis com as abordagens de TCC descritas para outras áreas problemáticas e, portanto, podem ser integradas perfeitamente. O caso de Luz ilustrou os seguintes pontos-chave:

- As ALNS e as IS afetam todos os tipos de jovens, mas adolescentes de alguns

grupos vulneráveis requerem atenção especial, incluindo minorias sexuais e aqueles com histórico de outras preocupações de saúde mental. As meninas correm mais risco de ALNS do que os meninos, e estes são responsáveis pela maioria dos suicídios consumados.
- Perguntar sobre a IS e a ALNS não cria novos pensamentos sobre uma IS e uma ALNS. Alguns jovens deprimidos até se sentirão menos angustiados e menos suicidas após avaliações que incluem itens ou perguntas sobre suicídio.
- A avaliação funcional da ALNS é fundamental, pois os indivíduos podem se automutilar por várias razões intrapessoais e interpessoais.
- Construa uma forte aliança de trabalho com o seu cliente por meio da escuta ativa e da criação de um espaço aberto para o jovem falar sobre tópicos difíceis, como a IS e a ALNS.

- A avaliação de estressores ambientais mais amplos fornecerá informações úteis sobre o contexto (p. ex., *bullying*/assédio) de automutilação recente e aguda.
- A avaliação do risco deve incluir dados sobre gravidade, histórico, intenção e planos (SHIP), ao passo que a designação do *status* de risco agudo e/ou crônico deve levar em consideração o histórico passado e recente.
- O plano de segurança inclui um termômetro de intensidade de suicídio personalizado e um plano de segurança formal que identifica sinais de alerta e estratégias de enfrentamento para manter o jovem seguro.
- A análise de cadeia é uma intervenção fundamental para identificar os antecedentes e as funções específicas dos comportamentos de IS e de ALNS. Esses dados são essenciais para a seleção de intervenções adequadas.

8
Transtorno de ansiedade de separação

A ansiedade após a separação de um cuidador primário é uma resposta esperada do desenvolvimento em crianças em idade pré-escolar. No entanto, o transtorno de ansiedade de separação (TAS) é caracterizado por uma angústia extrema e inadequada ao desenvolvimento, que interfere no funcionamento dos jovens (e da família). Embora os transtornos de ansiedade sejam a classe mais comum de doenças psiquiátricas diagnosticadas na juventude (Merikangas et al., 2010), o TAS é o mais frequentemente diagnosticado, sobretudo em crianças mais novas, com taxas de prevalência de aproximadamente 4% (Cartwright-Hatton, McNicol, & Doubleday, 2006; Costello, Mustillo, Erkanli, Keeler, & Angold, 2003).

As crianças mais jovens são mais propensas a receber um diagnóstico de TAS, com taxas de prevalência diminuindo drasticamente à medida que as crianças atingem a pré-adolescência e a adolescência (Cohen et al., 1993; Costello et al., 2003; Merikangas et al., 2010). Em relação à maioria dos outros transtornos de ansiedade, é provável que o TAS tenha um início mais precoce (de Lijster et al., 2016). Embora alguns estudos descobriram que as meninas são mais propensas a experimentar ansiedade de separação e receber tal diagnóstico (Fan, Su, & Su, 2008; Shear, Jin, Ruscio, Walters, & Kessler, 2006), outros estudos sugerem que as taxas de TAS e seus sintomas são experimentadas igualmente entre meninos e meninas (Cohen et al., 1993; Kendall et al., 2010). Informações sobre ansiedade juvenil e diferenças raciais, étnicas e culturais são escassas.

Allen et al. (2010) descobriram que em uma amostra clinicamente referida de jovens diagnosticados com TAS, cuidadores e crianças eram mais propensos a endossar sintomas em relação a dificuldades, ou recusa, de ir dormir sem a figura de apego significativa ou do cuidador por perto e dificuldades, ou relutância, em estar sozinhos sem a figura de apego significativa ou sem o cuidador por perto. Os cuidadores dessa amostra também endossaram com mais frequência o sintoma de angústia persistente e excessiva ao experimentar a separação da figura de apego significativa ou do cuidador. Examinando ainda mais as contribuições diferenciais de sintomas específicos para o diagnóstico de TAS, Comer et al. (2004) descobriram que experimentar sofrimento significativo após a separação e medos de estar sozinho sem a figura de apego significativa ou sem o cuidador foram os dois sintomas mais discriminativos de jovens com TAS de gravidade mais baixa *versus* mais alta. Portanto, indagar sobre esses dois sintomas pode ser crítico para a triagem de TAS na juventude. Além disso, há alguma indicação de que as crianças que experimentam pesadelos com temas de separação podem ser um critério de sintoma com um limiar mais alto para endosso ou menor chance de serem endossadas (Allen et al., 2010; Comer et al., 2004).

Dado que a característica sintomática do TAS inclui apreensão e dificuldade de separação dos cuidadores primários, não é difícil reconhecer o potencial para prejuízos em diferentes áreas de funcionamento. Muitas vezes, por exemplo, o TAS surge quando se espera que as crianças se separem dos cuidadores para ir à escola, quando, como resultado, os jovens com TAS podem demonstrar extremo sofrimento ao serem incumbidos de ir para a escola e permanecer lá, podendo até mesmo ter um acesso de raiva ao se separarem ou até mesmo se recusar a frequentar a escola. Pesquisas mostraram que até 80% das crianças com comportamento de recusa escolar podem ter um diagnóstico de TAS (Masi, Mucci, & Millepiedi, 2001).

No geral, há uma sobreposição significativa e comorbidade entre os transtornos de ansiedade na juventude (Verduin & Kendall, 2003). A evitação e a angústia na antecipação ou após a separação podem se manifestar em comportamentos disruptivos e de oposição, com as crianças se recusando a se separar de seus cuidadores, ir à escola, permanecer na escola, ficar com babás ou com outros adultos, dormir de forma independente ou atender a solicitações apropriadas ao desenvolvimento.

Assim como acontece com outros transtornos de ansiedade que se iniciam na juventude, é justificável conceitualizar a ansiedade de separação por meio de um modelo teórico de psicopatologia do desenvolvimento. O TAS na infância está relacionado a doenças psiquiátricas posteriores na idade adulta, embora seja inconclusivo se ocorre via continuidade homotípica *versus* heterotípica ou como um fator de risco específico *versus* geral. A hipótese do transtorno de pânico associado ao TAS sugerida no início (p. ex., Klein, 1964) propôs que o transtorno do pânico de início na idade adulta era precedido pela ansiedade de separação na infância. Enquanto alguns estudos descobriram que a ansiedade de separação na infância está associada a maior risco de desenvolver transtorno do pânico na idade adulta (Klein, 1964; Kossowsky et al., 2013), outros estudos descobriram que os diagnósticos de ansiedade de separação na infância conferem um risco mais geral de desenvolver muitas condições psiquiátricas, incluindo *qualquer* transtorno de ansiedade e transtornos não ansiosos, como depressão (Aschenbrand, Kendall, Webb, Safford, & Flannery-Schroeder, 2003; Brückl et al., 2007; Lewinsohn, Holm-Denoma, Small, Seeley, & Joiner 2008). O *Manual diagnóstico e estatístico de transtornos mentais*, quinta edição (DSM-5) removeu o critério de idade de início, permitindo que o TAS fosse diagnosticado ao longo de toda a vida e incluído entre os transtornos de ansiedade. Enquanto o TAS adulto pode ter início na idade adulta, também há evidências de continuidade homotípica desde o TAS infantil e a persistência dos sintomas até a idade adulta (Manicavasagar, Silove, Curtis, & Wagner, 2000).

FATORES INDIVIDUAIS E FAMILIARES

Variáveis cognitivas

A atenção seletiva relacionada a ameaças tem sido considerada uma característica relevante da ansiedade na juventude e até preditiva da terapia cognitivo-comportamental (TCC), de modo que as crianças que experimentam dificuldades em desengajar sua atenção de estímulos gravemente ameaçadores não respondem tão bem à intervenção da TCC (Legerstee, Garnefski, Jellesma, Verhulst, & Utens, 2010; Legerstee et al., 2010). Ou seja, os jovens com dificuldade em se afastar de imagens e pensamentos ameaçadores apresentam um desafio único para os terapeutas que visam a ensinar estratégias cognitivas e comportamentais voltadas para a abordagem de tais medos. Portanto, ao considerar fatores cognitivos, pode ser útil que o terapeuta tenha como alvo fazer as crianças desengajarem de forma ativa sua atenção dos estímulos ameaçadores. Isso não é o mesmo que promover a evitação. Por exemplo, ao conduzir uma exposição, um terapeuta desejará que o jovem se aproxime comportamentalmente de uma situação de medo (p. ex., sente-se em uma sala separada do cuidador), mas também trabalhará para garantir que o jovem não se concentre excessivamente em pistas e interpretações de ameaças.

Ao examinar as diferenças entre os estilos cognitivos em jovens ansiosos e não ansiosos, a pesquisa indica que os jovens ansiosos são menos propensos a utilizar a reavaliação positiva ou o planejamento e mais propensos a catastrofizar e ruminar do que seus colegas não ansiosos (Legerstee, Garnefski, et al., 2010). Ao considerar e ajustar a possibilidade de que jovens ansiosos possam experimentar eventos mais negativos em suas vidas, parece que eles são menos propensos a utilizar estratégias de enfrentamento cognitivo mais adaptativas durante esses eventos negativos.

Fatores relacionados ao cuidador

Assim como ocorre com os transtornos de ansiedade juvenil em geral, as evidências sugerem uma base familiar para a ansiedade de separação. A etiologia do TAS inclui influências genéticas, ambientais compartilhadas e ambientais não compartilhadas ou únicas (Scaini, Ogliari, Eley, Zavos, & Battaglia, 2012). Dada essa base familiar, a ansiedade de separação provavelmente se agrega nas famílias (Manicavasagar et al., 2001; Silove et al., 1995). Em um estudo que examinou a concordância entre pais e filhos para a existência de ansiedade de separação, 63% dos jovens com TAS tinham pelo menos um cuidador com ansiedade de separação adulta, com cuidadores relatando ansiedade de separação significativa em suas próprias infâncias (Manacavasagar et al., 2000). Dito de forma um pouco diferente, nesse estudo, os jovens com TAS tinham 11 vezes mais chances de ter um cuidador com TAS adulto. Níveis mais altos de sintomas de ansiedade de separação em crianças mais novas têm sido associados a depressão materna, tabagismo pré-natal e desemprego (Battaglia et al., 2016). Há aumento da disfunção familiar associada à ansiedade juvenil (Côté et al., 2009; Ginsburg et al., 2015).

Os transtornos de ansiedade na juventude podem ser transitórios (Ginsburg et al., 2015). A maioria das crianças exibe níveis relativamente leves a moderados e adequados ao desenvolvimento de ansiedade de separação que se resolvem à medida que progridem através da infância e da primeira infância. Por exemplo, embora a ansiedade em relação a estranhos, que normalmente surge em bebês de 8 a 10 meses, tenha se resolvido para a maioria das crianças, há algumas evidências de que uma resposta exagerada à ansiedade com estranhos possa ser um preditor precoce de ansiedade de separação (Lavallee et al., 2011). Além disso, um estudo examinou as trajetórias específicas da ansiedade de separação em crianças de 1,5 a 6 anos e descobriu que a maioria das crianças que experimentam ansiedade de separação não será afetada quando entrarem na escola; no entanto, um subconjunto de crianças está em uma trajetória potencialmente distinguível clinicamente se demonstrarem níveis elevados e crescentes de sintomatologia começando aos 1,5 até os 6 anos (Battaglia et al., 2016).

O MODELO DE TERAPIA COGNITIVO--COMPORTAMENTAL DO TRANSTORNO DE ANSIEDADE DE SEPARAÇÃO

Utilizar o modelo de TCC para formular e tratar o TAS requer identificar e ajudar o cliente e seus cuidadores a entenderem a interação entre os pensamentos, os sentimentos e os comportamentos do jovem. Veja a Figura 8.1 (uma versão reproduzível está disponível como Material suplementar 16 no Apêndice A) para uma amostra do modelo para jovens com TAS. Tais jovens podem experimentar pensamentos catastróficos sobre se separar de seus cuidadores, como "Meus pais vão sofrer um acidente" ou "Um ladrão vai entrar e me roubar", e crenças indefesas sobre sua capacidade de lidar com aspectos de uma separação como "Eu não consigo dormir sozinho" ou "Se eu me perder, não saberei o que fazer". As sensações físicas que eles descrevem podem incluir sensações agudas ou intensas de pânico, envolvendo coração acelerado e choro, sensações de pavor ou dor de estômago em antecipação à separação. Como tal, eles podem agarrar-se a um cuidador, recusar-se a sair do lado de um cuidador, opor-se a frequentar a escola ou qualquer atividade e evitar festas do pijama e convites para brincadeiras. É importante identificar e ajudar o jovem e os cuidadores a identificarem não apenas

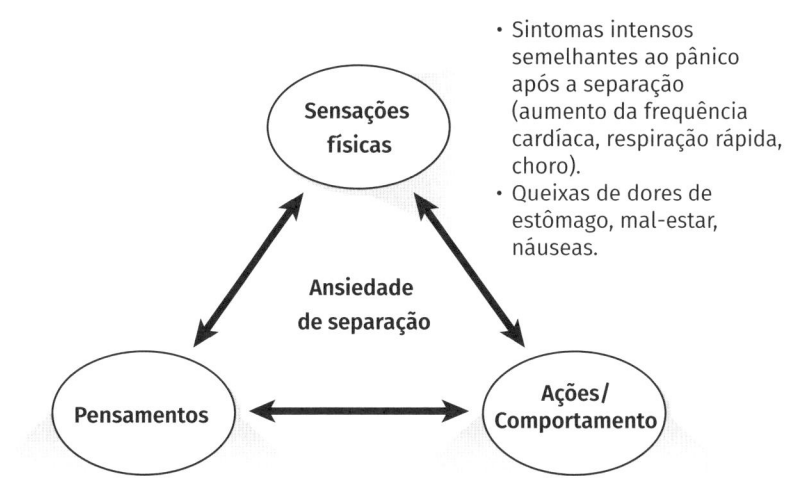

Sensações físicas
- Sintomas intensos semelhantes ao pânico após a separação (aumento da frequência cardíaca, respiração rápida, choro).
- Queixas de dores de estômago, mal-estar, náuseas.

Ansiedade de separação

Pensamentos
- "Meus pais vão sofrer um acidente."
- "Um ladrão vai invadir a casa e me levar."
- "Não consigo dormir sozinho."
- Preocupação com o dano a si mesmo ou aos pais após a separação, ou com a capacidade de se cuidar ou resolver problemas quando separado.

Ações/Comportamento
- Comportamento de agarrar-se, busca por conforto e atenção.
- Protestos, discussões, queixas, oposição.
- Recusa em se separar em casa, na escola ou em outro lugar.

FIGURA 8.1 Modelo cognitivo-comportamental de ansiedade de separação.

os comportamentos associados ao TAS mas também a evitação comportamental, a fuga e/ou o resgate que se tornaram associados ao TAS. Perguntar a um cuidador: "O que seu filho faz quando fica ansioso pela separação?", bem como "O que seu filho se recusa a fazer ou evita fazer quando ele fica ansioso com a separação?", pode ser útil. Por extensão, pergunte aos cuidadores: "O que você faz em resposta ao seu filho quando ele fica ansioso pela separação?" e "O que você deixou de fazer ou o que evita fazer para prevenir que o seu filho fique ansioso pela separação?".

A conceitualização do caso permite desenvolver uma hipótese de trabalho sobre os fatores que podem estar desencadeando e mantendo os problemas apresentados pelo jovem (ver Capítulo 1). Para condições relacionadas à juventude, é especialmente importante incluir os contextos parental, familiar, de vizinhança e escolar na conceitualização – é claro, além de considerações baseadas em raça, etnia, cultura e religião. Por exemplo, alguns cuidadores descreveram razões culturais, religiosas ou socioeconômicas para não permitir que seus filhos se envolvam em certas atividades talvez mais comuns na cultura dominante (p. ex., festas do pijama, acampamentos noturnos), que podem precisar ser diferenciadas da evitação baseada no medo. A avaliação constitui a base do diagnóstico e da conceitualização de casos e orienta a seleção de estratégias de tratamento. Para crianças com TAS, a avaliação deve ter como alvo experiências fisiológicas específicas da criança e do nível de angústia (p. ex., dores de estômago, choro), pensamentos de preocupação específicos em antecipação à separação (p. ex., "E se meus pais nunca voltarem?") e áreas situacionais de interferência e de evitação, de resgate ou de fuga (p. ex., escolar, social, familiar). Assim como em todas as condições de juventude, o prejuízo e a interferência devem ser determinados em termos de expectativas apropriadas ao desenvolvimento. Por exemplo, muitas crianças podem ficar ansiosas ao participar de uma festa de aniversário de um colega de classe ou de encontros para brincar; no entanto, uma criança de 9 anos que chora, agarra-se à mãe ou recusa-se a entrar na festa ou no ambiente de encontro para brincar pode experimentar prejuízo e interferência significativos no funcionamento. Da mesma forma, durante o curso de sua infância, a maioria das crianças pode experimentar ansiedade na hora de dormir por várias razões apropriadas ao desenvolvimento (p. ex., medo de monstros, medo do escuro, preocupações escolares transitórias). No entanto, jovens com dificuldade noturna regular para adormecer, dormir e permanecer dormindo sem a presença física de seus cuidadores, ou que "precisam" dormir na cama dos cuidadores, podem estar demonstrando um prejuízo e interferência significativos.

A coleta de dados é fundamental para a conceitualização de caso e, como uma conceitualização de caso cognitivo-comportamental visa a pensamentos, sentimentos e comportamentos essenciais, é crucial que os terapeutas coletem dados específicos sobre os pensamentos, os sentimentos e os comportamentos da criança. Para o TAS, é essencial coletar dados sobre os pensamentos, os sentimentos e os comportamentos dos cuidadores primários na antecipação e durante a separação. Como o TAS de fato inclui medos e angústias relacionados à presença e à segurança de outra pessoa ou outras pessoas, a coleta de dados por meio da avaliação funcional deve ter o cuidado de incluir as reações dos pais e as respostas às situações de separação.

A avaliação funcional começa com a admissão inicial e é realizada durante o tratamento com o jovem e seus cuidadores. Os cuidadores de jovens com TAS provavelmente apresentarão várias situações-problema alvo, que podem incluir o elevado estresse associado à criança, ou mesmo a evitação completa de várias situações. Um objetivo das avaliações funcionais é apresentar esses comportamentos problemáticos em termos de contextos, gatilhos, antecedentes, mecanismos de manutenção e de consequências. O que acontece quando uma situação de separação é iminente? Como os cuidadores respondem à angústia do jovem?

O contexto na avaliação funcional do TAS pode ser especialmente importante, já que a ansiedade do jovem pode ser compartimentada. Ou seja, alguns jovens podem tolerar a separação quando vão para a escola, mas não frequentam acampamentos, festas do pijama ou dormem na cama dos seus cuidadores. Ou alguns jovens podem evidenciar significativamente mais angústia e protesto com um cuidador, mas não com o outro. Antecedentes ou gatilhos para o jovem com TAS podem ocorrer em resposta a situações reais no momento que exigem separação ou situações antecipadas que podem ser agendadas em um futuro próximo ou mais distante. Os cuidadores podem relatar que evitam divulgar informações sobre situações de separação iminente até o último minuto, a fim de evitar reações prolongadas de ansiedade, preocupações antecipatórias ou busca excessiva por garantias.

Jovens com TAS podem identificar pensamentos automáticos relacionados a danos que possam acontecer a eles próprios ou aos seus cuidadores, como se perder ou ser sequestrados, ou outras "coisas ruins" acontecendo. Ou, como o TAS muitas vezes se manifesta em crianças mais jovens, elas podem ter dificuldade em articular ou expressar pensamentos específicos junto à sua angústia, à sua excitação fisiológica e aos seus comportamentos apegados. A capacidade e a consciência dos jovens em relação aos aspectos cognitivos de suas emoções orientarão o uso subsequente de estratégias cognitivas. Da mesma forma, como a ansiedade de separação e a excitação na juventude podem desencadear a própria experiência de ansiedade de separação de um cuidador (Hock, McBride, & Gnezda, 1989) ou outras experiências, verificar as próprias crenças do cuidador sobre a separação, a segurança e a capacidade de seu filho de enfrentar ou lidar com uma situação é fundamental.

Ao considerar uma formulação comportamental de TAS, reúna informações sobre respostas comportamentais a gatilhos e a antecedentes específicos. Uma vez que o comportamento problemático de uma criança é acionado em antecipação a uma situação de separação ou durante uma situação de separação real, o que acontece? Como a criança se comporta? A criança está fazendo birra, agarrando-se aos cuidadores, recusando-se a se separar fisicamente, recusando-se a sair do carro para uma atividade ou entrando repetidamente no quarto dos cuidadores? A criança está fazendo perguntas repetidas em busca de reconforto ou enviando várias mensagens de texto com frequência crescente? A criança está tentando escapar de cenários potenciais de separação ou evitando-os completamente? A criança tenta ser resgatada pelo cuidador principal se já estiver experimentando uma separação, ligando ou pedindo para o cuidador "vir mais cedo" buscá-la? Como outros adultos relevantes, como babás, irmãos, professores ou funcionários da escola, respondem à criança em situações de angústia?

Como o cuidador se comporta? O cuidador relata "ceder" se a criança protestar contra uma separação? O cuidador retira a criança da escola ou de festas do pijama? Os outros membros da família foram solicitados a se adaptarem ao comportamento da criança, por exemplo, fazendo um irmão participar das atividades com a criança? Os cuidadores incentivam a evitação ansiosa ou a resposta de enfrentamento de seu filho? Como os cuidadores respondem às perguntas em busca de reconforto? Eles atendem a todas as ligações ou mensagens de texto de forma imediata? Os cuidadores alteraram seus planos ou recusaram suas próprias atividades antecipadamente para evitar possíveis aborrecimentos para a criança?

Responder a essas perguntas – em termos dos padrões de resposta potencialmente disfuncionais da criança, do cuidador e do sistema – é fundamental para desenvolver a formulação contínua e mapear o plano de intervenção do tratamento. Compreender o papel da evitação, da fuga e do resgate na manutenção das ansiedades e dos comportamentos problemáticos da criança é essencial. Relacionado a isso, e talvez tão importante, o terapeuta deve explicar e comunicar ao jovem e aos cuidadores a função desses padrões de reforço negativo para a justificativa das estratégias de tratamento cognitivas e comportamentais propostas.

EXEMPLO DE CASO: CHARLIE

Charlie é um menino cisgênero branco de 12 anos que vive com os pais em uma casa de três quartos em um bairro suburbano de classe média. Ele foi levado para tratamento em um centro ambulatorial depois que seus pais expressaram preocupações sobre sua extrema dificuldade em se separar deles na escola e ao ser deixado na casa de amigos. Todas as manhãs antes da escola, Charlie relata ter uma dor de estômago e, muitas vezes, implora aos pais que lhe permitam ficar em casa, longe da escola. Mais do que a maioria das crianças, Charlie relata temer o mês de setembro. Seu pavor começa no primeiro dia de agosto de cada verão, porque, como ele descreve, "é o começo do fim do verão".* Durante o ano letivo, ele também teme a maioria das segundas-feiras, retornar à escola após um longo feriado, as terças-feiras após um fim de semana prolongado e as quintas-feiras, pois ele tem atividades extracurriculares na escola e aulas particulares (i.e., ele não chega em casa até depois das 17 horas).

Charlie é um bom aluno, gosta de ler e gosta de matemática. Embora os pais de Charlie muitas vezes consigam levá-lo à escola (após uma luta significativa e angústia para todos), ele faz visitas frequentes ao conselho educacional da escola. Durante o ano letivo anterior, os pais dele saíram do trabalho mais cedo 22 vezes para buscá-lo e levá-lo para casa, o que levou ambos os cuidadores a receberem advertências de seus empregadores devido às suas extensas ausências. Charlie costumava pegar o ônibus escolar; no entanto, sua angústia matinal tornou-se tão significativa e constante que ele perdia a hora do ônibus. Como resultado, sua mãe começou a levá-lo de carro e a ter uma conversa motivacional diária enquanto está no estacionamento da escola. A mãe de Charlie também busca o filho depois da escola. Na maioria dos dias, Charlie relata preocupar-se se ela vai ou não se atrasar. Ele insiste que ela fique em um local específico do estacionamento no momento da saída, uma vez que é visível para ele da porta da escola, onde sua classe se alinha para sair do prédio. Charlie também combinou com a professora de ser o primeiro da fila em todas as tardes.

Charlie é socialmente engajado e gosta de estar com os amigos, desde que eles venham à sua casa. Ele concorda relutantemente em marcar um horário para sair com um vizinho, mas seu contato com os colegas e com os amigos diminuiu de modo substancial ao longo do tempo, assim como os convites recíprocos de seus colegas. Charlie costumava jogar beisebol na liga infantil, mas, segundo relatos, achava o treinador "malvado", o que

---

* N. de RT: O medo de Charlie em setembro tem relação com o retorno às aulas após o período mais longo das férias escolares. No Brasil, seriam as férias de final/início de ano.

o levou a desistir. Os pais admitem que sentiram alívio com isso, pois Charlie precisava de significativas adaptações para participar (p. ex., um dos pais tinha que estar presente nas arquibancadas para todas as práticas e eventos da equipe). A responsabilidade nas arquibancadas também incluía sentar-se em um assento específico e em uma fileira específica mais visível para o campo do jogo.

Os pais de Charlie raramente saem juntos ou contratam uma babá. Eles indicam que, quando fizeram isso no passado, a preocupação antecipatória e as perguntas de Charlie escalariam de forma tão drástica que "não valia o estresse". Quando saíam para jantar ou para algum outro evento, eles precisavam fornecer a Charlie uma linha do tempo detalhada e o endereço exato, com a localização de onde estariam. Quando ele era mais jovem, ele chorava e fazia várias ligações para os celulares deles. Conforme ficou mais velho, ele começou a enviar mensagens de texto repetidamente enquanto estavam fora. Eles também sabiam que, apesar de instruções claras, Charlie permaneceria acordado até eles chegarem em casa.

Em uma noite comum, a rotina de sono de Charlie incluía o seguinte: seu pai lia uma história para ele, depois sua mãe entrava em seu quarto para um "tempo de conversa" e se sentava na beira da cama até ele adormecer. Normalmente, isso durava 60 minutos. Embora seus pais tivessem tentado permitir que Charlie adormecesse por conta própria, ele saía do quarto com diversas perguntas e desculpas que atrasavam ainda mais a hora de dormir: "Estou com sede", "Eu tenho que ir ao banheiro", "Esqueci de te dizer uma coisa", e assim por diante. Uma vez que ele estava dormindo, sua mãe tentava sair do quarto na ponta dos pés muito silenciosamente, certificando-se de não apagar a luz noturna, não fechar a porta e manter a luz do corredor acesa. Na maioria das noites, Charlie acordava em algum momento e ia para a cama deles. Isso muitas vezes resultava no despertar dos pais. Ocasionalmente, eles tocavam o que descreviam como "músicas para dormir", e um dos pais ia para a cama de Charlie. Com o tempo, eles simplesmente colocaram um colchonete e um cobertor no chão, aos pés de sua própria cama, o que satisfazia Charlie, pois ele podia se acomodar ali sem acordá-los. Eles aprenderam a olhar antes de sair da cama de manhã porque ele com frequência estava enrolado no chão.

AVALIAÇÃO DO TRANSTORNO DE ANSIEDADE DE SEPARAÇÃO

Na avaliação diagnóstica inicial, a terapeuta completou a Anxiety Disorders Interview Schedule com os pais de Charlie (versão para os pais – ADIS-P) e com Charlie (versão para as crianças – ADIS-C). Notavelmente, a terapeuta observou que Charlie ficou angustiado quando ela indicou que eles se separariam em uma parte da avaliação. Ele imediatamente ficou choroso e subiu no colo do pai. Quando chegou a hora de se separarem, os pais de Charlie indicaram que estariam sentados "do lado de fora do consultório", e a terapeuta e os pais moveram suas cadeiras para fora do consultório, em vez de os pais se sentarem na sala de espera. Na conclusão da avaliação, Charlie atendeu aos critérios para o TAS e para uma fobia específica, um tipo situacional, o medo do escuro.

Charlie atendeu a mais de três dos oito critérios do DSM necessários para um TAS clinicamente significativo. Ele descreveu uma preocupação significativa sobre "algo ruim acontecendo" com seus pais, incluindo estar em um acidente de carro, ter uma doença e até mesmo morrer. Ele temia que, se fossem a algum lugar, não voltariam ou se esqueceriam de buscá-lo. Ele expressou preocupação sobre vários eventos ruins acontecendo se estivesse separado de seus pais, incluindo "entrar em pânico se eles não me buscarem" ou ser sequestrado. Ele demonstrou resistência persistente em participar de atividades apropriadas para o seu desenvolvimento (p. ex., escola, encontros), e sua disposição para participar de várias atividades estava diminuindo. Também apresentou dificuldade na maioria das manhãs, com frequência reclamando de dores de estômago, e abalos emocionais durante a rotina matinal, pois anteriormente havia mudado de ir para a escola de ônibus para ser levado à escola por sua mãe. Charlie também apresentou interrupção em sua capacidade de concentração na escola devido à sua preocupação antecipatória sobre ser buscado e às dores de estômago associadas, resultando em várias visitas à enfermeira da escola, ligações para seus pais e muitas saídas antecipadas da escola.

Os pais também observaram que sua própria participação em atividades havia diminuído em virtude do TAS de Charlie. Outra perturbação significativa para a família foi a rotina de dormir. Como observado, o distúrbio do sono na forma de incapacidade de dormir sozinho ou de estar longe do cuidador principal é um marcador prevalente de jovens com TAS. Quando perguntado sobre a hora de dormir, Charlie relatou que costumava pensar que havia monstros em seu quarto. Então, ele se preocupava que, como seu quarto é o mais próximo do topo das escadas, os ladrões o levariam primeiro. Ele também disse que "se mamãe e papai não estiverem lá, eu simplesmente não consigo dormir". Os pais de Charlie descreveram que permitir que Charlie dormisse em seu quarto e em um colchonete "parecia um bom acordo para que todos nós pudéssemos dormir um pouco". Segundo seus pais, Charlie "sempre" teve dificuldades em se separar desde o jardim de infância, e seus sintomas começaram a piorar nos últimos dois anos. Quando perguntados sobre possíveis diferenças na ansiedade de Charlie durante o verão, seus pais observaram que ele parecia estar muito menos ansioso; no entanto, como sua mãe é professora, ele ficava em casa com ela na maioria dos dias. Ele "optou por não ir" ao acampamento.

Ao revisar a história de vida de Charlie, parecia que ele experimentou vários medos e fobias subclínicas que causaram períodos prolongados de perturbação para ele e para sua família, que, depois, pareciam diminuir ao longo do tempo. Esses medos incluíam principalmente medos de abelhas, tempestades e ruídos altos, que, durante toda a sua infância, o deixavam ansioso, choroso e especialmente apegado nessas situações. Essas circunstâncias não causavam perturbação contínua; no entanto, seus pais observaram que, por curtos períodos, ele se recusava a sair de perto deles se, por exemplo, acreditasse que poderia haver abelhas no parque, tempestades previstas ou fogos de artifício em uma celebração de verão. Charlie e seus pais negaram quaisquer medos atuais de animais, de tempestades ou de barulhos altos. No entanto, tanto Charlie quanto seus pais reconheceram o medo contínuo do escuro, que se iniciou quando ele começou a frequentar a escola. Segundo seus pais, Charlie só consegue dormir se houver uma luz noturna, inclusive quando está dormindo no quarto dos pais. Ele se recusa a entrar em um quarto escuro ou no porão. Ele com frequência expressa medo de um apagão e verifica para ter certeza de onde estão as lanternas e se as pilhas estão funcionando. Como seus pais descreveram: "Ele deixa todas as luzes da casa acesas". Quando perguntado sobre seu medo do escuro, ele descreveu ter uma "sensação assustadora de que algo vai sair" do escuro. Ver Figura 8.2 para mais considerações de esclarecimento de diagnóstico do TAS.

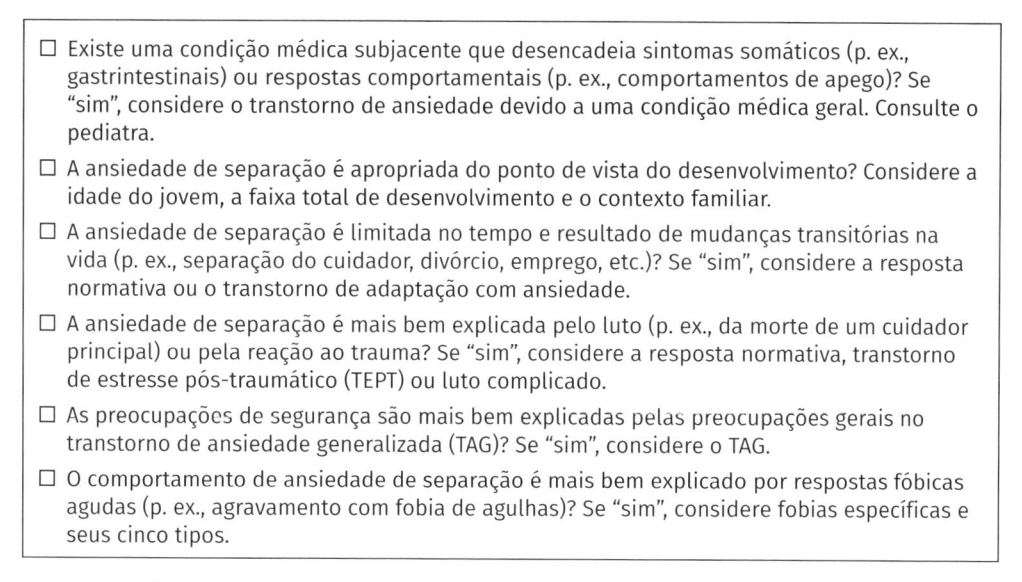

> - ☐ Existe uma condição médica subjacente que desencadeia sintomas somáticos (p. ex., gastrintestinais) ou respostas comportamentais (p. ex., comportamentos de apego)? Se "sim", considere o transtorno de ansiedade devido a uma condição médica geral. Consulte o pediatra.
> - ☐ A ansiedade de separação é apropriada do ponto de vista do desenvolvimento? Considere a idade do jovem, a faixa total de desenvolvimento e o contexto familiar.
> - ☐ A ansiedade de separação é limitada no tempo e resultado de mudanças transitórias na vida (p. ex., separação do cuidador, divórcio, emprego, etc.)? Se "sim", considere a resposta normativa ou o transtorno de adaptação com ansiedade.
> - ☐ A ansiedade de separação é mais bem explicada pelo luto (p. ex., da morte de um cuidador principal) ou pela reação ao trauma? Se "sim", considere a resposta normativa, transtorno de estresse pós-traumático (TEPT) ou luto complicado.
> - ☐ As preocupações de segurança são mais bem explicadas pelas preocupações gerais no transtorno de ansiedade generalizada (TAG)? Se "sim", considere o TAG.
> - ☐ O comportamento de ansiedade de separação é mais bem explicado por respostas fóbicas agudas (p. ex., agravamento com fobia de agulhas)? Se "sim", considere fobias específicas e seus cinco tipos.

FIGURA 8.2 Lista de verificação de esclarecimento de diagnóstico: TAS.

Além das entrevistas de ADIS-C/P semiestruturadas, várias outras fontes de dados de diagnósticos ajudaram a embasar o diagnóstico de TAS. Primeiro, observar tanto a resposta de Charlie ao desafio da separação quanto a resposta de seus pais à sua ansiedade informa a avaliação funcional. Em segundo lugar, Charlie e seus pais completaram diversas medidas objetivas, incluindo a Revised Children's Anxiety and Depression Scale (RCADS; Tabela 8.1). Segundo o relato da mãe, o escore *T* de Charlie para TAS estava na faixa clínica, ao passo que a ansiedade de separação autorrelatada de Charlie na RCADS estava ligeiramente abaixo do limiar. De modo notável, o transtorno de pânico também estava se aproximando do limiar clínico de acordo com o autorrelato de Charlie. Embora o menino não atendesse aos critérios para transtorno de pânico conforme as entrevistas de diagnóstico, na medida em que ele não relatou sofrer ataques de pânico "do nada" ou preocupações antecipatórias sobre ter ataques de pânico em si, Charlie relatou ter sofrimento fisiológico significativo, dor de estômago e "surtos". Uma elevação na subescala de transtorno de pânico pode indicar que a terapeuta desejará monitorar mais para descartar um diagnóstico formal, ou pode indicar que os sintomas somáticos elevados são característicos do TAS de Charlie e merecem atenção como um problema-alvo.

Estabelecimento de metas e definição de problemas-alvo

Ao revisar a avaliação diagnóstica com Charlie e seus pais, a terapeuta forneceu uma síntese e uma visão geral da grande quantidade de dados coletados por meio das entrevistas, das observações e das medidas de avaliação escritas. O objetivo da sessão de *feedback* é converter informações diagnósticas em um plano de tratamento preliminar com metas e objetivos concretos. Com esse fim, a terapeuta trabalhou de maneira colaborativa com a família para identificar metas específicas e, quando necessário, converter metas em alvos objetivos e operacionalizados. Esteja ciente de que, durante essa conversa, a criança pode manifestar

TABELA 8.1 Perfil de sintomas de Charlie na admissão usando a RCADS

	Mãe		Pai		Jovem	
	Pontuações brutas	Pontuações T	Pontuações brutas	Pontuações T	Pontuações brutas	Pontuações T
Ansiedade de separação	19	> 80**	19	> 80**	18	> 80**
Ansiedade generalizada	11	73**	12	76**	10	59
Transtorno de pânico	10	> 80**	8	> 80**	10	61
Ansiedade social	2	33	7	46	7	44
Obsessões/ compulsões	0	42	1	46	2	37
Depressão	5	54	12	78**	7	47
Ansiedade total	42	70**	47	75**	47	60
Ansiedade total e depressão total	47	68*	59	78**	54	58

*Pontuações T superiores a 65 indicam limiar clínico limítrofe. **Pontuações de 70 ou mais indicam pontuações acima do limiar clínico. As pontuações T são normalizadas com base na idade e no sexo do jovem.

ansiedade aumentada, especialmente se os pais e o terapeuta estiverem nomeando metas que estão no cerne dos medos da criança ou muito altas na hierarquia de medo e de evitação.

Da mesma forma, os pais podem exibir seu próprio nervosismo relacionado à capacidade de lidar com o aumento da angústia do filho, considerando um histórico de "ter tentado de tudo". Portanto, é importante para o terapeuta validar o que Charlie e seus pais podem estar sentindo e afirmar que o estabelecimento de metas e a definição de problemas-alvo fornecem o roteiro para um tratamento que corresponderá à prontidão da família. No caso de Charlie, as metas dos pais, da criança e da terapeuta foram elaboradas conforme a seguir.

Metas dos pais

- Ir para a escola pontualmente e pegar o ônibus.
- Ficar na escola durante o dia todo.
- Fazer planos para sair com amigos fora de casa.
- Participar de um time de beisebol ou outro esporte ou clube e aprender a se divertir.
- Dormir no seu próprio quarto e conseguir ficar lá a noite toda.

- Participar de um acampamento de verão.
- Diminuir o número de ligações e mensagens de texto para nós.
- Conseguir sair à noite e contratar uma babá.

Objetivos da criança

- Diminuir os sentimentos de náusea ao ir para a escola.
- Garantir que mamãe e papai sejam pontuais.
- Passar mais tempo com os amigos depois da escola.

Objetivos da terapeuta

- Diminuir a angústia matinal do dia escolar, aumentar a pontualidade e a frequência durante o dia todo.
- Diminuir os comportamentos de busca de reconfortos (p. ex., ligações telefônicas, mensagens de texto, conversas na hora de dormir).
- Aumentar o uso de comportamentos de enfrentamento para gerenciar a angústia ansiosa.
- Ensinar habilidades aos pais para diminuir o comportamento de resgate e acomodação.
- Aumentar as atividades sociais com os colegas fora de casa.
- Aumentar a capacidade de tolerar estar em um quarto escuro.

As metas da criança, do cuidador e da terapeuta atravessam múltiplos alvos de desenvolvimento acadêmico, social e emocional (ver Fig. 8.3 para as metas da criança e dos cuidadores; uma versão em branco está disponível como Planilha 11 no Apêndice A): comparecimento e transição para e da escola e atividades apropriadas para a idade; participação recíproca em atividades extracurriculares e sociais com os colegas; praticar autoeficácia e usar habilidades para gerenciar estados de angústia emocional; e aumentar a autonomia no sono e em outros comportamentos diários. Embora nem Charlie nem seus pais tenham identificado uma meta relacionada ao seu medo do escuro, a terapeuta adicionou isso às metas para Charlie, pois esse medo parecia interferir em uma tarefa de desenvolvimento esperada além da interferência de seu TAS. Dado que o TAS de Charlie afetava tantas áreas do funcionamento diário dele e de sua família, a questão de seu medo significativo do escuro poderia ser facilmente negligenciada.

As metas do SEP podem ser estabelecidas e quantificadas em termos de: tempo (p. ex., permanecer na escola durante todo o dia, quantidade de tempo separado dos cuidadores); frequência (p. ex., aumento da chegada no horário, frequência de dia inteiro, diminuição do número de textos quando separado dos cuidadores); desenvolvimento de habilidades (p. ex., aprender e praticar o gerenciamento somático, habilidades de respiração profunda). Além disso, as metas podem ser focadas na criança, assim como nos cuidadores e na família. Como já mencionado, será importante trabalhar com a família para priorizar metas, reconhecer e validar quaisquer discordâncias de metas, validar a ansiedade em torno de metas específicas e enfatizar que a família e o terapeuta trabalharão juntos como uma equipe, gradualmente abordando as metas. Por exemplo, Charlie afirmou que um dos seus objetivos era "garantir que a mãe e o pai chegassem no horário". A terapeuta certamente discutirá esse objetivo com a família em vários níveis, pois: (1) claro, não é realista que *sempre* se possa chegar pontualmente; (2) é um objetivo para comportamento de outras pessoas, não para o próprio; (3) exigirá uma compreensão honesta sobre a realidade da pontualidade geral dos pais de Charlie (i.e., eles estão frequentemente atrasados?); e (4) a fase de exposição do tratamento provavelmente exigirá que Charlie pratique os cenários de enfrentamento de se ou quando

PLANILHA 11. Rastreador de metas

Trabalhe com seu terapeuta para elaborar metas específicas, significativas e alcançáveis. Pense nos resultados que espera ver. Em seguida, acompanhe o progresso de seu filho semanalmente.

Metas dos pais	Resultados desejados	Semana 1	Semana 2	Semana 3	Semana 4	Semana 5
Ir para a escola pontualmente.	Chegar ao prédio até as 8h20.	1/5 dias	3/5 dias	3/5 dias	5/5 dias	4/5 dias
Andar de ônibus para a escola.	Estar no ponto de ônibus até as 7h50 e pegar o ônibus 5/5 dias.	0	2/5 dias	3/5 dias	5/5 dias	3/5 dias
Marcar encontros com amigos fora de casa.	1 encontro durante a semana e 1 no fim de semana.	0 durante a semana; 0 no fim de semana	0 durante a semana; 1 no fim de semana	1 durante a semana; 0 no fim de semana	1 durante a semana; 1 no fim de semana	1 durante a semana; 0 no fim de semana
Dormir no próprio quarto e conseguir ficar nele (7/7 dias).	# de noites dormindo no quarto (incluindo sair e retornar prontamente).	0/7	0/7	0/7	0/7	2/7
Diminuir o número de ligações e mensagens.	# de ligações e mensagens por dia aproximadamente.	aprox. 30	22	15	16	12

Metas do jovem	Resultados desejados	Semana 1	Semana 2	Semana 3	Semana 4	Semana 5
Diminuir a sensação de náusea ao ir para a escola.	Avaliação da náusea por ansiedade (0-10).	10	9	9	6	6
Garantir que a mãe e o pai sejam pontuais.	Reduzir a avaliação da preocupação sobre se a mãe e o pai estão pontuais (0-10).	10	10	8	7	5
Passar mais tempo com amigos após a escola.	Freqüência de encontros com amigos fora da escola.	0 durante a semana; 0 no fim de semana	0 durante a semana; 1 no fim de semana	1 durante a semana; 0 no fim de semana	1 durante a semana; 1 no fim de semana	1 durante a semana; 0 no fim de semana

FIGURA 8.3 Planilha inicial de acompanhamento de metas para Charlie.

seus pais estiverem atrasados. Para fins de acompanhamento, pode ser útil avaliar as classificações de preocupação dele sobre a possibilidade de atraso dos pais, reunir dados sobre a ocorrência de comportamentos de pontualidade ou atraso, acompanhar o uso de autorreflexão quando ele tem esse pensamento e analisar os graus de "tolerância" a essa preocupação, entre outras coisas. As metas podem ser avaliadas semanalmente e adaptadas conforme necessário.

CONCEITUALIZAÇÃO DE CASO

O modelo da terapia cognitivo-comportamental

Sair de uma avaliação abrangente com uma enormidade de dados de múltiplos interessados, que têm metas individuais, pode ser avassalador. Ajudar a criança e a família a entender a natureza e o alcance dos problemas em uma perspectiva de TCC pode ajudar a esclarecer tanto o problema quanto o plano de tratamento. Questionários padronizados sugerem o TAS como uma área de problema-chave, e tanto as metas dos cuidadores quanto as dos jovens indicam isso como um foco primário de preocupação. O autorrelato de entrevistas diagnósticas padronizadas (ADIS-5-C/P) forneceram histórico detalhado e padrões comportamentais úteis para a conceitualização. A terapeuta entendeu que o TAS de longa data de Charlie é desencadeado por medos de eventos negativos que ocorrem com ele ou com seus pais, seguido por surtos significativos de angústia emocional interna e externa. Sua ansiedade é enfrentada por certas respostas que mantêm a evitação e o medo, incluindo a oferta de tranquilização e de acomodações dos pais e da escola. Ajudar os pais e o jovem a entender essa conceitualização aumentará o engajamento na terapia.

Como parte da psicoeducação inicial, a terapeuta diagramou o triângulo da TCC usando exemplos individuais que destacavam as respostas cognitivas, comportamentais e afetivas de Charlie aos desafios de separação, conforme mostrado na Figura 8.4.

Por exemplo, Charlie descreve que, assim que acorda e sua mãe diz para se preparar para a escola, ele se preocupa que ela esquecerá de buscá-lo depois da escola e começa a sentir náuseas. Ele demora para se vestir para a escola, o que faz com a sua mãe entrar repetidamente em seu quarto, com ele implorando para ficar em casa. Quando ela explica que ela e seu pai têm de ir trabalhar, ele a faz prometer que estará pontualmente na escola para buscá-lo. Essa pergunta e essa resposta se repetem aproximadamente de 8 a 10 vezes todas as manhãs, consumindo quantidades crescentes de tempo. Charlie relata que continua a se preocupar com a pontualidade e a segurança de sua mãe (p. ex., ela pode sofrer um acidente de carro). Charlie também relata que seu coração dispara e ele fica choroso quando se imagina chateado na escola, o que o leva a se preocupar com a reação de seus colegas. Muitas vezes, a mãe de Charlie acaba ajudando-o a se vestir e a se alimentar "para agilizar as coisas".

Ao desenhar o modelo da TCC, a terapeuta ajuda Charlie a identificar seus pensamentos ("Minha mãe vai me esquecer"), seu impacto em seus sentimentos (náuseas, coração acelerado) e sua resposta comportamental (pedir por tranquilização). A terapeuta observa que esse processo se repete em um ciclo porque o jovem está cada vez mais catastrofizando os resultados. Por exemplo, quando a tranquilização de sua mãe não alivia a ansiedade, seus pensamentos subsequentes ("Ela está apenas me dizendo isso, mas não pode garantir que estará lá") apenas aumentam suas náuseas e seus batimentos cardíacos, o que desencadeia mais solicitações de tranquilização e oposição. O objeti-

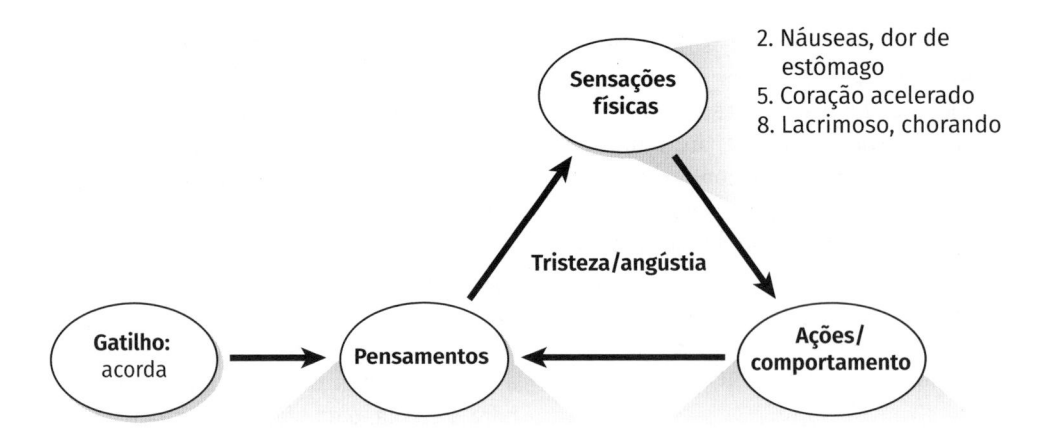

```
                    Sensações           2. Náuseas, dor de
                     físicas               estômago
                                         5. Coração acelerado
                                         8. Lacrimoso, chorando

                  Tristeza/angústia

  Gatilho:  →  Pensamentos  ←  Ações/
   acorda                       comportamento
```

1. "E se a mãe esquecer de me buscar na escola?"
4. "E se a mãe sofrer um acidente de carro?"
7. "Eu vou pirar e as crianças vão rir de mim."

3. Suplicando para ficar em casa.
6. Busca por tranquilidade, pedindo repetidamente para a mãe garantir que estará pontualmente lá; fazendo a mãe "prometer".
9. Apegado

FIGURA 8.4 Conceitualização individualizada da TCC para Charlie. Seus pensamentos, seus sentimentos e seu comportamento circulam continuamente em uma espiral descendente (siga os números na ordem: 1, 2, 3, etc., para ver como o ciclo pensamento-sentimento-ação flui).

vo, nesse ponto, não é intervir, mas sim destacar como as reações atuais do jovem levam a uma espiral descendente e fazê-lo perceber os pontos em que a mudança poderia ocorrer. A terapeuta também pode fazer com que os pais completem seu próprio triângulo da TCC para aumentar a consciência de seus ciclos de pensamento-sentimento-ação.

Revisar o Material suplementar 16 com os cuidadores e a criança pode ajudar a desmembrar episódios diários provavelmente caóticos e desafiadores em componentes mais compreensíveis. A conceitualização da TCC pode ser usada para avaliação e como um meio de validar o quão difícil e avassaladora pode ser a angústia diária ansiosa para todos os membros da família. Dadas as preocupações expressas e as demandas de tempo associadas à necessidade de chegar à escola e ao trabalho, certos comportamentos resultantes "fazem sentido". Com frequência, os cuidadores sentem vergonha em sua percepção de incapacidade de acalmar e de orientar efetivamente a criança; ajudá-los a esclarecer os episódios por meio do modelo da TCC é um ponto de partida para entender a interação entre pensamentos, emoções e comportamentos (e evitação), bem como para estabelecer as bases para áreas de desenvolvimento de habilidades e de intervenção.

Avaliação funcional

Um aspecto integral da conceitualização de caso é a avaliação funcional. Como discutido acima, a avaliação funcional (ver Fig. 8.5; uma versão em branco está disponível como Planilha 1 no Apêndice A) permite ao terapeuta e à família identificar as respostas comportamentais e emocionais de preocupação e os antecedentes dessas respostas e as consequências que podem estar reforçan-

PLANILHA 1. Gatilho e resposta

Conte-nos sobre seus gatilhos e como você reagiu. Descreva seus sentimentos, o que você fez (ação), o que aconteceu imediatamente em seguida (resultado imediato) e o que aconteceu depois (resultado em longo prazo).

Antecedente → Resposta comportamental e emocional → Consequências

Gatilho	Sentimento (resposta emocional)	Ação (resposta comportamental)	Resultados imediatos (O que mantém isso em andamento?)	Resultados de longo prazo (O que lhe coloca em apuros?)
Fui convidado para uma festa do pijama.	Nervoso.	Contei uma desculpa para meu amigo sobre outros planos, mandei mensagens para minha mãe algumas vezes.	Alívio a princípio; também me senti triste quando as crianças começaram a falar sobre os planos da festa do pijama.	Vi videos do TikTok daquela noite e me senti excluído.
Primeiro dia de aula de karatê.	Ansioso, preocupado, senti vontade de vomitar.	Fiquei no carro, chorando, pedi para voltar para casa.	Me senti melhor quando chegamos em casa.	Perdi a aula de karatê, não vi meus amigos na turma.
Os meus pais foram a uma festa de jantar e me contaram no último minuto.	Temor, dor de estômago.	Segui minha mãe de quarto em quarto, fazendo perguntas, chorando, implorando para ela ficar, fiz a prometer me mandar mensagens de texto e voltar para casa antes da hora de dormir.	Me senti bem quando pesquisei e vi que o restaurante estava a 2 quilômetros de distância e minha mãe respondeu minhas mensagens de texto.	Fiquei nervoso e bravo novamente quando eles chegaram 15 minutos atrasados.

FIGURA 8.5 Avaliação funcional individualizada da evitação de Charlie relacionada à ansiedade de separação.

do e mantendo-as. O preenchimento dessas planilhas de avaliação funcional em sessão ou para prática em casa pode fornecer informações significativas esclarecendo o padrão entre os gatilhos específicos da angústia da criança e os comportamentos de evitação e de fuga, bem como o resgate e a acomodação por pessoas no ambiente da criança (p. ex., cuidadores, irmãos, funcionários da escola).

Para Charlie, vários pensamentos automáticos sobre ir à escola incluíam danos que aconteceriam a seus pais, atraso de sua mãe para buscá-lo na escola e preocupação em "surtar" na frente dos colegas e ficar envergonhado. Esses pensamentos desencadeavam angústia emocional e gastrintestinal significativa, levando a respostas comportamentais de suplicar aos pais para não ir para a escola e a atrasos para se vestir e tomar café da manhã. Esses atrasos resultavam em perder o ônibus escolar, o que trazia uma consequência imediata de alívio (para Charlie), já que sua mãe agora precisava levá-lo para a escola de carro. A avaliação funcional pode ser aplicada a vários exemplos de separação para ajudar o terapeuta a esclarecer padrões de antecedentes-respostas-consequências e para ajudar a ilustrar para a família o provável papel da evitação, do escape e do resgate em proporcionar alívio em curto prazo (reforço negativo). Isso oferecerá a justificativa para as intervenções de exposição propostas a seguir.

Quando confrontados com outros desafios de separação não relacionados com a escola, surgem padrões semelhantes (Fig. 8.5). Quando Charlie é convidado para uma festa do pijama, ele se sente enjoado e imediatamente inventa uma desculpa para recusar o convite e manda mensagem para sua mãe, que o tranquiliza dizendo que ele não precisa ir à festa do pijama. Essas ações proporcionam alívio imediato do desconforto da sua resposta emocional (nervosismo) e de seus pensamentos preocupados sobre não conseguir dormir na casa do amigo, começar a chorar na frente dos colegas e ter de ligar para os pais para buscá-lo no meio da noite. Esses pensamentos automáticos ocorreram, bem, *automaticamente!* Assim que recebeu o convite, o nervosismo e as respostas somáticas de Charlie (p. ex., borboletas no estômago, náuseas) foram acionados, e ele experimentou um turbilhão de pensamentos (p. ex., "E se eu não conseguir dormir e todos os outros estiverem dormindo?", "E se eu começar a surtar e todos rirem de mim?", "E se ficar tarde demais para mamãe e papai virem me buscar e eu ficar acordado a noite toda sozinho?"). Esses pensamentos aumentam ainda mais o seu desconforto. Para lidar e se sentir melhor, Charlie responde de modo comportamental (1) dizendo ao seu amigo que está ocupado (evitação) e (2) enviando mensagens repetidamente para sua mãe em busca de tranquilidade para "ter certeza" de que ele não precisa ir à festa do pijama e para que ela lhe diga que ele "ficará bem". Além de sentir alívio após sua troca de mensagens com a mãe, Charlie também começa a se sentir triste porque outros meninos começam a falar sobre os planos da festa do pijama e sobre quais videogames jogarão. Na noite da festa do pijama em si, Charlie relatou que se sentiu culpado por não ter ido e "excluído" após verificar as redes sociais e ver fotos de seus amigos aparentemente se divertindo. Uma análise dos outros exemplos nesse formulário revela os gatilhos de estar longe de seus pais ou de casa, seguido pelo aumento do desconforto emocional e de pedidos para evitar, provável evitação ou fuga e envio de mensagens em busca de tranquilidade. Novamente, essas planilhas de avaliação funcional podem ser extremamente úteis para elucidar padrões que podem estar enraizados no sistema familiar e que podem parecer "fazer sentido" à primeira vista (p. ex., evitar o constrangimento social, fornecer tranquilidade e fazer promessas sobre ser pontual, responder a múltiplas mensagens de desconforto).

No momento de intensa ansiedade e de desregulação emocional, é difícil manter em mente as consequências de longo prazo. Quando desencadeadas e, especialmente, ao experimentar as respostas somáticas intensificadas que acompanham o TAS, buscar alívio do desconforto torna-se uma resposta proximal aprendida para a situação em questão. As emoções realmente *parecem* intoleráveis – e as crianças aprendem a responder de maneiras que buscam alívio e que tornam os sentimentos toleráveis. Nesse sentido, a evitação funciona. Da mesma forma, mesmo quando o jovem tenta encarar seus medos, por exemplo, ao se inscrever no karatê, a ansiedade naturalmente aumenta ao se dirigir para a aula. No auge, quando Charlie está chorando e está desconfortável, ele busca alívio fugindo da situação. Para esse fim, a fuga funciona. Além disso, quando confrontado com uma situação que não pode ser evitada ou escapada, como, por exemplo, quando seus pais precisam comparecer a um jantar, Charlie experimenta de forma antecipada um sentimento de pavor e, na noite do evento, reclama de significativas dores no estômago e chora. Ele implora para que sua mãe fique em casa (p. ex., talvez essa resposta comportamental tenha funcionado antes, com seus pais cancelando os planos). Quando isso é ineficaz para evitar a temida separação, Charlie busca promessas, reconforto e contato constante por mensagem de texto para ajudar a lidar com seus sentimentos durante a separação. Ao fazer seus pais prometerem voltar para casa antes da hora de dormir, Charlie também obtém sucesso em evitar lidar com suas preocupações noturnas de dormir sem um dos pais presente. Durante a noite, se Charlie tivesse um pensamento ansioso sobre seus pais ficarem doentes ou não voltarem, ele mandaria mensagens repetidamente para sua mãe até que ela respondesse e fornecesse alívio imediato (mas temporário). Nesse sentido, buscar reconforto funciona. Nesse exemplo, observe que, apesar de suas promessas de retornar no horário, eles chegaram tarde, e Charlie estava chorando e bravo com eles. Na avaliação, a terapeuta determinou que os pais de Charlie geralmente eram pontuais.

Outra maneira de visualizar esse fenômeno é revisando a curva de habituação (ver Material suplementar 17 no Apêndice A) para ilustrar a ineficácia em curto e longo prazos da evitação e da fuga. Nesse exemplo, quando o jovem com ansiedade de separação descobre que seus pais estão saindo, seu desconforto ansioso, sua busca de reconforto e seus comportamentos de apego aumentam, e, após seus pais cancelarem seus planos, o jovem experimenta um alívio imediato. A fuga foi eficaz na redução do desconforto, portanto os comportamentos de fuga (p. ex., aumento do choro, busca de reconforto, birra, apego) foram negativamente reforçados. O jovem também perde a oportunidade de aprender que, se seus pais saíssem, a ansiedade teria diminuído com o tempo (habituação) ou, se ele tivesse permanecido altamente ansioso, teria sido capaz de passar por isso.

Os pais de Charlie não cancelaram seus planos; no entanto, essa situação ilustra como a busca crônica por reconforto de Charlie por meio de perguntas e mensagens de texto ao longo da noite também é negativamente reforçada. Quando Charlie descobre que seus pais vão sair, ele fica angustiado e imediatamente busca reconforto, fazendo-lhes perguntas. À medida que sua angústia aumenta, seu comportamento de apego e de busca por reconforto também aumenta, pois essas são estratégias de enfrentamento que proporcionam alívio e tranquilidade temporária quando seus pais fornecem respostas e promessas. Essas respostas fornecem um alívio momentâneo da angústia. Os pais de Charlie de modo inadvertido reforçam o enfrentamento mal-adaptativo de Charlie ao responder repetidamente às suas perguntas e às suas mensagens. Portanto, esses serão alvos essenciais de tratamento.

PLANEJAMENTO DO TRATAMENTO

O planejamento do tratamento decorre diretamente da avaliação diagnóstica inicial e da formulação do caso, que inclui uma hipótese de trabalho. Embora um diagnóstico geral possa fornecer intervenções gerais propostas, o plano de tratamento visa combinar as intervenções específicas com gatilhos antecedentes específicos, respostas emocionais, respostas comportamentais e consequências. Como tal, a avaliação funcional é fundamental para fornecer uma justificativa para cada uma das intervenções para um determinado jovem e família. Os Quadros 8.1 e 8.2 oferecem uma visão geral dos planos de tratamento sessão a sessão.

O plano de tratamento proposto para Charlie e sua família é baseado nas principais áreas de preocupação dele e de seus pais: prejuízo e funcionamento estimulados por medos de separação em vários domínios. Por exemplo, a saída e a chegada na escola representaram as áreas de preocupação mais imediatas. Como tal, na fase inicial do tratamento, as habilidades e as exposições terão como alvo essas áreas. Embora Charlie expresse uma preocupação significativa sobre sua capacidade de dormir sozinho e de permanecer em seu quarto, há pouco relato de angústia no início do tratamento, pois a família tem fornecido múltiplas acomodações para acalmar a ansiedade de Charlie,

QUADRO 8.1 Plano de tratamento abrangente de Charlie para ansiedade de separação

Metas de tratamento	Intervenções
Frequência escolar pontual e de dia inteiro.	Regular rotinas, estabelecer metas, psicoeducar sobre angústia, fornecer treinamento aos pais, promover a reestruturação cognitiva, realizar exposições a estímulos escolares.
Reduzir a angústia relacionada à separação entre pais e filhos em diversas situações.	Psicoeducação sobre angústia, treinamento de pais e gerenciamento da ansiedade dos pais, reestruturação cognitiva, resolução de problemas, tolerância à incerteza, exposições a múltiplos gatilhos de separação.
Diminuir conflitos familiares em torno da rotina matinal e noturna.	Treinamento de pais; manejo de contingência; higiene do sono; manejo somático; exposição.
Fazer mais amigos, aumentar atividades sociais.	Exposição graduada in vivo a situações sociais, treinamento de habilidades sociais.
Reduzir medos de segurança.	Reestruturação cognitiva; resolução de problemas; exposição.
Reduzir o medo do escuro (aumentar a capacidade de tolerar estar em um quarto escuro).	Exposição graduada imaginária e in vivo à escuridão.

QUADRO 8.2 Plano de tratamento abrangente de Charlie para ansiedade de separação

Sessões 1 a 2

Avaliação

- Avaliar os problemas apresentados.
- Realizar uma avaliação diagnóstica com foco na dificuldade (funcionamento na vida real).
- Administrar medidas de perfil de sintomas (p. ex., RCADS).
- Avaliar os problemas-alvo e os objetivos do tratamento, com foco na melhoria do funcionamento diário.
- Avaliar as tentativas anteriores (incluindo o tratamento anterior) para resolver o problema.
- Avaliar as interações pais-filho.
- Realizar avaliações colaterais, conforme necessário, com a escola do jovem (p. ex., conselheiro, professor, enfermeira escolar); solicitar a liberação completa das informações dos pais para falar com o(s) contato(s) da escola.
- Avaliar as condições médicas concomitantes; consultar um pediatra ou um especialista (p. ex., gastroenterologista), conforme indicado.
- Avaliar a necessidade de medicação e de encaminhamento psiquiátrico (ver Capítulo 4).

Psicoeducação

- Revisar a avaliação e gerar problemas-alvo com o jovem e com os pais.
- Criar um rastreador de problemas-alvo idiográfico.
- Colaborar na conceitualização do caso: modelo de TCC e avaliação funcional.
- Fornecer aos pais e aos jovens materiais suplementares informativos sobre ansiedade de separação e a TCC em geral.
- Educar os pais sobre a importância de colaborar com a escola de seus filhos.

Prática em casa

- Monitorar os gatilhos de separação ao longo da semana: modelo de TCC e avaliação funcional.
- Pedir aos jovens que acompanhem suas reações ao sofrimento e aos resultados de curto e de longo prazos (avaliação funcional) em relação às rotinas escolares.
- Acompanhar as interações pais-jovens em torno dos episódios de separação.

Sessões 3 a 4

Avaliação

- Avaliar e discutir a prática em casa.
- Preencher o rastreador de problemas-alvo.
- Preencher o rastreador de sintomas a cada quatro sessões (p. ex., RCADS).

Intervenções

- Implementar um gráfico de recompensas na sessão para a conclusão da prática em casa.
- Implementar um gráfico de recompensas na sessão para separação e/ou participação.
- Revisar e refinar avaliações funcionais individuais.
- Educar o jovem e os pais sobre a função do afeto negativo/da angústia na evitação. Usar a curva de habituação para discutir o papel da evitação/da fuga na manutenção dos medos.
- Revisar e refinar os rastreadores pais-jovem. Educar os pais sobre os cuidadores serem parceiros e agentes de mudança. Educar os pais sobre os padrões de interação entre pais e filho.
- Reforçar mensagens sobre medo/fuga na manutenção de comportamentos de evitação.
- Introduzir e ensinar ao jovem estratégias de respiração profunda ou de gestão somática.
- Ensinar os pais a "simpatizar e encorajar" e, em seguida, "treinar e abordar" para diminuir o conflito e incentivar a abordagem do jovem.
- Estabelecer contato com a escola do jovem, conforme necessário; ajudar a coordenar a resposta escolar à ansiedade do jovem na escola.

(Continua)

QUADRO 8.2 Plano de tratamento abrangente de Charlie para ansiedade de separação *(Continuação)*

Prática em casa
- Monitorar os gatilhos de separação ao longo da semana: modelo de TCC e avaliação funcional.
- Fazer o jovem continuar a realizar avaliações funcionais. Aprimorar a conscientização sobre as consequências em longo prazo.
- Pedir aos pais que continuem a monitorar as interações entre pais e filho. Aprimorar a consciência dos padrões de interação.
- Fazer o jovem praticar a respiração profunda ou a estratégia de gestão somática.
- Pedir aos pais que pratiquem a empatia e o incentivo e, em seguida, treinem e abordem.

Sessões 5 a 6
Avaliação
- Como nas sessões 3 e 4.

Intervenções
- Continuar a monitorar a compreensão dos pais sobre os padrões de interação pais-jovem e sobre a prática de empatia e de incentivo e, em seguida, de treinar e de abordar.
- Continuar a monitorar a compreensão do jovem sobre o papel do afeto negativo no desencadeamento da evitação.
- Criar um gráfico de recompensas, negociando metas semanais e recompensas correspondentes. Concentrar os objetivos na melhoria gradual da frequência escolar. Criar recompensas que sejam "diárias e renováveis".
- Dar aos pais prática em recompensar comportamentos positivos e responder à não conformidade.

Prática em casa
- Pedir aos pais que acompanhem as realizações do jovem e que coletem recompensas.
- Fazer o jovem praticar a respiração profunda ou a estratégia de gestão somática.
- Pedir ao jovem que anote as conquistas e as recompensas que ganha a cada dia.
- Estabelecer um ciclo de *feedback* com a escola sobre a pontualidade e a presença em período integral.

Sessões 7 a 8
Avaliação
- Como nas sessões 3 e 4.

Intervenções
- Monitorar a autorreflexão e a reestruturação cognitiva: ensinar ao jovem a ligação entre seus pensamentos e a ansiedade/angústia.
- Ensinar a resolução de problemas.
- Construir uma hierarquia de desafios ou hierarquias por meio de exposições.
- Praticar os primeiros passos da hierarquia na sessão.

Prática em casa
- Fazer os pais e o jovem monitorarem o gráfico de recompensas: os pais continuam praticando a entrega consistente de elogios e de recompensas, e o jovem monitora as realizações.
- Orientar o jovem a refinar as etapas da hierarquia de desafios, com foco nos principais desafios relacionados à separação em diferentes situações: antes, durante e depois da escola; atividades sociais e extracurriculares, rotina de sono/noturna.
- Pedir ao jovem que tente os primeiros passos da hierarquia.

(Continua)

QUADRO 8.2 Plano de tratamento abrangente de Charlie para ansiedade de separação *(Continuação)*

Sessões 9 a 10

Avaliação
- Como nas sessões 3 e 4.

Intervenções
- Monitorar a autorreflexão e a reestruturação cognitiva: ensinar ao jovem a ligação entre seus pensamentos e a ansiedade/angústia.
- Analisar a resolução de problemas.
- Orientar o jovem a refinar as etapas da hierarquia de desafios, com foco nos principais desafios relacionados à separação em diferentes situações: antes, durante e depois da escola; atividades sociais e extracurriculares, rotina de sono/noturna.

Prática em casa
- Fazer os pais e o jovem continuarem a monitorar o gráfico de recompensas.
- Pedir ao jovem que preencha e monitore um gráfico de pensamento-ação-sentimento.
- Fazer o jovem completar e monitorar a sua prática de resolução de problemas em casa.

Sessões 11 e 12

Avaliação
- Como nas sessões 3 e 4.

Psicoeducação
- Discutir as expectativas de desenvolvimento em relação ao sono.
- Falar sobre a higiene do sono (ver Material suplementar 4).

Intervenções
- Discutir o monitoramento.
- Monitorar a higiene do sono.
- Expandir e continuar o treino de gestão somática/relaxamento.
- Praticar situações moderadamente desafiadoras por meio de exposições, com foco nos principais desafios relacionados à separação em diferentes situações: antes, durante e depois da escola; atividades sociais e extracurriculares, rotina de sono/noturna.

Prática em casa
- Fazer os pais e o jovem continuarem a monitorar o gráfico de recompensas.
- Fazer o jovem completar e monitorar a sua prática de resolução de problemas em casa.
- Pedir ao jovem que monitore a sua higiene do sono.

Sessões 13 a 20

Avaliação
- Como nas sessões 3 e 4.

Intervenção
- Continuar praticando etapas cada vez mais desafiadoras na hierarquia por meio de exposições, concentrando-se nos principais desafios relacionados a ansiedade social, ataques de pânico e depressão.
- Praticar qualquer habilidade individual ou dos pais para facilitar o sucesso da exposição.

(Continua)

QUADRO 8.2 Plano de tratamento abrangente de Charlie para ansiedade de separação *(Continuação)*

Prática em casa
• Fazer os pais e o jovem continuarem a monitorar o gráfico de recompensas.
• Pedir ao jovem e aos pais que preencham quaisquer formulários de habilidades relacionados.
Sessões 21 a 25 (quinzenalmente para manutenção)
Avaliação
• Como nas sessões 3 e 4.
Psicoeducação
• Introduzir a fase de prevenção de recaídas.
• Discutir a possível rescisão.
Intervenções
• Orientar o jovem a refinar as etapas da hierarquia de desafios, com foco nos principais desafios relacionados à separação em diferentes situações: antes, durante e depois da escola; atividades sociais e extracurriculares, rotina de sono/noturna.
• Praticar qualquer habilidade individual ou dos pais para facilitar o sucesso da exposição.
Prática em casa
• Fazer os pais e o jovem continuarem a monitorar o gráfico de recompensas.
• Pedir ao jovem e aos pais que preencham quaisquer formulários de habilidades relacionados.

incluindo fazê-lo dormir no chão ao lado da cama de seus pais. Portanto, a terapeuta e a família optaram por esperar para abordar esse objetivo de tratamento durante uma fase posterior das exposições. As estratégias da TCC permitem aos terapeutas uma sequência flexível dos componentes da intervenção que podem ser adaptados para atender às prioridades da família. Outros planos de tratamento para jovens e suas famílias que apresentam TAS e/ou outras condições podem optar por introduzir habilidades e metas de exposição em uma ordem diferente. Por exemplo, se o desconforto noturno de separação na hora de dormir de Charlie e as respostas comportamentais apresentassem uma interrupção significativa, a terapeuta e a família poderiam ter decidido usar psicoeducação, habilidades e alvos de exposição graduada em torno da separação na hora de dormir mais cedo no tratamento.

COMPONENTES E PROCESSO DE INTERVENÇÃO

Psicoeducação

Conforme discutido, a psicoeducação na TCC ocorre de forma precoce e com frequência. Consistente com outras condições, a psicoeducação para jovens e para famílias com TAS inclui fornecer informações sobre a natureza do transtorno em si, o modelo de TCC para entender o TAS (ver Materiais suplementares 16 e 17 no Apêndice A) e uma justificativa para o próximo curso de tratamento. Na fase inicial do tratamento, é útil socializar o jovem e a família sobre como o tratamento provavelmente procederá. O Material suplementar 18 (Apêndice A) fornece uma folha informativa útil sobre o TAS para cuidadores e jovens.

Para todas as ansiedades, sobretudo para o TAS, o terapeuta pode trabalhar com a família para normalizar a ansiedade e sua adaptabilidade evolutiva. A ansiedade de separação é uma parte *normal* do desenvolvimento infantil; faz sentido para crianças em crescimento, com demandas de tarefas que exigem maior independência (e separações parentais) em situações (p. ex., mais tempo na escola, adormecer de forma independente) que podem fazer a criança experimentar algum nervosismo e buscar algum reconforto. Com frequência, é útil para os jovens e suas famílias entenderem a universalidade dessa fase do desenvolvimento. No entanto, também é importante ajudar as famílias a entenderem como o TAS difere, pois pode prejudicar a capacidade da criança de atender às demandas de tarefas de desenvolvimento de curto e de longo prazos. O TAS de Charlie está interferindo na sua capacidade de ir e permanecer na escola, participar de atividades e de atividades sociais com seus colegas, acalmar-se quando estiver angustiado, adormecer e permanecer dormindo.

Para fornecer psicoeducação sobre o modelo de TCC para o TAS, a terapeuta certamente encontrará vários exemplos nas avaliações de admissão do cuidador-criança e nas avaliações funcionais. Uma compreensão básica do modelo de TCC e da interação entre os pensamentos, os sentimentos e os comportamentos de um jovem e dos cuidadores em situações que provocam ansiedade de separação fornecem os fundamentos para compreender o curso do tratamento e da lógica das intervenções. Isso também ajuda a terapeuta a validar o nível de angústia e do comprometimento. Por exemplo, na Figura 8.4, Charlie descreveu sua preocupação da seguinte maneira: "Mamãe vai sofrer um acidente de carro"; esse sentimento desencadeia hiperexcitação, desconforto gastrintestinal e comportamentos de apego e de busca de tranquilidade. Como tal, a terapeuta pode fornecer a validação de que, dada sua crença nesses pensamentos e sua certeza, sua *ameaça percebida* faz sentido, e ele está respondendo de acordo. A psicoeducação também oferece à terapeuta a oportunidade de incutir esperança, confiando na base de evidências que apoiam a TCC para a ansiedade na juventude. Muitas crianças experimentam a ansiedade de separação como parte de seu desenvolvimento, e, para alguns jovens, isso pode até começar a interferir em sua capacidade de passar o dia, como no TAS. Os jovens e as famílias que participam da TCC provavelmente se beneficiarão aprendendo a: (1) entender sua ansiedade e os fatores que a mantêm; (2) desenvolver e praticar habilidades de resolução de problemas; e (3) mudar comportamentos para que eles se aproximem de, em vez de evitar o que os assusta.

Para resumir, o terapeuta pode fornecer fichas de informações sobre o TAS e o modelo de TCC do TAS (ver Materiais suplementares 16, 17 e 18 no Apêndice A; ver também o Apêndice B para obter uma lista de fontes confiáveis adicionais).

Educação afetiva e habilidades de gestão somática

Dada a experiência de Charlie com sintomas físicos (p. ex., dores e borboletas no estômago, náuseas), a educação afetiva pode ajudar Charlie a: (1) entender a biologia por trás de sua excitação somática e (2) fornecer a justificativa para a aprendizagem de habilidades de gestão somática (ver seções "Educação afetiva" e "Intervenções físicas" no Capítulo 2). A terapeuta também pode incluir os pais de Charlie nessa instrução, para que eles também entendam a natureza de sua hiperexcitação à medida que aprendem a responder de forma diferente, a ter empatia e a incentivá-lo a praticar essas habilidades.

AUTORREFLEXÃO E REESTRUTURAÇÃO COGNITIVA

Os aspectos cognitivos da ansiedade em jovens (e adultos) incluem vários pensamentos negativos automáticos que podem fazê-los ficar presos em armadilhas de pensamento (como discutido no Capítulo 2; ver Material suplementar 2 no Apêndice A para uma lista abrangente). Pode haver sobreposição entre os tipos de distorções cognitivas ou armadilhas de pensamento. Para jovens com TAS, os pensamentos de preocupação em relação à separação dos cuidadores podem antecipar eventos negativos futuros (adivinhação), que algo ruim certamente acontecerá e será terrível (catastrofização) e o jovem será incapaz de lidar com isso. O jovem superestima o resultado ruim e suas consequências e subestima sua capacidade de lidar com isso.

Quando Charlie não viu imediatamente sua mãe na saída da escola, sua autorreflexão ansiosa passou de acreditar que ela se esqueceu de buscá-lo a temer que ela tivesse se envolvido em um acidente de carro, um exemplo de *catastrofização* (ver Fig. 8.6; uma versão em branco está disponível como Planilha 5 no Apêndice A). Conectado à sua experiência de choro e pânico, que ele classificou como 9/10, ele também indicou ter um pensamento sobre não saber para onde ir. Ao ajudar Charlie a entender melhor o seu TAS, a terapeuta pode explicar-lhe que o sentimento de estar "surtando" está ligado ao pensamento catastrófico e *desamparado*. Uma vez que Charlie é capaz de identificar esses pensamentos específicos, a terapeuta pode trabalhar com a criança para praticar a reestruturação cognitiva deles. Como a resposta ansiosa de Charlie ocorre de forma rápida e é acompanhada por sensações fisiológicas intensas, será importante ajudá-lo (e, talvez, envolver os funcionários da escola nessa situação; ver a seguir) a desenvolver habilidades para diminuir sua respiração e seu pensamento. Ao ajudá-lo a desafiar tais diálogos internos, há alguns exemplos de perguntas investigativas a serem feitas:

"Quantas vezes sua mãe se esqueceu de lhe buscar na escola?"
"Qual é a probabilidade de sua mamãe ter esquecido de lhe buscar na escola?"
"O que mais é possível? O que mais pode estar contribuindo para que sua mãe se atrase?"

A terapeuta também pode trabalhar com Charlie para desenvolver, praticar e se envolver em autorreflexões específicas de enfrentamento. Por exemplo:

"Se eu não vir a mamãe imediatamente na saída, ficarei calmo."
"Se a mamãe se atrasar, esperarei alguns minutos e usarei o plano que elaboramos." (Ver seção "Resolução de problemas" a seguir.)

A sequência de ajudar Charlie a trabalhar nos aspectos cognitivos de seu TAS inclui praticar a identificação de seus pensamentos automáticos específicos, seus sentimentos e seus comportamentos e entender que sua excitação somática e sua evitação estão conectadas a várias distorções cognitivas, como a catastrofização, que superestima a ameaça real, e a impotência, que subestima sua capacidade de lidar com uma situação ou com uma angústia. Em seguida, a terapeuta trabalha com Charlie para desafiar e questionar alguns desses pensamentos ansiosos. É importante ressaltar que o objetivo não é pensar positivamente; pelo contrário, trata-se de ajudar a estabelecer pensamentos e expectativas mais realistas: "Há todo tipo de razões pelas quais os cuidadores po-

PLANILHA 5. Rastreador de armadilhas de pensamento

Em quais armadilhas de pensamento você cai quando se sente triste, ansioso ou angustiado? Para cada situação, descreva e avalie como se sente. Descreva seu pensamento automático (o primeiro pensamento que vem à sua mente). Em qual armadilha de pensamento você pode estar caindo? Como isso faz você se sentir (resultado)?

Gatilho	Sentimento (Avaliação de 0 a 10: "nada" a "insuportável")	Pensamento	Armadilha de pensamento	Resultado?
Fui convidado para uma festa do pijama.	Nervoso, triste (6)	"Não conseguirei dormir e serei o único acordado." "Terei que ligar para a mamãe vir me buscar de novo." "Vou perder outra festa."	Adivinhação	Sentiu-se pior (9)
Não vi mamãe na saída da escola.	Pânico, chorando (9)	"Ela esqueceu de me buscar." "Ela se envolveu em um acidente." "Não sei para onde ir."	Catastrofização, pensamento de impotência	Ficou assustado (10)
Meus pais me disseram que vão sair da cidade por uma noite.	Temor, preocupação, enjoo (7)	"E se o avião deles cair?" "Preciso da minha mãe aqui para poder dormir." "Eles nunca vão voltar."	Catastrofização, pensamento de impotência	Implorou para eles não irem, chorou, não conseguiu parar de fazer perguntas (10)

FIGURA 8.6 Planilha do rastreador de armadilhas de pensamento preenchida para Charlie.

dem se atrasar. Não podemos esperar que alguém seja pontual 100% do tempo". Ver Figura 8.7 (uma versão em branco está disponível como Planilha 16 no Apêndice A) para mais exemplos.

As armadilhas de pensamento também podem interferir nas tentativas de implementar mudanças comportamentais posteriores. Por exemplo, dois dos métodos preferidos de Charlie para gerenciar sua ansiedade na saída da escola são se certificar de que é a primeira pessoa na fila de saída da escola (comportamento de segurança) e buscar reconforto de seus pais por meio de mensagens (comportamento de segurança e resgate dos pais). Conforme a terapeuta trabalha com os pais e com os funcionários da escola nas exposições, Charlie precisará de assistência para desafiar pensamentos automáticos específicos associados a comportamentos de segurança. Ou seja, ao questionar Charlie sobre a necessidade de ser o primeiro na fila, pode ser útil desafiar suavemente essa crença:

TERAPEUTA (T): O que aconteceria se você fosse o segundo ou terceiro na fila? Ou até mesmo o quinto ou sexto? Ou a última pessoa na fila?

CHARLIE (C): Eu não conseguiria ver a mamãe imediatamente.

T: Isso é verdade. Você estaria um pouco mais atrás. Quanto tempo você acha que levaria para ver sua mamãe se você estivesse na frente em comparação com o final da fila?

C: Eu não sei.

T: Talvez possamos investigar essa pergunta?

Nesse exemplo, a terapeuta está trabalhando com Charlie para desafiar um comportamento de segurança (ter de ser o primeiro da fila). Eles precisam ajudá-lo a reconhecer que o comportamento está ligado à crença de que ser o primeiro da fila faz uma diferença crítica em sua tolerância à situação (esperar por sua mãe e/ou seu pai). Ao trabalhar para eliminar comportamentos de segurança durante as exposições, a terapeuta trabalha com o jovem para tolerar o sofrimento sem depender de um comportamento de segurança específico. Ajudar Charlie a "lidar" com sua excitação ansiosa, esteja ele na frente, no meio ou no final da fila, melhora sua autoeficácia e a sensação de que ele pode administrar sua própria angústia em situações desafiadoras. A terapeuta pode ajudá-lo a desafiar as suposições de que a espera extra levará a resultados significativos.

Ao esperar por sua mãe e começar a sentir-se ansioso (ver Fig. 8.7), Charlie exclamou: "Eu não sei para onde ir". A terapeuta pode trabalhar com Charlie para desenvolver um plano de resposta por meio da resolução de problemas; no entanto, ela também pode trabalhar com ele para explorar e para aprender com o que realmente aconteceu nessas (e talvez em outras) situações.

T: Então, o que aconteceu depois que você sentiu que estava surtando e acreditou que não sabia para onde ir?

C: O professor viu que eu estava chorando e me puxou para o lado.

T: Então, o professor estava lá, e ele estava com você na porta?

C: Sim. A poucos metros da porta.

T: E aí o que aconteceu? Para onde você foi em seguida?

C: Para lugar nenhum. Esperamos lá e então mamãe veio alguns minutos depois.

A terapeuta pode trabalhar com o jovem para reconhecer que, apesar do sofrimento significativo e do pensamento catastrófico sobre o paradeiro de sua mãe e do pensamento indefeso sobre si mesmo, a situação foi resolvida. Isso também cria uma oportunidade para planejar e resolver problemas para uma

PLANILHA 16. Rastreador de pensamentos de enfrentamento

Faça um *brainstorming* de pensamentos de enfrentamento que poderiam responder à sua armadilha de pensamento. Tente elaborar afirmações de enfrentamento mais realistas e se pergunte: "Como não estou vendo o quadro completo?".

Gatilho	Pensamento	Armadilha de pensamento	Pensamento de enfrentamento	Resultado?
Fui convidado para uma festa do pijama.	"Não conseguirei dormir e serei o único acordado." "Terei que ligar para a mamãe vir me buscar de novo." "Vou perder outra festa."	Advinhação	"Nunca fiquei acordado a noite toda de verdade e vou pegar no sono eventualmente." "Não quero perder de novo, então quero tentar." "Mesmo se eu ficar chateado, meus amigos vão entender."	Senti-me um pouco melhor e decidi ir. Fiquei feliz quando meu amigo ficou animado quando eu disse "sim". Fiquei nervoso novamente, mas depois me acalmei.
Não vi mamãe na saída da escola.	"Ela esqueceu de me buscar." "Ela se envolveu em um acidente." "Não sei para onde ir."	Catastrofização, pensamento de impotência	"Confio que mamãe chegará quando puder." "Conheço o plano e posso ir ao escritório principal esperar." "Posso esperar 15 minutos antes de ligar para ela."	Senti-me melhor e mais calmo. Mamãe apareceu 2 minutos depois.
Meus pais me disseram que vão sair da cidade por uma noite.	"E se o avião deles cair?" "Preciso da minha mãe aqui para poder dormir." "Eles nunca vão voltar."	Catastrofização, pensamento de impotência	"Nem estão pegando um avião." "Mesmo que eu tenha dificuldade para dormir, consigo fazer isso." "Claro, eles vão voltar." "Será bom ver a vovó."	Senti-me um pouco melhor. Ainda não queria que eles fossem. Eles foram e fiquei chateado, mas brinquei com a vovó. Eles voltaram e ficou tudo bem.

FIGURA 8.7 Planilha do rastreador de armadilhas de pensamento preenchida para Charlie.

situação realista: o que ele pode fazer e para onde pode ir se um dos pais chegar atrasado para buscá-lo. Revisar a situação dessa maneira também permite que a terapeuta e Charlie identifiquem um possível *pensamento de enfrentamento* para fazer referência e utilizar em futuras situações semelhantes de produção de ansiedade, em que ele está aguardando a chegada de seus pais.

Resolução de problemas

Outra maneira de aumentar a autoeficácia do jovem é ensinar habilidades formais de resolução de problemas que permitirão a ele influenciar a mudança em situações desafiadoras. Charlie expressou pensamentos de impotência ao afirmar "Eu não sei para onde ir", quando sua mãe se atrasou para buscá-lo. Em resposta a isso, a terapeuta de Charlie utilizou a resolução de problemas para estimular a criatividade e a autoconfiança de Charlie (ver Capítulo 2 para uma revisão da resolução de problemas usando STEPS). Nesse caso, a terapeuta utiliza a Planilha 15 (uma versão em branco está disponível no Apêndice A) para *brainstorming* de possíveis soluções para um problema comum de Charlie (ver Fig. 8.8 para o formulário preenchido).

T: Um dos pensamentos que você escreveu no seu rastreador de armadilhas de pensamento é que você não saberia para onde ir se a sua mãe não estivesse no

PLANILHA 15. Resolução de problemas STEPS

Para resolver problemas, siga estes passos: diga qual é o problema, pense em soluções, examine cada solução, escolha uma solução, tente e veja se funcionou.			
Diga qual é o problema: Não sei para onde ir se mamãe não estiver no lugar dela depois da escola.			
Pense em soluções	**Examine cada solução**		**Classificação**
	Prós	Contras	
1. Manter a calma, respirar profundamente.	Isso vai me ajudar a me acalmar no momento.	É difícil de fazer; e ainda não sei onde está minha mãe.	1
2. Posso apenas esperar perto da porta por até 15 minutos.	Ficar em um lugar.	15 minutos é muito tempo.	3
3. Contar para um professor.	Isso pode ser útil.	Ele pode me mandar voltar para fora.	2
4. Voltar à sala principal.	É seguro; isso pode ser útil.	Eles podem me mandar voltar para fora; eles podem já ter ido embora.	4
Escolha uma solução e experimente: Respire fundo e depois conte para o professor.			

FIGURA 8.8 *Brainstorming* de resolução de problemas para Charlie.

local específico que você atribuiu a ela quando saiu do prédio da escola. Que tal se elaborarmos um plano para que você saiba para onde ir se ela não estiver lá? [especificando o problema]

C: Ok.

T: Vamos imaginar que você sai pela porta da escola e não vê sua mãe imediatamente. Qual é a primeira coisa que achamos que seria bom fazer? [sugerindo soluções durante o *brainstorming*]

C: Eu devo me dizer "Fique calmo" e fazer algumas respirações profundas.

T: Certo, bom. Quais são as outras opções nesse momento? [incentivando o *brainstorming* contínuo]

C: Eu posso ficar ali e esperar.

T: Sim. Onde é "ali"?

C: Bem perto da porta.

T: Ok. Então, uma opção é ficar perto da porta. Às vezes, a ansiedade quer que reajamos imediatamente. Quanto tempo você acha que é bom ficar perto da porta esperando?

C: 5 ou 15 minutos?

T: Ah, então isso é um intervalo de tempo. Então até 15 minutos? [refletindo, ainda não decidindo sobre uma quantidade de tempo] O que mais pode ser uma opção enquanto você está lá esperando? [Note que uma avaliação das opções é adiada até que o *brainstorming* esteja completo.]

C: Eu posso contar para o professor.

T: Ok, então outra opção seria contar para o professor e ir com ele para outro lugar. O que mais poderia ser uma opção? Outras crianças às vezes precisam esperar pelos seus pais?

C: Sim, acho que sim.

T: Para onde elas vão?

C: Não sei. Acho que algumas ficam do lado de fora e algumas crianças voltam para a sala principal.

T: Ok, bom, então voltar para o prédio e ir para a sala principal pode ser uma opção. Agora, vamos dar uma olhada mais de perto nessa lista de opções que criamos e escolher uma solução que você possa planejar usar se não ver sua mãe quando sair. [Escolha uma solução potencial e planeje usá-la.]

Nesse exemplo, a terapeuta e Charlie trabalharam juntos para criar opções possíveis para a situação temida (e real) de que sua mãe está atrasada para buscá-lo na escola. O *brainstorming* é realizado sem avaliar soluções individuais, porque julgamentos prematuros muitas vezes inviabilizam o estágio de *brainstorming*. O automonitoramento e os exercícios de prática em casa ajudaram Charlie a identificar melhor os pensamentos, os sentimentos e os comportamentos relacionados ao TAS. Isso ajudará a identificar crenças específicas sobre, além de identificar possíveis déficits na habilidade de resolução de problemas. Para déficits mais generalizados, o plano de tratamento pode visar a melhorar a resolução de problemas de maneira mais ampla; os déficits podem estar relacionados a um maior nível de excitação, de angústia e de dificuldade em reconhecer alternativas. Como tal, a terapeuta e o jovem podem trabalhar juntos para desenvolver um plano de enfrentamento direcionado.

Exposições

Conforme evidenciado pela avaliação funcional abrangente, a significativa ansiedade de separação de Charlie afeta várias áreas de seu funcionamento pessoal, familiar, acadêmico e social. A terapeuta trabalhará com Charlie e seus pais para identificar essas diversas áreas e desenvolver hierarquias de medo e de evitação que guiarão a fase de exposição do tratamento. Pode haver áreas gerais para intervenção (p. ex., escola, amigos, atividades sociais, hora de dormir) e para comportamentos de segurança específicos que atravessam todas ou a maioria das situações (p. ex., ligar ou mandar mensagens, busca de tranquilização) que precisarão ser abordados durante as exposições. Para Charlie e sua família, os aspectos escolares no seu TAS estão ligados ao fato de ele ir à escola, ir à enfermaria e permanecer na escola e à sua elevada angústia na hora da saída. Embora Charlie tenha mantido amizades sociais, seu TAS o impede de sair com seus colegas para as casas deles ou se afastar de sua própria casa. Ele também começou a recusar convites para festas de aniversário e outras reuniões de colegas que tenham um componente de festa do pijama. Relacionado a isso, uma área especialmente difícil da ansiedade para Charlie é a separação na hora de dormir e a ansiedade relacionada à sua crença de que não será capaz de adormecer sozinho. Conforme é comum em jovens ansiosos, Charlie tenta lidar com sua angústia ansiosa evitando ou escapando de situações que causam ansiedade a ele (p. ex., dormir sozinho em casa, pegar o ônibus escolar, dormir fora de casa) ou pedindo ajuda aos pais (p. ex., sendo buscado mais cedo na escola). Charlie e seus pais tendem a adotar um padrão de comportamento que serve para reforçar sua ansiedade; comportamentos de segurança servem para reforçar ainda mais a ansiedade e as respostas ansiosas de Charlie. Isso inclui as perguntas e respostas generalizadas sobre a busca de reconforto e os telefonemas e as mensagens de texto de e para seus pais.

Ao desenvolver um plano para a fase de exposição do tratamento, a terapeuta trabalha com a família para identificar uma hierarquia de exposições significativas em diferentes áreas das ansiedades de Charlie. Essas exposições podem ser organizadas de forma graduada, com situações cada vez mais desafiadoras e que causam ansiedade; a ordem também pode ser variada, sobretudo porque situações que ocorrem naturalmente podem se apresentar (p. ex., um convite para sair). Dada a natureza específica do TAS e a idade de Charlie, os pais são essenciais para orquestrar os planos de exposição e para praticar suas próprias respostas de empatia, de incentivo e de abordagem (ver Capítulo 5, "Trabalhando com cuidadores e pais"). A seguir, estão exemplos de hierarquias de exposição. Exemplos adicionais de exposições para rotinas matinais e escolares podem ser encontrados no Capítulo 11, "Recusa escolar e presença problemática".

Hierarquia de desafios A: regulação da rotina matinal

1. Regular a rotina matinal com o horário de despertar (ligado às exposições da rotina de sono de acordar no próprio quarto).
2. Escolher as próprias roupas e vestir-se.
3. Sentar-se à mesa da cozinha e tomar café da manhã (sentindo vontade de seguir os pais de um cômodo para outro).
4. Limitar as perguntas de reconforto pela manhã a três (depois duas, depois uma e depois nenhuma).
5. Sair pela porta no horário combinado todas as manhãs.

Hierarquia de desafios B: medo da separação, rotina do ônibus escolar

1. Pedir a Charlie que fique no ponto de ônibus por um tempo cada vez maior (5, 10, 15 minutos) antes que a mãe o leve à escola.
2. Providenciar para que Charlie seja buscado em um dos últimos pontos de coleta na rota do ônibus, para que ele tenha uma curta viagem até a escola. A mãe pode encontrar Charlie na escola no ponto em que o ônibus o deixa, antes de partir. À medida que a ansiedade de

Charlie melhorar, a família pode prolongar a viagem de ônibus escolar.

Hierarquia de desafios C: medo da separação na escola

1. Ficar em segundo ou terceiro lugar na fila da saída.
2. Fazer a mãe se afastar progressivamente da visão de Charlie da sala de aula.
3. Permanecer na última posição na fila no momento da saída.
4. Pedir à mãe que chegue intencionalmente 5 minutos atrasada para buscá-lo.
5. Apanhar o ônibus escolar para a escola.
6. Falar com os colegas no ponto de ônibus.
7. Falar com o professor no ponto de ônibus.

Hierarquia de desafios D: medo da separação nas atividades sociais

1. Ficar na casa dos colegas por 30 minutos (pais presentes).
2. Ficar na casa dos colegas por uma hora (pais presentes).
3. Passar 30 minutos na casa dos colegas (com os pais levando e buscando).
4. Passar uma hora na casa dos colegas (com os pais levando e buscando).
5. Passar 2 a 3 horas na casa dos colegas (com os pais levando e buscando).
6. Dormir na casa do primo.
7. Dormir na casa dos colegas.

Para qualquer uma dessas ações, a terapeuta pode começar incorporando sinais de segurança (p. ex., um número limitado de mensagens para a mãe) antes de diminuí-los de modo gradual. O objetivo é tornar cada desafio possível para que o jovem tenha uma experiência bem-sucedida à medida que os desafios se tornam mais difíceis.

Hierarquia de desafios E: medo da separação à noite e do sono

1. Dormir em seu próprio quarto com um dos pais sentado na cama até que adormeça.
2. Dormir no seu próprio quarto com um dos pais sentado em uma cadeira perto da cama até que adormeça.
3. Dormir no seu próprio quarto com um dos pais sentado em uma cadeira perto da cama durante 30 minutos.
4. Repetir a mesma ação anterior enquanto diminui progressivamente a quantidade de tempo que um dos pais se senta em uma cadeira perto da cama (p. ex., 20 minutos, 10 minutos, 5 minutos).

Hierarquia de desafios F: medo da separação da mãe e do pai

1. Ficar com a vovó e o vovô por uma hora em casa (ambos os pais saem por uma hora).
2. Ficar com a vovó e o vovô por duas horas em casa (ambos os pais saem por duas horas).
3. Ficar com a vovó e o vovô na casa deles durante duas horas (com os pais levando e buscando).
4. Ficar com a vovó e o vovô na casa deles por entre 3 e 4 horas (sendo deixado lá, com horário de busca variável).
5. Ficar com a vovó e o vovô em casa, inclusive na hora de dormir (os pais saem e voltam após a hora de dormir).

A terapeuta trabalharia de forma semelhante com Charlie e seus pais para desenvolver e integrar exposições graduais em relação ao seu medo do escuro. Eles podem optar por direcionar o sono e os medos noturnos baseados na separação na fase intermediária do tratamento e, em seguida, direcionar a fobia do escuro. Eles também podem considerar alguns dos alvos relacionados ao medo do escuro (p. ex., usar uma luz noturna) para variabilidade enquanto trabalham nos objetivos de sono e de separação.

Tendo iniciado as exposições matinais e relacionadas à escola, a terapeuta e a família podem avançar em direção ao objetivo de ajudar Charlie (e seus pais) a enfrentar as ansiedades de separação noturnas e desafiar a expectativa de que ele precisa da presença dos pais para adormecer. O objetivo é ensinar a Charlie habilidades apropriadas ao desenvolvimento em relação a adormecer e a permanecer dormindo, ao mesmo tempo aumentando o enfrentamento independente e a autotranquilização.

Conforme observado na hierarquia de desafios para o horário de dormir e para o sono, as exposições iniciais podem ter como alvo o retorno de Charlie ao seu próprio quarto, reduzindo gradualmente a quantidade de tempo que seus pais passam em seu quarto e aumentando a distância física entre eles e Charlie à medida que ele adormece. O objetivo final é fazer os pais saírem do quarto *antes* que Charlie adormeça, para que ele possa lidar com o adormecimento sem ser "resgatado" pelos pais. A terapeuta trabalha em colaboração com Charlie e seus pais para planejar exposições na hora de dormir. A terapeuta pode introduzir o manejo somático para ajudar Charlie com os aspectos físicos e com a desregulação emocional de seu TAS, bem como pode trabalhar em estratégias somáticas e de relaxamento e/ou estratégias de atenção plena para rotinas calmantes da hora de dormir (ver Capítulo 2). Ver Figura 8.9 (uma versão em branco está disponível como Planilha 6 no Apêndice A), prestando especial atenção em ajudar Charlie a preparar a autorregulação de enfrentamento precoce (p. ex., "Mamãe e papai estão no final do corredor", "Estou bem e vou adormecer eventualmente") e estratégias para a transição para o sono (p. ex., leitura, relaxamento, música).

Ao planejar as exposições da hora de dormir, a terapeuta também deve ajudar os pais a identificarem os desafios previstos (p. ex., "O que fazemos se..."). O planejamento avançado pode incluir planos de gestão de contingência e gráficos de recompensas para reforçar sistematicamente os esforços de Charlie para dormir em seu quarto de forma independente por períodos progressivamente mais longos. Os terapeutas precisarão preparar a família para um provável pico de extinção. À medida que a família começa a implementar o plano, o jovem pode experimentar um aumento inicial da angústia, que pode atrapalhar o sono da família. Conforme discutido, ajudar os pais a identificarem suas próprias expectativas e previsões pode ajudar no planejamento da exposição. Os pais podem precisar de ajuda para desafiar suas próprias crenças sobre a capacidade de Charlie de adormecer sozinho e suas próprias habilidades para ajudá-lo:

MÃE (M): E se ele ficar acordado a noite toda? Ele tem que ir para a escola amanhã, e isso não pode funcionar se ele não dormir. Ele também vai nos manter acordados a noite toda, e temos que trabalhar.

T: Sim, isso pode acontecer no início. Com que frequência isso aconteceu antes?

M: Nunca a noite inteira, mas até as 2 da manhã algumas vezes.

T: E o que aconteceu?

PAI (P): (*timidamente*) Nós o deixamos subir na nossa cama.

T: Às 2 da manhã, quando todos estão exaustos, isso pode ser muito difícil. É mais fácil deixá-lo dormir. A parte complicada é que você perdeu a oportunidade de descobrir que ele poderia ter adormecido sozinho.

A terapeuta poderá querer validar as experiências, as frustrações e a provável exaustão dos cuidadores se houver perturbação crônica do sono. Os cuidadores geralmente sabem que redirecionar uma criança de volta para a cama pode ser melhor, mas,

PLANILHA 6. Exposição *in vivo*/experimento comportamental

> Preencha esta planilha com o jovem enquanto você está se preparando para um experimento comportamental.

1. **Situação (Qual é a situação?):**
   Dormir e ficar no meu próprio quarto, com mamãe e papai no quarto deles.

2. **Sentimentos:**   **Avaliação de angústia:** 10/10
   Ansioso

3. **Pensamentos ansiosos/ negativos:**   **Armadilhas de pensamentos (ver lista a seguir)**

Pensamentos	Armadilhas
"Se mamãe e papai não estiverem lá, eu simplesmente não consigo pegar no sono."	E se
"E se eu ficar apavorado e não conseguir dormir a noite toda?"	Adivinhação
"Vou ser o único acordado."	Catastrofização
"E se algo realmente ruim acontecer esta noite?"	

   Armadilhas de pensamento: leitura de pensamentos, adivinhação, catastrofização, conclusões precipitadas, "e se", desconsideração dos pontos positivos, busca pelos pontos negativos, generalização excessiva, pensamento tudo ou nada, declarações de dever, levar as coisas para o lado pessoal, culpar.

4. **Pensamentos de enfrentamento (Como você responde aos seus pensamentos ansiosos?):**
   "Mamãe e papai estão apenas no corredor, e sei que estão torcendo por mim."
   "Estou bem e logo pegarei no sono. Não tenho nenhuma evidência de que ficarei acordado a noite toda porque isso nunca aconteceu."
   "Provavelmente não serei o último a ficar acordado, mas, mesmo que seja, consigo lidar com isso."
   "A ansiedade está me enviando o sinal de perigo."
   "Se eu ficar no meu quarto, ganharei meus pontos."

   Perguntas desafiadoras: Eu sei com certeza que _____? Estou 100% certo de que _____? Que evidências tenho de que _____? Qual o pior que poderia acontecer? O quanto isso é ruim? Eu tenho uma bola de cristal?

5. **Metas comportamentais atingíveis (O que você quer alcançar?):**

Meta	Alcançada?
a. Ficar no meu quarto e chamar mamãe uma vez.	Sim
b. Ouvir meu aplicativo de *mindfulness*.	Sim
c. Ficar no meu quarto até a hora de acordar de manhã às 6h30.	Não, mas voltei imediatamente quando papai me trouxe de volta.

6. **Recompensas:**

Recompensas	Alcançada?
a. Dois pontos para tempo de Fortnite.	Sim
b. Ganhar um adesivo no aplicativo.	Sim
c. Dois pontos para tempo de Fortnite.	Um ponto por tentar e voltar imediatamente

FIGURA 8.9 Planilha de exposição para ansiedade de separação.

quando todos estão cansados e preocupados que a criança não durma o suficiente para ir para a escola, eles podem simplesmente ceder. Isso faz sentido, dadas as suas experiências. Os terapeutas podem modelar como praticar empatia e encorajamento com os pais e, em seguida, fornecer psicoeducação e planejamento para o sistema familiar alcançar estratégias de adaptação em longo prazo.

Fazer a simulação de papéis em cenários imaginados com os cuidadores e desenvolver potenciais respostas e orientações escritas podem ajudar na sua preparação para o seguimento da exposição.

P: O que fazemos se ele entrar em nosso quarto?

T: Provavelmente, podemos prever que ele entrará primeiro no quarto de vocês, então vamos planejar isso! Quando ele entrar no quarto, você pode usar a empatia e encorajar declarações como as que discutimos: "Eu sei que você está nervoso e sei que pode trabalhar para se acalmar". Em seguida, guie-o de volta ao quarto dele, usando a orientação e a abordagem, lembrando-o de usar suas habilidades de enfrentamento e de que ele ganhará pontos por ficar no quarto. Vamos praticar isso, tudo bem?

P: Tudo bem.

T (*interpretando Charlie*): Pai, não consigo dormir. Você pode, por favor, vir deitar comigo?

P: Eu sei que está tendo dificuldades, mas lembre-se do que estamos praticando. Então, deixe-me acompanhá-lo de volta ao seu quarto, e você pode praticar lembrando-se de que não precisa que eu me deite ao seu lado. Você consegue fazer isso. Estou orgulhoso de você por tentar. Você ganhará um ponto no seu gráfico por praticar novamente essa noite.

T (*como ela mesma*): Bom uso de empatia e de incentivo! É um forma de ser breve, validar e destacar a resolução de problemas e o plano de recompensas.

P: Ok, posso tentar isso. Não tenho certeza se isso funcionará. E se ele ficar acordado a noite toda? Às vezes, eu me preocupo que ele esteja acordado e nós simplesmente não saibamos.

T: Vamos verificar isso. Mas, mesmo que ele fique acordado, o que acontece no final?

P: Ele geralmente está exausto de manhã e se recusa a levantar.

T: Ok, é aí que teremos que confiar no nosso plano de recompensas e nos esforços de regulamentação de rotina. [Ver Capítulo 11 para mais exemplos de como usar o gerenciamento de contingência para lidar com as rotinas matinais.] Nos primeiros dias, vamos ter que encorajar Charlie de todas as maneiras possíveis para levantar, dar-lhe recompensas imediatas e, então, levá-lo arrastado para a escola.

P/M: Mas então ele ficará exausto o dia todo na escola.

T: Os primeiros dias ou a primeira semana, sim. Ele ficará cansado no final do dia, e, com o tempo, adormecer provavelmente será mais fácil em um horário normal. Lamento que não haja nenhuma solução mágica aqui, mas ele não terá uma programação regular a menos que tenhamos algumas noites interrompidas. Como *podemos* garantir que a sua família está preparada para isso? [A terapeuta pode resolver problemas para ajudar a família a se preparar para enfrentar algumas noites sem dormir e ajudar Charlie a persistir no processo de mudança.]

Enquanto Charlie tem seu próprio quarto e mora com ambos os pais, outras famílias e outros contextos podem complicar a capacidade de uma família de executar exposições noturnas ao TAS. Por exemplo, como os terapeutas deveriam ajudar as famílias a implementarem esses tipos de exposições quando, digamos, a família mora em um apartamento de um quarto ou o jovem compartilha o quarto com um irmão ou com outro membro da família? Nessas situações, os terapeutas precisam confiar na conceitualização de caso e na avaliação funcional de antecedentes e de consequências que podem estar desencadeando e mantendo a ansiedade. Se, por exemplo, Charlie morasse em um apartamento pequeno com seus pais, a terapeuta poderia trabalhar com eles para moldar a capacidade de Charlie de iniciar e de continuar sua rotina de dormir de forma independente. Mais importante ainda, a terapeuta deve focar na área de maior prejuízo e atender às necessidades representadas aqui. Se for necessário que o jovem durma no mesmo quarto que os pais ou que outro membro da família, mire nas áreas em que a ansiedade de separação está interferindo na vida diária (p. ex., o jovem continua a seguir os pais durante o dia; o jovem muitas vezes pede reconforto durante a hora de dormir). A separação em si não é o resultado necessário, mas sim o funcionamento independente.

IDENTIFICANDO PADRÕES DE INTERAÇÃO PAIS-FILHO

Dada a própria natureza do TAS na juventude e seus medos centrais relacionados à separação e ao dano que possam ocorrer a um cuidador primário, avaliar e intervir no nível da interação entre cuidador-filho é provavelmente essencial. Como mencionado anteriormente, as planilhas de avaliação funcional fornecerão um roteiro para entender como as interações entre cuidador-filho em situações que provocam ansiedade podem estar mantendo a ansiedade no jovem por meio do escape, do resgate ou da evitação (ver Fig. 8.5). Ao identificar esses aspectos, a terapeuta pode trabalhar para fornecer orientação psicoeducativa corretiva, autorreflexão de enfrentamento para o filho e para o cuidador e *scripts* para incentivar e encorajar comportamentos de abordagem para a juventude, limitando comportamentos de resgate por parte dos cuidadores e exposições que considerem os comportamentos de segurança na interação entre cuidador-filho (p. ex., busca de reconforto por meio de múltiplas perguntas ou mensagens).

Empatia e incentivo

Para ajudar os cuidadores a orientarem seus filhos com TAS, os terapeutas devem primeiro ensiná-los a ter empatia com a experiência do jovem antes de encorajá-lo a enfrentar uma situação assustadora (ver Capítulo 5, assim como o Material suplementar 11, no Apêndice A). Ter empatia serve primeiro para validar e para rotular a experiência do filho antes de avançar muito rapidamente em direção à resolução de problemas ou para pressionar o jovem. Também reforça o papel de orientação para os cuidadores. Alguns cuidadores se identificam fortemente com a ansiedade de seus filhos e compartilham em excesso suas próprias experiências passadas ou suas angústias no momento. Tais revelações tendem a aumentar a própria ansiedade do jovem e comunicam que a evitação é uma solução legítima para a ansiedade. Fazer o cuidador se concentrar na ansiedade do jovem serve para comunicar compreensão e validação das emoções, evitando, assim, a escalada da situação. Ver Capítulo 5 para mais exemplos de empatia e encorajamento.

Validar os sentimentos do jovem é necessário, mas não é o suficiente. Uma vez que os pais de Charlie foram capazes de aprender a expressar empatia (p. ex., "Eu sei o quanto o seu estômago deve estar perturbado nessa situação"), eles puderam aprender a encorajar estratégias ativas de enfrentamento, de resolução de problemas e de comportamentos de abordagem. Ao longo do tratamento, a terapeuta pode primeiro orientar a família, depois transferir a orientação e a resolução de problemas para os cuidadores, que, por sua vez, podem transferir as mesmas técnicas para a criança, fornecendo *suporte*. No final, a criança pode usar as habilidades de forma independente. Como no exemplo anterior, o pai de Charlie fez um comentário inicial empático e validador, depois encorajou Charlie a usar suas estratégias de enfrentamento enquanto o lembrava sobre o plano de recompensa e o guiava fisicamente de volta ao seu quarto.

Gráficos de recompensas e gerenciamento de contingência

A terapeuta, Charlie e seus pais desenvolveram planos de gerenciamento de contingência semanais fora das sessões que acompanhavam os objetivos de cada sessão semanal. Conforme discutido, os quadros de recompensa devem ser simples e fáceis para os pais e para o filho acompanharem e manterem consistentemente (ver planos de recompensa diariamente renováveis no Capítulo 5). Durante a fase de exposição, a terapeuta foi capaz de trabalhar com Charlie e seus pais para desenvolver um quadro de recompensas que visava à exposição específica da hierarquia de desafios. Por exemplo, quando Charlie ficava em terceiro lugar na fila de saída da escola, ele podia ganhar dois pontos diariamente e trocar esses pontos no fim de cada semana por um prêmio desejado. Inicialmente, esses prêmios eram pequenos itens que Charlie poderia ganhar de forma rápida (de forma ideal, diariamente). Os prêmios depois se transformaram em experiências (p. ex., escolher o filme na noite de cinema em família) e poupar pontos para prêmios maiores (p. ex., jogos de videogames, ir ao cinema). Ver Figura 8.10 para um exemplo (uma versão em branco está disponível como Planilha 10 no Apêndice A).

Os quadros de recompensas desenvolvidos durante as sessões pela terapeuta e por Charlie tinham como alvo a conclusão das práticas domiciliares entre sessões. Charlie conseguia ganhar pontos pela conclusão da prática domiciliar de cada semana, focando primeiro nas planilhas de habilidades e, depois, nos registros de prática de exposição. O plano de gerenciamento de contingência durante as sessões também permitiu que a terapeuta reforçasse a participação de Charlie nas sessões, nas exposições de separação de seus pais no início do tratamento e nas exposições praticadas no consultório.

Colaboração com a escola

Jovens com TAS, como Charlie, com frequência experimentam aspectos de seu sofrimento ansioso em relação à ida e à permanência na escola (ver Capítulo 11 para exemplos). A conceitualização de caso incluirá a compreensão da interseção entre a ansiedade do jovem e o ambiente escolar para determinar o trabalho colateral recomendado com a escola. No contexto da conceitualização e do consentimento dos cuidadores, a terapeuta e os cuidadores podem trabalhar juntos para incluir os funcionários relevantes da escola. No caso de Charlie, dadas as suas frequentes visitas à enfermeira da escola e os seus pedidos de saída antecipada, a terapeuta, os pais e a enfermeira podem trabalhar juntos para desenvolver diretrizes para as visitas de Charlie à enfermeira da escola. Por exemplo, eles vão desejar concordar sobre as circunstâncias

PLANILHA 10. Quadro de recompensas diárias renováveis

Desenvolva passo a passo metas e recompensas para cada nível. Depois, acompanhe o sucesso!

Tema: Pegar o ônibus

Metas (níveis incrementais)	Recompensa (níveis incrementais)	Dom	Seg	Ter	Qua	Qui	Sex	Sáb	# de dias alcançados
Subir no ônibus até as 7h30	Levar o celular ao sair de casa. Mantê-lo o dia todo.	—	N	N	N	✓	✓	—	2
Mamãe/papai me levar à escola até as 10h.	Pegar o celular no conselheiro na hora do almoço.	—	N	N	✓	—	—	—	1
Chegar à escola até o horário do almoço (meio-dia).	Pegar o celular ao chegar em casa após o último período escolar.	—	N	✓	—	—	—	—	1
Não ir à escola de jeito nenhum.	Sem celular.	—	✓	—	—	—	—	—	1

Tema: Saída da escola

Metas (níveis incrementais)	Recompensa (níveis incrementais)	Dom	Seg	Ter	Qua	Qui	Sex	Sáb	# de dias alcançados
Ficar na última posição na fila da saída da escola.	5 pontos para o tempo de jogo no *Fortnite*.	—	N	N	N	N	—	—	1
Ficar na quinta posição na fila da saída.	3 pontos para o tempo de jogo no *Fortnite*.	—	N	N	N	N	—	—	0
Ficar na terceira posição na fila da saída.	2 pontos para o tempo de jogo no *Fortnite*.	—	N	✓	✓	✓	—	—	3
Ficar na primeira posição na fila da saída.	0 pontos para o tempo de jogo no *Fortnite*.	—	N	✓	—	—	—	—	1

FIGURA 8.10 Exemplo de recompensas diárias renováveis para incentivar a frequência escolar de Charlie.

sob as quais ele pode ir ao consultório da enfermeira, por quanto tempo e como a enfermeira pode empatizar, encorajar e estimular seu retorno à sala de aula. Da mesma forma, o grupo concordará com limites claros em torno das chamadas telefônicas aos pais. Para auxiliar esses esforços, a terapeuta pode adaptar planilhas relevantes para ajudar a enfermeira a traduzir habilidades de enfrentamento para o consultório da enfermeira, garantindo que todos os envolvidos estejam falando a mesma língua em relação à ansiedade de Charlie. Como uma das hierarquias de medo e de evitação da criança girava em torno da preocupação de que ele tinha de ser o primeiro da fila para sair da sala de aula e da escola, a terapeuta, os pais e o professor devem estar em contato para se prepararem e executarem as exposições. Eles devem identificar os papéis que cada um pode desempenhar para facilitar a implementação, para orientar Charlie durante a exposição e para recompensá-lo posteriormente.

Monitoramento de progresso

Dados os vários aspectos nos quais o TAS de Charlie impactou ele e sua família, a fase de exposição do tratamento exigiu diversos meses de intervenção dentro e entre esses aspectos. A terapeuta colaborou com a família para abordar gradual e sistematicamente alguns alvos (baseados em habituação), enquanto introduzia variavelmente e combinava outros alvos de exposição (baseados em aprendizado inibitório) (ver Fig. 8.11; uma versão em branco está disponível como Planilha 11 no Apêndice A). Os objetivos principais incluíram exposição baseada na escola, começando com a rotina matinal de levar Charlie à escola no horário, diminuindo o número de vezes que ele vai à enfermeira e sai da escola mais cedo e diminuindo os comportamentos de segurança (p. ex., onde ele fica na fila da saída). O monitoramento de progresso incluiu chamadas telefônicas periódicas com a enfermeira da escola e o professor de Charlie para ajudá-los a orientá-lo a usar certas habilidades e redirecionar seus pedidos para sair da escola e fazer ligações para seus pais.

Exposições sociais incluíram programação de encontros e atividades extracurriculares que exigiam deixá-lo e buscá-lo. À medida que mais desses encontros foram agendados e concluídos, apesar das preocupações antecipatórias iniciais, Charlie aprendeu que poderia enfrentar sua ansiedade, e a sua expectativa de que ele "surtaria" sem a mãe diminuiu; esses encontros se tornaram motivadores intrínsecos para ele. Exposições em família incluíram focar na rotina de dormir e de fazer Charlie voltar a dormir em seu próprio quarto. Embora inicialmente isso fosse muito difícil, exigindo várias noites de sono interrompido, Charlie foi capaz de dormir com sucesso em seu próprio quarto, primeiro com seus pais presentes e, depois, sem eles. Os pais de Charlie aumentaram sua eficácia em elogiá-lo e em estabelecer limites firmes, persistiram em direcioná-lo de volta ao seu quarto e implementaram um plano de comportamento pelo qual ele poderia ganhar recompensas desejadas. Outro objetivo familiar incluiu os pais de Charlie ajudando-o (e a si mesmos) a praticar sair e voltar para casa à noite, e eles agendaram vários eventos de duração crescente para si fora de casa (p. ex., jantar, teatro, concertos), sempre organizando para Charlie ficar com uma babá. Alguns meses após o início do tratamento, os pais de Charlie passaram um fim de semana fora de casa – um progresso, de fato –, e, embora desafiador às vezes, todos completaram a exposição habilmente.

O autorrelato de Charlie e o relato de sua mãe na semana 12 de tratamento indicaram melhoras significativas, sobretudo em relação à subescala de ansiedade de separação da RCADS (ver Tabela 8.2). É importante

PLANILHA 11. Rastreador de metas

Trabalhe com seu terapeuta para criar possíveis metas específicas, significativas e alcançáveis. Pense nos resultados que você espera ver. Então, acompanhe o progresso de seu filho a cada semana.

Metas dos pais	Resultados desejados	Semanas 6 a 17	Semana 18	Semana 19	Semana 20
Ir para a escola na hora certa.	Entrar no prédio até as 8h20.	...	5/5 dias	4/5 dias	5/5 dias
Andar de ônibus para a escola.	Estar no ponto de ônibus até as 7h30 e pegar o ônibus.	...	5/5 dias	5/5 dias	5/5 dias
Marcar encontros com amigos fora de casa.	1 encontro durante a semana; 1 no fim de semana.	...	2 durante a semana; 1 no fim de semana	1 durante a semana; 2 no fim de semana	1 durante a semana; 2 no fim de semana
Dormir em seu próprio quarto e conseguir ficar lá (7/7 dias).	# de noites dormindo no quarto (incluindo saídas e retorno rápido).	...	6/7	5/7	6/7
Diminuir o número de chamadas e mensagens de texto.	# de chamadas e mensagens de texto por dia.	...	7	3	4

Metas do jovem	Resultados desejados	Semana x	Semana 14	Semana 15	Semana 16
Diminuir a sensação de náuseas ao ir para a escola.	Avaliação de náuseas por ansiedade (0-10).	...	4	2	3
Garantir que mamãe e papai cheguem na hora.	Reduzir a preocupação com o horário de mamãe e papai (0-10).	...	4	5	3
Passar mais tempo com amigos depois da escola.	Frequência de encontros com amigos fora da escola.	...	0 durante a semana; 1 no fim de semana	1 durante a semana; 1 no fim de semana	2 durante a semana; 1 no fim de semana

FIGURA 8.11 Planilha do rastreador de metas concluídas para Charlie ao final do tratamento.

TABELA 8.2 O perfil de sintomas de Charlie na semana 12 usando a RCADS

	Mãe		Pai		Jovem	
	Pontuações brutas	Pontuações T	Pontuações brutas	Pontuações T	Pontuações brutas	Pontuações T
Ansiedade de separação	10	69	—	—	10	63
Ansiedade generalizada	7	60	—	—	6	47
Transtorno de pânico	4	61	—	—	8	57
Ansiedade social	5	41	—	—	7	44
Obsessões/compulsões	1	46	—	—	1	34
Depressão	7	61	—	—	7	47
Ansiedade total	27	56	—	—	32	49
Ansiedade total e depressão total	34	58	—	—	39	49

*Pontuações T superiores a 65 indicam limiar clínico limítrofe. **Pontuações de 70 ou mais indicam pontuações acima do limiar clínico. As pontuações T são normalizadas com base na idade e no sexo do jovem.

observar que, embora subclínica em todas as subescalas, o domínio do TAS permanece elevado. A terapeuta pode examinar itens específicos para entender melhor o padrão de resposta (i.e., vários itens avaliados com notas 1 a 2, ou menos itens avaliados com uma frequência mais alta de 2 a 3). De qualquer forma, ambos os relatórios são muito encorajadores (o relatório do pai não estava disponível para essa avaliação).

ENCERRAMENTO E PREVENÇÃO DE RECAÍDA

Os variados domínios do TAS de Charlie requeriam um planejamento significativo e uma coordenação de exposições fora do consultório terapêutico. Isso não quer dizer que a terapeuta e Charlie não pudessem trabalhar em exposições no consultório (como se separar dos pais para vir ao consultório, deixá-lo, em vez de ficar com ele, retornar mais tarde). Mesmo por meio da teleconsulta, exposições "no consultório" poderiam incluir os pais saindo do ambiente ou de casa conforme apropriado e por períodos crescentes. Os pais de Charlie foram fundamentais na orquestração e na execução das exposições em casa e na escola e precisavam de orientação e de apoio adicionais na fase posterior do tratamento. Conforme conseguiam implementar e seguir o plano de comportamento para a hora de dormir, evitar buscar Charlie mais cedo na escola, ter noites de encontro e a capacidade de orientá-lo a usar suas habilidades (sobretudo desafios cognitivos), eles puderam começar a discutir a redução das sessões e o eventual encerramento.

A prevenção de recaídas para Charlie e seus pais focou em continuar praticando desafios de separação e identificando possíveis desafios futuros (p. ex., uma próxima festa do pijama, ir para um acampamento diurno) e se preparar para possíveis picos de extinção.

Prognóstico e acompanhamento

Charlie e seus pais tiveram melhoras significativas, mas ele continuou a experimentar ansiedade elevada. A ansiedade de Charlie inclui uma sensibilidade emocional rápida e uma resposta somática (sobretudo gastrintestinal). Embora isso tenha melhorado, ele e seus pais podem querer continuar a monitorá-lo e ajudá-lo quando ele sentir náuseas. A terapeuta e a família concordaram em realizar sessões de reforço a partir da metade da primavera para preparar Charlie para sua primeira tentativa de acampamento de verão e uma festa do pijama na casa de um amigo, um evento que ele havia perdido no ano anterior.

Desafios nesse caso

Como acontece em muitos casos, a ansiedade de Charlie, o sofrimento geral e o prejuízo multidomínio podem parecer avassaladores. Por onde um terapeuta deve começar quando o TAS prejudica um jovem em tantos aspectos e o sofrimento do jovem impacta o funcionamento da família ao longo do dia: de manhã antes da escola, chegando à escola, permanecendo na escola, saindo da escola, ficando na casa dos amigos, dormindo independente e confortavelmente? Escolhemos o caso de Charlie precisamente devido à sua complexidade. Faz sentido para a terapeuta começar com as áreas de maior dificuldade e alinhar os objetivos de tratamento da família. A conceitualização de caso pela terapeuta ajudou a conectar as múltiplas áreas de dificuldade ao entender os processos comuns de pensamento, de ação e de sentimento subjacentes a todos eles. Dessa forma, o jovem pode experimentar ganhos em múltiplos domínios, mesmo que as atividades terapêuticas estejam focadas concretamente em uma ou duas áreas. Foi importante trabalhar com os pais de Charlie para estabelecer expectativas realistas e entender que os ganhos do tratamento progrediriam de forma gradual. É fundamental lembrar aos cuidadores que levou anos para que os problemas se desenvolvessem; portanto, seria irrealista esperar uma resolução em dias. Começar com um ou dois objetivos principais, alcançar algum progresso e depois passar para outro(s) objetivo(s) proporciona uma abordagem mais estável. Com frequência, os pais de Charlie apresentavam, ao tratamento, uma "crise" semanal relacionada à sua ansiedade, como um colapso ou uma birra associada a uma situação que provocava ansiedade ou uma sensação de urgência baseada em uma demanda externa de tarefa (p. ex., convite para uma festa do pijama, prazo para reservar um lugar no acampamento). Qualquer uma das habilidades que discutimos aqui pode ser aplicada a esses tipos de eventos semanais, e é uma experiência muito poderosa demonstrar que as habilidades que você vem ensinando podem ser aplicadas a desafios aparentemente novos. Ao mesmo tempo, não se deve hesitar em "deixar de lado" ou "colocar em espera" certos eventos e desafios para discussão posterior, a fim de manter a continuidade do plano de tratamento ou permanecer focado em um objetivo específico. Relacionado a isso, foi importante assegurar simultaneamente a Charlie que ele não precisaria completar todas as tarefas no topo de suas hierarquias de uma vez e que ele poderia lidar (e aprenderia a lidar) com o sofrimento antecipado.

SÍNTESE E PONTOS-CHAVE

Dado o papel dos cuidadores no TAS, deve-se avaliar cuidadosamente os comportamentos de acomodação dos cuidadores que resgatam jovens com TAS (p. ex., rotinas noturnas e de hora de dormir, buscar na escola mais cedo, reduzir ou eliminar eventos de separação não saindo, ficando na casa dos amigos).

- Sessões colaterais adicionais podem ser necessárias para o envolvimento dos cuidadores e para a coordenação das exposições em casa.
- Observar e ensinar ao jovem sobre autorreflexão negativa, em especial sobre armadilhas de pensamento que incluem previsões negativas e catastrofização.
- A separação na hora de dormir e os problemas concomitantes com o início do sono também são uma preocupação comum apresentada por jovens com TAS. Identificar e desafiar as possíveis crenças do jovem sobre habilidades para dormir: "Eu não consigo dormir se minha mãe não estiver presente" ou "Preciso que meu pai esteja sentado lá para conseguir dormir".
- Direcionar e ensinar estratégias de gerenciamento somático para sintomas somáticos (p. ex., respiração profunda, atenção plena), hiperexcitação e sintomas de desregulação emocional (p. ex., dores de estômago, choro).
- Avaliar comportamentos opositivos em cenários de separação e ensinar aos cuidadores técnicas de estabelecimento de limites, empatia e incentivo, bem como estratégias de gerenciamento de contingências.
- Colaborar com a escola em relação à interferência do TAS na chegada do jovem e nas visitas à enfermeira escolar e fornecer orientações que manterão a criança na escola.
- Projetar exposições para desafiar comportamentos excessivos de verificação e busca de reconforto (p. ex., contato excessivo); fornecer roteiros e interpretá-los com os cuidadores.

9

Transtorno de ansiedade social

O desenvolvimento normativo inclui o aumento da ênfase nos pares e na avaliação social, com ansiedade social transitória comum em diversos momentos da infância. O transtorno de ansiedade social (TAS) normalmente se inicia no começo da adolescência, entre os 10 e os 13 anos (Kessler, Berglund, et al., 2005; Rapee & Spence, 2004), e com frequência é diagnosticado em crianças mais jovens, pré-púberes, em amostras clínicas de ansiedade na juventude (Kendall et al., 2010). O TAS pode estar relacionado às múltiplas mudanças associadas a esse período de transição, que inclui o desenvolvimento puberal e cognitivo e mudanças no ambiente da juventude (Rapee & Spence, 2004). A prevalência parece aumentar ao longo do desenvolvimento juvenil (Beesdo et al., 2007; Costello et al., 2011), e há evidências de que o início mais jovem pode estar relacionado à continuidade dos transtornos na idade adulta (Beesdo et al., 2007). O TAS está entre os transtornos psiquiátricos mais comuns, afetando aproximadamente 13% da população geral (Kessler, Chiu, Demler, Merikangas, & Walters, 2005; Ruscio et al., 2007), e entre os transtornos mais prevalentes na juventude, com uma prevalência de aproximadamente 7,4% (Kessler, Petukhova, Sampson, Zaslavsky, & Wittcehn, 2012).

As apresentações clínicas em crianças mais jovens *versus* mais velhas com ansiedade social parecem compartilhar muitas características centrais de sintomas e níveis de angústia relatados. No entanto, quando comparados com crianças mais jovens, adolescentes com TAS parecem experimentar deficiências funcionais sociais mais amplas e maiores, consistentes com as crescentes demandas sociais e os domínios da adolescência (Rao et al., 2007). Como já observado, os transtornos de ansiedade na juventude podem ser altamente comórbidos com outros transtornos de ansiedade, bem como com condições de humor e externalização. A pesquisa sugere uma comorbidade notavelmente maior entre a ansiedade social juvenil e os transtornos de ansiedade generalizada (Leyfer, Gallo, Cooper-Vince, & Pincus, 2013), bem como com o mutismo seletivo (Dummit et al., 1997). A ansiedade social e o uso e abuso de álcool e substâncias na adolescência também têm sido associados (Merikangas et al., 1998; Wolitzky-Taylor, Bobova, Zinbarg, Mineka, & Craske, 2012). Assim como com outros transtornos, os modelos etiológicos e de manutenção do TAS juvenil postulam uma interação entre fatores genéticos, temperamentais, ambientais, cognitivos e comportamentais relevantes (Halldorsson & Creswell, 2017; Ollendick

& Hirshfeld-Becker, 2002; Rapee & Spence, 2004; Spence & Rapee, 2016).

INIBIÇÃO COMPORTAMENTAL E TEMPERAMENTO

A inibição comportamental (IC) diante de situações ou pessoas novas e desconhecidas tem sido proposta e estudada como um precursor temperamental da ansiedade e da ansiedade social (Kagan, Resnick, & Snidman, 1988; Kagan, 1994). Jovens observados como mais elevados em IC são mais propensos a evidenciar medo, contenção e evitação em situações novas. Prospectiva e retrospectivamente, escores mais altos de IC têm sido associados a maior probabilidade de condições de ansiedade (p. ex., Biederman et al., 2001; Hayward, Killen, Kraemer, & Taylor, 1998). Embora tenha havido alguma consideração sobre se a IC é um precursor único do TAS (ver Degnan, Almas, & Fox, 2010), o trabalho longitudinal parece indicar que a IC pode conferir um fator de risco significativo e especialmente único para o TAS (Muris, 2011; Rapee, 2014).

Correlatos fisiológicos da IC também foram estabelecidos (Hirshfeld et al., 1992), e estudos demonstram a herdabilidade dos comportamentos inibidos como um fator que pode ser transmitido (p. ex., Robinson, Kagan, Reznick, & Corley, 1992). Não surpreendentemente, jovens temperamentais com IC interagirão com seus ambientes precoces e podem elicitar certas respostas; como tal, o cuidado, os estilos de cuidado (p. ex., supercontrole, superproteção) e as psicopatologias do cuidador podem interagir com a apresentação inibida da criança para reforçar e manter a inibição ou a evitação de interações sociais (Lewis-Morratty et al., 2012; Rubin, Burgess, & Hastings, 2002; ver também Hirshfeld-Becker et al., 2008; Spence & Rapee, 2016).

Pesquisas genéticas relacionam a IC juvenil e os fatores ambientais, como estilos parentais e posterior ansiedade social (Spence & Rapee, 2016). Em suas interações, os cuidadores podem modelar vieses cognitivos associados a comportamentos ansiosos (p. ex., esperando resultados negativos, dando atenção seletiva, enfatizando pistas sociais ameaçadoras percebidas). Diferentemente da intrusividade e do supercontrole, os cuidadores podem modelar comportamentos adaptativos e, possivelmente, protetores, incentivando a resolução de problemas, comportamentos de abordagem social e uso de habilidades de enfrentamento (Ollendick, Benoit, Grills-Taquechel, & Weeks, 2014).

Variáveis cognitivas

Há uma interação significativa entre os fatores no desenvolvimento e na manutenção do TAS na juventude (ver Halldorsson & Creswell, 2017; Spence & Rapee, 2016). O pensamento mal-adaptativo afeta como os jovens interagem com seus ambientes e, por sua vez, como o ambiente responde. Aspectos cognitivos em jovens com TAS podem incluir a interpretação de situações sociais como perigosas, com atenção autofocada negativa e julgadora, e processamento antecipatório negativamente valenciado de eventos sociais iminentes, bem como processamento pós-evento de valência negativa. Além disso, esses vieses cognitivos em relação a tarefas sociais podem estar associados a falta de informação ou informações erradas; estados de ansiedade fisiológica elevados podem reforçar ainda mais alguns dos erros de pensamento.

À medida que as crianças avançam no desenvolvimento até a adolescência, elas passam de modo normativo a enfatizar a avaliação social de seus pares (Sumter et al., 2010). Jovens socialmente ansiosos têm maior probabilidade do que jovens não ansiosos de interpretar informações sociais ambíguas de maneira negativa (Miers, Blöte, & Westenberg, 2011). Além disso, jovens com ansiedade social têm maior probabilidade de serem autocentrados de maneiras autocríticas (Inderbitzen-Nolan, Anderson & Johnson, 2007; Miers, Blöte, Bokhorst & Westenberg, 2009).

Variáveis comportamentais

Pode haver validade nas percepções e nas avaliações da própria proficiência social pelos jovens. Ou seja, alguns jovens com TAS podem realmente apresentar habilidades sociais mais fracas e exibir déficits sociais ao interagir com os outros (Inderbitzen-Nolan et al., 2007; Miers et al., 2009). Portanto, esses potenciais déficits de habilidades sociais requerem avaliação e intervenção direcionadas. Vários comportamentos podem estar associados ao TAS, incluindo comportamentos relacionados à fala (p. ex., voz trêmula, murmúrios, gagueira), habilidades sociais interrompidas (p. ex., contato visual pobre) e roer as unhas (Albano, 1995; Beidel & Turner, 1998). Na tentativa de não chamar a atenção para si mesmos, esses jovens podem se comportar de maneira reticente, evitando contato visual e interações sociais (Kley, Tuschen-Caffier, & Heinrichs, 2012). Comportamentos de segurança podem incluir: esconder-se atrás de livros ou de seus *smartphones*, vestir roupas grandes ou específicas para se esconder e sentar-se ou ficar em áreas periféricas.

As demandas sociais na escola também podem ser difíceis para os jovens com ansiedade social, e alguns jovens podem temer e tentar evitar certos elementos de desempenho (p. ex., leitura em voz alta, apresentação na frente da turma, ser chamado pelo professor, participação, interações com os colegas de classe). Isso pode impactar o desenvolvimento de habilidades, as percepções de competência e, é claro, o desempenho *real* (Blöte, Miers, Heyne, & Westenberg, 2015). No geral, dada a crescente importância do *feedback* socioavaliativo, a falta de habilidades sociais pode interagir com comportamentos de evitação e de segurança para impactar de forma adversa o curso e a trajetória da ansiedade social juvenil (Miers, Blöte, de Rooij, Bokhorst, & Westenberg, 2012).

Processos interpessoais

Os modelos interpessoais enfatizam que os padrões comportamentais em indivíduos socialmente ansiosos elicitam respostas negativas dos outros (Alden & Taylor, 2004; ver também Spence & Rapee, 2016). Por exemplo, algumas pesquisas indicam que vários correlatos comportamentais da ansiedade social (p. ex., contato visual pobre, falta de reciprocidade conversacional em interações sociais) podem estar associados a maior probabilidade de os outros se desligarem de indivíduos socialmente ansiosos *versus* não ansiosos (Alden & Taylor, 2004). Indivíduos tímidos são muitas vezes avaliados como menos inteligentes (Paulhaus & Morgan, 1997).

Evidências sugerem que os jovens com TAS têm maior probabilidade de serem rejeitados por seus pares e de sofrerem agressões pelos colegas (ver Spence & Rapee, 2016). Esses fatores podem se unir para interromper e prejudicar ainda mais os jovens socialmente ansiosos na formação de relacionamentos. Jovens com TAS percebem menor aceitação pelos pares, bem como menor qualidade de amizade (Festa & Ginsburg, 2011). Essas experiências interpessoais adversas provavelmente contribuem para a etiologia e a manutenção do TAS e para *feed-*

back transacional contínuo, vieses cognitivos, atenção seletiva e evitação (Blöte et al., 2015; ver também Spence & Rapee, 2016).

No tratamento de jovens com TAS, o clínico pode avaliar essas variáveis etiológicas e de manutenção, sobretudo comportamentos de segurança específicos, déficits de habilidades sociais e vieses de processamento de informações. O tratamento pode ser complementado com treinamento de habilidades sociais (p. ex., terapia de eficácia social para crianças [SCET-C]; Beidel, Turner, & Morris, 2000) e estratégias de atenção direcionada (p. ex., redução da atenção autofocada, atenção plena; Bögels & Mansell, 2004). Dada a própria natureza do TAS, a terapia cognitivo-comportamental (TCC) em grupo, se disponível, também pode ser considerada (p. ex., Stand Up, Speak Out; Albano & DiBartolo, 2007).

EXEMPLO DE CASO: SHELBY

Shelby é uma adolescente negra cisgênero de 14 anos cuja família se identifica como afro-americana. Ela está completando o oitavo ano e reside com seus pais e seus dois irmãos mais velhos em uma cidade suburbana. Seus pais descreveram que ela sempre foi "tímida", sobretudo em comparação com seus irmãos, que são extrovertidos. Nos últimos dois anos – no ensino médio –, ela ficou cada vez mais introvertida e ansiosa. Ela costumava ter um pequeno grupo de amigos, meninos e meninas, com quem se encontrava no parque e após a escola. Então, segundo Shelby, "Eles simplesmente deixaram de ser meus amigos no sétimo ano". Ela se preocupa que as crianças não gostem dela, que não saiba o que dizer e que dirá algo "estúpido ou imaturo". Ela odeia quando os professores a chamam, e muitas vezes olha para sua mesa para evitar o contato visual com o professor. Ela NUNCA levanta a mão, mesmo que saiba a resposta para uma pergunta. Se ela é chamada, em geral é incentivada a "falar mais alto" e elevar sua voz do seu volume habitual, baixo. Embora normalmente tire boas notas, os comentários dos professores em seu boletim com frequência destacam sua falta de participação.

Shelby pode "ser ela mesma" com sua família nuclear, mas até grandes reuniões familiares a deixam nervosa, pois tias, tios e primos "fazem tantas perguntas". Segundo seus pais, quando criança, Shelby escondia-se atrás das pernas deles quando se aproximava de adultos novos ou desconhecidos, e até hoje, às vezes, ela evita retribuir um "olá" se um adulto conhecido a cumprimentar.

Até o quinto ano, ela costumava tocar clarinete, mas parou. As apresentações se tornaram "muito aterrorizantes", e ela lembra quando "entrou em pânico" em um concerto de primavera. Ela implorou aos pais para deixá-la faltar, mas eles a fizeram ir, e ela "congelou" durante a apresentação da seção de clarinete. Ela não desistiu da dança ainda, mas realmente quer. Quando ela participa do ensaio de dança, seu coração acelera e, quando está lá, tenta ficar no fundo do estúdio. O que ela de fato gosta atualmente é de jogar *videogame* com seus irmãos, se eles estiverem em casa, e assistir a filmes em seu computador. Ela pode passar horas nas mídias sociais. Ela nunca publica conteúdo ou faz comentários, mas ocasionalmente "curte" uma foto postada por um colega. Ela relata se sentir "mortificada" quando sua mãe posta fotos da família, e Shelby se recusa a ser "marcada". Além de se sentir "mortificada", ela também se descreve como "estranha" e "esquisita".

No próximo outono, Shelby se formará no ensino fundamental II e frequentará o ensino médio local. Ela já está prevendo que "será um desastre". Ela e seus pais foram encorajados a buscar tratamento pela tia de Shelby, que é assistente social, para quem Shelby confidenciou seus sentimentos de isolamento e preocupações significativas sobre o ensino médio. A tia de Shelby convenceu sua irmã, a mãe de Shelby, de que a jovem não era "apenas tímida" e que isso não era "apenas coisa do ensino médio".

AVALIAÇÃO DO TRANSTORNO DE ANSIEDADE SOCIAL

Shelby compareceu à avaliação diagnóstica inicial com seus pais. Ela parecia ansiosa ao conhecer o terapeuta, falando em um tom baixo e evitando o contato visual no início. Assim como Shelby, sua mãe falava em um tom baixo, mas participava da entrevista de avaliação, e seu pai falou durante a maior parte do tempo. O terapeuta completou a Anxiety Disorders Interview Schedule – Parent Version (ADIS-P) com os pais de Shelby e a ADIS-C (Child Version) com Shelby. Durante a primeira metade da entrevista, Shelby fez contato visual variável com o terapeuta, mas, embora respondesse às perguntas quando perguntada, o fazia com respostas de uma palavra e não elaborava em suas respostas. Ao longo da entrevista, ela pareceu ficar ligeiramente mais confortável, sorrindo para o terapeuta e fornecendo respostas mais detalhadas às perguntas. Quando perguntada por que ela veio à clínica, ela expressou o desejo de melhorar sua situação, afirmando: "Eu gostaria de ter mais amigos".

Após a avaliação abrangente, Shelby atendeu aos critérios para TAS. Ela experimentava ansiedade em várias situações sociais e de desempenho, pois temia cronicamente a avaliação negativa, a rejeição e o constrangimento. Ela evidenciou aumento da evitação de situações, desde interações diárias relativamente simples (p. ex., cumprimentos e conversas com pessoas conhecidas e desconhecidas), passando por situações que chamavam a atenção de modo específico para ela (p. ex., responder a uma pergunta em sala de aula, ter sua foto tirada) até atividades relacionadas ao desempenho (p. ex., tocar clarinete, participar de aulas de dança). Para situações inevitáveis, Shelby relatou sentir-se "mal conseguindo sobreviver" ou suportando com significativa angústia e ativação fisiológica. Ficou claro, a partir da avaliação com Shelby e seus pais, que seu nível de ansiedade social interferiu em seu funcionamento diário de diversas maneiras. Por exemplo, ele estava começando a afetar suas notas, sua capacidade de fazer e manter amigos e de se divertir ou até se sentir confortável no dia a dia. Além disso, seus sintomas pareciam estar piorando. Embora Shelby não atendesse aos critérios para depressão, ela expressou tristeza crescente conectada a sentimentos de rejeição e isolamento, o que é uma experiência comum em jovens com TAS. Ver Figura 9.1 para conhecer os fatores adicionais

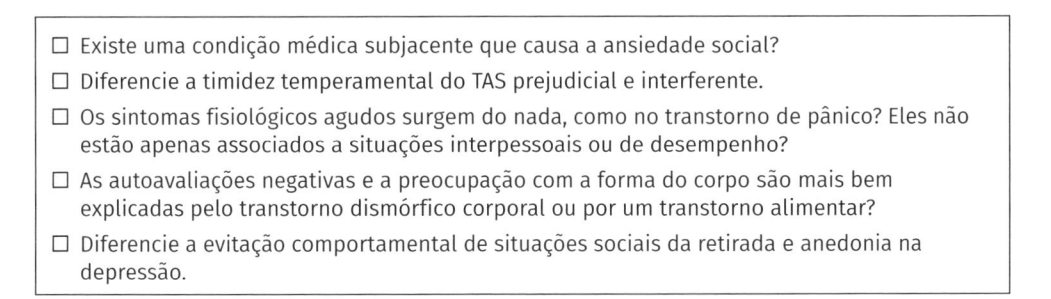

- ☐ Existe uma condição médica subjacente que causa a ansiedade social?
- ☐ Diferencie a timidez temperamental do TAS prejudicial e interferente.
- ☐ Os sintomas fisiológicos agudos surgem do nada, como no transtorno de pânico? Eles não estão apenas associados a situações interpessoais ou de desempenho?
- ☐ As autoavaliações negativas e a preocupação com a forma do corpo são mais bem explicadas pelo transtorno dismórfico corporal ou por um transtorno alimentar?
- ☐ Diferencie a evitação comportamental de situações sociais da retirada e anedonia na depressão.

FIGURA 9.1 *Checklist* para esclarecimento diagnóstico: TAS.

PLANILHA 23. Lista de verificação de habilidades sociais

> Utilize observação comportamental e relatos do jovem, da família e de outros informantes para avaliar pontos fortes e preocupações em habilidades sociais.

	Pontos fortes notáveis	Nunca um problema	Às vezes um problema	Sempre um problema	Comentário
Não verbais, sinais e postura					
Contato visual				X	Na aula; melhora com o tempo
Expressão de interesse Sorrir, acenar			X		
Encolhimento e esconderijo				X	
Esconder-se atrás das roupas Esconder-se atrás de *smartphones*, fones de ouvido, livros e eletrônicos				X	
Ficar na periferia				X	
Apertos de mão					Não tenho certeza
Conversas faladas: iniciando, participando, mantendo					
O vaivém da conversa: respondendo, reciprocidade				X	Às vezes nem sequer responde olá
Volume e tom				X	
Expressão de interesse			X		
"Conversa" escrita: envio de mensagens de texto e comunicação em redes sociais					
O vaivém da conversa				X	
Conversas em grupo				X	Não está em nenhum grupo
Redes sociais Curtir ou não curtir			X		Às vezes curte

(Continua)

FIGURA 9.2 Lista de verificação de habilidades sociais e metas para Shelby.

PLANILHA 23. Lista de verificação de habilidades sociais

	Pontos fortes notáveis	Nunca um problema	Às vezes um problema	Sempre um problema	Comentário
"Conversa" escrita: envio de mensagens de texto e comunicação em redes sociais					
Comentários em redes sociais				X	Nenhum comentário ou publicação
Escrever um *e-mail*			X		Pede para a mãe fazer
Outro alvo?					

FIGURA 9.2 *(Continuação)* Lista de verificação de habilidades sociais e metas para Shelby.

a serem considerados para esclarecimento do diagnóstico.

O ADIS forneceu informações significativas sobre o TAS de Shelby. Além disso, em apoio aos critérios diagnósticos, o clínico observou seus comportamentos durante a introdução inicial, o questionamento aberto, a conversa e os segmentos de pergunta e resposta (Q&A, do inglês *question-and-answer*) semiestruturados. Como observado, Shelby tinha dificuldade em manter contato visual, falar de maneira audível no início e se engajar em diálogo espontâneo e contínuo fora do segmento clínico de Q&A. Em geral, o clínico deseja observar os comportamentos de engajamento social do jovem e avaliar as habilidades sociais (ver Fig. 9.2; uma versão em branco está disponível como Planilha 23 no Apêndice A). Como observado e confirmado durante a parte dos pais da avaliação, a mãe de Shelby relatou suas experiências com ansiedade social em sua própria infância e até o presente. Como resultado, seus pais muitas vezes discordam sobre o quanto "empurrar" Shelby para ser social, responder perguntas de adultos, ser "como seus irmãos" e não abandonar atividades. Segundo o pai de Shelby, a esposa "a deixa escapar das coisas"; segundo a mãe de Shelby, o marido não entende a intensidade da ansiedade de sua filha e diz que ele a "pressiona demais". Compreender esses comportamentos parentais e o contexto familiar (bem como a vulnerabilidade biológica, dada a história familiar de ansiedade social da mãe) fornece mais informações para a avaliação funcional e a formulação de casos.

Além disso, Shelby e seus pais completaram a Revised Children's Anxiety and Depression Scale (RCADS). Seus relatos eram discordantes. Como pode ser visto na Tabela 9.1, segundo o relato de seu pai, Shelby demonstrou pontuações clinicamente elevadas para ansiedade social e sintomas limítrofes para depressão. Um exame dos perfis de Shelby na RCADS não indica tais elevações, e um olhar mais atento às respostas de seus itens indica que ela não endossou nenhum item acima de "1". O terapeuta pode considerar tais respostas, dadas a própria natureza da ansiedade social de Shelby e a possibilidade de subnotificação devido às demandas e às preocupações de se apresentar.

TABELA 9.1 Perfil de sintomas de Shelby na admissão usando a RCADS

	Mãe		Pai		Jovem	
	Pontuações brutas	Pontuações T	Pontuações brutas	Pontuações T	Pontuações brutas	Pontuações T
Ansiedade de separação	3	53	4	58	0	40
Ansiedade generalizada	7	49	4	52	1	32
Transtorno de pânico	9	66*	3	55	1	40
Ansiedade social	15	55	20	74**	4	33
Obsessões/ compulsões	1	39	0	43	0	35
Depressão	10	56	9	65	0	29
Total de ansiedade	35	54	31	61	6	31
Total de ansiedade e depressão	45	55	40	63	6	29

*Pontuações T superiores a 65 indicam limiar clínico limítrofe. **Pontuações de 70 ou mais indicam pontuações acima do limiar clínico. As pontuações T são normalizadas com base na idade e no gênero do jovem.

Estabelecimento de metas e definição de problemas-alvo

Ao concluir a avaliação, o terapeuta acumulou uma grande quantidade de dados a serem convertidos em uma conceitualização de caso, em objetivos de tratamento e em alvos. A sessão de *feedback* oferece uma oportunidade para o terapeuta estabelecer de forma colaborativa metas e operacionalizar e priorizar esses objetivos. Os cuidadores e as crianças podem ter expressado objetivos discordantes; além disso, o jovem pode sentir ansiedade ao discutir os objetivos do tratamento quando situações indutoras de ansiedade são identificadas como alvos para prática e exposição. Para o indivíduo com TAS, em especial, a avaliação inicial com o terapeuta é, por si só, uma situação avaliativa com um adulto desconhecido. Pode ajudar o clínico validar essa ansiedade e talvez até utilizar a situação da avaliação inicial, como ilustração para a sessão de *feedback*, e fornecer uma visão geral sobre o curso proposto de tratamento. Ou seja, como no caso de Shelby, o terapeuta pode indagar sobre seu diálogo interno antecipatório ansioso, sua possível excitação fisiológica e seu possível desejo de evitar a entrevista de avaliação inicial. O terapeuta também pode compartilhar observações comportamentais sobre o volume inicial de fala, contato visual e, conforme apropriado, melhorias ao longo da avaliação e encorajar Shelby a "se manter firme" apesar de seus impulsos para "escapar" do primeiro encontro. Ao revisar todos os *feedbacks*, trabalhe com os cuidadores e o jovem para estabelecer expectativas específicas, concretas e realistas. Além disso, reconheça que, provavelmente, existem diferenças no que significa "expectativas realistas" para cada pessoa. Por exemplo, Shelby pode não se tornar "mais como seus irmãos" em sua facilidade e sua habilidade relatadas para socializar. Em vez disso, o terapeuta pode encontrar possíveis pontos de sobreposição e trabalhar com os cuidadores e o jovem para operacionalizar seus objetivos expressos (p. ex., "Queremos que ela seja mais sociável" ou "Queremos que ela seja mais como seus irmãos").

No caso de Shelby, os objetivos dos pais, da adolescente e do terapeuta foram elaborados da seguinte forma:

Metas dos pais

- Participar das aulas quando o professor fizer uma pergunta.
- Levantar a mão na aula.
- Pedir ajuda aos professores se não entender ou não souber de algo.
- Responder e conversar com adultos.
- Participar de atividades.
- Fazer planos para sair com os amigos.
- Passar menos tempo no quarto no computador.

Metas da jovem

- Fazer mais amigos.
- Fazer com que a mãe e o pai (sobretudo o pai) "larguem do meu pé".

Metas do terapeuta

- Aumentar a atividade social, o engajamento e a prática com colegas pessoalmente e nas mídias sociais.
- Aumentar a atividade social, o engajamento e a participação com adultos conhecidos e desconhecidos.
- Monitorar, praticar e melhorar habilidades sociais.
- Monitorar, praticar e melhorar habilidades de conversação.
- Aumentar o uso de comportamentos de enfrentamento para gerenciar a angústia ansiosa.
- Ensinar aos pais habilidades para diminuir comportamentos de resgate e acomodação.
- Preparar para a transição para o ensino médio.

Shelby não expressou muitos objetivos, mas seu principal objetivo tem valor intrínseco e pode ser abordado fazendo progressos em outros objetivos dos cuidadores e do terapeuta. Praticar conversas com a família e adultos desconhecidos pode ajudar – embora não substitua – a prática em ter conversas com colegas da mesma idade. Além disso, dada a ansiedade social inerente à avaliação inicial e às sessões de tratamento, a relutância de Shelby em listar objetivos concretos não foi surpreendente. O terapeuta pode listar objetivos para atividades sociais na escola (p. ex., levantar a mão na aula, fazer uma pergunta ao professor ou pedir ajuda), sabendo que Shelby reconheceu essas áreas problemáticas durante a avaliação inicial, e alinhá-los com os objetivos dos pais.

Como pode ser visto na Figura 9.3 (uma versão em branco está disponível como Planilha 11 no Apêndice A), identificar e acompanhar objetivos do jovem e dos cuidadores pode fornecer alvos em múltiplos domínios. Objetivos direcionados à ansiedade social podem ser formulados de várias formas. Ou seja, os objetivos podem abordar a aquisição e a prática de habilidades sociais centradas em outros (p. ex., contato visual, volume de fala), habilidades de autoenfren-

PLANILHA 11. Rastreador de metas

Trabalhe com seu terapeuta para elaborar possíveis metas específicas, significativas e alcançáveis. Pense nos resultados que você espera ver. Então, acompanhe o desempenho do seu filho a cada semana.

Metas dos pais	Resultados desejados	Semana 1	Semana 2	Semana 3	Semana 4	Semana 5
Aumentar a participação em sala de aula.	Levantar a mão uma vez por dia. Fazer uma pergunta ao professor por dia.					
Diminuir a evitação/o isolamento (ficar no quarto o dia todo).	Aumentar a frequência de encontros com amigos (dentro e fora de casa).					
Participar ou retomar uma atividade.	Participar ou retomar uma atividade e comparecer a reuniões semanais.					
Metas da mãe e do pai: aumentar as habilidades de empatia e incentivo.	Pai: aumentar conversas de "empatia"; mãe: aumentar conversas de "incentivo".					
Melhorar habilidades sociais e aumentar conversas.	Responder a adultos ("Olá" e "Como vai você?") e iniciar ("Olá" e "Como vai você?").					

Metas da jovem	Resultados desejados	Semana 1	Semana 2	Semana 3	Semana 4	Semana 5
Fazer mais amigos.	Participar ou retomar uma atividade e comparecer a reuniões semanais.					
Fazer mais amigos.	Responder a mensagens de colegas e publicações nas redes sociais.					
Fazer mais amigos.	Iniciar mensagens e publicações nas redes sociais para os amigos.					
Fazer com que mamãe e papai "me deixem em paz".	Perceber e comentar sobre os esforços aumentados de validação do papai.					

FIGURA 9.3 Planilha de rastreamento de metas concluída para Shelby.

tamento e gerenciamento de angústia, atividades sociais pessoais com foco em pares (p. ex., iniciar contato, enviar mensagens para interações ao vivo), interações em mídias sociais e objetivos de socialização mais gerais (p. ex., cumprimentar diferentes pessoas). Os objetivos focados nos cuidadores ajudam os pais a entender, validar e orientar Shelby de maneiras realistas (p. ex., reformular o objetivo de Shelby de fazer seu pai "largar do seu pé") e identificar possíveis comportamentos de resgate que possam ter funcionado para manter parte de seu TAS.

CONCEITUALIZAÇÃO DE CASO

O modelo da terapia cognitivo-comportamental

Após a avaliação, resuma as diversas fontes de dados e forneça um esboço preliminar para o jovem e seus cuidadores entenderem a ansiedade social. Nesse caso, o terapeuta descreveu o TAS de Shelby a partir de uma perspectiva da TCC. Lembre-se de que, embora Shelby e seus pais possam ter reconhecido suas dificuldades em várias situações, foi sua tia quem sugeriu que eles buscassem ajuda profissional, pois achava que o TAS de Shelby estava interferindo cada vez mais em seu desenvolvimento. A jovem teve uma experiência de infância duradoura de: timidez; vulnerabilidade biológica e temperamental (inibição comportamental); aumento de comportamentos de resgate, escape e evitação; e, provavelmente, nível clínico de TAS. Ajudar Shelby e seus pais a entenderem a conceitualização da TCC auxiliará a validação de sua experiência, a compreensão da natureza e do escopo do problema e, é claro, a preparação para intervenções cognitivo-comportamentais. Shelby experimenta medos significativos de avaliação negativa por outros que estão conectados a surtos de desconforto físico e "congelamento" ou "desligamento". Além desses medos e do aumento do foco nas perspectivas dos outros, sobretudo dos colegas, a autoconsciência de Shelby é mantida e exacerbada por um diálogo interno cheio de autocrítica e dúvida. Como tal, ela evita situações sociais (p. ex., desde o contato visual até conversas) tanto quanto possível. Seus comportamentos relacionados à ansiedade foram recebidos com algumas acomodações de seus pais e de certos professores, de seus irmãos, que às vezes respondem por ela, e de vizinhos que não a cumprimentam de forma direta "porque ela é muito tímida". Parte da interferência do TAS de Shelby é o conflito entre seus pais sobre como responder a Shelby para incentivá-la, sem sobrecarregá-la. O pai de Shelby descreveu vários exemplos em que tentou encorajar Shelby a entrar em uma situação social, mas a mãe da jovem interviria após ver seu desconforto e permitiria que ela escapasse. O *feedback* inicial do terapeuta visa incorporar uma visão ampla do TAS e fornecer um esquema para a interação entre as respostas cognitivas, comportamentais e emocionais de Shelby (e da família) às tarefas, às demandas e às interações sociais (ver Fig. 9.4).

Em um exemplo do modelo da TCC aplicado a um dos episódios de ansiedade social de Shelby, ela observa que, assim que sua professora de matemática pergunta à turma "Quem sabe a resposta da questão 1?", ela sente um surto de ansiedade, que inclui seu coração acelerando e um nó na garganta. Ela descreve pensamentos como "Oh não! Espero que ela não me chame", "Ficarei paralisada se ela me chamar" e "Não sei a resposta. Nem me lembro da pergunta". Shelby tem o hábito de evitar contato visual com seus professores e curvar os ombros e tentar esconder o corpo atrás do colega sentado à sua frente. Às vezes, ela tenta ir ao banheiro durante a aula antes que o professor reve-

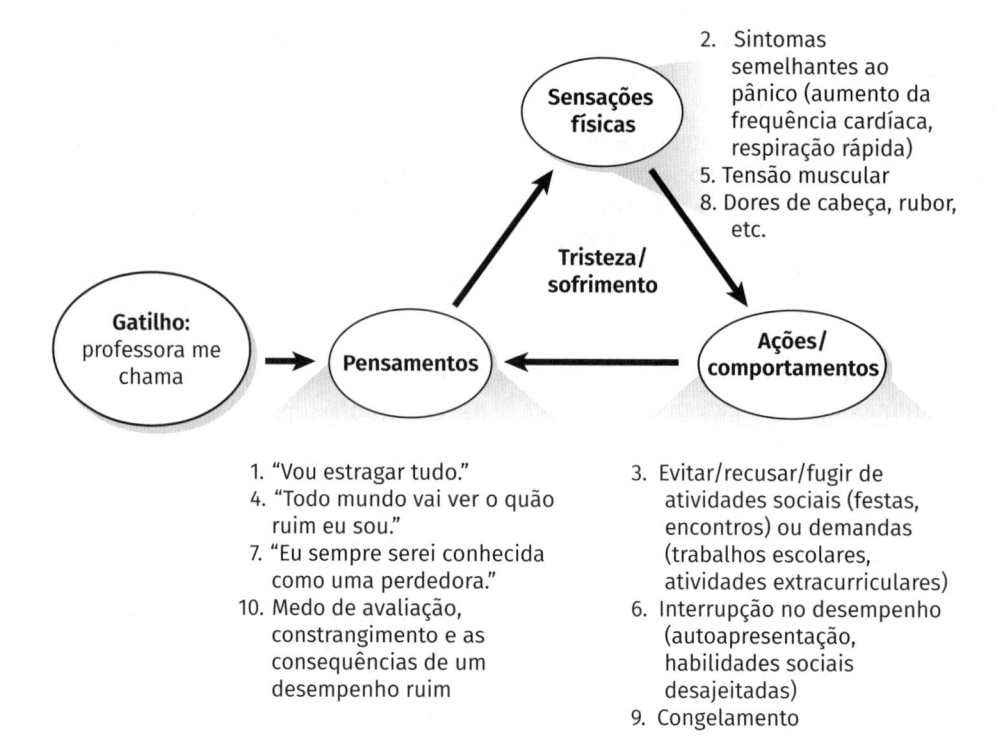

```
                    Sensações      2. Sintomas
                     físicas          semelhantes ao
                                      pânico (aumento da
                                      frequência cardíaca,
                                      respiração rápida)
                                   5. Tensão muscular
                                   8. Dores de cabeça, rubor,
                                      etc.
                    Tristeza/
                    sofrimento

  Gatilho:
professora me  →   Pensamentos  ←    Ações/
   chama                              comportamentos
```

1. "Vou estragar tudo."
4. "Todo mundo vai ver o quão ruim eu sou."
7. "Eu sempre serei conhecida como uma perdedora."
10. Medo de avaliação, constrangimento e as consequências de um desempenho ruim

3. Evitar/recusar/fugir de atividades sociais (festas, encontros) ou demandas (trabalhos escolares, atividades extracurriculares)
6. Interrupção no desempenho (autoapresentação, habilidades sociais desajeitadas)
9. Congelamento

FIGURA 9.4 Conceitualização individualizada da TCC para Shelby. Seus pensamentos, sentimentos e comportamentos ciclam continuamente em uma espiral descendente (siga os números em ordem: 1, 2, 3, etc., para ver como o ciclo pensamento-sentimento-ação flui para outro).

ja a lição de casa e peça a participação dos alunos. Em outra ocasião, quando foi agrupada com um colega para um projeto em grupo, ela sentiu intensas sensações físicas e preocupações, como "Ela não quer fazer o trabalho comigo", "Ela deve pensar que sou uma idiota", "Não sei o que dizer" e "Não me importo, ela pode liderar". Nessas situações, os professores de Shelby relataram que ela permanece quieta com seus colegas e não se afirma em projetos em grupo.

O terapeuta utiliza o modelo da TCC na Figura 9.4 para ajudar Shelby a identificar e reconhecer a interação entre seus pensamentos, processamento pré-evento e autocrítica negativa (p. ex., "Ela deve pensar que sou uma idiota" ou "Ficarei paralisada se ela me chamar"), sintomas físicos (coração acelerado, nó na garganta) e suas respostas comportamentais (evitar contato visual, não falar, tentar escapar para o banheiro). Com múltiplos exemplos e usando o Material suplementar 19 (uma versão reproduzível está disponível no Apêndice A), o terapeuta ensina o modelo da TCC e começa a observar como Shelby antecipa seu desconforto em situações que têm demandas sociais reais e como seu próprio pensamento e comportamento podem intensificar seu desconforto e comportamentos mal-adaptativos. Nessas sessões iniciais de *feedback*, o objetivo é fornecer uma compreensão da conceitualização da TCC sem necessariamente intervir de forma direta. Dados os diferentes papéis desempenhados pelos pais de Shelby, pode ser útil pedir a eles que revisem o modelo da TCC para situações desencadeadas pelo TAS de Shelby, para que possam começar a identificar suas próprias experiências cognitivas, comportamentais e afetivas específicas. Suas respostas podem revelar suas próprias respostas fisiológicas, crenças sobre as experiências ansiosas de Shelby e expectativas em relação ao seu comportamento e ao que ela pode lidar. Dada a observação-padrão de resposta diferencial e conflito, tê-los revisando de maneira individual o modelo da TCC pode ajudar o terapeuta a destacar os aspectos familiares da conceitualização.

Avaliação funcional

A avaliação funcional é um componente central da conceitualização de caso (ver Fig. 9.5; uma versão em branco está disponível como Planilha 1 no Apêndice A). Dada a multiplicidade de demandas sociais diárias e interações, Shelby está lidando com gatilhos potenciais de ansiedade contínuos. Considere o grande número de demandas sociais diretas e indiretas encontradas ao longo de um dia. A introdução e a utilização da avaliação funcional permitem que o terapeuta, Shelby e seus pais comecem a identificar seus gatilhos específicos, respostas cognitivas, emocionais e comportamentais associadas e consequências. O preenchimento dessa planilha fornece dados importantes sobre padrões de evitação, fuga e resgate que podem estar reforçando a ansiedade social.

Shelby descreveu recentemente que seu pai a obrigou a ir para a escola no dia de seu discurso para a aula de inglês. Sua ansiedade se intensificou pela manhã e, apesar das tentativas de Shelby direcionadas à mãe, implorando para ficar em casa, a adolescente foi para a escola. Shelby disse que não conseguiu comer nem se concentrar durante todo o dia, e seus pensamentos automáticos antecipatórios se concentravam em errar, gaguejar ou murmurar e congelar quando chegasse a hora de se apresentar, tornando-se, assim, "paralisada" na frente de seus colegas de classe. Ela mencionou que seu coração estava acelerado. Como tal, suas respostas comportamentais imediatas incluíram tentar evitar ser vista pela professora (escondendo-se atrás de sua amiga) e, depois, tentar sair da sala enquanto o apresentador anterior estava falando. Quando a professora negou seu pedido para ir ao banheiro, ela descreveu aumento da ansiedade e sensações semelhantes ao pânico. Depois que a professora cedeu, concordando em permitir que Shelby adiasse seu discurso, Shelby descreveu "alívio total" como a consequência imediata e, então, reconheceu que teria que apresentar o discurso no futuro. Ela também descreveu preocupação adicional de que a professora agora estivesse irritada e zangado com ela.

A avaliação funcional aplicada a essa única situação ajuda o terapeuta a começar a aplicar o modelo cognitivo-comportamental aos pensamentos, aos sentimentos e aos comportamentos de Shelby e a observar como sua evitação e sua fuga (reais e tentadas) e os comportamentos de resgate de outras pessoas de fato proporcionam alívio. Ao mesmo tempo, é importante enfatizar a natureza de curto prazo desse alívio. As avaliações funcionais demonstram como essas ações negativamente reforçam e mantêm a ansiedade em longo prazo. Além disso, uma avaliação estabelece a base e a justificativa para exposições *in vivo*, provavelmente. O terapeuta pode usar a curva de habituação (ver Material suplementar 20 reproduzível no Apêndice A) para ilustrar que os jovens com TAS aprendem que escapar de um evento temível é uma forma eficaz de lidar – em curto prazo –, mesmo que isso custe mais em longo prazo. Além disso, pode destacar os papéis que os outros desempenham. Por exemplo, Shelby tentou evitar a escola completamente, mas suas tentativas foram bloqueadas tanto por seu pai quanto por sua mãe (p. ex., ela relatou que foi

PLANILHA 1. Gatilho e resposta

Conte-nos sobre seus gatilhos e como você reagiu a eles. Descreva seus sentimentos, o que você fez (ação), o que aconteceu imediatamente depois (resultado imediato) e o que aconteceu mais tarde (resultado em longo prazo).

Antecedente → Resposta comportamental e emocional → Consequências

Gatilho	Sentimento (resposta emocional)	Ação (resposta comportamental)	Resultados imediatos (O que mantém isso em andamento?)	Resultados de longo prazo (O que lhe coloca em apuros?)
A menina antes de mim começa seu discurso.	Medo, coração acelerado, náuseas, pânico.	Escondo-me atrás da minha amiga. Pergunto se posso ir ao banheiro.	Nada; ainda miserável; a professora disse para esperar.	O sentimento apenas piorou à medida que o discurso da menina continuava.
O discurso da menina acaba.	Pânico total.	Pedi à professora para fazer meu discurso outro dia.	Alívio temporário, senti esperança de que ela dissesse "sim".	???
A professora perguntou se eu estava bem.	Senti esperança.	Disse que estava com dor de estômago e pedi para ir à enfermaria.	A professora concordou! Alívio total!	Agora tenho que fazer o discurso em outro momento. A professora parecia irritada comigo.

FIGURA 9.5 Avaliação funcional individualizada da ansiedade social para medo de falar em público.

principalmente seu pai quem se opôs). Imediatamente antes do discurso, ela tentou se esconder da professora e, depois, fugir indo ao banheiro, e essa tentativa foi bloqueada quando a professora instruiu-a a esperar. Seu esforço final para escapar foi bem-sucedido quando a professora permitiu que ela adiasse seu discurso para outro dia. No entanto, como Shelby descobriu quando preencheu o quadro de "consequência secundária (em longo prazo)", um pensamento automático adicional desencadeou uma nova preocupação: que sua professora estava irritada com ela. Com o tempo, Shelby perceberia padrões semelhantes surgindo em avaliações funcionais repetidas.

PLANEJAMENTO DO TRATAMENTO

Com a avaliação diagnóstica e o *feedback* concluídos e a formulação preliminar da conceitualização de caso, o planejamento do tratamento introduz as intervenções cognitivo-comportamentais. Como descrito para Shelby e outros jovens com fobia social, a avaliação funcional (como intervenção) fornece a justificativa para as intervenções selecionadas, conforme ilustrado nos Quadros 9.1 e 9.2.

O terapeuta começa com os domínios que representam as maiores áreas de prejuízo, combinadas com os objetivos do jovem e dos cuidadores para maximizar a motivação para o tratamento. No caso de Shelby, a ansiedade social inibe mais seu funcionamento em ambientes acadêmicos (p. ex., responder a perguntas em sala de aula, buscar ajuda necessária), manter amizades (p. ex., responder a convites e comunicação com colegas) e sustentar atividades extracurriculares (p. ex., parar de tocar clarinete devido ao constrangimento social). Portanto, as sessões iniciais se concentrarão na avaliação desses prejuízos e na formulação de uma conceitua-

QUADRO 9.1 Plano de tratamento amplo de Shelby para ansiedade social

Objetivos de tratamento	Intervenções
Aumentar a participação nas aulas.	Psicoeducação; reestruturação cognitiva; exposições às demandas sociais na escola; boletim diário.
Aumentar a interação com adultos e colegas, fazer mais amigos, aumentar as atividades sociais.	Psicoeducação; treinamento de pais; reestruturação cognitiva; resolução de problemas; exposições a diferentes situações sociais; treinamento de habilidades sociais.
Reduzir conflitos familiares.	Psicoeducação; treinamento de pais; gestão de contingência; empatizar e encorajar; treinamento de habilidades de comunicação; exposição.
Fazer mais amigos, aumentar as atividades sociais.	Exposição a situações sociais; treinamento de habilidades sociais.
Reduzir a angústia e as sensações de pânico.	Psicoeducação sobre angústia; manejo somático; reestruturação cognitiva; resolução de problemas; exposição.
Preparar-se para a transição para o ensino médio.	Estabelecimento de metas; resolução de problemas.

QUADRO 9.2 Plano de tratamento detalhado de Shelby para ansiedade social

Sessões 1 e 2

Avaliação

- Avaliar os problemas apresentados.
- Realizar a avaliação diagnóstica com foco no prejuízo (funcionamento na vida real).
- Administrar medidas de perfil de sintomas (p. ex., RCADS).
- Avaliar problemas-alvo e objetivos de tratamento, com foco na melhoria do funcionamento diário.
- Avaliar tentativas passadas (incluindo tratamentos anteriores) para abordar o problema.
- Avaliar interações entre os pais e a filha.
- Realizar avaliações colaterais, conforme necessário, com a escola da jovem (p. ex., orientador, professor, enfermeiro escolar); solicitar autorização dos pais para falar com o(s) contato(s) da escola.
- Avaliar condições médicas coexistentes; consultar o pediatra ou especialista (p. ex., gastroenterologista), conforme indicado.
- Avaliar a necessidade de medicação e encaminhamento psiquiátrico.

Psicoeducação

- Revisar a avaliação e identificar problemas-alvo com a jovem e os pais.
- Criar um rastreador de problemas-alvo idiossincráticos.
- Colaborar na conceitualização do caso: modelo de TCC e avaliação funcional.
- Fornecer aos pais e à jovem folhetos informativos sobre ansiedade social e TCC de forma geral.
- Educar os pais sobre a importância de colaborar com a escola de sua filha.
- Educar os pais sobre os benefícios potenciais da medicação.

Prática em casa

- Monitorar gatilhos sociais ao longo da semana: modelo de TCC e avaliação funcional.
- Fazer a jovem acompanhar suas reações ao estresse e os resultados em curto e longo prazos (avaliação funcional) em relação à ansiedade social.

Sessões 3 e 4

Avaliação

- Avaliar e discutir a prática em casa.
- Completar o rastreador de problemas-alvo.
- Completar o rastreador de sintomas a cada quarta sessão (p. ex., RCADS).

Intervenções

- Implementar o gráfico de recompensas em sessão para a conclusão da prática em casa.
- Implementar o gráfico de recompensas em sessão para metas sociais (p. ex., contato visual/volume, participação).
- Revisar e refinar avaliações funcionais individuais. Realizar entrevista motivacional para destacar o equilíbrio entre ganhos em curto prazo e consequências em longo prazo.
- Educar a jovem e os pais sobre a função do afeto/da negatividade na evitação. Usar a curva de habituação para discutir o papel da evitação/fuga na manutenção dos medos.
- Educar os pais sobre três ciclos comuns de interação entre pais e jovens (acomodação, passividade-desencorajamento, coercivo). Reforçar mensagens sobre medo/fuga na manutenção de comportamentos de evitação.
- Ensinar os pais a "empatizar e encorajar" para desescalar conflitos e encorajar a abordagem da jovem. Dada a resposta diferenciada dos pais, focar em "empatizar" para o pai e "encorajar" para a mãe.

(Continua)

QUADRO 9.2 Plano de tratamento detalhado de Shelby para ansiedade social *(Continuação)*

- Determinar a necessidade de estabelecer contato com a escola atual da jovem, bem como com o ensino médio para o qual Shelby fará a transição. Ajudar a coordenar a resposta da escola (p. ex., pode incluir professores específicos, orientador, etc.) para identificar possíveis treinadores de ansiedade de primeira linha e possíveis alvos e assistentes de exposição.

Prática em casa
- Monitorar gatilhos sociais ao longo da semana: modelo de TCC e avaliação funcional.
- Fazer a jovem continuar a conduzir avaliações funcionais. Aperfeiçoar a consciência das consequências em longo prazo.
- Fazer os pais praticarem empatia e encorajamento.

Sessões 5 e 6

Avaliação
- Como nas sessões 3 e 4.

Intervenções
- Continuar monitorando a compreensão da jovem sobre o papel do afeto negativo e da ativação fisiológica no desencadeamento de comportamentos de evitação e fuga.
- Ensinar, praticar e reforçar habilidades sociais em sessão.

Prática em casa
- Utilizar formulários de rastreamento para prática de habilidades sociais.

Sessões 7 e 8

Avaliação
- Como nas sessões 3 e 4.

Intervenções
- Monitorar a autorreflexão e a reestruturação cognitiva: ensinar à jovem a ligação entre seus pensamentos e a ansiedade/o desconforto, sobre o medo de avaliação negativa.
- Ensinar resolução de problemas e resolução de problemas sociais.
- Praticar e reforçar habilidades sociais em sessão.
- Construir hierarquia de desafio ou hierarquias por meio de exposições, praticar as primeiras etapas da hierarquia em sessão.
- Revisar o rastreador de metas.

Prática em casa
- Direcionar a jovem para aprimorar etapas da hierarquia de desafios, focando nos desafios principais relacionados às demandas sociais e à ansiedade em diferentes situações e/ou com diferentes pessoas: responder a adultos ou colegas novos ou desconhecidos; apresentações sociais; socialização via texto, *on-line* e pessoalmente; participação em atividades extracurriculares.
- Solicitar à jovem que tente as primeiras etapas da hierarquia.

Sessões 9 e 10

Avaliação
- Como nas sessões 3 e 4.

(Continua)

QUADRO 9.2 Plano de tratamento detalhado de Shelby para ansiedade social *(Continuação)*

Intervenções
- Monitorar a autorreflexão e a reestruturação cognitiva: ensinar à jovem a ligação entre os seus pensamentos e a ansiedade/o desconforto.
- Revisar as distorções cognitivas, com atenção especial à "leitura mental".
- Revisar a resolução de problemas; praticar e reforçar habilidades sociais em sessão.
- Continuar praticando etapas leves da hierarquia de desafios por meio de exposições, focando nos desafios principais relacionados às demandas sociais e à ansiedade em diferentes situações e/ou com diferentes pessoas: responder a adultos ou colegas novos ou desconhecidos; apresentações sociais; socialização via texto, *on-line* e pessoalmente; participação em atividades extracurriculares.

Prática em casa
- Orientar a jovem a continuar tentando as primeiras etapas da hierarquia.
- Solicitar à jovem que preencha e monitore um gráfico de pensamento-ação-sentimento e uma planilha de exposição.

Sessões 11 e 12
Avaliação
- Como nas sessões 3 e 4.

Psicoeducação
- Discutir o conflito familiar.

Intervenções
- Ensinar habilidades de comunicação, empatizar e encorajar, orientar e abordar e ensinar habilidades de eficácia interpessoal.
- Realizar as análises de cadeia de situações de conflito.
- Praticar situações moderadamente desafiadoras por meio de exposições, focando nos desafios principais relacionados às demandas sociais e à ansiedade em diferentes situações e/ou com diferentes pessoas: responder a adultos ou colegas novos ou desconhecidos; apresentações sociais; socialização via texto, *on-line* e pessoalmente; participação em atividades extracurriculares.

Prática em casa
- Orientar a jovem a preencher uma planilha de exposição.
- Solicitar aos pais que continuem praticando a entrega consistente de empatia e encorajamento, elogios e recompensas e as realizações monitoradas pela jovem.

Sessões 13 a 20
Avaliação
- Como nas sessões 3 e 4.

Intervenção
- Continuar praticando etapas cada vez mais desafiadoras na hierarquia por meio de exposições, focando nos desafios principais relacionados à ansiedade social.
- Praticar e reforçar habilidades sociais em sessão.
- Praticar quaisquer habilidades individuais ou parentais para facilitar o sucesso da exposição (com verificações ou sessões, conforme necessário).

(Continua)

QUADRO 9.2 Plano de tratamento detalhado de Shelby para ansiedade social *(Continuação)*

Prática em casa
- Direcionar a jovem para completar exposições moderadas a desafiadoras da hierarquia e das planilhas de exposição.
- Orientar os pais e a jovem a monitorar um gráfico de recompensas; solicitar aos pais que continuem praticando a entrega consistente de elogios e recompensas e as realizações monitoradas pela jovem.
- Solicitar aos pais e à jovem que preencham quaisquer formulários de habilidades relacionadas.

Sessões 21 a 25 (quinzenais para manutenção)

Avaliação
- Como nas sessões 3 e 4.

Psicoeducação
- Introduzir a fase de prevenção de recaídas.
- Discutir o possível término.

Intervenções
- Continuar praticando etapas cada vez mais desafiadoras na hierarquia por meio de exposições, focando nos desafios principais relacionados às interações sociais em diferentes situações.
- Praticar quaisquer habilidades individuais ou parentais para facilitar o sucesso da exposição.

Prática em casa
- Revisar o rastreador de metas.
- Solicitar à jovem e aos pais que preencham quaisquer formulários de habilidades relacionadas.

lização que identifica processos cognitivos, emocionais e comportamentais específicos e habilidades sociais. Intervenções são então escolhidas para ajudar a abordar esses déficits específicos. Por exemplo, o terapeuta enfatizará a reestruturação cognitiva, pois Shelby apresenta armadilhas de pensamento significativas (p. ex., catastrofização, leitura de pensamentos); o treinamento em habilidades sociais será incorporado, já que a ansiedade de Shelby leva a déficits sociais perceptíveis e é exacerbada por eles.

A avaliação funcional ajuda a identificar potenciais barreiras e facilitadores. Por exemplo, uma avaliação inicial identificou o uso de fugas de Shelby para o escritório da enfermeira como um meio de reduzir o desconforto (reforço negativo). Comportamentos e pessoas de segurança (p. ex., a enfermeira escolar, a mãe) podem então ser identificados e incorporados ao planejamento do tratamento. Por exemplo, suspeitando que a mãe de Shelby se identificava com sua ansiedade e muitas vezes permitia que Shelby escapasse de situações sociais, o terapeuta decidiu incorporar a educação e o treinamento dos cuidadores cedo na terapia. A avaliação funcional também identificou os incentivos e os facilitadores do comportamento de abordagem. Os pais relataram que Shelby gosta de *videogames* e idolatra seus irmãos. Eles também relataram que Shelby parece estar em paz dançando em casa e apenas fica nervosa em grupos. Diante dessas descobertas, o terapeuta pode incorporar os irmãos em exposições comportamentais para fornecer apoio e incentivar a participação de Shelby. O terapeuta também considerou usar a dança como ponto de partida para que Shelby pudesse aumentar de forma gradual sua presença social.

Da mesma forma, observações comportamentais identificaram vários déficits sociais que poderiam reforçar as funções de evitação. O contato visual pobre poderia servir para evitar o engajamento social ou a atenção indesejada, e Shelby pode ser percebida como distante ou reservada quando outros tentam envolvê-la em conversas. A prática comportamental, é claro, é integrada ao longo do tratamento (não apenas após as lições de construção de habilidades) para que a jovem possa praticar habilidades sociais e desafiar pressupostos cognitivos. Os cuidadores estão envolvidos durante todo o processo para gerenciar programas de incentivo e reforçar a construção de habilidades fora da sessão.

Ao longo do planejamento do tratamento, o terapeuta tenta priorizar os domínios de maior prejuízo e direcionar os principais processos cognitivo-comportamentais. A sequência das intervenções de tratamento tende a enfatizar as estratégias que o terapeuta acredita serem mais eficazes na abordagem dos processos mais críticos, considerando, também, as barreiras e os facilitadores que impactam a eficácia. O TAS apresenta uma multiplicidade de demandas e desafios diários potenciais, sobretudo para um adolescente. Conforme o tratamento avança, o terapeuta pode variar a sequência planejada de intervenções com base em situações emergentes ou déficits observados. Por exemplo, o terapeuta pode criar uma série de práticas comportamentais em torno de um desafio social iminente (p. ex., uma apresentação de dança) e pode ter de introduzir intervenções visando a barreiras ou déficits sociais recém-revelados (p. ex., habilidades de conversação, consciência de sinais não verbais, postura e linguagem corporal).

COMPONENTES E PROCESSO DE INTERVENÇÃO

Psicoeducação

A psicoeducação começa fornecendo aos jovens e às suas famílias informações sobre a natureza do TAS em si e uma visão geral do modelo de TCC que guiará o curso do tratamento. Para auxiliar a conversa com os jovens e os cuidadores, o terapeuta pode fornecer materiais suplementares destacando pontos-chave sobre o TAS e seu tratamento (ver os Materiais suplementares reproduzíveis 19, 20 e 21 no Apêndice A; ver também o Apêndice B para uma lista de fontes adicionais confiáveis). A psicoeducação serve para normalizar a ansiedade de forma ampla, explicar sua adaptabilidade e estabelecer expectativas realistas. Ou seja, dadas as vulnerabilidades biológicas e temperamentais, Shelby pode não ser tão extrovertida quanto seus irmãos, de modo que será importante educar seus pais sobre áreas de prejuízo e funcionamento do desenvolvimento, além de ajudá-los a estabelecer metas. Como já descrito, o terapeuta pode se basear em exemplos ocorridos durante a avaliação para destacar como a ansiedade social impacta o jovem (p. ex., a dificuldade de Shelby em fazer contato visual).

Outro alvo da psicoeducação para jovens com fobia social é explicar que *alguma* ansiedade social é normal. É normal ficar ansioso antes de uma apresentação, seja em um palco, seja na frente da sala de aula para uma apresentação oral. É normal sentir *alguma* ansiedade ao falar com uma pessoa nova ou uma figura de autoridade. É normal sentir *alguma* ansiedade sobre o drama social na escola ou sobre começar em uma nova turma ou escola. É normal sentir *alguma* ansiedade sobre ter de conversar fiado ou se sentir desconfortável durante silêncios constrangedores. O terapeuta pode utilizar a autorrevelação, conforme apropriado, com seus próprios exemplos de lidar com experiências de ansiedade social. Todos tivemos de enfrentá-las em algum momento ou outro. Relacionado a isso, a psicoeducação ajuda os jovens e suas famílias a reconhecerem como a ansiedade social pode prejudicar o funcionamento, bem como o crescimento e o desenvolvimento. Embora social e academicamente Shelby ainda possa dizer que está bem, sua crescente evitação pode começar a impactar suas notas de modo mais direto, pois provavelmente ela encontrará professores que exigem participação ou apresentações como parte da avaliação, e sua crescente reclusão pode privá-la de amizades significativas e levar a um isolamento crescente.

A Figura 9.4 (o modelo de TCC) destaca os múltiplos pensamentos automáticos de Shelby: esperando que a professora não a chamasse, afirmando para si mesma que não sabe a resposta e prevendo que ficará mortificada se for chamada. Esses pensamentos estavam associados a múltiplos sintomas físicos semelhantes a pânico, evitação e comportamentos de planejamento para escapar. A psicoeducação ajudará Shelby e sua família a entenderem essa interação de pensamentos, emoções e comportamentos. Também vai (1) criar consciência e identificar o papel desse diálogo interno, crítico e negativo, (2) validar sua experiência de ansiedade e desconforto com base nesse filtro interno e (3) observar que a evitação e a fuga foram aprendidas ao longo do tempo como estratégias de "enfrentamento" para fornecer alívio imediato.

Autorreflexão e reestruturação cognitiva

Os jovens com TAS podem ter uma autorreflexão ansiosa externamente focada que se concentra na avaliação negativa percebida dos outros, bem como em julgamentos negativos internamente focados. Capacitar os jovens a identificarem seus pensamentos automáticos os ajudará a entender suas previsões negativas em relação a situações sociais, suas distorções cognitivas conectadas à ansiedade antecipatória e seus padrões de querer evitar. Jovens socialmente ansiosos com frequência se preocupam com o que os outros podem pensar deles ou o que "sabem" que os outros estão pensando (leitura de pensamentos). Eles preveem resultados negativos de interações sociais (adivinhação) e antecipam que serão completamente terríveis (catastrofização). O tratamento inclui ajudar os jovens a identificarem esses pensamentos, previsões e armadilhas de pensamento (ver Fig. 9.6; uma versão em branco está disponível como Planilha 5 no Apêndice A).

O primeiro exemplo de Shelby é útil para delinear um padrão familiar quando confrontada com uma apresentação em sala de aula. Sempre que um professor anuncia um trabalho ou uma apresentação, Shelby tem múltiplos pensamentos automáticos negativos prevendo resultados desastrosos em relação à apresentação (p. ex., errar, congelar, gaguejar), a resposta dos outros (p. ex., as crianças vão zombar dela e pensar que ela é uma "idiota") e o seu plano de enfrentamento (p. ex., evitar ou escapar!). O terapeuta pode trabalhar com Shelby para reconhecer esse padrão de autorreflexão e armadilhas de pensamento e começar a desacelerar e desafiar *realisticamente* alguns desses pensamentos.

O terapeuta pode trabalhar com Shelby para fazer a si mesma algumas perguntas, como:

"Você já errou antes?"
"O que aconteceria se você errasse durante a apresentação?"
"Qual é o pior que pode acontecer?"

PLANILHA 5. Rastreador de armadilhas cognitivas

Em quais armadilhas cognitivas você cai quando se sente triste, ansioso ou angustiado? Para cada situação, descreva e avalie como você se sente. Descreva seu pensamento automático (o primeiro pensamento que vem à sua mente). Em que armadilha cognitiva você pode estar caindo? Como isso faz você se sentir (o resultado)?

Gatilho	Sentimento (Avaliação de 0 a 10: "nada" a "insuportável")	Pensamento	Armadilha de pensamento	Resultado?
A professora disse que teríamos que apresentar o relatório na próxima semana.	Medo, pânico (9)	"Vou errar." "Vou gaguejar e travar." "Todos vão zombar de mim e pensar que sou uma idiota." "Tenho que sair disso."	Adivinhação, leitura de mentes, catastrofização, procurando a saída	Me senti pior (9).
Vi a festa da Ella no Snapchat.	Ansiosa (7), triste (7)	"Queria ter sido convidada." "Nós costumávamos ser amigas." "Elas não gostam de mim." "Não tenho amigos." "O ensino médio vai ser horrível." "Aff, agora elas sabem que visualizei."	Leitura de mentes, catastrofização, pensamento tudo ou nada	Chorei, joguei *videogame* (6).
Briguei novamente com meu pai por não cumprimentar o colega dele.	Irritada (9), nervosa (7)	"Ele não me entende." "Sou um embaraço para eles." "Sempre sou desajeitada."	Leitura de mentes; pensamento tudo ou nada	Bati a porta e fiquei no meu quarto, me senti mal a noite toda (8 ou 9).

FIGURA 9.6 Planilha do rastreador de armadilhas cognitivas preenchida para Shelby.

"Outras crianças já erraram durante suas apresentações? O que acontece quando elas erram?"

"O que outras crianças já disseram a você antes? Como você sabe que elas perceberiam?"

O importante é que o terapeuta não tem como objetivo fazer com que Shelby acredite que ela não vai errar ou gaguejar. Ela pode fazer isso. O objetivo não é apenas o pensamento positivo – um mito comum sobre a TCC. Em vez disso, um objetivo é ajudar Shelby a descatastrofizar suas previsões e testar suposições sobre o que os outros pensam. Outro objetivo é ajudar Shelby a resolver problemas sobre como ela pode lidar com essas situações de forma diferente:

TERAPEUTA (T): Da última vez que você fez uma apresentação, como você errou?
SHELBY (S): O professor me disse para falar mais alto.
T: Certo, e o que aconteceu?
S: Comecei a surtar. Minha voz estava tremendo e meu coração estava acelerado.
T: E o que você fez?
S: Tentei aumentar o volume da minha voz. Então terminamos e estava tão quente. Todo mundo estava olhando para mim.
T: Então, nessa situação, "errar" significava que o volume da sua voz não estava alto o suficiente?
S: É.
T: Então, quando você recebeu *feedback* do professor, parece que você ficou ansiosa, o que faz sentido. Sua voz ficou trêmula, e você respondeu ao *feedback* e conseguiu terminar a apresentação com sucesso?
S: Acho que sim.
T: O professor disse para mais alguém falar mais alto?
S: Sim.
T: Você achou que aquela criança era idiota porque ele ou ela não falou mais alto?
S: Hum, não.
T: Certo, então é possível o professor pedir a alguns outros alunos para falar mais alto e NÃO pensar que essas crianças são idiotas. Boa informação! Existe algo que você pode fazer para se preparar para esse tipo de situação na próxima apresentação?
S: Não sei.
T: Como é que melhoramos em fazer algo?
S: Praticando?
T: Certo, praticando. Talvez uma coisa que possamos fazer quando você se preparar para uma apresentação seja praticar aumentar o volume da sua voz? [Solução de problemas e desenvolvimento de habilidades.]
S: Acho que sim.

O terapeuta também pode trabalhar com Shelby para gerar uma autorreflexão de enfrentamento mais ativa. Em sua avaliação inicial e por meio da conclusão de tarefas de automonitoramento, Shelby forneceu exemplos marcantes de tentativas de evitar ou escapar de situações de demanda social na escola. Um dos pensamentos automáticos mais consistentes de Shelby é "Tenho que sair daqui" ou "Sair dessa", ou alguma forma de evitação. Ela nem sempre pode "sair dessa", já que seus professores às vezes recusam seus pedidos ou seu pai se recusa a deixá-la evitar a situação. No entanto, seu pensamento automático a direciona para as rotas de fuga mais próximas. Conforme Shelby e seu terapeuta trabalham nos aspectos cognitivos de sua ansiedade social, pode ser útil ajudar Shelby a desenvolver um *script* interno modificado que reconheça e valide sua ansiedade, reconheça o desejo de escapar ou evitar e identifique deliberadamente um pensamento e plano de enfrentamento. Por exemplo:

T: Você percebeu que, quando fica nervosa com algo na escola, costuma pensar em sair ou evitar?

S: Sim. Não quero surtar ou ficar mortificada na frente das pessoas.

T: Sim, uma das maneiras que você aprendeu a lidar com o nervosismo é dizendo a si mesma: um, "Tenho que sair daqui"; dois, "Não consigo lidar com isso, então, antes de desabar na frente de alguém, é melhor eu sair daqui". Então, quando você tem esse tipo de pensamento, faz sentido que seu comportamento seja pedir ao professor ou aos seus pais para sair da situação.

S: Hum-hum.

T: Em vez de dizer a si mesma para sair, o que mais você poderia dizer a si mesma?

S: Uhm, fique. Não saia. Aguente.

T: Certo, que tal começar descrevendo seus pensamentos e seus sentimentos para si mesma?

S: Certo. Eu sei que estou supernervosa e quero sair daqui.

T: Sim, bom. E depois rotular suas armadilhas de pensamento?

S: Estou prevendo e catastrofizando.

T: E um pensamento de enfrentamento?

S: Não é o fim do mundo.

T: Mesmo que...

S: ... mesmo que pareça muito desconfortável.

T: Sim, esse é um bom primeiro passo para desfazer a catástrofe. Isso parece justo. Bom. E se orientar pelos próximos passos?

S: Eu tenho que praticar. Vou sobreviver.

T: Você consegue lidar com isso?

S: Acho que sim.

T: Como testamos isso?

S: Eu sei, eu sei. Tenho que fazer isso.

T: E quando esse pensamento de fuga surgir novamente, você pode reconhecê-lo e dizer a si mesma algo como "Lá está aquele pensamento de sair daqui novamente. Isso é a ansiedade falando. Isso não significa que eu tenha que escapar".

Jovens com ansiedade social também tendem a se envolver em autorreflexões preocupadas com o que os outros podem estar pensando sobre eles. Eles podem até ter *certeza* de que alguém não gosta deles, está zombando deles, pensa que são burros, estúpidos, estranhos, constrangedores, e assim por diante. Ver Quadro 2.2 no Capítulo 2 (ou o Material suplementar reproduzível 2 no Apêndice A) para uma lista completa de armadilhas de pensamento. *Leitura de pensamentos* é uma armadilha de pensamento comum e poderosa que mantém as crianças (e os adultos) presas em sua ansiedade social e, muitas vezes, piora as situações. O objetivo da reestruturação cognitiva em torno de pensamentos automáticos no domínio da leitura de pensamentos não é necessariamente contestar o que alguém está ou não pensando sobre eles – isso é impossível saber. Não podemos saber o que os outros estão pensando de nós a menos que verbalizem isso. Os terapeutas podem ajudar o jovem a reconhecer essa armadilha de pensamento e contestar a certeza associada de tudo ou nada: "Todo mundo pensa que sou burro".

> "Se estamos trabalhando em ser um detetive de seus pensamentos, como você *sabe* que todos pensam que você é burro?"
>
> "Você realmente pode saber o que outras pessoas estão pensando?"
>
> "O que mais é possível?"
>
> "Se eles estão rindo, significa que estão rindo de você?"

Também é importante reconhecer e validar que as pessoas muitas vezes estão julgando umas às outras, quer estejamos prestando atenção ou não. Você pode ter alguns colegas que de fato estão reagindo ou zombando de outras pessoas. Ajudar os jovens a lidar com isso inclui ajudá-los a reconhecer isso, bem como a perceber que nem *todos* nos julgam de forma negativa e, além disso, que os outros estão reagindo a nós muito menos do que pensamos.

> Uma estratégia pode ser perguntar ao jovem como eles reagem em relação a outras crianças: "O que você acha de outras crianças quando elas erram ou gaguejam?".

Novamente, o objetivo não é convencer o jovem de que o mundo é perfeito, ou de que as outras pessoas aprovam tudo o que fazemos. Em vez disso, o terapeuta espera incutir uma janela de flexibilidade no pensamento do jovem, de modo que seus instintos naturais sejam menos rígidos, negativos e críticos do que foram até agora. No caso de Shelby, o terapeuta a ajudou a gerar pensamentos de enfrentamento mais flexíveis e de mente aberta que desafiam suas armadilhas de pensamento (ver Fig. 9.7; uma versão em branco está disponível como Planilha 16 no Apêndice A).

Resolução de problemas

Ensinar habilidades de resolução de problemas a Shelby pode permitir que ela considere opções além da fuga ou da evitação para lidar com sua ansiedade. Considerando o objetivo identificado da jovem de fazer mais amigos, pode ser útil conectar a psicoeducação sobre suas crenças sobre os outros (e suas crenças sobre ela), suas crenças sobre sua autoeficácia em situações sociais com colegas, seu desconforto fisiológico, que torna o convívio social desconfortável, e seus esforços para diminuir esse desconforto, com evitação e aumento do isolamento. A resolução de problemas visa desenvolver a capacidade dos jovens de gerar opções e pensar em possibilidades negligenciadas, nunca consideradas ou simplesmente descartadas (ver Capítulo 2 para uma revisão completa da resolução de problemas, ou STEPS). Considere esta conversa:

T: Um dos objetivos que você estabeleceu é fazer mais amigos.

S: Acho que sim.

T: OK, então, se o problema é fazer mais amigos, vamos pensar em algumas soluções possíveis que poderiam ajudar com isso. Quais são algumas maneiras de as pessoas fazerem amigos?

S: (*dá de ombros*) Hum, não tenho certeza.

T: Ok, como você conheceu os amigos que costumava ter ou ainda tem?

S: Na escola. Na sala de aula, eu acho.

T: Então, há pessoas em suas aulas com quem você poderia conversar. E em algum lugar mais?

S: Também na aula de dança.

T: Enquanto fazem atividades juntas? Existem outras atividades em que você fez amigos? Ou coisas que você costumava fazer e desistiu porque isso a deixava muito nervosa?

S: Eu costumava tocar clarinete, mas odiava os *shows*.

T: Você gostava de tocar clarinete?

S: Mais ou menos.

T: Existem crianças da aula de dança ou da época em que você tocava clarinete que parecem pessoas com quem você gostaria de tentar conversar ou conhecer melhor? [Observe que a opção não é "ser amigo de", mas etapas a serviço de "fazer" amigos.]

S: Tem umas duas, acho.

T: Vamos listar os nomes delas para sermos específicos. Como você entraria em contato com elas? Ligaria?

FICHA 16. Rastreador de pensamentos de enfrentamento

Considere pensamentos de enfrentamento que poderiam responder à sua armadilha cognitiva. Tente criar afirmações de enfrentamento que sejam mais realistas e se pergunte: "Como não estou vendo o quadro completo?"

Gatilho	Pensamento	Armadilha cognitiva	Pensamento de enfrentamento	Resultado?
A professora disse que teríamos que apresentar o relatório na próxima semana; já estou pensando em como escapar disso.	"Vou errar." "Vou gaguejar e travar." "Todos vão zombar de mim e pensar que sou um idiota." "Tenho que sair disso."	Adivinhação, leitura de mentes, catastrofização, procurando a saída	"A ansiedade sempre me diz para procurar uma saída." "Da última vez, errei um pouco e continuei e terminei logo." "Provavelmente, estão prestando menos atenção em mim do que penso, e só posso controlar as minhas coisas mesmo."	Senti menos pânico, e até um pouco orgulhosa por perceber isso; pensei em pedir à minha mãe para me ajudar a praticar.
Vi a festa da Ella no Snapchat.	"Queria ter sido convidada." "Nós costumávamos ser amigas." "Elas não gostam de mim." "Não tenho amigos." "O ensino médio vai ser horrível." "Aff, agora eles sabem que visualizei."	Leitura de mentes, catastrofização, pensamento tudo ou nada	"Ella me convidou no ano passado, e eu desisti por causa da minha ansiedade." "Posso me comunicar com ela e desejar um feliz aniversário atrasado." "Tenho amigos e estou trabalhando para fazer mais amigos." "Minha ansiedade pode ser TÃO dramática às vezes que preciso chamar a atenção para isso."	Me senti melhor, ainda triste por ter perdido; mais determinada a fazer amigos.
Briguei novamente com meu pai por não cumprimentar o colega dele.	"Ele não me entende." "Sou um embaraço para eles." "Sempre sou desajeitada."	Leitura de mentes; pensamento tudo ou nada	"Ele pode ser insistente, e sei que ele tem praticado a empatia. Ele precisa de mais prática, haha." "Nem sempre sou desajeitada. Às vezes me sinto assim." "Vou praticar cumprimentar o colega dele."	Me senti um pouco menos irritada; fui falar com meu pai; concordamos em continuar praticando nossas habilidades.

FIGURA 9.7 Planilha de rastreamento de pensamentos de enfrentamento concluída para Shelby.

S: *(encara o terapeuta sem expressão)* Mensagem? Talvez no Snapchat.
T: *(lembrando que os jovens raramente se telefonam nos dias de hoje)* Certo, bom. Você também pode considerar conversar com uma delas na próxima aula de dança.
S: É.
T: É verdade que fazer atividades juntos é uma ótima maneira de conhecer pessoas. Existem outras atividades que você considerou fazer, mas talvez não tenha feito por causa da ansiedade?
S: A peça da escola.
T: Ótimo. O que impediu você de se inscrever ou fazer uma audição?
S: Ficar no palco.
T: Se você não se sentir pronto para ter um papel de atuação, há maneiras de se envolver na peça?
S: Acho que com a parte de *design* de cenário ou técnica.
T: Essa é uma opção muito sólida que desafia o pensamento tudo ou nada sobre participar da peça. Ótimo pensar de forma flexível. Adorei essas ideias.

Claramente, o objetivo de fazer amigos é multifacetado. Nesse exemplo, o terapeuta trabalha com Shelby para identificar as maneiras pelas quais as pessoas fazem amigos (p. ex., atividades compartilhadas), colegas possíveis com os quais ela poderia se envolver em sua órbita social atual (p. ex., aula de dança), como ela poderia abordar ou se comunicar (p. ex., uma mensagem de texto ou nas redes sociais) e outras atividades potenciais evitadas anteriormente (ver Fig. 9.8; uma versão reproduzível está disponível como Planilha 15 no Apêndice A). Observe que o terapeuta trabalha para identificar estratégias amplas e etapas para socializar, como passar tempo juntos e se comunicar. Ele também trabalha com Shelby para ser específica e fornecer nomes; com o tempo, quando ela seleciona uma opção, eles se concentram em um plano ainda mais específico de como fazer. É importante destacar, sobretudo com o TAS, que o terapeuta pode precisar direcionar as habilidades sociais de forma mais direta. A Figura 9.2 (uma versão reproduzível está disponível como Planilha 23 no Apêndice A) fornece uma visão geral das habilidades sociais a serem avaliadas, direcionadas e praticadas em sessão, conforme necessário. Elas podem ser deficiências reais ou percebidas expressas em pensamentos automáticos (p. ex., "Eu não sei o que dizer"). Também é crucial lembrar de que a resolução de problemas deve ser conduzida em um processo iterativo que envolve a geração de amplas possíveis soluções, testando-as e, depois, voltando à lista se as escolhas não resolverem completamente o problema. Nenhuma ideia deve ser necessariamente bem-sucedida na primeira tentativa nem deve qualquer solução resolver todo o problema. Em vez disso, os passos da resolução de problemas ajudam a mover o jovem em direção a um objetivo em uma direção construtiva, para evitar ficar preso.

Exposições

Dada a significativa ansiedade social de Shelby, seu nível de evitação e a falta de interações sociais e oportunidades em qualquer dia dado, a prática ampla de habilidades, ensaios, experimentos comportamentais e exposições a situações que provocam ansiedade social serão fundamentais tanto durante as sessões quanto nas intervenções de prática em casa. Domínios mais amplos a serem alvo na hierarquia de Shelby podem incluir: atividades sociais com pares, desempenho geral e criativo, desempenho acadêmico com abordagem graduada e participação, em vez de fuga. Como descrito no Capítulo 6 e exemplificado nas avaliações funcionais, será importante envolver os pais de Shelby

PLANILHA 15. Passos para solução de problemas

Para resolver problemas, siga estes passos: identifique qual é o problema, pense em soluções, examine cada solução, escolha uma delas, tente e veja se funcionou.

Identificar o problema: Tentar novos lugares para iniciar conversas/conhecer pessoas.

Pense em soluções	Examine cada solução		Classificação
	Prós	Contras	
Conversar com pessoas na aula.	Eu as vejo todos os dias. Há muitas opções.	Ninguém fala na aula. Todos já têm seus amigos.	3
Conhecer pessoas na aula de dança.	Temos os mesmos interesses. Me divirto lá.	Não sei se eles querem novos amigos. Eles podem morar longe.	1
Enviar mensagens para pessoas com quem eu costumava tocar clarinete.	Tínhamos interesses em comum.	Eles podem achar estranho eu ligar do nada. Eles podem se perguntar por que eu saí do grupo.	4
Participar da equipe de palco para o musical.	Baixa pressão. Você fica junto enquanto trabalha em um projeto.	As pessoas estão correndo por aí.	2

Escolha uma solução e tentar: Vou começar com a aula de dança porque já estou fazendo isso e conheço pessoas lá.

FIGURA 9.8 *Brainstorming* para resolução de problemas para Shelby.

durante a fase de exposição do tratamento. Um objetivo importante do terapeuta é ensinar aos pais como orientar Shelby de forma mais eficaz e reduzir seus comportamentos de acomodação e resgate para otimizar a exposição. Os pais podem precisar de orientação própria sobre como realizar essa retirada gradual do controle da vida social de Shelby (p. ex., sugerindo que ela "faça isso" ou "ligue para tal amigo") e fornecer suporte de desenvolvimento adequado à sua fase de desenvolvimento e à crescente importância dos pares. Ao priorizar o objetivo social de fazer mais amigos e expressar desconforto com seu crescente isolamento, enquanto também demonstra desconforto competitivo em permanecer em situações sociais que a deixam extremamente desconfortável, Shelby está presa, como muitos jovens ansiosos. Para ajudá-la a sair dessa situação, o terapeuta oferece um caminho por meio da conceitualização, que proporciona (1) habilidades para monitorar sua autorreflexão ansiosa e as armadilhas de pensamento que promovem julgamentos negativos de si mesma e comportamentos de evitação, (2) habilidades para abordar déficits reais ou percebidos em resolução de problemas ou interações sociais e (3) oportunidades para praticar abordar e permanecer em situações que provocam ansiedade (sejam elas novas ou evitadas anteriormente). O terapeuta trabalha com Shelby e seus pais para gerar hierarquias de desafios relevantes:

Hierarquia de desafio A: interagindo com pares e pessoas novas/desconhecidas

1. Cumprimentar um colega na aula de dança.
2. Enviar uma mensagem para um colega da aula de dança para fazer uma pergunta.
3. Enviar uma mensagem para um colega perguntando sobre a tarefa de casa.
4. Aceitar o convite para se juntar a outros alunos da aula de dança para comer *pizza*.
5. Iniciar uma conversa com o recepcionista da clínica.
6. Cumprimentar e fazer pelo menos uma pergunta a um vizinho.
7. Pedir informações a uma pessoa na rua.
8. Enviar um *e-mail* para o professor de teatro sobre o cronograma e opções para se inscrever na peça da escola.
9. Inscrever-se para participar da equipe de palco ou técnica da peça da escola.
10. Fazer contato visual com transeuntes na rua enquanto caminha.
11. Ligar para o restaurante para pedir comida para viagem.
12. Iniciar uma conversa com um aluno que tenha o armário próximo ao seu.
13. Inscrever-se no clube ambiental e participar da próxima reunião.

Hierarquia de desafio B: interagindo em contexto escolar

1. Abordar o professor após a aula e fazer uma pergunta sobre a tarefa de casa.
2. Levantar a mão para responder a uma pergunta na aula de matemática.
3. Levantar a mão para responder a uma pergunta na aula de ciências.
4. Sentar-se ereta e fazer contato visual com o professor na aula de inglês.
5. Pedir ajuda ao bibliotecário com um tópico de pesquisa.
6. Ler em voz alta para o terapeuta por cinco minutos, 10 minutos, 15 minutos.
7. Fazer uma apresentação improvisada sobre mim mesma para o terapeuta por cinco minutos.
8. Apresentar um projeto de pesquisa para o terapeuta (sentada e, depois, em pé).
9. Apresentar um projeto de pesquisa para meus pais e meus irmãos.

Hierarquia de desafio C: enfrentando medos de desempenho, medos de ser o centro das atenções, medos de vergonha ou de se sentir "mortificada"

1. Comparecer à aula de dança semanalmente.
2. Ficar na segunda fila durante a aula de dança, em vez de na última.
3. Ficar na fila da frente no final mais próximo da porta durante a aula de dança.
4. Ficar na fila da frente no meio da turma durante a aula de dança.
5. Tocar uma música no clarinete para o terapeuta no consultório.
6. Tocar uma música no clarinete para o terapeuta e seus colegas.
7. Caminhar pela clínica usando um chapéu bobo.
8. Andar na rua usando um chapéu bobo.
9. Deixar livros caírem no meio da calçada enquanto as pessoas passam.
10. Andar pelo corredor com papel higiênico preso no sapato.

Exposições à ansiedade social, seja para o bem ou para o mal, são abundantes, já que as demandas sociais são comuns para pré-adolescentes e adolescentes. Talvez mais complicado seja criar exposições suficientes que envolvam colegas da mesma idade, já que pode ser desafiador organizar confederados voluntários ou localizar grupos de adolescentes em contextos naturalísticos que sejam viáveis para um ambiente de prática e eficazes para os objetivos-alvo do jovem. Shelby e seu terapeuta podem decidir colaborativamente a ordem das exposições com base em seus objetivos, nas hierarquias que visam a determinados domínios de sua preocupação e/ou a situações sociais que surgem de forma natural e que são menos hierarquizadas ao longo do tratamento (p. ex., uma apresentação na escola, uma festa).

As exposições em sessão podem incluir várias tarefas que exigem que Shelby se apresente ao seu terapeuta e ofereçam a ela a oportunidade de desencadear diversos sintomas somáticos e pensamentos automáticos negativos associados a situações de desempenho social, bem como reconhecer e desafiar os impulsos de evitar ou escapar de tais situações. Dessa forma, Shelby pode, possivelmente, se habituar aos picos iniciais de sua ansiedade enquanto também aprende a inibir a resposta de evitação. Além disso, ela pratica habilidades específicas de apresentação e habilidades sociais e estratégias para passar por apresentações mesmo se ocorrer um resultado temido. A Figura 9.9 (uma versão em branco está disponível como Planilha 6 no Apêndice A) ilustra um exemplo em que Shelby concorda em fazer um discurso improvisado de cinco minutos para seu terapeuta. Imediatamente, Shelby fica ansiosa e observa sintomas físicos e pensamentos automáticos relacionados ao que vai dizer, como vai dizer, como será recebido e como poderia lidar se desistisse. O terapeuta ajuda Shelby a desacelerar e escrever seus pensamentos e sensações. Ele trabalha para conectar os pensamentos às típicas armadilhas de pensamento de Shelby, sobretudo sua tendência a "procurar uma saída", e, então, ajudá-la a praticar a elaboração de cartões de enfrentamento. Ao passar por esse exercício, Shelby começa a construir e fortalecer sua capacidade de sentir sua própria ansiedade, desafiar seu pensamento negativo e se envolver na tarefa social em questão. A exposição é menos projetada para ajudá-la a ser boa em discursos improvisados de cinco minutos; pelo contrário, é projetada para dar a ela prática em testar seus pensamentos como hipóteses, não como fatos, e para superar sua ativação somática e evitação para reunir dados sobre sua capacidade de lidar com demandas sociais. Os objetivos comportamentais específicos (começar sem protestos, durar cinco minutos, fazer contato visual 10 vezes) direcionam as ações de Shelby e, quando bem-sucedidos, ajudam a contrapor suposições pré-exposição.

Como observado, os terapeutas podem incorporar criatividade aos aspectos técnicos do projeto de exposição. Com exposições de ansiedade social, os terapeutas podem variar o nível de dificuldade para os pacientes, dependendo de suas preocupações particulares, variando os aspectos da situação social. Por exemplo, as apresentações de exposição em sessão podem variar de acordo com: tamanho da audiência (p. ex., terapeuta, cuidadores, colegas); duração (10 segundos, 10 minutos); nível de preparação (p. ex., improvisado, tópico planejado); assunto (p. ex., tópico com o qual o paciente está familiarizado, "conte-me sobre você", um tópico desconhecido ou mais desafiador, tópico projetado para fazer o paciente errar de propósito, tópico humorístico); assertividade (p. ex., expressar uma opinião sobre determinado tópico, expressar uma opinião desfavorável ou minoritária); aspectos físicos (p. ex., sentar-se durante a apresentação, ficar na frente da sala); habilidades sociais (p. ex., foco em aumentar o volume, fazer contato visual); elementos avaliativos (p. ex., com *feedback* corretivo sobre o desempenho, sem *feedback*); alvos de constrangimento (p. ex., usar um chapéu bobo durante a apresentação, errar de propósito), e assim por diante. O objetivo do

PLANILHA 6. Exposição *in vivo*/experimento comportamental

Complete esta ficha com o jovem enquanto vocês se preparam para um experimento comportamental.

1. **Situação (Qual é a situação?):**
   Discurso improvisado escolhido pelo terapeuta.

2. **Sentimentos:**   **Classificação de desconforto:** ___85___
   Ansiosa, mãos suadas, borboletas no estômago.

3. | **Pensamentos ansiosos/ negativos:** | **Armadilhas de pensamentos (ver lista a seguir)** |
   |---|---|
   | a. "Não vou saber o que dizer." | a. Adivinhação |
   | b. "Você vai pensar que sou estúpida." | b. Ler mentes |
   | c. "Todo mundo consegue fazer isso e eu não." | c. Generalização excessiva, tudo ou nada |
   | d. "Vou gaguejar e balbuciar." | d. Adivinhação, procurando o negativo. |
   | e. "Não consigo fazer isso. Meu terapeuta disse que não preciso fazer isso se não quiser." | e. Procurando a saída (o evitador) |

   Armadilhas de pensamento: ler mentes, adivinhação, catastrofizar, tirar conclusões precipitadas, e se, desconsiderar o positivo, procurar o negativo, generalização excessiva, pensamento tudo ou nada, afirmações de deveria, levar as coisas para o lado pessoal, culpar.

4. **Pensamentos de enfrentamento (Como você responde aos seus pensamentos ansiosos?):**
   "Se minha mente ficar em branco, posso apenas pausar e respirar profundamente."
   "Você tem sido solidário até agora. Você não está aqui para me julgar."
   "A maioria das pessoas fica ansiosa durante os discursos."
   "Se eu gaguejar ou balbuciar, é só continuar."
   "Eu preciso aguentar firme se quiser melhorar nisso. São apenas cinco minutos."

   Perguntas desafiadoras: Eu sei com certeza que _____? Estou 100% certa de que _____? Quais evidências tenho de que _____? O que é o pior que poderia acontecer? Quão ruim é isso? Eu tenho uma bola de cristal?

5. **Metas comportamentais atingíveis (O que você quer realizar?):**

Meta	Realizada?
a. Ficar no meu quarto e chamar mamãe uma vez.	
b. Ouvir meu aplicativo de *mindfulness*.	
c. Ficar no meu quarto até a hora de acordar de manhã às 6h30.	

6. **Recompensas:**

Recompensas	Conquistada?
a. Começar a falar, em vez de tentar evitar.	
b. Durar 5 minutos.	
c.	

FIGURA 9.9 Planilha de exposição para ansiedade social.

terapeuta é criar desafios que (1) produzam ativação suficiente da estrutura de medo e (2) forneçam evidências diversas e generalizáveis contra suposições temidas.

Para abordar o objetivo primário declarado por Shelby que tem um valor intrínseco particular para ela, as exposições que visam a fazer amigos podem ser divididas em múltiplas exposições relacionadas em serviço desse objetivo. Ou seja, em exposições em sessão e em casa, Shelby têm de começar ou se juntar a conversas (com adultos ou pares, mas com ênfase em pares), iniciar contato social (p. ex., dizer "olá", enviar uma mensagem de texto, "curtir" ou postar *on-line*, ou fazer contato visual), participar de conversas, participar de atividades, fazer perguntas, participar e contribuir (em uma atividade ou em um grupo de conversa). Não podemos fazer as pessoas serem nossas amigas; no entanto, aumentar nossa socialização pode aumentar a probabilidade de conhecermos pessoas e passarmos tempo com elas.

Shelby foi capaz de identificar colegas de sua aula de dança com quem poderia começar a se envolver e aqueles que haviam sido legais com ela no passado. Para uma exposição em casa, ela concordou em tentar dizer "olá" e iniciar uma conversa com um colega e enviar uma mensagem de texto de acompanhamento, fazendo uma pergunta. Antes da exposição, ela e seu terapeuta fizeram um plano e se prepararam para a exposição:

T: Então, você está de boa em cumprimentá-la na aula e, depois, mandar uma mensagem para ela?
S: Acho que sim.
T: Quais são alguns dos pensamentos ansiosos passando pela sua cabeça?
S: Ela vai achar que sou estranha. Ela não vai querer falar comigo. Vou parecer uma idiota.
T: Que armadilhas de pensamento são essas?
S: Leitura de pensamentos?
T: Isso mesmo. O que mais?
S: Adivinhação.
T: Sim, bom. O que você pode fazer com esses pensamentos?
S: Desafiá-los. Questioná-los.
T: Ótimo. Quais são algumas perguntas a fazer e alguns pensamentos de enfrentamento?
S: Qual é o pior que pode acontecer? Eu não sei o que ela está pensando, mas ela já foi legal antes.
T: Então, qual é o pior que pode acontecer?
S: Ela não vai querer falar comigo.
T: Como descobrimos isso?
S: Ah, testando...
T: E se ela não quiser falar com você?
S: Isso vai ser ruim.
T: Sim. E?
S: E eu tenho que tentar descobrir.
T: Qual é a chance de ela pensar que você é uma idiota?
S: 50 ou 60%.
T: Tão alta assim? Você é uma idiota?
S: Às vezes.
T: Isso é duro, autocrítico e, provavelmente, não tão útil para a sua causa, certo? Eu também sou um idiota às vezes, certo? Não precisa responder isso!
S: (*risos*).
T: E se você achar que ela é uma idiota? Ou não é legal? E se ela for realmente legal? Ou, e se você alegrar o dia dela porque ela está triste com algo? Ou, e se você tiver uma troca agradável? Ou, e se tudo correr bem? Ou, e se ela disser "oi" para você na próxima aula porque você disse "oi" para ela dessa vez? Ou, e se ela não pensar que você é uma idiota, mas achou que você era antipática ou muito tímida

porque evitou contato visual ou falar com ela no passado? Existem TANTAS possibilidades que a ansiedade às vezes não deixa você ver.

S: Acho que sim.

T: O que você pode dizer a si mesma para se encorajar a fazer a exposição e passar por ela?

S: Eu quero amigos e tenho que tentar. Eu não vou saber a menos que continue praticando.

T: Quão bem você se sentirá tentando falar com ela? Como você pode se recompensar por fazer essa exposição?

Na troca apresentada, o terapeuta pode optar por seguir em várias direções específicas; no entanto, a habilidade geral ao se preparar para a exposição é ajudar Shelby a identificar seus pensamentos automáticos e suas armadilhas de pensamento, reconhecendo a conexão deles com sua ansiedade e evitação e elaborando seu plano de enfrentamento. Observe que, ao ajudar Shelby a desafiar e questionar pensamentos negativos antecipatórios, o objetivo não é tranquilizá-la de que todos serão legais e que todos os resultados serão positivos. O terapeuta usa a validação do desconforto de Shelby (e seria "ruim" se seu resultado temido ocorresse) e humor e irreverência (todos nós somos "idiotas" às vezes e nos chamar assim em nossos pensamentos privados não é tão útil). Ele também ajuda a gerar possíveis resultados alternativos. Jovens socialmente ansiosos têm muitas suposições e vieses de atenção em jogo e estão focados na possibilidade de avaliação e rejeição, enquanto também fazem seus julgamentos negativos sobre si mesmos. Muitas vezes, eles não percebem as muitas outras possibilidades nas tentativas de engajamento social (p. ex., "E se VOCÊ não gostar DELES"). É importante destacar que o terapeuta já trabalhou para lembrar Shelby de que essas exposições estão a serviço de seu objetivo de fazer amigos, para que ela possa usar esse valor como motivação intrínseca para tentar a exposição. O foco está no esforço de tentar falar com sua colega, e menos no resultado em si, e a autorrecompensa deve ser contingente a esse esforço. (Não se pode saber se quer ser amigo de alguém, a menos que conheça a outra pessoa.) Claro, trabalhar com jovens mais novos pode incluir um quadro de recompensas para conclusão da exposição que inclua adesivos, pontos, fichas, pequenos prêmios, por exemplo, para obter motivação extrínseca. Será importante informar e incorporar os pais conforme apropriado: para orientação, elogiar a abordagem, em vez de usar a evitação, desenvolver um quadro de recompensas para exposições e oferecer *feedback* positivo aos pais com base no *esforço*, não no resultado.

Na próxima sessão, durante essa fase de tratamento, Shelby e seu terapeuta revisam a exposição de prática em casa:

T: Como foi?

S: Normal, acho.

T: Então você fez? Isso é ótimo, parabéns por fazer algo que foi assustador para você. Me conte como foi.

S: Hum, eu disse oi no final da aula de dança. Ela foi legal.

T: Seja mais específica, por favor.

S: Ela disse "oi" ou algo do tipo, e ela disse que gostou da minha roupa. E eu disse que gostei da roupa dela também.

T: Ela te chamou de idiota? Ou esquisita? Ela cochichou pelas suas costas?

S: (*sorrindo*) Não.

T: Ok, e então o que aconteceu?

S: Ela disse "Tchau, até semana que vem" ou algo assim, e então eu disse "tchau" e acenei.

T: Ótimo. Bom trabalho! O velho truque da rota de fuga apareceu?

S: Ah, sim.

T: E como você lidou com isso?

S: Não sei. Só me disse para fazer e ir até ela. Eu ignorei.

T: Parece que você ouviu, ignorou e realmente desafiou. Muito bem! Agora você começou algo. Qual poderia ser o próximo passo?

S: Conversar com ela na próxima semana. Talvez enviar aquela mensagem?

O terapeuta elogia Shelby por completar a prática em casa e tentar a exposição, *independentemente do resultado*. Elogios específicos, positivos e rotulados são importantes, pois estamos tentando moldar seus comportamentos de abordagem (em vez de evitar), focar no esforço e modelar um possível roteiro para suas próprias autoavaliações. Em seguida, é importante elicitar um pouco de descrição detalhada, com o máximo de detalhes possível, ao mesmo tempo que compara os resultados antecipados daqueles pensamentos automáticos que foram gerados com os resultados reais e quaisquer violações de expectativas. Não podemos ler mentes e saber se a colega de dança achou que ela era "estranha" ou "idiota", mas podemos (1) ajudar Shelby a se elogiar e se recompensar por iniciar uma conversa e (2) reconhecer informações que, de outra forma, seriam ignoradas: que a colega respondeu e até comentou sobre sua roupa. O terapeuta também trabalha para identificar a estratégia de enfrentamento que Shelby usou para superar o diálogo interno, incentivando a evitação para que ela possa começar a criar futuros *scripts* de enfrentamento e de autorreflexão de abordagem (p. ex., "Eu só me disse para fazer e ir até ela. Eu ignorei.").

Vamos supor que o exemplo anterior tivesse sido diferente, ou outra exposição de prática em casa fosse menos "normal".

T: Como foi?

S: Horrível?

T: Então você fez?

S: Sim. Foi péssimo.

T: Primeiro, é ótimo que você tenha feito isso. Parabéns por fazer algo que foi assustador para você. Me conte como foi.

S: Hum, eu disse oi no final da aula de dança. E ela sorriu e foi embora.

T: Seja mais específica, por favor.

S: Ela não disse nada.

T: Ela te chamou de idiota? Ou de esquisita? Ou cochichou pelas suas costas?

S: Não, mas ela provavelmente estava pensando isso.

T: Você tem certeza disso?

S: Não.

T: Qual é essa armadilha?

S: Leitura de pensamento. Mas ela não disse nada.

T: Isso deve ter sido difícil. Eu entendo por que você achou que foi péssimo. Embora nós não saibamos o que ela estava pensando.

T: O que você observou? O que aconteceu depois?

S: Eu não sei; ela foi embora.

T: Você disse que ela sorriu?

S: Acho que sim.

T: Ok, isso é alguma informação. Como estava o volume da sua voz?

S: Normal, eu acho.

T: Então, estava baixo? Nós temos certeza de que ela te ouviu?

S: Acho que sim. Eu não sei.

T: Podemos ver o que acontece na próxima semana, quando você voltar para a aula de dança. O velho truque da rota de fuga apareceu?

S: Ah, sim.

T: E como você lidou com isso?

S: Não sei. Só me disse para fazer e ir até ela. Eu ignorei.

T: Parece que você ouviu, ignorou e realmente desafiou. Muito bem! Agora você começou algo. O que você pode dizer a si mesma?

S: Pelo menos eu tentei. Ela sorriu. Talvez ela não tenha me ouvido. Foi bem no final, na saída.

T: E mesmo que ela tenha te ouvido? O que mais é possível?

S: Talvez ela estivesse nervosa. Ou surpresa porque eu normalmente não me expresso.

T: Sim, esses são bons pensamentos alternativos. E se ela te ignorou? O que, é claro, é péssimo.

S: Não sei.

T: De qualquer forma, você tem boas informações, certo? Um, você tentou algo assustador e sobreviveu. Dois, você descobriu que PODE se aproximar de alguém. Três, talvez seja importante tentar em outro momento, como antes da aula, ou em um volume mais alto, ou com outra pessoa. Isso são boas informações.

S: Certo.

T: Você se elogiou?

S: Pelo que, se ela não disse nada?

T: (*rindo*) Isso não era a prática em casa. O treino em casa era para VOCÊ dizer alguma coisa. E você disse!

Assim, nesse cenário, o terapeuta e Shelby revisaram de forma colaborativa a exposição e conversaram detalhadamente sobre o que "foi péssimo". O terapeuta certificou-se de identificar possíveis vieses de processamento negativo pós-evento que poderiam afetar a recordação da prática em casa de uma criança, sem invalidar experiências que, de fato, podem ter parecido "péssimas". A revisão detalhada serve para (1) comparar resultados previstos e reais; (2) observar violações de expectativa; (3) reconhecer, rotular e desafiar distorções cognitivas; (4) reforçar o esforço, não o resultado, e fornecer um modelo para autorreforço; e (5) estabelecer o quadro de exposições como métodos de teste de hipóteses e coleta de informações. São todos dados.

Não sabemos qual será o efeito final dessa troca, independentemente de quão bem-sucedida pareça após uma tentativa. Talvez Shelby e a outra adolescente nunca mais conversem; talvez se tornem melhores amigas; ou talvez qualquer coisa entre esses extremos aconteça. Não sabemos, mas sabemos que Shelby e essa garota nunca poderiam se tornar amigas se Shelby evitasse falar com ela. Dadas essas escolhas, valeu a tentativa. Esse compromisso com o processo é o que merece elogios.

IDENTIFICAÇÃO DE PADRÕES DE INTERAÇÃO CUIDADORES-FILHO

Como surgiu ao longo da avaliação e foi destacado na conceitualização, os pais de Shelby respondem de maneira um tanto diferente aos comportamentos de ansiedade social, angústia e evitação da jovem. Na fase inicial do tratamento, o terapeuta trabalha com eles no estabelecimento de metas e na clarificação de expectativas realistas (p. ex., Shelby pode não ser capaz de ser "mais como seus irmãos" socialmente). Suas metas identificadas compartilham alguma sobreposição com as metas de Shelby, embora enfatizem aspectos escolares, bem como metas relacionadas aos pares. Trabalhar em avaliações funcionais ajudará a entender como a resposta dos pais tem estado envolvida em reforçar alguns dos comportamentos de fuga/evitação de Shelby e manter sua ansiedade. O terapeuta forneceu o Material suplementar 11 (uma versão reproduzível está disponível no Apêndice A) para ajudar a educar os pais de Shelby sobre várias armadilhas parentais, incluindo exemplos de onde os pais podem cair em uma das armadilhas comuns. Como descrito a seguir, a mãe e o pai tendem a cair em armadilhas independentes, de modo que a mãe tende a resgatar Shelby da ansiedade (espiral de acomodação), e o pai tende a se tornar crítico (espiral agressivo-coercitiva). O terapeuta age em seguida para ajudar os pais a aumentarem a consciência de seus próprios padrões de resposta a Shelby (ver Fig. 9.10; uma versão em branco está disponível como Planilha 9 no Apêndice A).

É importante destacar que a variabilidade nas respostas de seus pais cria uma abertura para reforço intermitente, a forma mais poderosa de reforço. Assim como o poder das máquinas caça-níqueis, os pais de Shelby ocasionalmente permitem que a ansiedade da filha ganhe o "prêmio" de escapar de situações assustadoras de tempos em tempos. Eles podem não permitir a fuga o tempo todo (reforço contínuo), mas reforçam o suficiente para manter a ansiedade. O terapeuta precisa trabalhar com os cuidadores para reconhecer esses padrões, entender como eles estão (inadvertidamente) mantendo a ansiedade e estabelecer a justificativa para a fase de exposição. Em serviço dessas etapas, o terapeuta trabalha com os pais de Shelby para identificar seus próprios pensamentos, sentimentos e comportamentos em resposta à ansiedade de Shelby, que, provavelmente, estão servindo como antecedentes para acomodar os comportamentos de evitação.

Durante a fase de exposição, o terapeuta trabalhou com os pais de Shelby para criar oportunidades de exposição (p. ex., exigir que Shelby faça pedidos para viagem), concordar com expectativas em relação à escola e à participação em atividades, elogiar seus esforços na prática em casa relacionada à terapia e elogiá-la quando ela se aproxima ou permanece em qualquer situação social da qual ela tem vontade de sair. O terapeuta pode trabalhar para entender as respostas diferenciais dos pais como ilustrativas do modelo cognitivo-comportamental (i.e., os pensamentos, as expectativas e os sentimentos que eles têm quando Shelby fica ansiosa, retrai-se e quer evitar interações sociais). Com Shelby, por exemplo, o terapeuta entende que ambos os pais estão preocupados com possíveis fracassos e a reação de Shelby a isso:

T: Então, o que vocês acham que vai acontecer quando Shelby for à escola e tiver que fazer aquela apresentação?

P: Ela vai tentar escapar disso. Ela é uma garota inteligente e consegue se safar disso agora. Em algum momento, porém, ela vai ter um professor ou chefe que não se importa com os nervos dela. E então? Eu não quero que ela seja uma dessas "flores de estufa" da geração *millennial*.

M: Não a chame assim. Ela pode ficar tão chateada que chora na frente das outras crianças, e isso será ainda pior para ela. Ela nunca vai superar isso. Talvez a professora possa deixá-la apresentar só para ela depois da aula.

T: Parece que vocês estão preocupados com algum resultado negativo para Shelby, o que me ajuda a entender como e por que vocês respondem a ela de maneiras diferentes às vezes. Pai, parece que você acha que ela está cedendo e escolhendo o caminho mais fácil. E, olhando para o futuro, ela não terá as habilidades de que precisa para ter sucesso. Mãe, parece que você está mais preocupada que algo terrível aconteça com ela se ela tentar fazer a apresentação, e isso terá consequências pessoais e sociais sérias para ela agora.

Ao esclarecer o padrão de resposta deles à luz dos medos por Shelby, o terapeuta pode utilizar a psicoeducação, bem como

PLANILHA 9. Análise de cadeia pais-filho

	Você consegue identificar alguma armadilha na criação dos pais? Quais alternativas você poderia tentar?		

	Ação/resposta	Armadilha parental	Solução potencial ou habilidades a utilizar?
Evento de estímulo:	Shelby tem uma apresentação oral próxima em estudos sociais.		
Ação da criança:	Shelby pede aos pais uma nota para ser dispensada de fazer uma apresentação oral.		
Resposta dos pais:	Mãe: Eu digo, "Talvez," porque não quero prepará-la para o fracasso.	Acomodação	Empatizar e encorajar; incentivar a criança a usar resolução de problemas
Reação da criança:	Shelby insistiu no seu caso. "Por que eu não deveria ser dispensada?!"		
Resposta dos pais:	Pai: Eu falei algo sobre ela estar escolhendo o caminho mais fácil e nunca melhorar.	Agressivo-coercitivo	Empatizar e encorajar
Conflito/problema Comportamento:	Shelby bateu a porta e não saiu pelo resto da noite.		
Resultado 1 (O que aconteceu?):	Nós não a vimos.		
Resultado 2:	Ela não trabalhou em seu relatório.		
Resultado 3:	Ela estava ainda mais ansiosa e chateada no dia seguinte.		

FIGURA 9.10 Análise de cadeia das interações cuidadores-filho no caso de Shelby.

intervenções prescritivas para que cada pai reconheça, desafie e resolva seus próprios pensamentos. No caso de Shelby, cada pai tem pontos fortes, sobretudo em habilidades de empatia e encorajamento. A mãe de Shelby demonstra uma boa capacidade de se colocar no lugar da ansiedade de sua filha e, em algumas ocasiões, incentivar comportamentos de aproximação. Em outras ocasiões, porém, ela permite comportamentos de evitação e, às vezes, resgata Shelby devido ao seu próprio desconforto. O terapeuta pode orientar a mãe de Shelby a desafiar seu próprio pensamento catastrófico e conceituar as exposições como oportunidades para praticar habilidades e a evitação como oportunidades perdidas para praticar tais habilidades e, possivelmente, receber *feedback* favorável.

Em contrapartida, o pai de Shelby tem sua própria versão de resultado temido que impulsiona seu encorajamento sem empatia suficiente. O terapeuta pode trabalhar com ele para entender melhor a ansiedade de Shelby e, talvez, usar exemplos de outras ansiedades que ele possa ter experimentado que não a ansiedade social. O terapeuta também pode trabalhar com o pai de Shelby para fornecer declarações não julgadoras, validando as experiências ansiosas dela (p. ex., "Eu sei que levantar a mão na sala de aula te deixa realmente nervosa e faz você não querer fazer isso"). Neste e em outros casos, o terapeuta deseja trabalhar com o cuidador para ouvir ativamente, colocar-se no lugar dele e fornecer declarações validadoras sem necessariamente resolver problemas. Observe que, para o pai de Shelby, o instinto de evitar a evitação está alinhado com a conceitualização do terapeuta e com as exposições planejadas. No entanto, na ausência de empatia e apoio suficientes, sua abordagem estilística se tornou uma fonte de contenda e produziu outra "saída de emergência", em que Shelby "vai para a mãe" para tirar "o pai de cima dela" (um dos dois objetivos terapêuticos declarados de Shelby). Treinar o pai de Shelby com roteiros para elogios específicos rotulados e reforço positivo facilita tanto os objetivos dos pais quanto os da jovem, tornando o pai um aliado para a mudança. O Capítulo 5 oferece mais exemplos de como conduzir os cuidadores para uma postura ativa e de apoio enquanto promove a mudança.

Gráficos de recompensas e gerenciamento de contingência

Considerando a autorreflexão negativa de Shelby e sua idade, o terapeuta deverá prestar atenção especial à autorrecompensa e ao autoelogio de Shelby. Como observado, o terapeuta pode modelar *scripts* para autorrecompensar pelo esforço, em vez de pelo resultado (p. ex., "Estou orgulhosa por ter tentado isso"), abordagem, em vez de evitação, enfrentamento (p. ex., "Foi difícil permanecer, mas resisti o tempo todo e estou orgulhosa de mim mesma"), identificação de autocríticas negativas (p. ex., "Percebi quando pensei que estava sendo estranha"). Isso não quer dizer que ela não possa criar um plano de recompensas externas por trabalhar em exposições (p. ex., "Depois de completar minhas três exposições neste fim de semana, vou me dar um sorvete no domingo"). Para esse exercício, o terapeuta elaborou opções para metas e recompensas (ver Fig. 9.11; uma versão em branco está disponível como Planilha 14 no Apêndice A).

É claro que trabalhar com os pais de Shelby pode incluir ajudá-los a fornecer elogios específicos e rotulados para os comportamentos de abordagem de Shelby, conclusão da prática em casa e esforços de exposição. Recompensas podem ser incorporadas às exposições semanais (p. ex., "Se você pedir *pizza* pelo telefone, pode escolher o filme para a noite da família"). Elogios podem vir na forma de ganhar *tokens* para outras recompensas (p. ex., um quadro de comportamento em que Shelby ganha 1 ponto para cada exposição social que pode ser trocada por compras de aplicativos para iPad) ou ganhar recompensas que exigem acumular pontos ao longo do tempo (p, ex., compra de um novo *videogame*). Os pais podem ser ensinados a usar solicitações existentes da juventude como alavanca para o planejamento de gerenciamento de contingência (ver Capítulo 5 para exemplos de planos de recompensas facilitados pelos pais).

Colaboração com a escola

Ao trabalhar com jovens socialmente ansiosos, pode ser útil identificar mediadores-chave na escola do jovem para auxiliar o suporte aos objetivos terapêuticos do adolescente. Em virtude do grande número de interações sociais que ocorrem na escola, o terapeuta pode trabalhar com Shelby para identificar interações sociais em potencial na escola, em que ela pode incorporar sua prática de exposição em casa. Com a interferência e o prejuízo de Shelby relacionados aos seus objetivos de ansiedade social e de desempenho, pode ser benéfico conectar-se com professores ou pessoas da escola para avaliar funcionalmente e entender melhor como Shelby se apresenta na escola em geral, revisar sua participação em aula (ou a falta dela) e derivar exemplos de evitação real e tentada em resposta a uma demanda de apresentação. Ver Capítulo 11 para recomendações sobre como se conectar com o pessoal da escola e desenvolver um plano de intervenção coordenado. Por exemplo, os professores podem preencher sua própria planilha de avaliação funcional (ver Fig. 9.5; uma versão em branco está disponível como Planilha 1 no Apêndice A) para fornecer detalhes sobre a resposta típica de Shelby em ambientes acadêmicos. Os professores podem ser receptivos à psicoeducação e aos objetivos de tratamento, bem como às estratégias a serem incorporadas em seu trabalho com jovens. Por exemplo, o terapeuta pode ensinar os professores de Shelby a incorporarem linguagem de empatia e incentivo em sua instrução.

Além da avaliação, os professores ou o pessoal da escola podem ser recrutados durante a fase de *design* e execução de exposições. Por exemplo, terapeuta e professor podem coordenar exposições para que Shelby levante inicialmente a mão para uma pergunta que ela sabe antecipadamente ou para marcar um horário para se encontrar com o professor para discutir um determinado projeto. Outras exposições coordenadas na escola para Shelby podem incluir o seguinte:

- Emparelhamento de projetos em grupo facilitado pelo professor.
- Saber antecipadamente qual seção "ler em voz alta".
- Praticar uma fala ou apresentação para um professor com antecedência para obter *feedback*.
- Preparar uma pergunta para o horário de atendimento.
- Ser abordada para uma oportunidade de voluntariado na escola.

Com o tempo, as exposições pré-planejadas podem se transformar em exposições mais naturais e realistas (p. ex., ser chamada sem conhecimento prévio da pergunta, o professor não saber que uma solicitação de reunião está chegando com antecedência). É claro que o nível de colaboração escolar e envolvimento explícito pode variar amplamente dependendo do sistema escolar, da disponibilidade e da preferência do professor, do cuidador e da jovem. De modo ideal, incorporar as pessoas e os ambientes mais relevantes para os jovens pode permitir um trabalho de exposição *in vivo* potente e significativo.

PLANILHA 14. Quadro de metas e recompensas

Sempre que estamos tentando habilidades novas, devemos nos recompensar pelo esforço. Primeiro, pense em metas alcançáveis e significativas. Em seguida, escolha como você se recompensaria por cada realização.

Metas que posso me atribuir	Recompensa	S	T	Q	Q	S	S	D	# de dias alcançados
Enviar uma mensagem para um amigo por dia.	Comprar um sorvete na Rita's se fizer isso pelo menos 5 dias esta semana.	S	N	N	S	N	S	N	3
Identificar pensamentos negativos.	Dar um tapinha nas costas de cada um.	N	N	S	S	S	N	S	4

Metas pelas quais meus pais podem me recompensar	Recompensa	S	T	Q	Q	S	S	D	# de dias alcançados
Pedir comida para viagem.	Escolher o programa de TV da noite da família.	—	—	—	—	S	N	—	1

FIGURA 9.11 Quadro de metas e recompensas para Shelby.

Monitoramento de progresso

A avaliação na TCC é contínua, e quando a RCADS foi administrada na semana 4 (Tabela 9.2), a ansiedade de Shelby parecia ter aumentado no formulário de autorrelato, sobretudo em suas respostas relacionadas à ansiedade social. Isso é notável e pode indicar que Shelby (1) provavelmente subestimou sua ansiedade na admissão em relação às suas preocupações sociais, (2) aumentou a autorrevelação de suas preocupações sociais e, em conjunto, (3) pode ter tido melhor acesso e entendimento de sua sintomatologia ansiosa após se envolver no tratamento. As pontuações da RCADS também podem refletir o aumento em sua experiência ansiosa, que resultou do engajamento ativo no tratamento. Isso é compreensível, dada a própria natureza da TCC em focar na ansiedade, fornecer psicoeducação sobre sua evitação/fuga e estabelecer o plano para encorajar abordagens e exposições.

O monitoramento do progresso também inclui o acompanhamento das melhorias nas habilidades sociais de Shelby (ver Fig. 9.2), que podem incluir observação comportamental em sessão e ensaios pré e pós-habilidades. A rastreabilidade da conclusão da exposição à prática domiciliar de Shelby permite ao terapeuta ver que Shelby está aumentando a prática de habilidades fora do consultório e aumentando o engajamento social e as atividades (p. ex., frequentando aulas de dança semanalmente, aproximando-se de colegas, levantando a mão na aula). A colaboração e os *check-ins* com a escola também são fundamentais no monitoramento do progresso, em especial no que diz respeito à participação em aula e aos objetivos de apresentação.

Conforme a terapia de Shelby avançava para as fases posteriores, seus pais melhoraram sua capacidade de se solidarizar e encorajar a ansiedade social da filha, sem acomodá-la e ajudando-a a utilizar a "saída de emergência".

ENCERRAMENTO E PREVENÇÃO DE RECAÍDA

A última fase do tratamento inclui uma rotina constante de exposições *in vivo* em sessão e fora do consultório, abordando todos os aspectos da hierarquia de Shelby. É normal que, ao longo do tratamento, haja situações que surgem naturalmente (p. ex., aniversários, atividades, apresentações) que permitem variabilidade no *design* colaborativo de exposição. Após vários meses de sessões semanais, Shelby está demonstrando melhorias em sua participação em aula e não está mais tentando evitar apresentações orais, segundo sua professora. Ela voltou a se engajar em aulas de dança e as frequenta regularmente, e fez duas amigas, com quem socializa. Seus pais relatam menos conflito em torno de "fazê-la fazer coisas" ou "deixá-la escapar". Ela continua a lutar com alguns julgamentos negativos sobre si mesma antes, durante e depois das apresentações, mas é capaz de desafiá-los de forma mais eficaz e não ficar presa em uma espiral por tanto tempo. Um sinal positivo surgiu quando Shelby pediu para cancelar uma sessão para sair depois da escola.

O terapeuta, Shelby e seus pais também decidem de forma colaborativa uma data de término para o tratamento, enquanto trabalham em um plano de prevenção de recaída. Esse plano ajudará Shelby a consolidar suas habilidades mais eficazes (i.e., perceber a "saída de emergência" e desafiá-la, permanecendo na situação), ajudará seus pais a observarem as suas (solidarizar e encorajar, orientar e abordar) e, é claro, guiará Shelby a continuar praticando. A mãe da jovem também observou o uso das habilidades de TCC para abordar sua própria ansiedade social e o desejo de modelar para Shelby, ins-

TABELA 9.2 Perfil de sintomas de Shelby usando a RCADS, semanas 1 a 4

	Jovem, semana 1		Jovem, semana 4	
	Pontuações brutas	Pontuações T	Pontuações brutas	Pontuações T
Ansiedade de separação	0	40	1	44
Ansiedade generalizada	1	32	2	35
Transtorno de pânico	1	40	3	46
Ansiedade social	4	33	18	61
Obsessões/compulsões	0	35	0	35
Depressão	0	29	6	46
Ansiedade total	6	31	24	45
Ansiedade total e depressão total	6	29	30	45

*Pontuações T acima de 65 indicam limite clínico limítrofe. **Pontuações de 70 ou mais indicam escores acima do limite clínico. As pontuações T são normalizadas com base na idade e no gênero do jovem.

crevendo-se em atividades sociais, apesar de seu desconforto. A prevenção de recaída também se concentra em antecipar desafios que podem aumentar a ansiedade de Shelby ou desencadear seu desejo de evitar (p. ex., troca de professores no próximo semestre, *performance* de dança no feriado) e lembrar à família das habilidades eficazes aprendidas. Também envolve focar em *oportunidades* antecipadas que possam surgir para praticar intencionalmente habilidades aprendidas e desafiar a ansiedade social (como um emprego de verão).

Prognóstico e acompanhamento

Ao término, o terapeuta transmitiu que o prognóstico de Shelby era positivo, assumindo que a adolescente e seus pais continuem a praticar e se envolver com expectativas realistas (p. ex., aumentar sua sociabilização não significava que ela se tornaria extrovertida, e ela precisaria continuar a estar atenta às suas autoavaliações negativas) e reconhecer os desafios sociais do ensino médio. Também foi útil para Shelby e seu terapeuta agendar sessões de reforço ao longo do caminho para ajudar nessas dificuldades. O terapeuta começou a discutir os próximos desafios de desenvolvimento conforme a fase adulta emergente, que provavelmente seriam desafiadores (p. ex., fazer ligações para marcar suas próprias consultas médicas, entrevistas de emprego).

Desafios neste caso

Consistente com os outros casos de TAS, Shelby apresentou ansiedade significativa e em piora em todas as áreas. Seria compreensível o terapeuta se sentir sobrecarregado pelos muitos aspectos da ansiedade de Shelby: seu nível de angústia, autojulgamentos negativos, falta de autoeficácia, escape e comportamentos de evitação. O terapeuta precisou trabalhar com Shelby em: habilidades sociais; aumento do isolamento; respostas parentais diferenciais e conflito entre pais/família; possível necessidade de colaboração contínua e trabalho colateral com o professor e a escola; e a transição de Shelby do ensino fundamental para o ensino médio. Talvez a última área seja especialmente desafiadora, dadas a dificuldade e os desafios dessa fase até mesmo para o adolescente menos ansioso. Vamos tirar um momento para refletir sobre nossas próprias experiências sociais no ensino fundamental indo para o ensino médio, com um aceno coletivo para os desafios provavelmente quase universais que lutamos para gerenciar, tendo em mente a sobreposição dos contextos sociais atuais a serem navegados por meio das mídias sociais e suas muitas plataformas, aparentemente constantes e onipresentes.

Dessa forma, a conceitualização de caso e uma compreensão funcional contínua das ansiedades de Shelby podem orientar as complexidades desses múltiplos domínios e fornecer um roteiro para intervenções em todos os níveis, desde melhorar o contato visual até participar de um clube. Continuar a reformular a conceitualização de caso com dados e habilidades novos e coletados ao longo do tratamento pode ajudar todos os participantes envolvidos – terapeuta, pais, jovem – a estabelecerem expectativas realistas. A interação social é constante na vida e pode ser avassaladora. Dessa forma, pode ser especialmente importante destacar incrementos aparentemente pequenos de progresso – você se lembra de quão ansiosa Shelby estava quando conheceu seu terapeuta pela primeira vez?

SÍNTESE E PONTOS-CHAVE

Jovens com TAS muitas vezes apresentam prejuízos em múltiplos domínios, incluindo ansiedade clínica, socialização com os pares privada, déficits de habilidades sociais e preocupações com o desempenho acadêmico. O tratamento deve focar nos domínios de maior prejuízo, alinhado com os objetivos do jovem e do cuidador e informado pela conceitualização do terapeuta.

- Avaliar áreas específicas de acomodação parental/cuidador/professor por meio de escape/evitação (p. ex., respondendo por jovens com ansiedade social, deixando-os fora de apresentações orais) que podem estar reforçando negativamente esses mesmos comportamentos.
- Avaliar as habilidades e os déficits interpessoais potenciais do jovem e incorporar treinamento e prática de habilidades sociais.
- Estabelecer expectativas realistas de resultado conforme o temperamento do jovem.
- Avaliar vieses de processamento de informação, sobretudo em relação ao processamento avaliativo negativo pré--evento e pós-evento, do jovem e autorreflexão.
- Observar qualquer leitura de pensamentos e outras distorções cognitivas comuns na ansiedade social.
- Incluir colegas da mesma idade nas exposições.
- Avaliar e incorporar os interesses do jovem para maximizar sua motivação intrínseca para exposições sociais e de desempenho.
- Avaliar o uso de álcool e substâncias em adolescentes em conexão com a ansiedade social (p. ex., o impulso de "beber para se soltar", dificuldades com assertividade ou recusa de pares).

10
Transtorno de ansiedade generalizada

A preocupação é o aspecto fundamental do transtorno de ansiedade generalizada (TAG), que leva à apreensão ansiosa, tensão física e evitação e fuga comportamentais. A preocupação é uma característica cognitiva da ansiedade (Barlow, 1988) que reflete tentativas expansivas e improdutivas de resolver problemas ou se planejar para as adversidades e os desafios estressantes da vida. A própria preocupação é uma reação natural quando a solução para um problema iminente não está clara, ou o resultado de um desafio iminente é imprevisível, ou quando as demandas sobre a carga cognitiva excedem a capacidade de alguém. Quando o processo de preocupação se torna difícil de interromper ou se expande para múltiplos domínios (escola, vida social, trabalho, família, futuro), pode limitar significativamente o funcionamento e o desempenho naturais do jovem (Alfano, 2012; Roemer & Borkovec, 1993).

Os jovens muitas vezes se envolvem em preocupações, com algumas evidências sugerindo que a maioria das crianças relata preocupação excessiva em vários momentos da infância e da adolescência, sendo que os jovens mais velhos e as meninas parecem exibir níveis mais altos de preocupação (ver Bell-Dolan, Last, & Strauss, 1990; Songco, Hudson, & Fox, 2020). Dados comunitários sobre as preocupações dos jovens indicam que é normativo do desenvolvimento que a maioria dos jovens endosse pelo menos algumas preocupações em diversos domínios, incluindo saúde, segurança, morte, família, escola, questões sociais e eventos comunitários e mundiais (Silverman, La Greca, & Wasserstein, 1995; Muris, Meesters, Merckelbach, Sermon, & Zwakhalen, 1998). O conteúdo de tais preocupações é relativamente similar entre jovens referenciados e não referenciados; o que se apresenta de forma diferente é a intensidade, os tipos e a incontrolabilidade das preocupações (Weems, Silverman, & La Greca, 2000).

Além da preocupação, jovens que preenchem os critérios formais para TAG endossarão pelo menos um sintoma fisiológico, como dor de estômago, tensão muscular, dores de cabeça e dificuldade de concentração. Jovens e cuidadores muitas vezes diferem em seus relatos de sintomas somáticos, com os cuidadores endossando mais deles, sugerindo que eles podem atribuir sintomas físicos à ansiedade mais prontamente do que os jovens. Como esperado, os jovens mais velhos experimentam ou endossam sintomas somáticos com mais frequência do que crianças mais novas (Kendall & Pimentel, 2003).

VARIÁVEIS COGNITIVAS

Jovens altamente ansiosos evidenciam vieses cognitivos consistentes, de forma que são mais propensos a interpretar ameaças e antecipar resultados negativos (p. ex., Suarez & Bell-Dolan, 2001). Modelos adultos de preocupação postulam que, como atividade cognitiva, os comportamentos de preocupação podem servir à função de evitar experiências emocionais (Borkovec, Shadick, & Hopkins, 1991). Da mesma forma, modelos metacognitivos de TAG adulto propõem que tanto pensamentos positivos quanto negativos e crenças sobre a própria preocupação reforçam ainda mais os comportamentos de preocupação (Wells, 2006). Muitas pessoas com TAG indicam atributos positivos à preocupação, como a crença de que sua preocupação os ajuda a se planejar para desafios ou resolver problemas (Gosselin et al., 2007). Adultos com ansiedade clínica também mantêm crenças negativas sobre a preocupação que reforçam sua persistência, como superstições sobre seu papel, ou suposições sobre sua incontrolabilidade (Cartwright-Hatton et al., 2004). Pesquisas recentes também encontraram evidências de que os jovens se envolvem em metacognições semelhantes sobre a preocupação, e a natureza dessas crenças prediz o nível de preocupação (Bacow, Pincus, Ehrenreich, & Brody, 2009; Wilson et al., 2009).

VARIÁVEIS COMPORTAMENTAIS

Uma consequência comportamental comum da preocupação é a busca por reconforto, que o jovem usa na tentativa de lidar com sua ansiedade. Esses comportamentos podem incluir, por exemplo, fazer perguntas aos pais, cuidadores, amigos e professores relacionadas aos seus tópicos de preocupação e buscar reforço de que os resultados temidos não ocorrerão: "Vai chover a caminho da escola?"; "A professora ficará brava se eu chegar atrasado?"; "Vou me recuperar se perder as instruções?". Essas perguntas presumem buscar informações de forma inocente, mas sua função mais insidiosa se torna aparente quando nenhuma resposta parece acalmar a ansiedade do jovem. A busca por reconforto também pode assumir a forma de coleta persistente de informações de fontes externas, como fontes de notícias, internet, amigos e familiares. Procrastinação e planejamento excessivo são outras formas de evitação comportamental. Por exemplo, jovens com TAG podem estudar de forma excessiva para testes ou sair excessivamente cedo para compromissos para evitar resultados indesejáveis, como notas mais baixas ou avaliações de desempenho por outras pessoas. Assim como com outras formas de evitação comportamental, o jovem cai nessas armadilhas pela falsa crença de que tais comportamentos os protegerão de resultados negativos. Essa breve redução da ansiedade reforça a preocupação persistente e a evitação comportamental, mesmo que essas táticas não melhorem os resultados significativos reais em longo prazo (p. ex., o planejamento excessivo não ajuda necessariamente um indivíduo a realizar mais tarefas).

VARIÁVEIS PARENTAIS E FAMILIARES

Os comportamentos dos cuidadores também podem desempenhar um papel. Evidências sugerem que a superproteção e o estilo parental ansioso estão comumente associados à preocupação dos jovens (Muris et al., 2000), e os cuidadores podem modelar seus próprios comportamentos ansiosos que reforçam esses comportamentos em seus filhos (Fisak & Gills-Taquechel, 2007). A superproteção pode privar os jovens da oportunidade de resolver problemas por conta própria ou aprender de modo empírico que resultados difíceis podem ocorrer sem resultados catastróficos. É importante ressaltar que também há evidências de que os relatos de rejeição pelos pais de jovens clinicamente ansiosos estão associados a níveis mais altos de preocupação (Brown & Whiteside, 2008). Ver Capítulo 5 para uma discussão mais aprofundada e uma descrição mais detalhada das intervenções com cuidadores.

MODELO DE TERAPIA COGNITIVO--COMPORTAMENTAL PARA O TRANSTORNO DE ANSIEDADE GENERALIZADA

Assim como em outras ansiedades, a aplicação do modelo da terapia cognitivo--comportamental (TCC) ao TAG requer identificar como os pensamentos, sentimentos e comportamentos do jovem interagem em resposta aos estressores (ver Material suplementar 22 no Apêndice A). Os processos cognitivos do jovem, caracterizados por preocupação excessiva, são talvez mais aparentes a princípio. Jovens com TAG experimentam preocupação excessiva e incontrolável que reflete e perpetua significativo desconforto. O conteúdo das preocupações do jovem assume resultados negativos catastróficos e superestima a probabilidade de resultados negativos: "Se eu tirar um B, não conseguirei entrar na faculdade" ou "E se eu for atacado por um tubarão quando formos à praia?". O terapeuta deve estar alerta para resultados negativos presumidos que o jovem não consegue expressar, como "Vou me atrasar para pegar o ônibus". Para outros, isso pode parecer um resultado plausível, mas não catastrófico. Para o jovem preocupado, isso implica todos os tipos de resultados catastróficos. Será útil ajudar o jovem a articular seus medos concretos o máximo possível.

Claro, mais preocupação gera mais preocupação à medida que o jovem continua a cogitar sobre os prováveis eventos ruins que virão. Conforme persiste na preocupação, a agitação somática acumula-se na forma de tensão ou incapacidade de relaxar. Pode ser evidente a má concentração, e o jovem pode parecer preocupado ou distraído. Ele pode experimentar perturbação nos rituais do sono à medida que os eventos do dia o mantêm acordado; ele pode ter um sono agitado com preocupações sobre demandas iminentes. O jovem preocupado tenta acomodar essas preocupações e a angústia somática com planejamento ou execução rígidos e perfeccionistas. A suposição é de que resultados catastróficos podem ser evitados se ele se esforçar o suficiente ou se planejar para todas as eventualidades. Claro, é impossível planejar-se para todos os resultados possíveis, então o jovem provavelmente confronta algum nível de "fracasso". Se o jovem não puder tolerar esse fracasso (i.e., qualquer discrepância entre os resultados previstos e experimentados), ele começa a temer futuros fracassos e o desconforto associado. Jovens com TAG podem reagir a isso "dobrando a aposta" na preparação e/ou no perfeccionismo para tentar evitar "desastres" novamente. A tranquilização por parte de outros traz alívio temporário, com base na suposição de que outros podem proteger o jovem de qualquer resultado imprevisível. No entanto, isso também falha, já que nenhuma pessoa de apoio pode evitar completamente eventos indesejados. Como tal, é crucial avaliar como o jovem lida com as incertezas e como os outros o acomodam para minimizar suas preocupações.

EXEMPLO DE CASO: JIN

Jin é um menino cisgênero chinês americano de 10 anos. Ele mora com sua mãe, uma irmã de 8 anos e avós maternos em um bairro suburbano modesto. O pai de Jin morreu de uma doença logo após o nascimento de sua irmã, e Jin mantém relações com seus avós paternos, tios, tias e primos, a maioria dos quais mora perto. A família não discute as circunstâncias em torno da doença ou da morte de seu pai. Jin foi encaminhado para tratamento em uma clínica ambulatorial por sua pediatra após seu exame anual e sua triagem para sintomas de ansiedade e humor. Sua mãe descreve que ele sempre parece tenso e preocupado com algo. A criança também relatou ter dores de cabeça, que foram avaliadas clinicamente e pensadas como associadas à ansiedade. O apelido de Jin é "Pequeno Homem", pois com frequência ele se preocupa com assuntos de adultos. Ele se preocupa com as finanças e a saúde de sua família, sobretudo com a de sua mãe e de ambos os conjuntos de avós, que estão envelhecendo. Com frequência, ele pergunta à mãe se ela tomou suas vitaminas e se está comendo alimentos saudáveis. Ele é um bom aluno e de alto desempenho no terceiro ano da escola pública local. Jin gosta da escola e adora ler histórias em quadrinhos. No entanto, ele muitas vezes se preocupa com a escola, suas notas e seus testes e se ficará para trás. Muitas noites, ele tem dificuldade para pegar no sono porque está preocupado com o que pode acontecer no dia seguinte. Às vezes, ele se levanta da cama à noite e faz várias perguntas à mãe sobre suas tarefas, ou alguns eventos relacionados a crimes ou ao clima que ouviu enquanto seu avô assistia às notícias na TV. No Natal, ele pediu uma estação meteorológica para que pudesse prever o mau tempo. Durante o verão, ele se recusou a nadar na praia porque ouviu nas notícias sobre ataques de tubarão locais. Nos últimos anos, ele expressou preocupações crescentes sobre tiroteios em escolas.

Jin é tranquilo e tem alguns amigos com quem ele anda de ônibus e se senta no almoço. Ele fica estressado de manhã, pois teme perder o ônibus e chegar atrasado. Jin é benquisto por seus professores e sempre faz suas tarefas de casa no prazo. Eles o encorajam a levantar a mão com mais frequência na sala de aula, mas, no geral, ele participa quando é chamado. Eles relataram que ele às vezes faz perguntas para as quais eles têm certeza de que ele sabe a resposta. Jin geralmente se dá bem com sua irmã, embora sua mãe descreva que ele possa ser superprotetor. Sua irmã diz que ele está "sempre me lembrando das regras e me dando ordens por aí".

Segundo sua mãe, Jin está sempre pensando e esperando o pior, e ela não o vê se divertindo tanto quanto outras crianças da idade dele. Ela diz que a segunda atividade favorita dele após pensar é fazer perguntas. Ele está implorando para ela comprar um celular "porque você nunca sabe"; no entanto, ela reluta em comprar um para ele, preocupada que ele use o telefone para ler notícias ou mandar mensagens de texto para ela fazendo perguntas. Sua mãe se preocupa que, à medida que ele cresça, suas preocupações e suas perguntas o alienarão de seus colegas, e ele perderá amigos. Muitas vezes, ela se sente culpada depois de repreendê-lo por fazer tantas perguntas em busca de tranquilização, sobretudo porque ela com frequência está trabalhando e eles têm tão pouco tempo juntos. Jin tem um relacionamento próximo com seu avô materno, que o leva e busca na escola. Eles também costumam assistir à TV juntos e discutir eventos atuais, embora a mãe de Jin fique chateada quando seu pai permite que Jin assista às notícias.

AVALIAÇÃO DE TRANSTORNO DE ANSIEDADE GENERALIZADA

Jin foi levado para a avaliação diagnóstica por sua mãe e seus avós maternos. A terapeuta completou a Anxiety Disorders Interview Schedule – Parent Version (ADIS-P) com a mãe de Jin, e, com o consentimento dela, os avós permaneceram na sala. A terapeuta, então, se encontrou com Jin para completar o ADIS-C (Child Version). Ele se separou facilmente de sua mãe e de seus avós e abraçou cada um deles antes de entrar na avaliação, dizendo, como registrado em seu relatório, "porque nunca se sabe". Ao término da avaliação, Jin atendeu a todos os critérios para o TAG. Todos concordaram que ele é um "preocupado", cujas preocupações são realmente desproporcionais à maioria das situações. Ao discutir o início de seus sintomas, a mãe observou que Jin geralmente foi uma criança curiosa e ansiosa "desde que começou a falar". Vale ressaltar que, embora não participassem de forma consistente da ADIS-P, quando o terapeuta dirigia uma pergunta aos avós de Jin para obter suas contribuições, eles geralmente descreviam não estar preocupados com sua saúde mental. Por exemplo, o avô de Jin perguntou em certo momento: "Qual é o problema se ele é apenas um menino pensador e sensível?".

Jin relatou preocupações em várias áreas e endossou preocupações acadêmicas, sobre sua própria segurança e a de sua família, saúde, finanças familiares, o futuro, perfeccionismo, pequenas coisas que aconteceram e questões em andamento no mundo. Suas preocupações com frequência envolvem informações que ele ouve nas notícias e que desencadeiam uma onda de preocupações atuais, que, então, parecem aumentar em um curto período e se dissipar lentamente "até a próxima preocupação". Embora demonstrasse compreensão do nível de sua preocupação, ele estava menos ciente de como alguns de seus comportamentos serviam para manter sua preocupação, especialmente a busca por reconforto. Da mesma forma, quando questionado sobre alguns de seus comportamentos, de que modo solicitar uma estação meteorológica como presente de Natal ou assistir às notícias, Jin mencionou que gosta de estar preparado e indicou crenças positivas sobre a utilidade de sua preocupação. Da mesma forma, ao ser questionado sobre seus frequentes *check-ins* relacionados à saúde de seus familiares, ele relatou ser sua função garantir que eles estejam se cuidando e falou abertamente sobre a morte de seu pai e sua crença de que ele precisava se esforçar para ajudar sua família.

Jin atendeu a mais de um dos critérios fisiológicos relacionados ao TAG: dificuldade para relaxar, dores musculares e de cabeça e dificuldade para pegar no sono na maioria das noites. Ele descreveu sua dificuldade em relaxar antes de dormir e "desligar" seu cérebro. Ao avaliar a rotina de dormir com Jin e sua mãe, eles reconheceram que, com frequência, é um processo prolongado, que normalmente resulta em Jin saindo da cama para fazer perguntas à mãe. Jin também descreveu que começou a se preocupar com sua incapacidade de dormir todas as noites, perguntando: "Se eu não conseguir dormir, então não conseguirei acordar a tempo para a escola ou ficarei com muito sono na escola para prestar atenção na aula?". A mãe de Jin reconheceu que, em algumas ocasiões, gritou com o menino por adiar ou não conseguir simplesmente dormir. Isso indica uma crescente perturbação no sistema familiar.

Dada a proximidade de Jin com seus avós, a terapeuta certificou-se de avaliar como eles poderiam ser incorporados ao tratamento. Jin passa uma quantidade significativa de tempo com seu avô. Durante a avaliação, o avô expressou sua crença de que a preocupação de Jin não é patológica, mas sim consistente com sua natureza como um menino pensador e sensível. Foi necessário validar a experiência do avô com seu neto e monitorar qualquer mensagem que possa ser desdenhosa ao tratamento e subverter os objetivos do tratamento. Além disso, a terapeuta precisava avaliar até que ponto Jin estava tendo acesso a notícias que não eram apropriadas para o seu desenvolvimento, e como o avô estava inadvertidamente reforçando comportamentos de busca por tranquilização. A terapeuta foi sábia em envolver o avô, assim como outros membros da família. Também foi importante avaliar como as crenças de preocupação de Jin sobre seu "trabalho" na família estavam relacionadas às visões coletivas *nesse* sistema familiar. Embora haja muitas referências culturais conhecidas à responsabilidade coletiva em famílias tradicionais chinesas (ver Hodges & Oei, 2007; Hwang, Wood, Lin, & Cheung, 2006), a terapeuta ainda deseja entender como Jin está indo além dos papéis esperados para uma criança de 10 anos, mesmo em uma família que valoriza os princípios coletivistas.

Outras fontes de informações diagnósticas também são úteis para apoiar o TAG e informar o planejamento do tratamento (ver Fig. 10.1). Primeiro, Jin foi encaminhado para tratamento por sua pediatra após se apresentar a ela com dores de cabeça. Após completar vários testes médicos de acompanhamento, a pediatra realizou a triagem para problemas de ansiedade e humor e concluiu que suas dores de cabeça estavam relacionadas à tensão crônica, à ansiedade e ao estresse. Dois pontos são especialmente relevantes aqui: (1) as dores de cabeça podem indicar a gravidade de sua tensão e o nível de comprometimento; e (2) a terapeuta provavelmente desejará obter consentimento para falar com sua pediatra e outros

---

☐ Os sintomas de ansiedade e os sintomas fisiológicos associados (p. ex., dores de cabeça, tensão) são o resultado de uma condição médica subjacente? Se "sim", considere o TAG devido a uma condição médica geral. Consulte o pediatra.

☐ As preocupações com a segurança específicas para cuidadores e o dano a si mesmo estão conectadas à separação de um cuidador primário? Se "sim", considere o transtorno de ansiedade de separação (TAS).

☐ Os níveis elevados de preocupação são proporcionais a estressores adicionais apropriados (p. ex., incerteza em uma pandemia)? Se "sim", considere uma resposta normativa ou transtorno de ajustamento com ansiedade.

☐ Diferencie a preocupação e a apreensão ansiosa no TAG do pensamento obsessivo e da ritualização mental no transtorno obsessivo-compulsivo (TOC). Considere o TOC.

☐ Diferencie a preocupação e a apreensão ansiosa no TAG da ruminação nos transtornos depressivos. Considere os transtornos do humor.

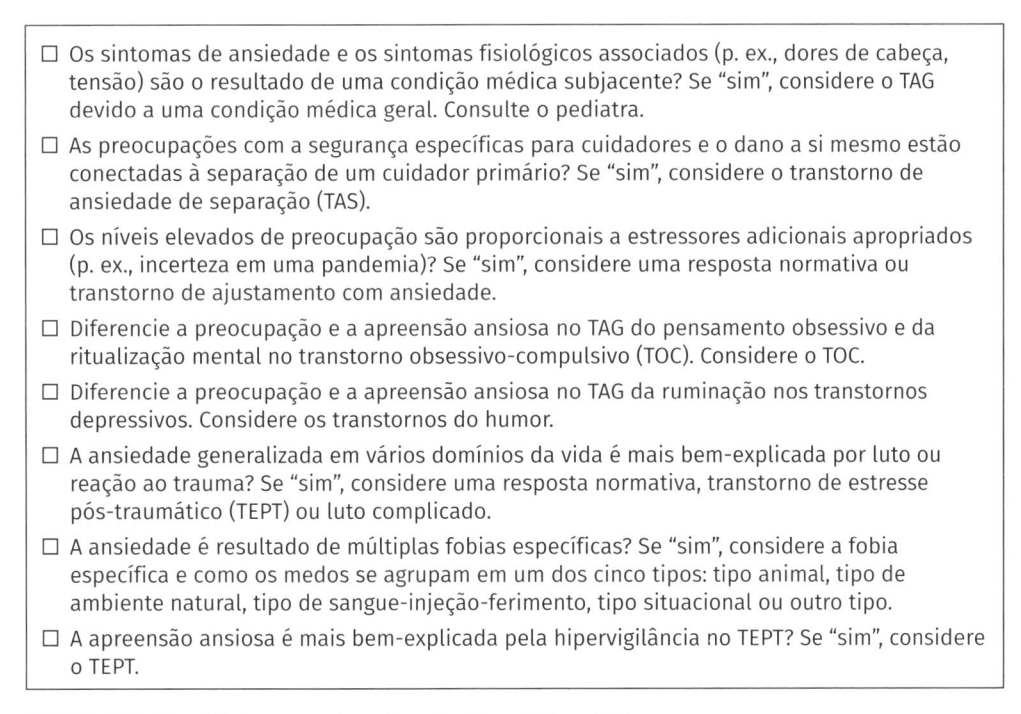

☐ A ansiedade generalizada em vários domínios da vida é mais bem-explicada por luto ou reação ao trauma? Se "sim", considere uma resposta normativa, transtorno de estresse pós-traumático (TEPT) ou luto complicado.

☐ A ansiedade é resultado de múltiplas fobias específicas? Se "sim", considere a fobia específica e como os medos se agrupam em um dos cinco tipos: tipo animal, tipo de ambiente natural, tipo de sangue-injeção-ferimento, tipo situacional ou outro tipo.

☐ A apreensão ansiosa é mais bem-explicada pela hipervigilância no TEPT? Se "sim", considere o TEPT.

FIGURA 10.1 *Checklist* para esclarecimento diagnóstico: TAG.

prestadores de cuidados médicos para informações colaterais e discussão contínua sobre as dores de cabeça de Jin.

A observação comportamental durante a avaliação também forneceu dados úteis. Por exemplo, embora ele se separasse facilmente de sua família quando chegava a hora de entrar no consultório, Jin abraçava cada um deles e murmurava: "Porque nunca se sabe". Em um acompanhamento, a terapeuta observou que Jin sempre abraça sua família ao partir e esclareceu que tal preocupação estava relacionada aos seus medos de que coisas ruins acontecessem. A terapeuta observou que alguns dos comportamentos de Jin poderiam ter uma qualidade supersticiosa e que seria importante avaliar se eles eram transientes de desenvolvimento ou ligados a um elemento de sua preocupação. A terapeuta conduziu a avaliação para descartar um diagnóstico de TOC, diferenciando entre preocupação e obsessões intrusivas. Por exemplo, a terapeuta poderia avaliar a natureza dos comportamentos de verificação de Jin *versus* comportamentos compulsivos (ver Comer et al., 2004). Em geral, os pensamentos intrusivos relacionados ao TAG refletem preocupações enraizadas em problemas e eventos do mundo real (notícias, tarefas, interações interpessoais), mesmo que essas preocupações sejam excessivas e repetitivas (p. ex., "Meu pai morreu de forma repentina, então sempre me preocupo que minha mãe vá também, a menos que eu cuide dela"). No TOC, as obsessões intrusivas não têm necessariamente vínculos diretos com realidades lógicas; elas podem fazer referência a crenças fantásticas ou relações de causa-efeito que até mesmo o jovem reconhece como ilógicas (p. ex., "Minha mãe vai morrer se eu não disser que a amo três vezes"). Além disso, no TOC, os pensamentos intrusivos são quase sempre seguidos rotineiramente por rituais repetitivos e compulsivos. O ritual geralmente é a mesma ação ou sequência de ações (p. ex., dizer à sua mãe que a ama três vezes). No TAG, os jovens muitas vezes tentam muitas ações para aliviar sua preocupação; no entanto, as tentativas assumem formas variadas (p. ex., busca por tranquilização, planejamento, supercompensação) e são menos ritualísticas. Jin não parecia atender aos critérios para o TOC.

Além disso, Jin completou avaliações de autorrelato e sua mãe completou avaliações focadas na criança, incluindo a Revised Children's Anxiety and Depression Scale (RCADS; Escala Revisada de Ansiedade e Depressão para Crianças). Tanto as respostas de Jin quanto as de sua mãe resultaram em pontuações T na faixa clínica para o TAG, e o relato da mãe também indicou elevação nos sintomas depressivos (Tabela 10.1). Embora Jin não tenha atendido aos critérios para transtorno depressivo maior (TDM), transtorno depressivo persistente ou quaisquer transtornos relacionados ao humor segundo as avaliações semiestruturadas, a mãe de Jin observou e expressou suas preocupações de que seu filho era um menino sério que tinha dificuldade em se divertir. Dada a sobreposição potencial entre preocupação e ruminação associada a estados depressivos, a terapeuta deve continuar monitorando qualquer escalada dos sintomas depressivos. O perfil da RCADS também indicou a extensão da preocupação de Jin, com vários itens pontuados por ele e sua mãe como "sempre".

Estabelecimento de metas e definição de problemas-alvo

Embora a avaliação esteja sempre em curso, a coleta inicial de informações diagnósticas obtidas por meio de entrevista clínica semiestruturada, observação comportamental, formulários de autorrelato e relato dos pais e outros recursos colaterais pode ser agregada e revisada com Jin e sua mãe. A terapeuta e a mãe concordaram que seus avós deveriam estar presentes e ser incluí-

TABELA 10.1 Perfil de sintomas de Jin e sua mãe na avaliação inicial usando a RCADS

	Mãe		Jovem	
	Pontuações brutas	Pontuações T	Pontuações brutas	Pontuações T
Ansiedade de separação	13	>80**	9	69*
Ansiedade generalizada	18	>80**	16	>80**
Transtorno de pânico	6	74**	5	53
Ansiedade social	19	79**	17	64
Obsessões/compulsões	6	67*	11	65
Depressão	13	>80**	7	50
Ansiedade total	62	>80**	58	71**
Ansiedade total e depressão total	75**	>80**	65	68*

*Pontuações T acima de 65 indicam limite clínico limítrofe. ** Pontuações de 70 ou mais indicam escores acima do limite clínico. As pontuações T são normalizadas com base na idade e no gênero do jovem.

dos desde o início. Fornecendo uma explicação abrangente para uma coleção de sintomas e experiências na sessão de *feedback*, o terapeuta pode estar confirmando o que o paciente e os pais já sabem em alguns casos. A mãe de Jin não ficou surpresa ao ouvir sobre Jin atender aos critérios para o TAG. A terapeuta também trabalhou para normalizar algumas das preocupações de Jin enquanto explicava que muitas delas estavam interferindo ou "bagunçando as coisas" para ele de várias maneiras. Como o *feedback* incluiu os avós de Jin, dada sua presença diária em sua vida, a terapeuta foi sábio em reconhecer sua perspectiva enquanto fornecia psicoeducação sobre os potenciais efeitos negativos na saúde e no desenvolvimento de Jin que o TAG estava causando.

Era importante trabalhar com Jin e sua mãe para estabelecer metas realistas, já que as preocupações de Jin eram muitas e generalizadas. Era fundamental desenvolver metas o mais específicas e mensuráveis possível. Embora muitos preocupados, adultos e crianças descrevem que outros frequentemente oferecem conselhos como "pare de se preocupar", o que não é um conselho útil ou prático. Como o desempenho acadêmico de Jin ainda não havia sido prejudicado, poderia ter sido difícil abordar algumas das preocupações relacionadas ao ambiente acadêmico de forma direta. Em vez disso, era importante entender como áreas mais sutis de evitação estavam interferindo no desempenho acadêmico. Por exemplo, seus professores observaram que ele não arriscaria levantar a mão se não estivesse 100% certo de uma resposta. Sua preparação excessiva para testes bastante diretos também estava relacionada às suas preocupações em entrar em uma "boa faculdade". No caso de Jin, as metas dos pais, da criança e do terapeuta foram elaboradas da seguinte forma:

Metas dos pais

- Divertir-se mais.
- Parar de pressupor o pior; preocupar-se menos com tudo.

- Diminuir o número de vezes que ele faz perguntas.
- Aprender a não gritar com ele ou ficar tão frustrada.
- Desenvolver hábitos de sono melhores e ir para a cama na hora certa.
- Assistir menos às notícias.

Objetivos da criança

- "Desligar meu cérebro".
- Aprender a se livrar dos "zumbis da preocupação" e manter os pensamentos "auxiliadores da preocupação".

Metas da terapeuta

- Diminuir comportamentos de busca por reconforto (p. ex., perguntas, conversas na hora de dormir, checagem de notícias).
- Aumentar o uso de comportamentos de enfrentamento para lidar com a preocupação.
- Ensinar à mãe (e aos avós) habilidades para diminuir os comportamentos de resposta ao reconforto e de acomodação.

A Figura 10.2 é uma planilha de acompanhamento de metas preenchida para os problemas-alvo de Jin (uma versão em branco está disponível como Planilha 11 no Apêndice A). Ao estabelecer metas, a terapeuta trabalhou com Jin para traduzir sua primeira meta declarada para "desligar meu cérebro" em uma meta mais realista. Apesar de nossos melhores esforços, às vezes, desligar nossos cérebros não é uma meta realista (ou necessariamente saudável). Ao discutir isso, Jin descreveu de forma criativa que às vezes parecia que suas preocupações eram como zumbis que o perseguiam implacavelmente. A terapeuta trabalhou com Jin para expressar sua meta dessa maneira: ele poderia aprender habilidades e estratégias para "combater os zumbis da preocupação" enquanto mantinha os pensamentos "auxiliadores da preocupação" próximos (esses são pensamentos de enfrentamento). Como Jin adorava histórias em quadrinhos, ele usou sua própria linguagem criativa e visual para descrever suas preocupações e estabelecer metas. A linguagem dessa meta foi, então, entrelaçada ao longo do tratamento.

Além disso, dada a idade de Jin, o tratamento precisava envolver sua mãe e seus avós. De modo compreensível, a mãe de Jin preocupava-se com a negatividade em suas preocupações ("Eu queria que ele parasse de pressupor o pior e tivesse menos preocupação com tudo") e sua incapacidade de se divertir. A terapeuta trabalhou com a mãe de Jin para tornar essas metas *realistas* e operacionalizá-las para determinar indicadores de progresso. Por exemplo, "Menos preocupação com tudo" seria especialmente difícil no início, mas a terapeuta e a mãe trabalharam para traduzir essa meta em habilidades que Jin poderia aprender e praticar. Por exemplo, a terapeuta poderia ensinar a mãe a aprender e praticar, orientando Jin a identificar e desafiar sua preocupação catastrófica e sua inclinação para pressupor o pior. Ao definir metas, a terapeuta poderia trabalhar com a mãe de Jin para operacionalizar e especificar metas menos definidas, perguntando: "Como saberemos se ele está se divertindo mais?" ou "Como saberemos se ele tem hábitos de sono melhores?". Por fim, para a meta declarada pelos pais de diminuir o número de vezes que Jin faz perguntas de busca por ser reconfortado, há uma meta relacionada para sua mãe (e talvez para os avós): *como fornecer respostas do tipo reconforto (ou não).*

CONCEITUALIZAÇÃO DE CASO

O modelo da terapia cognitivo-comportamental

Dado o número de domínios de preocupação e a relativa ubiquidade da preocupação de

PLANILHA 11. Rastreador de objetivos

Trabalhe com seu terapeuta para elaborar possíveis metas específicas, significativas e alcançáveis. Pense nos resultados que espera ver. Então, acompanhe como seu filho se sai a cada semana.

Metas dos pais	Resultados desejados	Semana 1	Semana 2	Semana 3	Semana 4	Semana 5
Menos preocupação com tudo.	Avalie os "zumbis da preocupação" (0-10); pais veem a criança pegando os zumbis da preocupação (+). (Lembre-se de elogiar!)	10; pego +2 vezes	10; pego +3 vezes	8,4; pego +5 vezes	7,2; pego +10 vezes	7,1; pego +7 vezes
Reduzir as perguntas de busca de tranquilização.	Número de perguntas de busca de tranquilização por dia.	Muitas, perdi a conta.	Muitas	S: 14 T: 13 Q: 11 Q: 6 S: 6 D: 14 D: 5	S: 11 T: 9 Q: 7 Q: 4 S: 5 D: 5 S: 8	T: 6 Q: 12 Q: 3 S: 5 D: 7
Melhorar o sono e ir para a cama na hora certa.	Número de vezes que seguiu a rotina de dormir.	0	1	2	4	4

Metas do jovem	Resultados desejados	Semana 1	Semana 2	Semana 3	Semana 4	Semana 5
Desligar minha mente.	Avalie os zumbis da preocupação (0-10).	10	10	8,4	7,2	7,1
Aprender a se livrar dos "zumbis da preocupação".	Praticar pegar armadilhas dos zumbis da preocupação. # de armadilhas capturadas.	8	11	4	5	5
Praticar ajudantes da preocupação.	Prática de atenção plena.	1 vez	0 vezes	3 vezes	3 vezes	4 vezes

FIGURA 10.2 Planilha do rastreador de metas preenchida para Jin.

Jin, pode ser avassalador agregar os materiais de avaliação em uma formulação coesa. Dados entre informantes (criança, cuidador, pediatra, professor, terapeuta) e em diferentes formatos (entrevista semiestruturada, formulários de autoavaliação e avaliação dos pais, observação comportamental) apoiam um nível de preocupação e sintomatologia concomitante clinicamente significativos e incapacitantes. Considerando o desenvolvimento, fica claro que Jin se preocupa *mais do que outros jovens de sua idade* e *com mais tópicos*, incluindo aqueles em geral não considerados nessa fase do desenvolvimento.

Jin parece ter sido temperamentalmente mais ansioso e curioso quando era criança, e a morte de seu pai impactou o seu desenvolvimento inicial e, é claro, o seu sistema familiar. O terapeuta entendeu que o TAG de Jin emergiu de seu estilo cauteloso e apreensivo, tornando-se associado a um processo de preocupação que se concentrava em questões de segurança, saúde e perfeccionismo. Jin procurava respostas para fornecer certeza sobre os resultados temidos. Uma preocupação "e se" desencadeava angústia interna e, geralmente, outras preocupações e perguntas "e se" adicionais. Como estratégia de enfrentamento, ele pedia aos outros que o tranquilizassem sobre resultados positivos. À medida que sua aceitação trazia alívio temporário, negativamente reforçando as perguntas, ele as repetia mais. Devido à morte de seu pai, sua família naturalmente se tornou mais superprotetora dele e de sua irmã, provavelmente prestando mais atenção às suas perguntas. Embora isso seja compreensível, dadas as circunstâncias, a preocupação da família reforçou a noção de que questões de segurança, saúde e tópicos relacionados eram algo para monitorar de perto e representavam uma ameaça razoável.

De forma similar, à medida que Jin evidenciava um viés em direção a informações negativas, sinalizando possível ameaça ou perigo em seu ambiente, ele começou a prestar atenção a esses sinais (p. ex., nas notícias), e suas preocupações absorviam as fontes mais atuais de ameaça. De modo normativo, a preocupação "e se" futurista pode ajudar no planejamento e na solução de problemas e ser eficaz para esse fim. Os comportamentos de preocupação de Jin são intermitentemente reforçados, já que sua preocupação e seu planejamento futurista estão associados à não ocorrência do evento catastrófico negativo temido (p. ex., "Se eu conseguir uma estação meteorológica para rastrear o mau tempo, posso me proteger do furacão"). Além disso, sua preocupação futurista negativa é reforçada pela atenção das pessoas ao seu redor (p. ex., preocupações da mãe e conversas com o avô sobre as notícias), *e*, às vezes, isso altera seus próprios comportamentos observáveis (p. ex., quando ele pergunta à mãe se ela tomou suas vitaminas e ela as toma). Como a maioria dos comportamentos problemáticos, as preocupações de Jin às vezes eram reforçadas porque eram artificialmente vinculadas a resultados desejados. O que distingue os processos de preocupação de outras formas construtivas de planejamento e solução de problemas é o excesso de preocupação e a falta de progresso. Uma regra prática que gostamos de usar é a "regra dos cinco minutos". Se um jovem (ou adulto) estiver pensando, planejando ou trabalhando em um problema por mais de cinco minutos e não tiver feito nenhum progresso mensurável nele (p. ex., definido melhor o problema, pensado em soluções realistas, tentado uma solução), então o pensamento pode ser considerado "preocupação". Se o pensamento levou a algum tipo de fim construtivo, pode ser considerado "planejamento" ou "resolução de problemas". Dessa forma, decidir se um jovem está preocupado ou resolvendo problemas depende muito dos resultados: isso ajudou ou o jovem está encurralado?

O exemplo apresentado na Figura 10.3 ilustra como a preocupação de Jin é desencadeada ao ouvir sobre um vizinho com câncer. No início, ele se preocupa em ter câncer e, depois, com sua mãe e seus avós "pegando câncer". Ele tem dificuldade em se livrar dessa preocupação. Ele pergunta ao avô se ele conhece pessoas com essa doença e quer usar o computador da família para procurar mais informações *on-line*. Enquanto está fazendo sua lição de casa, ele é distraído por pensamentos de seus avós e sua mãe ficando doentes, e ele também experimenta tensão. Quando sua mãe chega em casa do trabalho, ele imediatamente pergunta a ela sobre o câncer e se ela se lembrou de tomar suas vitaminas.

Ensinar Jin e sua mãe a desenhar o triângulo da TCC e fornecer exemplos permite à terapeuta introduzir os aspectos centrais do modelo da TCC e a interação entre os pensamentos preocupados de Jin, o desconforto somático e os comportamentos (e as respostas comportamentais daqueles ao seu redor). Jin pode aprender a identificar seus pensamentos preocupados e reconhecer como eles podem se tornar "zumbis da preocupação" ("Oh não, e se a gente pegar câncer? Então eu vou perder a escola também, e ficar tão atrasado no trabalho. E se o vovô pegar câncer e morrer? A mamãe foi à consulta médica dela como deveria?"). À medida que uma preocupação leva à próxima sobre ele mesmo e sua família, Jin concentra-se cada vez mais em suas cognições, o que torna difícil para ele se concentrar em seus deveres de casa, desencadeando ansiedade sobre isso: "Eu nunca vou terminar esses deveres"). Ele, então, experimenta tensão fisiológica crescente e irritabilidade ao imaginar sua mãe adoecendo. Suas respostas comportamentais incluem buscar reconforto de seu avô, da TV, do computador e de sua mãe. A terapeuta pode mostrar

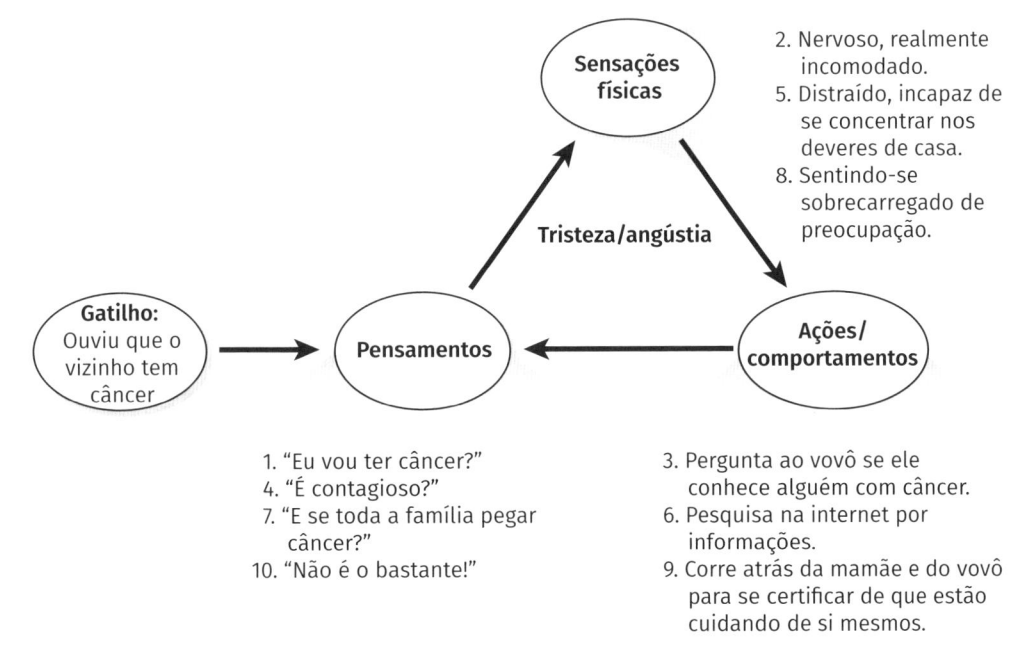

Sensações físicas
2. Nervoso, realmente incomodado.
5. Distraído, incapaz de se concentrar nos deveres de casa.
8. Sentindo-se sobrecarregado de preocupação.

Tristeza/angústia

Gatilho: Ouviu que o vizinho tem câncer

Pensamentos
1. "Eu vou ter câncer?"
4. "É contagioso?"
7. "E se toda a família pegar câncer?"
10. "Não é o bastante!"

Ações/comportamentos
3. Pergunta ao vovô se ele conhece alguém com câncer.
6. Pesquisa na internet por informações.
9. Corre atrás da mamãe e do vovô para se certificar de que estão cuidando de si mesmos.

FIGURA 10.3 Conceitualização individualizada de TCC para Jin. Seus pensamentos, seus sentimentos e seus comportamentos se encaixam continuamente em um ciclo descendente (siga os números em ordem: 1, 2, 3, etc., observe como o ciclo pensamento-sentimento-ação se desdobra em outro).

a Jin como uma preocupação alimenta outra (zumbis da preocupação criam outros zumbis da preocupação, o que pode levar a um "apocalipse zumbi" em sua imaginação). Todas as preocupações estão focadas em resultados negativos. Quando Jin obtém algum reconforto, ele se sente brevemente melhor, mas continua se preocupando e sentindo tensão durante toda a noite até a hora de dormir. À medida que continua se preocupando, ele vai lidar com isso como sabe – fazendo perguntas e fazendo sua mãe "prometer" tomar suas vitaminas e ir ao médico. O objetivo aqui é demonstrar como os pensamentos-sentimentos-comportamentos de Jin continuam interagindo para criar desconforto para ele. Será útil para a mãe de Jin revisar essa planilha do modelo da TCC com Jin e pedir a ela para completar a dela própria. Isso revelará seus próprios padrões de resposta, sobretudo dadas as suas relatadas sensações de culpa e frustração ao responder às perguntas dele e ao gritar. Essas planilhas fornecem um *layout* preliminar para pontos de intervenção.

Avaliação funcional

Dado que o conteúdo da preocupação de Jin percorre os domínios da escola, da família, da saúde, do crime e do clima, as avaliações funcionais são especialmente úteis para entender o processo de preocupação e os fatores que o mantêm. Ver Figura 10.4 (uma versão em branco está disponível como Planilha 1 no Apêndice A) para um exemplo de como suas preocupações específicas, suas respostas emocionais e seus comportamentais e os resultados imediatos e de longo prazo podem ser desencadeados. Ao completar essas planilhas com os jovens (e seus pais), padrões de antecedentes e consequências inevitavelmente emergem e guiarão as intervenções necessárias. Como observado, pode ser avassalador abordar as muitas preocupações em um jovem que se preocupa com tudo. Os exercícios de avaliação funcional atribuídos para prática domiciliar e completados na sessão destacam padrões de ciclos de preocupação-resposta mais gerenciáveis. Para Jin, quando as preocupações são desencadeadas, elas são emocionalmente angustiantes e difíceis de se interromper, e isso inicia um padrão de tentar gerenciá-las com busca patológica por reconforto, bem como "pesquisa de planejamento" e evitação planejada.

Por exemplo (Fig. 10.4), quando Jin fica sabendo de uma possível tempestade no fim da semana que *pode* coincidir com a excursão escolar, ele fica imediatamente nervoso e assustado, e suas respostas comportamentais incluem buscar reconforto de seu avô, do professor, da mãe e de meteorologistas. O pequeno reconforto que ele recebe é insuficiente, então ele busca informações de outras fontes (p. ex., assistindo ao canal de meteorologia) e planejamento (p. ex., perguntando ao professor qual é o "plano" para o tempo tempestuoso no dia da excursão). Ele também busca evitar de forma antecipada ir à excursão, perguntando à mãe se pode simplesmente ficar em casa. Por fim, seu avô acomoda a preocupação de Jin e "resgata" seu neto, permitindo que Jin fique em casa com ele. Como é típico de outros jovens com TDAH, Jin adota múltiplas estratégias de "enfrentamento" até que um ou mais resultados o façam se sentir "seguro".

Os efeitos potenciais dessa fuga/evitação/resgate planejados na manutenção do processo de preocupação de Jin podem ser vistos graficamente ao revisar a curva de habituação (ver Material suplementar 23 no Apêndice A). Ele tem dificuldade em se impedir de se preocupar e se concentrar em outros assuntos, e experimenta um alívio breve ao buscar informações sobre o clima ou ter esperança de ficar em casa com seu avô. De modo notável, como mais avaliações

PLANILHA 1. Gatilho e resposta

Conte-nos sobre seus gatilhos e como você reagiu a eles. Descreva seus sentimentos, o que você fez (ação), o que aconteceu imediatamente (resultado imediato) e o que aconteceu depois (resultado em longo prazo).

Antecedente → Resposta comportamental e emocional → Consequências

Gatilho	Sentimento (resposta emocional)	Ação (resposta comportamental)	Resultados imediatos (O que mantém isso acontecendo?)	Resultados de longo prazo (O que lhe mete em encrenca?)
Minha mãe está discutindo com meu avô por ele ter me mostrado as notícias.	Ansioso, nervoso.	Tentei perguntar se todos estão bem ou se estão bravos comigo. Vou para meu quarto, preocupado com o que vai acontecer.	Eles continuam me mandando embora. Estou ansioso, incapaz de me concentrar nos deveres de casa.	Tenho dificuldade para dormir, não consigo comer o jantar.
Tenho provas estaduais chegando.	Muito preocupado.	Pergunto à professora o que preciso estudar.	Aliviado porque a professora disse que não há provas para as quais estudar, mas então fiquei nervoso novamente e pensei que deveria revisar para garantir.	Mamãe me disse para guardar meus livros para ir dormir. A mãe está irritada, eu acho.
Ouvi dizer que pode haver uma tempestade no fim da semana, quando deveríamos ir em nossa excursão para a Floresta Encantada.	Nervoso, assustado.	Verificar o clima, pedir para o vovô verificar o clima, perguntar à mamãe sobre ficar em casa, perguntar à professora qual é o plano para em caso de mau tempo.	Mamãe não me deixa ficar em casa. A professora não me respondeu. Quero verificar outras fontes de clima. O vovô disse que eu poderia ficar com ele – então isso foi bom.	Mamãe ficou irritada comigo. Colega de classe zombou de mim por não querer ir à excursão.

FIGURA 10.4 Avaliação funcional individualizada de preocupação e ansiedade.

funcionais elucidarão, a preocupação de Jin não é única para tempestades (ou uma fobia específica); ao contrário, sua preocupação reflete um padrão de antecedentes, respostas e consequências com outros eventos relacionados ao clima. Essas preocupações se generalizam para outras preocupações de segurança (p. ex., "E se faltar luz?"; "E se houver enchente na casa?"; "E se tivermos que realizar uma evacuação?").

Enquanto outros colegas de classe estão animados para a excursão escolar, as preocupações catastróficas de Jin interferem em sua capacidade de esperar resultados favoráveis. Nos dias que antecedem a excursão, o professor ou os colegas mencionam a excursão, e Jin fica preocupado, sente angústia e, depois, envolve-se em enfrentamento mal-adaptativo e busca de reconforto. Esse ciclo de preocupação-resposta contribui para a angústia e o conflito familiar nos dias imediatamente anteriores à excursão e pode ter consequências intermediárias e de longo prazo, que devem ser avaliadas. Por exemplo, a preocupação de Jin com a preocupação e sua incapacidade de se envolver em conversas afirmativas sobre a excursão o levam a perder oportunidades de socializar de forma positiva com seus colegas. Se ele for autorizado a evitar a excursão, ele perderá as experiências sociais educacionais e normativas da própria excursão. Completar a avaliação funcional ao longo do tempo revela o verdadeiro impacto do ciclo de preocupação-resposta de Jin. Torna-se aparente que os custos da busca de segurança de Jin podem superar qualquer resultado negativo presumido de uma tempestade potencial.

PLANEJAMENTO DO TRATAMENTO

Como desenvolver um plano de tratamento para alguém que se preocupa com tudo? Isso pode ser inicialmente avassalador, dada a quantidade de preocupações, e pode se tornar clinicamente atraente planejar no nível de conteúdo específico da preocupação. Com base na avaliação inicial e nas avaliações funcionais em andamento, o planejamento do tratamento incluirá um roteiro para direcionar áreas de prejuízo com base nos gatilhos antecedentes específicos, nas respostas emocionais e comportamentais e nas consequências em curto e longo prazos do jovem e da família. Na medida em que a família de Jin está envolvida em seu processo de preocupação e reforçando seu enfrentamento mal-adaptativo, eles devem ser incluídos no plano (ver Quadros 10.1 e 10.2).

A preocupação generalizada e extensa de Jin e seu padrão de fazer perguntas estão prejudicando seu próprio bem-estar e o funcionamento da família. Prejuízos adicionais podem estar surgindo em seus domínios acadêmico e social. O processo de intervenção tem como objetivo fornecer a Jin habilidades para identificar e lidar com sua preocupação e defender-se e eliminar os zumbis da preocupação. Saber o papel dos membros de sua família em reforçar diferencialmente seu processo de preocupação requer fornecer à sua mãe e, esperançosamente, ao seu avô as habilidades para responder (ou não) ao padrão de preocupação-angústia-pergunta dele. Como geralmente é necessário trabalhar com jovens, o processo de intervenção da TCC funciona *de dentro para fora*, trabalhando com o jovem para desenvolver habilidades, e *de fora para dentro*, para direcionar os elementos ambientais que podem estar mantendo o processo ansioso.

COMPONENTES E PROCESSO DE INTERVENÇÃO

Psicoeducação

A psicoeducação é um aspecto essencial do tratamento. Jin é alguém "preocupado". Ele

QUADRO 10.1 Plano de tratamento amplo de Jin para TAG

Objetivos do tratamento	Intervenções
Reduzir a preocupação; ter mais diversão.	Psicoeducação sobre TAG e preocupação, rastreamento de pensamentos-ações-emoções, monitoramento do progresso.
Aumentar o enfrentamento da preocupação.	Identificação de preocupações e distorções cognitivas (zumbis e armadilhas da preocupação); reestruturação cognitiva; atenção plena (prática de manter os auxiliares de preocupação); tempo de preocupação; quadros de recompensa; resolução de problemas; tolerar a incerteza; exposição.
Diminuir a busca por reconforto.	Estabelecimento de limites (perguntas, varredura de notícias); quadro de recompensa; prática de tolerar a incerteza; exposição.
Melhorar o treinamento do cuidador.	Estratégias de treinamento para enfrentamento: demonstrar empatia e encorajamento; reconhecer o positivo/fazer elogios específicos; quadro de recompensa; simulação de definição de limites; prática de comunicação familiar.
Melhorar a higiene do sono e regular o ciclo do sono.	Enfrentamento da preocupação/tempo de preocupação; higiene do sono; relaxamento; atenção plena; quadros de recompensa.

QUADRO 10.2 Plano de tratamento detalhado de Jin para depressão

Sessões 1 e 2

Avaliação
- Avaliar os problemas apresentados.
- Realizar a avaliação diagnóstica com foco no prejuízo (funcionamento na vida real).
- Administrar medidas de perfil de sintomas (p. ex., RCADS).
- Avaliar problemas-alvo e objetivos de tratamento, focando na melhoria do funcionamento diário.
- Avaliar interações cuidador/família-criança, incluindo aquelas com avós e irmãos.
- Conduzir avaliações colaterais, conforme necessário, na escola do jovem (p. ex., orientador, professor, enfermeiro da escola); obter avaliações psicológicas passadas (p. ex., avaliações acadêmicas/aprendizado); solicitar aos pais a autorização completa para falar com os contatos da escola.
- Avaliar as condições médicas concomitantes; consultar a pediatra que encaminhou Jin em relação às dores de cabeça.
- Avaliar a necessidade de medicação e encaminhamento psiquiátrico.

Psicoeducação
- Revisar a avaliação e gerar problemas-alvo com o jovem e o cuidador.
- Criar um rastreador de problemas-alvo idiossincrático.
- Colaborar na conceitualização do caso: modelo de TCC e avaliação funcional com foco especial no papel dos comportamentos de busca de tranquilização.
- Fornecer aos cuidadores e ao jovem folhetos informativos sobre TAG e TCC.

(Continua)

QUADRO 10.2 Plano de tratamento detalhado de Jin para depressão *(Continuação)*

Prática em casa
- Preencher os formulários do modelo de TCC e da avaliação funcional.

Sessões 3 e 4

Avaliação
- Avaliar e discutir a prática em casa.
- Preencher o rastreador de problemas-alvo.
- Orientar o jovem e sua mãe a preencher o rastreador de sintomas a cada quarta sessão (p. ex., RCADS).

Intervenções
- Implementar o quadro de recompensas em sessão para a conclusão da prática em casa.
- Revisar e refinar avaliações funcionais individuais.
- Praticar a identificação de pensamentos de preocupação ("zumbis da preocupação"), sentimentos (p. ex., tensão, dores de cabeça), comportamentos (p. ex., evitação, busca de tranquilização) e distorções cognitivas (p. ex., armadilhas de pensamento).
- Introduzir a reestruturação cognitiva (encontrar "auxiliares de preocupação").
- Introduzir a atenção plena.

Prática em casa
- Preencher o rastreador de armadilhas de pensamento.
- Preencher o rastreador de pensamentos de enfrentamento.
- Monitorar o programa de recompensas.

Sessões 5 e 6

Avaliação
- Como nas sessões 3 e 4.

Intervenções
- Continuar o quadro de recompensas em sessão para a conclusão da prática em casa.
- Continuar a identificar preocupações e armadilhas de pensamento e praticar questionamento socrático e pensamentos de enfrentamento ("auxiliares de preocupação").
- Praticar a atenção plena.
- Introduzir e praticar a resolução de problemas.
- Introduzir o "tempo de preocupação".
- Instruir o(s) cuidador(es) (em sessões separadas, conforme necessário) sobre revisão de psicoeducação, habilidades de treinamento para enfrentamento, demonstrar empatia e encorajamento, orientar e abordar, elogios específicos e reconhecimento do positivo e simular a definição de limites na busca de tranquilização.

Prática em casa
- Praticar o desenvolvimento de pensamentos de enfrentamento com o rastreador de pensamentos de enfrentamento.
- Registrar o tempo de preocupação.
- Praticar a atenção plena.
- Monitorar o plano de recompensas.
- Pedir aos pais para praticarem suas habilidades de treinamento para enfrentamento.

(Continua)

QUADRO 10.2 Plano de tratamento detalhado de Jin para depressão *(Continuação)*

Sessões 7 e 8

Avaliação
- Como nas sessões 3 e 4.

Intervenções
- Continuar o quadro de recompensas em sessão para a conclusão da prática em casa.
- Continuar a prática de pensamentos de enfrentamento e resolução de problemas.
- Continuar a prática da atenção plena.
- Revisar o tempo de preocupação.
- Introduzir exposições formais no consultório e em casa.
- Introduzir psicoeducação apropriada ao desenvolvimento e rotina de sono.
- Encontrar-se com o(s) cuidador(es) (em sessões separadas, conforme necessário) para desenvolver um plano de comportamento em casa e continuar as habilidades de treinamento para enfrentamento, demonstrar empatia e encorajamento, orientar e abordar, elogios específicos e reconhecimento do positivo e simular a definição de limites na busca de tranquilização.

Prática em casa
- Registrar o tempo de preocupação.
- Registrar as exposições em casa.
- Monitorar os planos de recompensas.

Sessões 9 e 10

Avaliação
- Como nas sessões 3 e 4.

Intervenções
- Continuar o quadro de recompensas em sessão para a conclusão da prática em casa e os esforços de exposição no consultório.
- Revisar as exposições em casa.
- Revisar o tempo de preocupação.
- Conduzir exposições no consultório focadas na preocupação.
- Encontrar-se com o(s) cuidador(es) (em sessões separadas, conforme necessário) para revisar e resolver problemas com o plano de comportamento em casa e continuar habilidades de treinamento para enfrentamento, demonstrar empatia e encorajamento, orientar e abordar, elogios específicos e reconhecimento do positivo.
- Fazer acompanhamento com fontes externas na escola.
- Verificar com o médico que encaminhou.

Prática em casa
- Registrar o tempo de preocupação.
- Registrar as exposições em casa.
- Monitorar a rotina e o horário do sono.
- Monitorar os planos de recompensa.

Sessões 11 e 12

Avaliação
- Como nas sessões 3 e 4.

(Continua)

QUADRO 10.2 Plano de tratamento detalhado de Jin para depressão *(Continuação)*

Intervenção
- Continuar o quadro de recompensas em sessão para a conclusão da prática em casa e os esforços de exposição no consultório.
- Revisar as exposições em casa.
- Continuar as exposições no consultório focadas na preocupação.
- Encontrar-se com o(s) cuidador(es) (em sessões separadas, conforme necessário) para revisar e resolver problemas com o plano de comportamento em casa.
- Avaliar o funcionamento do jovem em casa/família, escola/trabalho, pares e recreação.

Prática em casa
- Fazer o jovem refinar as etapas da hierarquia de exposição.
- Realizar exposições de preocupação em casa.
- Monitorar os planos de recompensa.

Sessões 13 e 14

Avaliação
- Como nas sessões 3 e 4.

Intervenções
- Continuar o quadro de recompensas em sessão para a conclusão da prática em casa e os esforços de exposição no consultório.
- Revisar as exposições em casa.
- Continuar as exposições no consultório focadas na preocupação e praticar exposições moderadas a desafiadoras.
- Encontrar-se com o(s) cuidador(es) (em sessões separadas, conforme necessário) para revisar e resolver problemas com o plano de comportamento em casa.
- Verificar a rotina de sono.
- Verificar os padrões de interação do cuidador/da família durante a fase de exposição.

Prática em casa
- Fazer o jovem continuar praticando desafios hierárquicos fora das sessões.
- Monitorar o uso de habilidades de enfrentamento e autorrecompensa por tentativas bem-sucedidas nos desafios.
- Monitorar os planos de recompensa.

Sessões 15 e 16

Avaliação
- Como nas sessões 3 e 4.

Intervenção
- Continuar o quadro de recompensas em sessão para a conclusão da prática em casa e os esforços de exposição no consultório.
- Continuar a praticar etapas desafiadoras da hierarquia de exposição, por meio de exposições e desafios comportamentais, focando nos objetivos principais do jovem e em quaisquer obstáculos.

(Continua)

QUADRO 10.2 Plano de tratamento detalhado de Jin para depressão *(Continuação)*

- Discutir com a mãe de Jin os aspectos culturais e familiares da morte do pai de Jin, a experiência e a expressão de luto da família, suas conversas contínuas sobre a morte dele; planejar uma sessão familiar com o paciente.
- Realizar sessão(ões) familiar(es) focada(s) em uma discussão apropriada ao desenvolvimento sobre a morte do pai.

Prática em casa

- Fazer o jovem continuar praticando desafios hierárquicos fora das sessões.
- Monitorar o uso de habilidades de enfrentamento e autorrecompensa por tentativas bem-sucedidas nos desafios.
- Monitorar os planos de recompensa.

Sessões 16 a 20

Avaliação

- Como nas sessões 3 e 4.

Intervenções

- Continuar o quadro de recompensas em sessão para a conclusão da prática em casa e os esforços de exposição no consultório.
- Revisar as exposições em casa e a discussão familiar; revisar as reações do paciente.
- Praticar etapas desafiadoras da hierarquia de exposição, por meio de exposições e desafios comportamentais, focando nos objetivos principais do jovem e em quaisquer obstáculos.
- Revisar as avaliações e o monitoramento do progresso; introduzir a opção de reduzir as sessões.

Prática em casa

- Fazer o jovem continuar praticando desafios hierárquicos fora das sessões.
- Monitorar o uso de habilidades de enfrentamento e autorrecompensa por tentativas bem-sucedidas nos desafios.
- Monitorar os planos de recompensa.

Sessões 21 a 25 (quinzenais para manutenção)

Avaliação

- Como nas sessões 3 e 4.

Psicoeducação

- Introduzir a fase de prevenção de recaídas.
- Revisar e discutir o progresso com o jovem e o cuidador.
- Discutir o encerramento.

Intervenções

- Praticar etapas cada vez mais/difíceis da hierarquia de exposição, por meio de exposições e desafios comportamentais, focando nos objetivos principais do jovem e em quaisquer obstáculos.

Prática em casa

- Fazer o jovem continuar praticando desafios hierárquicos fora das sessões.
- Monitorar o uso de habilidades de enfrentamento e autorrecompensa por tentativas bem-sucedidas nos desafios.
- Monitorar o plano de recompensa.

também é curioso e um planejador. A psicoeducação incluirá ajudar Jin e sua família a reconhecer e reter os aspectos valorizados de sua curiosidade e planejamento adaptativo, diferenciando os aspectos patológicos de sua preocupação. De fato, ele demonstra algum *insight* ao rotular suas preocupações como "zumbis da preocupação", mas atualmente ele é limitado em como lida com elas. Na medida do possível, pode ser essencial envolver os avós de Jin para apreciar a compaixão do avô ("Ele é apenas uma criança sensível"), ao mesmo tempo que também ajudamos eles a entenderem como a ansiedade de Jin pode estar tendo um impacto prejudicial em sua saúde e em seu desenvolvimento. A psicoeducação ensina o modelo da TCC para o TAG e a ampla interação entre pensamentos, sentimentos e comportamentos. Comportamentos, nesse sentido, não são apenas o que Jin faz (faz perguntas) ou não faz (vai em excursões em dias de tempestade), mas também *como* esses comportamentos são reforçados e mantidos. Ao discutir o TAG ou a preocupação excessiva com o jovem ou a família, a terapeuta pode fornecer os Materiais suplementares 22, 23 e 24 para resumir essas informações (versões reproduzíveis estão disponíveis no Apêndice A; ver também o Apêndice B para uma lista de fontes adicionais confiáveis).

Como muitos jovens ansiosos, Jin não é uma roda barulhenta, mas sua excessiva busca por reconforto está começando a se tornar disruptiva. Ao longo destes capítulos, reiteramos que a ansiedade é *normal*; ela é boa para você. A preocupação pode ser um processo útil. Preocupação e engajamento em torno de um problema são essenciais para a resolução de problemas e comportamentos de planejamento. A preocupação reflete a ativação inicial da ansiedade que vem de um problema novo. À medida que os jovens crescem, eles avançam no desenvolvimento linguístico e cognitivo, além da exposição e da conscientização crescentes de elementos potencialmente prejudiciais em seus ambientes imediato e mais amplo (p. ex., segurança, fracasso, morte). Alguma preocupação e curiosidade são aspectos normativos do desenvolvimento, e a maioria dos jovens consegue avançar de maneira efetiva além do processo de preocupação e se envolver na resolução de problemas. Para Jin e sua família, é importante destacar como ele não apenas experimenta sua preocupação, mas que ela se tornou parte de quem ele é – ele é alguém preocupado. Sua preocupação o dominou e está interferindo em sua capacidade de se divertir, dormir, fazer viagens e ter uma conversa regular com sua mãe. Ele também está preocupado com questões que não são necessariamente apropriadas para o desenvolvimento – ser um "Homenzinho" é um papel associado ao seu TAG. A psicoeducação deve incluir: a provável influência da morte do pai de Jin no sistema familiar de maneira global, o papel percebido de Jin como preocupado *com os membros da sua família* e a preocupação de seus familiares *com ele* e suas sensibilidades. Nesse ponto do tratamento, o impacto específico da morte do seu pai em seu esquema cognitivo não está claro, mas é importante continuar trabalhando com a família para avaliar esse fator.

Um objetivo central da psicoeducação é reunir múltiplos exemplos para fornecer uma compreensão do processo de uma preocupação desencadeada, geralmente sobre a própria saúde ou o bem-estar de Jin ou de sua família, alguma angústia interna e uma sequência de comportamentos de busca de reconforto, escape ou evitação. A psicoeducação oferece a oportunidade de ajudar Jin a entender como sua preocupação está repleta de percepções sobre eventos negativos acontecendo. Ou seja, ele vê enormes zumbis da preocupação por toda parte; eles estão mais perto e mais perigosos do que realmente são, e ele está de olho em zumbis da preocupação que nem apareceram ainda. Enquanto a preocupação pode ser natural, preocupar-se de modo excessivo coloca alguém em desvantagem – preocupar-se com tudo é tão útil quanto se preocupar com nada.

Autorreflexão e reestruturação cognitiva

Como preocupado, o conteúdo dos pensamentos de Jin inclui expectativas negativas sobre segurança, saúde, vida acadêmica e futuro. Ele tem dificuldade em controlar a autorreflexão ansiosa e a angústia associada a isso. Jovens com TAG podem ficar presos em várias armadilhas de pensamento, por exemplo: pensamentos de preocupação podem se concentrar em resultados negativos (busca pelos pontos negativos), antecipar eventos futuros negativos (adivinhação) ou prever que algo horrível pode acontecer (catastrofização) e eles serão incapazes de lidar com isso. Essas preocupações podem se concentrar em consumir reconforto externo para enfrentamento [e se (Diga-me, diga-me)]. O preocupado superestima o resultado ruim e suas consequências e subestima sua capacidade de lidar com isso.

Conforme Jin completa a planilha Rastreador de armadilhas de pensamento (ver Fig. 10.5; uma versão em branco está disponível como Planilha 5 no Apêndice A), ele aprende a reconhecer seus pensamentos automáticos negativos, como eles podem estar conectados à sua experiência somática e seu padrão de ficar preso em armadilhas de pensamento específicas. Além disso, se Jin acompanhar essas preocupações à medida que elas ocorrem, ele pode ser capaz de diminuir a natureza automática das preocupações que desencadeiam preocupações adicionais. Lembre-se de que, em geral, o que distingue jovens com e sem TAG é o número, a frequência, a intensidade e a controlabilidade da preocupação. Ao ensinar sobre as cognições e a interação de pensamentos, sentimentos e comportamentos, a terapeuta pode validar e normalizar uma preocupação específica enquanto ensina o jovem a identificar e prestar atenção às distorções e estratégias para a reestruturação cognitiva (ver Planilha 5 e Material suplementar 2 no Apêndice A).

A preocupação de Jin sobre os eventos do próximo dia na escola muitas vezes interfere em sua capacidade de adormecer. Quando ele vai para a cama, começa a se preocupar com a prova de ortografia agendada, o que inicia uma cascata de preocupação e armadilhas de pensamento. Ele experimenta tensão e nervosismo em conexão com suas preocupações, que, é claro, não são propícias para relaxamento e sono. Sua previsão negativa "Não vou lembrar de [todas as palavras de ortografia]" é um exemplo de *adivinhação negativa* e, possivelmente, de *tirar conclusões precipitadas*. Essa preocupação, então, salta para preocupações sobre e se sobre não conseguir dormir, o que inclui *tirar conclusões precipitadas* e *pensamento tudo ou nada*. Na cascata de preocupação de Jin, isso resultará nele sendo a única pessoa da casa acordada e, depois, reprovando na prova, o que, para ele, é um pensamento catastrófico, com zumbis de preocupação levando-o ao apocalipse zumbi. Dada a idade de Jin, ele pode não estar familiarizado com os termos "catastrófico" ou "catastrofização", então encontrar uma referência que ele possa entender ajuda a ensiná-lo a reconhecer essa armadilha de pensamento (p. ex., desastre, o pior de todos, apocalipse zumbi). Outra preocupação inclui ele se tornar um *autocrítico* ao pensar consigo mesmo: "Sou péssimo em dormir". Tantas preocupações e armadilhas de pensamento! Em alguns jovens com TAG que experimentam preocupações na hora de dormir, a preocupação pode pular para a preocupação

PLANILHA 5. Rastreador de armadilhas de pensamento

Em quais armadilhas cognitivas você costuma cair quando se sente triste, ansioso ou aflito? Para cada situação, descreva e avalie como se sente. Descreva seu pensamento automático (o primeiro pensamento que vem à sua mente). Em que armadilha cognitiva você pode estar caindo? Como isso lhe faz sentir (o resultado)?

Gatilho	Sentimento (Avalie de 0 a 10: "nada" a "insuportável")	Pensamento	Armadilha cognitiva	Resultado
Esperando minha irmã sair de casa antes da escola.	Estressado, dor de estômago. (7)	"Vou perder o ônibus!" "Vou me atrasar, e a professora vai ficar brava." "Vou ser enviado para a diretoria." "Vou perder a aula de matemática." "Vai estragar minha nota de matemática."	Leitura do futuro, catastrofização, apocalipse zumbi	Fiquei irritado, gritei com ela, me senti culpado. (10)
Ouvi sobre um tiroteio na escola no noticiário.	Muito tenso. (8)	"Nossa escola é a próxima. Eu tenho certeza disso." "Minha sala é no primeiro andar, então seremos os primeiros a serem atingidos." "E se ficarmos presos?" "Sou péssimo em dormir."	Catastrofização, e se (Diga-me, diga-me), apocalipse zumbi, levando as coisas muito a sério (o autocrítico).	Comecei a ficar agitado, não consegui dormir, fui procurar minha mãe à noite. (9)
Não consegui dormir por causa da prova de ortografia.	Tenso, nervoso. (8)	"Não vou lembrar de todas as palavras." "E se eu ficar acordado a noite toda?" "E se eu for o único acordado em casa?" "Não conseguirei me concentrar na prova e vou fracassar." "Vou ficar tão sonolento amanhã na escola." "Sou péssimo em dormir."	E se (Diga-me, Diga-me), leitura do futuro, catastrofização, apocalipse zumbi, levando as coisas muito a sério (o autocrítico).	Levantei-me da cama 3 vezes, fui procurar minha mãe, ela ficou brava comigo na última vez. Não sei que horas consegui dormir. (10)

FIGURA 10.5 Planilha de rastreamento de armadilhas de pensamento completa para Jin.

sobre o sono em si, o que, de fato, pode, de forma irônica, desencadear o resultado temido (sono reduzido).

Inicialmente, terapeuta e jovem podem trabalhar juntos para rastrear preocupações, observando e classificando experiências somáticas e pensamentos automáticos e rotulando as armadilhas de pensamento associadas. Assim, para Jin, faz sentido que ele esteja tão tenso e nervoso na cama, devido à natureza e ao conteúdo de seus pensamentos. No exemplo anterior, Jin descreveu que saiu da cama três vezes para buscar tranquilidade com sua mãe, uma de suas principais estratégias de enfrentamento. Isso resultou em um padrão familiar – a mãe ficando "brava comigo".

Ensinar reestruturação cognitiva a jovens com TAG inclui fazê-los desacelerar e reconhecer suas armadilhas de pensamento e, depois, se tornar detetives de pensamentos e fazer perguntas. Por exemplo:

"Qual é a chance de você esquecer todas as palavras?"
"O que geralmente acontece durante as provas de ortografia?"
"Em quantas provas de ortografia você já reprovou?"
"O que é o pior que pode acontecer se você esquecer uma ou duas palavras?"
"O que é o pior que pode acontecer se você reprovar na prova? E o que é o pior que pode acontecer se isso acontecer?"
"O que você pode fazer se esquecer uma palavra?"
"O que acontece se você não conseguir dormir?"
"Quantas vezes você ficou acordado a noite toda?"
"O que é o pior que pode acontecer se você ficar acordado a noite toda?"
"Você é ruim em todas as partes de dormir?"
"Você já é muito bom em dormir?"
"É útil se preocupar em reprovar ou ficar acordado a noite toda?"
"Quais são os zumbis de preocupação e quais são os ajudantes de preocupação aqui?"

Assim como ser um bom detetive, a lista de perguntas é interminável. Os objetivos são ajudar Jin a canalizar sua curiosidade e desafiar os pensamentos automáticos negativos, em vez de aceitá-los completamente, reconhecer alguns dos erros de pensamento e a utilidade de algumas das preocupações e introduzir algum controle. O objetivo não é encorajar o pensamento positivo *per se*. Afinal, se ele ficar acordado a noite toda, ele pode de fato se sentir muito cansado e ter dificuldade de concentração na escola no dia seguinte. Em vez disso, é trabalho da terapeuta ajudar Jin a entender que suas suposições fatalistas o prendem mais do que o quadro realista. A terapeuta pode começar a ajudar Jin a identificar armadilhas de pensamento personalizadas e começar a rotulá-las, para, depois, resolver problemas para que ele seja capaz de reconhecer os ajudantes de preocupação entre os zumbis de preocupação e até converter os zumbis de preocupação em ajudantes de preocupação. E é mais ou menos assim:

TERAPEUTA (T): Então, quando foi a última vez que você ficou acordado a noite toda?

JIN (J): Sei não. Não lembro. Nunca mesmo.

T: Ok, parece que nunca aconteceu de você ficar acordado a noite TODA, mas talvez tenha sido mais difícil para você pegar no sono quando zumbis de provas estavam atacando?

J: Sim.

T: Dessa vez, foram zumbis de prova de ortografia?

J: Sim.

T: Ok, então vamos supor que você de fato ficou acordado a noite toda dessa vez. O que é o pior que pode acontecer se você ficar acordado a noite toda?

J: Vou ficar supersonolento na escola amanhã e estragar minha prova.

T: Isso definitivamente já aconteceu comigo quando eu estava supersonolenta vindo para o trabalho às vezes. É uma sensação chata. Como é para você ficar supersonolento?

J: Eu bocejo muito. E às vezes tenho dor de cabeça.

T: Nossa, isso é chato. E o que acontece? Você se sai muito mal nas coisas na escola?

J: Ah, não.

T: Então você nunca tirou uma nota ruim por estar supersonolento na escola?

J: Acho que não.

T: Vamos supor que você tire uma nota ruim na sua prova de ortografia como os zumbis de preocupação estão dizendo a você. Que tipo de nota ruim?

J: Tipo um 8 de 10.

T: E o que acontece se você tirar um 8.

J: É um B, e vai estragar toda a minha nota.

T: Para o ano todo?

J: Sim.

T: Então um 8 vai estragar o ano todo? Você consegue entender o que os zumbis de preocupação estão tentando fazer aqui?

J: Apocalipse zumbi?

T: SIM! Como um matador de zumbis, o que você pode responder?

J: Talvez um 8 não estrague toda a minha nota?

T: Sim! Agora voltando a ficar supersonolento. Mesmo se você estiver supersonolento e tirar um 8, provavelmente não vai estragar toda a sua nota para o ano. Como você pode desafiar esse zumbi de preocupação e transformá-lo em um ajudante de preocupação?

J: Vou tentar dormir, mas, mesmo que eu não durma a noite toda, isso não vai estragar minha nota para o ano todo.

A terapeuta continua a ajudar Jin a desafiar os pensamentos de preocupação e reconhecer o pensamento catastrófico sobre os efeitos potenciais de não dormir e não se sair bem em sua prova. Com o tempo, o terapeuta trabalha com Jin para continuar levando suas preocupações com o apocalipse zumbi a suas conclusões de pior caso, perguntando, por exemplo: "Qual é o pior que pode acontecer se você tirar uma nota mais baixa em ortografia pelo ano todo?". Dessa forma, Jin aprende a tolerar alguma incerteza em relação à possibilidade do resultado temido.

A terapeuta também pode ajudar Jin a reconhecer possíveis crenças *positivas* sobre sua preocupação e seus comportamentos relacionados à preocupação. Ao ajudar Jin a rastrear suas preocupações e suas armadilhas de pensamento e vinculá-las a seus sentimentos, a terapeuta também pode investigar os aspectos metacognitivos de sua preocupação. Ou seja, o que Jin pensa sobre sua preocupação quando está preocupado? Fica claro que Jin acredita ser importante se preocupar para se sair bem na escola e para "garantir" que sua família esteja saudável e segura. A terapeuta pode ajudar Jin a entender que, em parte, ele continua a se preocupar tanto quanto faz *porque acha que isso é bom para ele (e para sua família)*. Uma parte do trabalho cognitivo pode visar as crenças que podem estar reforçando o processo de preocupação de Jin. A ideia não é eliminar a preocupação, mas interromper seu excesso. Aqui estão duas perguntas que você pode fazer a ele:

"Como você acha que se preocupar lhe ajuda?"

"O que aconteceria se você não se preocupasse com as notas (a saúde da sua família, segurança, etc.)?"

Os pensamentos de enfrentamento podem direcionar o conteúdo da preocupação, bem como o processo e as possíveis impressões positivas sobre a preocupação (excessiva). A terapeuta ajuda Jin a praticar identificar níveis elevados de preocupação, rotulá-la e, então, lidar com isso, interrompendo a frequência, a duração e o excesso de suas suposições (ver Planilha 16 e Material suplementar 2; versões reproduzíveis estão disponíveis no Apêndice A). Por exemplo:

"Eu sei que pouco antes de dormir é quando eu me preocupo mais, então eu lhes vejo chegando, zumbis de preocupação!"

"Eu mudei aquele zumbi de preocupação sobre minha prova em um ajudante de preocupação já. E eu estudei, então não preciso mais me preocupar hoje!"

Conforme a planilha Rastreador de armadilhas de pensamento (ver Fig. 10.6; uma versão em branco está disponível como Planilha 16 no Apêndice A), a preocupação de Jin frequentemente resulta em seus comportamentos de busca por reconforto (p. ex., procurando por sua mãe). Parte do trabalho aqui é ajudar Jin a reconhecer esse padrão e como ele está tentando lidar com, mas, na verdade, está fortalecendo os zumbis da preocupação. Esta é uma forma de envolvê-lo na mudança de comportamento (e exposição, ver a seguir).

T: Os zumbis da preocupação lhe deixam tão chateado que você vai para a mamãe à noite e faz algumas das mesmas perguntas várias vezes.

J: Sim, ela tenta me ajudar e depois fica irritada.

T: Sim, ela disse isso também. Parte de lutar contra os zumbis da preocupação é saber que você pode ir para sua mãe, MAS você não precisa *sempre* quando está se sentindo tenso ou estressado. Queremos praticar que você responda a algumas dessas preocupações sozinho, pois você consegue! Aposto que você até consegue dizer o que sua mãe vai te dizer antes mesmo de ela dizer.

J: Sim. Ela diz, "Você vai ficar bem, Jin-Jin" ou "Tente dormir", mas, se eu voltar, ela fica irritada.

T: Ok, e se, em vez de ir para a mamãe imediatamente quando você está preocupado à noite, você esperasse e praticasse alguns de seus pensamentos de enfrentamento primeiro?

Trabalhar com jovens para desacelerar e usar o atraso como estratégia pode ser eficaz em vários níveis inter-relacionados. Primeiro, essa estratégia quebra a automaticidade dos gatilhos de preocupação e o uso imediato das respostas mal-adaptativas habituais (ir para a mamãe em busca de tranquilidade). Segundo, e relacionado a isso, cria o potencial para praticar novos comportamentos de enfrentamento. Terceiro, cria a oportunidade para a habituação (talvez o desconforto diminua *sem* ir para a mamãe). Por fim, pode permitir a autoeficácia e a maestria.

No exemplo anterior, a terapeuta está trabalhando com Jin para construir seu arsenal de enfrentamento, interromper a automaticidade da busca por reconforto e diminuir a atenção ao seu processo de preocupação e escaladas com sua mãe (ver avaliação funcional diagramada na Fig. 10.4). O terapeuta deve preparar a mãe de Jin para esse experimento comportamental quando chegar a hora das exposições. A terapeuta pode treinar a mãe para dar elogios específicos rotulados para comportamentos corajosos e desenvolver um plano de recompensa

PLANILHA 16. Rastreador de pensamentos de enfrentamento

Liste pensamentos de enfrentamento que poderiam responder à sua armadilha de pensamento! Tente elaborar declarações de enfrentamento mais realistas e se pergunte: "Como eu não estou vendo o quadro completo?".

Gatilho	Pensamento	Armadilha cognitiva	Pensamento de enfrentamento	Resultado?
Preocupação com a prova de ortografia antes de dormir.	"Vou esquecer algumas palavras e arruinar tudo."	Adivinhação, pensamento tudo ou nada, apocalipse zumbi.	"Eu estudei." "Eu nunca arruinei minha nota totalmente antes." "Os zumbis da preocupação estão tentando me fazer enlouquecer. Não vou deixar."	Senti-me mais calmo; parei de sair do meu quarto para perguntar para minha mãe.
Professora falou sobre mudanças climáticas.	"Vão ocorrer todas essas tempestades horríveis." "E se acontecer amanhã?" "A Terra vai desaparecer."	Adivinhação, apocalipse zumbi.	"As mudanças climáticas são ruins, mas não significa que vai haver uma tempestade amanhã." "Não preciso verificar o clima para me sentir melhor." "Meu ajudante da preocupação será perguntar para a professora como posso ajudar."	Senti-me bem por ter um plano; realmente queria perguntar sobre o clima e se haveria uma tempestade amanhã, mas não perguntei.
Mãe parecia doente.	"Ela está doente. E se ela esqueceu de tomar a vitamina?" "E se ela faltar ao trabalho?" "E se ela morrer?"	Apocalipse zumbi.	"Só porque ela ficou doente não significa que ela vai morrer." "A mãe é muito boa em cuidar de si mesma. Não preciso lembrá-la."	Senti-me menos estressado; não perguntei se ela tomou a vitamina; mamãe me disse que estava orgulhosa de mim e nós rimos.

FIGURA 10.6 Planilha de acompanhamento de pensamentos de enfrentamento preenchida para Jin.

que o reforce por aumentar o tempo que ele fica em seu quarto à noite e diminuir suas visitas a ela com perguntas relacionadas à preocupação. Outra estratégia útil é se reunir com a mãe para desenvolver uma resposta padronizada que espelhe o trabalho terapêutico para quando Jin vier a ela com preocupação; a terapeuta e a mãe podem simular vários cenários. A mãe de Jin primeiro pode aprender a empatizar e encorajar Jin a usar seus pensamentos e suas habilidades de enfrentamento, com exposições posteriores removendo grande parte de sua resposta (ver Capítulo 5 para mais exemplos).

Resolução de problemas e atenção plena

Conforme Jin completa vários rastreadores, ele e seus cuidadores aprendem que, ao enfrentar um "problema" que desencadeia estresse, preocupação ou ansiedade, ele "resolve" com preocupação excessiva, busca por reconforto e, em alguns casos, evitação. Embora esses esforços para lidar possam trazer alívio em curto prazo por meio de reforço negativo, também reforçam o processo de preocupação, o que muitas vezes resulta em angústia adicional. A terapeuta pode envolver Jin na avaliação de prós e contras dessa abordagem. Ver Capítulo 2 para exemplos de como envolver a resolução de problemas tradicional quando o jovem está ansioso.

Outra abordagem para os pensamentos intrusivos frequentes que os preocupados experimentam é ensinar aos jovens como se relacionar com seus pensamentos de forma diferente por meio do treinamento em atenção plena. Como observado no Capítulo 2, a atenção plena pode servir como uma habilidade complementar para a reestruturação cognitiva e uma estratégia para ajudar Jin a ganhar distância de suas preocupações extensivas. O objetivo é ensinar Jin a reconhecer que suas preocupações são pensamentos, e apenas isso, pensamentos. Ele não precisa necessariamente agir (p. ex., via busca de reconforto, verificar o clima); em vez disso, ele pode aprender a simplesmente observar e assistir a seus pensamentos. A terapeuta pode ensinar o treinamento em atenção plena para ajudar com esse ponto (para mais informações, ver Capítulo 2 e Material suplementar 3, que oferece um roteiro de atenção plena amostral; uma versão reproduzível deste último está disponível no Apêndice A). Essa habilidade pode ser especialmente útil para Jin, dada sua propensão para o pensamento visual e imaginativo, e pode ser adaptada para a linguagem terapêutica já utilizada e para sua idade. Por exemplo, a terapeuta pode trabalhar com Jin para imaginar cada "zumbi da preocupação" em uma jangada flutuando rio abaixo ou o "zumbi da preocupação" girando em um carrossel. Dessa forma, ele também pode aprender a observar a preocupação e *tolerar* o desconforto associado, enquanto quebra um ciclo de enfrentamento mal-adaptativo.

Ensinar atenção plena a preocupados mais jovens dessa maneira também pode proporcionar a oportunidade de introduzir o *humor* como uma possível estratégia de enfrentamento. Observar zumbis da preocupação girando em um carrossel ou vê-los flutuar em um barquinho ou em um "espaguete" sem "combatê-los" pode tirar parte de seu "poder" e provar ser divertido e engraçado.

Exposições

A própria natureza do TAG e seus múltiplos domínios podem tornar o processo de desenvolvimento de hierarquias de medo e evitação assustador. Alguns clínicos têm discutido a luta para conceituar e, então, operacionalizar exposições para preocupações e seus resultados antecipados (p. ex., como criar exposições visando ao medo de contrair uma doença, morte, não ingressar na faculdade?). As preocupações estão enraizadas em uma semelhança com a realidade e refletem cenários com resultados incertos, que podem não se concretizar por muitos anos. Como mostrar que não é real uma preocupação para a qual os resultados são desconhecidos (p. ex., desenvolver câncer, ingressar na faculdade)? Como tal, avaliações funcionais das preocupações de um jovem são centrais para o planejamento e o *design* de exposições no TAG. "Qual é a função da preocupação e das crenças associadas sobre a preocupação?", "Quais são os comportamentos associados que reforçam negativamente a preocupação?", "Que impacto no funcionamento do desenvolvimento podemos observar agora?". Hierarquias de preocupação podem ser construídas de forma ampla ou por domínio de preocupação: acadêmico, social, interpessoal, segurança, familiar, saúde e questões comunitárias e mundiais. Por exemplo, voltando à avaliação abrangente de Jin, ele experimenta preocupações significativas sobre o desempenho escolar e o ingresso na faculdade, sua própria saúde e a de sua família e segurança em várias situações, incluindo condições meteorológicas severas. Ele se envolve em vários comportamentos relacionados à preocupação que reforçam e mantêm sua preocupação e seu desconforto; é importante destacar que os membros de sua família também participam de muitos desses comportamentos de acomodação. A terapeuta trabalhará com a família para reconhecê-los, explicar a razão para as exposições (ver Capítulo 2 para informações de fundo e exemplos) e desenvolver hierarquias de preocupação que estabeleçam as bases para a fase de exposição do tratamento. A seguir, estão as hierarquias de desafio para três domínios de preocupação de Jin:

Hierarquia de desafio A: preocupação com a escola

1. Levantar minha mão quando estiver 100% certo da resposta.
2. Levantar minha mão quando estiver menos do que 100% certo da resposta.
3. Planejar chegar à escola cinco minutos atrasado.
4. Perguntar ao professor apenas uma vez sobre a tarefa de casa.
5. Perguntar à mãe apenas uma vez sobre a tarefa de casa.
6. Não fazer perguntas ao professor hoje sobre a tarefa de casa.
7. Não fazer perguntas à mãe hoje sobre a tarefa de casa.
8. Errar uma resposta de maneira proposital no teste de ortografia.
9. Ter 15 minutos de tempo de preocupação com o apocalipse zumbi (p. ex., sobre reprovar em todas as matérias, não ingressar na faculdade) sem comportamentos de preocupação (p. ex., não verificar o portal de notas *on-line*, fazer perguntas de busca de reconforto à mãe ou ao professor).

Hierarquia de desafio B: preocupação com doença/segurança

1. Verificar a previsão do tempo apenas uma vez por dia.
2. Não verificar a previsão do tempo nenhuma vez por dia.
3. Adiar uma hora antes de perguntar à mãe ou ao avô sobre questões relacionadas ao tempo.
4. Adiar duas horas antes de perguntar à mãe ou ao avô sobre questões relacionadas ao tempo.
5. Não fazer perguntas à mãe ou ao avô sobre a previsão do tempo.
6. Participar de uma excursão escolar sem verificar o tempo no dia anterior à viagem.

7. Pesquisar relatórios meteorológicos de áreas com tempestades (p. ex., Caribe durante a temporada de furacões), mas não verificar a previsão do tempo em sua própria área.
8. Olhar fotos de tubarões.
9. Falar sobre entrar no mar no próximo dia de praia em família.
10. Ir à praia e ficar na beira da água por 20 minutos.
11. Ir à praia, ficar e brincar nas ondas por 20 minutos.
12. Falar sobre contrair sarampo.
13. Carregar uma foto plastificada de como é o sarampo.
14. Ter 15 minutos de tempo de preocupação com o apocalipse zumbi (p. ex., sobre contrair sarampo, Zika) sem envolver-se nos comportamentos habituais de preocupação (p. ex., não pesquisar em *sites* médicos).

Hierarquia de desafio C: preocupação com a saúde da mãe

1. Adiar uma hora antes de perguntar à mãe se ela tomou suas vitaminas.
2. Adiar uma hora antes de perguntar à mãe se ela agendou sua consulta médica.
3. Adiar duas horas antes de perguntar à mãe se ela tomou suas vitaminas.
4. Adiar duas horas antes de perguntar à mãe se ela agendou sua consulta médica.
5. Fazer a mãe responder apenas uma vez à minha pergunta de busca de reconforto.
6. Fazer a mãe não responder à minha pergunta de busca de reconforto.
7. Não fazer perguntas à mãe sobre tomar suas vitaminas.
8. Não fazer perguntas à mãe sobre marcar sua consulta médica.
9. Ler *sites* sobre doenças crônicas sem perguntar à mãe sobre sua saúde.
10. Discutir sobre a morte do pai.
11. Ter 15 minutos de tempo de preocupação com o apocalipse zumbi (p. ex., sobre a mãe doente na cama) sem envolver-se nos comportamentos habituais de preocupação (p. ex., não perguntar à mãe como ela está se sentindo, não procurar informações sobre câncer *on-line*).

Como pode ser visto nessas hierarquias de amostra, as exposições visam à gama de preocupações de Jin e envolvem uma combinação de estratégias, que incluem: atraso sistemático e extinção de comportamentos de busca por reconforto (i.e., entre pessoas e *sites*); redução associada nos comportamentos de acomodação por parte dos membros da família; exposições imaginárias a situações e resultados temidos; aumento da flexibilidade em situações ambíguas e não planejadas; e tempo de preocupação sem comportamentos compensatórios de preocupação. Algumas dessas exposições podem ser realizadas no consultório do terapeuta, ao passo que outras são mais bem-planejadas para casa ou escola. Algumas dessas exposições podem ser projetadas para prática diária (p. ex., tempo de preocupação com o apocalipse zumbi), outras são eventos de frequência mais baixa e natural (p. ex., excursões escolares), outras, ainda, exigem coordenação adicional da família (p. ex., uma viagem à praia em família).

Em virtude do tempo significativo que Jin passa preocupado com temas de saúde em geral, a saúde de sua mãe especificamente e o papel crucial da busca por reconforto, o plano de tratamento incluirá a mãe de Jin em exposições. Esses tipos de exposições podem servir para interromper o padrão usual de resposta entre Jin e sua mãe, que reforçou a sua preocupação com ela. Na exposição aos pensamentos de preocupação sobre a saúde de sua mãe, a terapeuta pode fazer Jin identificar seus pensamentos automáticos específicos e resultados antecipados, suas crenças sobre a utilidade e a eficácia de sua preocupação em mantê-la saudável e resistir finalmente aos comportamentos de "verificação" de perguntar a ela sobre sua saúde e comportamentos relacionados à saúde. Jin pode focar em continuar a se envolver em sua tarefa presente (p. ex., fazer lição de casa, assistir à TV, ir para a cama) enquanto tolera o desconforto de não perguntar à sua mãe se ela se lembrou de tomar seus medicamentos ou se ela comeu um almoço saudável enquanto estava no trabalho. Quando feito em sessão, a terapeuta pode servir como uma treinadora de enfrentamento para ajudar o jovem a suportar o desconforto (incluindo o uso de declarações de enfrentamento). Quando feito em casa, a cuidadora é designada para esse papel.

Para essas exposições, a terapeuta também vai querer trabalhar com a mãe de Jin para desenvolver um novo *script* de resposta (ou não) para Jin. A mãe de Jin pode aprender a empatizar e incentivá-lo, enquanto também não cede aos zumbis da preocupação (ela pode dizer algo como "Eu aprecio sua preocupação comigo, mas posso cuidar da minha própria saúde"). Muitas vezes, o terapeuta vai querer trabalhar com os pais para avaliar seus próprios pensamentos automáticos em relação a não responder às perguntas de busca por reconforto de seu filho ansioso. Além disso, como muitas dessas exposições serão – por padrão – praticadas em casa, os terapeutas podem querer praticá-las por meio de jogo de papéis em sessão com a criança e seu(s) pai(s).

Tempo de preocupação

O tempo de preocupação é uma quantidade discreta de tempo atribuída que um jovem pode usar com o objetivo expresso de se preocupar. Atribuir tempo de preocupação pode ter tanto efeitos paradoxais quanto funcionais. Uma das funções negativamente reforçadoras da preocupação excessiva é que dá ao jovem a ilusão de que está trabalhando no problema. A preocupação excessiva sobre o futuro ou situações fora de nosso controle não é construtiva, e, se o "problema" nunca for resolvido, o jovem continuará a se preocupar com o problema. Parar de se preocupar seria equivalente a desistir do problema. Ao atribuir um tempo de preocupação designado, o terapeuta está dando permissão ao jovem para deixar o problema de lado e voltar a ele no tempo de preocupação. Durante esse tempo, o jovem pode se preocupar o quanto quiser! De modo paradoxal, a maioria dos jovens esquece o tempo de preocupação ou esquece as preocupações específicas que tinham, pois foram esquecidas ou se resolveram sozinhas. Contudo, prometer um tempo de preocupação posterior permite ao jovem seguir em frente a partir do momento em que já ficou preso sem se enredar mais.

O tempo de preocupação pode desempenhar um papel funcional, incentivando a construção de habilidades. Ao criar um período diário intencional para preocupação, como, por exemplo, 15 a 20 minutos, os jovens podem abordar sua preocupação com alguma agência (p. ex., "Vou me preocupar em entrar na faculdade durante meu tempo de preocupação"). No tempo de preocupação, eles prometem eliminar a busca por ser reconfortado ou se distrair do desconforto quando ele surgir (i.e., "Não estou evitando a preocupação futura sobre entrar na faculdade. Vou fazer isso de propósito"). Com o tempo de preocupação, os jovens (e, dependendo de sua idade, seus pais) são instruídos a selecionar um horário a cada dia para se preocupar de propósito com todas as suas preocupações. Durante esses 15 minutos, os jovens são encorajados a identificar e expressar cada um de seus pensamentos automáticos ansiosos, e se e previsões negativas. Eles podem dizer suas preocupações em voz alta ou escrevê-las em uma folha em branco ou em um diário. Dessa forma, os terapeutas são capazes de prescrever o sintoma com uma compreensão da *função* da preocupação. Quando utilizado como uma exposição, o tempo de preocupação também funciona para desencadear os aspectos cognitivos e fisiológicos da preocupação, ao mesmo tempo que cria oportunidades para resistir a comportamentos de acomodação e tolerar o desconforto associado à preocupação.

Para Jin e sua mãe, o tempo de preocupação diário como exposição para as preocupações sobre o "apocalipse zumbi" permite o surgimento de preocupações catastróficas e piores casos para que ele possa praticar observar os zumbis da preocupação passando. Ele também pratica tolerar o desconforto sem se envolver em comportamentos de busca por ser reconfortado. Quando Jin rastreia suas preocupações, a terapeuta observa o salto de seu pensamento automático para a armadilha de pensamento catastrófico. Seus zumbis de preocupação sobre sua mãe tomando suas vitaminas se tornam uma crença catastrófica de apocalipse zumbi de que, se sua mãe não tomar suas vitaminas, ela ficará muito doente e morrerá.

Como é evidente ao longo deste livro, quando há evitação em um sistema em que a ansiedade existe, é provável que haja um alvo para intervenção (i.e., abordagem e exposições). Embora não seja explicitamente afirmado, entender a preocupação de Jin com a saúde de sua mãe pode estar relacionado à morte de seu pai quando ele era mais jovem. Devido à preocupação de sua família com Jin como uma criança sensível e preocupada, eles evitaram discutir a morte de seu pai com ele. Embora pudesse ter sido apropriado do ponto de vista do desenvolvimento reter certos detalhes, o sistema familiar pareceu superproteger Jin. Ao levar adiante sua preocupação por meio de questionamento socrático, a preocupação de Jin com sua mãe ficando doente estava conectada à preocupação por ela, bem como ao medo de resultados catastróficos ligados à doença, assim como estavam com seu pai (i.e., morte). Como resultado do sigilo contínuo e da evitação em torno da doença e da morte do pai de Jin, a terapeuta trabalhou com ambos, Jin e sua mãe, para adicionar isso à hierarquia de preocupação, uma vez que ficou claro que ele estava pensando sobre o tópico de qualquer maneira. Isso ilustra um ponto importante ao se trabalhar com jovens e famílias em geral: muitas vezes, os pais preocupam-se em discutir determinado problema, enquanto os jovens podem já estar pensando e se preocupando exatamente sobre esse tópico. No caso de Jin, a terapeuta pode trabalhar com sua mãe e seus avós para ter uma discussão apropriada para a idade com ele sobre o que aconteceu com seu pai e responder a perguntas sobre sua doença e morte.

Conforme Jin avança nessas exposições e diminui os comportamentos de busca por ser reconfortado, a terapeuta trabalha com ele no desenvolvimento de um conjunto de declarações de autoelogio quando ele atrasa ou resiste completamente a perguntar à sua mãe uma pergunta relacionada ao reconforto (ver Fig. 10.7; uma versão em branco está disponível como Planilha 6 no Apêndice A). Por exemplo:

T: Então, parece que, na escola, você ouviu novamente sobre pessoas que não estão recebendo a vacina contra o sarampo e ficou realmente preocupado com a mamãe, certo?

J: Sim.

T: E o que os zumbis da preocupação estavam tentando fazer com você?

J: Perguntar a ela se tomou a vacina para isso.

T: Parece que isso lhe deixou bastante desconfortável?

J: Sim. O sarampo parece nojento, e eu não queria que ela pegasse.

PLANILHA 6. Exposição *in vivo*/experimento comportamental

> Complete esta planilha com o jovem enquanto vocês se preparam para um experimento comportamental.

1. **Situação (Qual é a situação?):**
   Na escola, as pessoas estão falando sobre o sarampo, e eu queria perguntar para minha mãe se ela tomou a vacina.

2. **Sentimentos:**   **Classificação de desconforto:** ___80___
   Preocupado, assustado, tenso.

3. **Pensamentos ansiosos/negativos:**   **Armadilhas de pensamentos (ver lista a seguir)**
   "O sarampo é nojento."   Tirar conclusões precipitadas,
   "Talvez a mãe pegue sarampo."   catastrofização, apocalipse zumbi
   "Nunca a ouvi falar sobre tomar a vacina contra o sarampo."
   "E se ela pegar sarampo?"
   "Provavelmente ela não tomou a vacina."
   "As pessoas morrem de sarampo?"

   Armadilhas de pensamento: ler mentes, adivinhação, catastrofizar, tirar conclusões precipitadas, e se, desconsiderar o positivo, procurar o negativo, generalização excessiva, pensamento tudo ou nada, afirmações de deveria, levar as coisas para o lado pessoal, culpar.

4. **Pensamentos de enfrentamento (Como você responde aos seus pensamentos ansiosos?):**
   "Os zumbis da preocupação estão atacando de novo."
   "Não preciso perguntar para a mamãe se ela tomou a vacina contra o sarampo."

   Perguntas desafiadoras: Eu sei com certeza que _____? Estou 100% certa de que _____? Quais evidências tenho de que _____? O que é o pior que poderia acontecer? Quão ruim é isso? Eu tenho uma bola de cristal?

5. **Metas comportamentais atingíveis (O que você quer realizar?):**

Meta	Realizada?
a. Não perguntar para a mamãe mesmo que eu realmente quisesse muito.	Sim
b. Assistir ao zumbi da preocupação flutuar rio abaixo.	Sim
c.	

6. **Recompensas:**

Recompensas	Conquistada?
a. Me parabenizei, "Bom trabalho, você se saiu melhor do que os zumbis da preocupação."	
b.	
c.	

FIGURA 10.7 Planilha de exposição abordando preocupações com a saúde.

T: Apenas que é nojento? Ou que você não queria que ela morresse por causa disso?

J: Sim, não queria que ela morresse, eu acho.

T: É assustador se preocupar que sua mãe fique doente por causa do sarampo e morra. Faz sentido que você estivesse bastante desconfortável com uma classificação de 80 [classificação de desconforto] se estivesse tendo essas preocupações, certo?

J: Sim.

T: E para as armadilhas de pensamento, isso também parece para mim um salto para conclusões e catastrofização e apocalipse zumbi! Agora, é verdade que o sarampo é nojento e as pessoas ficam doentes e morrem por causa disso, e parece que você foi capaz de reconhecer suas preocupações, desafiá-las e vê-las flutuar, embora SEM ter que perguntar à sua mãe por ser reconfortado. Muito bem!

J: Obrigado. Eu fiz isso. Eu acho.

T: Sem achar! Você fez isso. Você foi capaz de tolerar sua preocupação e lidar com ela sem fazer perguntas à sua mãe, que sabemos alimenta os zumbis da preocupação. E eu realmente gosto de como você disse a si mesmo que fez um bom trabalho. Isso é importante quando fazemos coisas corajosas, como enfrentar os zumbis da preocupação. Você está preparado se eles voltarem?

J: Acho que sim.

T: Porque eles ainda podem querer que você pergunte à sua mãe sobre o sarampo.

J: Provavelmente.

T: O que você pode fazer se tiver preocupação com o sarampo de novo?

J: Dizer a mim mesmo que não preciso perguntar à mamãe. Ela pode cuidar de si mesma.

T: Sim! E mais o quê?

J: Ver o pensamento do zumbi da preocupação flutuar embora novamente?

T: Isso! Em um divertido espaguete de piscina? Ou um caiaque?

J: (*risos*) Espaguete.

T: Boa escolha. Estou tão orgulhosa de você por usar suas habilidades, fazer essa tarefa de exposição e enfrentar os zumbis da preocupação!

A terapeuta também pode desenvolver as sessão sobre temas que surgem das exposições de prática em casa para criar exposições que permitam ao jovem experimentar a ansiedade associada à sua preocupação na sessão e usar suas habilidades. Embora a preocupação de Jin seja desencadeada pelo sarampo nesse caso, ele se preocupa amplamente com doenças que afetam a ele ou a sua família; como outros jovens com TAG, essa preocupação específica reflete a cobertura de notícias atuais. Para expandir sua hierarquia de exposição e manter o tema do sarampo, por exemplo, a terapeuta e Jin podem concordar colaborativamente com exposições que incluam ter uma discussão sobre o sarampo, imaginar sua mãe contraindo sarampo, olhar imagens microscópicas do vírus do sarampo ou do Ebola e até imprimir uma imagem do vírus Ebola para ele carregar consigo todos os dias. Quem não adora carregar uma imagem laminada de um vírus? Esses últimos exemplos são maneiras criativas para terapeutas e jovens chamar intencionalmente tópicos de preocupação e permitir que os jovens tolerem o desconforto provocado, habituem-se e quebrem o padrão de comportamentos reforçadores. Como discutido, as exposições estão enraizadas na avaliação funcional dos padrões de preocupação de um jovem, combinada com resolução de problemas e criatividade no direcionamento desses padrões.

IDENTIFICAÇÃO DE PADRÕES DE INTERAÇÃO PAIS-FILHO

A natureza das preocupações de Jin e sua idade exigirão envolvimento significativo da mãe de Jin e, se estiverem dispostos, de seus avós. A preocupação de Jin inclui múltiplas interações com sua mãe e os membros da família, e muitos desses padrões servem para reforçar suas preocupações e seus comportamentos de preocupação. Como já visto, a terapeuta trabalhará com o jovem para ensinar habilidades para lidar com a preocupação, tolerar a angústia e resistir à busca por ser reconfortado. Além disso, a terapeuta desejará certificar-se de trabalhar com os cuidadores, fornecendo psicoeducação, ajudando-os a identificar seus próprios pensamentos ansiosos e, então, promovendo o autorreforço do pensamento de enfrentamento e praticando roteiros para como demonstrar empatia e incentivar os jovens a praticar suas habilidades de enfrentamento quando ficarem ansiosos.

Para as exposições de Jin, sua mãe precisará se envolver mais para entender melhor como responder (e não responder) quando ele recorre a ela repetidamente em busca de reconforto. Ao colaborar com Jin na elaboração das hierarquias de exposição, sua família opta por variar sua busca por ser reconfortado em termos de adiar suas perguntas e quantas vezes sua mãe responderá a elas. Isso significa que a mãe precisará ser incluída no planejamento dessas práticas de exposição em casa, e as exposições em sessão precisarão incluir a mãe de Jin em vários momentos. Ver Capítulo 5 para mais exemplos de avaliação de padrões de interação entre pais e filhos.

Empatia e incentivo: treinamento e abordagem

As ansiedades e as preocupações dos jovens podem ser avassaladoras. Portanto, os terapeutas vão desejar modelar a empatia com a angústia dos pais, a ansiedade, a frustração e até a irritação. Ter uma criança repetindo a mesma pergunta várias vezes pode ser realmente irritante. Os pais podem estar cansados e ter suas próprias preocupações. Não responder às perguntas de seu filho ansioso pode parecer contraproducente. Trabalhar com os pais requer que eles entendam os exercícios de avaliação funcional e, portanto, a razão das exposições. Pode ser mais fácil para os cuidadores entenderem como evitar uma viagem escolar ou um dia de praia em família pode reforçar a preocupação e a ansiedade. Compreender de modo funcional como responder a perguntas de busca por ser reconfortado ou comportamentos de verificação reforça a preocupação pode ser mais complicado para alguns cuidadores. O terapeuta pode compartilhar o Material suplementar 11, previamente descrito no Capítulo 5, e usar a Planilha 9 (ambos disponíveis como formulários reprodutíveis no Apêndice A) para ajudar a mãe de Jin a entender onde ela pode estar caindo em armadilhas comuns para pais (Fig. 10.8). Considere o seguinte diálogo e em que parte a mãe de Jin poderia receber orientação para identificar como ela poderia responder de forma mais útil:

MÃE DE JIN (MJ): Eu devo ignorá-lo quando ele me faz uma pergunta?

T: Não exatamente. Primeiro, você quer demonstrar empatia com a preocupação dele e com como ele está se sentindo. Por exemplo, "Eu sei que você realmente se preocupa comigo e com minha saúde". Ou, "Parece que os zumbis da preocupação estão realmente fazendo você se preocupar com o clima agora". Então, você o encorajaria a usar uma habilidade.

MJ: Que habilidade?

PLANILHA 9. Análise de cadeia pais-filho

> Conduza sua própria análise de interações desafiadoras. Você consegue identificar armadilhas parentais? Quais alternativas você poderia tentar?

	Ação/resposta	Armadilha parental	Solução potencial ou habilidades a utilizar?
Evento de estímulo:	Jin está preocupado com minha saúde como sua mãe.		
Ação da criança:	Jin me pergunta se tomei a vacina contra a gripe.		
Resposta dos pais:	Tento ignorá-lo; digo a ele "Não vou mais te responder".	Ignorar não planejado; agressivo-coercitivo.	Empatizar e encorajar; mostrar que entendo.
Reação da criança:	Ele continuou me seguindo, chorando, pedindo para eu responder.		
Resposta dos pais:	Digo a ele que tomei todas as minhas vacinas e que ele não precisa se preocupar.	Acomodação.	Empatizar e encorajar; promover a atenção plena.
Conflito/problema Comportamento:	Ele se acalma e vai embora.		
Resultado 1 (O que aconteceu)?	Ele ficou bem por um tempo.		
Resultado 2:	Ele voltou mais tarde e fez a mesma pergunta várias vezes.		
Resultado 3:			

FIGURA 10.8 Análise da cadeia de interações entre cuidador e criança no caso de Jin.

T: Você pode lembrá-lo de rotular o zumbi da preocupação ou a armadilha de pensamento. Ou pode lembrá-lo de que ele pode usar sua habilidade de tolerância à angústia de ver a preocupação flutuar para longe. Lembre-o de usar um de seus pensamentos de enfrentamento auxiliar para a preocupação ou de que ele e toda a família estão praticando o que acontece quando ele não faz uma pergunta de preocupação várias vezes.

MJ: E se ele continuar perguntando?

T: O objetivo é você treinar Jin durante esses períodos de preocupação sem necessariamente dar a ele "a resposta" ou uma "certeza". Primeiro, valide e, depois, modele a resolução de problemas e comportamentos de abordagem.

Para obter a adesão de Jin, as exposições iniciais podem concentrar-se na prática de sua mãe para adiar perguntas de busca por reconforto e para limitar, em vez de eliminar, as respostas. O objetivo é que tanto o jovem quanto a mãe sejam capazes de reconhecer o padrão de ansiedade e acomodação e começar a introduzir novas habilidades e respostas, enquanto aprendem a tolerar a angústia que será provocada. Pode ser útil para a terapeuta e a mãe fazerem simulação de papéis de roteiros diferentes para diferentes cenários. Ver Capítulo 5 para mais exemplos de empatia e incentivo para jovens com ansiedade e depressão. Às vezes, os pais em uma família podem responder de forma diferente às preocupações de um jovem. Será importante para o terapeuta avaliar isso ao longo do tratamento. No caso de Jin, seu avô parece ser uma figura central a ser incluída. Em geral, e com humildade cultural, a terapeuta também vai querer ser sensível às crenças dele sobre Jin. A terapeuta pode fornecer educação sobre como a superidentificação e acomodação da evitação de Jin podem estar mantendo as suas ansiedades. A terapeuta e o avô podem discutir maneiras alternativas de responder, e um objetivo pode ser para Jin ensinar ao seu avô as habilidades de enfrentamento que ele está aprendendo no tratamento, fazendo-o participar de exposições em sessão e em casa. Além disso, dado o papel funcional do avô de Jin, pode ser especialmente útil que a terapeuta e o avô colaborem na criação de atividades, além de assistir às notícias que possam compartilhar.

Quadros de recompensa e gerenciamento de contingência

A terapeuta e Jin concordaram com um quadro de recompensas em sessão que se concentrou na conclusão da prática domiciliar das várias planilhas ao longo das diferentes fases do tratamento. Inicialmente, a mãe de Jin expressou dúvidas de que seria capaz de manter um quadro em casa, então apenas um quadro em sessão foi desenvolvido para a fase inicial. No entanto, a terapeuta enfatizou e modelou elogios específicos para ela e atribuiu uma prática domiciliar para que ela monitorasse seus próprios pensamentos automáticos e reações quando Jin se aproximava dela com perguntas de busca por reconforto. Embora começar com um quadro em casa pudesse ter sido o ideal, a terapeuta não quis arriscar uma implementação inconsistente se um plano fosse forçado. A terapeuta priorizou o quadro em sessão durante a fase inicial e a prática domiciliar direta da mãe em serviço da avaliação funcional.

Mais tarde no tratamento, a terapeuta e a mãe concordaram com um quadro de recompensas simples conectado à prática de exposição em casa (ver Fig. 10.9; uma versão em branco está disponível como Planilha 14 no Apêndice A). Ver também Capítulo 5 para mais exemplos de sistemas de recompensa. Jin foi capaz de ganhar pontos para exposições específicas em casa a partir da hierarquia de medo e evitação acordada (ver anteriormente). A mãe de Jin também foi orientada a usar "pontos bônus" associados a elogios específicos e "destacar o positivo" sempre que percebia Jin sendo corajoso e usando habilidades naturalmente em diversas situações (p. ex., "Notei que você não me perguntou se tomei minhas vitaminas hoje. Estou muito orgulhosa de você por isso, então vou dar um ponto-bônus no seu

PLANILHA 14. Metas e quadro de recompensas

Sempre que estamos tentando novas habilidades, devemos nos recompensar pelo esforço feito. Primeiro, pense em metas alcançáveis e significativas. Em seguida, escolha como você se recompensaria por cada conquista.

Metas pelas quais posso me recompensar	Recompensa	S	T	Q	Q	S	S	D	# de dias alcançados
Fazer apenas uma pergunta para o professor sobre a lição de casa.	Comer sorvete na Sorveteria do Pinguim se fizer isso 4 vezes/semana.	S	S	S	N	–	–		4
Checar o clima apenas uma vez por dia.	Assistir a um episódio de anime todos os dias que fizer isso.	N	N	S	S	N	S		3

Metas pelas quais minha mãe pode me recompensar	Recompensa	S	T	Q	Q	S	S	D	# de dias alcançados
Não perguntar à mãe sobre vitaminas.	Ganhar uma revista em quadrinhos se fizer isso três vezes por semana.	S	N	S	N	S	N	–	3

FIGURA 10.9 Quadro de metas e recompensas para Jin.

quadro!"). Jin, então, poderia trocar seus pontos por pequenos prêmios (p. ex., quadrinhos, sair para tomar sorvete).

O quadro de recompensas deve ser selecionado de forma cuidadosa e em discussão com os cuidadores. Os alvos de recompensa precisam ser potentes e significativos para o jovem; no entanto, o terapeuta precisará ter cuidado para não selecionar itens que possam inadvertidamente (ou intencionalmente) reforçar a ansiedade. Por exemplo, Jin queria "economizar meus pontos para uma estação meteorológica". Obviamente, isso não significa que ele nunca poderá ter uma estação meteorológica; no entanto, devido aos seus comportamentos atuais de preocupação associados a verificar o tempo com medo de segurança, isso não foi considerado uma recompensa adequada durante a fase de tratamento.

Colaborando com a escola e outros profissionais

Assim como outros jovens, Jin pode não apresentar desafios comportamentais na escola ou incomodar seus professores, e suas preocupações podem estar conectadas ao seu nível de funcionamento acadêmico bastante sólido. Como tal, pode ser fácil negligenciar a colaboração com a escola para esses jovens. Novamente, a decisão de colaborar com a escola ou o pessoal escolar designado deve ser baseada em uma avaliação funcional da ansiedade do jovem. Para Jin, ele recebeu alguns *feedback* dos professores de que poderia e deveria participar mais. Dado seu receio de errar e o desejo de ter "100% de certeza" de uma resposta, ele não é um tomador de risco acadêmico e faz várias perguntas relacionadas à busca por reconforto ao professor. Portanto, pode ser prudente para o terapeuta envolver seu professor para: (1) fornecer psicoeducação sobre o modelo de tratamento e a natureza de sua preocupação extensiva e comportamentos associados, (2) discutir estratégias para reforçar de modo positivo o ato de levantar a mão e seus comportamentos de tomar riscos, (3) limitar respostas à sua busca por reconforto separada e identificar um roteiro viável, se necessário e (4) abordar oportunidades para o envolvimento do professor em exposições escolares, conforme apropriado. Por exemplo, "Na terça-feira, seu objetivo é levantar a mão durante a leitura sem ter 100% de certeza de que sabe todas as palavras do trecho a ser lido". Nesse exemplo, o professor pode trabalhar com o terapeuta para elaborar a exposição e estar preparado para encorajar, orientar e, espera-se, reforçar positivamente o esforço de Jin para levantar a mão (ver Capítulo 11 para exemplos adicionais de colaboração escolar).

Além da escola, é útil para a terapeuta colaborar com a pediatra de Jin ao longo do tratamento e fornecer atualizações sobre seu progresso. Desde que ela fez o encaminhamento inicial e este estava relacionado às experiências fisiológicas de tensão e dores de cabeça de Jin, monitorar esses aspectos ao longo do tratamento também será fundamental.

Monitoramento de progresso

A mãe de Jin observou o aumento dos comportamentos relacionados à preocupação quando ela começou a limitar suas respostas às perguntas de busca por reconforto dele e a utilizar o roteiro de empatia e incentivo; felizmente, a terapeuta a havia informado sobre essa possibilidade antecipadamente durante a fase inicial de psicoeducação. No entanto, após alguma prática, ela observou uma diminuição desses comportamentos, sobretudo à noite, e o aumento do uso de estratégias de enfrentamento. O rastreamento da prática domiciliar evidenciou melhorias em sua rotina de sono, assim como horários de dormir mais cedo (um dos principais objetivos de sua mãe para ele).

Jin e sua mãe "gameficaram" seu quadro de recompensas, e isso começou com o cuidadoso acompanhamento da mãe do número de perguntas feitas na hora de dormir. Começando com 21 perguntas por noite, ela desafiou (e recompensou) Jin tanto por diminuir o número de perguntas repetidas a cada noite QUANTO por utilizar declarações de enfrentamento (p. ex., especialmente sobre "combater os zumbis da preocupação") e tempo de preocupação. Jin até começou a incluir seu avô em sua prática de tempo de preocupação. Ao longo de algumas semanas, suas perguntas de busca por ser reconfortado diminuíram para 3 a 4 por noite. Sua mãe relatou rastrear sua própria frustração e diminuições em seus comportamentos de gritar à noite.

Uma breve análise das respostas de Jin nos itens da RCADS na semana 12 revelou que ele agora classificava vários itens como "às vezes" (1) ou "frequentemente" (2), em vez de "sempre". Embora ele ainda atendesse aos critérios para níveis clínicos de TAG segundo seu relato e o de sua mãe, isso indica progresso mensurável (ver Tabela 10.2), incluindo pontuações mais baixas em outros domínios relacionados à ansiedade e à depressão.

Jin demonstrou uma capacidade aprimorada de tolerar a incerteza em relação a eventos futuros negativos. Ele também negou ter dores de cabeça por vários meses.

ENCERRAMENTO E PREVENÇÃO DE RECAÍDA

Jin continuou a se preocupar com uma multiplicidade de tópicos; no entanto, ele demonstrou aquisição de habilidades cognitivas de enfrentamento, sobretudo "jogando de detetive" em relação aos seus pensamentos, pegando o apocalipse zumbi (catastrofização) e observando com atenção seus

TABELA 10.2 Perfil de sintomas de Jin na semana 12 usando a RCADS

	Mãe		Jovem	
	Pontuações brutas	Pontuações T	Pontuações brutas	Pontuações T
Ansiedade de separação	7	78**	5	60
Ansiedade generalizada	10	73**	12	67*
Transtorno de pânico	3	53	4	51
Ansiedade social	14	63	13	53
Obsessões/compulsões	6	61	5	51
Depressão	8	58	6	46
Ansiedade total	40	70*	39	57
Ansiedade total e depressão total	48	69*	45	55

*Pontuações T superiores a 65 indicam limiar clínico *borderline*. **Pontuações de 70 ou mais indicam pontuações acima do limiar clínico. As pontuações T são normalizadas com base na idade e no gênero do jovem.

pensamentos preocupantes se dissiparem (em geral, em um divertido espaguete de piscina). Como observado, a frequência de suas preocupações diminuiu.

Jin praticava todos os dias o tempo de preocupação, que, efetivamente, continha e redirecionava sua preocupação de outros momentos do dia, e ele atrasava e pegava muitas de suas perguntas de busca por reconforto e comportamentos de verificação. Sua mãe também o elogiava e reforçava mais por seus mecanismos de enfrentamento do que por suas preocupações, o que resultou em diminuições significativas nos conflitos familiares. Como resultado, a terapeuta e a família começaram a discutir a redução das sessões para quinzenais como parte de um plano de encerramento com exposições contínuas e prevenção de recaídas. Esta última incluía a identificação de antecedentes potenciais para picos de preocupação e planejamento antecipado para uso de habilidades. Os antecedentes incluíam quaisquer problemas de saúde na família, grandes eventos climáticos nas próximas estações (p. ex., supertempestades, ondas de calor, tempestades de neve) e testes padronizados do estado mais tarde no ano escolar. A terapeuta e Jin desenvolveram uma lista de seus "ajudantes de preocupação", que sempre poderiam ser chamados para "combater os zumbis da preocupação". A prevenção de recaídas para essa família também incluiu abordar o cronograma e os parâmetros para Jin ganhar um celular e monitorar o uso do telefone para busca excessiva de reconforto (p. ex., enviar mensagens de texto para a mãe com perguntas) e comportamentos de verificação (p. ex., usar aplicativos de previsão do tempo).

Prognóstico e acompanhamento

A jovem idade de Jin e a intensidade da preocupação apresentaram um desafio para a terapeuta introduzir de forma criativa habilidades cognitivas de enfrentamento e prática de habilidades comportamentais. A mãe de Jin também reconheceu, às vezes, "ceder", sobretudo, compreensivelmente, quando estava cansada. Dito isso, Jin demonstrou uso criativo de habilidades, aumentando o humor e a confiança, assim como sua mãe, o que é encorajador para o seu prognóstico. Seu temperamento ansioso e suas sensibilidades, nível de preocupação e crenças sobre a função da preocupação exigirão que ele e sua família continuem a praticar o uso de habilidades.

Desafios nesse caso

O caso de Jin foi selecionado por seus desafios. Ele é um jovem preocupado em um lar multigeracional com um único cuidador, cujo parceiro morreu há vários anos e que está exausto na maior parte do tempo e fazendo o melhor que pode. Os extensos níveis de preocupações de Jin podem parecer avassaladores para um terapeuta. Também há valores culturais e decisões de comunicação prévias na família em relação à morte do pai de Jin (p. ex., no que diz respeito ao luto, à expressividade em torno da morte) que a terapeuta desejará navegar com a família em sessões futuras à medida que progridem no tratamento para ajudar Jin a lidar de forma mais saudável com suas preocupações. Essas discussões baseadas na família podem servir como exposições para abordar tópicos já evitados que provocam ansiedade, bem como oportunidades para fornecer psicoeducação para normalizar o luto e honrar tradições culturais. Tornou-se evidente que vários membros da família tinham atributos positivos para a preocupação, considerando-a essencial para um bom desempenho e cuidado familiar. A terapeuta certificou-se de avaliar essas crenças sobre a preocupação em todos os membros da família, fornecer educação e envolver outros em exposições, conforme necessário. Como Jin é bastante jovem, algum grau de fazer perguntas por curiosidade é natural e normativo. Um alvo-chave para limitar a busca por tranquilidade é aprender a distinguir quais perguntas responder porque são necessárias para fornecer informações corretivas e aquelas que foram feitas e respondidas anteriormente. Com relação a isso, os terapeutas devem levar em consideração o nível de desenvolvimento cognitivo do jovem mais do que a idade específica.

SÍNTESE E PONTOS-CHAVE

A preocupação muitas vezes é confundida com resolução de problemas construtiva, mas, no contexto do TAG, a preocupação é improdutiva, excessiva e incontrolável. Com uma sólida conceituação de TCC que incorpora membros-chave da família, valores culturais e história, comportamentos problemáticos e prejuízos funcionais associados à preocupação podem ser mitigados. Além disso:

- As crenças positivas de um jovem sobre a preocupação e sua função (p. ex., "Me ajuda a me preparar para provas") podem ser uma barreira para o pensamento construtivo.
- Distorções cognitivas para jovens com TAG podem incluir pensamento negativo orientado para o futuro, pensamento tudo ou nada e pensamento catastrófico, que podem ser alvo de habilidades cognitivas de enfrentamento, atenção plena, modelagem terapêutica do uso de questionamento socrático e adesão, com o jovem no empirismo colaborativo.
- O terapeuta deve visar sintomas somáticos associados à preocupação.
- O tempo de preocupação pode ser utilizado para atrasar e interromper a imediatez da preocupação e praticar habilidades de enfrentamento.
- Os cuidadores provavelmente precisam praticar roteiros para responder de forma limitada e estabelecer limites para comportamentos de busca por tranquilidade.
- Ao projetar exposições para preocupações, o terapeuta pode visar a resultados temidos ou exposição a estímulos que desencadeiam preocupação. Se os medos concretos forem testáveis, eles podem ser um alvo valioso. Se os medos forem incontestáveis ou ambíguos (p. ex., "Nunca conseguirei entrar na faculdade"), o terapeuta pode desenvolver exposições projetadas para desencadear esses medos e ajudar o jovem a tolerar a incerteza dos resultados.

11
Ausência escolar e problemas de frequência

A ausência escolar (SR, do inglês *school refusal*) tornou-se um problema crescente, com 14% dos alunos do ensino fundamental e 21% dos do ensino médio faltando a 10% ou mais dos dias letivos por ano nos Estados Unidos (U.S. Department of Education, 2019). A ausência problemática ocorre por diversos motivos (Heyne, Gren-Landell, Melvin, & Gentle-Genitty, 2019). Ela pode ocorrer porque os pais retiram o aluno da escola para atender a alguma necessidade em casa (p. ex., fornecer cuidados infantis, obter renda). Também pode ocorrer devido a problemas comportamentais do aluno que levam a escola a excluí-lo da frequência (p. ex., ações disciplinares, suspensões domiciliares). Além disso, pode acontecer quando o aluno opta por faltar ou sair da escola para realizar atividades mais desejadas (i.e., evasão escolar). A SR é o tipo de problema de frequência mais associado à ansiedade e à depressão em jovens (Heyne et al., 2019; Kearney, 2008). Tal ausência é caracterizada por (1) má frequência e/ou perturbação do dia escolar, (2) significativa angústia associada à entrada ou à permanência na escola e (3) consciência dos pais sobre a ausência do jovem (Berg, 2002). O jovem não demonstra problemas de conduta notáveis além da má frequência, e os cuidadores terão feito um esforço sincero para tentar fazer o aluno retornar à escola (Heyne et al., 2019).

Jovens que se recusam a ir à escola muitas vezes apresentam perturbações de humor e comportamento ao longo do dia e têm dificuldade para acordar pela manhã, participar da rotina matinal, chegar ao ônibus, ao trem ou ao carro para ir à escola, entrar no prédio da escola e permanecer na sala de aula ao longo do dia. Eles podem ser vistos fazendo pedidos repetidos para ir à sala do orientador ou à enfermaria ou para o cuidador buscá-los na escola. As atividades extracurriculares podem trazer um breve alívio, mas as tarefas de casa em geral resultam em frustrações, e a hora de dormir traz o temor do pensamento de um novo dia. O jovem tem sono agitado, o que contribui para aumentar a fadiga, levando a dificuldades crescentes para acordar de manhã e iniciar o ciclo novamente. Como resultado, a SR leva a um número significativo de ausências parciais ou de dia inteiro, atrasos, tempo de aula perdido (p. ex., visitas à enfermaria ou ao orientador) e outras perturbações na rotina do jovem que afetam a frequência (p. ex., birras matinais, dificuldades para dormir, queixas somáticas). Os cuidadores podem, inicialmente, enfrentar o aluno todas as manhãs para persuadi-lo, incentivar ou dar incentivos para ir à escola. A crescente tensão, o conflito e a resistência em geral levam a concessões e acomodações crescentes por parte dos cuidadores, incluindo o próprio atraso ou a redução de horas de trabalho. Muitas famílias buscarão planos de educação individualizados ou aulas particulares de reforço para buscar acomodações na escola, e muitas considerarão mudar a escola de seus filhos.

Os efeitos de curto e longo prazos do comportamento de SR são significativos e incluem desempenho acadêmico insatisfatório, isolamento social, conflito familiar e possíveis maus-tratos infantis por falta de supervisão (Last & Straus, 1990; Kearney & Albano, 2007; King & Bernstein, 2001; King, Tonge, Heyne, & Ollendick, 2000). A continuidade do absenteísmo está associada a problemas legais, dificuldades financeiras e taxas aumentadas de comportamentos de risco (como uso de álcool e drogas, comportamento sexual de risco) e, em última instância, pode afetar de forma negativa o funcionamento ocupacional e social em longo prazo (Kearney, 2008; King & Bernstein, 2001). Além disso, a SR pode representar um ônus para o sistema educacional em termos de tempo profissional (orientadores educacionais, professores, diretores, assistentes sociais, etc.) e pelo custo de escolas alternativas para crianças excluídas do sistema escolar público devido à SR (Chu, Guarino, Mele, O'Connell, & Coto, 2019).

Apesar da visibilidade dessas interrupções, muitas vezes há um grande intervalo de tempo entre o início dos problemas de SR e a busca por ajuda pela família. Descobertas de uma clínica especializada na Nova Zelândia mostraram que 80% das famílias esperaram até dois anos para buscar tratamento após o início dos problemas iniciais (McShane, Walter, & Rey, 2001). Infelizmente, uma vez que o absenteísmo se torna crônico, a intervenção torna-se mais intensiva e desafiadora (Kearney & Graczyk, 2014), e os resultados, menos certos (Okuyama, Okada, Kuribayashi, & Kaneko, 1999). É necessária uma intervenção flexível e abrangente para jovens que se recusam a ir à escola, envolvendo intervenções coordenadas com o jovem, a família e o sistema escolar.

CORRELATOS PSICOSSOCIAIS E CONTEXTUAIS DA AUSÊNCIA ESCOLAR

As famílias com frequência buscam tratamento frustradas com as tentativas de identificar a origem original dos problemas de SR do jovem; no entanto, a pesquisa sugere que os eventos e as circunstâncias desencadeantes são diversos e multifatoriais. Em uma amostra de buscadores de tratamento na Nova Zelândia (McShane et al., 2001), foram relatados vários gatilhos que explicam sobretudo os episódios de SR, incluindo: conflitos em casa (em 43% das famílias); conflito com colegas (34%); dificuldades acadêmicas (31%); separação familiar (21%); mudança de escola ou de casa (25%); e doença física (20%). O *bullying* foi identificável em 14% dos casos. Mais da metade (54%) vivia em famílias intactas, e 39%, em lares monoparentais. Doenças psiquiátricas foram relatadas em 53 e 34% dos históricos médicos maternos e paternos, respectivamente. Essa lista abrange todos os principais domínios da vida do jovem (família, colegas, acadêmico, saúde); nenhum fator de risco único estava associado a mais de 40% dos casos, com a possível exceção de doença psiquiátrica materna. Como as famílias muitas vezes procuram terapia querendo identificar a "causa-raiz" da SR para resolver esse problema específico, os terapeutas precisam estar preparados para educar as famílias sobre a natureza multifatorial da SR e redirecioná-las para avaliações funcionais mais imediatas, em vez de para exames históricos. Como uma analogia, quando a casa está pegando fogo, concentramo-nos em maneiras de tirar todos da casa, para então podermos tentar entender a causa ou as causas originais do incêndio. Se um jovem está se recusando a ir à escola e está ausente de modo consistente, a casa está pegando fogo e precisamos abordar o "perigo" imediato e os fatores que mantêm o fogo.

Correlatos psicossociais

Uma significativa disfunção cognitiva, emocional e comportamental é associada ao comportamento de SR. Clinicamente, jovens com SR apresentam um alto grau de sintomas somáticos (p. ex., enjoo, ataques de pânico, tensão muscular, dores de estômago, distúrbios do sono, enxaquecas e dores de cabeça), desregulação comportamental (p. ex., apego, congelamento, busca de reconforto, escape, oposicionalidade e desafio) e pensamento catastrófico (p. ex., "Não consigo lidar com isso", "Não consigo aguentar o dia", "A escola é muito difícil"). Em amostras comunitárias (Egger, Costello, & Angold, 2003), a SR baseada em ansiedade tem sido consistentemente associada a maiores preocupações relacionadas à separação (p. ex., "medo do que acontecerá em casa enquanto está na escola", "preocupação com o mal que pode acontecer aos pais") e medos específicos da escola. No entanto, apenas 5 a 35% dos jovens relataram esses medos. Assim, a SR não deve ser vista como sinônimo de ansiedade de separação, medo de eventos ou gatilhos específicos da escola. Entre 8 e 32% dos jovens que recusam a escola também relataram dificuldades significativas de sono relacionadas à separação ("levantar-se para verificar a família durante a noite", "relutância em dormir sozinho") e depressão (fadiga, insônia). Queixas somáticas também eram comuns, com mais de um quarto dos jovens relatando dores de cabeça e dores de estômago; os jovens com SR também parecem ter dificuldade consistente nos relacionamentos interpessoais (Egger et al., 2003). Eles eram significativamente mais tímidos do que os jovens com outros problemas de frequência escolar (p. ex., evasão), mais propensos a sofrer *bullying* ou provocações e tinham dificuldade em fazer amigos devido tanto à retração quanto ao aumento da agressão e do conflito com os colegas.

A pesquisa apoia a noção de que crianças/adolescentes com SR dependem de estratégias de regulação emocional não preferenciais. Em uma comparação entre jovens da comunidade não clínica e jovens em busca de tratamento para SR, os jovens com SR relataram usar mais supressão expressiva e menos reavaliação cognitiva do que os não clínicos ao lidar com emoções (Hughes, Gullone, Dudley, & Tonge, 2010). Em geral, a reavaliação (pensar na situação de maneira diferente) é considerada uma estratégia de enfrentamento mais saudável, pois é empregada antes da geração de uma reação emocional e requer que a pessoa mobilize raciocínio de ordem superior para mudar o impacto emocional. Em contrapartida, a supressão expressiva (controlar as expressões externas de emoções, como a resposta facial) é uma estratégia focada na resposta que segue a reação emocional e envolve supressão, priorizando o alívio emocional em curto prazo em detrimento da mudança em longo prazo. Assim, os jovens com SR podem necessitar de educação emocional e habilidades para lidar com o estresse sem supressão.

Correlatos familiares

Exames das taxas de ansiedade e depressão em pais de jovens com SR indicam taxas mais altas do que amostras da comunidade (Martin, Cabrol, Bouvard, Lepine, & Mouren-Simeoni, 1999); 50% das mães e 20% dos pais preenchiam critérios para um transtorno depressivo e 80% das mães e 50% dos pais preenchiam critérios para um transtorno de ansiedade. Isso indica ligações entre tipos específicos de transtornos parentais e a expressão de SR pelos jovens.

O ambiente familiar (p. ex., organização, conflito, envolvimento excessivo, atitudes em relação à educação e à cultura), recursos financeiros e instrumentais limitados (p. ex., transporte, cuidados infantis) e o sofrimento dos pais também estão relacionados a problemas de frequência escolar (Kearney & Silverman, 1995; Havik, Bru, & Ertasvåg, 2015; McShane et al., 2001; Reid, 2005). Níveis aumentados de envolvimento familiar geral, aumento do conflito (processos coercitivos, culpa, ressentimento), distanciamento de indivíduos na família (falta de engajamento), comunicação e expressão afetiva interrompidas e isolamento da família de outros contatos sociais têm sido associados à SR (Kearney & Silverman, 1995). Mães e pais de jovens com SR classificaram sua própria família como com baixo desempenho em cumprir papéis familiares básicos e com baixa coesão e adaptabilidade (rigidez) em comparação com sua família "ideal" (Bernstein, Garfinkel, & Borchardt, 1990). Outra pesquisa identificou a disciplina dos pais, relatada pelos jovens, como fraca e inconsistente, com aumento das tentativas dos pais de exercer controle (Corville-Smith, Ryan, Adams, & Dalicandro, 1998). A terapia familiar para melhorar a coesão e a flexibilidade parece importante para melhorar a depressão e os sintomas somáticos.

Correlatos escolares e de pares

Com frequência, presume-se que a SR seja resultado de má combinação entre o aluno e o ambiente escolar. Como resultado, a maioria dos jovens com SR passa por várias transferências entre escolas na tentativa de encontrar o "encaixe" certo (McShane et al., 2001). De fato, os problemas de frequência escolar e a evasão têm sido associados ao clima escolar, às políticas escolares e ao envolvimento do aluno na escola (Brookmeyer, Fanti, & Henrich, 2006). Percepções sobre segurança escolar, organização, apoio de professores e colegas, sentimentos de comunidade e políticas disciplinares e de comparecimento claras e consistentes impactam as taxas de comparecimento (Hendron & Kearney, 2016; Kearney, 2008; Maynard, Salas-Wright, Vaughn, & Peters, 2012). Da mesma forma, ter sólidas redes de colegas dentro e fora da escola está associado ao comparecimento (p. ex., Baly, Cornell, & Lovegrove, 2014; Glew, Fan, Katon, Rivara, & Kernic, 2005). Jovens ansiosos com problemas de frequência insuficiente tendem a relatar ansiedade social, baixa quantidade e qualidade de amizades, vitimização por *bullying* e isolamento social (Egger et al., 2003). Ainda assim, os fatores escolares e de pares são individuais e difíceis de corrigir imediatamente (Wilkins, 2008). Mudar de escola não é um processo fácil, e as famílias muitas vezes encontram problemas semelhantes acompanhando o aluno para a próxima instituição. No entanto, o trabalho próximo com as escolas para resolver problemas de acomodação pode ser útil para auxiliar o retorno e a retenção escolar.

MODELO DE TERAPIA COGNITIVO--COMPORTAMENTAL PARA AUSÊNCIA ESCOLAR

O modelo de terapia cognitivo-comportamental (TCC) (Capítulo 1) ajuda a elucidar os múltiplos processos intrapessoais e interpessoais que mantêm a SR nos jovens. A perspectiva de ir à escola em qualquer dia pode desencadear pensamentos (p. ex., "Não consigo suportar a escola") e emoções (p. ex., medo, ansiedade, derrota) nos jovens que promovem o desejo inicial de ficar na cama. Os pais podem inadvertidamente reforçar o comportamento por meio de acomodações (p. ex., permitindo um atraso) ou criticando os comportamentos errados (p. ex., criticando o atraso de um jovem quando ele ainda está tentando ir). Nesse conjunto complexo de desregulação do humor e interações interpessoais, o terapeuta de TCC utiliza todas as suas habilidades para avaliar os pontos fortes e as limitações individuais, conduzir avaliações funcionais e ensinar habilidades proativas.

Para atender a essas necessidades, uma coleção de intervenções médicas e cognitivo-comportamentais foi examinada e recebeu apoio empírico. Ensaios clínicos iniciais sugerem que antidepressivos tricíclicos (ACTs, como imipramina) mais oito semanas de TCC geraram resultados superiores à referida terapia mais placebo (Bernstein et al., 2000), criando uma melhora significativa (a média de frequência escolar foi de 70%) em relação ao grupo-controle (a média de frequência foi de 28%). No entanto, a maioria dos médicos reluta em prescrever medicamentos tricíclicos para jovens, devido ao seu perfil de efeitos colaterais arriscado. Ensaios mais recentes de inibidores seletivos da recaptação de serotonina (ISRS, como fluoxetina) não conseguiram replicar esses tipos de benefícios adicionais (Melvin & Gordon, 2019). Em dois ensaios recentes, uma combinação de TCC com fluoxetina não melhorou os resultados de comparecimento em relação à TCC sozinha. Em contrapartida, a TCC sozinha melhorou a frequência média de < 50% para 72% (Wu et al., 2013) e de 15% para 55% (Melvin et al., 2017) nas últimas quatro semanas. Esses resultados apoiam pesquisas anteriores que sugeriram que a TCC é eficaz para melhorar o retorno dos alunos à escola (Heyne et al., 2002; King et al., 1998; Last, Hansen, & Franco, 1998; Maynard et al., 2015).

Uma abordagem que se alinha bem com a abordagem de avaliação funcional defendida neste livro é a abordagem de TCC prescritiva (Chorpita, Albano, & Barlow, 1996; Kearney & Albano, 2007; Kearney & Silverman, 1990, 1999). Essa abordagem é baseada na pesquisa de Kearney (2007), que estabeleceu que os jovens atribuem seus comportamentos de SR a uma de quatro funções: (1) evitação de estímulos relacionados à escola que provocam afeto negativo (p. ex., medo de experimentar ataques de pânico); (2) escape de situações sociais aversivas ou avaliativas (p. ex., um teste ou uma apresentação, *bullying*); (3) busca de atenção de pessoas significativas (p. ex., obter simpatia ou apoio dos pais e dos professores); e (4) busca de recompensas tangíveis fora da escola (p. ex., tempo de tela e jogos em casa). Após a realização de uma avaliação funcional, intervenções apropriadas e personalizadas podem ser aplicadas. Pesquisadores argumentaram que tal abordagem ajuda a lidar com questões relacionadas à complexidade diagnóstica dos jovens com SR, independentemente do diagnóstico clínico. Além disso, uma avaliação funcional fornece informações mais diretas que podem ser utilizadas para selecionar intervenções com base em gatilhos e reforçadores específicos.

EXEMPLO DE CASO: RICK

Este caso demonstra como a avaliação e as intervenções de TCC podem ser aplicadas a casos em que a SR é a principal questão de encaminhamento. Rick é um menino cisgênero indo-americano de 13 anos, cursando o oitavo ano, que foi encaminhado a uma clínica ambulatorial após ter faltado 25 dias no ano letivo atual e 15 dias consecutivos após as férias de inverno. Desde o jardim de infância, Rick desenvolveu dificuldades para acordar de manhã, e seus atrasos escalaram. Em média, Rick faltou cerca de 10 dias de aula a cada ano, sobretudo após transições e férias. Rick também era muito apegado ao seu irmão e à sua irmã mais velhos, que moravam longe, na faculdade. O episódio que levou ao seu encaminhamento começou após seus irmãos virem para casa nas férias de inverno e, depois, voltaram para a faculdade. Os pais citaram advertências da escola sobre frequência e notas como uma razão principal para buscar tratamento, além de uma preocupação mais geral em relação às atividades sociais em declínio de Rick.

Além de sua má frequência escolar, Rick era um adolescente saudável, que atendia a todos os marcos de desenvolvimento esperados no tempo certo. Ele geralmente mantinha boas notas (principalmente 9, com uma ou duas notas 8), que começaram a diminuir. Em geral, os colegas o achavam simpático, e Rick tinha pouco problema em fazer amigos, mas as amizades com frequência diminuíam ao longo do tempo, já que Rick dedicava esforço mínimo para mantê-las. Ele participava intermitentemente de atividades extracurriculares, como hóquei e aulas de música, em que tocava em uma banda; no entanto, sua participação oscilava durante períodos de má frequência escolar. Rick morava com a mãe, o pai e a avó materna. Ele tinha dois irmãos mais velhos, de 18 e 20 anos, que moravam longe, na faculdade, e com quem Rick tinha um relacionamento muito próximo.

Para incentivar a frequência escolar, a família tentou confortá-lo dando-lhe recompensas, como *videogames*, e o encaminhou para terapeutas. Rick tomava 50 mg de sertralina diariamente para ajudar com a frequência escolar. Na semana passada, os pais tentaram trancar a sala de jogos durante o horário escolar, para que Rick não tivesse acesso aos *videogames*, e a mãe considerou essa ação útil. A mãe de Rick relatou que sua SR interferia no funcionamento familiar, como passar tempo consultando orientadores escolares, precisar ir para o trabalho tarde ou sair do trabalho mais cedo para acomodar a recusa de Rick e dedicar uma quantidade significativa de tempo e esforço na implementação de intervenções.

AVALIAÇÃO DA AUSÊNCIA ESCOLAR

Na avaliação inicial (sessões 1 e 2), a terapeuta completou separadamente o Anxiety Disorders Interview Schedule (ADIS) com Rick e seus pais. Ele preenchia os critérios para transtorno de ansiedade social (TAS) e transtorno de pânico (TP); o transtorno depressivo maior (TDM) foi descartado. O TAS de Rick girava em torno do medo de constrangimento pelos colegas e de ser o centro das atenções. Seus pais descreveram Rick como sendo "ansioso a vida toda". Rick relatou medos significativos de responder perguntas em sala de aula, fazer apresentações orais, ler em voz alta, pedir ajuda a um professor, escrever no quadro-negro, comparecer a práticas da banda da escola e jogar futebol, atuar como goleiro de futebol, convidar novos amigos para se encontrarem, falar com pessoas desconhecidas, comparecer a festas e ser assertivo. Por exemplo, ele caiu no *playground*, raspou o joelho e não foi à enfermaria com medo de chamar a atenção para si mesmo. Uma vez, ele viu a sacola de almoço de um colega se romper na escola e todos riram. Depois disso, Rick recusou-se a carregar seu próprio almoço em uma sacola com medo do constrangimento. Como resultado, Rick eliminou quase todos os cenários sociais fora da escola e de casa. Ele recusa a maioria dos convites sociais, a menos que seus irmãos mais velhos estejam presentes.

Rick também preenchia os critérios para TP, pois relatava que estava "sempre em pânico" quando estava na escola, sempre preocupado com o próximo ataque de pânico. Ele experimentava ataques de pânico diariamente durante a escola. Seus principais sintomas incluíam tremores, hiperventilação, tensão, batimentos cardíacos acelerados, palmas das mãos suadas, pescoço rígido e dores de cabeça. Embora sua mãe não acreditasse que ele temia essas sensações físicas em si, ela relatou que Rick muitas vezes se preocupa em ter futuros ataques de pânico. Ela também confirmou o relato de que tais ataques podem ocorrer em qualquer lugar (escola, casa, *shopping*), mas eram mais prejudiciais na escola, pois Rick se sentia preso lá. Ele experimentava cerca de cinco ataques de pânico por semana, cada um com duração de cerca de 10 minutos, mas os sintomas físicos residuais permaneciam ao longo do dia. Seu professor muitas vezes o encaminhava para o orientador da escola devido à gravidade de seus tremores. Em alguns dias, seus pais o buscavam na escola quando os tremores não diminuíam, e, em dias especialmente ruins, Rick faltava à escola. Como resultado, a criança perdia outras atividades agradáveis, como a prática da banda da escola, por medo da escola e de ataques de pânico. Rick negou que os ataques de pânico fossem devido a medos sociais, exceto pelo medo secundário de ser constrangido após um ataque.

Como resultado dos ataques de pânico crônicos e da ansiedade social de Rick, ele expressou desânimo e dificuldade em se motivar para se envolver em atividades das quais costumava desfrutar. Ele gostava de futebol, tanto porque gostava de seus colegas de equipe quanto porque gostava de trabalhar em uma habilidade que podia melhorar. Ele saiu da equipe devido ao estresse escolar e porque o treinador disse que as faltas escolares afetariam sua elegibilidade. Ele costumava tocar bateria na banda, mas agora raramente pratica e tem faltado rotineiramente aos ensaios. Recentemente, Rick relatou à sua mãe que se perguntava se seria mais fácil simplesmente desistir de tudo do que continuar tentando. Durante uma avaliação de risco, a criança negou desejar morrer ou ter interesse em se machucar, mas admitiu sentir-se sem esperança em sua situação. Apesar de endossar anedonia (desinteresse por atividades), desesperança e avolição, ele não relatou sintomas suficientes para preencher os critérios para TDM.

Embora a SR não se qualifique como um diagnóstico formal, sua frequência escolar irregular exigia uma avaliação específica. Rick e seus pais atribuíram a frequência escolar ruim de Rick à sua ansiedade e à crença de que ele se sente mais confortável em casa. Quando perguntada sobre o que tornava a escola difícil para Rick, sua mãe indicou que o medo de constrangimento (p. ex., responder perguntas em sala de aula) e a atenção (p. ex., estar na linha de bateção na aula de ginástica) eram suas principais preocupações. A preocupação com ataques de pânico exacerbava suas preocupações: ele temia sentir-se fora de controle e ser julgado pelos colegas por ter esses ataques. Quando Rick ficava em casa, ele jogava *videogame* e buscava *blogs* e *sites* de jogos.

Várias perguntas ajudam a esclarecer a natureza da SR e a identificar os principais alvos do tratamento (ver Fig. 11.1). A consciência dos pais é o principal fator que distingue a SR baseada em angústia da evasão escolar (Heyne et al., 2019). Os pais de Rick estavam cientes de suas faltas e passavam a maioria das manhãs tentando convencê-lo a ir para a escola. A mãe de Rick era a principal responsável pela rotina matinal, que se caracterizava por ciclos alternados de acomo-

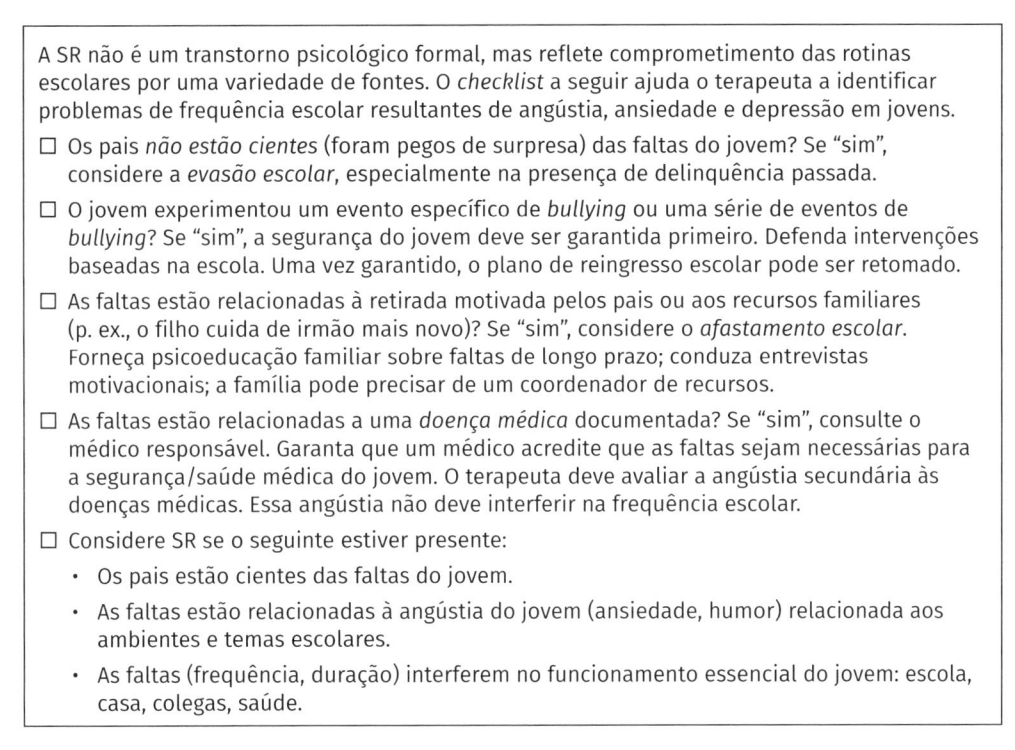

> A SR não é um transtorno psicológico formal, mas reflete comprometimento das rotinas escolares por uma variedade de fontes. O *checklist* a seguir ajuda o terapeuta a identificar problemas de frequência escolar resultantes de angústia, ansiedade e depressão em jovens.
> - ☐ Os pais *não estão cientes* (foram pegos de surpresa) das faltas do jovem? Se "sim", considere a *evasão escolar*, especialmente na presença de delinquência passada.
> - ☐ O jovem experimentou um evento específico de *bullying* ou uma série de eventos de *bullying*? Se "sim", a segurança do jovem deve ser garantida primeiro. Defenda intervenções baseadas na escola. Uma vez garantido, o plano de reingresso escolar pode ser retomado.
> - ☐ As faltas estão relacionadas à retirada motivada pelos pais ou aos recursos familiares (p. ex., o filho cuida de irmão mais novo)? Se "sim", considere o *afastamento escolar*. Forneça psicoeducação familiar sobre faltas de longo prazo; conduza entrevistas motivacionais; a família pode precisar de um coordenador de recursos.
> - ☐ As faltas estão relacionadas a uma *doença médica* documentada? Se "sim", consulte o médico responsável. Garanta que um médico acredite que as faltas sejam necessárias para a segurança/saúde médica do jovem. O terapeuta deve avaliar a angústia secundária às doenças médicas. Essa angústia não deve interferir na frequência escolar.
> - ☐ Considere SR se o seguinte estiver presente:
>   - Os pais estão cientes das faltas do jovem.
>   - As faltas estão relacionadas à angústia do jovem (ansiedade, humor) relacionada aos ambientes e temas escolares.
>   - As faltas (frequência, duração) interferem no funcionamento essencial do jovem: escola, casa, colegas, saúde.

FIGURA 11.1 *Checklist* de clarificação diagnóstica: SR.

dação e crítica. A evidência de evasão escolar indicava intervenções multissistêmicas, que geralmente envolvem serviços sociais, bem-estar infantil ou sistemas de justiça juvenil (Maynard, McCrea, Pigott e Kelly, 2012; Sutphen, Ford e Flaherty, 2010). Faltas relacionadas à vitimização por colegas ou *bullying* exigem intervenção adulta (um dos pais ou um funcionário da escola), envolvendo mediação entre pares e intervenção com o suposto agressor. Identifique quaisquer faltas iniciadas pelos pais que ocorram devido à disponibilidade limitada de cuidados infantis e outros recursos (p. ex., lares monoparentais em que os pais trabalham em múltiplos empregos; pais pedindo aos adolescentes para ficarem em casa para cuidar de irmãos mais novos ou acompanhar membros da família doentes ou que não falam inglês a consultas). Tais preocupações acionariam intervenções de recursos.

Doenças médicas agudas ou crônicas em jovens são comumente identificadas como causa ou gatilho de faltas escolares (Kearney, 2008), e o desafio é determinar qual nível de frequência é adequado para a condição médica específica. Ausências que começam com doenças médicas legítimas podem ser seguidas por dias perdidos prolongados. Jovens com histórico de SR muitas vezes faltam dias após fins de semana prolongados, feriados e interrupções na rotina escolar devido a um resfriado ou a uma gripe. Também é comum para os evasores escolares experimentar sintomas somáticos significativos quando é hora de ir para a escola. Dores de cabeça, dores de estômago, dores musculares, hiperventilação e náuseas são sintomas frequentes relatados por jovens com dificuldade em ir para a escola. Esse fenômeno é amplificado em jovens com condições médicas diagnosticadas (p. ex., enxaquecas, asma, distúrbios gastrintestinais e audiossensoriais, etc.). Em última análise, é importante consultar o pediatra ou o especialista do jovem (p. ex., neurologista) para ajudar a determinar a aptidão para frequentar a escola regularmente. Muitas vezes, é difícil para os jovens que se recusam a ir à escola distinguir doença médica de desconforto emocional ou físico. Uma vez que um profissional médico indique que um jovem pode retornar à escola sem causar danos adicionais ou agravar a condição médica, o trabalho do terapeuta é ajudar o cliente a tolerar qualquer desconforto restante que ocasionalmente surja ao ir para a escola. Durante a avaliação inicial, avalie as condições médicas crônicas e agudas e seu papel potencial nos problemas de frequência escolar.

A apresentação de Rick indica que seus problemas de frequência escolar se qualificam para a SR baseada em sofrimento, pois suas ausências seguiram um padrão consistente que era óbvio para seus pais. Rick teve mais dificuldades para retornar à escola após as férias de verão e os feriados, sobretudo após passar muito tempo com seus irmãos mais velhos. Seus pais estavam cientes de seu absenteísmo e sabiam quando ele ficava em casa. Ele não relatou nenhum caso de *bullying* ou vitimização, e seu absenteísmo não estava relacionado a afastamento intencional da escola pelos pais. Rick observou numerosos sintomas físicos associados aos seus ataques de pânico e acreditava que seria perigoso se tivesse um ataque na escola.

Medidas objetivas ajudaram a diagnosticar os problemas de frequência escolar de Rick. A criança e seus pais completaram a Revised Children's Anxiety and Depression Scale (RCADS), e suas respostas reforçaram os resultados da entrevista semiestruturada, mostrando pontuações *T* na faixa clínica para TEPT, TP e depressão (ver Tabela 11.1).

Temas comuns foram apresentados de forma consistente nos relatos da mãe, do pai e do jovem. Sintomas de pânico foram relatados acima do limite de normalidade para todos os informantes, e a depressão foi classificada como clinicamente grave tanto para a mãe quanto para o pai de Rick. A ansiedade social foi clinicamente significativa apenas no relato da mãe, mas o jovem e seu pai também relataram sintomas elevados. A discordância entre pais e jovens em relação à ansiedade e a outras áreas problemáticas é comum (Choudhury, Pimentel e Kendall, 2003; De Los Reyes e Kazdin, 2005), e cada relato fornece uma perspectiva única. Um terapeuta pode usar essa avaliação para priorizar áreas de sintomas em que o acordo é mais evidente (p. ex., ataques de pânico, sintomas físicos) ou onde a intensidade é maior (p. ex., depressão). No mínimo, perfis de sintomas podem ajudar a iniciar uma discussão com a família para identificar as principais preocupações, fornecer psicoeducação e colaborar em metas.

Além dos perfis de sintomas, avaliar as funções que a SR desempenha para o jovem pode ajudar a direcionar o tratamento. Rick e sua mãe completaram a School Refusal Assessment Scale-Revised (SRAS-R; disponível em Kearney, 2002), e as pontuações resumidas indicaram que Rick estava principalmente preocupado com o medo de avaliação negativa e a evitação de afeto negativo, de consistente com seu perfil de TP. Essa avaliação adicional ajudou a confirmar que um alvo principal da terapia deve incluir ensinar Rick a manejar os sintomas somáticos e as expectativas de pânico quando se aproxima da escola. Além disso, jovens com SR que atendem aos critérios para transtornos de ansiedade ou depressão geralmente apresentam significativa desregulação emocional e descontrole comportamental. Durante a avaliação, a terapeuta deve considerar encaminhar a um psiquiatra infantil para avaliar a adequação de medicamentos (ver Capítulo 4 para recomendações sobre

TABELA 11.1 Perfil de sintomas de Rick segundo seus pais na avaliação usando a RCADS

	Mãe		Pai		Jovem	
	Pontuações brutas	Pontuações T	Pontuações brutas	Pontuações T	Pontuações brutas	Pontuações T
Ansiedade de separação	6	68*	5	64	2	49
Ansiedade generalizada	5	57	2	45	1	33
Transtorno de pânico	12	>80**	4	65	9	66*
Ansiedade social	16	70	13	63	12	52
Obsessões/compulsões	2	52	1	47	0	35
Depressão	16	>80**	11	>80**	9	56
Ansiedade total	49	>80**	33	67*	24	46
Ansiedade total e depressão total	69	>80**	49	75**	33	48

*Pontuações T superiores a 65 indicam limiar clínico limítrofe. **Pontuações de 70 ou mais indicam pontuações acima do limiar clínico. As pontuações T são normalizadas com base na idade e no gênero do jovem.

como introduzir essa possibilidade para jovens e cuidadores).

Em síntese, entrevistas semiestruturadas e questionários baseados em evidências, preenchidos pelos pais e pelo jovem, apoiam um quadro diagnóstico que inclui TAS e TP. Os principais objetivos do tratamento concentram-se no desconforto de Rick com o afeto negativo que ele sente em ambientes escolares (p. ex., ataques de pânico) e no medo de avaliação social e constrangimento. Além disso, seria válido monitorar os sintomas depressivos subclínicos de Rick.

Estabelecimento de metas e definição de problemas-alvo

Enquanto a terapeuta fornece uma revisão detalhada de sua avaliação diagnóstica para Rick e seus pais (sessões 3 e 4), ela iniciou uma discussão colaborativa para identificar objetivos de tratamento concretos. Para gerar metas de tratamento, a terapeuta ajudou os pais e Rick a identificarem mudanças que gostariam de ver em domínios significativos da vida (escola, amigos, família, saúde). Como sempre, a terapeuta ajudou Rick e seus pais a permanecerem específicos, concretos e orientados para objetivos.

Metas dos pais

- Ir mais frequentemente à escola (aumentando o número de dias parciais em que Rick comparecia, seguido pelo aumento do número de dias completos de comparecimento).
- Fazer mais amigos e participar de atividades sociais com mais frequência.

- Reduzir a frequência dos ataques de pânico.
- Reduzir o conflito familiar em torno da rotina escolar.

Metas do filho

- Diminuir a sensação de nervosismo ao ir para a escola.
- Reduzir a frequência dos ataques de pânico.
- Melhorar a energia para fazer coisas que costumava gostar de fazer.

Metas da terapeuta

- Aumentar a frequência escolar (aumentando a frequência parcial e, em seguida, completa).
- Aumentar a tolerância ao desconforto quando ocorrerem ataques de pânico.
- Reduzir o conflito familiar em torno da rotina escolar.
- Aumentar o contato social com amigos e a participação em atividades extracurriculares.
- Reduzir o medo de avaliação social negativa.
- Melhorar o interesse, a energia e o humor ao se envolver em atividades diárias.

Para ajudar a monitorar o progresso nas metas, os terapeutas podem converter as metas de tratamento em uma medida de resultado idiossincrática que se concentra em resultados funcionais individualizados e é fácil de monitorar semanalmente (Weisz et al., 2011). O valor de tais medidas personalizadas tem sido cada vez mais reconhecido no campo. A Figura 11.2 (uma versão em branco está disponível como Planilha 11 no Apêndice A) ilustra as metas de Rick em uma planilha de problemas-alvo, organizada por metas dos pais e do jovem. É essencial definir metas em termos concretos e mensuráveis que possam ser avaliados semanalmente. É possível defini-las em termos de frequência de eventos, classificações dimensionais de desconforto ou de várias outras maneiras. O recurso-chave é que o rastreador de problemas-alvo fornece uma maneira consistente de observar o progresso da terapia. Nesse caso, Rick e seus pais tinham metas ligeiramente diferentes que são refletidas no rastreador. Estabeleça expectativas de que não se espera progresso para todas as metas ao mesmo tempo. Esperar mudanças em todas as dimensões seria irrealista e avassalador. Em vez disso, apresentar as metas dessa forma ajuda todos a manterem os olhos no prêmio final, mesmo enquanto o grupo faz escolhas sobre quais metas priorizar.

Entrevista motivacional

Um dos marcos da SR é a avolição, que surge da incapacidade do jovem de gerenciar seu desconforto ao se aproximar da escola. O ambiente escolar tornou-se um contexto emocionalmente punidor, no qual o jovem comumente demonstra sentimentos ambivalentes, no melhor dos casos, sobre retornar à escola. Nesses casos, a terapeuta faz uso de uma planilha de plano de mudança (uma versão em branco está disponível como Planilha 3 no Apêndice A) para entender as barreiras à reintegração e os possíveis facilitadores; ver Capítulo 2 para uma descrição mais aprofundada. A terapeuta também pode realizar um exercício de matriz de decisão com o jovem e os cuidadores para tornar essas questões concretas (Fig. 11.3). Aqui, a terapeuta atenta tanto para os prós de retornar à escola (para identificar incentivos) quanto para os contras de não retornar (para ajudar o jovem a reconhecer as consequências potenciais realistas). Da mesma forma, a terapeuta revisa os prós de não retornar para detectar quaisquer fantasias irreais (p. ex., "Talvez eu não precise fazer o trabalho") e os contras de retornar para solucionar os obstáculos à reintegração. Juntos, a terapeuta, o jovem e os cuidadores utilizam

PLANILHA 11. Rastreador de objetivos

Trabalhe com seu terapeuta para elaborar metas específicas, significativas e alcançáveis. Pense nos resultados que espera ver. Em seguida, acompanhe o progresso de seu filho semanalmente.

Objetivos dos pais	Resultados desejados	Semana 1	Semana 2	Semana 3	Semana 4	Semana 5
Comparecer mais à escola.	Contar o número de dias de frequência.	3	4	3	4	5
Fazer mais amigos; aumentar as interações sociais.	Contar o número de eventos sociais.	0	0	1	0	1
Diminuir os ataques de pânico.	Contar o número e avaliar a intensidade dos ataques de pânico (0, "nenhum", a 10, "fora de controle").	Dois ataques (intensidade 8).	3 (7)	2 (7)	0	2 (5)
Reduzir os conflitos familiares.	Contar o número e avaliar a intensidade das discussões (0, "nenhuma", a 10, "destrutiva").	Quatro brigas (intensidade 10)	4 (5)	2 (6)	1 (7)	1 (4)

Objetivos do jovem	Resultados desejados	Semana 1	Semana 2	Semana 3	Semana 4	Semana 5
Diminuir o nervosismo em relação à escola.	Classificar a ansiedade de ir à escola de 0 (nenhuma) a 10 (extrema).	9	8	10	7	7
Reduzir a frequência dos ataques de pânico.	Contar o número e avaliar a intensidade dos ataques de pânico (0, "nenhum", a 10, "fora de controle").	Dois ataques (intensidade 7).	2 (6)	3 (10)	1 (3)	1 (4)
Aumentar a energia em coisas de que eu costumava gostar.	Classificar a energia durante a semana de 0 (nenhuma energia) a 10 (muita energia).	4	4	5	5	6

FIGURA 11.2 Planilha do rastreador de metas para Rick.

Decisão a tomar: voltar à escola

	Prós	Contras
Voltar	• Ver meus amigos. • Talvez sinta mais energia. • Sentir-me melhor comigo mesmo.	• Sentir-me terrível, ter ataques de pânico. • Ter que explicar aos professores e aos colegas onde estive.
Não voltar	• Mais fácil – não tenho que enfrentar meus problemas. • Talvez não precise recuperar meu trabalho.	• Só vou piorar. • Provavelmente terei que recuperar o trabalho perdido. • Talvez tenha que frequentar a escola de verão ou repetir um ano. • Meus amigos suspeitarão ainda mais.

FIGURA 11.3 Usando uma matriz de decisão para esclarecer os prós e os contras da reentrada escolar para Rick.

a matriz de decisão para obter uma imagem realista dos desafios que têm pela frente ao se comprometerem com a mudança.

CONCEITUALIZAÇÃO DE CASO

O modelo da terapia cognitivo-comportamental

Como pode ser visto anteriormente, a SR de Rick é representada por um conjunto complexo e heterogêneo de sintomas, caracterizado por ansiedade social, ataques de pânico e humor deprimido. Sua frequência escolar ruim deriva de sua incapacidade de gerenciar o desconforto desencadeado na escola ao longo do dia. Diagramar a reação de Rick aos gatilhos escolares no modelo da TCC pode ajudar a esclarecer o processo para o jovem, os pais e a terapeuta (ver Fig. 11.4).

O primeiro gatilho de Rick pela manhã é o toque de seu despertador. Ele tem o pensamento "Esqueci daquela lição de matemática" (1). Imediatamente, ele sente borboletas no estômago (2), o que o leva a apertar o botão de soneca (3), proporcionando-lhe um alívio temporário e uma pausa. Quando o alarme o acorda novamente, ele pensa: "Estou me sentindo enjoado" (4), o que o leva a ter uma dor de cabeça (5) e puxar os lençóis sobre a cabeça (6). Essa sequência de pensamentos cada vez mais apavorados, sintomas somáticos e ações intensifica-se em uma espiral descendente até que Rick experimente um ataque de pânico completo e esteja discutindo com sua mãe. O episódio só termina quando Rick faz uma barricada na porta e a mãe o deixa sozinho.

A utilidade dessa conceitualização de caso é que ela pode desmistificar um cenário avassalador para o pai e o jovem e ilustrar quando um episódio desafiador começa. Ao fornecer psicoeducação, a terapeuta pode ilustrar o modelo de TCC para pais e jovens para ajudar a entender suas próprias espirais descendentes e ganhar *insight* em seu próprio processo. Além disso, detalhes sobre pensamentos específicos, sintomas somáticos e ações oferecem alvos aos quais direcionar intervenções terapêuticas.

Avaliação funcional

O segundo passo para formalizar a conceitualização do caso é realizar uma avaliação

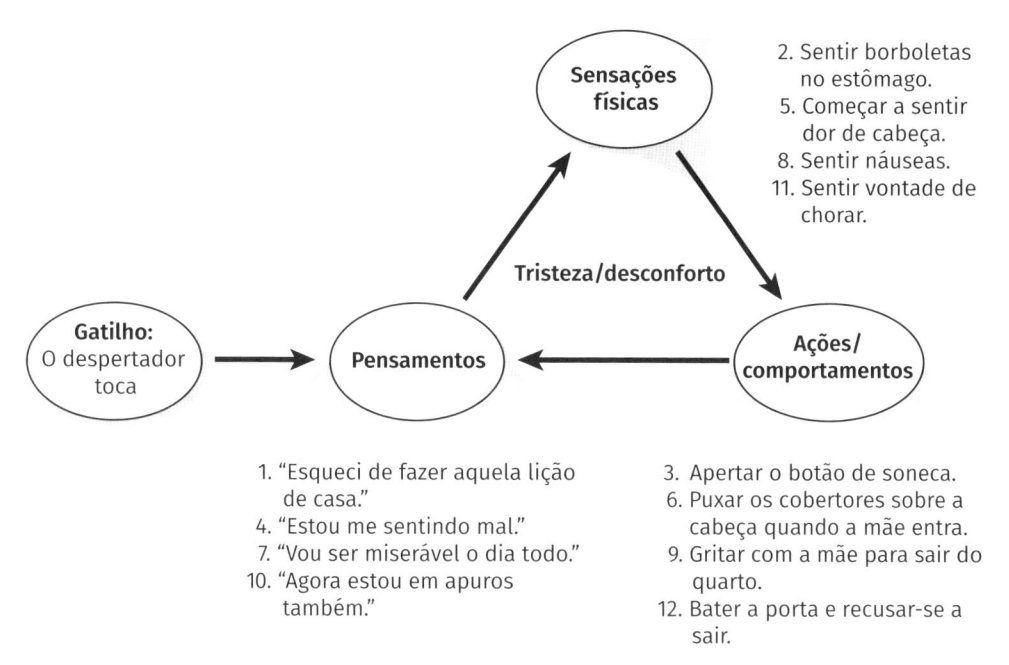

```
                    ┌──────────┐
                    │ Sensações│    2. Sentir borboletas
                    │  físicas │       no estômago.
                    └──────────┘    5. Começar a sentir
                       ↑     ↘         dor de cabeça.
                      /       ↘     8. Sentir náuseas.
                     /         ↘   11. Sentir vontade de
                    /           ↘      chorar.
         Tristeza/desconforto
┌──────────┐    ┌──────────┐    ┌──────────────┐
│ Gatilho: │    │          │    │    Ações/    │
│O despertador│→│Pensamentos│←─│comportamentos│
│   toca   │    │          │    │              │
└──────────┘    └──────────┘    └──────────────┘
```

1. "Esqueci de fazer aquela lição de casa."
4. "Estou me sentindo mal."
7. "Vou ser miserável o dia todo."
10. "Agora estou em apuros também."

3. Apertar o botão de soneca.
6. Puxar os cobertores sobre a cabeça quando a mãe entra.
9. Gritar com a mãe para sair do quarto.
12. Bater a porta e recusar-se a sair.

FIGURA 11.4 Conceitualização individualizada de TCC para um episódio de evitação escolar.

funcional para identificar os padrões que mantêm os comportamentos de evitação do jovem. A Figura 11.5 (uma versão em branco está disponível como Planilha 1 no Apêndice A) dá exemplos de gatilhos antecedentes, resposta emocional e comportamental e as consequências que, em última análise, reforçam reações temerosas e opositivas. Essa planilha pode ser preenchida durante a sessão com o jovem ou pode ser atribuída como prática domiciliar. Observe que os três gatilhos provocam três tipos diferentes de emoções (pânico, ansiedade, tristeza), mas a função que mantém o comportamento de fuga é a capacidade do jovem de evitar o desconforto. Desligar o despertador e puxar os lençóis sobre a cabeça permite que Rick adie se levantar por mais alguns minutos. Esconder-se no banheiro ajuda Rick a escapar de interações desconfortáveis ou uma possível avaliação por outros jovens, e ir à sala da enfermeira o ajuda a distrair-se dos pensamentos sobre seu desempenho acadêmico insatisfatório. Ainda assim, cada ação vem com prováveis consequências de longo prazo: aumento de atrasos e faltas ou perda de crédito escolar. Em cada instância, Rick está priorizando o alívio em curto prazo em detrimento dos custos em longo prazo, pois seu desconforto é tão palpável. O papel da avaliação funcional é ajudar a tornar essas escolhas mais claras para o jovem e os pais.

Ao completar uma avaliação funcional com o jovem, vários pontos valem a pena enfatizar (ver Capítulo 1 para uma revisão completa). Primeiro, encoraje o jovem a identificar sua resposta emocional inicial ao gatilho, pois os comportamentos subsequentes são conceituados como tentativas mal-adaptativas (não úteis) de lidar com o desconforto inicial. Por exemplo, o jovem desliga o despertador e puxa o cobertor sobre a cabeça porque é tão difícil para ele tolerar o medo e o pânico que está sentindo quando o despertador toca.

Em seguida, destaque o que acontece quando o jovem desliga o despertador, in-

PLANILHA 1. Gatilho e resposta

Conte-nos sobre seus gatilhos e como você reagiu a eles. Descreva seus sentimentos, o que você fez (ação), o que aconteceu imediatamente em seguida (resultado imediato) e o que aconteceu depois (resultado em longo prazo).

Antecedente → Resposta comportamental e emocional → Consequências

Gatilho	Sentimento (resposta emocional)	Ação (resposta comportamental)	Resultados imediatos (O que mantém isso em andamento?)	Resultados de longo prazo (O que lhe coloca em apuros?)
Ouço o alarme tocar no dia de uma grande prova.	Medo, pânico.	Desligo o despertador, puxo os cobertores sobre a minha cabeça.	Sinto-me melhor; não faço a prova.	Recebo outra falta, talvez tenha uma redução na nota; meus pais ficarão irritados.
Vejo aqueles colegas que me incomodam no corredor.	Ansioso.	Me escondo no banheiro, espero passar.	Alívio, segurança.	Atrasado para a aula; ganho outra advertência.
Penso sobre como estou falhando nas disciplinas.	Deprimido, desencorajado.	Baixo a cabeça, peço para ir à enfermaria.	Escapo da aula, que está me deprimindo.	Talvez perca crédito na disciplina.

FIGURA 11.5 Avaliação funcional individualizada do comportamento de Rick.

cluindo os resultados imediatos e as consequências de longo prazo. O resultado imediato é que o jovem se sente melhor. Confira isso com sua própria experiência. Quando você ouve o despertador tocar após uma noite de sono muito curta, não deseja que o despertador se cale? E quando você aperta o botão de soneca, como se sente? Alívio imediato, certo? É a mesma experiência para um jovem que se recusa a ir à escola, mas intensificada. É esse alívio imediato que aumenta as chances (reforça a probabilidade) de o jovem desligar o despertador repetidas vezes. Quanto mais intenso for o pânico inicial, mais provável que o comportamento de desligar o despertador será reforçado. Essa avaliação funcional identifica a experiência momento a momento e por que as estratégias mal-adaptativas de enfrentamento continuam.

Toda ação tem consequências. Então, mesmo que desligar o despertador "funcione" em curto prazo (alivia o pânico), também traz consigo consequências secundárias de longo prazo. Nesse exemplo, o jovem recebe outra falta em seu registro, não recebe crédito pela tarefa exigida e seus pais ficam cada vez mais frustrados com ele e desanimados com sua eficácia parental. Infelizmente, é difícil para qualquer pessoa que luta com a regulação emocional manter essas consequências de longo prazo em mente quando está sentindo pânico inicial. Assim, desligar o despertador parece ser a melhor resposta, pois "resolve" o problema de forma imediata. Priorizar o alívio em curto prazo em detrimento das consequências em longo prazo é comum entre os jovens diagnosticados com SR e outros transtornos de ansiedade e de humor.

PLANO DE TRATAMENTO

Com um diagnóstico, a conceitualização de caso e a lista de problemas-alvo, a terapeuta pode, então, planejar um esboço de intervenções para abordar as preocupações do jovem. Os Quadros 11.1 e 11.2 são projetados para ajudar na elaboração de planos de tratamento e relatórios para cuidados gerenciados. O Quadro 11.1 lista exemplos de metas de tratamento e intervenções apropriadas que correspondem ao caso de Rick. O Quadro 11.2 mostra a sequência de intervenções para um curso de tratamento de 25 sessões para a SR. Observe que grande parte do plano adapta intervenções utilizadas para outros transtornos (p. ex., TP, depressão, ansiedade social). Isso reflete a natureza multidimensional do sofrimento emocional experimentado por jovens com comportamentos de SR.

Em consonância com a base de evidências atual, múltiplas estratégias cognitivo-comportamentais são utilizadas para abordar esse problema multifacetado. A psicoeducação tanto para o jovem quanto para os pais, o gerenciamento de recompensas, a ativação comportamental e o monitoramento de atividades, a reestruturação cognitiva e os exercícios de exposição são todas intervenções comuns para a SR. O plano de tratamento detalhado enfatiza estratégias específicas para pânico, ansiedade social e humor deprimido, consistentes com a apresentação de Rick.

COMPONENTES E PROCESSO DE INTERVENÇÃO

Psicoeducação

Após desenvolver uma conceitualização de caso conjunta e um plano de tratamento com o jovem e os pais, a terapeuta educará os clientes sobre a natureza da SR, a conceituação cognitivo-comportamental do problema, a justificativa para as várias intervenções e as opções de tratamento (incluindo medicação). É crucial usar exemplos da própria experiência do jovem para ilustrar como seu proble-

QUADRO 11.1 Plano de tratamento amplo de Rick para ausência escolar

Metas de tratamento	Intervenções
Aumentar a frequência escolar.	Psicoeducação sobre SR e sua relação com o desconforto como uma evitação do afeto negativo; planos de recompensa; estratégias para lidar com ataques de pânico e ansiedade social.
Aumentar a tolerância ao desconforto relacionado a ataques de pânico.	Psicoeducação sobre ataques de pânico, exposições interoceptivas e *in vivo*.
Reduzir conflitos familiares em torno da rotina escolar.	Psicoeducação sobre padrões de interação familiar, análise da comunicação, planos de recompensa.
Aumentar o contato social com amigos e atividades, devido ao desencorajamento e ao humor deprimido.	Ativação comportamental para situações sociais, exposições para buscar apoio.
Reduzir os medos de avaliação social negativa.	Exposições *in vivo*, reestruturação cognitiva.
Melhorar o interesse, a energia e o humor nas atividades diárias.	Psicoeducação sobre depressão, rastreamento de pensamento-ação-humor, ativação comportamental.

QUADRO 11.2 Plano de tratamento detalhado de Rick para ausência escolar

Sessões 1 e 2

Avaliação

- Avaliar os problemas apresentados.
- Realizar a avaliação diagnóstica com foco no prejuízo (funcionamento na vida real).
- Administrar medidas de perfil de sintomas (p. ex., RCADS).
- Avaliar problemas-alvo e objetivos de tratamento, focando na melhoria do funcionamento diário.
- Avaliar tentativas anteriores (incluindo o tratamento passado) de lidar com o problema.
- Avaliar as interações cuidadores-jovem.
- Realizar avaliações colaterais, conforme necessário, na escola do jovem (p. ex., orientador, professor, enfermeiro escolar); recuperar avaliações psicológicas passadas (p. ex., avaliações acadêmicas/aprendizado); solicitar aos pais autorização completa para falar com o(s) contato(s) escolar(es).
- Avaliar condições médicas concomitantes; consultar um pediatra ou especialista (p. ex., gastroenterologista), conforme indicado.
- Avaliar a necessidade de medicação e encaminhamento psiquiátrico.

(Continua)

QUADRO 11.2 Plano de tratamento detalhado de Rick para ausência escolar *(Continuação)*

Psicoeducação
- Rever a avaliação e gerar problemas-alvo com o jovem e os pais.
- Criar um rastreador de problemas-alvo idiossincráticos.
- Colaborar na conceitualização do caso: modelo de TCC e avaliação funcional.
- Fornecer aos pais e ao jovem uma ficha informativa sobre SR e TCC.
- Identificar um elo com a escola e obter consentimentos apropriados para coordenar com a escola.
- Educar os pais sobre os benefícios potenciais da medicação.

Prática em casa
- Monitorar a presença e os gatilhos para problemas de presença: modelo de TCC e avaliação funcional.
- Fazer o jovem acompanhar suas reações ao desconforto e aos resultados em curto e longo prazos (avaliação funcional) em relação às rotinas escolares.
- Fazer os pais acompanharem as interações cuidadores-jovem em torno das rotinas escolares.

Sessões 3 e 4

Avaliação
- Avaliar e discutir a prática em casa.
- Completar o rastreador de problemas-alvo.
- Completar o rastreador de sintomas a cada quarta sessão (p. ex., RCADS).

Intervenções
- Apresentar o modelo de SR como evitação do desconforto; reforçar com exemplos da avaliação funcional.
- Realizar a entrevista motivacional para destacar a troca entre os ganhos em curto prazo e as consequências em longo prazo.
- Rever os padrões de interação cuidadores-jovem. Identificar os padrões-chave.
- Implementar um programa de recompensas diárias renováveis para o jovem com a cooperação do cuidador para incentivar a presença escolar graduada em troca de recompensas valorizadas.
- Estabelecer uma reunião conjunta entre jovem, família e escola para identificar objetivos comuns e papéis.

Prática em casa
- Monitorar a reentrada na escola nos quadros de recompensas diárias renováveis.
- Monitorar o rastreador de interações cuidadores-jovem.
- Monitorar avaliações funcionais, ajudando o jovem a distinguir as consequências em curto e longo prazos.

Sessões 5 e 6

Avaliação
- Como nas sessões 3 e 4.

(Continua)

QUADRO 11.2 Plano de tratamento detalhado de Rick para ausência escolar *(Continuação)*

Intervenções
- Rever o programa de recompensas diárias renováveis. Continuar a melhorar o plano, reforçando o sucesso e resolvendo os obstáculos. Modificar objetivos e recompensas conforme o jovem tem sucesso ou enfrenta contratempos.
- Rever e aprimorar avaliações funcionais individuais para ver onde o jovem está caindo em armadilhas comportamentais.
- Introduzir a análise da comunicação e a resolução de problemas familiares para ajudar os cuidadores a usarem técnicas de empatia e incentivo e técnicas de regulação emocional.
- Colaborar com o elo da escola para integrar programas de recompensas com incentivos na escola. Criar um sistema de *feedback* contínuo.

Prática em casa
- Monitorar a reentrada na escola nos quadros de recompensas diárias renováveis.
- Monitorar o rastreador de interações cuidadores-jovem.
- Monitorar avaliações funcionais, ajudando o jovem a distinguir as consequências em curto e longo prazos.

Sessões 7 e 8

Avaliação
- Como nas sessões 3 e 4.

Intervenções
- Fornecer psicoeducação sobre boa higiene do sono, enfatizando a regulação da rotina. Discutir expectativas de desenvolvimento em torno das rotinas de sono.
- Ensinar exercícios de relaxamento para usar na hora de dormir.
- Obter uma atualização em qualquer tratamento medicamentoso que o jovem esteja recebendo; consultar o psiquiatra responsável.
- Obter *feedback* da escola.

Prática em casa
- Monitorar as mudanças no sono.
- Monitorar o uso de exercícios de relaxamento.

Sessões 9 e 10

Avaliação
- Como nas sessões 3 e 4.

Intervenções
- Exposições e desafios comportamentais: construir uma hierarquia de desafios, concentrando-se na avaliação social e nos sintomas de pânico. Situações ajudarão o jovem a praticar habilidades para superar os obstáculos que ele normalmente enfrenta.
- Praticar os primeiros passos da hierarquia na sessão.
- Obter *feedback* da escola e dos cuidadores sobre planos de presença e recompensa.

Prática em casa
- Orientar o jovem a aprimorar os passos da hierarquia de desafios.
- Orientar o jovem a tentar os primeiros passos da hierarquia fora da sessão.

(Continua)

QUADRO 11.2 Plano de tratamento detalhado de Rick para ausência escolar *(Continuação)*

Sessões 11 e 12

Avaliação

- Como nas sessões 3 e 4.

Intervenção

- Monitorar a autorreflexão: ensinar ao jovem a ligação entre seus pensamentos e a escola, a ansiedade e a aflição.
- Ensinar ao jovem a identificar armadilhas de pensamento por meio de reestruturação cognitiva e desafiar pensamentos negativos irrealisticamente com mais pensamentos de enfrentamento realistas.
- Conduzir experimentos/exposições comportamentais contínuos sobre alvos sociais e de pânico.
- Obter *feedback* da escola e dos cuidadores sobre planos de presença e recompensa.

Prática em casa

- Monitorar o rastreador de pensamentos-ação-sentimentos.
- Monitorar o rastreador de armadilhas de pensamento.
- Praticar exercícios de exposição fora das sessões.

Sessões 13 e 14

Avaliação

- Como nas sessões 3 e 4.

Intervenções

- Exposições e experimentos comportamentais: praticar situações moderadamente desafiadoras, focando nos desafios centrais relacionados à SR em diferentes situações: antes, durante e depois da escola; atividades sociais e extracurriculares e rotinas noturnas/matinais.
- Monitorar armadilhas de pensamento e praticar a reestruturação cognitiva.
- Avaliar os níveis de atividade do jovem e determinar a necessidade de ativação comportamental, conforme a frequência escolar se restabelece. Incorporar atividades significativas para reforçar a presença na escola.

Prática em casa

- Orientar o jovem a continuar praticando desafios hierárquicos fora das sessões.
- Monitorar o uso de habilidades de enfrentamento e autorrecompensa por tentativas bem-sucedidas nos desafios.

Sessões 15 e 16

Avaliação

- Como nas sessões 3 e 4.

Intervenção

- Exposições e desafios comportamentais: continuar a praticar etapas moderadamente desafiadoras da hierarquia de desafios, focando nos objetivos e obstáculos principais do jovem.
- Monitorar as armadilhas de pensamento e praticar a reestruturação cognitiva.
- Obter *feedback* da escola e dos cuidadores sobre planos de presença e recompensa.
- Verificar com os cuidadores os padrões de interação com o jovem.

(Continua)

QUADRO 11.2 Plano de tratamento detalhado de Rick para ausência escolar *(Continuação)*

Prática em casa
- Orientar o jovem a continuar praticando desafios hierárquicos fora das sessões.
- Monitorar o uso de habilidades de enfrentamento e autorrecompensa por tentativas bem-sucedidas nos desafios.

Sessões 16 a 20

Avaliação
- Como nas sessões 3 e 4.

Intervenções
- Exposições e desafios comportamentais: praticar etapas cada vez mais/difíceis da hierarquia de desafios, focando nos objetivos e obstáculos principais do jovem.
- Verificar o agendamento de atividades e o equilíbrio entre frequência escolar, vida acadêmica e atividades do jovem.

Prática em casa
- Orientar o jovem a continuar praticando desafios hierárquicos fora das sessões.
- Monitorar o uso de habilidades de enfrentamento e autorrecompensa por tentativas bem-sucedidas nos desafios.

Sessões 21 a 25 (quinzenais para manutenção)

Avaliação
- Como nas sessões 3 e 4.

Psicoeducação
- Introduzir a fase de prevenção de recaídas.
- Discutir término.

Intervenções
- Estabelecer a regulação da rotina em torno do horário de dormir, acordar, presença e atividades diárias. Fazer da escola um hábito natural da rotina diária.
- Exposições e desafios comportamentais: praticar etapas cada vez mais/difíceis da hierarquia de desafios, focando nos objetivos e obstáculos principais do jovem.
- Monitorar o agendamento de atividades e equilíbrio entre frequência escolar, vida acadêmica e atividades do jovem.
- Monitorar as interações entre cuidadores e jovens para incentivar a manutenção das estratégias de encorajamento dos cuidadores.

Prática em casa
- Orientar o jovem a continuar praticando desafios hierárquicos fora das sessões.
- Monitorar o uso de habilidades de enfrentamento e autorrecompensa por tentativas bem-sucedidas nos desafios.

ma é desencadeado e mantido. A terapeuta pode usar os Materiais suplementares 25 e 26 (versões reproduzíveis estão disponíveis no Apêndice A) para ajudar a fornecer educação sobre várias questões-chave no manejo da SR: (1) a importância da frequência escolar, (2) como o medo de afeto negativo leva a padrões de escape ineficazes, (3) como distinguir doenças médicas de angústia emocional e (4) como os padrões interativos entre pais e filhos perpetuam a SR.

Evitando e escapando do afeto negativo

Como discutido no Capítulo 1, a curva de habituação fornece uma visualização útil para explicar como o escape pode reforçar a crença de que evitar situações temidas é a única maneira de lidar com elas. O Material suplementar 27 (uma versão reproduzível está disponível no Apêndice A) pode ser utilizado para ilustrar esse conceito com o jovem e os cuidadores. Nesse caso, Rick começaria a sentir dor de barriga, apreensão e dor de cabeça assim que sua mãe o incentivasse a se preparar para a escola. As queixas e a resistência aumentavam durante o tempo no banheiro, o café da manhã, a viagem de carro para a escola e, por fim, a entrada na escola e na sala de aula. Muitas vezes, Rick escolhia escapar conforme sua angústia aumentava. Ele podia resistir a se levantar da cama, recusar-se a entrar no carro ou recusar-se a entrar no prédio da escola. Escolher escapar tinha dois efeitos. Primeiro, sua angústia diminuía imediatamente. Resistir aos estímulos de sua mãe para se levantar da cama até que ela parasse levava a um alívio instantâneo ("Eu posso ficar em casa!"). Com o tempo, mesmo que não explicitamente declarado, Rick passou a entender isto: "Escapar de uma situação angustiante me faz sentir melhor".

Segundo, a evitação também privava Rick da oportunidade de aprender que as coisas muitas vezes melhoram com o tempo (p. ex., ele pode se habituar à angústia) ou que ele poderia lidar com as coisas se continuasse a se sentir angustiado (p. ex., tolerar a angústia ou ganhar um senso de autoeficácia). Da mesma forma, se Rick escapar da escola, ele será privado de todas as coisas potencialmente positivas que podem acontecer na escola (p. ex., ver os amigos, aprender algo interessante, participar de atividades extracurriculares). Por todos esses motivos, Rick sofre déficits de longo prazo para alcançar o alívio em curto prazo. Queremos comunicar aos pais e ao jovem que insistir para superar a dificuldade é essencial e vale o esforço, uma vez que as consequências em longo prazo superam em muito os benefícios de se sentir melhor no momento.

Distinguindo doenças médicas "legítimas" de sintomas somáticos

Numerosas queixas físicas são comuns entre jovens com SR, incluindo dores de cabeça, dores de estômago, tensão muscular, náuseas e fadiga (Kearney, 2008). Os jovens protestarão contra a frequência escolar devido a sintomas físicos e doenças, citando a probabilidade de ocorrerem resultados catastróficos na escola (p. ex., eles vão vomitar na sala de aula, ter hiperventilação incontrolável) ou que a presença na escola é inútil (p. ex., os pais terão de buscá-los antes do fim do dia escolar). O momento e a consistência da relação entre a escola e o início dos sintomas muitas vezes levam os pais a suspeitarem que o jovem está tentando manipulá-los de forma intencional.

Nesses casos, comunicamos regras simples para os pais seguirem. Médicos com os quais trabalhamos sugeriram que ficar em casa, em vez de ir para a escola, só é justificado na presença de (1) febre, (2) diarreia incontrolável ou (3) vômitos incontroláveis. Se alguma dessas condições existir, a criança deve estar no consultório médico ou no pronto-socorro. Um episódio de vômito pela manhã não é suficiente para ficar em casa. Quando a criança apresenta sintomas somáticos crônicos, sempre ajuda consultar o pediatra ou o especialista da criança para avaliar a extensão, a causa e as consequências das doenças médicas. Como behavioristas, estamos mais interessados em saber se há alguma razão médica para o jovem não frequentar a escola (p. ex., o jovem poderia colocar outros jovens em risco de contrair uma doença contagiosa, a frequência escolar colocaria o jovem em maior risco médico).

As avaliações médicas de jovens com SR geralmente revelam dois resultados. Um tipo de consulta médica determinará que "ansiedade" é a razão principal para a frequência escolar insuficiente. Nesses casos, os médicos compartilharão suas impressões de que não conseguem encontrar nenhuma explicação médica para os sintomas somáticos do jovem. O segundo tipo de consulta médica confirmará alguma condição médica crônica (p. ex., enxaquecas, distúrbio digestivo, distúrbio musculoesquelético) que contribui para a dor ou o desconforto, mas o médico fornecerá reconforto de que *a frequência escolar não prejudicará ainda mais o jovem ou agravará a condição médica dele*. Consideramos que obter qualquer tipo de consulta é equivalente a ter recebido *liberação médica* para incentivar a frequência escolar.

Em qualquer caso, partimos do pressuposto de que a dor, o desconforto e a ansiedade do jovem são reais. Assumimos que o jovem deseja voltar à escola e não está aproveitando sua dor para obter algum resultado instrumental (p. ex., pular lições de casa). Com uma consulta médica, podemos dizer com mais confiança: "Você recebeu liberação médica para voltar à escola. Embora sua dor seja real, ir à escola não piorará sua condição médica. Portanto, vamos descobrir como ajudá-lo a lidar com esse desconforto mesmo quando você for à escola".

Uma analogia esportiva pode ajudar. Atletas frequentemente sofrem lesões físicas que continuam a afetar o desempenho mesmo depois que o tratamento médico e a reabilitação foram concluídos. Por exemplo, uma jogadora de futebol pode romper o ligamento cruzado anterior (LCA), o que desafia sua capacidade de cortar e virar rapidamente. Após a cirurgia e vários meses de reabilitação, a equipe médica lhe dará "liberação médica" para voltar ao campo de futebol. Mesmo assim, a jogadora pode ser hesitante em seu jogo, pois está preocupada em sofrer uma nova lesão. Respeitamos o fato de que essa jogadora ainda pode sentir dor e atuar com cautela, mas a liberação médica a tranquiliza de que o próprio jogo não agravará a lesão do LCA. Da mesma forma, um adolescente com enxaquecas pode experimentar desconforto e desorientação, mas não é esperado que o ato de ir à escola piore a condição subjacente.

No caso de Rick, ele com frequência relatava sintomas físicos generalizados (p. ex., dor de cabeça, desconforto estomacal, tontura), que interpretava como sinais de doença ou de futuros ataques de pânico. Sua terapeuta forneceu psicoeducação de que esses sintomas eram comuns no TP e de que ter um ataque de pânico era diferente de contrair uma doença médica. Então, ela ensinou Rick a usar um termômetro de sentimentos para classificar a intensidade de seus sintomas físicos (ver Fig. 2.3 e Planilha 4, no Apêndice A). Com jovens que se queixam de sintomas físicos, é fundamental ajudá-los a perceber que a dor física e a doença existem em um *continuum*, em vez de em uma escala de tudo ou nada. O terapeuta ajuda o jovem a identificar honestamente um limite crítico que tanto os pais quanto o jovem concordam que é muito doloroso para ir à escola (digamos, um "7" em uma escala de 10 pontos). No entanto, qualquer coisa abaixo desse limite indica que o jovem poderia ir à escola, mesmo que realmente possa experimentar desconforto. Embora as famílias inicialmente temam que essa abordagem justifique o jovem relatar pontuações acima do limite crítico todos os dias, descobrimos que, paradoxalmente, os jovens acham libertador ter uma forma de relatar honestamente a dor e receber validação para ela (ver seção "Educação afetiva", no Capítulo 2, para detalhes sobre o desenvolvimento de um termômetro de sentimentos). Por fim, a terapeuta usou a reestruturação cognitiva para desafiar o pensamento catastrófico e as armadilhas de pensamento de previsão. Por exemplo, ela lembrou Rick de que ter alguns sintomas físicos não implica necessariamente ter um ataque de pânico completo. Ela também o ajudou a se lembrar de momentos em que havia experimentado ataques de pânico durante o dia escolar e sobreviveu a eles.

Educação em higiene do sono

Com frequência, rotinas de sono inadequadas e desregulação são encontradas em jovens com SR e podem ser confundidas com outras condições médicas. No entanto, rotinas de sono limitadas e interrompidas em geral são resultado de ansiedade e preocupação que se acumulam ao longo do dia e levam à resistência ao sono. Na hora de dormir e durante a noite, preocupações com trabalhos escolares inacabados e o próximo dia escolar dificultam a capacidade do jovem de se acalmar. O Capítulo 2 descreve uma abordagem que o terapeuta pode adotar para avaliar a qualidade da higiene do sono e solucionar problemas que impedem o jovem de regular o sono e o horário de acordar. Ensinar habilidades de relaxamento ao jovem (Capítulo 2) pode ajudá-lo tanto a alcançar um sono mais tranquilo quanto a restaurar uma sensação de calma quando surgirem desafios.

Ênfase no envolvimento dos pais e da escola

No início da terapia, é útil informar aos pais o papel vital que desempenham ao enviar as mensagens certas aos jovens. O Capítulo 5 descreve padrões comuns de interação entre pais e filhos que prejudicam o funcionamento em jovens ansiosos e deprimidos. Esses padrões também são explicados mais adiante neste capítulo e constituem uma parte importante do tratamento da SR em jovens. A colaboração ativa entre a família, o terapeuta e a escola é fundamental para o sucesso. Comunique que as escolas não são inimigas, apesar de interações potencialmente antagônicas anteriores. As escolas com frequência têm flexibilidade em horários, acomodações e critérios para avanço que podem ser úteis na criação de uma reintegração gradual à escola. Os funcionários da escola também podem atuar como treinadores comportamentais na escola, que podem generalizar lições para o dia escolar. Discutimos a seguir a colaboração específica entre escola e pais.

Autorreflexão e reestruturação cognitiva

Armadilhas de pensamento comuns para jovens com SR incluem *catastrofização, previsão do futuro, desconsideração dos pontos positivos* e *busca pelos pontos negativos* (ver Material suplementar 2 no Apêndice A). Exemplos de prever o futuro e catastrofizar incluem medos/pressuposições de que eventos negativos acontecerão (p. ex., ficar doente na escola, vomitar na frente de outras pessoas, ter uma prova surpresa, ser provocado por outras crianças) e que os resultados serão muito piores do que é provável (p. ex., você não conseguirá ajuda médica, precisará ir ao hospital e ficará constrangido, reprovará em uma tarefa, perderá todos os seus amigos). Embora alguns desses eventos possam ocorrer, o jovem superestima suas chances de ocorrer e exagera a magnitude de suas consequências. A Figura 11.6 (uma versão em branco está disponível como Material suplementar 5 no Apêndice A) é uma amostra da planilha do rastreador de armadilhas de pensamento para Rick. Por exemplo, Rick pensa: "Eu não estou preparado para a prova" ao acordar e, em seguida, rumina: "Isso vai arruinar minha nota!". O primeiro pensamento pode refletir prever o futuro (superestimando a probabilidade de não estar preparado), ao passo que o segundo pensamento pode refletir catastrofizar (superestimando o impacto de uma má nota em sua nota geral).

Exemplos de desconsideração dos pontos positivos geralmente giram em torno de dúvidas sobre a capacidade da criança de lidar com eventos adversos ou sobre a disponibilidade ou a vontade de outras pessoas de ajudarem, mesmo quando as dúvidas não refletem a realidade. Essas armadilhas de pensamento refletem uma negação de eventos positivos que protegem o jovem de eventos negativos. Por exemplo, Rick pode se concentrar na última vez em que teve um ataque de pânico na escola ("Da última vez, eu congelei no corredor e, depois, corri para o consultório da enfermeira"), enquanto esquece que conseguiu usar seu relaxamento e sua reestruturação cognitiva para se acalmar após o ataque de pânico (desconsideração dos pontos positivos). Ele também pode se concentrar na falta de apoio na escola ("Ninguém na escola entende"), mesmo que a enfermeira da escola o tenha ajudado a praticar suas habilidades de enfrentamento antes de voltar para a aula (novamente, desconsideração dos pontos positivos). Em vez disso, Rick opta por se concentrar no ceticismo inicial da enfermeira quando ele chegou ao consultório dela (busca pelos pontos negativos).

Ao ajudar Rick a desafiar suas armadilhas de pensamento, a terapeuta trabalhou com ele para lembrar todas as circunstâncias de seus eventos temidos (ver Fig. 11.7; uma versão em branco está disponível como Planilha 16 no Apêndice A). Por exemplo, quando Rick teve um ataque de pânico no corredor, ele lembrou que "congelou totalmente" e que "ninguém estava disposto a ajudar". A terapeuta pediu todos os detalhes desse evento ("Você pode me contar o que aconteceu após você congelar no corredor?"), ao que Rick revelou que tentou parar dois ou três colegas para pedir ajuda antes de respirar fundo algumas vezes, colocar a cabeça abaixo dos joelhos e, em seguida, seguir para o consultório da enfermeira para descansar. A terapeuta observou que Rick pode ter congelado momentaneamente, mas que se recompôs e chegou ao consultório da enfermeira. Dado isso, Rick teve de reconhecer que seu pensamento original (i.e., "congelei totalmente") representava uma armadilha de pensamento (desconsideração dos pontos positivos) e merecia um pensamento de enfrentamento mais completo, como "Eu só surtei um pouco", "Ninguém percebeu meu pânico" e "Consegui buscar ajuda mesmo estando em pânico". Rick escolheu o último pensamento porque isso o ajudou a sentir confiança em suas habilidades para lidar com ataques futuros.

Pensamentos de enfrentamento eficazes não vendem otimismo falso. Eles não precisam convencer o jovem de que "tudo ficará bem". Eles devem dar ao adolescente motivo para pausar, considerar alternativas e instilar alguma confiança nele para seguir em frente. Qualquer pensamento de enfrentamento que seja irrealisticamente otimista (p. ex., "Não terei mais nenhum ataque de pânico no futuro", "Todos são sempre com-

PLANILHA 5. Rastreador de armadilhas de pensamento

Em quais armadilhas de pensamento você cai quando se sente triste, ansioso ou angustiado? Para cada situação, descreva e avalie como você se sente. Descreva seu pensamento automático (o primeiro pensamento que vem à sua mente). Em qual armadilha de pensamento você pode estar caindo? Como isso faz você se sentir (o resultado)?

Gatilho	Sentimento (Avaliação de 0 a 10: "nada" a "insuportável")	Pensamento	Armadilha de pensamento	Resultado?
Ouço o alarme tocar no dia de uma grande prova.	Medo, pânico (7).	"Não estou pronto para a prova!" "Isso vai arruinar minha nota!"	Adivinhação, catastrofização.	Senti-me pior (9).
Vejo aqueles colegas que me incomodam no corredor.	Ansioso (9).	"Eles querem me matar!" "Eles acham que sou um perdedor."	Catastrofização, leitura mental.	Senti-me petrificado (9).
Meu professor está fazendo perguntas para a turma.	Enjoado, deprimido (7).	"Por que me incomodar; não consigo fazer isso." "Meu professor vai perceber o quão estúpido eu sou."	Procurando os aspectos negativos, leitura mental.	Senti-me sem esperança (10), recusei-me a falar pelo resto da aula.

FIGURA 11.6 Rastreador de armadilhas de pensamento concluído para Rick.

PLANILHA 16. Rastreador de pensamentos de enfrentamento

Elabore pensamentos de enfrentamento que possam responder à sua armadilha de pensamento! Tente criar declarações de enfrentamento que sejam mais realistas e se pergunte: "Como não estou vendo o quadro completo?".

Gatilho	Pensamento	Armadilha de pensamento	Pensamento de enfrentamento	Resultado?
Ouço o alarme tocar no dia de uma grande prova.	"Não estou preparado para a prova!" "Isso vai arruinar minha nota!"	Adivinhação Catastrofização	"Não estudei tanto quanto queria, mas ainda posso acertar algumas questões." "O professor descarta a nota mais baixa do trimestre."	Ansioso (5) Calmo (5)
Tive um ataque de pânico no corredor.	"Da última vez, eu congelei completamente." "Ninguém me ajudaria." "A enfermeira não acreditou que eu estava tendo um ataque de pânico."	Descontando os aspectos positivos Procurando os aspectos negativos	"Consegui procurar ajuda mesmo estando em pânico." "A enfermeira eventualmente me ajudou."	Nervoso (4) Confiante (3)

FIGURA 11.7 Rastreador de pensamentos de enfrentamento concluído para Rick.

preensivos quando você tem um ataque de pânico") provavelmente será refutado e, portanto, será ineficaz.

Monitoramento de atividades e ativação comportamental

O monitoramento de atividades é uma intervenção essencial ao trabalhar com jovens com SR (ver Fig. 11.8; uma versão em branco está disponível como Planilha 12 no Apêndice A). Assim como ao trabalhar com jovens deprimidos, é necessário identificar (1) eventos que desencadeiam mudanças de humor (tanto positivas quanto negativas) e (2) flutuações de humor dentro e entre os dias. Rastrear atividades e humor ajuda a identificar pessoas, lugares, coisas e eventos que são naturalmente reforçadores ou naturalmente desencorajadores para o jovem. Jovens com SR estão desanimados em relação ao futuro e sentem pouco incentivo para tentar. O monitoramento de atividades pode demonstrar que o jovem ainda pode encontrar prazer em vários aspectos da vida, o que gera metas a serem alcançadas.

No caso de Rick, socializar com amigos (seja pessoalmente, seja via mensagem) e jogar futebol foram associados a humor elevado. Tarefas escolares e discussões foram associadas a estados de humor negativos. Observe, também, como eventos podem mudar o humor de Rick ao longo do dia. Na segunda-feira, Rick estava relaxado e calmo enquanto assistia à TV tranquilamente. Assim que sua mãe voltou, eles discutiram, ele pulou sua aula de reforço e seu humor diminuiu. Seu humor permaneceu baixo enquanto Rick ficava no quarto. Da mesma forma, Rick começou a quinta-feira como na maioria dos dias, com dificuldade para levantar e sentindo falta de seus dois amigos no almoço. Assim que lhe foi dada a oportunidade de ir para o treino de futebol, seu humor melhorou. O humor dele permaneceu alto enquanto estava com os amigos e concluía a aula de reforço. Portanto, eventos e atividades positivos ou negativos podem mudar um humor na direção oposta. Observar padrões como este pode ajudar Rick a identificar as atividades que levam a e mantêm melhores estados de humor.

Quando a SR é o problema, o monitoramento de atividades também pode ajudar a identificar reforçadores naturais que tornam confortável para a criança ficar em casa. O jovem fica na cama dormindo o tempo todo? Ele usa dispositivos eletrônicos, assiste à TV ou se entretém com outras atividades atraentes? Ele interage com outras pessoas dentro ou fora de casa (p. ex., irmãos, pais, amigos)? Essas informações podem ser usadas para conceber incentivos ao desenvolver gerenciamento de contingência. A dependência de dispositivos de Rick sugeriu que estes poderiam ser usados como recompensas. Isso também ajudou a identificar fatores que tornam o ambiente doméstico reforçador ou confortável para o jovem. Essas informações podem ser usadas para orientar estratégias parentais, como reestruturar as atividades matinais para reduzir o nível de conforto do jovem em casa.

Rick tinha acesso à TV e ao seu telefone quando ficava em casa. A terapeuta trabalhou com os pais para removê-los como direitos automáticos e, em vez disso, instalá-los como privilégios a serem conquistados. Por exemplo, se Rick não se levantasse da cama até seus pais saírem para o trabalho, ele era obrigado a renunciar a seu telefone, e os cabos de energia da TV e do *videogame* eram guardados.

Exposições e experimentos comportamentais

Com base nos objetivos de tratamento da família e na conceitualização de caso, a terapeuta gerou (com a família) três hierar-

PLANILHA 12. Rastreador de atividades

Às vezes, nem sabemos quando estamos presos. Ao longo da próxima semana, acompanhe suas atividades, seu humor e os eventos importantes que acontecem todos os dias! Em seguida, avalie o seu humor de 0 a 10:

0 = "O pior humor que já senti."   5 = "Estou bem, mas não estou ótimo."   10 = "O melhor humor que já senti."

Exemplo: Cuidei da minha irmãzinha. [10]

	Segunda-feira	Terça-feira	Quarta-feira	Quinta-feira	Sexta-feira	Sábado	Domingo
Manhã	Não conseguia sair da cama. Pensei em todo o trabalho que não fiz; mamãe foi trabalhar. [2]	Acordei no horário, mas não conseguia entrar no banheiro; deitei-me na cama; Mamãe foi trabalhar. [4]	Mamãe começou a gritar comigo às 6h; consegui ir para o banheiro e tomar café da manhã. [3]	Mamãe começou a me chamar para me levantar; consegui ir para o banheiro e tomar café da manhã. [3]	Mamãe me acordou, mas eu estava atrasado; pulei o café da manhã. [3]	Dormi até mais tarde. [-]	Dormi até mais tarde. [-]
Almoço	Dormi até mais tarde e perdi o almoço. [6]	Verifiquei o Instagram no celular. Almocei. [6]	Cheguei tarde à escola, mas me sentei com Jake e Brian no almoço. [7]	Fiz duas aulas pela manhã. Senti-me sozinho no almoço (os amigos estavam doentes). [4]	Fiz uma aula pela manhã. Sentei-me com Jake e Brian no almoço. [7]	Encontrei amigos do futebol. Pratiquei. [7]	Fiz alguns trabalhos de matemática e inglês. Almocei. [4]
Tarde	Assisti à TV; almocei. [6]	Mandei mensagens para amigos; fiz alguns trabalhos de matemática. [7]	Assisti às aulas de matemática, ciências e língua. Ninguém me incomodou. [6]	O treinador de futebol disse que eu poderia ir ao treino se fosse às aulas. Fui a todas! [8]	O professor de matemática me criticou na aula – disse que eu não estava fazendo o trabalho. [6]	Mamãe disse para fazer lição de casa. Brigamos. [3]	Pratiquei futebol com amigos. [7]
Depois da escola/final da tarde	Mamãe voltou e ficou brava porque perdi a escola. Pulei a aula particular. [3]	Encontrei o professor de reforço; fiquei frustrado. [4]	Encontrei o professor de reforço. Fiz matemática. Fiz planos para o fim de semana com Jake e Brian. [7]	Treino de futebol. Fiquei com a equipe depois. Encontrei o professor de reforço depois. [8]	Treino de futebol. Fiquei com a equipe depois. Encontrei o professor de reforço depois. [6]	Fui punido porque não tinha feito lição de casa suficiente. Não pude ir ao cinema com amigos. [3]	Mandei mensagens para amigos. [7]
Noite	Fiquei no quarto a noite toda; não fiz o trabalho; papai também gritou comigo quando chegou em casa. [2]	Jantei; recebi ajuda em matemática da mamãe. [6]	Jantei; assisti ao meu programa de TV favorito. [8]	Sem tempo para lição de casa. Fui dormir. [7]	Fiz lição de matemática. Fui dormir. [7]	Fiquei no quarto; olhei para o teto. [2]	Fiz alguns trabalhos de estudos sociais; fui dormir. [7]

FIGURA 11.8 Rastreando atividades e humor para identificar gatilhos estressantes para Rick.

quias de desafio focadas na reintegração escolar e na regulação da rotina, no medo de constrangimento social e nos sintomas semelhantes ao pânico. As hierarquias foram projetadas para progredir do mais fácil para o mais difícil, permitindo que Rick construísse confiança e praticasse suas habilidades ao longo do caminho. No entanto, não é necessário avançar de maneira rígida. Se Rick demonstrasse bom progresso em um nível mais baixo, a terapeuta poderia optar por pular vários níveis para oferecer um desafio mais difícil. Da mesma forma, não há vergonha em retornar a um nível mais fácil para ajudar a reforçar lições que o cliente parecia dominar anteriormente. Pesquisas recentes sugerem que pular de forma proposital a hierarquia é útil para ajudar o jovem a tolerar melhor a angústia e quebrar expectativas irreais de resultados negativos (Craske et al., 2014). Além disso, quando vários objetivos de tratamento exigem múltiplas hierarquias, a terapeuta e o cliente podem se concentrar no problema-alvo que requer atenção imediata. No entanto, alternar entre hierarquias pode ser útil quando o jovem parece estar preso em um nível.

A Hierarquia de desafio A concentra-se na regulação da rotina e no retorno à escola e assume principalmente a forma de desafios comportamentais. Cada item na hierarquia define um objetivo incremental para Rick, indo do mais fácil ao mais difícil, que o ajudará a praticar suas habilidades de enfrentamento em cenários cada vez mais desafiadores. A terapeuta e a família elaboraram essa lista após identificar quais etapas incrementais pareciam alcançáveis. Eles também identificaram os desafios que Rick enfrentaria (p. ex., pensamentos negativos e sintomas semelhantes ao pânico) e as habilidades de enfrentamento (p. ex., pensamentos de enfrentamento, incentivos) que ajudariam Rick a superar os desafios.

Hierarquia de desafio A: regulação da rotina e retorno à escola

1. Regular a rotina matinal (levantar-se, tomar café da manhã, vestir-se).
2. Dirigir até a escola; estacionar lá por meia hora.
3. Ir à escola fora do horário de aula.
4. Ir à escola de manhã; sentar-se na sala do orientador.
5. Cooperar com o professor de reforço favorito em casa.
6. Ir à escola de manhã; estudar na biblioteca para estudo independente (completar uma tarefa de casa).
7. Cooperar com o professor de reforço "menos favorito" em casa.
8. Ir à escola de manhã; estudo independente. Sair para o almoço, retornar para a aula das 13h.
9. Ir para uma aula, passar o resto da manhã na biblioteca.
10. Ir para aulas selecionadas; retornar à biblioteca, quando necessário.
11. Ir para a biblioteca, comer com amigos no refeitório.
12. Integrar mais aulas e reforçadores naturais.

No mesmo estágio da terapia, a terapeuta e a família elaboraram a Hierarquia de desafio B para abordar o medo de constrangimento de Rick em situações sociais. Essa hierarquia reflete exposições iterativas (da mais fácil para a mais difícil) a interações sociais que desafiariam as expectativas de Rick sobre resultados e impressões das pessoas. Ao executar essas exposições, a terapeuta projetaria cada cenário para levar Rick a interagir cada vez mais com os outros, permitindo que ele se exponha mais e destacando resultados realistas (ao longo da gama de positivos e negativos). O objetivo de cada exposição seria ajudar Rick a chegar a uma visão mais equilibrada de suas próprias habilidades e das reações dos outros.

Hierarquia de desafio B: medo de constrangimento

1. Apresentar um relatório oral em voz alta para a terapeuta.
2. Apresentar um relatório oral com a terapeuta e mais um membro do público de apoio.
3. Apresentar um relatório oral para um pequeno público de membros da plateia barulhentos.
4. Apresentar um relatório oral para um pequeno público e cometer erros de propósito.
   [Conduzir o item anterior com diferentes níveis de apoio (notas, roteiros, perguntas fáceis e difíceis).]
5. Enviar mensagens para amigos durante a sessão; monitorar hesitação, evitação e barreiras.
6. Ligar para amigos durante a sessão; monitorar hesitação, evitação e barreiras.
7. Ligar e convidar amigos para sair.
8. Organizar um encontro social com colegas da mesma idade (com outros clientes na clínica ou em algum lugar próximo). Praticar se apresentar.
9. Ir aonde as pessoas estão (pátio da escola, parque, lojas locais, campus universitário) e praticar se apresentar.
10. Repetir o item anterior enquanto pratica fazer várias perguntas.
11. Repetir o item anterior enquanto faz perguntas bobas.

Para abordar os sintomas de pânico, a terapeuta elaborou uma série de exposições interoceptivas (Hierarquia de desafio C) projetadas para expor Rick a uma variedade de sintomas internos. A intenção era estimular os próprios sintomas físicos que Rick temia e ajudá-lo a tolerar esses sintomas e a superar expectativas irreais sobre seu significado (p. ex., "Estou fora de controle", "Vou desmoronar").

Hierarquia de desafio C: sintomas de pânico

1. Fazer ginástica para ativar sintomas físicos (p. ex., polichinelos, flexões, abdominais, correr escadas acima).
2. Hiperventilar.
3. Dar voltas em círculos ou dar voltas com a cabeça posicionada no bastão de beisebol de plástico.
4. Posicionar-se a 1,8 m de uma parede em branco e olhar para ela para criar desorientação e tensão.

Antes de conduzir cada exposição, a terapeuta planejou a exposição com o jovem e os pais para identificar os objetivos, desafios e esforços de enfrentamento necessários. A Figura 11.9 (uma versão em branco está disponível como Planilha 6 no Apêndice A) é uma planilha de exposição que a terapeuta ajudou Rick a preencher de forma antecipada, em preparação para completar a etapa 2 da hierarquia de retorno à escola. O objetivo desse desafio era fazer Rick aceitar uma carona para a escola no carro da mãe e ficar no estacionamento da escola por meia hora. Rick identificou sentimentos de pânico, aperto no peito e outros sintomas somáticos ao pensar em entrar no carro. Ele reconheceu, também, pensamentos irrealisticamente negativos, como "Vou vomitar" e "Se não consigo ir à aula, por que me incomodar?". A terapeuta ajudou Rick a identificar possíveis armadilhas de pensamento e a gerar pensamentos de enfrentamento. Em seguida, foi importante identificar metas concretas alcançáveis que Rick pudesse medir seu sucesso contra. Essas metas devem ser desafiadoras, mas alcançáveis. Isso ajuda a dar ao jovem metas para almejar e um sentimento de senso de realização ao alcançá-las. Claro, o sucesso não é uma empreitada de tudo ou nada, e as recompensas devem ser dadas sobretudo com base nos esforços para o enfrentamento (ver Capítulo 2 para mais detalhes sobre a execução e a revisão de exercícios de exposição).

IDENTIFICANDO PADRÕES DE INTERAÇÃO PAIS-FILHO

A avaliação funcional pode ser utilizada para ajudar a entender como diferentes membros de uma família influenciam uns aos outros de forma recíproca. Para jovens com SR, o terapeuta destaca vários padrões familiares comuns descritos no Capítulo 5 (usando os Materiais suplementares 8, 9, 10 e 11 no Apêndice A): a *Espiral de acomodação* (pais respondem ao desconforto da criança, acomodando ou facilitando a evitação), a *Espiral de passividade-desencorajamento* (pais respondem à fadiga, à avolição ou à desesperança do jovem com uma mentalidade passiva que reforça a falta de eficácia do jovem) e a *Espiral agressivo-coercitiva* (pais respondem ao comportamento oposicionista com raiva e crítica, levando a uma escalada da agressão). A terapeuta introduz uma planilha para ajudar a mãe de Rick a acompanhar os padrões de interação entre pais e filhos todas as semanas (ver Fig. 11.10; uma versão em branco está disponível como Planilha 24 no Apêndice A).

Ao completar o rastreador por uma semana, Rick e sua mãe notaram vários padrões. Primeiramente, a mãe com frequência acomodava o desconforto de Rick, permitindo que ele cancelasse ou evitasse situações estressantes, como encontrar-se com seu professor de reforço de matemática na segunda-feira. Ao cancelar a aula de reforço, a mãe conseguiu interromper os protestos de Rick no dia, mas ele continuou a reclamar nos dias seguintes. Negociar no meio de uma discussão também teve suas falhas. Na quarta-feira, Rick implorou à mãe para deixá-lo assistir ao seu programa de TV favorito antes de se encontrar com o professor de reforço. Sua mãe cedeu. Após assistir ao programa, Rick recusou-se a se encontrar com o professor de reforço e trancou-se em seu quarto. Esse tipo de recompensa pré-tarefa não reforçou seu encontro com o professor de reforço e aumentou as tentativas de negociação de Rick nos próximos dias.

Às vezes, aprofundar-se em uma sequência de eventos pode ser útil para entender pontos de intervenção. A Figura 11.11 (uma versão em branco está disponível como Planilha 9 no Apêndice A; ver também Material suplementar 11) ilustra uma análise de cadeia da interação entre pais e filhos. Em cada etapa, a mãe cai em uma armadilha parental diferente porque Rick está motivado a escapar de suas tarefas de matemática. Ao negociar e acomodar, a mãe está apenas adiando a recusa final de Rick. Quando ela insiste, Rick aprende que pode escapar da aula de reforço se seus protestos escalarem. Nesse ponto, é muito mais difícil evitar argumentos, e os dois caem em um ciclo coercitivo-agressivo. Usar *empatia e incentivo* e manter o plano de recompensa pré-arranjado são as abordagens recomendadas a serem usadas aqui. Quando isso falha, ignorar o planejado ajuda a evitar a escalada do conflito e remove qualquer reforço indesejado dos protestos de Rick (p. ex., distração, atenção interpessoal).

Empatia e incentivo

Após identificar em quais armadilhas os cuidadores caem na parentalidade, eles devem ser encorajados a incorporar a técnica dialética de parentalidade "empatizar e encorajar", como discutido no Capítulo 5. Nessa técnica, os pais reconhecem o des-

PLANILHA 6. Exposição *in vivo*/experimento comportamental

> Preencha esta planilha com o jovem enquanto se prepara para um experimento comportamental.

1. **Situação (Qual é a situação?):**
   Aprender a tolerar ficar sentado no estacionamento da escola por meia hora.

2. **Sentimentos:**   **Classificação de desconforto:** 95
   Pânico, aperto no peito, transpiração, dor de cabeça.

3. **Pensamentos ansiosos/negativos:**   **Armadilhas de pensamentos (ver lista a seguir)**
   a. "Vou vomitar." — Leitura de pensamento/catastrofização
   b. "Todos vão me ver e pensar que sou burro." — catastrofização
   c. "Se eu não consigo chegar à aula, por que me preocupar?" — Pensamento tudo ou nada
   d. "Vou ser miserável e não consigo lidar com isso!" — Catastrofização

   Armadilhas de pensamento: ler mentes, adivinhação, catastrofizar, tirar conclusões precipitadas, e se, desconsiderar o aspecto positivo, procurar o negativo, generalização excessiva, pensamento tudo ou nada, afirmações de deveria, levar as coisas para o lado pessoal, culpar.

4. **Pensamentos de enfrentamento (Como você responde aos seus pensamentos ansiosos?):**
   "Raramente eu vomito."
   "Mesmo que eu vomite, consigo superar isso."
   "Todos estão ocupados demais para perceber – eles estão apenas entrando na escola."
   "Cada passo é um passo útil."
   "Pode ser desconfortável, mas posso lidar com isso."

   Perguntas desafiadoras: Eu sei com certeza que _____? Estou 100% certa de que _____? Quais evidências tenho de que _____? O que é o pior que poderia acontecer? Quão ruim é isso? Eu tenho uma bola de cristal?

5. **Metas comportamentais atingíveis (O que você quer realizar?):**

Meta	Realizada?
a. Últimos 30 minutos	
b. Permanecer no carro o tempo todo.	
c. Ler três artigos da ESPN no celular.	

6. **Recompensas:**

Recompensas	Conquistada?
a. Voltar para casa depois.	
b. Ter tempo *on-line* até o professor de reforço chegar.	
c.	

FIGURA 11.9 Planilha de exposição abordando a reentrada na escola.

PLANILHA 24. Padrões de interação semanal entre pais e filhos

Registre suas interações com seu filho ao longo da semana e tente identificar quaisquer armadilhas parentais em que você caiu. O que aconteceu imediatamente (resultado imediato)? O que aconteceu mais tarde (resultado em longo prazo)?

Dia	Evento	Ação do filho	Resposta do pai	Padrão parental?	Resultado imediato? O comportamento melhorou ou piorou imediatamente?	Resultado em longo prazo? O que aconteceu nos próximos dias?
Exemplo: Segunda-feira	Professor de reforço de matemática agendado para o dia seguinte.	Chateado – Rick diz que está sobrecarregado.	Conversei com ele, cancelei o professor de reforço de matemática.	Acomodação	Parou com as reclamações.	Ele continuou protestando nos próximos dias.
Quarta-feira	Tutor veio para fornecer instrução.	Concordou em trabalhar com o professor de reforço se pudesse assistir à TV.	Concordei em deixá-lo assistir TV mesmo que ele não tivesse ganhado tempo de uso do dispositivo ainda.	Acomodação (negociação).	Ele se recusou a trabalhar com o professor de reforço quando ele chegou. Ficou bravo, gritando e jogando o fone de ouvido. Quando ele se acalmou, expliquei que é por isso que não podemos desviar do contrato.	Ele continuou tentando barganhar nos próximos dias.
Quinta-feira	Amigos apareceram (não planejado) quando o professor de reforço estava a caminho.	Ele perguntou se eu poderia ligar e cancelar o professor de reforço.	Eu disse que era tarde demais. Eu disse a ele: "Eu sei que é difícil com toda a empolgação, mas você consegue".	Empatizar e encorajar.	Ele concordou em trabalhar com o professor de reforço e, depois, o levei para a casa de um dos amigos.	Ele fez sua lição de casa naquele dia.
Segunda-feira	Ficou frustrado trabalhando com o professor de reforço depois de ter faltado alguns dias.	Ele disse que não gostava do professor de reforço e se recusou a concluir a tarefa.	Eu disse a ele que ele tinha que trabalhar com o professor de reforço. Disse: "Eu sei que é difícil começar de novo, mas você pode fazer 45 minutos, e então terá tempo no computador".	Empatizar e encorajar e cumprir os planos de contingência.	Ele concordou relutantemente, mas se esforçou. Ele disse que estava feliz por ter feito isso depois.	Estava feliz na manhã seguinte porque tinha feito sua lição de casa.

FIGURA 11.10 Planilha semanal para acompanhar os padrões de interação entre pais e filhos – no caso de Rick, seus comportamentos de ausência escolar.

conforto de seus filhos enquanto também os incentivam a enfrentar seus medos e desafios. Encorajar a abordagem ativa ajuda a contrariar as armadilhas parentais (acomodação, desincentivo, ciclos coercitivo-agressivos). Lembre-se dos passos para empatizar e incentivar: (1) empatizar (ouvir ativamente as emoções expressas pela criança e rotulá-las com precisão), (2) incentivar (fornecer incentivo calmo para comportamentos de abordagem) e (3) parar (após repetir empatizar e encorajar três vezes). Considere esta típica escalada de conflito enquanto Rick protesta contra o esforço de sua mãe para incentivar a frequência escolar:

RICK (R): Mãe, hoje não estou me sentindo bem; posso ir mais tarde?
MÃE (M): Eu sei que as segundas-feiras são difíceis, mas sabemos que você tem que ir para a escola.
R: Mas mãe, acho que o hambúrguer que comi ontem realmente me fez mal ao estômago.
M: Rick, eu sei que isso acontece às vezes, mas não podemos continuar faltando à escola.
R: Mas mãe, isso é diferente; acho que estou com intoxicação alimentar.
M: Você sabe que, se continuar faltando à escola, vai começar a perder crédito.
R: Eu não me importo; não vou conseguir me concentrar se estiver com dor o dia todo.
[*Esse tipo de troca continua por minutos, até que a frustração aumenta...*]
M: Olha, Rick, já passamos por isso antes e você sabe que precisa ir.
R: Não faz sentido ir para a escola!
M: Se você não for hoje, vamos tirar o seu Xbox pelo resto da semana!
R: Eu não me importo – leve tudo embora; me deixe em paz!
M: É uma atitude como essa que nunca vai levar você a lugar nenhum! Você quer fracassar na escola?!
R: Eu não me importo – me deixe em paz!
M: Tudo bem, seja um fracassado, tanto faz!

Esse tipo de interação é um cenário tristemente comum para muitas das famílias com as quais trabalhamos e reflete a crescente frustração e impotência que Rick e sua mãe sentem na situação. Ao revisar a interação, pode-se ver que a mãe não estava longe de nossa estratégia recomendada no início da troca. Ela reconheceu o desafio de Rick em ir para a escola e o incentivou a ir ainda assim. Podemos discutir sobre palavras específicas, mas o sentimento estava certo. Infelizmente (e como seria de esperar), a interação não termina aí. Rick protesta e, em vez de simplesmente reforçar a empatia e o incentivo, a mãe intensifica suas tentativas de convencer Rick de que ele deveria ir para a escola. Infelizmente, tentativas de negociação em geral não convencem o jovem de que a escola é desejável. Em vez disso, o conflito se intensifica, e a mãe recorre a declarações de vergonha e críticas. Nesse caso, Rick não está mais perto de ir para a escola, e a última coisa que Rick ouve é que ele será um fracassado.

Como já sugerimos, os pais devem se limitar a três declarações de empatia e incentivo. Isso transmite a mensagem que os pais querem enquanto previne a escalada. Após a terceira declaração, afastar-se é essencial, embora seja uma das habilidades mais desafiadoras que um pai pode dominar. Considere este cenário alternativo, enfatizando as declarações de empatia e incentivo:

R: Mãe, hoje não estou me sentindo bem; posso ir mais tarde?
M: Eu sei que as segundas-feiras são difíceis [empatia], e sabemos que você tem que ir para a escola [incentivo].

PLANILHA 9. Análise de cadeia pais-filho

> Você consegue identificar quaisquer armadilhas parentais? Quais alternativas você poderia tentar?

	Ação/resposta	Armadilha parental	Solução potencial ou habilidades a utilizar?
Evento desencadeador:	O professor de reforço veio para a aula de matemática.		
Ação da criança:	Rick concordou em trabalhar com o professor de reforço se pudesse assistir à TV.		
Resposta dos pais:	Eu (mãe) concordei em deixá-lo assistir à TV mesmo que ele ainda não tivesse ganhado tempo de uso do dispositivo.	Acomodação (negociação)	Empatizar e encorajar; lembrar a criança do plano de recompensas.
Reação da criança:	Rick se recusou a se encontrar com o professor de reforço quando ele chegou.		
Resposta dos pais:	Eu insisti. Ameacei retirar o tempo de uso do dispositivo amanhã.	Coercitivo-agressivo	Empatizar e encorajar; ignorar planejadamente.
Conflito/problema Comportamento:	Rick jogou seu fone de ouvido e começou a me xingar.		
Resultado 1 (O que aconteceu)?	Rick não teve nenhum tempo de instrução hoje.		
Resultado 2:	Acabamos em uma grande briga.		
Resultado 3:	Acabei retirando o tempo de uso do dispositivo dele amanhã.		

FIGURA 11.11 Análise em cadeia das interações pais-filho no caso de Rick.

R: Mas mãe, acho que o hambúrguer que comi ontem realmente me fez mal ao estômago.

M: Ter uma dor de estômago pode ser realmente doloroso [empatia], e eu quero que você tente ir ao banheiro [incentivo].

R: Estou pronto para vomitar em todo lugar!

M: É uma sensação terrível se sentir mal [empatia], e eu acredito que você tem a capacidade de dar os primeiros passos hoje [incentivo].

R: Mãe! Você não está ouvindo!

[*A mãe se levanta da beira da cama e sai do quarto.*]

Nessa troca, Rick pode ainda não ir para a escola, mas pelo menos essa abordagem evita o conflito crescente (com as lutas de poder associadas que enraízam ambas as partes). E a última coisa (na verdade, a única coisa) que Rick ouve é "Eu entendo, e ainda acho que você pode ir para a escola". Essa abordagem não necessariamente terá resultados imediatos em termos de aumentar a frequência escolar. No entanto, se entregue consistentemente, começa a comunicar uma mentalidade em mudança na família de que os pais podem honrar a dor e o desconforto do jovem ao mesmo tempo que incentivam e esperam que ele supere desafios dolorosos. Em outras palavras, se os pais estiverem consistentemente limitando suas respostas a declarações de empatia e encorajamento, haverá menos espaço para quaisquer outros ciclos problemáticos entre pais e filho.

À medida que os pais melhoram o uso consistente e fiel de declarações de empatia e encorajamento, a terapeuta pode adicionar uma intervenção adicional: lembrar o jovem das recompensas e contingências. No fim das contas, é o uso eficaz do gerenciamento de contingências que incentivará o aumento da frequência escolar. Essa troca soaria assim:

R: Mãe, hoje não estou me sentindo bem; posso ir mais tarde?

M: Eu sei que as segundas-feiras são difíceis, e sabemos que você tem que ir para a escola.

R: Mas mãe, acho que o hambúrguer que comi ontem realmente me fez mal ao estômago.

M: Ter uma dor de estômago pode ser doloroso; tente ir ao banheiro [lembrete das recompensas]. Lembre-se, se você for ao banheiro até as 7h e descer para o café da manhã até as 7h30, você ganhará todas as horas do seu Xbox hoje!

R: Estou pronto para vomitar em todo lugar!

M: É terrível se sentir mal, e eu acredito que você pode dar esses passos [lembrete das recompensas]. Eu realmente quero que você ganhe todo o seu tempo do Xbox hoje, então, por favor, tente ir ao banheiro até as 7h00.

R: Mãe! Você não está ouvindo!

[*A mãe se levanta da beira da cama e sai do quarto.*]

Quadros de recompensa e gerenciamento de contingência

Para facilitar a mudança comportamental por meio de motivadores extrínsecos (para começar), um programa de recompensas abrangente é frequentemente essencial. Conforme descrito no Capítulo 5, uma boa abordagem de gerenciamento de contingências inclui: (1) definir metas concretas e alcançáveis, (2) estabelecer recompensas significativas, (3) observar de forma cuidadosa ("Surpreendê-los tendo comportamentos adequados") e (4) recompensar pronta e consistentemente. A seguir, descrevemos a implementação de um plano de recompensas para Rick pela família (ver Fig. 11.12; uma versão em branco está disponível como Planilha 10 no Apêndice A).

Etapa 1: Definir metas ("O que queremos?")

Rick e seus pais queriam sobretudo melhorar a frequência escolar e a pontualidade. Rick já estava frequentando regularmente a escola à tarde, mas o horário de acordar de manhã e as rotinas provaram ser os mais difíceis. É fundamental começar com um pequeno conjunto de metas focadas, caso contrário, corre-se o risco de sobrecarregar o sistema e falhar em múltiplas metas de uma vez. É mais eficaz dar ao jovem pequenos sucessos antes de adicionar novas metas. Por exemplo, após Rick demonstrar frequência pontual confiável, os pais e a terapeuta mudaram o foco para melhorar seu uso de aulas de reforço em casa. Isso foi fundamental para impedir que ele ficasse ainda mais para trás em matemática, tornando mais difícil para Rick manter a frequência. Observe que as metas são formuladas como objetivos a serem alcançados, em vez de comportamentos a serem eliminados (p. ex., não "Não reagir quando a mãe lhe acorda"). Isso ajuda a manter o foco em incentivar comportamentos, em vez de ter de punir comportamentos indesejados.

Etapa 2: Estabelecer recompensas ("O que ganho com isso?")

A terapeuta ajuda a família a criar um gráfico de recompensas renovável diariamente (ver Capítulo 5) para incentivar rotinas matinais saudáveis. O acesso ao telefone foi escolhido como recompensa, pois satisfazia múltiplas funções desejáveis para Rick: manter contato com amigos, jogar jogos, acessar a internet. Embora Rick já tivesse acesso irrestrito ao seu telefone anteriormente, seus pais explicaram que o acesso ao telefone era um privilégio que precisava ser conquistado. Quando Rick estava indo regularmente para a escola, esse "contrato" não exigia explicação específica. Agora que a frequência de Rick estava inconsistente, o contrato teve de ser esclarecido com mais detalhes.

As recompensas foram antecipadas para proporcionar a maior recompensa para acordar cedo e chegar com pontualidade à escola. A recompensa foi atrasada para chegadas tardias pela manhã e ainda mais atrasada para chegadas à tarde. Oferecer alguma recompensa nos níveis que o jovem já está alcançando é uma prática eficaz para minimizar o desânimo e continuar reintroduzindo o jovem às qualidades reforçadoras da recompensa (i.e., se um jovem nunca recebe o telefone, ele pode aprender a viver sem ele e, efetivamente, eliminar um reforçador potencial). Nenhuma recompensa era dada se Rick não fosse à escola de jeito nenhum.

Etapa 3: Observar cuidadosamente ("Surpreendê-los tendo comportamentos adequados")

Rick foi elogiado imediatamente ao chegar à escola, e os pais usaram um calendário *on-line* para acompanhar seu horário de chegada. Dessa forma, ambos os pais podiam acompanhar sua frequência e enviar mensagens de texto encorajadoras para Rick quando ele tivesse sucesso. Isso também mantinha ambos os pais informados sobre quais recompensas Rick havia ganhado naquele dia.

PLANILHA 10. Quadro de recompensas diárias renováveis

Desenvolva passo a passo as metas e as recompensas para cada nível. Depois, acompanhe o sucesso!

Tema: Frequência escolar

Metas (níveis incrementais)	Recompensa (níveis incrementais)	Dom	Seg	Ter	Qua	Qui	Sex	Sáb	# de dias alcançados
Levantar-se até as 6h30.	Pegar o celular para tocar música no banheiro.	—	N	N	N	N	✓	—	1
Chegar ao café da manhã até as 7h.	Pegar o celular na mesa do café da manhã.	—	N	N	N	N	✓	—	1
Entrar no ônibus até as 7h30.	Pegar o celular ao sair de casa. Mantê-lo o dia todo.	—	N	N	N	✓	✓	—	2
Mãe/pai levar até a escola até as 10h.	Pegar o celular na sala do conselheiro na hora do almoço.	—	N	✓	N	—	—	—	1
Chegar à escola até o horário do almoço (meio-dia).	Pegar o celular quando chegar em casa após o último período escolar.	—	✓	—	N	—	—	—	1
Não chegar à escola de jeito nenhum.	Sem celular.	—	—	—	✓	—	—	—	1

FIGURA 11.12 Gráfico de recompensas diárias renováveis para Rick.

Etapa 4: Recompensar pontualmente e de forma consistente ("Não economize no pagamento")

Como parte do acordo, Rick pôde usar seu telefone por qualquer duração após a escola, desde que cumprisse suas metas de frequência. Era importante para os pais manterem o acordo. No meio da implementação desse plano, os pais perceberam que Rick não estava reservando tempo suficiente para completar sua lição de casa. Embora isso pudesse ter sido uma expectativa razoável, a questão NÃO foi negociada no momento do plano original. Portanto, Rick estava no seu direito de se opor quando seus pais exigiram pela primeira vez que ele completasse sua lição de matemática antes de usar seu telefone. Essa mudança refletiu uma demanda adicional que Rick não esperava. Isso desencorajou o jovem, e ele protestou indo para a escola tarde no dia seguinte. Esse conflito poderia ter sido evitado se o plano fosse seguido. Na pior das hipóteses, Rick teria perdido uma semana parcial de trabalho escolar. A família pode renegociar a estrutura de recompensas em sessões subsequentes. Mesmo quando os pais pedem mais, eles estarão chegando à mesa de negociação após ganhar credibilidade por manter o acordo original. Incentivamos as famílias a seguirem o plano original entre as sessões de terapia para que possam avaliar completamente os prós e os contras do plano de recompensas negociado. Por esse motivo, a fase inicial de trabalhar com jovens com SR e suas famílias pode exigir verificações entre sessões para ajudar a orientar os pais enquanto lidam com os cenários prováveis ou as lacunas que possam surgir.

Eliminando comportamentos desafiadores e destrutivos

Para muitos jovens com SR, a oposição e a desobediência não são incomuns. A desobediência durante as rotinas matinais ou protestos ao recusar tarefas (p. ex., lição de casa) podem escalar rapidamente para conflitos. Nesses casos, tanto regras menores da casa (p. ex., recusa de tarefas, discussões, insultos) quanto regras maiores (p. ex., quebrar objetos, agressão física) podem ser quebradas. Quando tais circunstâncias surgem, estabeleça regras claramente definidas com consequências específicas e limitadas. Permitir que os jovens sejam agressivos com os cuidadores ou os irmãos ou que destruam propriedades pode minar o relacionamento cuidadores-jovem e reduzir a disposição do cuidador em recompensar comportamentos positivos. Os seguintes passos podem ajudar a família a planejar consequências específicas, oportunas e focadas para mau comportamento.

Etapa 1: Estabelecer regras da casa

Os pais de Rick estavam dispostos a aprender técnicas de comunicação como "empatizar e encorajar" e estavam dispostos a ignorar as reclamações e as recusas de Rick. No entanto, de modo ocasional, Rick aumentava suas reclamações para o nível de agressão verbal e destruição de propriedade quando a mãe retinha o acesso ao seu console de *videogame* para incentivar o trabalho com seu professor de reforço domiciliar. Rick xingava tanto sua mãe quanto o instrutor, ofendendo-os e mandando-os "se f----". Então, ele se isolava em seu quarto e jogava coisas na parede, quebrando seus pertences e criando buracos na parede. Os pais de Rick conseguiam tolerar raiva e frustração, mas ataques pessoais e destruição de propriedade estavam fora dos limites.

Etapa 2: Definir consequências

A terapeuta ajudou os pais a definirem as regras específicas da casa que desejavam estabelecer e as associou a consequências específicas. A terapeuta também trabalhou com os pais para nomear o valor ou o motivo das regras da casa, por exemplo: "Nós nos respeitamos e respeitamos nossa propriedade mesmo quando estamos chateados" ou "Quero ser capaz de expressar meus sentimentos de maneira mais eficaz e sem agressão verbal ou física". Exemplos são fornecidos no Quadro 11.3.

Após o primeiro *brainstorming* com os pais, a terapeuta e os pais descreveram de forma conjunta o risco de agressão crescente para Rick e delinearam o plano para o futuro. Rick protestou, afirmando que, sem seu Xbox, se recusaria a frequentar a escola. A terapeuta lembrou-o de que ele ainda poderia acessar seu *smartphone* (seu privilégio favorito) se fosse à escola – isso não seria afetado por atos de agressão. Assim, ficou a cargo de Rick decidir se ele ainda queria trabalhar para acessar o telefone após ter perdido o acesso ao Xbox. Rick aceitou o plano, concordando com o valor e os motivos das regras, mas estava cético de que seria capaz de se controlar.

Etapa 3: Ser consistente, específico e pontual com as consequências

Na primeira semana de implementação, Rick xingou sua mãe e o professor de reforço domiciliar uma vez. A mãe ligou para a terapeuta em busca de conselhos. A terapeuta indicou que ela lembrasse Rick das regras da casa e tomasse posse imediatamente do cabo de energia do Xbox. Rick protestou, mas sua mãe conseguiu pegar o cabo e restringir o acesso por um dia. Depois, Rick pediu desculpas e solicitou o cabo de volta. A mãe resistiu e lembrou a Rick das regras da casa. No dia seguinte, Rick participou da instrução domiciliar sem incidentes. Após 24 horas, a mãe reconectou o cabo de energia ao Xbox. À medida que os pais executavam esse plano consistentemente, Rick começou a aceitar que seus pais agiriam de forma rápida e consistente.

Colaborando com a escola e outros profissionais

Estabelecer uma colaboração sólida com a escola do jovem é essencial para uma rein-

QUADRO 11.3 Consequências de quebrar as regras da casa

Regras da casa (proibidas)	Consequência
Chamar a mãe ou o professor de reforço domiciliar de "p..." ou de uma palavra desrespeitosa semelhante	Perda do tempo de jogo (Xbox) por um dia
Agressão verbal contra qualquer pessoa da família, como "Vai se f----"	Perda do tempo de jogo (Xbox) por dois dias
Danificar intencionalmente qualquer item pessoal ou causar danos à propriedade (casa, carro)	Perda do acesso ao *wi-fi* por um dia

tegração bem-sucedida na escola, para generalizar habilidades terapêuticas em diferentes contextos e para otimizar os apoios necessários que a família precisa para ter sucesso. Para isso, é importante identificar um elo com a escola e estabelecer um sistema de *feedback* contínuo entre as partes interessadas. A seguir, estão os passos sugeridos para desenvolver um relacionamento colaborativo com a escola do jovem. A terapeuta pode usar uma planilha para orientar as discussões colaborativas; a Figura 11.13 (uma versão em branco está disponível como Planilha 25 no Apêndice A) é um exemplo de como dividir os papéis entre as partes interessadas em casa e na escola.

1. **Obter consentimento dos pais para entrar em contato com a escola e para a liberação de informações**. O primeiro passo, crucialmente, é comunicar suas intenções de consultar a escola do jovem e obter o consentimento do cuidador que identifica o conteúdo específico a ser trocado com quais indivíduos.
2. **Identificar um elo com a escola**. Identifique o membro da equipe escolar que servirá como contato principal para a família e que pode resolver problemas com a terapeuta, conforme necessário. Pode ser o orientador escolar, um assistente social ou um psicólogo escolar, um professor acadêmico ou um administrador (p. ex., vice-diretor, diretor de serviços especiais). Essa pessoa deve estar familiarizada com os objetivos e o plano de reintegração escolar e estar disposta a educar outros funcionários da escola sobre o plano (i.e., servir como um "campeão local" para a abordagem terapêutica da família). Por exemplo, se o orientador escolar servir como elo, pode ser necessário que ele se aproxime dos professores de educação geral do jovem e explique o plano, negocie a conclusão da lição de casa e organize a reintegração avaliada. Esse elo escolar também pode ser a pessoa responsável por fornecer *feedback* aos pais dos professores quando o jovem começar a frequentar a escola novamente. Esse elo também pode atualizar os funcionários administrativos sobre o progresso do jovem no plano.
3. **Agendar uma reunião inicial**. No mínimo, a terapeuta, os pais e o elo da escola devem estar presentes nesta sessão. Seria ideal também ter o jovem disponível, mesmo que não participe de toda a reunião. Outros interessados-chave podem incluir membros da equipe de estudo do jovem, professores de educação geral que conhecem bem o aluno ou administradores que influenciam a política escolar (p. ex., vice-diretor, diretor de serviços especiais). Essas reuniões geralmente ocorrem na escola para facilitar o máximo possível a participação escolar e dar à terapeuta a oportunidade de visitar o local da escola para visualizá-lo em futuras sessões com o jovem.
4. **Trocar informações sobre o comportamento do jovem na escola e fora dela**. A função mais básica da reunião escolar é incentivar uma troca igual de informações de múltiplas perspectivas. Com frequência, os pais vêm para a reunião com noções preconcebidas das atitudes escolares, assumindo que a escola culpa os pais pelos fracassos do aluno ou que está buscando retirar quaisquer acomodações que já tenham feito. Da mesma forma, a escola pode chegar à reunião assumindo que os pais adotaram um ponto de vista antagônico em relação a esta. O papel da terapeuta é alcançar um terreno comum, dando à escola e aos pais igual oportunidade de destacar os esforços de cada parte para ajudar o jovem. Em geral, essa discussão comunicará à escola o quão desafiador tem sido incentivar a presença e (esperamos)

PLANILHA 25. Plano de coordenação escola-família: atribuições de papéis

Faça um *brainstorming* com aluno, pais, professores e representantes da escola sobre o que cada pessoa pode fazer para ajudar a alcançar os objetivos do plano de reintegração escolar.

Situação	Papel do aluno	Papel dos pais	Papel da escola
1. Rotina matinal	a. Arrastar-me para fora da cama. b. Arrumar-me. c.	a. Usar empatia e incentivo. b. Tornar o quarto aversivo. c.	a. Possivelmente, enviar o oficial de presença? b. c.
2. Chegada à escola	a. Usar relaxamento. b. Usar pensamentos de enfrentamento. c. Lembrar da "montanha do estresse".	a. Usar empatia e incentivo. b. Ser direto, mas não resolver problemas. c. Lembrar o jovem das recompensas.	a. Permitir que amigo/outro aluno/funcionário da escola encontre o jovem. b. Permitir uma hierarquia graduada para presença/traslado. c.
3. Durante o dia escolar	a. Aplicar redução graduada de visitas à enfermaria, etc. b. Usar habilidades de enfrentamento. c. Recompensar-se por permanecer lá!	a. Remover contato durante o dia. b. Utilizar redução graduada de contato se a interrupção abrupta não for possível. c. Recompensar!	a. Fornecer acomodações razoáveis. b. Adotar uma abordagem de empatia e incentivo. c. Fornecer incentivo, mas não superacomodar.
4. Partida/pós-escola	a. Dê uma pausa – você merece! b. Fazer a lição de casa em pequenas etapas; elaborar um plano com os pais e professores. c.	a. Ligar para reforçar os sucessos. b. Incentivar a lição de casa em pequenas etapas. c.	a. Organizar as aulas de reforço necessárias. b. Colaborar em um plano de lição de casa gerenciável. c.

FIGURA 11.3 Plano de coordenação escola-família que atribui papéis para maximizar o envolvimento e a colaboração entre cuidadores, profissionais da escola e dos jovens.

comunicará o quanto a escola está investida no bem-estar do jovem. Além disso, essa troca de informações pode ajudar a identificar gatilhos-chave, reações do jovem e respostas adultas que perpetuam a frequência ruim. Essas informações compartilhadas podem melhorar as conceitualizações e as avaliações funcionais existentes.

5. **Identificar e concordar com os objetivos**. Assim como todo bom problema começa com a definição de objetivos concretos e alcançáveis, o mesmo acontece com uma boa colaboração. Nesse caso, a chave é ajudar os pais e o pessoal da escola a chegarem a um acordo sobre objetivos realistas com os quais cada parte possa consentir. As necessidades do jovem e as da família devem ser atendidas, levando em consideração também as limitações e as restrições da escola. O papel da terapeuta é ajudar tanto os pais quanto a escola a identificar objetivos e valores comuns e, em seguida, manter-se firme na delimitação dos primeiros passos. No caso da SR, a reintegração escolar deve ser um foco, mas provavelmente exigirá etapas menores do que a escola antecipava, e, sem dúvida, haverá inícios e paradas e sucessos e contratempos. Uma vez que os objetivos tenham sido acordados, a terapeuta pode orientar a equipe na delimitação de etapas concretas específicas projetadas para alcançar os objetivos. (Uma revisão das habilidades de resolução de problemas pode ser útil aqui; ver Capítulo 2.)

6. **Identificar os limites da escola e os recursos disponíveis para a família**. Enquanto as etapas estão sendo delineadas, deve-se identificar concretamente quaisquer recursos que a escola tenha para ajudar na reintegração escolar e para comunicar os limites da escola. Os recursos escolares incluem saber quais membros da equipe estão disponíveis para ajudar e qual flexibilidade existe nas políticas escolares. Existe um membro da equipe que poderia ajudar a encontrar o jovem na porta da frente da escola? Eles têm salas de estudo independentes ou bibliotecas disponíveis onde o jovem poderia realizar estudos independentes, em vez de estar na sala de aula? O jovem pode ficar no escritório de presença, no escritório do orientador ou na sala de enfermaria se não se sentir confortável em ir para a aula? A terapeuta, a enfermeira e a equipe podem concordar com um plano e um *script* consistentes para lidar com os pedidos do aluno para ir para casa? Qual é a flexibilidade das políticas de presença da escola? Um atraso é considerado uma ausência? Um aluno pode frequentar algumas aulas, mas não outras? Qual é a flexibilidade do limite de faltas antes de o aluno reprovar?

Algumas escolas e estados também podem ter regras razoáveis ou regras estaduais e distritais que restrinjam sua flexibilidade. Algumas escolas podem ter regras sobre quando uma criança pode entrar nas dependências da escola (ou ser impedida de entrar), o número máximo de faltas antes de exigir uma repetição do ano, regras individuais do professor sobre presença e conclusão de lição de casa, requisitos de testes estaduais, e assim por diante. Algumas escolas e estados também podem ter normas referentes ao contato com os serviços de proteção à criança do estado por "negligência educacional" após um número específico de faltas da criança. Conhecer esses limites ajuda você a orientar os procedimentos por meio de uma definição realista de metas.

7. **Estabelecer recompensas tanto dentro quanto fora da escola**. Existem ativi-

dades ou recompensas na escola que o jovem valoriza? Por exemplo, ele seria motivado por certas atividades extracurriculares? E se essas atividades normalmente fossem reservadas para alunos que frequentam integralmente, mas este aluno pudesse ter acesso ao privilégio se frequentasse três períodos? Algumas escolas podem ter sistemas de pontos que podem ser trocados por bens ou privilégios. Estabelecer recompensas intrínsecas e extrínsecas na escola pode ajudar a influenciar a experiência que o jovem tem de um dia escolar típico.

8. **Fazer uma tempestade de ideias sobre maneiras de praticar habilidades dentro e fora da escola (exposição *in vivo*)**. A prática e a lição de casa não são apenas para depois do horário escolar. Enquanto os membros da família com frequência são responsáveis pelas exposições graduais que levam à reintegração escolar, a escola também pode ajudar assim que o aluno chega. A coordenação em todo o *continuum* da reintegração escolar é essencial. Por exemplo, faça uma tempestade de ideias com a escola sobre como e quando o terapeuta e a família podem praticar estar no terreno da escola. Está tudo bem para os pais levarem o jovem ao estacionamento e ficarem lá por duas horas? Estaria tudo bem se eles "ficarem conversando/curtindo" do lado de fora dos degraus da frente? Depois de estar na escola, o orientador pode agendar horários regulares para praticar exposições na escola? Os professores podem ser instruídos a procurar oportunidades para praticar em sala de aula? Quando deve ser dada acomodação (p. ex., visitas à enfermeira)? Esses tipos de perguntas são importantes para serem respondidas de forma antecipada com a escola, pois muitas vezes pode haver regras estritas sobre a presença do aluno tanto na escola quanto ao redor da propriedade escolar.

9. **Estabelecer maneiras de rastrear conquistas e recompensar o sucesso**. A terapeuta ajuda o pessoal da escola a estabelecer algum tipo de sistema de monitoramento que forneça *feedback* aos pais e à terapeuta e reconhecimento imediato de conquistas ao jovem. Os mesmos princípios se aplicam aos sistemas de recompensa em casa e na escola. Seja claro sobre as recompensas e como o jovem as conquista. Quando comportamentos passíveis de recompensa são notados, certifique-se de que o jovem seja reconhecido de maneira oportuna e consistente e cumpra com as recompensas prometidas.

10. **Estabelecer papéis para o jovem, os pais, a escola e a terapia**. Depois que metas, passos concretos e um plano de recompensas forem projetados, cada membro da equipe identifica quais papéis pode desempenhar na execução do plano. Na tentativa de pensar holisticamente sobre o dia do jovem e todas as suas partes integradas, recomendamos agendar os desafios que podem ser esperados ao longo de todo o dia escolar. Isso aumenta a consciência dos papéis essenciais e dos passos que precisam ser realizados para lidar com transições perfeitas desde a manhã até o final do dia escolar.

Note que o jovem, os pais e a escola podem ser designados a um papel em cada ponto de transição importante do dia (rotina matinal, chegada à escola, durante o dia escolar). Em uma tabela, pode-se adicionar papéis para outros membros da equipe (p. ex., o terapeuta externo, um amigo da família, professor de educação geral). O objetivo de tal tabela é tornar concreto o que é esperado de cada membro da equipe e quais metas/passos devem atrair a atenção de cada pessoa.

Pode ser tentador se comprometer demais com os papéis. Encorajamos cada pessoa a ser realista ao se comprometer com o que é viável. É melhor atender bem a alguns passos do que se espalhar por muitos. Isso é verdade mesmo que alguns papéis importantes não sejam atribuídos. Trate o exercício de atribuição de papéis como uma lista de afazeres *aspiracional*. Priorize os papéis (e passos acompanhantes) que precisam ser atribuídos imediatamente e adie os papéis e passos que podem ser realizados após a conquista das metas iniciais.

No caso de Rick, a escola e seus pais estavam trabalhando juntos na frequência escolar há algum tempo, dada sua longa história de dias faltosos. Durante o ensino fundamental, Rick costumava faltar cerca de 10 dias por ano, com algumas chegadas tardias; feriados e intervalos geralmente serviam como gatilhos para dias faltosos. A entrada no ensino médio no ano anterior resultou em diversas faltas no início do ano letivo, então os pais de Rick já haviam se encontrado várias vezes com a orientadora escolar para alertá-la sobre seus padrões e elaborar um plano. Juntos, eles organizaram a grade curricular de Rick no sétimo e oitavo anos para começar o dia com aulas mais agradáveis para ele (ciências e história) e oferecer tempo extra de instrução a Rick (após a escola) em disciplinas nas quais ele tinha dificuldades (matemática e inglês). Essas acomodações pareciam ajudar Rick a se ajustar ao sétimo ano, e sua equipe elaborou planos semelhantes para a transição para o oitavo ano, quando ele novamente faltou cerca de seis dias de aula para começar o ano letivo.

Tanto a orientadora quanto a família ficaram surpresas quando Rick não retornou à escola após as férias de inverno. Embora as pausas sempre fossem difíceis, Rick costumava retornar em tempo integral após 1 ou 2 dias de faltas parciais. Após uma semana inteira de faltas, a família procurou atendimento na clínica e contratou os serviços da terapeuta. No momento em que a avaliação inicial foi concluída, Rick havia faltado 15 dias consecutivos de aula após as férias. Uma das primeiras intervenções recomendadas pela terapeuta foi agendar uma reunião conjunta entre escola e família. Nessa reunião, os pais, a orientadora escolar e o professor de inglês de Rick estavam presentes. A reunião foi útil para transmitir à equipe escolar o grau em que os sintomas de pânico e a ansiedade social contribuíam para a relutância de Rick em frequentar a escola. Também transmitiu como o conflito se intensificava quando Rick era pressionado com críticas. A terapeuta ilustrou os gatilhos comportamentais típicos e as reações de Rick compartilhando algumas das planilhas de avaliação funcional preenchidas pela família. Como resultado, a equipe da escola concordou que queriam encontrar abordagens que incentivassem a frequência escolar sem aumentar o conflito e a agressão. Da mesma forma, a escola foi capaz de descrever a quantidade de maneiras que tentaram acomodar a ansiedade de Rick (p. ex., alterando sua grade escolar). A troca de informações forneceu ímpeto para abordagens encorajadoras por meio de metas concretas, incentivos e prática passo a passo.

Em conformidade com os objetivos estabelecidos para ele em casa (Fig. 11.13), a escola concordou com a reintegração gradual, permitindo que Rick ganhasse créditos pelos dias em que chegasse à escola até o quinto período, logo após o almoço. A escola concordou com esse plano com base na compreensão de que os objetivos avançariam ao longo do tempo (i.e., ele viria para a escola um período mais cedo a cada semana). Além disso, a escola queria estabelecer a instrução domiciliar como um objetivo concreto. O sucesso seria avaliado pelo número de aulas de reforço assistidas por semana e seu esforço pelo instrutor domiciliar em uma escala de 0 a 10, com 7 refletindo um esforço minimamente aceitável. Ficou claro que o progresso não seguiria um padrão estritamente linear: haveria começos e paradas, mas, enquanto Rick demonstrasse esforço para chegar, a escola permitiria flexibilidade. A recompensa diária renovável oferecida pela escola era disponibilizar ensaios de banda e futebol nos dias em que ele alcançasse seus marcos. Rick escolheu ser recompensado com ensaio de banda, pois sentia que poderia assistir ao ensaio e não se apresentar enquanto ainda via seus amigos. Ele relatou sentir insegurança em relação à sua aptidão física e, portanto, queria se preparar para a recompensa de frequentar o futebol.

Quanto às acomodações, a escola ofereceu-se para continuar a instrução domiciliar de Rick para matemática e inglês. A escola estava confortável com Rick e seus pais ficando no estacionamento até que ele estivesse pronto para entrar no prédio e ofereceu um "período de transição", em que ele poderia ficar no escritório do orientador se chegasse antes do quinto período. Ao mesmo tempo, era improvável que o orientador conseguisse ficar com Rick por qualquer período, então a escola pediu ao jovem que usasse qualquer período de transição como tempo de "estudo independente", em que ele trabalharia em tarefas de instrução domiciliar. Designar isso como estudo independente permitiu à escola deixar Rick sem supervisão no escritório de um membro da equipe ou na sala de aconselhamento. Além disso, a terapeuta concordou em fornecer uma apresentação em serviço para a equipe de educação geral, aconselhamento e enfermagem sobre ataques de pânico em jovens. A escola considerou isso um grande benefício para sua equipe, permitindo-lhe entender melhor como abordar Rick e outros alunos que enfrentam pânico.

Monitoramento de progresso

Após 20 semanas de terapia, Rick experimentou melhorias em vários domínios e alcançou ganhos em metas importantes. A frequência escolar foi acompanhada diariamente em uma planilha do Google desidentificada que era visível para seus pais, a terapeuta e o elo da escola. Rick e seus pais completaram uma RCADS mensal para acompanhar a gravidade dos sintomas de forma ampla. A Figura 11.14 mostra seu progresso nos sintomas de pânico ao longo de 20 semanas de terapia. Os relatos tanto de sua mãe quanto de seu pai demonstraram uma queda bastante linear nos sintomas de pânico após as primeiras quatro semanas. Rick relatou aumento dos ataques de pânico e dos sintomas de pânico durante as primeiras quatro semanas, mas uma melhora rápida posteriormente.

A redução dos ataques de pânico de Rick coincidiu com a melhoria na frequência escolar, com ele frequentando regularmente 3 a 4 dias por semana no primeiro mês antes de aumentar para 4 a 5 dias por semana durante as semanas 4 a 12 e, finalmente, se estabilizando com frequência total (com ocasionais atrasos) até a semana 20. A incorporação de eventos sociais e atividades extracurriculares por parte de Rick foi muito importante, conforme refletido em sua meta (ver Figura 11.15; uma versão em branco está disponível como Planilha 11). A cooperação da escola em permitir o envolvimento de Rick na aula da banda para frequência parcial foi fundamental para motivar sua frequência, e a programação de atividades sociais foi essencial para combater as suposições de Rick de que seus amigos estavam julgando suas ausências. Ambos serviram para melhorar o humor deprimido de Rick e aumentar sua energia.

Pontuações da RCADS para TP de Rick

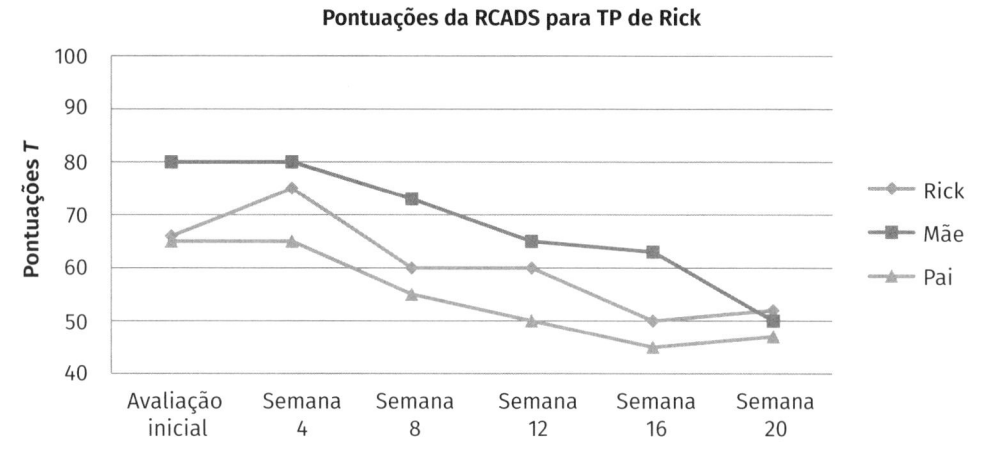

FIGURA 11.14 Resultados dos sintomas durante a terapia usando a RCADS.

ENCERRAMENTO E PREVENÇÃO DE RECAÍDA

As taxas de sucesso variam de forma considerável para jovens que recusam a escola (Maynard, Brendel, et al., 2015; Maynard, Heyne, et al., 2018), com sucesso inicial possível com intervenção precoce. No entanto, o tratamento prolongado com reforçadores pode ser esperado para ajudar os jovens a continuarem a praticar habilidades após a fase aguda ser concluída. Após a frequência escolar constante de Rick ser estabelecida, as metas começaram a se concentrar nos déficits de habilidades que eram os fundamentos do comportamento de recusa. A atenção foi focada no agendamento de atividades e na ativação social. Técnicas cognitivas foram utilizadas para desafiar as interpretações errôneas dos sintomas de pânico e da avaliação social. Técnicas de manejo de pais e estruturas de recompensa ajudaram a família a aprender a apoiar Rick no cumprimento de suas metas. À medida que a sessão 20 se aproximava, a frequência escolar da criança permanecia estável, e seu funcionamento nos domínios social e familiar havia melhorado. A família e a terapeuta decidiram reduzir gradativamente a terapia, com sessões quinzenais por 2 a 3 meses antes de reavaliar (ver Capítulo 3). A família, então, antecipava passar para um cronograma de verificação mensal para revisar a prática contínua de habilidades, focando sobretudo na manutenção da rotina e nas interações familiares. Em transições escolares críticas (retorno das férias de verão e dos feriados), a família também antecipava a reconexão com a terapeuta para receber apoio extra. O uso de sessões de reforço dessa maneira reconhece a natureza muitas vezes crônica da SR e estabelece expectativas adequadamente para os pais e o jovem anteciparem o gerenciamento contínuo dos sintomas no futuro.

SÍNTESE E PONTOS-CHAVE

Assim como muitos jovens com SR, Rick chegou à terapia com um histórico crônico de problemas de comparecimento intermitente e um episódio agudo que exigia atenção imediata. A baixa frequência pode ser atribuída a múltiplos domínios sintomáticos (p. ex., pânico, ansiedade social, depressão) e padrões problemáticos de interação familiar (p. ex., acomodação, ciclo agressivo-coercitivo). A coordenação

PLANILHA 11. Rastreador de metas

Trabalhe com seu terapeuta para elaborar metas específicas, significativas e alcançáveis. Pense nos resultados que espera ver. Em seguida, acompanhe o progresso de seu filho semanalmente.

Objetivos dos pais	Resultados desejados	Semana 1	Semana 2	Semana 3	Semanas 4 a 19	Semana 20
Comparecer à escola com maior frequência.	Contabilizar o número de dias frequentados.	3	4	3	...	5
Fazer mais amigos; aumentar as interações sociais.	Contabilizar o número de eventos sociais.	0	0	1	...	2
Reduzir os ataques de pânico.	Contabilizar o número e a intensidade dos ataques de pânico (0, "nenhum", a 10, "fora de controle").	Dois ataques (intensidade 8)	3 (7)	2 (7)	...	0
Diminuir os conflitos familiares.	Contabilizar o número e a intensidade das discussões (0, "nenhuma", a 10, "destrutiva").	Quatro brigas (intensidade 10)	4 (5)	2 (6)	...	0

Metas do jovem	Resultados desejados	Semana 1	Semana 2	Semana 3	Semanas 4 a 19	Semana 20
Diminuir sentimentos de nervosismo em relação à escola.	Avaliar a ansiedade ao ir para a escola em uma escala de 0 (nenhuma) a 10 (extrema).	9	8	10	...	4
Reduzir a frequência de ataques de pânico.	Contar o número e avaliar a intensidade dos ataques de pânico (0, "nenhum", a 10, "fora de controle").	Dois ataques (intensidade 7).	2 (6)	3 (10)	...	1 (4)
Melhorar a energia nas coisas de que costumava gostar.	Avaliar a energia ao longo da semana em uma escala de 0 (sem energia) a 10 (muita energia).	4	4	5	...	7

FIGURA 11.15 Planilha do rastreador de metas de Rick ao término do tratamento.

com a escola de Rick também se mostrou essencial. Aqui estão os principais pontos a serem destacados do trabalho com Rick:

- A psicoeducação é fundamental para ajudar os cuidadores e o pessoal da escola a entenderem a SR como uma função de evitar afetos negativos e menos como uma função de desafio.
- Os padrões de interação familiar desempenham um papel-chave na manutenção do comportamento de SR, já que as famílias podem cair em múltiplas armadilhas, incluindo a espiral de acomodação e a espiral agressivo-coercitiva.
- As avaliações devem incluir objetivos-alvo idiossincráticos, além de informações diagnósticas e sintomáticas, para garantir que a terapia esteja trabalhando em direção a objetivos significativos que possam ser observados.
- A coordenação com a escola do jovem é essencial. O mais rápido possível, a terapeuta deve identificar uma ligação com a escola e ajudar a organizar uma reunião conjunta envolvendo escola, família e terapeuta.
- O trabalho com o jovem é necessariamente multimodal, já que ele provavelmente expressará múltiplos déficits de habilidade em pensamento mal-adaptativo, seleção de atividades e desregulação emocional.
- Recompensas externas na forma de planos de recompensa e manejo de contingências podem incentivar o esforço para praticar habilidades e aumentar as tentativas de reintegração escolar até que a motivação intrínseca acompanhe.
- Os estilos de comunicação dos cuidadores provavelmente precisam ser ajustados para alinhá-los mais com os princípios comportamentais (i.e., elogiar os comportamentos desejados e ignorar os indesejados).
- O curso do tratamento pode exigir sessões de reforço estendidas após uma fase aguda de terapia para ajudar os jovens e as famílias a praticarem habilidades e manterem a frequência.

Apêndice A

Materiais suplementares e planilhas

MATERIAL SUPLEMENTAR 1. Modelo cognitivo-comportamental geral

> Observe como cada uma de nossas emoções pode ser descrita por nossos pensamentos, nossas ações e nossas sensações físicas e como elas interagem entre si.

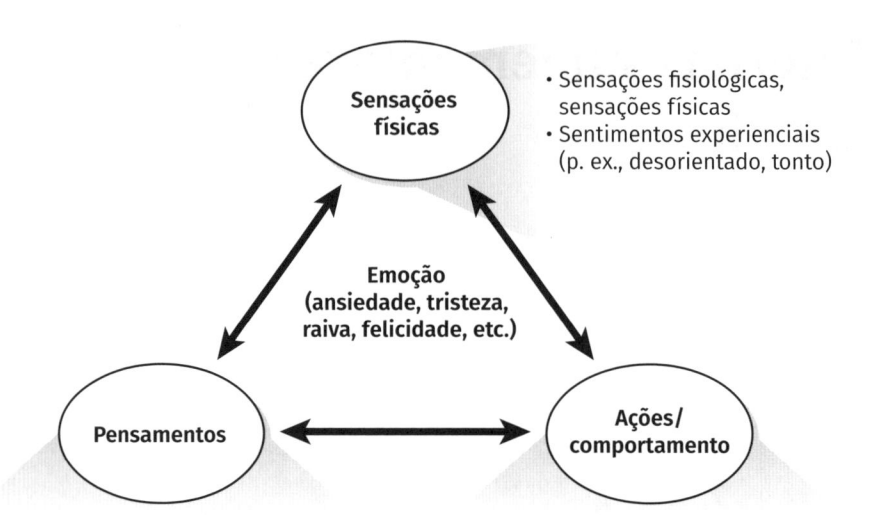

Sensações físicas
- Sensações fisiológicas, sensações físicas
- Sentimentos experienciais (p. ex., desorientado, tonto)

Emoção (ansiedade, tristeza, raiva, felicidade, etc.)

Pensamentos
- Conteúdo dos pensamentos, autoafirmações
- Interpretações, atitudes, crenças
- Processamento de informações

Ações/comportamento
- Ações observáveis
- Ações não observáveis
- Comportamentos cognitivos (p. ex., preocupação, ruminação)

De *Depressão e ansiedade em jovens: planos de tratamento e intervenções de terapia cognitivo-comportamental*, de Brian C. Chu e Sandra S. Pimentel. Artmed, 2025.
Permissão para fotocopiar este material é concedida aos compradores deste livro para uso pessoal ou com clientes. Os compradores também podem baixar este material na página do livro em loja.grupoa.com.br.

MATERIAL SUPLEMENTAR 2. Armadilhas de pensamento comuns que nos deixam presos

1. **Leitura de pensamentos (leitor de pensamentos)**: você presume que sabe o que as outras pessoas pensam sem evidências suficientes de seus pensamentos. "Ele acha que sou um fracasso." "Todos podem ver que as roupas que estou usando são baratas."

2. **Adivinhação (vidente)**: você tem certeza de que sabe o que vai acontecer no futuro, mas não tem evidências suficientes. "Não vou conhecer ninguém na festa." "Não tenho chance de entrar para o time de basquete."

3. **Catastrofização (profeta do apocalipse)**: tudo o que você vê são os piores resultados possíveis. "Agora, vou reprovar nesta matéria porque tirei um 'B' na prova." "Todos vão saber o quanto sou um fracasso por não ter par para o baile."

4. **Conclusões precipitadas (o presunçoso)**: você assume que sabe algo, mas tem pouca informação. "Ninguém vai aparecer para minha festa" (após receber uma ou duas recusas). "Meu namorado vai terminar comigo" (após ele não retornar uma ligação).

5. **E se (me diga, me diga)**: você continua fazendo perguntas após perguntas porque nada parece respondê-las. "E se derem uma prova surpresa amanhã?" "E se nos testarem em um conteúdo novo?" "E se um substituto não souber como o professor faz as coisas?" Nenhuma resposta parece tranquilizá-lo, não importa quantas vezes você pergunte.

6. **Desconsideração dos pontos positivos (nada de especial)**: você minimiza os aspectos positivos de uma situação ou minimiza suas contribuições. Você afirma que as ações positivas que toma são triviais (p. ex., "Qualquer um poderia ter ajudado meu amigo a estudar"). Você desconsidera eventos positivos que possam ter ocorrido (p. ex., "Eles convidam todos que estão na sociedade de honra para aquele jantar").

7. **Busca pelos pontos negativos (andando com viseiras)**: tudo o que você consegue ver são as coisas negativas acontecendo ao seu redor. Você não consegue ver os aspectos positivos. "Eu nem consegui encontrar nada divertido para fazer enquanto meu amigo estava aqui." "Na escola, só tem gente falsa."

8. **Generalização excessiva (a grande bola de neve)**: uma coisa ruim acontece, e tudo vai acabar do mesmo jeito. "Viu? As outras crianças não lhe dão uma chance de ser você mesmo." "Não sou muito bom na escola – não acho que tenho muito a esperar do futuro."

9. **Pensamento tudo ou nada (preto e branco)**: tudo é ou todo bom ou todo ruim. Tudo perfeito ou tudo um fracasso. "Se eu não tirar um 'A', sou um fracasso." "Se você perder uma festa, as pessoas vão se esquecer de você."

10. **Declarações de dever (precisa/tem de ser)**: você vê os eventos em termos de como as coisas deveriam ser, em vez de simplesmente focar em como elas são. "Deveria passar em todas as minhas provas." "Preciso estar disponível para meus amigos o tempo todo." "Meus pais não se importam comigo se me obrigarem a ir para a escola [meus pais deveriam me deixar ficar em casa]."

11. **Levar as coisas para o lado pessoal (o autocrítico)**: se algo der errado, deve ser culpa sua. "Perdemos o jogo por minha causa." "Nunca vou melhorar." Se alguém disser qualquer coisa um pouco negativa, parece que o mundo está desabando.

12. **Culpar (batata quente)**: você foca na outra pessoa como a fonte de seus sentimentos negativos, pois é muito difícil assumir a responsabilidade. "Por que você não me deixa ficar em casa e não ir à escola?" "Por que todos estão contra mim?"

De *Depressão e ansiedade em jovens: planos de tratamento e intervenções de terapia cognitivo-comportamental*, de Brian C. Chu e Sandra S. Pimentel. Artmed, 2025.
Permissão para fotocopiar este material é concedida aos compradores deste livro para uso pessoal ou com clientes. Os compradores também podem baixar este material na página do livro em loja.grupoa.com.br.

MATERIAL SUPLEMENTAR 3. Roteiro de atenção plena "bagagem na esteira"

Este roteiro é para ser utilizado pelo terapeuta para ajudar na prática da atenção plena com seu cliente adolescente.

Pelos próximos minutos, vamos tentar algo. Pode parecer um pouco diferente, ou até não natural, mas quero que você tente. Às vezes, nossos pensamentos nos dominam, e hoje vamos tentar apenas deixá-los um pouco de lado.

Para este exercício, vou pedir a você que simplesmente observe seus pensamentos conforme eles vêm de maneira natural. O objetivo será observar quaisquer pensamentos – sejam quais forem – entrarem em sua mente, notar que estão lá, mas, então, permitir que passem por você sem lutar. Vamos tentar "aceitar" seus pensamentos pelo que são, apenas pensamentos. Às vezes, quanto mais lutamos contra nossos pensamentos, mais fortes eles se tornam.

Então, pelos próximos minutos, gostaria que você imaginasse uma esteira transportadora na sua frente; assim como uma que você veria em um aeroporto. Pense em como uma esteira transportadora funciona – a bagagem desce pelo tobogã, pousa na esteira transportadora e, então, circula sem parar. Cada peça de bagagem desliza suavemente pelo tobogã e começa sua viagem ao redor da esteira. Se você apenas observasse de longe, veria que, se ninguém viesse pegar a bagagem, ela apenas continuaria circulando... passando pela frente, circulando e desaparecendo pela parte de trás. Enquanto espera, você vê a mesma bagagem passando pela frente e, depois, voltando pela parte de trás, de forma lenta, mas certamente circulando.

Bem, agora, enquanto você pensa na bagagem nessa esteira, gostaria que você começasse a colocar cada pensamento que vem à sua mente em uma peça de bagagem, assim como um rótulo que é colocado na bagagem. Para cada pensamento, gentilmente cole-o na bagagem e observe enquanto ele apenas permanece na esteira, circulando sem parar. Você pode sentir vontade de fazer algo com a bagagem ou com o pensamento. Você pode querer pegá-lo, colocá-lo no chão, impedir que ele continue circulando sem parar. Você pode sentir vontade de desviar o olhar ou se distrair, de ficar entediado com a bagagem circulando. Quando perceber que isso está acontecendo, apenas direcione sua atenção de volta ao pensamento e aprecie que ele está circulando de modo gentil na esteira à sua frente. Às vezes, os pensamentos desaparecerão de forma súbita da esteira. Quando isso acontecer, simplesmente deixe-os ir. Não há motivo para manter um pensamento em uma esteira quando ele não quer estar lá.

Você pode, então, observar em silêncio enquanto o cliente pratica isso, ou pode facilitar, pedindo-lhe para descrever seu pensamento e ajudando-o a imaginar, colocando-o na bagagem e circulando ao redor.

Continue assim. Vou avisar quando parar. Pode parecer muito tempo, mas apenas permita que seus pensamentos venham conforme surgirem.

De *Depressão e ansiedade em jovens: planos de tratamento e intervenções de terapia cognitivo-comportamental*, de Brian C. Chu e Sandra S. Pimentel. Artmed, 2025.
Permissão para fotocopiar este material é concedida aos compradores deste livro para uso pessoal ou com clientes. Os compradores também podem baixar este material na página do livro em loja.grupoa.com.br.

MATERIAL SUPLEMENTAR 4. Fatos sobre higiene do sono

O que é higiene do sono?
A higiene do sono envolve uma variedade de práticas e hábitos diferentes necessários para se ter uma boa qualidade de sono noturno e estar totalmente alerta durante o dia.

Por que é importante praticar uma boa higiene do sono?
Obter um sono saudável é importante tanto para a saúde física quanto para a mental. Também pode melhorar a produtividade e a qualidade de vida geral. Todos, desde crianças até adultos mais velhos, podem se beneficiar ao praticar bons hábitos de sono.

Como posso melhorar minha higiene do sono?
Uma das práticas de higiene do sono mais importantes é passar a quantidade apropriada de tempo dormindo na cama, nem muito pouco nem tempo excessivo. Para ajudar a estabelecer boas práticas de higiene do sono, siga algumas destas dicas:

- *Estabeleça uma rotina relaxante regular antes de dormir.* Uma rotina noturna regular ajuda o corpo a reconhecer que é hora de dormir. Isso pode incluir tomar um banho quente, ler um livro ou fazer alongamentos leves. Quando possível, evite conversas e atividades emocionalmente perturbadoras antes de tentar dormir. Não crie listas de afazeres, faça lição de casa ou pense em outros estressores logo antes de dormir. Certifique-se de desligar os eletrônicos pelo menos 30 minutos antes de dormir.

- *Evite estressores típicos uma hora antes de dormir.* Fazer lição de casa, escrever uma lista de afazeres ou ter conversas sobre coisas estressantes que aconteceram durante o dia (ou eventos futuros) pode levar a um sono agitado. Interrompa a lição de casa e as conversas preocupantes uma hora antes de dormir.

- *Certifique-se de que o ambiente de sono seja agradável.* Colchão e travesseiros devem ser confortáveis. O quarto deve estar fresco, e as luzes de luminárias, celulares e telas devem estar diminuídas ou apagadas. Considere usar cortinas *blackout*, máscaras de dormir, protetores auriculares, máquinas de "ruído branco", umidificadores, ventiladores e outros dispositivos que possam tornar o quarto mais relaxante.

- *Estabeleça um horário de despertar consistente.* Ter um horário consistente de sono e de despertar ajuda a regular o corpo para saber quando é hora de acordar e quando é hora de dormir. Se esforçar para acordar, mesmo quando estiver cansado, ajudará a estabelecer o tom para uma hora de dormir pronta na noite seguinte.

- *Limite cochilos diurnos a 30 minutos.* Cochilar não compensa o sono inadequado durante a noite. No entanto, um cochilo curto de 20 a 30 minutos pode ajudar a melhorar o humor, o alerta e o desempenho.

- *Evite cafeína e outros alimentos ativadores perto da hora de dormir.* Ingerir bebidas com cafeína, como energéticos ou café, perto da hora de dormir dificulta a conciliação do sono e pode levar a despertares durante a noite. Também pode ser prudente evitar alimentos pesados ou que já tenham incomodado seu estômago no passado algumas horas antes de dormir.

(Continua)

MATERIAL SUPLEMENTAR 4. Fatos sobre higiene do sono *(Continuação)*

- *Faça exercícios para promover um sono de boa qualidade.* Até 10 minutos de exercício aeróbico, como caminhar ou andar de bicicleta, podem melhorar drasticamente a qualidade do sono noturno. A maioria das pessoas deve evitar exercícios extenuantes perto da hora de dormir, mas é melhor descobrir o que funciona melhor para você.
- *Garanta uma exposição adequada à luz natural.* Receber luz solar suficiente é importante para manter um ciclo saudável de sono-vigília. Isso é especialmente importante para jovens que podem não sair com frequência.
- *Reajuste seu ciclo de sono-vigília.* Para aqueles que já caíram em um ciclo de sono-vigília pouco saudável (ficando acordados durante a maior parte da noite apenas para dormir durante a maior parte do dia), às vezes pode ser útil experimentar. Force-se a ficar acordado o máximo que puder. Mesmo cansado, não se permita dormir em nenhum momento durante a noite. Quando o dia amanhecer, mantenha-se acordado. Provavelmente, a fadiga natural do corpo se manifestará, e ele receberá o sono nas noites seguintes.
- *Suplementos ajudam?* Algumas pessoas acham que suplementos naturais (p. ex., melatonina) ajudam a criar uma sensação de sonolência que as coloca no estado mental correto para dormir. Se você quiser experimentar tais suplementos, consulte seu médico de família ou um psiquiatra para avaliar a adequação e a dosagem.

MATERIAL SUPLEMENTAR 5. Mitos e fatos sobre medicamentos

Os medicamentos para ansiedade ou depressão são viciantes? Meu filho algum dia poderá parar de tomá-los?

A maioria das crianças e dos adultos que tomam medicamentos psiquiátricos para sintomas de humor e ansiedade provavelmente interrompem o uso dos medicamentos e o fazem com sucesso. Na verdade, uma discussão sobre interromper a medicação deve ocorrer com seu médico antes que qualquer medicamento seja prescrito. A maioria dos medicamentos pediátricos aprovados não causa tolerância, a característica de uma substância viciante (necessidade de mais de uma substância para experimentar o mesmo efeito).

O uso de medicamentos afetará o crescimento e o desenvolvimento do meu filho?

Os perfis de efeitos colaterais variam entre diferentes medicamentos e devem ser considerados caso a caso. Discuta isso com seu médico ou seu prescritor.

Esses medicamentos têm efeitos colaterais perigosos, como ganho de peso ou pensamentos suicidas?

Como já mencionado, os efeitos colaterais podem ocorrer e são motivo para alterar o curso do tratamento se não forem tolerados. Informe quaisquer efeitos colaterais preocupantes ao seu prescritor. Pergunte-lhe sobre a possibilidade de pensamentos suicidas que possam resultar do uso de antidepressivos. Os dados sugerem que os benefícios superam em muito os riscos, mas cada caso é individual.

Isso mudará a personalidade do meu filho?

A medicação psiquiátrica deve fazer alguém se sentir mais como ele mesmo, não menos. Um medicamento que altera a personalidade de uma criança é motivo para que o médico prescritor interrompa a medicação.

Tomar medicamentos significa que há algo errado com meu filho? Isso significa que ele é "anormal" ou tem deficiências?

Pense em ingerir medicamentos para sintomas de ansiedade e humor como tomar medicamentos para uma condição médica, como diabetes melito. Tomar o medicamento apropriado ajuda seu filho a ficar saudável e alcançar seu potencial, mesmo diante de condições médicas e psicológicas.

Estamos preocupados que os medicamentos não sejam naturais. Não gostamos de fazer uso de compostos artificiais.

Algumas substâncias orgânicas podem ser altamente viciantes e tóxicas para nosso corpo, ao passo que algumas substâncias não orgânicas podem ser salvadoras de vidas. Cada situação deve ser considerada caso a caso, ponderando os riscos e os benefícios.

De *Depressão e ansiedade em jovens: planos de tratamento e intervenções de terapia cognitivo-comportamental*, de Brian C. Chu e Sandra S. Pimentel. Artmed, 2025.
Permissão para fotocopiar este material é concedida aos compradores deste livro para uso pessoal ou com clientes. Os compradores também podem baixar este material na página do livro em loja.grupoa.com.br.

MATERIAL SUPLEMENTAR 6. Entendendo a ansiedade em seu filho criança ou adolescente

A ANSIEDADE É NATURAL

A ansiedade é uma emoção natural que pode ser útil em algumas circunstâncias. Ela pode ajudar a motivar, quando necessário, ou evitar situações verdadeiramente ameaçadoras (p. ex., um beco escuro à noite). No entanto, ela causa problemas quando interfere na capacidade de um jovem de lidar com uma situação (p. ex., a ansiedade o distrai em uma prova).

EVITAR PREJUDICA MAIS DO QUE AJUDA

A evitação comportamental, como procrastinação, retraimento e fuga, também parece natural, mas pode ser problemática quando o jovem recusa oportunidades porque interpreta ou exagera problemas na situação (p. ex., recusar um convite para uma festa por presumir que não conhecerá ninguém lá). Enfrentar situações desafiadoras pode ser assustador, mas a exposição repetida a desafios ajuda a construir confiança e habilidades.

APRENDER HABILIDADES DE ENFRENTAMENTO AJUDA

Embora os sentimentos intensos sejam naturais, os jovens podem aprender a gerenciar sua ansiedade ou sua tristeza. O terapeuta ajudará seu filho a identificar os gatilhos (p. ex., situações, pessoas, pensamentos) que desencadeiam a ansiedade e ensinará a ele habilidades de enfrentamento (resolução ativa de problemas, comportamentos de abordagem corajosa, programação de atividades e pensamentos de enfrentamento) que o auxiliarão a superar seus sentimentos angustiantes e buscar os objetivos desejados.

OS PAIS PODEM AJUDAR

Os jovens ansiosos trazem sua própria ansiedade para a mesa. Não é algo que você "fez" a eles. CONTUDO, há maneiras de reagir ao seu filho que o ajudam a desenvolver seus comportamentos de enfrentamento. Isso inclui ouvir ativamente, simpatizar com seus sentimentos e incentivá-lo a focar em metas ativas.

A TERAPIA COGNITIVO-COMPORTAMENTAL PODE AJUDAR

Uma base substancial de evidências demonstrou que intervenções psicológicas podem ajudar a reduzir os sintomas de ansiedade e melhorar o funcionamento dos jovens na escola, na família e em domínios sociais. Estratégias que visam aumentar o engajamento comportamental e um pensamento mais realista e positivo são especialmente úteis. Em alguns casos, o tratamento medicamentoso também pode ser benéfico em combinação com terapias comportamentais.

MATERIAL SUPLEMENTAR 7. Compreendendo a depressão em seu filho criança ou adolescente

DISTINGUIR TRISTEZA DE DEPRESSÃO

A tristeza é um sentimento natural que todos experimentamos quando coisas difíceis acontecem (p. ex., um amigo se muda, a perda de um ente querido, discussões com amigos) ou quando situações não ocorrem como esperado (p. ex., receber uma nota baixa em uma prova, não ser selecionado para a peça ou o time da escola, ter um privilégio restrito). A tristeza deve chamar a atenção dos adultos quando começa a interferir no funcionamento típico de um jovem (dormir, comer, socializar) ou impede que ele busque metas e atividades importantes em virtude do isolamento, da retração e da inatividade.

EVITAR PREJUDICA MAIS DO QUE AJUDA

A evitação comportamental pode parecer uma resposta natural aos sentimentos de tristeza. Quando um adolescente se sente triste ou letárgico, pode parecer natural para ele se retirar para o quarto, ignorar mensagens ou ligações de amigos, faltar à escola ou deixar de participar de atividades. No entanto, a evitação repetida cria um hábito difícil de se quebrar. Isso priva o adolescente de oportunidades (cada treino de futebol perdido coloca o jovem mais para trás) e chances de enfrentamento (para ver que ele pode lidar com o desafio se confrontado). A evitação também é diferente do autocuidado e da nutrição (p. ex., ser realista sobre demandas, fazer pausas planejadas), que são restauradores e promovem ação contínua.

APRENDER HABILIDADES DE ENFRENTAMENTO AJUDA

A depressão pode parecer intensa (tristeza dolorosa, raiva irritável) ou desanimadora (baixa energia, peso nos ombros). A terapia ajuda o jovem a aprender habilidades para gerenciar a dor intensa com habilidades de regulação emocional e avaliação de pensamentos negativos e autocríticos. As atividades diminuídas também podem ser combatidas com o agendamento de atividades agradáveis, resolução ativa de problemas e comportamentos de abordagem. Desse modo, o jovem aprenderá a superar a tristeza temporária que define a depressão.

OS PAIS PODEM AJUDAR

É natural que os cuidadores sintam frustração ou medo pela inatividade de seu próprio filho. Eles não sabem como ajudar, motivar ou encorajar o jovem. A terapia ajuda os cuidadores a entenderem que a depressão de um adolescente é temporária, e não necessariamente um reflexo da personalidade inata da criança ou da família. Nesses momentos, o jovem precisa da escuta ativa e do apoio dos pais para incentivar comportamentos de abordagem ativa.

A TERAPIA COGNITIVO-COMPORTAMENTAL PODE AJUDAR

Uma base de evidências substancial demonstrou que intervenções psicológicas podem ajudar a reduzir os sintomas depressivos e melhorar o funcionamento dos jovens na escola, na família e em domínios sociais. Estratégias que visam aumentar o engajamento comportamental e um pensamento mais realista e positivo são especialmente úteis. Em alguns casos, o tratamento medicamentoso também pode proporcionar benefícios em combinação com terapias comportamentais.

De *Depressão e ansiedade em jovens: planos de tratamento e intervenções de terapia cognitivo-comportamental*, de Brian C. Chu e Sandra S. Pimentel. Artmed, 2025.
Permissão para fotocopiar este material é concedida aos compradores deste livro para uso pessoal ou com clientes. Os compradores também podem baixar este material na página do livro em loja.grupoa.com.br.

MATERIAL SUPLEMENTAR 8. A espiral da acomodação

Observe o exemplo a seguir para entender como a acomodação e o incentivo indireto podem enviar mensagens contraditórias:

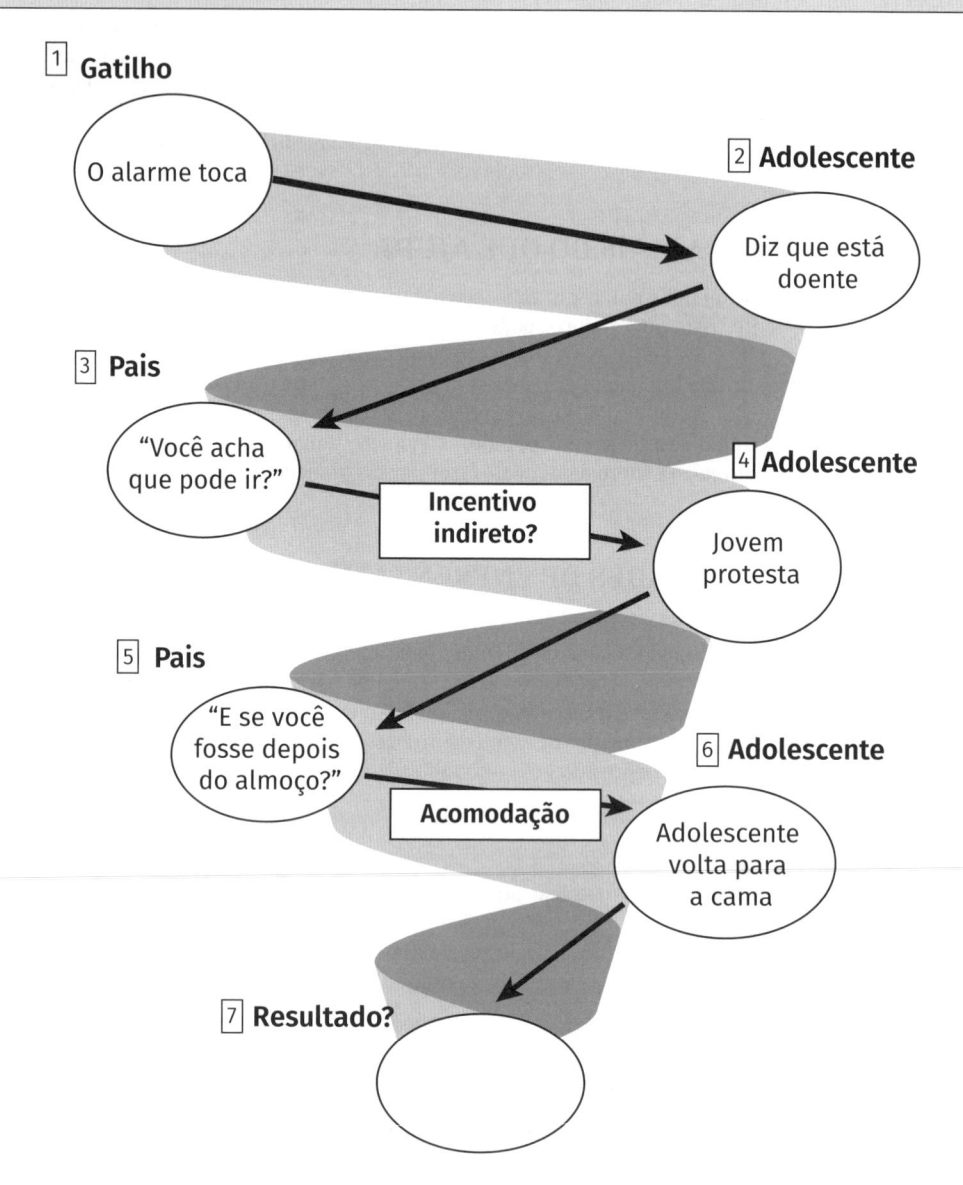

[1] **Gatilho**
O alarme toca

[2] **Adolescente**
Diz que está doente

[3] **Pais**
"Você acha que pode ir?"

Incentivo indireto?

[4] **Adolescente**
Jovem protesta

[5] **Pais**
"E se você fosse depois do almoço?"

Acomodação

[6] **Adolescente**
Adolescente volta para a cama

[7] **Resultado?**

De *Depressão e ansiedade em jovens: planos de tratamento e intervenções de terapia cognitivo-comportamental*, de Brian C. Chu e Sandra S. Pimentel. Artmed, 2025.
Permissão para fotocopiar este material é concedida aos compradores deste livro para uso pessoal ou com clientes. Os compradores também podem baixar este material na página do livro em loja.grupoa.com.br.

MATERIAL SUPLEMENTAR 9. A espiral de passividade-desencorajamento

Observe o exemplo a seguir para entender como a acomodação e a passividade podem reforçar o desencorajamento:

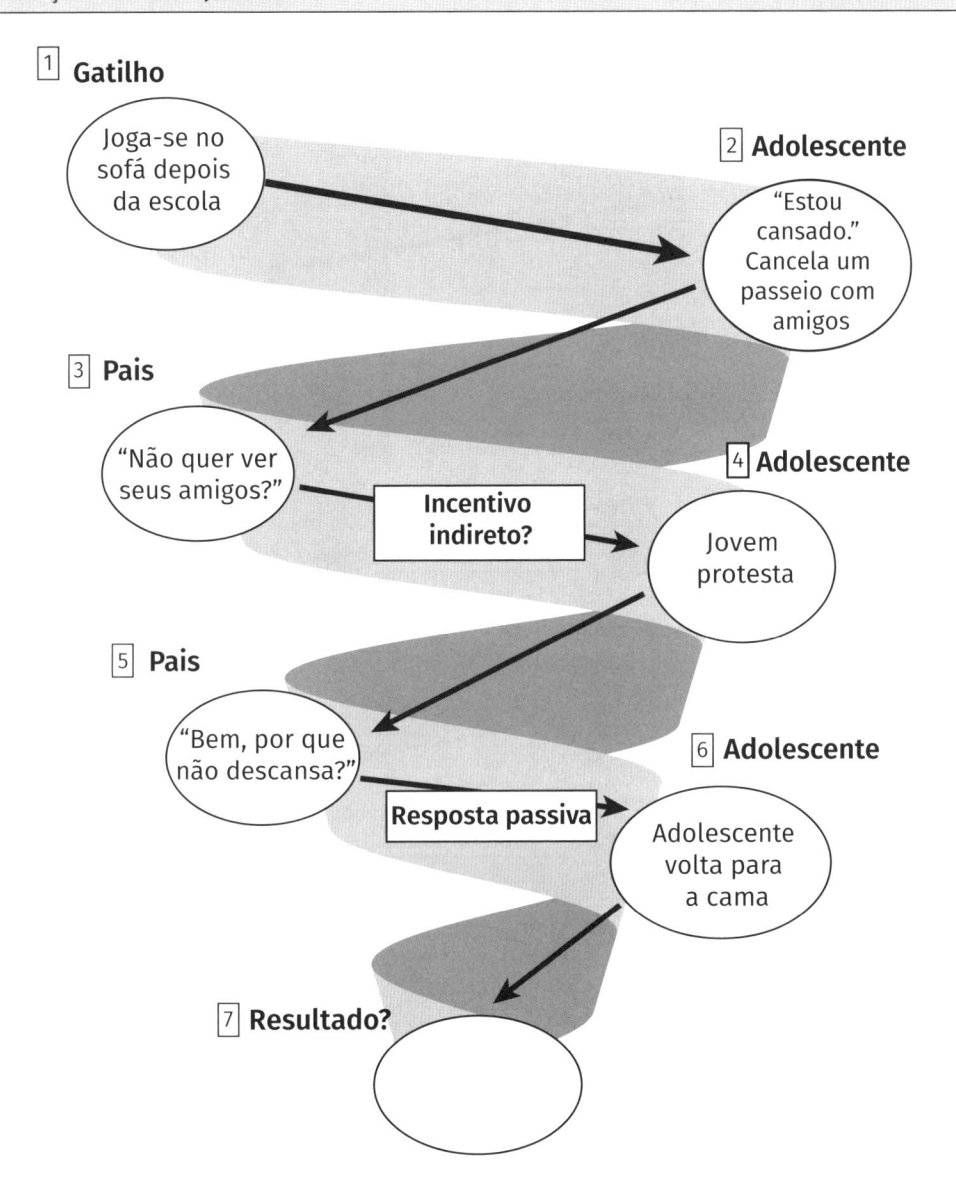

[1] **Gatilho**

Joga-se no sofá depois da escola

[2] **Adolescente**

"Estou cansado." Cancela um passeio com amigos

[3] **Pais**

"Não quer ver seus amigos?"

Incentivo indireto?

[4] **Adolescente**

Jovem protesta

[5] **Pais**

"Bem, por que não descansa?"

Resposta passiva

[6] **Adolescente**

Adolescente volta para a cama

[7] **Resultado?**

De *Depressão e ansiedade em jovens: planos de tratamento e intervenções de terapia cognitivo-comportamental*, de Brian C. Chu e Sandra S. Pimentel. Artmed, 2025.
Permissão para fotocopiar este material é concedida aos compradores deste livro para uso pessoal ou com clientes. Os compradores também podem baixar este material na página do livro em loja.grupoa.com.br.

MATERIAL SUPLEMENTAR 10. A espiral agressivo-coercitiva

Observe o exemplo a seguir para entender como a negatividade e a crítica podem aumentar a agressividade e a resistência:

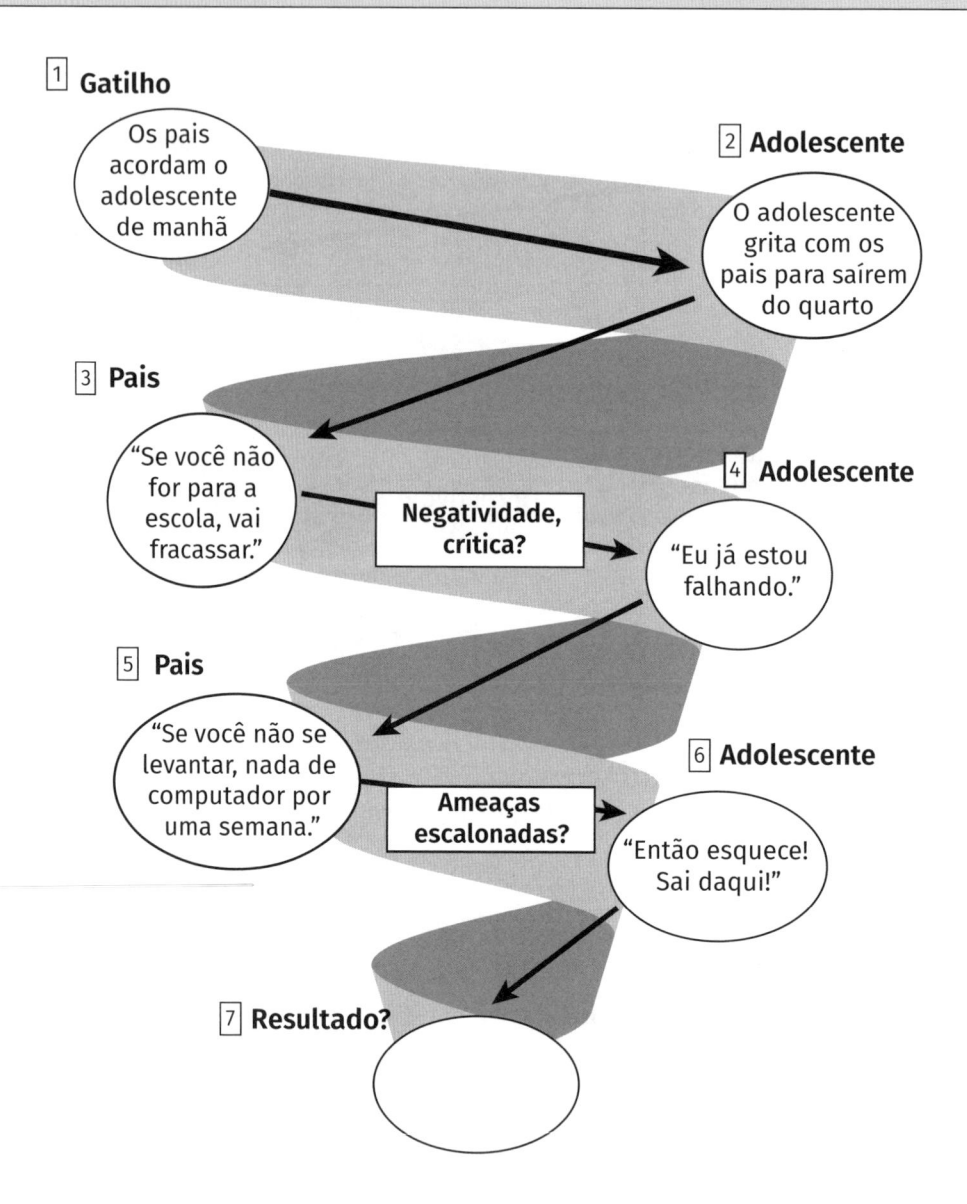

1. **Gatilho**: Os pais acordam o adolescente de manhã

2. **Adolescente**: O adolescente grita com os pais para saírem do quarto

3. **Pais**: "Se você não for para a escola, vai fracassar."

   Negatividade, crítica?

4. **Adolescente**: "Eu já estou falhando."

5. **Pais**: "Se você não se levantar, nada de computador por uma semana."

   Ameaças escalonadas?

6. **Adolescente**: "Então esquece! Sai daqui!"

7. **Resultado?**

De *Depressão e ansiedade em jovens: planos de tratamento e intervenções de terapia cognitivo-comportamental*, de Brian C. Chu e Sandra S. Pimentel. Artmed, 2025.
Permissão para fotocopiar este material é concedida aos compradores deste livro para uso pessoal ou com clientes. Os compradores também podem baixar este material na página do livro em loja.grupoa.com.br.

MATERIAL SUPLEMENTAR 11. Armadilhas comuns na educação dos filhos e soluções úteis

ARMADILHAS COMUNS NA EDUCAÇÃO DOS FILHOS

A espiral da acomodação

Presenciar o sofrimento de uma criança é difícil. É um instinto natural tentar acalmá-la. Alguns pais fazem isso resolvendo os problemas da criança para ela ou resgatando-a. Exemplos incluem pedir comida para a criança em um restaurante ou escrever para o professor pedindo ajuda quando a criança não o faz. Essas ações resolvem o problema em curto prazo, mas impedem a criança de aprender a fazê-lo sozinha.

A espiral da passividade-desencorajamento

Quando uma criança parece triste, cansada ou desmotivada, às vezes nosso instinto é ceder ao seu humor: "Ela parece tão cansada; talvez seja melhor ela não ir ao treino de futebol". Essa abordagem pode parecer compassiva no momento, mas permissões repetidas para se retirar e se isolar reforçam a ideia de que a retirada é a melhor solução para estados de humor negativos.

A espiral agressivo-coercitiva

Cuidadores podem ser perdoados se a ansiedade ou a depressão de longa data levar à frustração. Isso pode levar ao uso de raiva ou críticas para tentar motivar crianças e adolescentes. No entanto, vergonha e crítica (mesmo que não intencionais ou bem-intencionadas) tornam menos provável que o jovem cumpra ou se sinta motivado a resolver problemas por conta própria.

DICAS DE ABORDAGEM E ORIENTAÇÃO QUE PODEM AJUDAR

Elogios específicos: reconheça quando estiverem se saindo bem

Crianças e adolescentes são extremamente sensíveis aos sinais e à atenção social dos cuidadores. A melhor maneira de motivar a mudança é mostrar aos seus filhos que você está observando. Certifique-se de focar nos comportamentos positivos que deseja reforçar, pois a atenção "negativa" é tão potente quanto a positiva.

Empatia e incentivo

Os cuidadores podem aprimorar seus comportamentos motivacionais focando em dois conceitos-chave:

- **Empatia**: faça da escuta ativa um hábito, praticando a reflexão e a amplificação do que seu filho está dizendo. Por exemplo, "Eu sei que chegar à escola de manhã é realmente difícil para você".
- **Incentivo**: forneça incentivo calmo para seguir em frente, enfatizando a capacidade de seu filho de lidar com a situação. Por exemplo, "Eu sei que você pode superar esse obstáculo".

Lembre-se de PARAR após **três** declarações de empatia e incentivo, para evitar cair em qualquer uma das armadilhas mencionadas.

De *Depressão e ansiedade em jovens: planos de tratamento e intervenções de terapia cognitivo-comportamental*, de Brian C. Chu e Sandra S. Pimentel. Artmed, 2025.
Permissão para fotocopiar este material é concedida aos compradores deste livro para uso pessoal ou com clientes. Os compradores também podem baixar este material na página do livro em loja.grupoa.com.br.

MATERIAL SUPLEMENTAR 12. Modelo cognitivo-comportamental da depressão

Sensações físicas
- Cansaço
- Cabeça turva
- Nó no estômago
- Vontade de chorar
- Distúrbios do sono
- Perda de apetite

Humor triste/depressão

Pensamentos
- "Eu estrago tudo."
- "Matemática é para perdedores."
- "Nada dará certo."
- "As pessoas nunca ajudam."
- Negatividade irrealista, pessimismo, autocrítica, crítica aos outros

Ações/comportamento
- Retraimento, isolamento, afastamento de outros, evitação de estressores, incapacidade de se movimentar
- Choro, mudanças no sono e na alimentação
- Busca por atenção e garantias, necessidade
- Irritabilidade, explosões, uso de sarcasmo
- Ruminação

De *Depressão e ansiedade em jovens: planos de tratamento e intervenções de terapia cognitivo-comportamental*, de Brian C. Chu e Sandra S. Pimentel. Artmed, 2025.
Permissão para fotocopiar este material é concedida aos compradores deste livro para uso pessoal ou com clientes. Os compradores também podem baixar este material na página do livro em loja.grupoa.com.br.

MATERIAL SUPLEMENTAR 13. Fatos sobre a depressão

O QUE É A DEPRESSÃO?

A depressão é um transtorno psicológico comum que pode afetar os funcionamentos social, emocional, acadêmico e familiar de um jovem. Identificar a depressão precocemente é fundamental para o tratamento bem-sucedido, que pode incluir intervenções psicológicas e médicas.

- A tristeza é uma experiência familiar para todos nós, mas períodos prolongados de humor deprimido, tristeza e choro podem ser sinais de problemas mais significativos. Em crianças e adolescentes, a tristeza pode manifestar-se como irritabilidade e negatividade.
- A perda de interesse nas coisas que o jovem costumava se importar é uma mudança importante no funcionamento que deve ser notada.
- Mudanças no padrão do sono, fadiga, mudança nos hábitos alimentares, sintomas físicos (p. ex., dores de cabeça, dores de estômago, dores musculares) e alterações cognitivas (concentração fraca, pensamento lento) são todos comuns.
- Pensamentos sobre suicídio não devem ser desconsiderados como temporários ou em busca de atenção. Qualquer indicação de ideação suicida merece uma avaliação mais aprofundada e um planejamento de segurança potencial.
- O prejuízo comum inclui impacto significativo no funcionamento do jovem em atividades acadêmicas, com os amigos e com a família. O autocuidado (p. ex., manter rotinas de sono, alimentação e higiene) frequentemente sofre como resultado da depressão.
- O jovem não sofre sozinho. A depressão também impacta a família e os amigos, já que o jovem afetado com frequência manifesta irritabilidade, raiva e outros comportamentos negativos/críticos.
- Intervenções psicológicas têm sido úteis. A terapia cognitivo-comportamental (TCC) e a terapia interpessoal têm sido úteis em formatos individuais e em grupo.
- Medicamentos também podem ajudar. Intervenções médicas eficazes, incluindo inibidores seletivos da recaptação de serotonina (ISRS), como fluoxetina e sertralina, têm sido eficazes no tratamento da depressão sozinhos e em combinação com TCC.

De *Depressão e ansiedade em jovens: planos de tratamento e intervenções de terapia cognitivo-comportamental*, de Brian C. Chu e Sandra S. Pimentel. Artmed, 2025.
Permissão para fotocopiar este material é concedida aos compradores deste livro para uso pessoal ou com clientes. Os compradores também podem baixar este material na página do livro em loja.grupoa.com.br.

MATERIAL SUPLEMENTAR 14. Curva de habituação

Este material ilustra o efeito do resgate/fuga no aprendizado no caso da depressão. A procrastinação e a fuga são negativamente reforçadas pela tensão criada ao quebrar a inércia e pela frustração causada pelo chamado ao esforço sustentado. A fuga impede que o jovem experimente a habituação natural ao desconforto ou aprenda que pode tolerar a frustração.

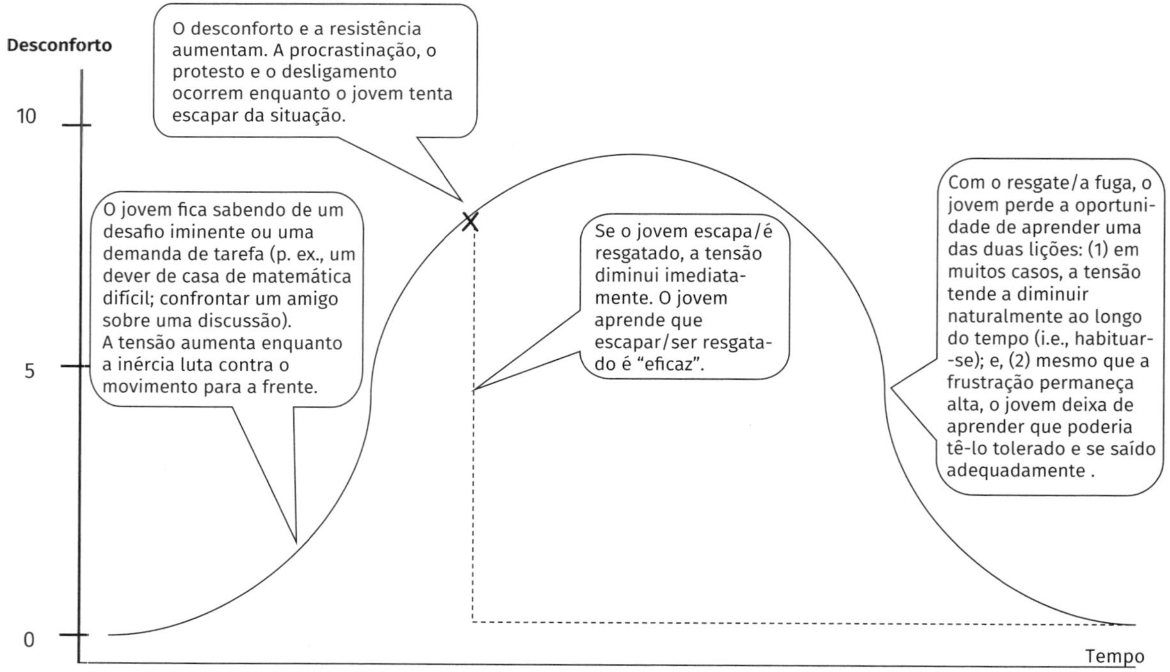

Desconforto

10

O desconforto e a resistência aumentam. A procrastinação, o protesto e o desligamento ocorrem enquanto o jovem tenta escapar da situação.

O jovem fica sabendo de um desafio iminente ou uma demanda de tarefa (p. ex., um dever de casa de matemática difícil; confrontar um amigo sobre uma discussão). A tensão aumenta enquanto a inércia luta contra o movimento para a frente.

5

Se o jovem escapa/é resgatado, a tensão diminui imediatamente. O jovem aprende que escapar/ser resgatado é "eficaz".

Com o resgate/a fuga, o jovem perde a oportunidade de aprender uma das duas lições: (1) em muitos casos, a tensão tende a diminuir naturalmente ao longo do tempo (i.e, habituar-se); e, (2) mesmo que a frustração permaneça alta, o jovem deixa de aprender que poderia tê-lo tolerado e se saído adequadamente.

0

Tempo

De *Depressão e ansiedade em jovens: planos de tratamento e intervenções de terapia cognitivo-comportamental*, de Brian C. Chu e Sandra S. Pimentel. Artmed, 2025. Permissão para fotocopiar este material é concedida aos compradores deste livro para uso pessoal ou com clientes. Os compradores também podem baixar este material na página do livro em loja.grupoa.com.br.

MATERIAL SUPLEMENTAR 15. Fatos sobre suicídio e pensamentos e comportamentos autolesivos

O QUE É SUICÍDIO E AUTOLESÕES NÃO SUICIDAS?

A cada ano, cerca de 18% dos adolescentes nos Estados Unidos consideram seriamente o suicídio e 9% tentam se matar. A autolesão não suicida, em que alguém causa dano corporal a si mesmo sem um desejo explícito de morrer, foi relatada em 13 a 45% dos adolescentes.

- **Ideação suicida (IS)** refere-se a pensamentos sobre se suicidar. A IS é caracterizada por pensamentos negativos, sem esperança e autocríticos e pode incluir métodos e planos para se prejudicar.
- **Comportamentos suicidas (tentativas de suicídio, TS)** são ações que um jovem realiza para se prejudicar que podem levar a uma lesão em que ele quer morrer. Métodos comuns que os adolescentes usam em uma TS incluem *overdose* de medicamentos prescritos e não prescritos, armas de fogo e sufocamento/enforcamento.
- **Autolesões não suicidas (ALNS)** são lesões autoinfligidas causadas por um jovem quando não há desejo expresso de morrer. Estas incluem cortes, arranhões, queimaduras e bater/se bater. Um jovem pode se envolver em ALNS para se sentir melhor ou parar de sentir tristeza, ansiedade ou raiva.
- **Quem está em risco de suicídio?** Mais meninas tentam suicídio, mas mais meninos completam o suicídio. Uma TS anterior aumenta as chances de o jovem possivelmente completar o suicídio. História familiar de suicídio, abuso de substâncias ou álcool e acesso a armas de fogo são fatores de risco-chave. Jovens de minorias sexuais são um grupo especialmente vulnerável, com adolescentes identificados como lésbicas, *gays* ou bissexuais alcançando três vezes o risco de suicídio; quase metade dos homens e das mulheres trans relatam uma tentativa anterior.
- **Tudo bem fazer perguntas sobre suicídio?** Perguntar sobre suicídio e autolesão não aumenta as chances de um jovem fazer uma TS ou experimentar IS intensa. Portanto, a comunicação aberta e a educação são críticas. No entanto, evidências mostram que representações gráficas/visuais de suicídio na mídia ou tentativas recentes na rede social do jovem podem desencadear IS intensificada. Os cuidadores devem monitorar os jovens vulneráveis quando tais eventos ocorrem.
- **Sinais de alerta**. Esteja atento se um jovem mostrar algum dos seguintes sinais de IS aumentada: declarações sobre morte ou desejo de morrer; isolamento social aumentado e repentino; doação de bens pessoais; intensificação do humor deprimido, desesperança e apatia. Pensamentos sobre suicídio não devem ser descartados como temporários ou em busca de atenção. Qualquer indicação de IS merece uma avaliação mais aprofundada e planejamento de segurança potencial.
- **Como devemos responder?** Embora a IS possa ser grave e assustadora, também pode ser passageira. Uma das estratégias mais eficazes para gerenciar a ideação e prevenir TS é implementar um *planejamento de segurança* em curto prazo que inclua: (1) reconhecimento dos sinais de IS, (2) acesso a habilidades de enfrentamento internas e suportes interpessoais e (3) segurança doméstica, cortando métodos que poderiam ser utilizados para se prejudicar (p. ex., medicamentos, armas de fogo, corda, objetos pontiagudos).
- **A TCC pode ajudar**. Autolesões suicida e não suicida comumente coocorrem no contexto de transtornos de depressão e de ansiedade. As habilidades de enfrentamento que um terapeuta ensina podem ajudar o jovem a aprender como gerenciar emoções intensas e fazer mudanças eficazes em sua vida para prevenção em longo prazo.

De *Depressão e ansiedade em jovens: planos de tratamento e intervenções de terapia cognitivo-comportamental*, de Brian C. Chu e Sandra S. Pimentel. Artmed, 2025.
Permissão para fotocopiar este material é concedida aos compradores deste livro para uso pessoal ou com clientes. Os compradores também podem baixar este material na página do livro em loja.grupoa.com.br.

MATERIAL SUPLEMENTAR 16. Modelo cognitivo-comportamental de ansiedade de separação

```
                    Sensações
                     físicas
                       ▲
                       │
                       │
              Ansiedade
              de separação
               ╱         ╲
              ▼           ▼
        Pensamentos ◄──► Ações/
                         comportamento
```

- Sintomas intensos semelhantes ao pânico após a separação (aumento da frequência cardíaca, respiração rápida, choro).
- Queixas de dores de estômago, mal-estar, náuseas.

- "Meus pais vão sofrer um acidente."
- "Um ladrão vai invadir a casa e me levar."
- "Não consigo dormir sozinho."
- Preocupação com o dano a si mesmo ou aos pais após a separação, ou com a capacidade de se cuidar ou resolver problemas quando separado.

- Comportamento de agarrar-se, busca por conforto e atenção.
- Protestos, discussões, queixas, oposição.
- Recusa em se separar em casa, na escola ou em outro lugar.

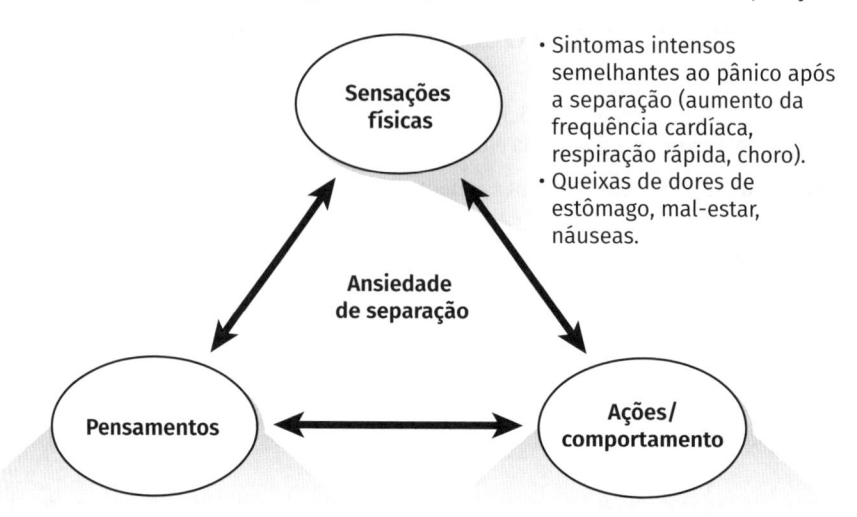

De *Depressão e ansiedade em jovens: planos de tratamento e intervenções de terapia cognitivo-comportamental*, de Brian C. Chu e Sandra S. Pimentel. Artmed, 2025.
Permissão para fotocopiar este material é concedida aos compradores deste livro para uso pessoal ou com clientes. Os compradores também podem baixar este material na página do livro em loja.grupoa.com.br.

MATERIAL SUPLEMENTAR 17. Curva de habituação

Este material ilustra o efeito do resgate/da fuga na aprendizagem no caso de um jovem com ansiedade de separação. O resgate/a fuga é negativamente reforçado pelo seu impacto imediato na redução do desconforto. O jovem não experimenta a habituação natural do desconforto e não aprende a tolerar o desconforto.

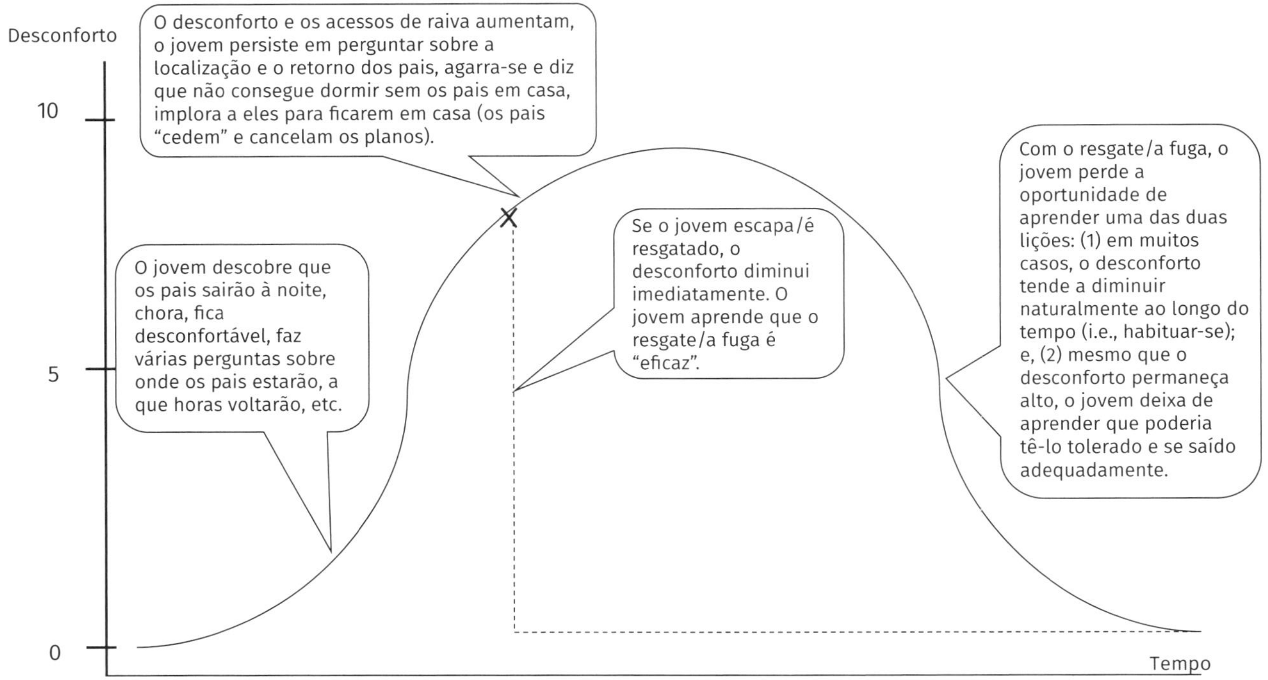

O desconforto e os acessos de raiva aumentam, o jovem persiste em perguntar sobre a localização e o retorno dos pais, agarra-se e diz que não consegue dormir sem os pais em casa, implora a eles para ficarem em casa (os pais "cedem" e cancelam os planos).

O jovem descobre que os pais sairão à noite, chora, fica desconfortável, faz várias perguntas sobre onde os pais estarão, a que horas voltarão, etc.

Se o jovem escapa/é resgatado, o desconforto diminui imediatamente. O jovem aprende que o resgate/a fuga é "eficaz".

Com o resgate/a fuga, o jovem perde a oportunidade de aprender uma das duas lições: (1) em muitos casos, o desconforto tende a diminuir naturalmente ao longo do tempo (i.e., habituar-se); e, (2) mesmo que o desconforto permaneça alto, o jovem deixa de aprender que poderia tê-lo tolerado e se saído adequadamente.

Desconforto
10
5
0
Tempo

De *Depressão e ansiedade em jovens: planos de tratamento e intervenções de terapia cognitivo-comportamental*, de Brian C. Chu e Sandra S. Pimentel. Artmed, 2025. Permissão para fotocopiar este material é concedida aos compradores deste livro para uso pessoal ou com clientes. Os compradores também podem baixar este material na página do livro em loja.grupoa.com.br.

MATERIAL SUPLEMENTAR 18. Fatos sobre o transtorno de ansiedade de separação

O QUE É O TRANSTORNO DE ANSIEDADE DE SEPARAÇÃO?

O transtorno de ansiedade de separação (TAS) é uma condição psicológica comum que afeta mais frequentemente crianças mais novas, mas pode ser observado nas mais velhas e em adolescentes. A ansiedade de separação pode levar a conflitos significativos na família e impedir a criança de participar de atividades das quais normalmente desfrutaria, como esportes, clubes e passar tempo com amigos. Muitas vezes, as intervenções incluem trabalho tanto com a criança quanto com os cuidadores.

Outros aspectos a serem considerados:

- Alguma ansiedade é normal e esperada à medida que a criança enfrenta expectativas de maior independência. O medo de se separar dos cuidadores é uma parte normativa do desenvolvimento inicial da criança e pode surgir devido a novos desafios transitórios (p. ex., ir para a escola ou estar em um ambiente novo).
- O tratamento não eliminará a ansiedade, ou mesmo o instinto natural de preferir ambientes familiares. A TCC visa ajudar as crianças a lidarem com os medos de separação para que não prejudiquem as crianças no cumprimento das tarefas, das metas e das oportunidades de desenvolvimento.
- Pensamentos, ações e sensações físicas características compõem a ansiedade de separação. Conhecer esses aspectos ajuda a desmistificar o problema e oferece metas a serem alcançadas.
- Os cuidadores geralmente desempenham um papel importante em ajudar a criança a aprender novos comportamentos corajosos, incluindo o desenvolvimento de suas próprias habilidades de gerenciamento da ansiedade.
- A prática é essencial para a melhoria: ajuda tanto a criança quanto os cuidadores a adotarem novos padrões de pensamento e ação.
- Recompensar os esforços para lidar com a situação é essencial, pois os novos comportamentos podem parecer pouco naturais no início.
- Intervenções psicológicas têm se mostrado úteis. Estudos mostram que a TCC, sobretudo em programas que envolvem os pais e os cuidadores, é útil.

De *Depressão e ansiedade em jovens: planos de tratamento e intervenções de terapia cognitivo-comportamental*, de Brian C. Chu e Sandra S. Pimentel. Artmed, 2025.
Permissão para fotocopiar este material é concedida aos compradores deste livro para uso pessoal ou com clientes. Os compradores também podem baixar este material na página do livro em loja.grupoa.com.br.

MATERIAL SUPLEMENTAR 19. Modelo cognitivo-comportamental da ansiedade social

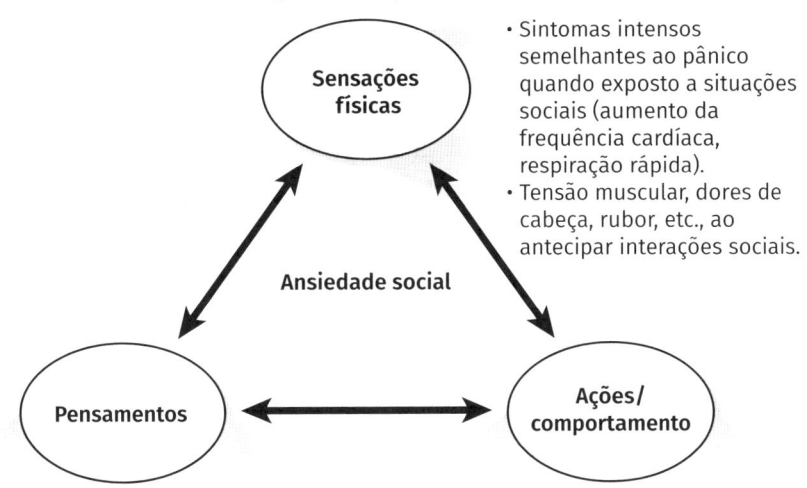

```
                    ┌─────────────┐
                    │  Sensações  │
                    │   físicas   │
                    └─────────────┘
                       ↑       ↑
                       │       │
                  Ansiedade social
                       │       │
                       ↓       ↓
        ┌─────────────┐       ┌─────────────┐
        │ Pensamentos │ ←───→ │   Ações/    │
        │             │       │comportamento│
        └─────────────┘       └─────────────┘
```

Sensações físicas
- Sintomas intensos semelhantes ao pânico quando exposto a situações sociais (aumento da frequência cardíaca, respiração rápida).
- Tensão muscular, dores de cabeça, rubor, etc., ao antecipar interações sociais.

Pensamentos
- "Vou estragar tudo."
- "Todos vão perceber o quão ruim eu sou."
- "Vou ser sempre conhecido como um perdedor."
- Medo de avaliação, constrangimento e das consequências de um desempenho ruim.

Ações/comportamento
- Evitação/recusa/fuga de atividades sociais (festas, encontros) ou demandas (trabalhos escolares, atividades extracurriculares).
- Disrupção no desempenho (apresentação pessoal, habilidades sociais desajeitadas).

De *Depressão e ansiedade em jovens: planos de tratamento e intervenções de terapia cognitivo-comportamental*, de Brian C. Chu e Sandra S. Pimentel. Artmed, 2025.
Permissão para fotocopiar este material é concedida aos compradores deste livro para uso pessoal ou com clientes. Os compradores também podem baixar este material na página do livro em loja.grupoa.com.br.

MATERIAL SUPLEMENTAR 20. Curva de habituação

Este material ilustra o efeito da fuga no aprendizado no caso de um jovem com ansiedade social. A fuga é negativamente reforçada pelo seu impacto imediato na redução do desconforto. O jovem não experimenta a habituação natural ao desconforto e não aprende a tolerância ao desconforto.

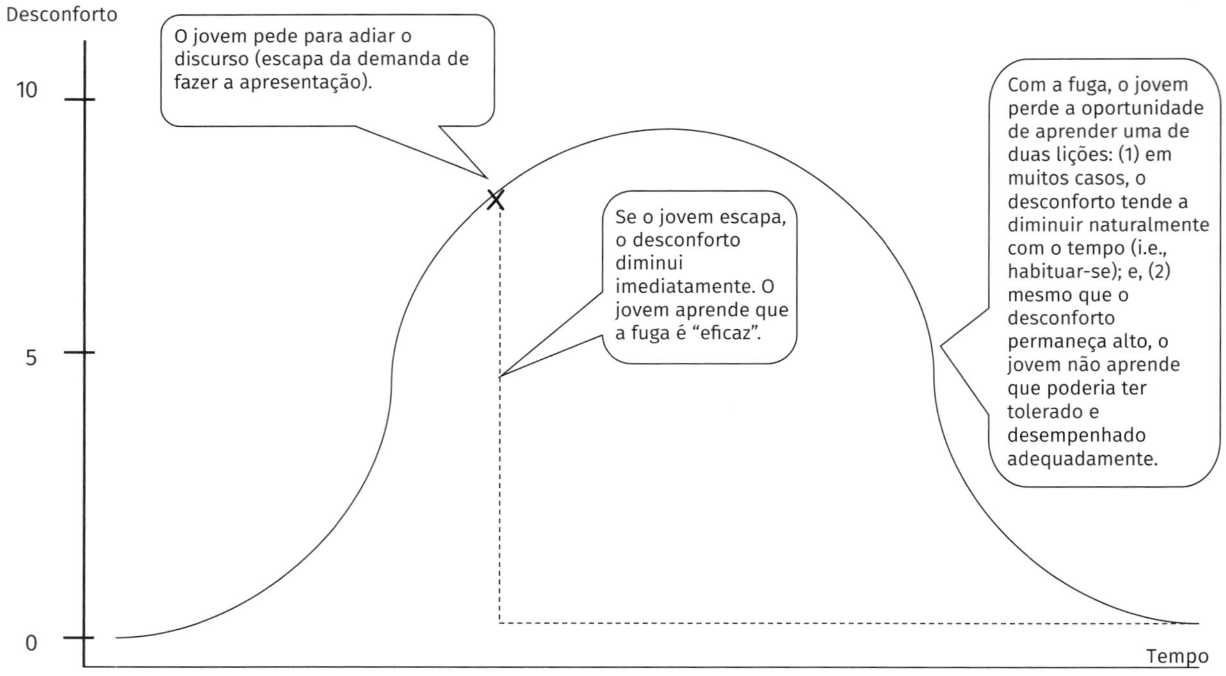

O jovem pede para adiar o discurso (escapa da demanda de fazer a apresentação).

Se o jovem escapa, o desconforto diminui imediatamente. O jovem aprende que a fuga é "eficaz".

Com a fuga, o jovem perde a oportunidade de aprender uma de duas lições: (1) em muitos casos, o desconforto tende a diminuir naturalmente com o tempo (i.e., habituar-se); e, (2) mesmo que o desconforto permaneça alto, o jovem não aprende que poderia ter tolerado e desempenhado adequadamente.

De *Depressão e ansiedade em jovens: planos de tratamento e intervenções de terapia cognitivo-comportamental*, de Brian C. Chu e Sandra S. Pimentel. Artmed, 2025. Permissão para fotocopiar este material é concedida aos compradores deste livro para uso pessoal ou com clientes. Os compradores também podem baixar este material na página do livro em loja.grupoa.com.br.

MATERIAL SUPLEMENTAR 21. Fatos sobre a ansiedade social

O QUE É O TRANSTORNO DE ANSIEDADE SOCIAL?

O transtorno de ansiedade social (TAS) é uma condição psicológica comum, mais frequentemente identificado em jovens entre 10 e 13 anos. Caracteriza-se por medo e ansiedade intensos em situações sociais nas quais o jovem teme avaliação ou constrangimento diante de outras pessoas. Alguma ansiedade é normal e esperada em situações sociais ou de desempenho novas; o TAS reflete uma dificuldade maior do que o esperado para um jovem da mesma idade.

Outras características incluem:

- A timidez não é problemática, mas pode se tornar se isso impedir o jovem de se engajar em tarefas de desenvolvimento.
- O jovem variará em metas e interesses de socialização. Alguns jovens precisarão de menos amigos e atividades do que outros, e metas podem ser estabelecidas em torno de encontrar conexões sociais importantes e oportunidades de participação.
- O tratamento não mudará a personalidade ou o temperamento básicos de ninguém. Se o jovem for naturalmente mais introvertido, é provável que retenha elementos disso.
- A TCC visa ajudar esses adolescentes a gerenciarem a ansiedade para não se impedirem de alcançar metas desejadas, valores, experiências e oportunidades.
- Pensamentos característicos (p. ex., leitura mental, preocupação com avaliação), ações (p. ex., evitar situações sociais) e sensações físicas (p. ex., coração acelerado, rubor) compõem a ansiedade social. Conhecer esses elementos ajuda a desmistificar o problema e destacar áreas de metas de intervenção para praticar.
- A prática é essencial para melhorar, tanto para tornar as novas habilidades sociais mais naturais quanto para reunir evidências que contradigam pressupostos e previsões temerosas.
- Os cuidadores podem desempenhar um papel importante em reforçar habilidades, organizando muitas oportunidades de prática e adotando uma postura de "empatia e encorajamento".
- Recompensar os esforços para lidar com a ansiedade é essencial, pois os novos comportamentos parecerão pouco naturais no início.

De *Depressão e ansiedade em jovens: planos de tratamento e intervenções de terapia cognitivo-comportamental*, de Brian C. Chu e Sandra S. Pimentel. Artmed, 2025.
Permissão para fotocopiar este material é concedida aos compradores deste livro para uso pessoal ou com clientes. Os compradores também podem baixar este material na página do livro em loja.grupoa.com.br.

MATERIAL SUPLEMENTAR 22. Modelo cognitivo-comportamental do transtorno de ansiedade generalizada

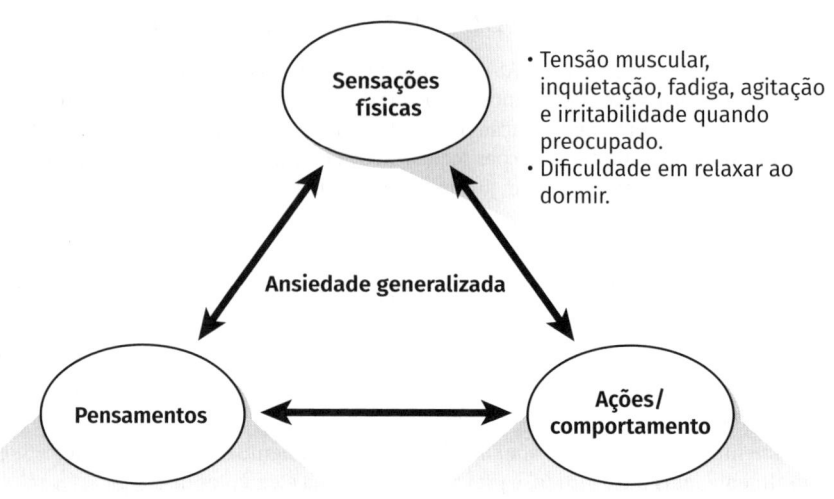

```
                    Sensações        • Tensão muscular,
                     físicas           inquietação, fadiga, agitação
                                       e irritabilidade quando
                                       preocupado.
                                     • Dificuldade em relaxar ao
                                       dormir.

              Ansiedade generalizada

    Pensamentos  ←──────────→   Ações/
                                comportamento
```

- "E se..." persistente.
- "Estarei preparado? Seguro?"
- "O que acontece se as coisas derem errado?"
- "Não conseguirei me recuperar..."
- Perfeccionismo autoimposto, conjuntos rígidos de regras, preocupações consigo, com a família, com a escola, com a saúde, etc.
- Preocupação, ruminação.

- Evitação, procrastinação na gestão de demandas, aborrecimentos ou enfrentamento de estressores.
- Perfeccionismo, rigidez.
- Busca de atenção e de reconforto, carência.

De *Depressão e ansiedade em jovens: planos de tratamento e intervenções de terapia cognitivo-comportamental*, de Brian C. Chu e Sandra S. Pimentel. Artmed, 2025.
Permissão para fotocopiar este material é concedida aos compradores deste livro para uso pessoal ou com clientes. Os compradores também podem baixar este material na página do livro em loja.grupoa.com.br.

MATERIAL SUPLEMENTAR 23. Curva de habituação

Este material ilustra o efeito da fuga no aprendizado no caso do transtorno de ansiedade generalizada (TAG) em jovens. A fuga é negativamente reforçada pelo seu impacto imediato na redução do desconforto. O jovem não experimenta a habituação natural ao desconforto e falha em aprender a tolerância ao desconforto.

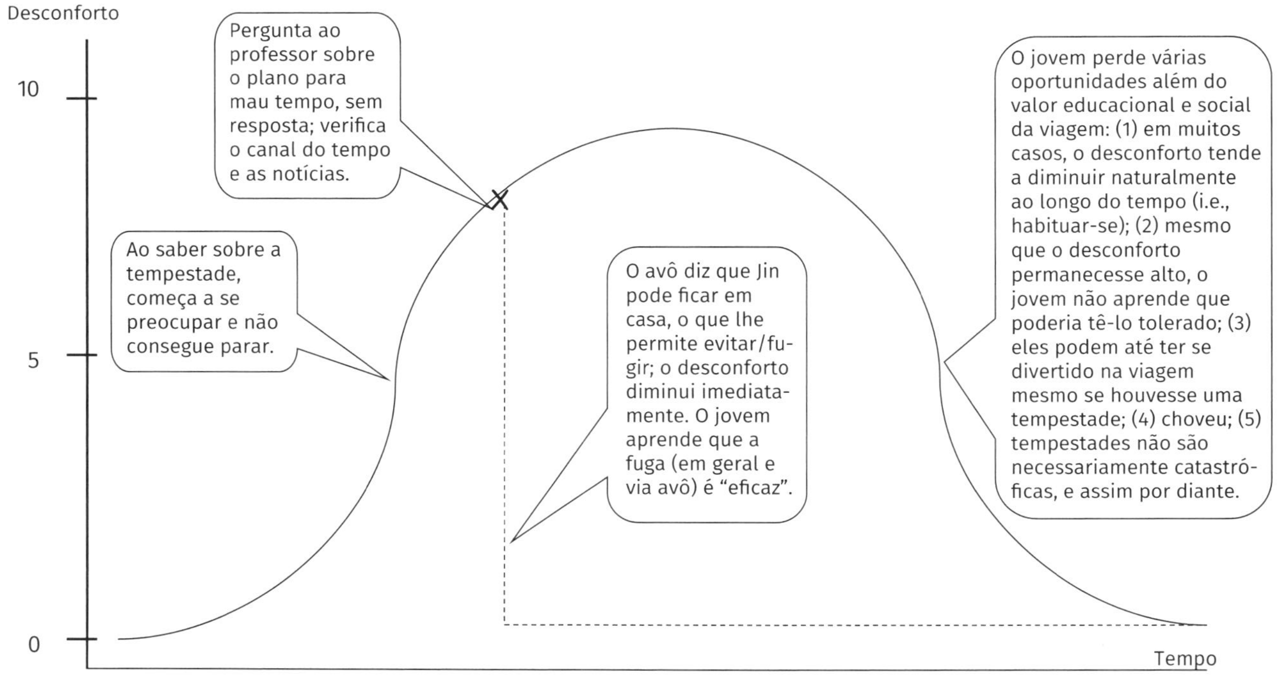

Desconforto

10 —

Pergunta ao professor sobre o plano para mau tempo, sem resposta; verifica o canal do tempo e as notícias.

Ao saber sobre a tempestade, começa a se preocupar e não consegue parar.

5 —

O avô diz que Jin pode ficar em casa, o que lhe permite evitar/fugir; o desconforto diminui imediatamente. O jovem aprende que a fuga (em geral e via avô) é "eficaz".

O jovem perde várias oportunidades além do valor educacional e social da viagem: (1) em muitos casos, o desconforto tende a diminuir naturalmente ao longo do tempo (i.e., habituar-se); (2) mesmo que o desconforto permanecesse alto, o jovem não aprende que poderia tê-lo tolerado; (3) eles podem até ter se divertido na viagem mesmo se houvesse uma tempestade; (4) choveu; (5) tempestades não são necessariamente catastróficas, e assim por diante.

0 —

Tempo

De *Depressão e ansiedade em jovens: planos de tratamento e intervenções de terapia cognitivo-comportamental*, de Brian C. Chu e Sandra S. Pimentel. Artmed, 2025. Permissão para fotocopiar este material é concedida aos compradores deste livro para uso pessoal ou com clientes. Os compradores também podem baixar este material na página do livro em loja.grupoa.com.br.

MATERIAL SUPLEMENTAR 24. Fatos sobre a pessoa propensa à preocupação

O QUE É TRANSTORNO DE ANSIEDADE GENERALIZADA?

O TAG começa a se manifestar na infância e se torna mais proeminente na adolescência. É marcado por preocupações excessivas e incontroláveis, caracterizadas por inúmeras afirmações de "e se" e busca contínua por tranquilidade. Jovens com TAG também tendem a relatar tensão muscular significativa, problemas de sono e desconforto geral. A intensa preocupação pode interferir no desempenho acadêmico, nas relações sociais e no cumprimento de metas pessoais ou escolares.

Outras características a serem consideradas:

- A preocupação é uma reação natural ao experimentar ansiedade, pois reflete a primeira tentativa de "resolver" um problema.
- Quando a preocupação não leva a soluções construtivas, ela deixa de servir a funções de resolução de problemas. Em vez disso, ela reflete um processo que visa buscar segurança artificial por meio de crenças supersticiosas (p. ex., perfeccionismo, planejamento compulsivo) e alívio emocional temporário (p. ex., busca por tranquilidade).
- Busca por tranquilidade, planejamento compulsivo e fuga fornecem alívio temporário, mas não resolvem o problema original e levam a resultados negativos em longo prazo (p. ex., falha em desenvolver habilidades, perder experiências úteis).
- A natureza das preocupações dos jovens reflete diversas armadilhas de pensamento, incluindo superestimar a ocorrência de eventos negativos e fazer suposições catastróficas sobre os resultados.
- A prática é essencial para desafiar essas suposições e para aprender a tolerar a ansiedade que vem com situações ambíguas, em que o resultado é incerto.
- Os cuidadores desempenham um papel importante no reforço das habilidades, incentivando os jovens a enfrentarem desafios de forma independente, adotando uma postura de "empatia e encorajamento" e "valorizando o positivo" quando eles lidam com as situações de forma eficaz e se aproximam, em vez de evitar contextos que provocam ansiedade.
- Recompensar esforços para lidar com a ansiedade é essencial, pois novos comportamentos parecerão artificiais no início.

De *Depressão e ansiedade em jovens: planos de tratamento e intervenções de terapia cognitivo-comportamental*, de Brian C. Chu e Sandra S. Pimentel. Artmed, 2025.
Permissão para fotocopiar este material é concedida aos compradores deste livro para uso pessoal ou com clientes. Os compradores também podem baixar este material na página do livro em loja.grupoa.com.br.

MATERIAL SUPLEMENTAR 25. Fatos sobre ausência escolar em crianças e adolescentes

O QUE É AUSÊNCIA ESCOLAR?

Um número substancial de alunos do ensino fundamental II (14%) e do ensino médio (21%) falta a 10% dos dias letivos por ano ou mais, qualificando-se para o absenteísmo crônico, segundo o Departamento de Educação dos Estados Unidos. A ausência escolar (SR, do inglês *school refusal*) refere-se ao absenteísmo que decorre da ansiedade, da depressão e da desregulação emocional dos jovens. Em geral, os cuidadores estão cientes do absenteísmo do aluno, e o jovem mostra pouca evidência de outros problemas comportamentais (como quebra de regras graves, altercações físicas na escola). A SR tende a intensificar-se durante transições para novas escolas, novos anos letivos e após intervalos.

Como é a ausência escolar? Inclui qualquer interrupção na rotina escolar, incluindo:

- Atrasos iniciais no começo do dia.
- Ausências parciais ou completas do dia letivo.
- Visitas frequentes à enfermaria ou às salas de orientação da escola.
- Presença na escola, mas o jovem exibe grande temor e angústia.
- Brigas familiares e discussões centradas em questões escolares.

Por que meu filho tem dificuldade em ir à escola?

Os problemas de frequência estão relacionados ao que chamamos de "afeto negativo", um sentimento geral e difuso de temor, tristeza ou ansiedade que surge quando o jovem se aproxima ou pensa em ir à escola. Parece inexplicável para a criança ou o adolescente. Outras formas de descrever isso são:

- Ansiedade, desempenho escolar, ansiedade social.
- Pânico/temor ao chegar à escola, separação de casa ou entes queridos.
- Humor deprimido, disforia, desesperança em relação à situação escolar.

O que não é ausência escolar?

A SR pode ocorrer devido aos seguintes problemas, mas estes NÃO são considerados SR:

- Ausências em que o adolescente está envolvido em comportamentos ilegais ou delinquentes.
- Suspensão escolar por conduta, agressão ou *bullying* contra outros colegas.
- Ausências principalmente relacionadas a problemas acadêmicos ou notas escolares.

(Continua)

De *Depressão e ansiedade em jovens: planos de tratamento e intervenções de terapia cognitivo-comportamental*, de Brian C. Chu e Sandra S. Pimentel. Artmed, 2025.
Permissão para fotocopiar este material é concedida aos compradores deste livro para uso pessoal ou com clientes. Os compradores também podem baixar este material na página do livro em loja.grupoa.com.br.

MATERIAL SUPLEMENTAR 25. Fatos sobre ausência escolar em crianças e adolescentes
(Continuação)

A terapia cognitivo-comportamental (TCC) pode ajudar.

O terapeuta cognitivo-comportamental está ensinando ao seu filho habilidades de enfrentamento que podem ajudá-lo a aprender a lidar com emoções intensas e fazer mudanças eficazes em sua vida para prevenção em longo prazo. Habilidades como resolução de problemas, desenvolvimento de pensamentos de enfrentamento, ativação comportamental e tolerância ao desconforto podem ajudar o jovem a gerenciar o intenso afeto negativo subjacente à SR.

Os pais desempenham um papel importante.

- Os pais não "causam" a SR. Contudo, existem certas mensagens que enviamos sutilmente que podem minimizar os problemas de frequência ou desencorajar o jovem a tentar. O terapeuta ajudará você a identificar alguns desses padrões.
- A TCC ajudará os pais a ganharem confiança na elaboração de um plano de reentrada na escola, ensinando habilidades como "empatizar e encorajar" e elaborando planos de recompensa significativos.

MATERIAL SUPLEMENTAR 26. Modelo cognitivo-comportamental do comportamento de ausência escolar

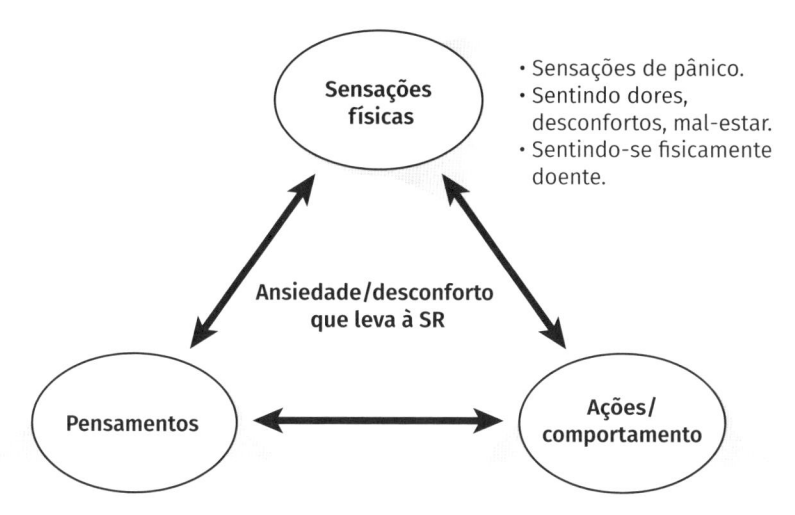

```
                    ┌─────────────┐
                    │  Sensações  │      • Sensações de pânico.
                    │   físicas   │      • Sentindo dores,
                    └─────────────┘        desconfortos, mal-estar.
                       ↑       ↑         • Sentindo-se fisicamente
                       │       │           doente.
            Ansiedade/desconforto
                que leva à SR
                     ↓           ↓
            ┌─────────────┐   ┌──────────────┐
            │ Pensamentos │←→ │   Ações/     │
            │             │   │ comportamento│
            └─────────────┘   └──────────────┘
```

- "A escola é muito difícil."
- "As crianças e os professores são maus comigo."
- "Não consigo lidar com isso."
- "O que acontecerá em casa se eu sair?"
- "Por que me preocupar – ninguém se importa."

- Resistir, atrasar, protestar.
- Evitar, escapar.
- Discutir, brigar.
- Implorar, buscar reconforto.

De *Depressão e ansiedade em jovens: planos de tratamento e intervenções de terapia cognitivo-comportamental*, de Brian C. Chu e Sandra S. Pimentel. Artmed, 2025.
Permissão para fotocopiar este material é concedida aos compradores deste livro para uso pessoal ou com clientes. Os compradores também podem baixar este material na página do livro em loja.grupoa.com.br.

MATERIAL SUPLEMENTAR 27. Curva de habituação

Este material ilustra o efeito da fuga no aprendizado no caso de um jovem que recusa ir à escola. A fuga é negativamente reforçada por seu impacto imediato na redução do desconforto. O jovem falha em experimentar a habituação natural do desconforto e em aprender a tolerância ao desconforto.

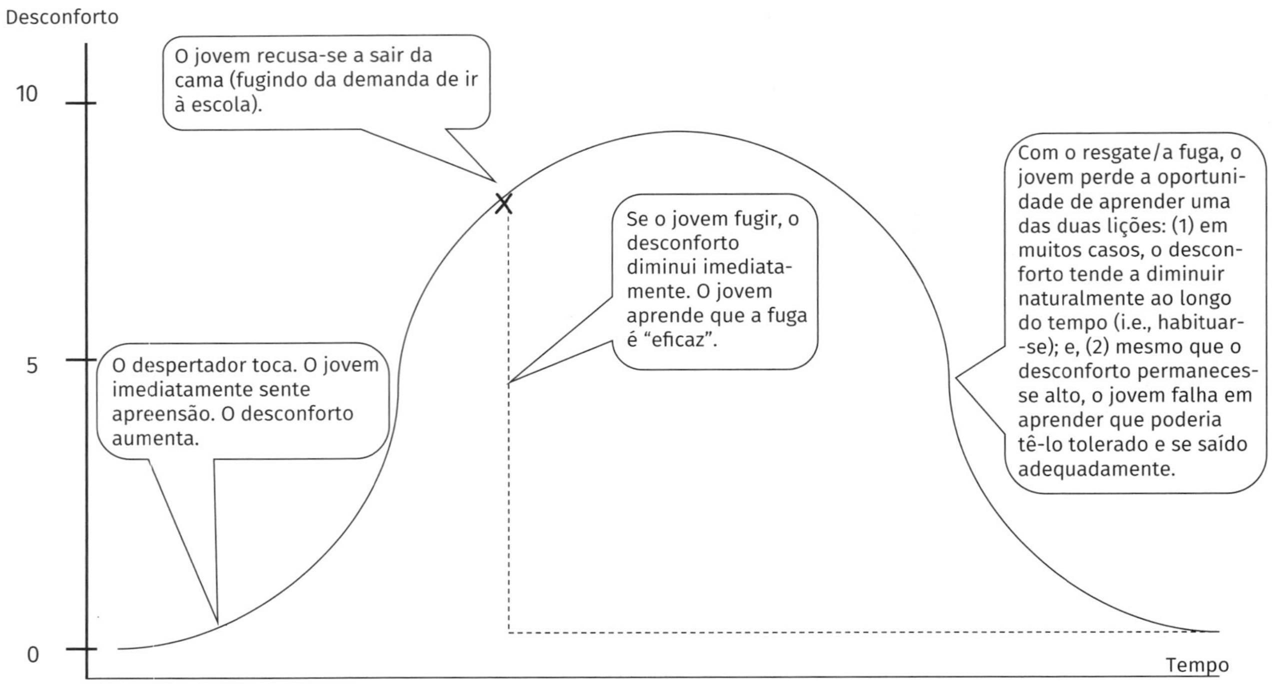

Desconforto

10

5

0

Tempo

O jovem recusa-se a sair da cama (fugindo da demanda de ir à escola).

Se o jovem fugir, o desconforto diminui imediatamente. O jovem aprende que a fuga é "eficaz".

Com o resgate/a fuga, o jovem perde a oportunidade de aprender uma das duas lições: (1) em muitos casos, o desconforto tende a diminuir naturalmente ao longo do tempo (i.e., habituar-se); e, (2) mesmo que o desconforto permanecesse alto, o jovem falha em aprender que poderia tê-lo tolerado e se saído adequadamente.

O despertador toca. O jovem imediatamente sente apreensão. O desconforto aumenta.

De *Depressão e ansiedade em jovens: planos de tratamento e intervenções de terapia cognitivo-comportamental*, de Brian C. Chu e Sandra S. Pimentel. Artmed, 2025. Permissão para fotocopiar este material é concedida aos compradores deste livro para uso pessoal ou com clientes. Os compradores também podem baixar este material na página do livro em loja.grupoa.com.br.

PLANILHA 1. Gatilho e resposta

Conte-nos sobre seus gatilhos e como você reagiu a eles. Descreva seus sentimentos, o que você fez (ação), o que aconteceu imediatamente em seguida (resultado imediato) e o que aconteceu depois (resultado em longo prazo).

Antecedente → Resposta comportamental e emocional → Consequências

Gatilho	Sentimento (resposta emocional)	Ação (resposta comportamental)	Resultados imediatos (O que mantém isso em andamento?)	Resultados em longo prazo (O que lhe coloca em apuros?)
Exemplo: Tive que fazer uma apresentação oral em aula.	Medo, pânico.	Perguntei à minha professora se eu poderia ir à enfermaria – sentindo-me enjoado.	A professora disse "sim". Alívio enorme!	Agora, tenho que fazer a apresentação oral em outro momento. A professora parecia irritada comigo.

De *Depressão e ansiedade em jovens: planos de tratamento e intervenções de terapia cognitivo-comportamental*, de Brian C. Chu e Sandra S. Pimentel. Artmed, 2025. Permissão para fotocopiar este material é concedida aos compradores deste livro para uso pessoal ou com clientes. Os compradores também podem baixar este material na página do livro em loja.grupoa.com.br.

PLANILHA 2. Rastreador de pensamentos, sentimentos e ações

Que tipo de pensamentos você tem quando se sente triste, ansioso ou angustiado? Como você age quando pensa dessa maneira? O que acontece (resultado) ao pensar dessa forma?

Gatilho	Sentimento	Pensamento	Ação	Resultado?
Exemplo: Meus pais discutiram sobre as minhas notas ruins.	Tristeza.	"Estou fazendo meus pais brigarem."	Vou para o meu quarto, coloco meus fones de ouvido.	Sentindo-me solitário, isolado. Evito meus pais.

De *Depressão e ansiedade em jovens: planos de tratamento e intervenções de terapia cognitivo-comportamental*, de Brian C. Chu e Sandra S. Pimentel. Artmed, 2025. Permissão para fotocopiar este material é concedida aos compradores deste livro para uso pessoal ou com clientes. Os compradores também podem baixar este material na página do livro em loja.grupoa.com.br.

PLANILHA 3. Plano de mudança

> O terapeuta e o jovem podem preencher isso juntos (usando a ajuda dos pais, conforme necessário) para discutir o que gostariam de obter de seu trabalho colaborativo. Utilizando esta planilha, tente identificar os objetivos do jovem e os desafios e os apoios necessários para alcançar esses objetivos.

1) As mudanças que quero fazer são:

(p. ex., diminuir a ansiedade/a tristeza, melhorar as notas, fazer mais amigos, participar de mais atividades divertidas)

2) Os motivos mais importantes pelos quais quero fazer essas mudanças são:

(p. ex., minha felicidade, minha família, minha vida social, minhas notas)

3) Os passos que planejo tomar para mudar são:

(p. ex., comparecer às sessões, tentar as habilidades em casa, praticar)

Coisas que poderiam interferir no plano de mudança:

4) Quão difícil você acha que será chegar à sessão toda semana (p. ex., agendamento)?

0　1　2　3　4
Nem um pouco　　　Muito

Para superar isso, eu vou: (p. ex., conversar com meu professor)

(Continua)

Adaptada, com permissão, de Nock, M. K. (2005). *Participation enhancement intervention: a brief manual for a brief intervention.* Manuscrito não publicado. Harvard University, Cambridge, MA. Reimpressa, com permissão, em *CBT treatment plans and interventions for depression and anxiety disorders in youth*, de Brian C. Chu e Sandra S. Pimentel (The Guilford Press, 2023). Permissão para fotocopiar este material é concedida aos compradores deste livro para uso pessoal ou com clientes. Os compradores também podem baixar este material na página do livro em loja.grupoa.com.br.

PLANILHA 3. Plano de mudança (p. 2 de 3)

5) O quanto você acha provável que as coisas o atrapalharão ao praticar em casa as habilidades que revisamos aqui?

0   1   2   3   4
Nem um pouco   Muito

Para superar isso, eu vou: (p. ex., usar lembretes para praticar todos os dias)

6) Quão difícil você sente que será vir à sessão toda semana?

0   1   2   3   4
Nem um pouco   Muito

Para superar isso, eu vou: (p. ex., conversar com meus líderes de grupo, fazer um acordo comigo mesmo para trabalhar duro agora por um futuro melhor)

7) Quão difícil você sente que será usar essas habilidades em casa?

0   1   2   3   4
Nem um pouco   Muito

Para superar isso, eu vou: (p. ex., pedir ajuda aos pais, fazer um acordo comigo mesmo para trabalhar duro agora por um futuro melhor)

8) Quão provável você acha que a falta de apoio de outras pessoas será um problema para você ao usar em casa as habilidades que praticamos aqui?

0   1   2   3   4
Nem um pouco   Muito

Pessoa: (p. ex., pais, amigos, líderes de grupo)
Possíveis maneiras de ajudar: p. ex., compartilhar o trabalho, pedir mais apoio aos líderes de grupo, aos pais ou aos amigos)

(Continua)

Adaptada, com permissão, de Nock, M. K. (2005). *Participation enhancement intervention: a brief manual for a brief intervention.* Manuscrito não publicado. Harvard University, Cambridge, MA. Reimpressa, com permissão, em *CBT treatment plans and interventions for depression and anxiety disorders in youth*, de Brian C. Chu e Sandra S. Pimentel (The Guilford Press, 2023). Permissão para fotocopiar este material é concedida aos compradores deste livro para uso pessoal ou com clientes. Os compradores também podem baixar este material na página do livro em loja.grupoa.com.br.

PLANILHA 3. Plano de mudança (p. 3 de 3)

9) Quão provável você acha que essas habilidades funcionarão em casa?

0　1　2　3　4
Nem um pouco　　　　Muito

Para superar isso, eu vou: (p. ex., lembrar que leva tempo e prática, conversar com meus líderes de grupo)

10) Em geral, quão confortável você acha que se sentirá praticando essas habilidades conosco na sessão?

0　1　2　3　4
Nem um pouco　　　　Muito

Para superar isso, eu vou: (p. ex., praticar até me sentir mais confortável)

11) Quão confortável você acha que se sentirá praticando essas habilidades em casa?

0　1　2　3　4
Nem um pouco　　　　Muito

Para superar isso, eu vou: (p. ex., praticar até me sentir mais confortável)

12) Quão provável você acha que é que você continue por todo o tratamento?

0　1　2　3　4
Nem um pouco　　　　Muito

Para superar isso, eu vou: (p. ex., lembrar do objetivo inicial do tratamento e garantir que eu o alcance)

Adaptada, com permissão, de Nock, M. K. (2005). *Participation enhancement intervention: a brief manual for a brief intervention*. Manuscrito não publicado. Harvard University, Cambridge, MA. Reimpressa, com permissão, em *CBT treatment plans and interventions for depression and anxiety disorders in youth*, de Brian C. Chu e Sandra S. Pimentel (The Guilford Press, 2023). Permissão para fotocopiar este material é concedida aos compradores deste livro para uso pessoal ou com clientes. Os compradores também podem baixar este material na página do livro em loja.grupoa.com.br.

PLANILHA 4. Termômetro de sentimentos

Escolha um sentimento para descrever (p. ex., tristeza, nervosismo, raiva). Em seguida, tente pensar sobre esse sentimento em uma escala de 0 a 10. Quais palavras você usaria para descrever cada classificação? Consegue se lembrar de um momento em que você se sentiu assim?

Avaliação de humor	Qual sentimento você está avaliando:	
	Qual é a intensidade? (0, "Nem um pouco", a 10, "O pior possível")	Descreva o sentimento (nas suas próprias palavras) para cada nível. Descreva momentos passados em que se sentiu assim.
	10	
	9	
	8	
	7	
	6	
	5	
	4	
	3	
	2	
	1	
	0	

De *Depressão e ansiedade em jovens: planos de tratamento e intervenções de terapia cognitivo-comportamental*, de Brian C. Chu e Sandra S. Pimentel. Artmed, 2025. Permissão para fotocopiar este material é concedida aos compradores deste livro para uso pessoal ou com clientes. Os compradores também podem baixar este material na página do livro em loja.grupoa.com.br.

PLANILHA 5. Rastreador de armadilhas de pensamento

Em quais armadilhas de pensamento você cai quando se sente triste, ansioso ou angustiado? Para cada situação, descreva e avalie como você se sente. Descreva seu pensamento automático (o primeiro pensamento que vem à sua mente). Em qual armadilha de pensamento você pode estar caindo? Como isso faz você se sentir (o resultado)?

Gatilho	Sentimento (Avaliação de 0 a 10: "nada" a "insuportável")	Pensamento	Armadilha de pensamento	Resultado?
Exemplo: Ouço o alarme tocar no dia de uma grande prova.	Medo, pânico (7).	"Não estou pronto para a prova!" "Isso vai arruinar a minha nota!"	Adivinhação, catastrofização.	Me senti pior (9).

De *Depressão e ansiedade em jovens: planos de tratamento e intervenções de terapia cognitivo-comportamental*, de Brian C. Chu e Sandra S. Pimentel. Artmed, 2025. Permissão para fotocopiar este material é concedida aos compradores deste livro para uso pessoal ou com clientes. Os compradores também podem baixar este material na página do livro em loja.grupoa.com.br.

PLANILHA 6. Exposição *in vivo*/experimento comportamental

> Preencha esta planilha com o jovem enquanto se prepara para um experimento comportamental.

1. **Situação (Qual é a situação?):**

2. **Sentimentos:**   **Classificação de desconforto:** _____

3. **Pensamentos ansiosos/**   **Armadilhas de pensamentos (ver lista a**
   negativos: **seguir)**

   Armadilhas de pensamento: leitura de pensamentos, adivinhação, catastrofização, conclusões precipitadas, "e se", desconsideração dos pontos positivos, busca pelos pontos negativos, generalização excessiva, pensamento tudo ou nada, declarações de dever, levar as coisas para o lado pessoal, culpar.

4. **Pensamentos de enfrentamento (Como você responde aos seus pensamentos ansiosos?):**

   Perguntas desafiadoras: Eu sei com certeza que_____? Estou 100% certo de que_____? Que evidências tenho de que_____? Qual o pior que poderia acontecer? O quanto isso é ruim? Eu tenho uma bola de cristal?

5. **Metas comportamentais atingíveis (O que você quer alcançar?):**

Meta	Alcançada?
a.	
b.	
c.	

6. **Recompensas:**

Recompensas	Alcançada?
a.	
b.	
c.	

De *Depressão e ansiedade em jovens: planos de tratamento e intervenções de terapia cognitivo-comportamental*, de Brian C. Chu e Sandra S. Pimentel. Artmed, 2025.
Permissão para fotocopiar este material é concedida aos compradores deste livro para uso pessoal ou com clientes. Os compradores também podem baixar este material na página do livro em loja.grupoa.com.br.

PLANILHA 7. Resumo de sucesso em lembranças de enfrentamento

> Durante nosso trabalho juntos, você adquiriu muitas habilidades excelentes. Reserve um momento para refletir sobre as estratégias que funcionam melhor para você.

Principais pensamentos negativos a serem observados:
1.
2.
3.

Minhas armadilhas de pensamento:
1.
2.
3.

Meus principais pensamentos de enfrentamento:
1.
2.
3.

Pessoas que podem me ajudar:
1.
2.
3.

Ações e comportamentos que me ajudam:
1.
2.
3.

Lembro-me de quando tive dificuldades com _____

O que mais me ajudou foi:

O que preciso continuar praticando:

Minha mensagem para levar para casa da terapia:

O que é um sinal de que posso querer verificar:

De *Depressão e ansiedade em jovens: planos de tratamento e intervenções de terapia cognitivo-comportamental*, de Brian C. Chu e Sandra S. Pimentel. Artmed, 2025.
Permissão para fotocopiar este material é concedida aos compradores deste livro para uso pessoal ou com clientes. Os compradores também podem baixar este material na página do livro em loja.grupoa.com.br.

PLANILHA 8. *Checklist* de coordenação: Consultando um Médico Prescritor

Pré-encaminhamento
Sobre o médico
☐ Nome completo (e como o profissional gostaria de ser abordado).
☐ Anos de prática (com crianças)?
☐ Especialidade em psiquiatria ou em outra área (dependência, forense, etc.)?
☐ O encaminhamento é apenas para psicofarmacologia ou em conjunto com psicoterapia? É interessante deixar claro que o encaminhamento é para avaliação psicofarmacológica.
☐ Local do consultório.
☐ Disponibilidade de horário/dia.
☐ Preços para sessões de admissão e acompanhamento.
☐ Qualquer seguro de saúde comercial ou outro aceito.
☐ Tipos de casos com os quais eles não trabalharão (transtorno alimentar, suicídio, automutilação, etc.).
☐ Método de comunicação preferido.
☐ Ofereça apresentar o paciente (breve) e veja se o médico acha que eles podem ser uma boa combinação.
☐ Esteja preparado para responder a qualquer uma das perguntas anteriores sobre você mesmo.
Sobre o paciente
☐ Consentimento/liberação de informações assinado pelo cuidador?
☐ Informações gerais do paciente e demografia familiar.
☐ Queixa principal.
☐ História do transtorno apresentado.
☐ Curso/progressão dos sintomas.
☐ História relevante do passado; histórico de desenvolvimento familiar e social; histórico médico notável.
☐ Avaliação: destaques e diagnóstico, principais áreas de prejuízo.
☐ Formulação de caso cognitivo-comportamental.

(Continua)

De *Depressão e ansiedade em jovens: planos de tratamento e intervenções de terapia cognitivo-comportamental*, de Brian C. Chu e Sandra S. Pimentel. Artmed, 2025.
Permissão para fotocopiar este material é concedida aos compradores deste livro para uso pessoal ou com clientes. Os compradores também podem baixar este material na página do livro em loja.grupoa.com.br.

PLANILHA 8. *Checklist* de coordenação: Consultando um Médico Prescritor (p. 2 de 2)

Pré-encaminhamento
Sobre o paciente
Curso do tratamento psicoterapêutico atual.
Razão para a consulta psicofarmacológica neste momento.
Expectativa da consulta.
Preocupações notáveis do paciente e da família comunicadas ao terapeuta.
Pós-encaminhamento
Peça a formulação do médico.
Obtenha recomendações específicas.
Entenda os efeitos colaterais potenciais e os benefícios do tratamento oferecido (ou a falta deles).
Exames médicos adicionais recomendados?
Outra consideração diagnóstica que possa exigir avaliações adicionais.
Em caso de recomendação de medicação, peça um cronograma de titulação e objetivos finais.
Agenda de colaboração: quando o terapeuta gostaria de ser contatado (risco aumentado, mudança de medicamentos, etc.)?
Quando o psiquiatra prescritor gostaria de ser contatado?

PLANILHA 9. Análise de cadeia pais-filho

Você consegue identificar quaisquer armadilhas parentais? Quais alternativas você poderia tentar?

	Ação/resposta	Armadilha parental	Solução potencial ou habilidades a utilizar?
Evento desencadeador:			
Ação da criança:			
Resposta dos pais:			
Reação da criança:			
Resposta dos pais:			
Conflito/ comportamento problemático:			
Resultado 1 (O que aconteceu?):			
Resultado 2:			
Resultado 3:			

De *Depressão e ansiedade em jovens: planos de tratamento e intervenções de terapia cognitivo-comportamental*, de Brian C. Chu e Sandra S. Pimentel. Artmed, 2025.
Permissão para fotocopiar este material é concedida aos compradores deste livro para uso pessoal ou com clientes. Os compradores também podem baixar este material na página do livro em loja.grupoa.com.br.

PLANILHA 10. Quadro de recompensas diárias renováveis

Desenvolva passo a passo metas e recompensas para cada nível. Depois, acompanhe o sucesso!

Tema:

Metas (níveis incrementais)	Recompensa (níveis incrementais)	Dom	Seg	Ter	Qua	Qui	Sex	Sáb	# de dias alcançados

De Depressão e ansiedade em jovens: planos de tratamento e intervenções de terapia cognitivo-comportamental, de Brian C. Chu e Sandra S. Pimentel. Artmed, 2025. Permissão para fotocopiar este material é concedida aos compradores deste livro para uso pessoal ou com clientes. Os compradores também podem baixar este material na página do livro em loja.grupoa.com.br.

PLANILHA 11. Rastreador de metas

Trabalhe com seu terapeuta para elaborar metas específicas, significativas e alcançáveis. Pense nos resultados que espera ver. Em seguida, acompanhe o progresso de seu filho semanalmente.

Objetivos dos pais	Resultados desejados	Semana 1	Semana 2	Semana 3	Semana 4	Semana 5
Exemplo: Melhorar o humor triste; aproveitar mais a vida.	Avaliar o humor triste (0-10). Avaliar o prazer semanal (0-10).	Tristeza: 9 Alegria: 0				

Objetivos do jovem	Resultados desejados	Semana 1	Semana 2	Semana 3	Semana 4	Semana 5
Exemplo: Cuidei da minha irmãzinha.						

De *Depressão e ansiedade em jovens: planos de tratamento e intervenções de terapia cognitivo-comportamental*, de Brian C. Chu e Sandra S. Pimentel. Artmed, 2025. Permissão para fotocopiar este material é concedida aos compradores deste livro para uso pessoal ou com clientes. Os compradores também podem baixar este material na página do livro em loja.grupoa.com.br.

PLANILHA 12. Rastreador de atividades

Exemplo:

| Cuidei da minha irmãzinha. | 7 |

Às vezes, nem sabemos quando estamos presos. Ao longo da próxima semana, acompanhe as suas atividades, seu humor e os eventos importantes que acontecem todos os dias! Em seguida, avalie o seu humor de 0 a 10:

0 = "O pior humor que já senti."   **5** = "Estou bem, mas não estou ótimo."   **10** = "O melhor humor que já senti."

	Segunda-feira	Terça-feira	Quarta-feira	Quinta-feira	Sexta-feira	Sábado	Domingo
Manhã							
Almoço							
Tarde							
Depois da escola/ final da tarde							
Noite							

Semana de: _____

De *Depressão e ansiedade em jovens: planos de tratamento e intervenções de terapia cognitivo-comportamental*, de Brian C. Chu e Sandra S. Pimentel. Artmed, 2025. Permissão para fotocopiar este material é concedida aos compradores deste livro para uso pessoal ou com clientes. Os compradores também podem baixar este material na página do livro em loja.grupoa.com.br.

PLANILHA 13. Ativando-se e construindo competência

> Todos nós nos sentimos desanimados e encurralados às vezes. Quando você se sentir estagnado, entediado, desinteressado ou deprimido, pense em atividades ativas, agradáveis ou de domínio para ajudá-lo a sair desse estado.
> - Ativação física: experimente exercícios físicos ou mentais.
> - Atividades agradáveis: experimente qualquer coisa que você ache divertida e agradável.
> - Exercícios de domínio: experimente algo que o ajude a desenvolver uma habilidade.
> - Resolução de problemas: faça uma tempestade de ideias para encontrar soluções para o problema usando o STEPS.

Liste as situações que lhe deixam estagnado (levam a evitação, retirada, procrastinação, desistência, isolamento)	Opções proativas de atividades físicas agradáveis, competência ou resolução de problemas

De *Depressão e ansiedade em jovens: planos de tratamento e intervenções de terapia cognitivo-comportamental*, de Brian C. Chu e Sandra S. Pimentel. Artmed, 2025.
Permissão para fotocopiar este material é concedida aos compradores deste livro para uso pessoal ou com clientes. Os compradores também podem baixar este material na página do livro em loja.grupoa.com.br.

PLANILHA 14. Quadro de metas e recompensas

Sempre que estivermos testando novas habilidades, devemos nos recompensar pelo esforço. Primeiro, faça uma lista de metas alcançáveis e significativas. Em seguida, decida como você se recompensaria por cada realização.

Metas que posso alcançar por conta própria	Recompensa	S	T	Q	Q	S	Sáb	Dom	# de dias alcançados

Metas para as quais preciso da ajuda de outras pessoas	Recompensa	S	T	Q	Q	S	Sáb	Dom	# de dias alcançados

De *Depressão e ansiedade em jovens: planos de tratamento e intervenções de terapia cognitivo-comportamental*, de Brian C. Chu e Sandra S. Pimentel. Artmed, 2025. Permissão para fotocopiar este material é concedida aos compradores deste livro para uso pessoal ou com clientes. Os compradores também podem baixar este material na página do livro em loja.grupoa.com.br.

PLANILHA 15. Resolução de problemas STEPS

Para resolver problemas, siga estes passos: identifique o problema, pense em soluções, examine cada solução, escolha uma delas, experimente-a e veja se funcionou!

Diga qual é o problema:			
Pense em soluções	**Examine cada solução**		**Classificação**
	Prós	Contras	
1.			
2.			
3.			
4.			
5.			
6.			
7.			
8.			
9.			
10.			
Escolha uma solução e tente implementá-la:			

De *Depressão e ansiedade em jovens: planos de tratamento e intervenções de terapia cognitivo-comportamental*, de Brian C. Chu e Sandra S. Pimentel. Artmed, 2025.
Permissão para fotocopiar este material é concedida aos compradores deste livro para uso pessoal ou com clientes. Os compradores também podem baixar este material na página do livro em loja.grupoa.com.br.

PLANILHA 16. Rastreador de pensamentos de enfrentamento

Elabore pensamentos de enfrentamento que possam responder à sua armadilha de pensamento. Tente criar declarações de enfrentamento que sejam mais realistas e se pergunte: "Como não estou vendo o quadro completo?".

Gatilho	Pensamento	Armadilha de pensamento	Pensamento de enfrentamento	Resultado?

De *Depressão e ansiedade em jovens: planos de tratamento e intervenções de terapia cognitivo-comportamental*, de Brian C. Chu e Sandra S. Pimentel. Artmed, 2025. Permissão para fotocopiar este material é concedida aos compradores deste livro para uso pessoal ou com clientes. Os compradores também podem baixar este material na página do livro em loja.grupoa.com.br.

PLANILHA 17. Heurística de risco de suicídio: gravidade, histórico, intenção, plano (SHIP)

Nome do cliente:	Data:
Gravidade	
Frequência e duração	
Intensidade	
Histórico	
Cronicidade e histórico de IS	
Histórico de ALNS	
Histórico de TS	
Comportamentos impulsivos/ de risco	
Estressores crônicos/ fatores de risco	
Intenção	
Intenção declarada ou presumida	
Atos preparatórios	
Plano	
Métodos planejados	
Acesso aos métodos	

De *Depressão e ansiedade em jovens: planos de tratamento e intervenções de terapia cognitivo-comportamental*, de Brian C. Chu e Sandra S. Pimentel. Artmed, 2025.
Permissão para fotocopiar este material é concedida aos compradores deste livro para uso pessoal ou com clientes. Os compradores também podem baixar este material na página do livro em loja.grupoa.com.br.

PLANILHA 18. Algoritmo para risco agudo de suicídio

Circule quaisquer indicadores de risco endossados para determinar o nível de risco agudo.

☐ Baixo: O jovem pode não precisar de um plano de segurança.
☐ Moderado e alto risco: O jovem normalmente precisará de alguns elementos de planejamento de segurança.
☐ Risco severo e alguns riscos altos: O terapeuta deve estar preparado para alertar a resposta móvel ou encaminhar o jovem para a sala de emergência.

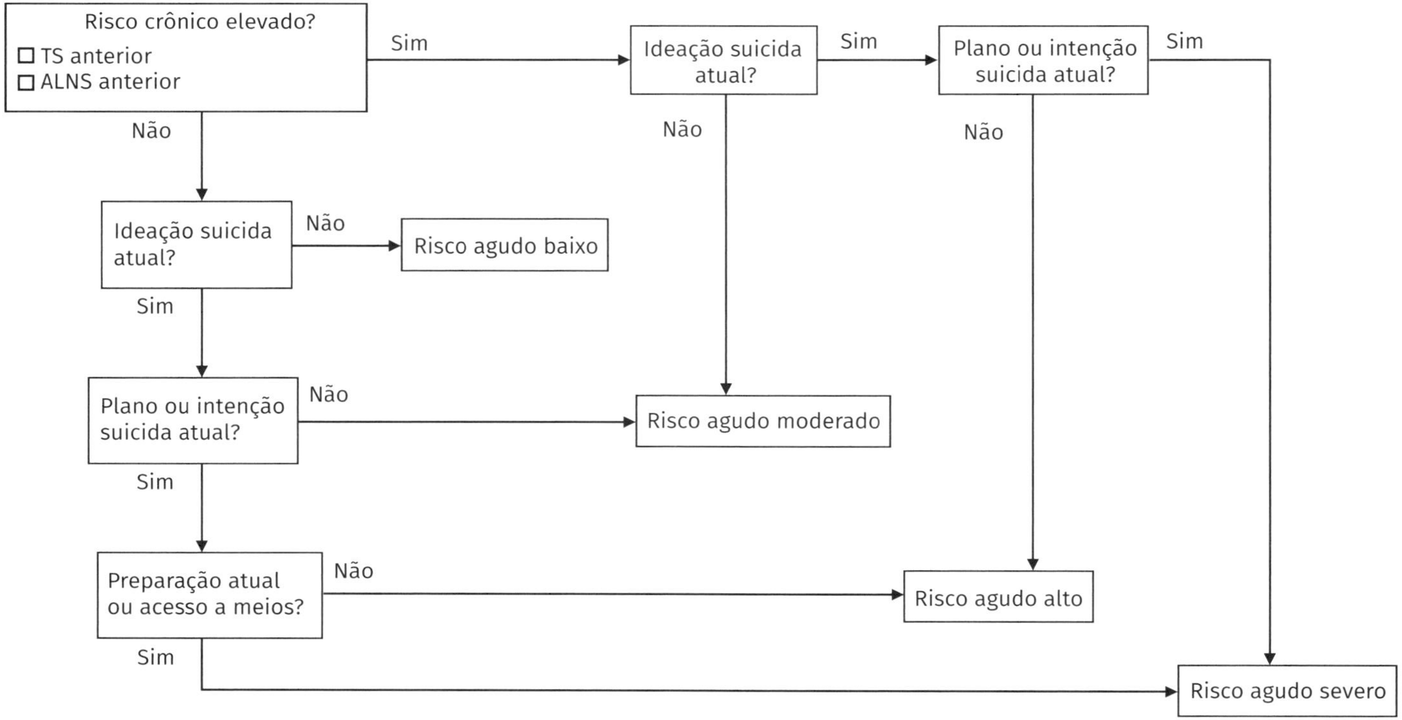

```
Risco crônico elevado?
☐ TS anterior
☐ ALNS anterior
         │
    Não  │  Sim
         ▼     └──────────────────►  Ideação suicida atual?
Ideação suicida atual?                      │
    │                               Não     │ Sim
Não │ Sim                                   ▼
    ▼  └──► Risco agudo baixo        Plano ou intenção suicida atual?
Plano ou intenção                            │
suicida atual?                       Não     │ Sim
    │                                        ▼
Não │ Sim                              Risco agudo severo
    ▼  └──► Risco agudo moderado
Preparação atual
ou acesso a meios?
    │
Não │ Sim
    └──► Risco agudo alto
```

Adaptada, com permissão, de Pettit e colaboradores (2018).

PLANILHA 19. Assessment of Chronic Risk in Youth (ACRY)

Nome do paciente: _____ Data de conclusão: _____

Terapeuta primário: _____ Data de revisão: _____

Psiquiatra (S/N): _____

☑ Linha de base (últimos 6 meses)

Outro(s) prestador(es) da equipe: _____

☐ Acompanhamento (últimos 3 meses)

Fator de risco	Atual		Vida inteira		Comentários
	Sim	Não	Sim	Não	
Tentativa de suicídio *Se sim nos últimos 2 anos* ALTA	Data(s): #tentativas: Atenção médica:		Data(s): #tentativas: Atenção médica:		
Comportamento agressivo/violento *Se sim, nos últimos 2 meses e causou danos corporais e levou à internação/hospitalização* ALTA					
Ideação suicida	Intenção/Plano Passivo/Ativo		Intenção/Plano Passivo/Ativo		
Comportamentos suicidas					
Ideação homicida	Intenção/Plano Passivo/Ativo		Intenção/Plano Passivo/Ativo		
Internações psiquiátricas	#:		#:		
Visitas à sala de emergência psiquiátrica	#:		#:		
Comportamentos autolesivos não suicidas	Atenção médica?		Atenção médica?		
Comportamentos de alto risco					

(Continua)

PLANILHA 19. Assessment of Chronic Risk in Youth (ACRY) (p. 2 de 3)

Fator de risco	Atual		Vida inteira		Comentários
	Sim	Não	Sim	Não	
Uso de substâncias/álcool					
Falta de adesão ao tratamento					
Condição/complicações médicas					
Fardo percebido para os outros					
Maus-tratos à criança/trauma					
Impulsividade	Baixo/moderado/alto		Baixo/moderado/alto		
Outro					

FATORES DE PROTEÇÃO

☐ Coesão familiar, conectividade ☐ Envolvimento parental percebido ☐ Envolvimento de outro adulto cuidador/professor ☐ Conexão com a escola, sentimentos positivos em relação a ela ☐ Segurança escolar ☐ Conquista acadêmica ☐ Apoio social/amizades positivas	☐ Verbal, cooperativa/envolvida no tratamento ☐ Frequência/engajamento em esportes/religião ☐ Razões para viver ☐ Acesso restrito aos meios ☐ Autoestima

Designação do risco geral

Baixo risco	Risco moderado	Alto risco

(Continua)

PLANILHA 19. Assessment of Chronic Risk in Youth (ACRY) (p. 3 de 3)

INSTRUÇÕES/GLOSSÁRIO

- Data da revisão = linha de base que se refere à primeira vez completando conforme os últimos 6 meses; acompanhamento a cada 3 meses.
- TS = comportamento direcionado a si mesmo potencialmente prejudicial, não fatal, com qualquer intenção de morrer. Indique o número de tentativas, datas e se foi necessária assistência médica. *Se TS nos últimos 2 anos*, designe como "alto risco".
- Comportamento agressivo/violento = qualquer ato de infligir dano físico (intencional ou imprudente) a outro; *se causou dano corporal a outro nos últimos 2 meses E resultou em prisão/hospitalização do paciente*, designe como "alto risco".
- IS = pensamentos ou imagens relacionados a se suicidar; circule se IS foi passiva, ativa ou incluiu intenção/plano.
- Intenção: evidência de que o indivíduo pretendia se matar, que a morte era o provável resultado.
- Plano: pensamento de se específica ou comportamentalmente fez planos sobre como se matar.
- Comportamentos suicidas = qualquer comunicação de suicídio para outros, comportamentos que levam outros a acreditar que o suicídio possa ocorrer, comportamentos preparatórios (p. ex., coletar comprimidos, escrever notas declarando pensamentos suicidas).
- IH = qualquer pensamento ou imagem relacionado a se suicidar; circule se IH foi passiva e/ou ativa e/ou incluiu intenção e/ou plano (ver anteriormente as definições).
- Hospitalizações psiquiátricas = hospitalizações psiquiátricas em regime de internação ou hospitalizações médicas que ocorreram devido a preocupações psiquiátricas (p. ex., estabilização médica para transtorno alimentar, após TS); marque o número.
- Visitas ao pronto-socorro psiquiátrico = visitas ao pronto-socorro/observação (apenas por razões psiquiátricas), marque o número.
- Comportamentos de ALNS = dano autoinfligido intencional à superfície do próprio corpo que resulta em lesão ou potencial lesão a si mesmo, sem intenção consciente de morrer. Indique se foi necessária assistência médica.
- Comportamentos de alto risco = comportamentos de risco à saúde, incluindo comportamentos de transtornos alimentares (restrição, purgação, compulsão), comportamentos sexuais de risco (prostituição, sexo desprotegido), evasão escolar, fugas, porte de arma, especifique o tipo de comportamento.
- Uso de substâncias/álcool = qualquer uso de substâncias não prescritas; considere e documente a frequência de uso e quais substâncias são utilizadas nos comentários.
- Não cumprimento do tratamento = comparecimento inconsistente ou não comparecimento ao tratamento, ao grupo e/ou às consultas psiquiátricas, uso inconsistente/inadequado de localizadores, não cumprimento da medicação, recusa em realizar UTox.
- Condição médica = qualquer diagnóstico/exacerbação que contribuiria para o risco; considere as seguintes categorias como aumentando o risco: cardiovascular, alergia/asma, dores de cabeça, dores nas costas/no pescoço, condições dermatológicas.
- Percepção de fardo = o paciente expressou verbalmente ou em medidas de autorrelato sentir-se como um fardo para os outros.
- Maus-tratos a crianças/trauma = O **descuido físico** refere-se à falta de provisão das necessidades físicas básicas da criança e inclui falta de supervisão, negligência moral-legal e negligência educacional. O **maltrato emocional** envolve frustração extrema das necessidades emocionais básicas das crianças para segurança e proteção psicológicas. O **abuso físico** envolve lesões físicas não acidentais à criança, resultando em contusões, vergões, queimaduras, sufocamento e ossos quebrados. O **abuso sexual** envolve contato sexual tentado ou real entre a criança e o cuidador/adulto para fins de satisfação sexual ou benefício financeiro. Inclua também outros traumas relatados não relacionados a maus-tratos.
- Impulsividade = escolha entre as seguintes âncoras: **baixo**: o paciente frequentemente exibe controle comportamental eficaz; **moderado**: ocasionalmente exibe controle comportamental eficaz; **alto**: raramente exibe controle comportamental eficaz.
- Outros = considere outros fatores (p. ex., histórico familiar de suicídio/violência, filiação a gangues, *bullying*, *status* de minoria, estresse significativo relacionado à covid, etc.).
- Marque quaisquer fatores protetores; **designe o risco crônico geral circulando baixo, moderado ou alto risco.**

PLANILHA 20. Plano de segurança

> Terapeuta e cliente (e o cuidador, quando apropriado) trabalham juntos para esclarecer os sinais de alerta de que o jovem pode ter pensamentos elevados de automutilação. Em seguida, eles fazem um *brainstorming* de estratégias de enfrentamento para ajudar a gerenciar pensamentos e sentimentos e evitar danos.

Passo 1: Sinais de alerta
1.
2.
3.

Passo 2: Estratégias internas de enfrentamento: coisas que posso fazer para me distrair sem entrar em contato com ninguém
1.
2.
3.

Passo 3: Situações sociais e pessoas que podem ajudar a me distrair
1.
2.
3.

Passo 4: Pessoas a quem posso pedir ajuda
1.
2.
3.

Passo 5: Profissionais ou clínicas que posso contatar durante uma crise
1.
2.
3.
4.

Passo 6: Tornar o ambiente seguro
1.
2.
3.

Passo 7: verificações regulares
1.
2.

Adaptada de Stanley e Brown (2012).

PLANILHA 21. Termômetro de intensidade de ideação suicida

Quando se trata de pensamentos sobre nos prejudicarmos, é importante que possamos descrever o sentimento e a intensidade para os outros. Tente classificar a intensidade de seus pensamentos e seus sentimentos suicidas em uma escala de 0 a 10. Que palavras você usaria para descrever cada classificação? Você consegue se lembrar de algum momento em que se sentiu assim?

Qual sentimento você está classificando:

Qual é a intensidade? (0 "nada" a 10 "o pior")	Descreva o sentimento (com suas próprias palavras) para cada nível.	Descreva momentos passados em que você se sentiu assim.
10		
9		
8		
7		
6		
5		
4		
3		
2		
1		
0		

Pensamentos suicidas/ intensidade do sentimento

100
80
60
40
20
0

De *Depressão e ansiedade em jovens: planos de tratamento e intervenções de terapia cognitivo-comportamental*, de Brian C. Chu e Sandra S. Pimentel. Artmed, 2025. Permissão para fotocopiar este material é concedida aos compradores deste livro para uso pessoal ou com clientes. Os compradores também podem baixar este material na página do livro em loja.grupoa.com.br.

PLANILHA 22. Análise de cadeia da ideação suicida e da autolesão

O objetivo da análise de cadeia é tornar-se mais consciente dos pensamentos, das emoções e das ações que se descontrolam quando você cai em uma espiral emocional. Trabalhe com seu terapeuta para detalhar sua espiral emocional e os eventos que as desencadeiam.

Nome do cliente: Data:

Fatores de vulnerabilidade:

Evento desencadeante:

	Ação/emoção/pensamento	O que você fez?	Solução potencial ou habilidades a utilizar?
Link 1			
Link 2			
Link 3			
Link 4			
A que problemas isso leva (p. ex., automutilação, pensamentos suicidas, comportamentos de risco)?			
O que aconteceu depois?			
Resultado em curto prazo:			
Resultado em longo prazo:			

De Depressão e ansiedade em jovens: planos de tratamento e intervenções de terapia cognitivo-comportamental, de Brian C. Chu e Sandra S. Pimentel. Artmed, 2025. Permissão para fotocopiar este material é concedida aos compradores deste livro para uso pessoal ou com clientes. Os compradores também podem baixar este material na página do livro em loja.grupoa.com.br.

PLANILHA 23. Lista de verificação de habilidades sociais

> Utilize observação comportamental e relatos do jovem, da família e de outros informantes para avaliar pontos fortes e preocupações em habilidades sociais.

	Pontos fortes notáveis	Nunca um problema	Às vezes um problema	Sempre um problema	Comentário
Não verbais, sinais e postura					
Contato visual					
Expressão de interesse Sorrir, acenar					
Encolhimento e esconderijo					
Esconder-se atrás das roupas Esconder-se atrás de *smartphones*, fones de ouvido, livros e eletrônicos					
Ficar na periferia					
Apertos de mão					
Conversas faladas: iniciando, participando, mantendo					
O vaivém da conversa: respondendo, reciprocidade					
Volume e tom					
Expressão de interesse					
"Conversa" escrita: envio de mensagens de texto e comunicação em redes sociais					
O vaivém da conversa					
Conversas em grupo					
Redes sociais Curtir ou não curtir					
"Conversa" escrita: envio de mensagens de texto e comunicação em redes sociais					
Comentários em redes sociais					
Escrever um *e-mail*					
Outro alvo?					

De *Depressão e ansiedade em jovens: planos de tratamento e intervenções de terapia cognitivo-comportamental*, de Brian C. Chu e Sandra S. Pimentel. Artmed, 2025.
Permissão para fotocopiar este material é concedida aos compradores deste livro para uso pessoal ou com clientes. Os compradores também podem baixar este material na página do livro em loja.grupoa.com.br.

PLANILHA 24. Padrões de interação semanal entre pais e filhos

Registre suas interações com seu filho ao longo da semana e tente identificar quaisquer armadilhas parentais em que você caia. O que aconteceu imediatamente (resultado imediato) e o que aconteceu mais tarde (resultado em longo prazo)?

Dia	Evento	Ação do filho	Resposta dos pais	Padrão parental?	Resultado imediato? O comportamento melhorou ou piorou imediatamente?	Resultado em longo prazo? O que aconteceu nos próximos dias?
Exemplo: Segunda-feira	Tutor de matemática agendado para o dia seguinte.	Chateado – Rick diz que está sobrecarregado.	Conversei com ele; cancelei o professor de reforço de matemática.	Acomodação	Parou com as reclamações.	Ele continuou protestando nos próximos dias.

De *Depressão e ansiedade em jovens: planos de tratamento e intervenções de terapia cognitivo-comportamental*, de Brian C. Chu e Sandra S. Pimentel. Artmed, 2025. Permissão para fotocopiar este material é concedida aos compradores deste livro para uso pessoal ou com clientes. Os compradores também podem baixar este material na página do livro em loja.grupoa.com.br.

PLANILHA 25. Plano de coordenação escola-família: atribuições de papéis

Faça uma tempestade de ideias com aluno, pais, professores e representantes da escola sobre o que cada pessoa pode fazer para ajudar a alcançar os objetivos do plano de reintegração escolar.

Situação	Papel do aluno	Papel dos pais	Papel da escola
1. Rotina matinal	a. b. c.	a. b. c.	a. b. c.
2. Chegada à escola	a. b. c.	a. b. c.	a. b. c.
3. Durante o dia escolar	a. b. c.	a. b. c.	a. b. c.
4. Partida/pós-escola	a. b. c.	a. b. c.	a. b. c.

De *Depressão e ansiedade em jovens: planos de tratamento e intervenções de terapia cognitivo-comportamental*, de Brian C. Chu e Sandra S. Pimentel. Artmed, 2025. Permissão para fotocopiar este material é concedida aos compradores deste livro para uso pessoal ou com clientes. Os compradores também podem baixar este material na página do livro em loja.grupoa.com.br.

Apêndice B

Recursos para terapeutas e famílias

ORGANIZAÇÕES E *SITES*

Association for Behavioral and Cognitive Therapies
www.abct.org/Home
Folhas informativas podem ser encontradas em *www.abct.org/docs/factsheets/adolesc_suicide.pdf.*

Society of Clinical Child and Adolescent Psychology
https://effectivechildtherapy.org
Folhas informativas podem ser encontradas em *https://effectivechildtherapy.org/concerns-symptoms-disorders/disorders/self-injurious-thoughts-and-behaviors.*

Anxiety and Depression Association of America
https://adaa.org

American Academy of Child and Adolescent Psychiatry
www.aacap.org/AACAP/Families_and_Youth/Youth_Resources/Home.aspx

American Foundation for Suicide Prevention
https://afsp.org

JED Foundation (uma organização sem fins lucrativos que protege a saúde emocional e previne o suicídio de jovens e adultos jovens)
www.jedfoundation.org

Anxiety Canada Youth
https://youth.anxietycanada.com

Society for Adolescent Health and Medicine
www.adolescenthealth.org/Home.aspx

988 Suicide & Crisis Lifeline
www.988lifeline.org/chat

National Suicide Prevention Lifeline
https://suicidepreventionlifeline.org

Substance Abuse and Mental Health Services Administration (SAMHSA)
https://findtreatment.samhsa.gov

LIVROS BASEADOS EM TCC PARA CRIANÇAS E ADOLESCENTES*

Mary Alvord e Anne McGrath, *Conquer negative thinking for teens: a workbook to break the nine thought habits that are holding you back.*

Regine Galanti, *Anxiety relief for teens: essential CBT skills and mindfulness practices to overcome anxiety and stress.*

Regine Galanti, *When harley has anxiety: a fun CBT skills activity book to help manage worries and fears.*

Muniya Khanna e Deborah Roth Ledley, *The worry workbook for kids: helping children to overcome anxiety and the fear of uncertainty (an instant help book for parents and kids).*

John March e Christine Benton, *Talking back to ocd: the program that helps kids and teens say "no way"— and parents say "way to go".*

Anthony Puliafico e Joanna Robin, *The OCD workbook for kids: skills to help children manage obsessive thoughts and compulsive behaviors (an instant help book for parents and kids).*

Michael Tompkins e Katherine Martinez, *My anxious mind.*

LIVROS BASEADOS EM TCC PARA PAIS

Anne Marie Albano, *You and your anxious child: free your child from fears and worries and create a joyful family life.*

Tamar Chansky, *Freeing your child from anxiety: practical strategies to overcome fears, worries, and phobias and be prepared for life—from toddlers to teens.*

Ilyse Dobrow DiMarco, *Mom brain: proven strategies to fight the anxiety, guilt, and overwhelming emotions of motherhood—and relax into your new self.*

Mary Fristad e Jill Goldberg Arnold, *Raising a moody child: how to cope with depression and bipolar disorder.*

Donna Pincus, *Growing up brave: expert strategies for helping your child overcome fear, stress, and anxiety.*

Ronald Rapee, Ann Wignall, Susan H. Spence, Vanessa Cobham e Heidi Lyneham, *Helping your anxious child: a step-by-step guide for parents.*

---

* N. de T. Nas orelhas deste livro, o leitor encontrará uma lista de livros publicados no Brasil pela Artmed.

Referências

Abrutyn, S., & Mueller, A. S. (2014). Are suicidal behaviors contagious in adolescence? Using longitudinal data to examine suicide suggestion. *American Sociological Review, 79*(2), 211–227.

Albano, A. M. (1995). Treatment of social anxiety in adolescents. *Cognitive and Behavioral Practice, 2*(2), 271–298.

Albano, A. M., & DiBartolo, P. M. (2007). *Cognitive-behavioral therapy for social phobia in adolescents: Stand up, speak out, therapist guide*. New York: Oxford University Press.

Aldao, A., & Nolen-Hoeksema, S. (2010). Specificity of cognitive emotion regulation strategies: A transdiagnostic examination. *Behaviour Research and Therapy, 48*(10), 974–983.

Alden, L. E., & Taylor, C. T. (2004). Interpersonal processes in social phobia. *Clinical Psychology Review, 24*(7), 857–882.

Alfano, C. A. (2012). Are children with "pure" generalized anxiety disorder impaired? A comparison with comorbid and healthy children. *Journal of Clinical Child & Adolescent Psychology, 41*(6), 739–745.

Allen, C. H., Kluger, B. M., & Buard, I. (2017). Safety of transcranial magnetic stimulation in children: A systematic review of the literature. *Pediatric Neurology, 68*, 3–17.

Allen, J. L., Lavallee, K. L., Herren, C., Ruhe, K., & Schneider, S. (2010). DSM-IV criteria for childhood separation anxiety disorder: Informant, age, and sex differences. *Journal of Anxiety Disorders, 24*(8), 946–952.

American Psychiatric Association. (2013). *Diagnostic and statistical manual of mental disorders* (5th ed., DSM-5). Washington, DC: Author.

APA Presidential Task Force on Evidence-Based Practice. (2006). Evidence-based practice in psychology. *The American Psychologist, 61*(4), 271–285.

Asarnow, J. R., Porta, G., Spirito, A., Emslie, G., Clarke, G., Wagner, K. D., . . . Brent, D. A. (2011). Suicide attempts and non-suicidal self-injury in the treatment of resistant depression in adolescents: Findings from the TORDIA study. *Journal of the American Academy of Child & Adolescent Psychiatry, 50*(8), 772–781.

Aschenbrand, S. G., Kendall, P. C., Webb, A., Safford, S. M., & Flannery-Schroeder, E. (2003). Is childhood separation anxiety disorder a predictor of adult panic disorder and agoraphobia? A seven-year longitudinal study. *Journal of the American Academy of Child & Adolescent Psychiatry, 42*(12), 1478–1485.

Auerbach, R. P., Stewart, J. G., & Johnson, S. L. (2016). Impulsivity and suicidality in adolescent inpatients. *Journal of Abnormal Child Psychology, 45*(1), 91–103.

Avenevoli, S., Swendsen, J., He, J. P., Burstein, M., & Merikangas, K. R. (2015). Major depression in the National Comorbidity Survey–Adolescent Supplement: Prevalence, correlates, and treatment. *Journal of the American Academy of Child & Adolescent Psychiatry, 54*(1), 37–44.

Bacow, T. L., Pincus, D. B., Ehrenreich, J. T., & Brody, L. R. (2009). The metacognitions questionnaire for children: Development and validation in a clinical sample of children and adolescents with anxiety disorders. *Journal of Anxiety Disorders, 23*(6), 727–736.

Badin, E., Alvarez, E., & Chu, B. C. (2020). Cognitive behavioral therapy for child and adolescent anxiety: CBT in a nutshell. In R. D. Friedberg & B. J. Nakamura (Eds.), *Cognitive behavioral therapy in youth: Tradition and innovation* (pp. 41-71). New York: Humana (Springer).

Baller, R. D., & Richardson, K. K. (2002). Social integration, imitation, and the geographic patterning of suicide. *American Sociological Review, 67*(6), 873-888.

Baly, M. W., Cornell, D. G., & Lovegrove, P. (2014). A longitudinal investigation of self- and peer reports of bullying victimization across middle school. *Psychology in the Schools, 51*(3), 217-240.

Barlow, D. H. (1988). *Anxiety and its disorders: The nature and treatment of anxiety and panic*. New York: Guilford Press.

Barlow, D. H., Allen, L. B., & Choate, M. L. (2004). Toward a unified treatment for emotional disorders. *Behavior Therapy, 35*(2), 205-230.

Barmish, A. J., & Kendall, P. C. (2005). Should parents be co-clients in cognitive-behavioral therapy for anxious youth? *Journal of Clinical Child & Adolescent Psychology, 34*(3), 569-581.

Batejan, K. L., Jarvi, S. M., & Swenson, L. P. (2015). Sexual orientation and non-suicidal self-injury: A meta-analytic review. *Archives of Suicide Research, 19*(2), 131-150.

Battaglia, M., Touchette, É., Garon-Carrier, G., Dionne, G., Côté, S. M., Vitaro, F., . . . Boivin, M. (2016). Distinct trajectories of separation anxiety in the pre-school years: Persistence at school entry and early-life associated factors. *Journal of Child Psychology and Psychiatry, 57*(1), 39-46.

Beck, A. T., Steer, R. A., & Brown, G. K. (1996). *Manual for the Beck Depression Inventory-II*. San Antonio, TX: Psychological Corporation.

Becker-Haimes, E. M., Tabachnick, A. R., Last, B. S., Stewart, R. E., Hasan-Granier, A., & Beidas, R. S. (2020). Evidence base update for brief, free, and accessible youth mental health measures. *Journal of Clinical Child & Adolescent Psychology, 49*(1), 1-17.

Beesdo, K., Bittner, A., Pine, D. S., Stein, M. B., Höfler, M., Lieb, R., & Wittchen, H. U. (2007). Incidence of social anxiety disorder and the consistent risk for secondary depression in the first three decades of life. *Archives of General Psychiatry, 64*(8), 903-912.

Beidas, R. S., Stewart, R. E., Walsh, L., Lucas, S., Downey, M. M., Jackson, K., . . . Mandell, D. S. (2015). Free, brief, and validated: Standardized instruments for low-resource mental health settings. *Cognitive and Behavioral Practice, 22*(1), 5-19.

Beidel, D. C., & Turner, S. M. (1998). *Shy children, phobic adults: Nature and treatment of social phobia*. Washington, DC: American Psychological Association.

Beidel, D. C., Turner, S. M., & Morris, T. L. (2000). Behavioral treatment of childhood social phobia. *Journal of Consulting and Clinical Psychology, 68*(6), 1072-1080.

Bell-Dolan, D. J., Last, C. G., & Strauss, C. C. (1990). Symptoms of anxiety disorders in normal children. *Journal of the American Academy of Child & Adolescent Psychiatry, 29*(5), 759-765.

Berg, I. (2002). School avoidance, school phobia, and truancy. In M. Lewis (Ed.), *Child and adolescent psychiatry: A comprehensive textbook* (3rd ed., pp. 1260-1266). Sydney, Australia: Lippincott Williams & Wilkins.

Bernstein, G. A., Borchardt, C. M., Perwien, A. R., Crosby, R. D., Kushner, M. G., Thuras, P. D., & Last, C. G. (2000). Imipramine plus cognitive-behavioral therapy in the treatment of school refusal. *Journal of the American Academy of Child & Adolescent Psychiatry, 39*(3), 276-283.

Bernstein, G. A., Garfinkel, B. D., & Borchardt, C. M. (1990). Comparative studies of pharmacotherapy for school refusal. *Journal of the American Academy of Child & Adolescent Psychiatry, 29*(5), 773-781.

Bickman, L. (2008). A measurement feedback system (MFS) is necessary to improve mental health outcomes. *Journal of the American Academy of Child & Adolescent Psychiatry, 47*(10), 1114-1119.

Bickman, L., Kelley, S. D., Breda, C., de Andrade, A. R., & Riemer, M. (2011). Effects of routine feedback to clinicians on mental health outcomes of youths: Results of a randomized trial. *Psychiatric Services, 62*(12), 1423-1429.

Biederman, J., Hirshfeld-Becker, D. R., Rosenbaum, J. F., Hérot, C., Friedman, D., Snidman, N., . . . Faraone, S. V. (2001). Further evidence of association between behavioral inhibition and social anxiety in children. *American Journal of Psychiatry, 158*(10), 1673-1679.

Birmaher, B., Brent, D., & AACAP Work Group on Quality Issues. (2007). Practice parameter for the assessment and treatment of children and adolescents with depressive disorders. *Journal of the American Academy of Child & Adolescent Psychiatry, 46*(11), 1503–1526.

Blöte, A. W., Miers, A. C., Heyne, D. A., & Westenberg, P. M. (2015). Social anxiety and the school environment of adolescents. In K. Ranta, A. La Greca, L. J. Garcia-Lopez, & M. Marttunen (Eds.), *Social anxiety and phobia in adolescents* (pp. 151–181). Cham, Switzerland: Springer.

Bögels, S. M., & Mansell, W. (2004). Attention processes in the maintenance and treatment of social phobia: Hypervigilance, avoidance and self-focused attention. *Clinical Psychology Review, 24*(7), 827–856.

Borkovec, T. D., Shadick, R. N., & Hopkins, M. (1991). The nature of normal and pathological worry. In R. M. Rapee & D. H. Barlow (Eds.), *Chronic anxiety: Generalized anxiety disorder and mixed anxietydepression* (pp. 29–51). New York: Guilford Press.

Brand, S., Hatzinger, M., Beck, J., & Holsboer-Trachsler, E. (2009). Perceived parenting styles, personality traits and sleep patterns in adolescents. *Journal of Adolescence, 32*(5), 1189–1207.

Brausch, A. M., & Girresch, S. K. (2012). A review of empirical treatment studies for adolescent nonsuicidal self-injury. *Journal of Cognitive Psychotherapy, 26*(1), 3.

Brent, D., Emslie, G., Clarke, G., Wagner, K. D., Asarnow, J. R., Keller, M., . . . Birmaher, B. (2008). Switching to another SSRI or to venlafaxine with or without cognitive behavioral therapy for adolescents with SSRI-resistant depression: The TORDIA randomized controlled trial. *JAMA, 299*(8), 901–913.

Brent, D., Greenhill, L., Compton, S., Emslie, G., Wells, K., Walkup, J. T., . . . Turner, J. B. (2009). The treatment of Adolescent Suicide Attempters Study (TASA): Predictors of suicidal events in an open treatment trial. *Journal of the American Academy of Child and Adolescent Psychiatry, 48*(10), 987–996.

Brent, D. A., Kerr, M. M., Goldstein, C., Bozigar, J., Wartella, M., & Allan, M. J. (1989). An outbreak of suicide and suicidal behavior in a high school. *Journal of the American Academy of Child & Adolescent Psychiatry, 28*(6), 918–924.

Bridge, J. A., Iyengar, S., Salary, C. B., Barbe, R. P., Birmaher, B., Pincus, H. A., . . . Brent, D. A. (2007). Clinical response and risk for reported suicidal ideation and suicide attempts in pediatric antidepressant treatment: A meta-analysis of randomized controlled trials. *JAMA, 297*(15), 1683–1696.

Brinkmeyer, M. Y., & Eyberg, S. M. (2003). Parent–child interaction therapy for oppositional children. In A. E. Kazdin & J. R. Weisz (Eds.), *Evidence-based psychotherapies for children and adolescents* (pp. 204–223). New York: Guilford Press.

Brookmeyer, K. A., Fanti, K. A., & Henrich, C. C. (2006). Schools, parents, and youth violence: A multilevel, ecological analysis. *Journal of Clinical Child & Adolescent Psychology, 35*(4), 504–514.

Brown, A. M., & Whiteside, S. P. (2008). Relations among perceived parental rearing behaviors, attachment style, and worry in anxious children. *Journal of Anxiety Disorders, 22*(2), 263–272.

Brown, G. W., & Harris, T. O. (2008). Depression and the serotonin transporter 5-HTTLPR polymorphism: A review and a hypothesis concerning gene– environment interaction. *Journal of Affective Disorders, 111*(1), 1–12.

Brückl, T. M., Wittchen, H. U., Höfler, M., Pfister, H., Schneider, S., & Lieb, R. (2007). Childhood separation anxiety and the risk of subsequent psychopathology: Results from a community study. *Psychotherapy and Psychosomatics, 76*(1), 47–56.

Bukowski, W. M., Laursen, B., & Hoza, B. (2010). The snowball effect: Friendship moderates escalations in depressed affect among avoidant and excluded children. *Development and Psychopathology, 22*(4), 749–757.

Cartwright-Hatton, S., Mather, A., Illingworth, V., Brocki, J., Harrington, R., & Wells, A. (2004). Development and preliminary validation of the MetaCognitions Questionnaire—Adolescent Version. *Journal of Anxiety Disorders, 18*(3), 411–422.

Cartwright-Hatton, S., McNicol, K., & Doubleday, E. (2006). Anxiety in a neglected population: Prevalence of anxiety disorders in pre-adolescent children. *Clinical Psychology Review, 26*(7), 817–833.

Centers for Disease Control and Prevention. (2022). Suicide rising across the US: Vital signs. Retrieved from *www.cdc.gov/vitalsigns/suicide*.

Cha, C. B., Augenstein, T. M., Frost, K. H., Gallagher, K., D'Angelo, E. J., & Nock, M. K. (2016). Using implicit and explicit measures to predict nonsuicidal self-injury among adolescent inpatients. *Journal of the American Academy of Child & Adolescent Psychiatry, 55*(1), 62–68.

Chorpita, B. F., Albano, A. M., & Barlow, D. H. (1996). Cognitive processing in children: Relation to anxiety and family influences. *Journal of Clinical Child Psychology, 25*(2), 170–176.

Chorpita, B. F., & Daleiden, E. L. (2009). Mapping evidence-based treatments for children and adolescents: Application of the distillation and matching model to 615 treatments from 322 randomized trials. *Journal of Consulting and Clinical Psychology, 77*(3), 566–579.

Chorpita, B. F., Daleiden, E. L., Ebesutani, C., Young, J., Becker, K. D., Nakamura, B. J., . . . Smith, R. L. (2011). Evidence-based treatments for children and adolescents: An updated review of indicators of efficacy and effectiveness. *Clinical Psychology: Science and Practice, 18*(2), 154–172.

Chorpita, B. F., Moffitt, C. E., & Gray, J. (2005). Psychometric properties of the Revised Child Anxiety and Depression Scale in a clinical sample. *Behaviour Research and Therapy, 43*(3), 309–322.

Chorpita, B. F., & Weisz, J. R. (2009). *Modular approach to therapy for children with anxiety, depression, trauma, or conduct problems (MATCH-ADTC)*. Satellite Beach, FL: PracticeWise.

Chorpita, B. F., Yim, L., Moffitt, C., Umemoto, L. A., & Francis, S. E. (2000). Assessment of symptoms of DSM-IV anxiety and depression in children: A revised child anxiety and depression scale. *Behaviour Research and Therapy, 38*(8), 835–855.

Choudhury, M. S., Pimentel, S. S., & Kendall, P. C. (2003). Childhood anxiety disorders: Parent–child (dis)agreement using a structured interview for the DSM-IV. *Journal of the American Academy of Child & Adolescent Psychiatry, 42*(8), 957–964.

Christon, L. M., McLeod, B. D., & Jensen-Doss, A. (2015). Evidence-based assessment meets evidence-based treatment: An approach to science-informed case conceptualization. *Cognitive and Behavioral Practice, 22*(1), 36–48.

Chu, B. C. (2019). Evidence-based therapist flexibility: Making treatments work for clients. In M. J. Prinstein, E. A. Youngstrom, E. J. Mash, & R. A. Barkley (Eds.), *Treatment of disorders in childhood and adolescence* (4th ed., pp. 27–46). New York: Guilford Press.

Chu, B. C., Chen, J., Mele, C., Temkin, A., & Xue, J. (2017). Transdiagnostic approaches to emotion regulation: Basic mechanisms and treatment research. In C. A. Essau, S. Leblanc, & T. H. Ollendick (Eds.), *Emotion regulation and psychopathology in children and adolescents* (pp. 419–452). Oxford, UK: Oxford University Press.

Chu, B. C., Crocco, S. T., Esseling, P., Areizaga, M. J., Lindner, A. M., & Skriner, L. C. (2016). Transdiagnostic group behavioral activation and exposure therapy for youth anxiety and depression: Initial randomized controlled trial. *Behaviour Research and Therapy, 76*, 65–75.

Chu, B. C., Guarino, D., Mele, C., O'Connell, J., & Coto, P. (2019). Developing an online early detection system for school attendance problems: Results from a research-community partnership. *Cognitive and Behavioral Practice, 26*(1), 35–45.

Chu, B. C., Skriner, L. C., & Staples, A. M. (2014). Behavioral avoidance across child and adolescent psychopathology. In J. Ehrenreich-May & B. C. Chu (Eds.), *Transdiagnostic treatments for children and adolescents: Principles and practice* (pp. 84–110). New York: Guilford Press.

Clarke, G. N., Rohde, P., Lewinsohn, P. M., Hops, H., & Seeley, J. R. (1999). Cognitive-behavioral treatment of adolescent depression: Efficacy of acute group treatment and booster sessions. *Journal of the American Academy of Child & Adolescent Psychiatry, 38*(3), 272–279.

Cohen, P., Cohen, J., Kasen, S., Velez, C. N., Hartmark, C., Johnson, J., . . . Streuning, E. L. (1993). An epidemiological study of disorders in late childhood and adolescence—I. Age-and gender-specific prevalence. *Journal of Child Psychology and Psychiatry, 34*(6), 851–867.

Comer, J. S., Kendall, P. C., Franklin, M. E., Hudson, J. L., & Pimentel, S. S. (2004). Obsessing/worrying about the overlap between obsessive–compulsive disorder and generalized anxiety disorder in youth. *Clinical Psychology Review, 24*(6), 663–683.

Connolly, S. D., & Bernstein, G. A. (2007). Practice parameter for the assessment and treatment of children and adolescents with anxiety disorders. *Journal of the American Academy of Child & Adolescent Psychiatry, 46*(2), 267-283.

Corville-Smith, J., Ryan, B. A., Adams, G. R., & Dalicandro, T. (1998). Distinguishing absentee students from regular attenders: The combined influence of personal, family, and school factors. *Journal of Youth and Adolescence, 27*(5), 629-640.

Costello, E. J., Copeland, W., & Angold, A. (2011). Trends in psychopathology across the adolescent years: What changes when children become adolescents, and when adolescents become adults? *Journal of Child Psychology and Psychiatry, 52*(10), 1015-1025.

Costello, E. J., Erkanli, A., & Angold, A. (2006). Is there an epidemic of child or adolescent depression? *Journal of Child Psychology and Psychiatry, 47*(12), 1263-1271.

Costello, E. J., Mustillo, S., Erkanli, A., Keeler, G., & Angold, A. (2003). Prevalence and development of psychiatric disorders in childhood and adolescence. *Archives of General Psychiatry, 60*(8), 837-844.

Côté, S. M., Boivin, M., Liu, X., Nagin, D. S., Zoccolillo, M., & Tremblay, R. E. (2009). Depression and anxiety symptoms: Onset, developmental course and risk factors during early childhood. *Journal of Child Psychology and Psychiatry, 50*(10), 1201-1208.

Craske, M. G., Kircanski, K., Zelikowsky, M., Mystkowski, J., Chowdhury, N., & Baker, A. (2008). Optimizing inhibitory learning during exposure therapy. *Behaviour Research and Therapy, 46*(1), 5-27.

Craske, M. G., Treanor, M., Conway, C. C., Zbozinek, T., & Vervliet, B. (2014). Maximizing exposure therapy: An inhibitory learning approach. *Behaviour Research and Therapy, 58,* 10-23.

Cuffe, S. P. (2007). Suicide and SSRI medications in children and adolescents: An update. *American Journal of Child and Adolescent Psychiatry.* Retrieved from www.aacap.org/AACAP/Medical_Students_and_Residents/Mentorship_Matters/DevelopMentor/Suicide_ and_SSRI_Medications_in_ Children_and_Adolescents_An_Update.aspx

Cuijpers, P., Van Straten, A., & Warmerdam, L. (2007). Behavioral activation treatments of depression: A meta-analysis. *Clinical Psychology Review, 27*(3), 318-326.

Cullen, K. R., Amatya, P., Roback, M. G., Albott, C. S., Westlund Schreiner, M., Ren, Y., . . . Reigstad, K. (2018). Intravenous ketamine for adolescents with treatment-resistant depression: An open-label study. *Journal of Child and Adolescent Psychopharmacology, 28*(7), 437-444.

Cummings, C. M., Caporino, N. E., & Kendall, P. C. (2014). Comorbidity of anxiety and depression in children and adolescents: 20 years after. *Psychological Bulletin, 140*(3), 816-845.

Dackis, M. N., Eisenberg, R., Mowrey, W. B., & Pimentel, S. S (2021). The Assessment of Chronic Risk in Youth (ACRY): Development and initial validation in a clinical sample. *Evidence-Based Practice in Child and Adolescent Mental Health, 6,* 65-82.

de Lijster, J. M., Dierckx, B., Utens, E. M., Verhulst, F. C., Zieldorff, C., Dieleman, G. C., & Legerstee, J. S. (2016). The age of onset of anxiety disorders: A meta-analysis. *Canadian Journal of Psychiatry, 62*(4), 237-246.

De Los Reyes, A., & Kazdin, A. E. (2005). Informant discrepancies in the assessment of childhood psychopathology: A critical review, theoretical framework, and recommendations for further study. *Psychological Bulletin, 131*(4), 483-509.

Degnan, K. A., Almas, A. N., & Fox, N. A. (2010). Temperament and the environment in the etiology of childhood anxiety. *Journal of Child Psychology and Psychiatry, 51*(4), 497-517.

Deno, S. L., Reschly, A. L., Lembke, E. S., Magnusson, D., Callender, S. A., Windram, H., & Stachel, N. (2009). Developing a school-wide progress-monitoring system. *Psychology in the Schools, 46*(1), 44-55.

Dexter-Mazza, E. T., & Freeman, K. A. (2003). Graduate training and the treatment of suicidal clients: The students' perspective. *Suicide and Life-Threatening Behavior, 33*(2), 211-218.

DiBartolo, P. M., & Helt, M. (2007). Theoretical models of affectionate versus affectionless control in anxious families: A critical examination based on observations of parent-child interactions. *Clinical Child and Family Psychology Review, 10*(3), 253-274.

Dickson, J. M., & MacLeod, A. K. (2004). Approach and avoidance goals and plans: Their relationship to anxiety and depression. *Cognitive Therapy and Research, 28*(3), 415-432.

DiCorcia, D. J., Arango, A., Horwitz, A. G., & King, C. A. (2017). Methods and functions of nonsuicidal self-injury among adolescents seeking emergency psychiatric services. *Journal of Psychopathology and Behavioral Assessment, 39*(4), 693-704.

Dimidjian, S., Barrera Jr., M., Martell, C., Muñoz, R. F., & Lewinsohn, P. M. (2011). The origins and current status of behavioral activation treatments for depression. *Annual Review of Clinical Psychology, 7*, 1-38.

Donovan, M. R., Glue, P., Kolluri, S., & Emir, B. (2010). Comparative efficacy of antidepressants in preventing relapse in anxiety disorders— A meta-analysis. *Journal of Affective Disorders, 123*(1-3), 9-16.

Dummit, E. S., III, Klein, R. G., Tancer, N. K., Asche, B., Martin, J., & Fairbanks, J. A. (1997). Systematic assessment of 50 children with selective mutism. *Journal of the American Academy of Child & Adolescent Psychiatry, 36*(5), 653-660.

Egger, H. L., Costello, J. E., & Angold, A. (2003). School refusal and psychiatric disorders: A community study. *Journal of the American Academy of Child & Adolescent Psychiatry, 42*(7), 797-807.

Fan, F., Su, L., & Su, Y. (2008). Anxiety structure by gender and age groups in a Chinese children sample of 12 cities. *Chinese Mental Health Journal, 22*(4), 241-245.

Feldman, B. N., & Freedenthal, S. (2006). Social work education in suicide intervention and prevention: An unmet need? *Suicide and Life-Threatening Behavior, 36*(4), 467-480.

Ferster, C. B. (1973). A functional analysis of depression. *American Psychologist, 28*(10), 857-870.

Festa, C. C., & Ginsburg, G. S. (2011). Parental and peer predictors of social anxiety in youth. *Child Psychiatry & Human Development, 42*(3), 291-306.

Fisak, B., & Grills-Taquechel, A. E. (2007). Parental modeling, reinforcement, and information transfer: Risk factors in the development of child anxiety? *Clinical Child and Family Psychology Review, 10*(3), 213-231.

Foa, E. B., Huppert, J. D., & Cahill, S. P. (2006). Emotional processing theory: An update. In B. O. Rothbaum (Ed.), *Pathological anxiety: Emotional processing in etiology and treatment* (pp. 3-24). New York: Guilford Press.

Foxx, R. M. (2013). The maintenance of behavioral change: The case for long-term follow-ups. *American Psychologist, 68*(8), 728-736.

Friedman, R. (2014). Antidepressants' black box warning—10 years later. *New England Journal of Medicine, 371*, 66-68.

Garber, J., & Weersing, V. R. (2010). Comorbidity of anxiety and depression in youth: Implications for treatment and prevention. *Clinical Psychology: Science and Practice, 17*(4), 293-306.

Gariepy, G., Honkaniemi, H., & Quesnel-Vallee, A. (2016). Social support and protection from depression: Systematic review of current findings in Western countries. *British Journal of Psychiatry, 209*(4), 284-293.

Gazelle, H., & Ladd, G. W. (2003). Anxious solitude and peer exclusion: A diathesis–stress model of internalizing trajectories in childhood. *Child Development, 74*(1), 257-278.

Gearing, R. E., Schwalbe, C. S., Lee, R., & Hoagwood, K. E. (2013). The effectiveness of booster sessions in CBT treatment for child and adolescent mood and anxiety disorders. *Depression and Anxiety, 30*(9), 800-808.

Ginsburg, G. S., Becker-Haimes, E. M., Keeton, C., Kendall, P. C., Iyengar, S., Sakolsky, D., . . . Piacentini, J. (2018). Results from the child/adolescent anxiety multimodal extended long-term study (CAMELS): Primary anxiety outcomes. *Journal of the American Academy of Child & Adolescent Psychiatry, 57*(7), 471-480.

Ginsburg, G. S., Drake, K. L., Tein, J. Y., Teetsel, R., & Riddle, M. A. (2015). Preventing onset of anxiety disorders in offspring of anxious parents: A randomized controlled trial of a family-based intervention. *American Journal of Psychiatry, 172*(12), 1207-1214.

Glew, G. M., Fan, M. Y., Katon, W., Rivara, F. P., & Kernic, M. A. (2005). Bullying, psychosocial adjustment, and academic performance in elementary school. *Archives of Pediatrics & Adolescent Medicine, 159*(11), 1026-1031.

Goldston, D. B., & Compton, J. S. (2007). Adolescent suicidal and nonsuicidal self-harm behaviors and risks. In E. J. Mash & R. A. Barkley (Eds.), *Assessment of childhood disorders* (pp. 305-343). New York: Guilford Press.

Gosselin, P., Langlois, F., Freeston, M. H., Ladouceur, R., Laberge, M., & Lemay, D. (2007). Cognitive variables related to worry among adolescents: Avoidance strategies and faulty beliefs about worry. *Behaviour Research and Therapy, 45*(2), 225-233.

Gould, M. S., & Kramer, R. A. (2001). Youth suicide prevention. *Suicide and Life-Threatening Behavior, 31*(Suppl. 1), 6-31.

Gould, M. S., Kleinman, M. H., Lake, A. M., Forman, J., & Midle, J. B. (2014). Newspaper coverage of suicide and initiation of suicide clusters in teenagers in the USA, 1988–96: A retrospective, population-based, case-control study. *The Lancet Psychiatry, 1*(1), 34-43.

Gould, M. S., Marrocco, F. A., Kleinman, M., Thomas, G., Mostkoff, K., Cote, J., & Davies, M. (2005). Evaluating iatrogenic risk of youth suicide screening programs. *JAMA, 293*(13), 1635-1643.

Gould, M. S., Wallenstein, S., Kleinman, M. H., O'Carroll, P., & Mercy, J. (1990). Suicide clusters: An examination of age-specific effects. *American Journal of Public Health, 80*(2), 211-212.

Grant, K. E., Compas, B. E., Thurm, A. E., McMahon, S. D., Gipson, P. Y., Campbell, A. J., . . . Westerholm, R. I. (2006). Stressors and child and adolescent psychopathology: Evidence of moderating and mediating effects. *Clinical Psychology Review, 26*(3), 257-283.

Greco, L. A., Baer, R. A., & Smith, G. T. (2011). Assessing mindfulness in children and adolescents: development and validation of the Child and Adolescent Mindfulness Measure (CAMM). *Psychological Assessment, 23*(3), 606-614.

Greco, L. A., Blackledge, J. T., Coyne, L. W., & Ehrenreich, J. (2005). Integrating acceptance and mindfulness into treatments for child and adolescent anxiety disorders. In S. M. Orsillo & L. Roemer (Eds.), *Acceptance and mindfulness-based approaches to anxiety: Conceptualization and treatment* (pp. 301-322). Boston: Springer.

Haas, A. P., Rodgers, P. L., & Herman, J. L. (2014). *Suicide attempts among transgender and gender nonconforming adults*. New York: American Foundation for Suicide Prevention. Retrieved from *https://queer-amnesty.ch/docs/AFSP-Williams-Suicide-Report-Final.pdf*.

Halldorsson, B., & Creswell, C. (2017). Social anxiety in pre-adolescent children: What do we know about maintenance? *Behaviour Research and Therapy, 99*(1), 19-36.

Hamilton, B. E., Minino, A. M., Martin, J. A., Kochanek, D., Strobino, D. M., & Guyer, B. (2007). Annual summary of vital statistics: 2005. *Pediatrics, 119*(2), 345-360.

Hammen, C. (2009). Adolescent depression: Stressful interpersonal contexts and risk for recurrence. *Current Directions in Psychological Science, 18*(4), 200-204.

Hamza, C. A., Stewart, S. L., & Willoughby, T. (2012). Examining the link between non-suicidal self-injury and suicidal behavior: A review of the literature and an integrated model. *Clinical Psychology Review, 32*(6), 482-495.

Hankin, B. L., & Abramson, L. Y. (2001). Development of gender differences in depression: An elaborated cognitive vulnerability–transactional stress theory. *Psychological Bulletin, 127*(6), 773-796.

Harvey, A. G., Watkins, E., Mansell, W., & Shafran, R. (2004). *Cognitive behavioural processes across psychological disorders: A transdiagnostic approach to research and treatment*. Oxford, UK: Oxford University Press.

Hatzenbuehler, M. L., & Keyes, K. M. (2013). Inclusive anti-bullying policies and reduced risk of suicide attempts in lesbian and gay youth. *Journal of Adolescent Health, 53*(1), S21-S26.

Havik, T., Bru, E., & Ertesvåg, S. K. (2015). School factors associated with school refusal-and truancy-related reasons for school non-attendance. *Social Psychology of Education, 18*(2), 221-240.

Hawkins, S. M., & Heflin, L. J. (2011). Increasing secondary teachers' behavior-specific praise using a video self-modeling and visual performance feedback intervention. *Journal of Positive Behavior Interventions, 13*(2), 97-108.

Hayward, C., Killen, J. D., Kraemer, H. C., & Taylor, C. B. (1998). Linking self-reported childhood behavioral inhibition to adolescent social phobia. *Journal of the American Academy of Child & Adolescent Psychiatry, 37*(12), 1308-1316.

Heffer, T., Good, M., Daly, O., MacDonell, E., & Willoughby, T. (2019). The longitudinal association between social-media use and depressive symptoms among adolescents and young adults: An empirical reply to Twenge et al. (2018). *Clinical Psychological Science, 7*(3), 462-470.

Hendron, M., & Kearney, C. A. (2016). School climate and student absenteeism and internalizing and externalizing behavioral problems. *Children & Schools, 38*(2), 109–116.

Heyne, D., Gren-Landell, M., Melvin, G., & Gentle-Genitty, C. (2019). Differentiation between school attendance problems: Why and how? *Cognitive and Behavioral Practice, 26*(1), 8–34.

Heyne, D., King, N. J., Tonge, B. J., Rollings, S., Young, D., Pritchard, M., & Ollendick, T. H. (2002). Evaluation of child therapy and caregiver training in the treatment of school refusal. *Journal of the American Academy of Child & Adolescent Psychiatry, 41*(6), 687–695.

Higa-McMillan, C. K., Francis, S. E., Rith-Najarian, L., & Chorpita, B. F. (2016). Evidence base update: 50 years of research on treatment for child and adolescent anxiety. *Journal of Clinical Child & Adolescent Psychology, 45*(2), 91–113.

Hirshfeld, D. R., Rosenbaum, J. F., Biederman, J., Bolduc, E. A., Faraone, S. V., Snidman, N., . . . Kagan, J. (1992). Stable behavioral inhibition and its association with anxiety disorder. *Journal of the American Academy of Child & Adolescent Psychiatry, 31*(1), 103–111.

Hirshfeld-Becker, D. R., Micco, J., Henin, A., Bloomfield, A., Biederman, J., & Rosenbaum, J. (2008). Behavioral inhibition. *Depression and Anxiety, 25*(4), 357–367.

Hock, E., McBride, S., & Gnezda, M. T. (1989). Maternal separation anxiety: Mother–infant separation from the maternal perspective. *Child Development, 60*(4), 793–802.

Hodges, J., & Oei, T. P. (2007). Would Confucius benefit from psychotherapy? The compatibility of cognitive behaviour therapy and Chinese values. *Behaviour Research and Therapy, 45*(5), 901–914.

Hoffman, L. J., & Chu, B. C. (2019). When is seeking safety functional? Taking a pragmatic approach to distinguishing coping from safety. *Cognitive and Behavioral Practice, 26*(1), 176–185.

Hopko, D. R., Armento, M. E., Cantu, M. S., Chambers, L., & Lejuez, C. W. (2003). The use of daily diaries to assess the relations among mood state, overt behavior, and reward value of activities. *Behaviour Research and Therapy, 41*(10), 1137–1148.

Hopko, D. R., Robertson, S., & Lejuez, C. W. (2006). Behavioral activation for anxiety disorders. *The Behavior Analyst Today, 7*(2), 212.

Horwitz, A. G., Czyz, E. K., Berona, J., & King, C. A. (2018). Rumination, brooding, and reflection: Prospective associations with suicide ideation and suicide attempts. *Suicide and Life-Threatening Behavior, 49*(4), 1085–1093.

Hughes, E. K., Gullone, E., Dudley, A., & Tonge, B. (2010). A case-control study of emotion regulation and school refusal in children and adolescents. *Journal of Early Adolescence, 30*(5), 691–706.

Hunnicutt Hollenbaugh, K. M., & Lenz, A. S. (2018). Preliminary evidence for the effectiveness of dialectical behavior therapy for adolescents. *Journal of Counseling & Development, 96*(2), 119–131.

Hwang, W. C., Wood, J. J., Lin, K. M., & Cheung, F. (2006). Cognitive-behavioral therapy with Chinese Americans: Research, theory, and clinical practice. *Cognitive and Behavioral Practice, 13*(4), 293–303.

Inderbitzen-Nolan, H. M., Anderson, E. R., & Johnson, H. S. (2007). Subjective versus objective behavioral ratings following two analogue tasks: A comparison of socially phobic and non-anxious adolescents. *Journal of Anxiety Disorders, 21*(1), 76–90.

Jack, S. P., Petrosky, E., Lyons, B. H., Blair, J. M., Ertl, A. M., Sheats, K. J., & Betz, C. J. (2018). Surveillance for violent deaths—National violent death reporting system, 27 states, 2015. *MMWR Surveillance Summaries, 67*(11), 1–32. Retrieved from www.cdc.gov/mmwr/ volumes/67/ ss/ss6711a1.htm.

Jacobson, N. S., Martell, C. R., & Dimidjian, S. (2001). Behavioral activation treatment for depression: Returning to contextual roots. *Clinical Psychology: Science and Practice, 8*(3), 255–270.

Jensen-Doss, A., & Weisz, J. R. (2008). Diagnostic agreement predicts treatment process and outcomes in youth mental health clinics. *Journal of Consulting and Clinical Psychology, 76*(5), 711–722.

Joiner, T. E. Jr. (2000). Depression's vicious scree: Self-propagating and erosive processes in depression chronicity. *Clinical Psychology: Science and Practice, 7*(2), 203–218.

Kagan, J. (1994). *Galen's prophecy*. New York: Basic Books.

Kagan, J., Reznick, J. S., & Snidman, N. (1988). Biological bases of childhood shyness. *Science, 240*(4849), 167–171.

Kallapiran, K., Koo, S., Kirubakaran, R., & Hancock, K. (2015). Effectiveness of mindfulness in improving mental health symptoms of children and adolescents: A meta-analysis. *Child and Adolescent Mental Health, 20*(4), 182–194.

Kann, L., McManus, T., Harris, W. A., Shanklin, S. L., Flint, K. H., Hawkins, J., . . . Whittle, L. (2016). Youth risk behavior surveillance—United States, 2015. *Morbidity and Mortality Weekly Report: Surveillance Summaries, 65*(6), 1–174. Retrieved from *www.cdc. gov/healthyyouth/data/yrbs/pdf/2015/ss6506_updated. pdf.*

Kaufman, J., Birmaher, B., Axelson, D., Perepletchikova, F., Brent, D., & Ryan, N. (2016). Kiddie Schedule for Affective Disorders and Schizophrenia. Retrieved from *www.kennedykrieger.org/sites/default/files/library/ documents/faculty/ksads-dsm-5-screener.pdf.*

Kazdin, A. E. (2001). *Behavior modification in applied settings.* New York: Wadsworth.

Kearney, C. (2007). *Getting your child to say "yes" to school: A guide for parents of youth with school refusal behavior.* New York: Oxford University Press.

Kearney, C. A. (2002). Identifying the function of school refusal behavior: A revision of the School Refusal Assessment Scale. *Journal of Psychopathology and Behavioral Assessment, 24*(4), 235–245.

Kearney, C. A. (2008). School absenteeism and school refusal behavior in youth: A contemporary review. *Clinical Psychology Review, 28*(3), 451–471.

Kearney, C. A., & Albano, A. M. (2007). *When children refuse school: A cognitive-behavioral therapy approach* (2nd ed.). Oxford, UK. Oxford University Press.

Kearney, C. A., & Graczyk, P. (2014). A response to intervention model to promote school attendance and decrease school absenteeism. *Child Youth Care Forum, 43*(1), 1–25.

Kearney, C. A., & Silverman, W. K. (1990). A preliminary analysis of a functional model of assessment and treatment for school refusal behavior. *Behavior Modification, 14*(3), 340–366.

Kearney, C. A., & Silverman, W. K. (1999). Functionally based prescriptive and nonprescriptive treatment for children and adolescents with school refusal behavior. *Behavior Therapy, 30*(4), 673–695.

Kelly, K. T. (2000). Are no-suicide contracts effective in preventing suicide in suicidal patients seen by primary care physicians? *Archives of Family Medicine, 9*(10), 1119–1121.

Kelly, K. T., & Knudson, M. P. (2000). Are no-suicide contracts effective in preventing suicide in suicidal patients seen by primary care physicians? *Archives of Family Medicine, 9*(10), 1119–1121.

Kendall, P. C., Compton, S. N., Walkup, J. T., Birmaher, B., Albano, A. M., Sherrill, J., . . . Keeton, C. (2010). Clinical characteristics of anxiety disordered youth. *Journal of Anxiety Disorders, 24*(3), 360–365.

Kendall, P. C., & Hedtke, K. A. (2006). *Cognitive-behavioral therapy for anxious children: Therapist manual.* New York: Workbook.

Kendall, P. C., & Pimentel, S. S. (2003). On the physiological symptom constellation in youth with generalized anxiety disorder (GAD). *Journal of Anxiety Disorders, 17*(2), 211–221.

Kennard, B. D., Clarke, G. N., Weersing, V. R., Asarnow, J. R., Shamseddeen, W., Porta, G., . . . Keller, B. (2009). Effective components of TORDIA cognitive–behavioral therapy for adolescent depression: Preliminary findings. *Journal of Consulting and Clinical Psychology, 77*(6), 1033.

Kertz, S. J., Petersen, D. R., & Stevens, K. T. (2019). Cognitive and attentional vulnerability to depression in youth: A review. *Clinical Psychology Review, 71,* 63–77.

Kessler, R. C., Avenevoli, S., Costello, E. J., Georgiades, K., Green, J. G., Gruber, M. J., . . . Sampson, A. (2012). Prevalence, persistence, and sociodemographic correlates of DSM-IV disorders in the National Comorbidity Survey Replication Adolescent Supplement. *Archives of General Psychiatry, 69*(4), 372–380.

Kessler, R. C., Berglund, P., Demler, O., Jin, R., Merikangas, K. R., & Walters, E. E. (2005). Lifetime prevalence and age-of-onset distributions of DSM-IV disorders in the National Comorbidity Survey Replication. *Archives of General Psychiatry, 62*(6), 593–602.

Kessler, R. C., Chiu, W. T., Demler, O., Merikangas, K. R., & Walters, E. E. (2005). Prevalence, severity, and comorbidity of 12-month DSM-IV disorders in the National Comorbidity Survey Replication. *Archives of General Psychiatry, 62*(6), 617–627.

Kessler, R. C., Petukhova, M., Sampson, N. A., Zaslavsky, A. M., & Wittcehn, H. (2012). Twelve-month and lifetime prevalence and lifetime morbid risk of anxiety and mood disorders in the United States, *International Journal of Methods in Psychiatric Research, 21*(3), 169–184.

Kiekens, G., Hasking, P., Bruffaerts, R., Claes, L., Baetens, I., Boyes, M., . . . Whitlock, J. (2017). What predicts ongoing nonsuicidal self-injury? *Journal of Nervous and Mental Disease, 205*(10), 762–770.

King, C. A., & Merchant, C. R. (2008). Social and interpersonal factors relating to adolescent suicidality: A review of the literature. *Archives of Suicide Research, 12*(3), 181–196.

King, N. J., & Bernstein, G. A. (2001). School refusal in children and adolescents: A review of the past 10 years. *Journal of the American Academy of Child & Adolescent Psychiatry, 40*(2), 197–205.

King, N., Tonge, B. J., Heyne, D., & Ollendick, T. H. (2000). Research on the cognitive-behavioral treatment of school refusal: A review and recommendations. *Clinical Psychology Review, 20*(4), 495–507.

King, N. J., Tonge, B. J., Heyne, D., Pritchard, M., Rollings, S., Young, D., . . . Ollendick, T. H. (1998). Cognitive-behavioral treatment of school-refusing children: A controlled evaluation. *Journal of the American Academy of Child & Adolescent Psychiatry, 37*(4), 395–403.

Klein, D. F. (1964). Delineation of two drug-responsive anxiety syndromes. *Psychopharmacologia, 5*(6), 397–408.

Kley, H., Tuschen-Caffier, B., & Heinrichs, N. (2012). Safety behaviors, self-focused attention and negative thinking in children with social anxiety disorder, socially anxious and non-anxious children. *Journal of Behavior Therapy and Experimental Psychiatry, 43*(1), 548–555.

Kõlves, K., & De Leo, D. (2017). Suicide methods in children and adolescents. *European Child & Adolescent Psychiatry, 26*(2), 155–164.

Kossowsky, J., Pfaltz, M. C., Schneider, S., Taeymans, J., Locher, C., & Gaab, J. (2013). The separation anxiety hypothesis of panic disorder revisited: A meta-analysis. *American Journal of Psychiatry, 170*(7), 768–781.

Lakdawalla, Z., Hankin, B. L., & Mermelstein, R. (2007). Cognitive theories of depression in children and adolescents: A conceptual and quantitative review. *Clinical Child and Family Psychology Review, 10*(1), 1–24.

Lambert, M. J., Harmon, C., Slade, K., Whipple, J. L., & Hawkins, E. J. (2005). Providing feedback to psychotherapists on their patients' progress: Clinical results and practice suggestions. *Journal of Clinical Psychology, 61*(2), 165–174.

Lambert, M. J., Whipple, J. L., Hawkins, E. J., Vermeersch, D. A., Nielsen, S. L., & Smart, D. W. (2003). Is it time for clinicians to routinely track patient outcome? A meta-analysis. *Clinical Psychology: Science and Practice, 10*(3), 288–301.

Langer, D. A., & Jensen-Doss, A. (2018). Shared decision-making in youth mental health care: Using the evidence to plan treatments collaboratively. *Journal of Clinical Child & Adolescent Psychology, 47*(5), 821–831.

Last, C. G., Hansen, C., & Franco, N. (1998). Cognitive-behavioral treatment of school phobia. *Journal of the American Academy of Child & Adolescent Psychiatry, 37*(4), 404–411.

Last, C. G., & Strauss, C. C. (1990). School refusal in anxiety-disordered children and adolescents. *Journal of the American Academy of Child & Adolescent Psychiatry, 29*(1), 31–35.

Lavallee, K., Herren, C., Blatter-Meunier, J., Adornetto, C., In-Albon, T., & Schneider, S. (2011). Early predictors of separation anxiety disorder: Early stranger anxiety, parental pathology and prenatal factors. *Psychopathology, 44*(6), 354–361.

Legerstee, J. S., Garnefski, N., Jellesma, F. C., Verhulst, F. C., & Utens, E. M. (2010). Cognitive coping and childhood anxiety disorders. *European Child & Adolescent Psychiatry, 19*(2), 143–150.

Legerstee, J. S., Tulen, J. H., Dierckx, B., Treffers, P. D., Verhulst, F. C., & Utens, E. M. (2010). CBT for childhood anxiety disorders: Differential changes in selective attention between treatment responders and non-responders. *Journal of Child Psychology and Psychiatry, 51*(2), 162–172.

Levinson, D. F. (2006). The genetics of depression: A review. *Biological Psychiatry, 60*(2), 84–92.

Lewinsohn, P. M., & Graf, M. (1973). Pleasant activities and depression. *Journal of Consulting and Clinical Psychology, 41*(2), 261–268.

Lewinsohn, P. M., Holm-Denoma, J. M., Small, J. W., Seeley, J. R., & Joiner, T. E., Jr. (2008). Separation anxiety disorder in childhood as a risk factor for future mental illness. *Journal of the American Academy of Child & Adolescent Psychiatry, 47*(5), 548-555.

Lewinsohn, P. M., & Libet, J. (1972). Pleasant events, activity schedules, and depressions. *Journal of Abnormal Psychology, 79*(3), 291-295.

Lewinsohn, P. M., Rohde, P., & Seeley, J. R. (1996). Adolescent suicidal ideation and attempts: Prevalence, risk factors, and clinical implications. *Clinical Psychology: Science and Practice, 3*(1), 25-46.

Lewis-Morrarty, E., Degnan, K. A., Chronis-Tuscano, A., Rubin, K. H., Cheah, C. S., Pine, D. S., . . . Fox, N. A. (2012). Maternal over-control moderates the association between early childhood behavioral inhibition and adolescent social anxiety symptoms. *Journal of Abnormal Child Psychology, 40*(8), 1363-1373.

Leyfer, O., Gallo, K. P., Cooper-Vince, C., & Pincus, D. B. (2013). Patterns and predictors of comorbidity of DSM-IV anxiety disorders in a clinical sample of children and adolescents. *Journal of Anxiety Disorders, 27*(3), 306-311.

Lighthouse Project the Columbia Lighthouse Project. (2016). Retrieved from *https://cssrs.columbia.edu*.

Linehan, M. M. (1993). *Diagnosis and treatment of mental disorders: Cognitive-behavioral treatment of borderline personality disorder.* New York: Guilford Press.

Liu, M., Wu, L., & Yao, S. (2016). Dose-response association of screen time-based sedentary behaviour in children and adolescents and depression: A meta-analysis of observational studies. *British Journal of Sports Medicine, 50*(20), 1252-1258.

Liu, R. T., & Mustanski, B. (2012). Suicidal ideation and self-harm in lesbian, gay, bisexual, and transgender youth. *American Journal of Preventive Medicine, 42*(3), 221-228.

Lloyd-Richardson, E. E., Perrine, N., Dierker, L., & Kelley, M. L. (2007). Characteristics and functions of non-suicidal self-injury in a community sample of adolescents. *Psychological Medicine, 37*(8), 1183-1192.

Manicavasagar, V., Silove, D., Curtis, J., & Wagner, R. (2000). Continuities of separation anxiety from early life into adulthood. *Journal of Anxiety Disorders, 14*(1), 1-18.

Manos, R. C., Kanter, J. W., & Busch, A. M. (2010). A critical review of assessment strategies to measure the behavioral activation model of depression. *Clinical Psychology Review, 30*(5), 547-561.

March, J., Silva, S., Petrycki, S., Curry, J., Wells, K., Fairbank, J., . . . Severe, J. (2004). Fluoxetine, cognitive-behavioral therapy, and their combination for adolescents with depression: Treatment for Adolescents with Depression Study (TADS) randomized controlled trial. *JAMA, 292*(7), 807-820.

Marshal, M. P., Dietz, L. J., Friedman, M. S., Stall, R., Smith, H. A., McGinley, J., . . . Brent, D. A. (2011). Suicidality and depression disparities between sexual minority and heterosexual youth: A meta-analytic review. *Journal of Adolescent Health, 49*(2), 115-123.

Martin, C., Cabrol, S., Bouvard, M. P., Lepine, J. P., & Mouren-Simeoni, M. C. (1999). Anxiety and depressive disorders in fathers and mothers of anxious school-refusing children. *Journal of the American Academy of Child & Adolescent Psychiatry, 38*(7), 916-922.

Mash, E. J., & Hunsley, J. (2005). Evidence-based assessment of child and adolescent disorders: Issues and challenges. *Journal of Clinical Child and Adolescent Psychology, 34*(3), 362-379.

Masi, G., Mucci, M., & Millepiedi, S. (2001). Separation anxiety disorder in children and adolescents. *CNS Drugs, 15*(2), 93-104.

Maynard, B. R., Brendel, K. E., Bulanda, J. J., Heyne, D., Thompson, A. M., & Pigott, T. D. (2015). Psychosocial interventions for school refusal with primary and secondary school students: A systematic review. *Campbell Systematic Reviews, 11*(1), 1-76.

Maynard, B. R., Brendel, K. E., Bulanda, J. J., & Pigott, T. (2013). Protocol: Psychosocial interventions for school refusal behavior with elementary and secondary school students. *Campbell Systematic Reviews, 9*(1), 1-33.

Maynard, B. R., Heyne, D., Brendel, K. E., Bulanda, J. J., Thompson, A. M., & Pigott, T. D. (2018). Treatment for school refusal among children and adolescents: A systematic review and meta-analysis. *Research on Social Work Practice, 28*(1), 56-67.

Maynard, B. R., McCrea, K. T., Pigott, T. D., & Kelly, M. S. (2012). Indicated truancy interventions:

Effects on school attendance among chronic truant students. *Campbell Systematic Reviews, 8*(1), 1–84.

Maynard, B. R., Salas-Wright, C. P., Vaughn, M. G., & Peters, K. E. (2012). Who are truant youth? Examining distinctive profiles of truant youth using latent profile analysis. *Journal of Youth and Adolescence, 41*(12), 1671–1684.

McLeod, B. D., Weisz, J. R., & Wood, J. J. (2007). Examining the association between parenting and childhood depression: A meta-analysis. *Clinical Psychology Review, 27*(8), 986–1003.

McLeod, B. D., Wood, J. J., & Weisz, J. R. (2007). Examining the association between parenting and childhood anxiety: A meta-analysis. *Clinical Psychology Review, 27*(2), 155–172.

McShane, G., Walter, G., & Rey, J. M. (2001). Characteristics of adolescents with school refusal. *Australian & New Zealand Journal of Psychiatry, 35*(6), 822–826.

Melvin, G. A., Dudley, A. L., Gordon, M. S., Klimkeit, E., Gullone, E., Taffe, J., & Tonge, B. J. (2017). Augmenting cognitive behavior therapy for school refusal with fluoxetine: A randomized controlled trial. *Child Psychiatry & Human Development, 48*(3), 485–497.

Melvin, G. A., & Gordon, M. S. (2019). Antidepressant medication: Is it a viable and valuable adjunct to cognitive-behavioral therapy for school refusal? *Cognitive and Behavioral Practice, 26*(1), 107–118.

Merikangas, K. R., He, J. P., Burstein, M., Swanson, S. A., Avenevoli, S., Cui, L., . . . Swendsen, J. (2010). Lifetime prevalence of mental disorders in U.S. adolescents: Results from the National Comorbidity Survey Replication–Adolescent Supplement (NCS-A). *Journal of the American Academy of Child & Adolescent Psychiatry, 49*(10), 980–989.

Merikangas, K. R., Stevens, D. E., Fenton, B., Stolar, M., O'Malley, S., Woods, S. W., & Risch, N. (1998). Co-morbidity and familial aggregation of alcoholism and anxiety disorders. *Psychological Medicine, 28*(4), 773–788.

Miers, A. C., Blöte, A. W., Bokhorst, C. L., & Westenberg, P. M. (2009). Negative self-evaluations and the relation to performance level in socially anxious children and adolescents. *Behavior Research and Therapy, 47*(12), 1043–1049.

Miers, A. C., Blöte, A. W., de Rooij, M., Bokhorst, C. L., & Westenberg, P. M. (2012). Trajectories of social anxiety during adolescence and relations with cognition, social competence, and temperament. *Journal of Abnormal Child Psychology, 41*(1), 97–110.

Miers, A. C., Blöte, A. W., & Westenberg, P. M. (2011). Negative social cognitions in socially anxious youth: Distorted reality or a kernel of truth? *Journal of Child and Family Studies, 20*(2), 214–223.

Miller, W. R., & Rollnick, S. (2012). *Motivational interviewing: Helping people change.* New York: Guilford Press.

Moore, P. S., Whaley, S. E., & Sigman, M. (2004). Interactions between mothers and children: Impacts of maternal and child anxiety. *Journal of Abnormal Psychology, 113*(3), 471–476.

Moses, T. (2018). Suicide attempts among adolescents with self-reported disabilities. *Child Psychiatry & Human Development, 49*(3), 420–433.

Mueller, A. S., James, W., Abrutyn, S., & Levin, M. L. (2015). Suicide ideation and bullying among US adolescents: Examining the intersections of sexual orientation, gender, and race/ethnicity. *American Journal of Public Health, 105*(5), 980–985.

Muris, P. (2011). Further insights in the etiology of fear, anxiety and their disorders in children and adolescents: The partial fulfillment of a prophecy. *Journal of Child and Family Studies, 20*(2), 133–134.

Muris, P., Meesters, C., Merckelbach, H., & Hülsenbeck, P. (2000). Worry in children is related to perceived parental rearing and attachment. *Behaviour Research and Therapy, 38*(5), 487–497.

Muris, P., Meesters, C., Merckelbach, H., Sermon, A., & Zwakhalen, S. (1998). Worry in children. *Journal of the American Academy of Child and Adolescent Psychiatry, 37*(7), 703–710.

Nadeem, E., Cappella, E., Holland, S., Coccaro, C., & Crisonino, G. (2016). Development and piloting of a classroom-focused measurement feedback system. *Administration and Policy in Mental Health and Mental Health Services Research, 43*(3), 379–393.

Nestor, B. A., Cheek, S. M., & Liu, R. T. (2016). Ethnic and racial differences in mental health service utilization for suicidal ideation and behavior in a nationally representative sample of adolescents. *Journal of Affective Disorders, 202*(15), 197–202.

Nischal, A., Tripathi, A., Nischal, A., & Trivedi, J. K. (2012). Suicide and antidepressants: What current evidence indicates. *Mens Sana Monographs, 10*(1), 33–44.

Nock, M. K. (2010). Self-injury. *Annual Review of Clinical Psychology, 6*(1), 339–363.

Nock, M. K., Borges, G., Bromet, E. J., Cha, C. B., Kessler, R. C., & Lee, S. (2008). Suicide and suicidal behavior. *Epidemiologic Reviews, 30*(1), 133–154.

Nock, M. K., Green, J. G., Hwang, I., McLaughlin, K. A., Sampson, N. A., Zaslavsky, A. M., & Kessler, R. C. (2013). Prevalence, correlates, and treatment of lifetime suicidal behavior among adolescents: Results from the National Comorbidity Survey replication adolescent supplement. *JAMA Psychiatry, 70*(3), 300–310.

Nock, M. K., Holmberg, E. B., Photos, V. I., & Michel, B. D. (2007). Self-injurious thoughts and behaviors interview: Development, reliability, and validity in an adolescent sample. *Psychological Assessment, 19*(3), 309–317.

Nock, M. K., Joiner, T. E., Jr., Gordon, K. H., Lloyd-Richardson, E., & Prinstein, M. J. (2006). Nonsuicidal self-injury among adolescents: Diagnostic correlates and relation to suicide attempts. *Psychiatry Research, 144*(1), 65–72.

Nock, M. K., & Kazdin, A. E. (2001). Parent expectancies for child therapy: Assessment and relation to participation in treatment. *Journal of Child and Family Studies, 10*(2), 155–180.

Nock, M. K., & Kazdin, A. E. (2005). Randomized controlled trial of a brief intervention for increasing participation in parent management training. *Journal of Consulting and Clinical Psychology, 73*(5), 872–879.

Nock, M. K., & Prinstein, M. J. (2004). A functional approach to the assessment of self-mutilative behavior. *Journal of Consulting and Clinical Psychology, 72*(5), 885–890.

Nock, M. K., & Prinstein, M. J. (2005). Contextual features and behavioral functions of self-mutilation among adolescents. *Journal of Abnormal Psychology, 114*(1), 140–146.

Nock, M. K., Prinstein, M. J., & Sterba, S. K. (2009). Revealing the form and function of self-injurious thoughts and behaviors: A real-time ecological assessment study among adolescents and young adults. *Journal of Abnormal Psychology, 118*(4), 816–827.

Okuyama, M., Okada, M., Kuribayashi, M., & Kaneko, S. (1999). Factors responsible for the prolongation of school refusal. *Psychiatry and Clinical Neurosciences, 53*(4), 461–469.

Ollendick, T. H., Benoit, K., & Grills-Taquechel, A. E. (2014). Social anxiety in children and adolescents. In J. Weeks (Ed.), *The Wiley–Blackwell handbook of social anxiety* (pp. 181–200). Chichester, UK: John Wiley & Sons.

Ollendick, T. H., & Hirshfeld-Becker, D. R. (2002). The developmental psychopathology of social anxiety disorder. *Biological Psychiatry, 51*(1), 44–58.

Ollendick, T. H., Jarrett, M. A., Grills-Taquechel, A. E., Hovey, L. D., & Wolff, J. C. (2008). Comorbidity as a predictor and moderator of treatment outcome in youth with anxiety, affective, attention deficit/hyperactivity disorder, and oppositional/conduct disorders. *Clinical Psychology Review, 28*(8), 1447–1471.

Osher, Y., & Belmaker, R. H. (2009). Omega-3 fatty acids in depression: A review of three studies. *CNS Neuroscience & Therapeutics, 15*(2), 128–133.

Oud, M., De Winter, L., Vermeulen-Smit, E., Bodden, D., Nauta, M., Stone, L., . . . Engels, R. (2019). Effectiveness of CBT for children and adolescents with depression: A systematic review and meta-regression analysis. *European Psychiatry, 57*, 33–45.

Pandey, G. N. (1997). Altered serotonin function in suicide: Evidence from platelet and neuroendocrine studies. *Annals of the New York Academy of Sciences, 836*(1), 182–201.

Paschall, M. J., & Bersamin, M. (2018). School-based health centers, depression, and suicide risk among adolescents. *American Journal of Preventive Medicine, 54*(1), 44–50.

Paulhus, D. L., & Morgan, K. L. (1997). Perceptions of intelligence in leaderless groups: The dynamic effects of shyness and acquaintance. *Journal of Personality and Social Psychology, 72*(3), 581–591.

Pediatric OCD Treatment Study Team (2004). Cognitive-behavior therapy, sertraline, and their combination for children and adolescents with obsessive–compulsive disorder: The Pediatric

OCD Treatment Study (POTS) randomized controlled trial. *JAMA, 292*(16), 1969-1976.

Peris, T. S., Compton, S. N., Kendall, P. C., Birmaher, B., Sherrill, J., March, J., . . . Piacentini, J. (2015). Trajectories of change in youth anxiety during cognitive-behavior therapy. *Journal of Consulting and Clinical Psychology, 83*(2), 239-252.

Persons, J. B. (2006). Case formulation-driven psychotherapy. *Clinical Psychology: Science and Practice, 13*(2), 167-170.

Pettit, J. W., Buitron, V., & Green, K. L. (2018). Assessment and management of suicide risk in children and adolescents. *Cognitive and Behavioral Practice, 25*(4), 460-472.

Pettit, J. W., Temple, S. R., Norton, P. J., Yaroslavsky, I., Grover, K. E., Morgan, S. T., & Schatte, D. J. (2009). Thought suppression and suicidal ideation: Preliminary evidence in support of a robust association. *Depression and Anxiety, 26*(8), 758-763.

Phillips, D. P. (1974). The influence of suggestion on suicide: Substantive and theoretical implications of the Werther effect. *American Sociological Review, 39*(3), 340-354.

Piacentini, J., Bennett, S., Compton, S. N., Kendall, P. C., Birmaher, B., Albano, A. M., . . . Rynn, M. (2014). 24-and 36-week outcomes for the Child/Adolescent Anxiety Multimodal Study (CAMS). *Journal of the American Academy of Child & Adolescent Psychiatry, 53*(3), 297-310.

Platt, B., Kadosh, K. C., & Lau, J. Y. (2013). The role of peer rejection in adolescent depression. *Depression and Anxiety, 30*(9), 809-821.

Plener, P. L., Schumacher, T. S., Munz, L. M., & Groschwitz, R. C. (2015). The longitudinal course of nonsuicidal self-injury and deliberate self-harm: A systematic review of the literature. *Borderline Personality Disorder and Emotion Dysregulation, 2*(1), 1-11.

Raifman, J., Moscoe, E., Austin, S. B., & McConnell, M. (2017). Difference-in-differences analysis of the association between state same-sex marriage policies and adolescent suicide attempts. *JAMA Pediatrics, 171*(4), 350-356.

Rao, P. A., Beidel, D. C., Turner, S. M., Ammerman, R. T., Crosby, L. E., & Sallee, F. R. (2007). Social anxiety disorder in childhood and adolescence: Descriptive psychopathology. *Behaviour Research and Therapy, 45*(6), 1181-1191.

Rao, U., Hammen, C. L., & Poland, R. E. (2009). Risk markers for depression in adolescents: Sleep and HPA measures. *Neuropsychopharmacology, 34*(8), 1936-1945.

Rapee, R. M. (1997). Potential role of childrearing practices in the development of anxiety and depression. *Clinical Psychology Review, 17*(1), 47-67.

Rapee, R. M. (2014). Preschool environment and temperament as predictors of social and nonsocial anxiety disorders in middle adolescence. *Journal of the American Academy of Child & Adolescent Psychiatry, 53*(3), 320-328.

Rapee, R. M., & Spence, S. H. (2004). The etiology of social phobia: Empirical evidence and an initial model. *Clinical Psychology Review, 24*(7), 737-767.

Reid, K. (2005). The causes, views and traits of school absenteeism and truancy: An analytical review. *Research in Education, 74*(1), 59-82.

Reid, W. H. (1998). Promises, promises: Don't rely on patients' no-suicide/no-violence "contracts." *Journal of Practical Psychiatry and Behavioral Health, 4*(3), 316-318.

Reinke, W. M., Lewis-Palmer, T., & Martin, E. (2007). The effect of visual performance feedback on teacher use of behavior-specific praise. *Behavior Modification, 31*(3), 247-263.

Renaud, J., Brent, D. A., Baugher, M., Birmaher, B., Kolko, D. J., & Bridge, J. (1998). Rapid response to psychosocial treatment for adolescent depression: A two-year follow-up. *Journal of the American Academy of Child & Adolescent Psychiatry, 37*(11), 1184-1190.

Rice, F., Harold, G., & Thapar, A. (2002). The genetic aetiology of childhood depression: A review. *Journal of Child Psychology and Psychiatry, 43*(1), 65-79.

Rizvi, S. L., & Ritschel, L. A. (2014). Mastering the art of chain analysis in dialectical behavior therapy. *Cognitive and Behavioral Practice, 21*(3), 335-349.

Robinson, J. L., Kagan, J., Reznick, J. S., & Corley, R. (1992). The heritability of inhibited and uninhibited behavior: A twin study. *Developmental Psychology, 28*(6), 1030-1037.

Roemer, L., & Borkovec, T. D. (1993). Worry: Unwanted cognitive activity that controls unwanted somatic experience. In D. M. Wegner & J. W. Pennebaker (Eds.), *Handbook of mental control* (pp.

220-238). Century Psychology Series. Upper Saddle River, NJ: Prentice Hall.

Rood, L., Roelofs, J., Bögels, S. M., Nolen-Hoeksema, S., & Schouten, E. (2009). The influence of emotion-focused rumination and distraction on depressive symptoms in non-clinical youth: A meta-analytic review. *Clinical Psychology Review, 29*(7), 607-616.

Ross, S., & Heath, N. (2002). A study of the frequency of self-mutilation in a community sample of adolescents. *Journal of Youth and Adolescence, 31*(1), 67-77.

Rubin, K. H., Burgess, K. B., & Hastings, P. D. (2002). Stability and social-behavioral consequences of toddlers' inhibited temperament and parenting behaviors. *Child Development, 73*(2), 483-495.

Rudolph, K. D., Flynn, M., & Abaied, J. L. (2008). A developmental perspective on interpersonal theories of youth depression. In J. R. Z. Abela & B. L. Hankin (Eds.), *Handbook of depression in children and adolescents* (pp. 79-102). New York: Guilford Press.

Rudolph, K. D., & Hammen, C. (1999). Age and gender as determinants of stress exposure, generation, and reactions in youngsters: A transactional perspective. *Child Development, 70*(3), 660-677.

Rudolph, K. D., Hammen, C., Burge, D., Lindberg, N., Herzberg, D., & Daley, S. E. (2000). Toward an interpersonal life-stress model of depression: The developmental context of stress generation. *Development and Psychopathology, 12*(2), 215-234.

Rueger, S. Y., Malecki, C. K., Pyun, Y., Aycock, C., & Coyle, S. (2016). A meta-analytic review of the association between perceived social support and depression in childhood and adolescence. *Psychological Bulletin, 142*(10), 1017-1067.

Ruscio, A. M., Brown, T. A., Chiu, W. T., Sareen, J., Stein, M. B., & Kessler, R. C. (2007). Social fears and social phobia in the USA: Results from the National Comorbidity Survey Replication. *Psychological Medicine, 38*(1), 15-28.

Salkovskis, P. M. (1991). The importance of behaviour in the maintenance of anxiety and panic: A cognitive account. *Behavioural and Cognitive Psychotherapy, 19*(1), 6-19.

Sander, J. B., & McCarty, C. A. (2005). Youth depression in the family context: Familial risk factors and models of treatment. *Clinical Child and Family Psychology Review, 8*(3), 203-219.

Scaini, S., Ogliari, A., Eley, T. C., Zavos, H. M., & Battaglia, M. (2012). Genetic and environmental contributions to separation anxiety: A meta-analytic approach to twin data. *Depression and Anxiety, 29*(9), 754-761.

Segrin, C. (2000). Social skills deficits associated with depression. *Clinical Psychology Review, 20*(3), 379-403.

Selby, E. A., Anestis, M. D., & Joiner, T. E. (2008). Understanding the relationship between emotional and behavioral dysregulation: Emotional cascades. *Behaviour Research and Therapy, 46*(5), 593-611.

Shaffer, D., & Pfeffer, C. R. (2001). Practice parameter for the assessment and treatment of children and adolescents with suicidal behavior. *Journal of the American Academy of Child & Adolescent Psychiatry, 40*(7), 24S-51S.

Shear, K., Jin, R., Ruscio, A. M., Walters, E. E., & Kessler, R. C. (2006). Prevalence and correlates of estimated DSM-IV child and adult separation anxiety disorder in the National Comorbidity Survey Replication. *American Journal of Psychiatry, 163*(6), 1074-1083.

Sheeber, L., & Sorensen, E. (1998). Family relationships of depressed adolescents: A multimethod assessment. *Journal of Clinical Child Psychology, 27*(3), 268-277.

Shirk, S. R., Crisostomo, P. S., Jungbluth, N., & Gudmundsen, G. R. (2013). Cognitive mechanisms of change in CBT for adolescent depression: Associations among client involvement, cognitive distortions, and treatment outcome. *International Journal of Cognitive Therapy, 6*(4), 311-324.

Silove, D., Harris, M., Morgan, A., Boyce, P., Manicavasagar, V., Hadzi-Pavlovic, D., & Wilhelm, K. (1995). Is early separation anxiety a specific precursor of panic disorder-agoraphobia? A community study. *Psychological Medicine, 25*(2), 405-411.

Silverman, W. K., La Greca, A. M., & Wasserstein, S. (1995). What do children worry about? Worries and their relation to anxiety. *Child Development, 66*(3), 671-686.

Simon, G. E., Savarino, J., Operskalski, B., & Wang, P. S. (2006). Suicide risk during antidepressant treatment. *American Journal of Psychiatry, 163*(1), 41-47.

Songco, A., Hudson, J. L., & Fox, E. (2020). A cognitive model of pathological worry in children and adolescents: A systematic review. *Clinical Child and Family Psychology Review, 23*(2), 229-249.

Sornberger, M. J., Heath, N. L., Toste, J. R., & McLouth, R. (2012). Nonsuicidal self-injury and gender: Patterns of prevalence, methods, and locations among adolescents. *Suicide and Life-Threatening Behavior, 42*(3), 266-278.

Spence, S. H., & Rapee, R. M. (2016). The etiology of social anxiety disorder: An evidence-based model. *Behaviour Research and Therapy, 86*(1), 50-67.

Stack, S. (1987). The sociological study of suicide: Methodological issues. *Suicide and Life-Threatening Behavior, 17*(2), 133-150.

Stack, S. (2003). Media coverage as a risk factor in suicide. *Journal of Epidemiology & Community Health, 57*(4), 238-240.

Stack, S. (2005). Suicide in the media: A quantitative review of studies based on nonfictional stories. *Suicide and Life-Threatening Behavior, 35*(2), 121-133.

Stack, S. (2009). Copycat effects of fictional suicide: A meta-analysis. In S. Stack & D. Lester (Eds.), *Suicide and the creative arts* (pp. 231-243). New York: Nova Science.

Stahl, S. M. (1998). Basic psychopharmacology of antidepressants: Part 1. Antidepressants have seven distinct mechanisms of action. *Journal of Clinical Psychiatry, 59*(Suppl. 4), 5-14.

Stanley, B., & Brown, G. K. (2012). Safety planning intervention: A brief intervention to mitigate suicide risk. *Cognitive and Behavioral Practice, 19*(2), 256-264.

Stanley, B., Brown, G., Brent, D. A., Wells, K., Poling, K., Curry, J., . . . Hughes, J. (2009). Cognitivebehavioral therapy for suicide prevention (CBT-SP): Treatment model, feasibility, and acceptability. *Journal of the American Academy of Child & Adolescent Psychiatry, 48*(10), 1005-1013.

Stone, D. M., Simon, T. R., Fowler, K. A., Kegler, S. R., Yuan, K., Holland, K. M., . . . Crosby, A. E. (2018). Vital signs: Trends in state suicide rates—United States, 1999-2016 and circumstances contributing to suicide—27 states, 2015. *Morbidity and Mortality Weekly Report, 67*(22), 617-624.

Suarez, L., & Bell-Dolan, D. (2001). The relationship of child worry to cognitive biases: Threat interpretation and likelihood of event occurrence. *Behavior Therapy, 32*(3), 425-442.

Sullivan, E. M., Annest, J. L., Simon, T. R., Luo, F., & Dahlberg, L. L. (2015). Suicide trends among persons aged 10-24 years—United States, 1994-2012. *Morbidity and Mortality Weekly Report, 64*(8), 201.

Sullivan, P. F., Neale, M. C., & Kendler, K. S. (2000). Genetic epidemiology of major depression: Review and meta-analysis. *American Journal of Psychiatry, 157*(10), 1552-1562.

Sumter, S. R., Bokhorst, C. L., Miers, A. C., Van Pelt, J., & Westenberg, P. M. (2010). Age and puberty differences in stress responses during a public speaking task: Do adolescents grow more sensitive to social evaluation? *Psychoneuroendocrinology, 35*(10), 1510-1516.

Sutphen, R. D., Ford, J. P., & Flaherty, C. (2010). Truancy interventions: A review of the research literature. *Research on Social Work Practice, 20*(2), 161-171.

Tang, T. Z., & DeRubeis, R. J. (1999). Reconsidering rapid early response in cognitive behavioral therapy for depression. *Clinical Psychology: Science and Practice, 6*(3), 283-288.

Tiwari, S., Podell, J. C., Martin, E. D., Mychailyszyn, M. P., Furr, J. M., & Kendall, P. C. (2008). Experiential avoidance in the parenting of anxious youth: Theory, research, and future directions. *Cognition and Emotion, 22*(3), 480-496.

Treatment for Adolescents with Depression Study Team. (2009). The Treatment for Adolescents with Depression Study (TADS): Outcomes over 1 year of naturalistic follow-up. *American Journal of Psychiatry, 166*(10), 1141-1149.

Twenge, J. M., Joiner, T. E., Rogers, M. L., & Martin, G. N. (2018). Increases in depressive symptoms, suicide-related outcomes, and suicide rates among U.S. adolescents after 2010 and links to increased new media screen time. *Clinical Psychological Science, 6*(1), 3-17.

Underwood, M. D., Kassir, S. A., Bakalian, M. J., Galfalvy, H., Dwork, A. J., Mann, J. J., & Arango, V. (2018). Serotonin receptors and suicide, major depression, alcohol use disorder and reported early life adversity. *Translational Psychiatry 8*(1), 279-294.

U. S. Department of Education. (2001). The Elementary and Secondary Education Act (The No Child Left Behind Act of 2001). Retrieved July 25, 2003, from *www2.ed.gov/nclb/overview/intro/execsumm.html*

U. S. Department of Education (2019). Chronic absenteeism in the nation's schools: A hidden educational crisis. Retrieved from *www2.ed.gov/datastory/chronicabsenteeism.html#:~:text=Students%20who%20are%20chronically%20absent,of%20falling%20behind%20in%20school.*

Verduin, T. L., & Kendall, P. C. (2003). Differential occurrence of comorbidity within childhood anxiety disorders. *Journal of Clinical Child & Adolescent Psychology, 32*(2), 290-295.

Vidair, H. B., Feyijinmi, G. O., & Feindler, E. L. (2016). Termination in cognitive-behavioral therapy with children, adolescents, and parents. *Psychotherapy, 54*(1), 15-21.

Walkup, J. T. (2017). Antidepressant efficacy for depression in children and adolescents: Industry and NIMH funded studies. *American Journal of Psychiatry, 147*(5), 430-437.

Walkup, J. T., Albano, A. M., Piacentini, J., Birmaher, B., Compton, S. N., Sherrill, J. T., . . . Iyengar, S. (2008). Cognitive behavioral therapy, sertraline, or a combination in childhood anxiety. *New England Journal of Medicine, 359*(26), 2753-2766.

Wan, L. B., Levitch, C. F., Perez, A. M., Brallier, J. W., Iosifescu, D. V., Chang, L. C., . . . Murrough, J. W. (2015). Ketamine safety and tolerability in clinical trials for treatment-resistant depression. *Journal of Clinical Psychiatry, 76*(3), 247-252.

Wasserman, D., Hoven, C. W., Wasserman, C., Wall, M., Eisenberg, R., Hadlaczky, G., . . . Carli, V. (2015). School-based suicide prevention programmes: The SEYLE cluster-randomised, controlled trial. *The Lancet, 385*(9977), 1536-1544.

Watson, D. (2005). Rethinking the mood and anxiety disorders: A quantitative hierarchical model for DSM-V. *Journal of Abnormal Psychology, 114*(4), 522-536.

Weems, C. F., Silverman, W. K., & La Greca, A. M. (2000). What do youth referred for anxiety problems worry about? Worry and its relation to anxiety and anxiety disorders in children and adolescents. *Journal of Abnormal Child Psychology, 28*(1), 63-72.

Weersing, V. R., Jeffreys, M., Do, M. T., Schwartz, K. T., & Bolano, C. (2017). Evidence base update of psychosocial treatments for child and adolescent depression. *Journal of Clinical Child and Adolescent Psychology, 46*(1), 11-43.

Weisz, J. R., Chorpita, B. F., Frye, A., Ng, M. Y., Lau, N., Bearman, S. K., . . . Hoagwood, K. E. (2011). Youth top problems: Using idiographic, consumer-guided assessment to identify treatment needs and to track change during psychotherapy. *Journal of Consulting and Clinical Psychology, 79*(3), 369-380.

Weisz, J. R., Thurber, C. A., Sweeney, L., Proffitt, V. D., & LeGagnoux, G. L. (1997). Brief treatment of mild-to-moderate child depression using primary and secondary control enhancement training. *Journal of Consulting and Clinical Psychology, 65*(4), 703.

Wells, A. (2006). The metacognitive model of worry and generalised anxiety disorder. In G. C. L. Davey & A. Wells (Eds.), *Worry and its psychological disorders: Theory, assessment and treatment* (pp. 179-199). New York: Wiley Publishing.

Whaley, S. E., Pinto, A., & Sigman, M. (1999). Characterizing interactions between anxious mothers and their children. *Journal of Consulting and Clinical Psychology, 67*(6), 826-836.

Wierzbicki, M., & Sayler, M. K. (1991). Depression and engagement in pleasant and unpleasant activities in normal children. *Journal of Clinical Psychology, 47*(4), 499-505.

Wilkins, J. (2008). School characteristics that influence student attendance: Experiences of students in a school avoidance program. *High School Journal, 91*(3), 12-24.

Wilson, C., Budd, B., Chernin, R., King, H., Leddy, A., Maclennan, F., & Mallandain, I. (2011). The role of meta-cognition and parenting in adolescent worry. *Journal of Anxiety Disorders, 25*(1), 71-79.

Wingate, L. R., Joiner, T. E., Jr., Walker, R. L., Rudd, M. D., & Jobes, D. A. (2004). Empirically informed approaches to topics in suicide risk assessment. *Behavioral Sciences & the Law, 22*(5), 651-665.

Wolff, J., Frazier, E., Davis, S., Freed, R. D., Esposito-Smythers, C., Liu, R., & Spirito, A. (2017).

Depression and suicidality. In C. A. Flessner & J. C. Piacentini (Eds.), *Clinical handbook of psychological disorders in children and adolescents: A step by step treatment manual* (pp. 55-93). New York: Guilford Press.

Wolitzky-Taylor, K., Bobova, L., Zinbarg, R. E., Mineka, S., & Craske, M. G. (2012). Longitudinal investigation of the impact of anxiety and mood disorders in adolescence on subsequent substance use disorder onset and vice versa. *Addictive Behaviors, 37*(8), 982-985.

Wood, J. J., McLeod, B. D., Sigman, M., Hwang, W. C., & Chu, B. C. (2003). Parenting and childhood anxiety: Theory, empirical findings, and future directions. *Journal of Child Psychology and Psychiatry, 44*(1), 134-151.

World Health Organization. (2014). *Global health observatory data: World health statistics 2014.* Geneva: Author. Retrieved from *www.who.int/gho.*

Wu, X., Liu, F., Cai, H., Huang, L., Li, Y., Mo, Z., & Lin, J. (2013). Cognitive behaviour therapy combined fluoxetine treatment superior to cognitive behaviour therapy alone for school refusal. *International Journal of Pharmacology, 9*(3), 197-203.

Yap, M. B. H., Pilkington, P. D., Ryan, S. M., & Jorm, A. F. (2014). Parental factors associated with depression and anxiety in young people: A systematic review and meta-analysis. *Journal of Affective Disorders, 156,* 8-23.

Yoman, J. (2008). A primer on functional analysis. *Cognitive and Behavioral Practice, 15*(3), 325-340.

Young, J. F., Mufson, L., & Benas, J. S. (2014). Interpersonal psychotherapy for youth depression and anxiety. In J. Ehrenreich-May & B. C. Chu (Eds.), *Transdiagnostic treatments for children and adolescents: Principles and practice* (pp. 183-202). New York: Guilford Press.

Youngstrom, E. A., Choukas-Bradley, S., Calhoun, C. D., & Jensen-Doss, A. (2015). Clinical guide to the evidence-based assessment approach to diagnosis and treatment. *Cognitive and Behavioral Practice, 22*(1), 20-35.

Índice

Nota. *f* ou *t* após um número de página indica uma figura ou uma tabela.

A

Abordagem de resolução de problemas STEPS, 40, 42-54, 99-102
   no tratamento de TDM, 133-139, 138*f*, 155-157
   transtorno de ansiedade de separação e, 216-219, 218*f*
   transtorno de ansiedade social e, 256-259, 260*f*
Ácidos graxos ômega-3, para depressão resistente ao tratamento, 84-85
Agonistas alfa, aprovados pela FDA para populações pediátricas, 78*t*
Alcance de metas, encerramento e, 57-58
Algoritmo de risco suicida, planilha para, 419
Aliança terapêutica, construção, 25-27
Ambiente familiar, definido, 87-88
American Psychological Association (APA)
   recomendações de prática baseada em evidências, 9, 11
   Sociedade de Psicologia Clínica, 11-12
Análise da cadeia
   de padrões de interação pais-filho, 94-96, 97*f*
   em IS/ALNS, 167-168, 169*f*, 184-189, 187*f*
   em TAG, 311*f*
   no transtorno de ansiedade social, 269*f*
Análise da cadeia de ideação suicida e autolesão, planilha para, 425
Análise da cadeia pais-filho, 94-96, 97*f*
   planilha para, 410
Anedonia, 116-117
Ansiedade
   aspectos positivos da, 296-297
   ausência escolar e, 318-319
   material suplementar para, 376
   normalização, 90-92
   pontos-chave sobre, 90-92

Antecedentes de humor (gatilhos), em TDM, 130-132
Antecedentes específicos, 17-19; *ver também* Gatilhos
Antidepressivos tricíclicos (ATC)
   aumento com, 83-84
   ausência escolar e, 321-322
Anxiety Disorders Interview Schedule (ADIS), 323-330
Anxiety Disorders Interview Schedule – Parent Version (ADIS-P), 236-239, 238*f*, 279-280
Apoios sociais, hierarquia de desafio para, 147-148
Aripiprazol, adjuvante com, 83-84
Armadilhas de pensamento, 34-36, 37*f*, 38*t*, 39, 49*f*, 49-50
   ausência escolar e, 341-342, 343*f*
   desafiando, 46-48
   exemplos comuns de, material suplementar para, 371
   exercícios de exposição e, 46-48
   hierarquias de desafio para, 145-146
   identificando, 39, 139-140
   no tratamento de TDM, 139-146, 141*f*, 144*f*
   papel de, 31-32
   rotulando, 34-36, 140-143
Armadilhas parentais, 97*f*
   ausência escolar e, 351, 353*f*
   material suplementar de exemplos e soluções, 381
   TAG e, 309-310, 311*f*
   TSF e, 267-268, 269*f*
Association for Behavioral and Cognitive Therapies (ABCT), 11-12
Atenção negativa, evitando, 98-99
Ativação comportamental, 43-44
   no tratamento de TDM, 129-134, 131*f*, 133*f*

Ausência escolar (SR), 318-367
   ansiedade e depressão e, 318-319
   avaliação de, 323-330
      entrevista motivacional em, 328-330
      estabelecimento de metas e problemas-
       -alvo em, 326-330, 329f
      lista de verificação de esclarecimento
       diagnóstico, 324-325, 325f
      para doenças médicas, 324-327
      RCADS em, 325-327, 327t
   baseado em aflição, 325-327
   componentes e processo de intervenção,
     333-349
      autorreflexão, reestruturação cognitiva,
       341-342
      envolvimento dos pais e da escola,
       341-342
      exposições e experimentos
       comportamentais, 346-349
      hierarquias de desafio, 346-349
      higiene do sono, 340-342
      psicoeducação, 333-342
      rastreador de pensamentos de
       enfrentamento, 342-345, 344f
      sintomas somáticos *versus* doença
       médica, 339-342
      termômetro de sentimentos, 340-341
   comportamentos associados à, 318-319
   conceitualização de casos, 328-334
      avaliação funcional em, 330-334, 411
      modelo de TCC em, 328-333, 331f
   condições coexistentes de, 323-324
   correlatos escolares e de pares de, 321-322
   correlatos familiares de, 320-322
   correlatos psicossociais de, 319-321
   discussão de casos de, 323-367
   encerramento e prevenção de recaída, 365-367
   exemplo de caso, 322-323
   farmacoterapia e, 321-323
   gatilhos para, 330-333, 332f, 342-347
   impactos de, 319-320
   material suplementar para, 395-397
   modelo de TCC de, 321-323
   monitoramento de progresso (RCADS),
     364-367, 365f
   padrões de evitação e, 66-67, 69-70
   padrões de interação pais-filho em, 348-367
      análise da cadeia de, 348-349, 353f
      colaboração escolar e, 358-365, 360f
      comportamento desafiador e destrutivo,
       357-359, 358t

      empatia e incentivo, 349-354
      escalada e desescalada de conflitos,
       352-354
      quadros de recompensas, gerenciamento
       de contingência, 354-358, 356f
      rastreador para, 348-349, 351f
   planejamento de tratamento para, 334t-338t
   rastreador de metas, 364-367, 366f
   reentrada escolar e, 328-330, 331f
Autolesão não suicida (ALNS)
   fatores de risco e preditores de, 163-167
      idade, sexo, raça, etnia e, 164-165
      minorias sexuais e, 164-165
      prevalência e impacto de, 163-164
      psicopatologia, deficiências de
       desenvolvimento, enfrentamento e,
       164-166
   razões e funções e, 166-168
   reduções em, 57-58
   tratamentos eficazes para, 167-170,
     169t-170t
   versus comportamentos suicidas, 163-164
Automonitoramento, 32-33
   na fase intermediária do tratamento, 32-33
Autorrecompensas, 51-54, 133-134, 135f
Autorreflexão, 34-39, 37f
   ausência escolar e, 341-342
   mudanças em, 58-59
   TAG e, 296-303, 309-310
   TAS e, 221-222, 225
   TSF e, 214-216, 243-245, 253-257, 265-266
Avaliação ABC, 15-21
Avaliação de Risco Crônico em Jovens (ACRY),
   174-176, 178f-179f
   planilha para, 420-322
Avaliação funcional, 15-22, 16f; *ver também*
   transtornos específicos
   definido, 15-22
   metas clínicas e, 20-22
   por emoção, 17-20, 18f
Avaliação Momentânea Ecológica (EMA), SI e
   ALNS e, 165-166
Avisos de caixa preta, 80-83

B

Benzodiazepínicos
   aprovados pela FDA para populações
     pediátricas, 77t
   mecanismo de ação e exemplos, 83-84
Bupropiona, adjuvante com, 83-84
Busca de tranquilidade, 277-278

C

Captura do pensamento, 34-36
Charadas de sentimentos, 33-34
Checklist de habilidades sociais, planilha para, 426
Ciclos emocionais, natureza autoperpetuante dos, 5-6, 9
Colaboração escolar, transtorno de ansiedade de separação e, 226, 228-230
Columbia Suicide Severity Rating Scale (C-SSRS), 115-116, 116f, 172-173
Componente pensamentos-sentimentos-ação, natureza bidirecional de, 4-5, 5f
Comportamentos automáticos
    consciência de, 43
    em TDM, 129-130
Comportamentos disruptivos, extinção de, 107-110
Comportamentos suicidas, 162-189; *ver também* Autolesão não suicida (ALNS)
    fatores de risco e preditores de, 163-167
    idade, sexo, raça, etnia e, 164-165
    minorias sexuais e, 164-165
    motivos e funções e, 166-168
    psicopatologia, deficiências de desenvolvimento, enfrentamento e, 164-166
    versus ALNS, 163-164
Compreensão emocional, construção de, 33-34
Conceitualização de casos, 11-23
    avaliação funcional em, 15-23 (*ver também* Avaliação funcional)
    coleta de dados em
    individualização de, 12-23
    integração de contextos interpessoais em, 20, 22-23
    integração de pensamentos em, 20-22, 21f
    metas e problemas-alvo em, 14-17
Conflito, exemplo de escalonamento, 100-102
Consequências
    curto *versus* longo prazo, 19-20
    definindo, 108-109
Construção de aliança terapêutica, 25-27
Construção de habilidades, encerramento e, 57-58
Construção de rede social, 148-152, 150f
Consulta ao médico prescritor
    planilha, 408-409
Contatos sociais, hierarquia de desafio para, 147-148
Contexto escolar, ausência escolar e, 321-322
Contexto social, 9, 11
Crítica, evitando, 98-99

Curva de habituação, 6, 9, 10f
    ausência escolar e, 339
    material suplementar para, 384, 387, 390, 393, 398
    TAG e, 288-290
    transtorno de ansiedade de separação e, 207-208
    transtorno de ansiedade social e, 245-251

D

Declarações de abordagem, 99-101
Declarações de empatia e encorajamento, 57-58, 61-62; *ver também* planos de tratamento para transtornos específicos
    abordagem STEPS e, 99-102
    ausência escolar e, 349-354
    com cuidadores e famílias, 98-102
    depressão e, 152-154
    gerenciamento de contingência e, 109-110
    TAG e, 309-312, 311f
    TAS e, 225-226
Deficiências de desenvolvimento, risco de IS, TS, ALNS e, 164-166
Depressão, 111-161; *ver também* Transtorno depressivo maior (TDM)
    ausência escolar e, 318-319
    avaliação de, 115-119
    características de, 8t
    correlatos biopsicossociais e interpessoais de, 111-114
    discussão de caso, 115-161
    exemplo de caso, 114-116
    hierarquia de desafio para, 45-47
    hierarquias de desafio para, 145-146
    higiene do sono e, 55
    material suplementar do modelo de TCC para, 382
    material suplementar informativo, 383
    material suplementar para, 377
    medicamentos para, 76-86, 77t-78t
    modelo de TCC de, 113-115
    pontos-chave sobre, 91-94
    sintomas variáveis de, 4-5
    tratamento resistente, opções para, 83-86
Depressão e transtorno depressivo persistente, 5-6
Desafios comportamentais/exposições *in vivo*, 145-156
    experimentos comportamentais e exposições em sessão, 148-156, 150f, 153f
    hierarquias de desafio e, 145–148
Diagnóstico, psicoeducação e, 31-32

Dialética de avaliação-tratamento, 12-14
Dicionário de sentimentos, 33-34
Distimia; *ver* Depressão; Depressão e transtorno depressivo persistente

E

Educação afetiva, 32-34, 35*f*, 351
Elogio rotulado, 95-99
Emoções
  conexão com reações comportamentais, 33-34
  normalização, 89-94
  psicoeducação sobre, 31-33
Encaminhamento psiquiátrico, 65-86
  conceitualização de casos e plano de tratamento para, 73-76
  considerações de seleção, 69-79, 72*t*, 74*f*-76*f*
  conversando com as famílias sobre, 67-69
  exemplo de caso de, 66-71, 70*f*
  farmacoterapia e, 65-67
  indicações para, 65-68
  informações críticas para, 73-74, 74*f*-76*f*
  para intervenções psicofarmacológicas, 76-86, 77*t*-78*t*
  prós e contras dos recursos, 69-73, 72*t*
Encerramento
  indicadores para o momento de, 56-59
  prevenção de recaída e, 59-64
Entrevista de pensamentos e comportamentos autolesivos (SITBI), 172-173
Entrevista motivacional
  e tratamento de ansiedade social, 248*t*
  na avaliação de ausência escolar, 325*f*, 328-330
  na fase intermediária do tratamento, 26-27, 28*f*-30*f*
  no tratamento de TDM, 129-130
Escitalopram, 79-80
Escuta ativa, 98-102, 99-100
Esforço sustentado
  experimento comportamental/exposição *in vivo* para, 151-156, 153*f*
  hierarquias de desafio para, 146-148
Espirais agressivas-coercivas, 93-96, 96*f*
  material suplementar para, 380
Espiral de acomodação, 92-94, 93*f*
  material suplementar para, 378
Espiral de passividade-desencorajamento, 92-94, 95*f*
  material suplementar para, 379
Estabelecimento de limites, 95-98

Estabelecimento de metas
  em TDM, 117-119
  estabelecendo, 14-15
Estabelecimento de tom, 26*t*
Estabilizadores de humor, aprovados pela FDA para populações pediátricas, 78*t*
Estilo do cuidador, definido, 87-88
Estilos parentais, ansiedade infantil/depressão e, 88-92
Estimulação magnética transcraniana (TMS), 83-84
Estimulantes, aprovados pela FDA para populações pediátricas, 78*t*
Estratégias de comunicação, ensinando aos cuidadores, 95-102
Evitação
  ansiedade de separação e, 191-196, 219-220, 225-226
  ansiedade social e, 234-236, 243-255, 259-262
  ausência escolar e, 322-323, 348-349
  depressão e, 113-114
  espiral de acomodação e, 92-94
  impactos de, 90-92
  modelo TCC e, 31-32
  na ansiedade e na depressão, 44
  opções para prevenir, 130-132
  papel de, 6, 9, 10*f*
    ansiedade e, 90-91
    depressão e, 91-92
  relações interpessoais e, 123
  TAG e, 276-278, 303-307
Exercícios de atenção plena, 40, 41*f*
  material suplementar para, 372
Exercícios de construção de relacionamento, 26
Exercícios de exposição; *ver* Exercícios de exposição *in vivo*
Exercícios de exposição *in vivo*
  definido, 44
  metas e objetivos, 46-48
  para depressão, 145-147, 150*f*, 151-152, 153*f*
  para transtorno de ansiedade de separação, 223*f*, 406
  planejamento e execução, 47-52, 49*f*
  propósito de, 44-46
Experimento comportamental/exposição *in vivo*, 151-156, 153*f*; *ver também* Exposições *in vivo*
  para construção de rede social, 148-152, 150*f*
  para esforço sustentado, 151-156, 153*f*
  planilha para, 150*f*

Exposição à mídia, risco de IS/ALNS e, 166-168

F

Famílias/cuidadores
    ansiedade de separação e, 224–225
    como modelos de comportamento de
        enfrentamento, 89-90
    como parceiros/agentes de mudança, 89-90
    e conhecimento/crenças sobre
        farmacoterapia, 68–70, 70f
    encaminhamento psiquiátrico e, 67–69, 69f
    estratégias de treinamento/abordagem para,
        95-102
        elogio rotulado, 95-99
        escuta ativa/encorajamento, 98-102
        gerenciamento de contingências e, 101–110
            empatia e encorajamento em, 109-110
            extinção de comportamentos disruptivos,
                107–110
            planos de recompensa/comportamentos
                orientados a metas, 101–108, 106f
    interações da criança com, 92-97, 225-230
        análise da cadeia de, 94-96, 97f
        espiral agressivo-coerciva, 93-96, 96f
        espiral de acomodação, 92-94, 93f
        espiral de passividade-
          -desencorajamento, 92-94, 95f
        planilha para, 402
    mudanças comportamentais em, 58-59
    papel de, 87–90
    psicoeducação para, 89–94
    recusa escolar e, 320–322
    regras de recusa escolar e, 339–341
    TAG e, 277–278, 309–316
    trabalhando com, 87–110
        no transtorno depressivo maior, 155–158
Fase inicial do tratamento, 1-24
    avaliação inicial em, 9, 11-12
    conceitualização de casos em, 11-23 (ver
        também Conceitualização de casos)
    modelo de TCC e, 1-10
    monitoramento de progresso em, 22-24
    planejamento de tratamento em, 22-23
Fase intermediária do tratamento, 25-55
    construção de aliança terapêutica e aliança de
        trabalho, 25-27
    entrevista motivacional na
        matriz de decisão de, 31f
        plano de mudança de, 26–27, 28f-30f
    entrevista motivacional
    intervenções cognitivas em, 34-40
    intervenções físicas em, 53-54, 54f, 55f
    modelo de TCC e, 31-33
    papéis do terapeuta em, 25-26
    psicoeducação em, 31-34, 35f
    resumo das estratégias, 26t
    técnicas de engajamento em, 26-30
Fase posterior do tratamento, 56-64; ver também
    Encerramento
Fatores cognitivos, depressão e, 112-113
Fatores culturais, 9, 11
Fatores de desenvolvimento, 9, 11
Fatores genéticos
    ansiedade social e, 233-234
    depressão e, 111-113
    inibição comportamental e, 234-235
    transtorno de ansiedade de separação e,
        192–193
Ferramentas idiográficas, 9, 11
Fluoxetina, 79-80
Fobia específica, características de, 7t
Frequência problemática; ver Ausência escolar

G

Gatilho, resposta, padrão de evitação (TRAP),
    padrões de evitação e, 44
Gatilhos
    avaliação funcional de, 17-20, 18f
    exemplos de, 11–14
    futuros, 59-62
    internos versus externos, 19-22
    respostas e, 16f, 17-22, 18f, 43-44
Geração de feedback, 50-51
Gerenciamento de contingência (GC), 101-110
    combinado com empatia e encorajamento,
        109-110 (ver também Declarações de
        empatia e encorajamento)
    e extinção de comportamentos disruptivos,
        107–110
    e planos de recompensa/comportamentos
        orientados a objetivos, 101-108
    estabelecimento de limites e, 95-98
Gestão de responsabilidade, hierarquia de desafio
    para, 147-148
Gestão do estresse, hierarquia de desafio para,
    147-148

H

Habilidades de enfrentamento
    ansiedade e, 90-92
    depressão e, 91–92
    risco de IS, TS, ALNS e, 164-166

Helping Give Away Psychological Science (HGAPS), 11-12
Heurística de risco suicida, planilha para, 418-418
Heurística de severidade, história, intenção, plano (SHIP) em avaliação de IS, TS, ALNS, 173-174, 175f-176f
Hierarquias de desafio, 44-48
    para apoios sociais, 147-148
    para armadilhas de pensamento, 145-146
    para contatos sociais, 147-148
    para depressão, 145-146
    para esforço sustentado, 146-148
    para gerenciamento de estresse, 147-148
    para gerenciamento de responsabilidade, 147-148
    para higiene do sono, 147-148
    para problemas de humor, 145-148
    para transtorno de ansiedade de separação, 219-225, 223f
Higiene do sono, 55
    ausência escolar e, 340-342
    hierarquia de desafio para, 147-148
    material suplementar para, 373-374
    no tratamento de TDM, 137-140

I

Ideação suicida (IS)
    prevalência e impacto de, 162-164
    tratamentos eficazes para, 167-170, 169t-170t
Ideação suicida/autolesão não suicida (IS/ALNS)
    avaliação de risco suicida e designação, 172-176, 175f-176f
    componentes e processo de intervenção, 174-188
        análise da cadeia, avaliação funcional, 185-188, 187f
        e integração de metas de tratamento, 184-188
        planejamento de segurança, 174-176, 180, 181f, 182f, 183-185
        plano de verificação, 183-185
    e designação de risco, 174-176
    exemplo de caso, 170-173
    heurística SHIP e, 173-174, 175f-176f
    programa intensivo de tratamento e, 171-172
Incentivo, 98-102
Infusão IV de cetamina, 83-84
Inibição comportamental, ansiedade social e, 234-236
Inibidor da recaptação de norepinefrina e dopamina (IRND), aprovado pela FDA para populações pediátricas, 77t
Inibidores da monoaminoxidase (IMAO), aumento com, 83-84
Inibidores seletivos da recaptação de norepinefrina (IRSN), aprovados pela FDA para populações pediátricas, 78t
Inibidores seletivos da recaptação de serotonina (ISRS), 79-83, 77t
    aprovado pela FDA para populações pediátricas, 77t
    ausência escolar e, 321-322
    aviso de caixa preta e, 80-83
    efeitos colaterais de, 79-81
Início suicida
    contágio em grupo e, 166-168
    modelos de comportamento, exposição midiática e, 166-168
Intervenções cognitivas
    autorreflexão, reestruturação, 34-39, 37f
    na fase intermediária do tratamento, 26t, 34-40
    treinamento de atenção plena, 39, 40, 41f
Intervenções comportamentais, 40, 42-54
    exposições/experimentos comportamentais, 46-52, 49f
    gráficos de recompensa, autorrecompensas, 51-54
    hierarquias de desafio, 44-47
    monitoramento de atividades, ativação comportamental, 43-44
    na fase intermediária do tratamento, 40, 42-43
    prática em casa, 51-52
    resolução de problemas (abordagem STEPS), 40, 42-43
Intervenções farmacológicas
    aumento de, 83-84
    decisões colaborativas sobre, 82-83
    encaminhamentos para, 69-79, 72t
    evidências para, 65-67
    indicações para, 66-68
    informando o terapeuta sobre, 74-79
    para ausência escolar, 321-323
    preocupações dos pais sobre, 67-69, 69f
    preocupações familiares sobre, 84-85
    racionalidade para, 69-70
    revisões de medicamentos para, 76-86, 77t-78t
    taxa de recaída e, 84-86

Intervenções físicas, 53-54, 54f, 55f

K
Kiddie Schedule for Affective Disorders and Schizophrenia (K-SADS), 115-116

L
Lembretes de enfrentamento, 62-64, 63f
Lítio, aumento com, 83-84

M
Matriz de decisão, 26-27, 31f
Mecanismos de manutenção, 12-23
Medicamentos antipsicóticos, aprovados pela FDA para populações pediátricas, 77t
Medicamentos, mitos e fatos sobre, material suplementar para, 375
Medição baseada em evidências (EBA), características e ferramentas, 9, 11-14
Minorias sexuais, risco de IS, TS, ALNS e, 164-165
Modelo de TCC, 1-10, 2f
　componentes comportamentais do, 3-4
　componentes físicos do, 3-4
　componentes/processos cognitivos do, 2-4
　fases de (*ver* Fase inicial do tratamento;
　　Fase intermediária do tratamento;
　　Fase posterior do tratamento)
　interações de componentes em, 3-6, 9
　material suplementar para, 370
　na fase intermediária do tratamento, 31-33
　psicoeducação e, 31-34, 35f
Modelo de terapia cognitivo-comportamental; *ver* Modelo de TCC
Modelos de comportamento, risco de IS/ALNS e, 166-168
Modelos de evitação, conceitualização de caso e, 12-15
Monitoramento de atividades, 43-44
　no tratamento de ausência escolar, 333-334, 342-347, 346f
　no tratamento de TDM, 129-134, 131f, 133f
Monitoramento de progresso, na fase inicial do tratamento, 22-24
Mudança de comportamento, término e, 57-59

N
National Alliance on Mental Illness (NAMI), 69-71
Neurotransmissores, modulação de, 76-79

P
Padrões de evitação, abordagem TRAP para, 44, 50-51

Padrões de interação pais-filho, 92-97
　análise da cadeia de, 94-96, 97f
　espiral agressivo-coercitiva, 93-96, 96f
　espiral de acomodação, 92-94, 93f
　espiral de passividade-desencorajamento, 92-94, 95f
　planilha para, 402
　transtorno de ansiedade de separação e, 225-230
Pais; *ver também* Famílias/cuidadores
Papel do terapeuta, na fase intermediária do tratamento, 25-26
Pensamento negativo, 34-36
　papéis de manutenção para, 11-12
Pensamentos ansiosos, identificação de, 49-50
Pensamentos de enfrentamento
　cuidadores e, 89-90
　gerando, 39, 40, 47-52, 49f, 143-149, 144f, 150f, 151-155, 153f, 187-188
　realistas, 39
　TAG e, 300–303
Pensamentos negativos, identificando, 49-50
Pensamentos/comportamentos autolesivos, material suplementar sobre, 385
Pessoas preocupada, material suplementar sobre, 394
Planilha de lembretes de enfrentamento, 407
Planilha de lista de coordenação, 408-409
Planilha de plano de mudança, 26-27, 28f-30f, 401-403
Planilha de plano de segurança, 321-322
Planilha de rastreador de metas, 412
Planilha de rastreador de pensamentos de enfrentamento, 417
Planilha de recompensas renováveis, 411
Planilha de termômetro de sentimentos, 404
Planilha gatilhos e respostas, 399
Planilha rastreador de armadilhas de pensamento, 405
Planilha STEPS, 416
Planilhas de rastreamento de atividades, 413, 414
Plano de coordenação escola-família, planilha para, 428
Prática em casa, 51-52
Prejuízo sensorial, comportamentos suicidas/ALNS e, 165-166
Preocupação; *ver também* Transtorno de ansiedade generalizada (TAG)
　aspectos positivos de, 296-297, 300-301
　desafios de hierarquia e, 303-306
　gatilhos de, 284-287, 287f

normalização, 282-283
prevalência, funções e
consequências de, 276-278
Pressuposições, irreais, 34-36, 37f, 39, 140-143
Prevenção de recaída, diretrizes para, 59-64
Problemas de humor, hierarquias de desafio para, 145-148
Problemas de sono, ausência escolar e, 320-321
Processos cognitivos, avaliação de, 2-4
Processos comportamentais, mal-adaptativos, na depressão, 112-114
Processos interpessoais, mal-adaptativos, na depressão, 113-114
Psicoeducação
    ausência escolar e, 333-342
    na fase intermediária do tratamento, 26t, 31-35
    no tratamento de TAG, 296-297
    no tratamento de TDM, 124-126, 129-130
    para cuidadores, 89-94
    transtorno de ansiedade de separação e, 202-203, 204f, 208-214, 209t

Q
Quadros de recompensas, 101-102
    no tratamento de TDM, 133-134, 135f
    transtorno de ansiedade de separação e, 226, 227f

R
Raça/etnia, risco de IS, TS, ALNS e, 164-165
Rastreador de armadilhas de pensamento, 34-36, 37f, 140-142, 141f
    ausência escolar e, 341-342, 343f
    depressão e, 140-142, 141f
    para ansiedade de separação, 213-214, 215f
    para ansiedade social, 253-255, 254f
    TAG e, 297-299, 298f
Rastreador de metas
    para ansiedade social, 241-243, 242f
    para ausência escolar, 328-330, 329f, 364-365, 366f
    para depressão, 118-119, 120f, 160f
    para TAG, 283-284, 285f
    para transtorno de ansiedade de separação, 200-201, 202f, 228-230, 229f
Rastreador de metas e recompensas, planilha para, 415
Rastreador de pensamentos de enfrentamento
    ausência escolar e, 344f, 342-345
    depressão e, 144f

TAG e, 302f
TAS e, 217f, 258f
Rastreador de pensamentos, sentimentos e ações
    planilha, 400
Recompensas; ver também Recompensas renováveis
    eficazes, 103-108
    estabelecendo, 50-54
Recompensas diárias renováveis, 103, 105-107, 106f, 226, 227f, 334-336, 355-357, 356f, 411f; ver também Recompensas renováveis
Recompensas renováveis; ver também Recompensas; Recompensas diárias renováveis
    ausência escolar e, 355-357, 356f
    para incentivar mudanças diárias, 105-107, 106f
    para recompensa de ansiedade de separação, 227f, 228-230
Reforço negativo, TDM e, 123, 122f
Regras domésticas, estabelecendo, 108-109
Relaxamento progressivo, 53-54, 54f
Resolução de problemas; ver também Abordagem STEPS
Respiração diafragmática, 53-55
Retreinamento respiratório, 54-55
Revised Children's Anxiety and Depression Scale (RCADS), 57-59, 116-117, 118t
    ausência escolar e, 325-327, 325t, 352, 352f
    TAG e, 281-282, 281t, 283t, 315-316, 215t
    TAS e, 197-199, 200t, 230t
    TDM e, 157-160, 158f
    TSF e, 239-240, 240t, 271, 274t
Ruminação, gatilhos e consequências de, 2-4

S
School Refusal Assessment Scale-Revised (SRAS-R), 326-328
Sentimentos ansiosos, normalização de, 32-33
Sentimentos tristes, normalização de, 32-33
Sequências antecedente-comportamento--consequência (ABC), 15-21, 18f
Sertralina, 79-80
Sistemas de monitoramento, 23-24
Society of Clinical Child and Adolescent Psychology (SCCAP), 11-12
Suicídio, material suplementar sobre, 385

T
Tempo de preocupação, 305-310
Tentativa de suicídio (TS), prevalência e impacto de, 162-164

Termômetro de intensidade de ideação suicida, planilha para, 424
Termômetro de sentimentos, 33-34, 35*f*
Transtorno de ansiedade de separação (TAS)
  armadilhas de pensamento e, 213-216, 215*f*
  avaliação de, 196-203, 199*f*, 200*t*, 202*f*
  características de, 7*t*, 190-191
  colaboração escolar e, 226, 228-230
  componentes e processo de intervenção, 208-214
    autorreflexão e reestruturação cognitiva, 213-225
    cuidadores e, 224-225
    educação afetiva, manejo somático, 213-214
    psicoeducação, 208-214, 209*t*
    quadros de recompensas e, 221-222, 224
    resolução de problemas (STEPS), 216-220, 218*f*
  conceitualização de casos, 202-208
    avaliação funcional em, 204-208, 205*f*
    modelo de TCC e, 202-204
    psicoeducação em, 202, 204*f*
  contexto e, 193-195
  discussão de casos, 196-232
  encerramento e prevenção de recaída, 228-232, 230*t*
  estabelecimento de metas e problemas-alvo, 199-203, 202*f*
  etiologia de, 192-193
  exemplo de caso, 195-197
  exemplos de desafio, 230-232
  fatores do cuidador em, 192-193, 195-196
  material suplementar para, 386, 388
  modelo de TCC de, 192-196, 193*f*
  monitoramento de progresso em, 228-230, 229*f*
  padrões de interação pais-filho e, 225-230
  pensamentos automáticos e, 194-195, 206-207
  pensamentos de enfrentamento e, 214-216, 217*f*
  planejamento de tratamento para, 207-212, 208*t*, 209*t*–212*t*
  RCADS e, 197-199, 200*t*, 230*t*
  transtorno de pânico e, 191-192
  variáveis cognitivas em, 191-192
  versus ausência escolar, 320-321
Transtorno de ansiedade generalizada (TAG), 276-317
  avaliação de, 279-285

  esclarecimento diagnóstico em, 280-281, 281*f*
  estabelecimento de metas, problemas-alvo em, 282-284, 285*f*
  planilha de acompanhamento de metas em, 283-284, 285*f*
  RCADS em, 281–283, 283*t*
características de, 7*t*
componentes e processo de intervenção em, 296-310
  afirmações de autoelogio em, 306-307, 308*f*
  autorreflexão, reestruturação cognitiva, 296-303, 298*f*
  exposições, 303-306
  psicoeducação, 296-297
  resolução de problemas e atenção plena, 301-304
  tempo de preocupação, 305-310
conceitualização de casos, 284-291
  avaliação funcional em, 288-291, 289*f*
  modelo de TCC em, 284-290, 286*f*
diagnóstico de, 115-117
discussão de caso, 279-317
encerramento e prevenção de recaídas, 315-317
exemplo de caso, 278-280
material suplementar para, 392
modelo de TCC para, 5-6, 9, 277-279
padrões de interação pais-filho e, 309-316
  análise da cadeia de, 309-310, 311*f*
  colaboração escolar e, 314-315
  empatizar e encorajar, estratégias de treinamento e abordagem, 309-312, 311*f*
  gráficos de recompensa e gerenciamento de contingência, 310-312, 313*f*, 314-315
  monitoramento de progresso em, 314-316, 215*t*
  RCADS e, 281-282, 283*t*, 315-316, 215*t*
planejamento de tratamento para, 290-291, 291*t*-295*t*
variáveis cognitivas em, 276-278
variáveis comportamentais em, 277-278
variáveis parentais e familiares em, 277-278
Transtorno de ansiedade social (TAS), 233-275
  avaliação de, 236-242
    ADIS-P em, 236-239, 238*f*
    lista de verificação de esclarecimento diagnóstico e, 237-239, 237*f*

rastreador de metas para, 241-243, 242f
características de, 7t
componentes e processo de intervenção,
    251-268
    autorreflexão, reestruturação cognitiva,
        253-257, 254f
    exposições e desafios hierárquicos,
        259-268, 263f
    psicoeducação, 251-255
    rastreador de pensamentos de
        enfrentamento e, 256-257, 258f
    resolução de problemas (STEPS),
        256-260, 260f
discussão de casos, 236-275
encerramento e prevenção de recaída,
    273-275
exemplo de caso, 235-237
genética em, 234-235
hierarquia de desafio para, 45-46
inibição comportamental e temperamento e,
    233-236
material suplementar para, 389, 391
padrões de interação cuidadores-criança e,
    267-274
    análise da cadeia de, 267-268, 269f
    avaliação funcional e, 244-251, 246f
    conceitualização de casos, 243-251
    e colaboração com a escola, 270-271
    modelo de TCC e, 243-245, 244f
    monitoramento de progresso, 271-274,
        274t
    psicoeducação e, 268-230
    quadros de recompensas, 270-271, 272f
planejamento de tratamento para, 245-253,
    247t, 248t-251t
processos interpessoais em, 235-236
RCADS e, 239-240, 240t
variáveis cognitivas em, 234-235
variáveis comportamentais em, 234-236
Transtorno de pânico
    características de, 7t
    comorbidade com ausência escolar, 323-324
Transtorno depressivo maior (TDM); ver também
    Depressão
    abordagem STEPS em, 133-139
    avaliação de
        diagnóstico, sintomas, prejuízo,
            115-117, 116f, 118t
        estabelecimento de metas e problemas-
            -alvo, 117-119, 122f

componentes e processos de intervenção em,
    124-126, 129-156
    armadilhas cognitivas, reestruturação
        cognitiva, 139-146, 141f, 144f
    autorrecompensa e tabelas de
        recompensa, 133-134, 135f
    desafios comportamentais/exposições
        in vivo, 145-156 (ver também Desafios
        comportamentais/exposições in vivo)
    entrevista motivacional, 129-130
    higiene do sono, relaxamento, 137-140
    monitoramento de atividades, ativação
        comportamental, 129-134, 131f, 133f
    psicoeducação, 124-126, 128-130
    resolução de problemas (STEPS),
        133-139 (ver também STEPS)
conceitualização de casos, 118-119, 121-123,
    121f
    avaliação funcional em, 121-123, 124f
    modelo de TCC em, 118-119, 121, 121f
encerramento e prevenção de recaídas,
    159-161
monitoramento de progresso em, 157-161
planejamento de tratamento em, 123-126,
    124t, 125t–129t
RCADS e, 157-160, 158f
trabalhando com famílias e, 155-158
Transtorno depressivo persistente, características
    de, 8t
Transtorno do espectro autista (TEA),
    comportamentos suicidas/ALNS e,
    165-166
Transtorno obsessivo-compulsivo, características
    de, 7t
Transtornos de ansiedade
    características de, 6, 7t, 8t, 9,
    manutenção familiar/cuidador de, 87-88
    medicamentos para, 76-86, 77t-78t (ver
        também Benzodiazepínicos; Inibidores
        seletivos da recaptação de serotonina
        [ISRS])
Treinamento em atenção plena, 39, 40
Triângulo TCC, 1-3, 2f, 6, 9, 31-32, 114-115,
    202-204, 286-287, 286f
    na conceitualização de ausência escolar,
        331f

V

Vergonha, evitando, 98-99
Vocabulário emocional, construção de, 33-34